U0591314

农村人民公社史

NONGCUN RENMIN GONGSHESHI

罗平汉 著

人民出版社

目录

CONTENTS

第一章 兴 起

一、从反冒进到“大跃进”

1958 年我国农村建立的人民公社，是“大跃进”高潮的产物。要研究农村人民公社的历史，就必须对“大跃进”的情况作点简单的回顾。

1955 年下半年，通过对“小脚女人”即所谓右倾保守思想的批判，社会主义改造迅速进入高潮，毛泽东开始把自己的注意力转移到社会主义建设上来。由于社会主义改造的速度比原计划大大加快，取得了一个名副其实的高速度，这使他感到经济建设和其他各项事业的发展也应加快速度。这年底，毛泽东在为《中国农村的社会主义高潮》一书所写的序言中指出，现在的问题已经不是农业、手工业、资本主义工商业的社会主义改造速度方面的问题，这些问题都已经解决。“现在的问题，还是右倾保守思想在许多方面作怪，使许多方面的工作不能适应客观情况的发展。现在的问题是经过努力本来可以做到的事情，却有很多人认为做不到。因此，不断地批判那些确实存在的右倾保守思想，就有完全的必要了。”① 毛泽东认为，随着农业、手工业和资本主义工商业社会主义改造高潮的到来，中

---

① 中共中央文献室:《建国以来重要文献选编》第 7 册，中央文献出版社 1993 年版，第 436 页。

国工业化的规模和速度，科学、文化、教育、卫生等事业的规模和速度，已经不能完全按照原来所设想的那个样子去做了，都应当适当加快。

根据毛泽东反对右倾保守思想的精神，《人民日报》发表题为《为全面地提早完成和超额完成五年计划而奋斗》的1956年元旦社论，明确提出了反对右倾保守的任务和“多、快、好、省”的要求。社论认为，“在农村，出现了从前所没有想象到的巨大的生产力”，“这个事实，把所谓‘农业的发展必然落后于工业的发展’‘中国人口太多是件坏事’等等悲观论调一扫而空”。而农业生产的大发展要求重工业、轻工业加快发展，以便为农业提供生产资料和为农民提供更多更好的生活资料，同时还要求科学和技术的水平大大提高，“在不太长的期间接近和赶上世界先进水平”。社论还强调，保守主义思想是“右倾机会主义性质的，是妨碍我们社会主义事业的”。

在批判“右倾保守思想”的影响下，农业和工业等部门相继修改原来的发展战略目标，把原定1967年实现的指标改为1962年实现。可是，工农业生产的高指标，破坏了国民经济的综合平衡，导致了基本建设投资的一再增加，造成了资金、建筑材料和机器设备的严重不足，致使生产和基本建设秩序混乱，国民经济出现了全面紧张的局面。

工农业生产和基本建设中出现的不符合客观实际的盲目冒进，使负责经济工作的国务院总理周恩来十分着急，于是他同国务院的几位副总理一起，决定在经济工作中开展反冒进。1956年1月29日，周恩来在政协第二届全国委员会第二次全体会议上指出：“现在，摆在全国人民面前的问题，是要把各项建设事业做得又多、又快、又好、又省，以便使各项事业的发展，适应已经变化了的情况，适应国家和人民的需要。我们应该努力去做那些客观上经过努力可以做到的事情，不这样做，就要犯右倾保守的错误；我们也应该注意避免超越现实条件所许可的范围，不勉强去做那些客观上做不到的事情，否则就要犯盲目冒进的错误。”① 同年2月8日，在国务院第二十四次全体会议上，周恩来再次强调经济工作要实事求是的问题。他说：“各部门定计划，不管是十二年远景计划，还是今明两年的年

① 周恩来：《政治报告》，《人民日报》1956年1月30日。

度计划，都要实事求是。当然反对右倾保守是主要的，对群众的积极性不能泼冷水，但领导者的头脑发热了的，用冷水洗洗，可能会清醒些。”①

按照周恩来的要求，这年6月15日一届全国人大三次会议通过的《关于1955年国家决算和1956年国家预算的报告》明确指出：“在当前的生产领导工作中，必须着重全面地执行多、快、好、省和安全的方针，克服片面地强调多和快的缺点。”“生产的发展和其他一切事业的发展都必须放在稳妥可靠的基础上。在反对保守主义的时候，必须同时反对急躁冒进的倾向，而这种倾向在过去几个月中，在许多部门和许多地区，都已经发生了。急躁冒进的结果并不能帮助社会主义事业的发展，而只能招致损失。”②1956年6月20日，《人民日报》发表了经刘少奇等人修改的《要反对保守主义，也要反对急躁情绪》的社论，对急躁冒进的危害作了深刻的分析，指出冒进思想在上上下下各系统的干部中都存在，下面的急躁冒进许多是上面逼出来的。在反对右倾保守思想的时候，不应当忽略或放松对急躁冒进倾向的反对。只有既反对了右倾保守思想，又反对了急躁冒进思想，才能正确地前进。这样，反冒进引起了全党的重视，冒进的势头基本上得到了遏制，保证了1956年国民经济的健康发展。

既反保守又反冒进的经济建设方针，得到了1956年9月召开的中共八大的认可。大会通过的《关于政治报告的决议》指出：如果对于高速度地发展我国的生产力这种可能性估计不足，或者不努力把这种可能性变为现实性，那就是保守主义的错误。但是，也必须估计到当前的经济上、财政上和技术力量上的客观限制，估计到保持后备力量的必要，而不应当脱离经济发展的正确比例。如果不估计到这些情况而规定一种过高的速度，结果就会反而妨碍经济的发展和计划的完成，那就是冒险主义的错误。党的任务，就是要随时注意防止和纠正右倾保守的或“左”倾冒险的倾向，积极地而又稳妥可靠地推进国民经济的发展。③

反冒进实际上是针对毛泽东倡导的反右倾保守思想导致的急躁冒进而

① 中共中央文献研究室：《周恩来经济文选》，中央文献出版社1993年版，第251—252页。

② 李先念：《关于1955年国家决策和1956年国家预算的报告》，《人民日报》1956年6月16日。

③ 《中国共产党第八次全国代表大会关于政治报告的决议》，《人民日报》1956年9月28日。

展开的。对于反冒进，毛泽东一开始就不是很赞成，但他当时对反冒进采取了相当克制的态度。1956 年 4 月的一次政治局会议上，毛泽东提出要追加 1956 年的基本建设预算，受到了不少与会者的反对。在会上，周恩来发言最多，认为追加预算将造成物质供应紧张，增加城市人口，更会带来一系列的困难，等等。毛泽东最后仍坚持自己的意见，并宣布散会。会后，周恩来亲自去找毛泽东，说自己作为总理，从良心上不能同意这个决定。这句话使毛泽东非常生气。不久，毛泽东就离开北京去了外地。① 上面提到的那篇《要反对保守主义，也要反对急躁情绪》的《人民日报》社论，中宣部将起草好后的稿子交给了刘少奇。刘少奇改完后批示："主席审阅后交乔木办"。但毛泽东接到此稿后，批了两个字："不看"。在 1958 年 1 月的南宁会议期间，毛泽东找来了这篇社论，并作了不少批注，认为文中的观点是"庸俗辩证法""庸俗马克思主义"。他还在讲话中说，这是一篇反冒进的社论，既要反右倾保守，又要反急躁冒进，好像"有理三扁担，无理扁担三"。实际重点是反冒进的，不是一个指头有了病。他甚至提到，这篇社论，他批了"不看"二字，骂他的，为什么要看？②

这说明，毛泽东对于周恩来、刘少奇等人主张的反冒进，是有所保留的，但由于当时中央领导层中赞成反冒进者占多数，他不便对反冒进公开反对。此后一段时间，他的主要精力放在中共八大的筹备上，亲自审改了一系列的重要文件，其中包括刘少奇的政治报告、周恩来关于"二五"计划建议的报告和邓小平关于修改党章的报告。这些报告都贯彻了既反保守又反冒进的方针，对此他"服从了政治局的大多数，服从了中央已定的决议，赞成这样写，并对这些报告作了较高的评价"，对这个方针没有提出异议。③

中共八大刚刚结束，社会主义阵营又发生了波兰事件和匈牙利事件，这两个事件都与苏联有关，而事件发生后苏共中央及其领导人一时慌了手脚，多次急电中共中央请求帮助。为此，中共中央派出了刘少奇、邓小平

① 金冲及主编：《周恩来传（1949—1976）》上，中央文献出版社 1998 版，第 269 页。

② 李锐：《"大跃进"亲历记》，上海远东出版社 1996 年版，第 64—65 页。

③ 石仲泉：《我观周恩来》，中共党史出版社 2008 年版，第 244 页。

等人组成的代表团，前往莫斯科协助苏共中央处理波匈事件，毛泽东本人也在北京对此给予了高度关注。因此八大之后至1957年初，毛泽东的主要注意力和精力，都放在国际形势的观察和社会主义阵营事务的处理上，没有更多地顾及国内的反冒进问题。尽管如此，毛泽东对于反冒进一事始终有着自己的看法。

1956年11月，中共八届二中全会召开。11月10日，周恩来在会上作了关于1957年国民经济计划的报告，其中提出过去设想的远景规划、发展速度是不是可以放慢一点的问题。他说："经过八大前后的研究，我们觉得可以放慢一点。比如，原来设想钢产量在第三个五年计划的最后一年要达到年产3000万吨，肯定地说，照现在这个速度是不可能实现的。八大的建议已经把这个要求改变了。""这样一个大国，数量上的增长稍微慢一点，并不妨碍我们实现工业化和建立基本上完整的工业体系。"周恩来在讲话中还认为，第一个五年计划基本上是正确的，成绩很大，但是错误不少。1953年小冒了一下，今年就大冒了一下。冒了的，就要收缩一下，使整个国民经济协调发展，不然就站不稳，就会影响货币、物价、劳动工资等各方面。应该认识到，不要使中国也发生"波兹南事件"，几万人或者几十万人站在街上请愿，那问题就大了。①

五天后，毛泽东在会上也作了讲话，并且一开始就讲"上马"与"下马"的辩证法问题。他说："我们对问题要作全面的分析，才能解决得妥当。进还是退，上马还是下马，都要按照辩证法。世界上，上马和下马，进和退，总是有的。那有上马走一天不下马的道理？"②毛泽东还说，我们的计划经济，又平衡又不平衡。平衡是暂时的，有条件的。暂时建立了平衡，随后就要发生变动。上半年平衡，下半年就不平衡了，今年平衡，到明年又不平衡了；净是平衡，不打破平衡，那是不行的。我们应当告诉干部，告诉广大群众：有进有退，主要的还是进，但不是直线前进，而是波浪式地前进。虽然有下马，总是上马的时候多。我们的各级党委，各部，

---

① 转引用石仲泉：《我观周恩来》，中共党史出版社2008年版，第244页。

② 毛泽东：《在中国共产党第八届中央委员会第二次全体会议上的讲话》，1956年11月15日。

各级政府，是促进呢，还是促退呢？根本还是促进的。社会总是前进的，前进是个总的趋势，发展是个总的趋势。

毛泽东在上述讲话中，没有直接批评反冒进，但他同周恩来在冒进与反冒进问题上的态度显然是有差异的。在 1958 年 1 月的南宁会议上，毛泽东说："1956 年 1 月至 11 月反冒进。二中全会我讲了七条，是妥协方案，解决得不彻底。"

1957 年 1 月，中共中央召开各省、自治区、直辖市党委书记会议。1 月 18 日，陈云在会上作了《建设规模要和国力相适当》的发言，其中讲到 1956 年的经济建设时，认为成绩是主要的，但也发生了一些缺点错误，这主要表现在财政和信贷方面多支出了近三十亿元，生产资料和生活资料的供应都紧张。陈云在讲话中着重提出，建设规模的大小必须和国家的财力物力相适应。像我们这样一个有六亿人口的大国，经济稳定极为重要。建设的规模超过国家财力物力的可能，就是冒了，就会出现经济混乱；两者合适，经济就稳定。当然，如果保守了，妨碍了建设应有的速度也不好。但是，纠正保守比纠正冒进，要容易些。因为物资多了，增加建设是比较容易的；而财力物力不够，把建设规模搞大了，要压缩下来就不那么容易，还会造成严重浪费。①

同一天，毛泽东也在会上作了发言，直接对 1956 年的反冒进作了批评。他说，农业合作化究竟是有希望，还是没有希望？是合作社好，还是个体经济好？这个问题也重新提出来了。去年这一年，丰收的地方没有问题，重灾区也没有问题，就是那种灾而不重、收而不丰的合作社发生了问题。这类合作社，工分所值，原先许的愿大了，后头没有那么多，社员收入没有增加，甚至还有减少。于是议论就来了：合作社还好不好，要不要？这种议论也反映到党内的一些干部中间。有些干部说，合作社没有什么优越性。有些部长到乡下去看了一下，回到北京后，放的空气不妙，说是农民无精打采，不积极耕种了，似乎合作社大有崩溃灭亡之势。前年反右倾，去年反冒进，反冒进的结果又出了个右倾。我说的这个右倾，是指在社会主义革命问题上，主要是在农村社会主义改造问题上的右倾。我们

---

① 《陈云文选》第三卷，人民出版社 1995 年版，第 49、52 页。

的干部中间刮起了这么一股风，像台风一样，特别值得注意。话语之中，不难看出毛泽东对反冒进是不满意的。

1957 年 9 月，中共扩大的八届三中全会在北京召开。会议的最后一天，毛泽东作了《做革命的促进派》的讲话。毛泽东在讲话中对反冒进作了措辞较为严厉的批评。他说：做事情，至少有两种方法：一种，达到目的比较慢一点，比较差一点；一种，达到目的比较快一点，比较好一点。一个是速度问题，一个是质量问题。不要只考虑一种方法，经常要考虑两种方法。比如修铁路，选线路要有几种方案，在几条线路里头选一条。可以有几种方法来比较，至少有两种方法来比较。去年这一年扫掉了几个东西。一个是扫掉了多、快、好、省。不要多了，不要快了，至于好、省，也附带扫掉了。好、省我看没有哪个人反对，就是一个多、一个快，人家不喜欢，有些同志叫“冒”了。本来，好、省是限制多、快的。好者，就是质量好；省者，就是少用钱；多者，就是多办事；快者，也是多办事。这个口号本身就限制了它自己，因为有好、省，既要质量好，又要少用钱，那个不切实际的多，不切实际的快，就不可能了。去年下半年一股风，把这个口号扫掉了，我还想恢复。有没有可能？请大家研究一下。还扫掉农业发展纲要四十条。这个“四十条”去年以来不吃香了，现在又“复辟”了。还扫掉了促进委员会。我曾经谈过，共产党的中央委员会，各级党委会，还有国务院，各级人民委员会，总而言之，“会”多得很，其中主要是党委会，它的性质究竟是促进委员会，还是促退委员会？应当是促进委员会。至于某些东西实在跑得快了，实在跑得不适合，可以有暂时的、局部的促退，就是要让一步，缓一步。但是，我们总的方针，总是要促进的。

毛泽东还讲到如何对待苏联经验及争取比苏联更快的经济建设速度问题。他说，苏联的建设经验是比较完全的。所谓完全，就是包括犯错误。不犯错误，那就不算完全。学习苏联，并不是所有事情都硬搬，教条主义就是硬搬。我们是在批评了教条主义之后来提倡学习苏联的，所以没有危险。在革命这方面，我们是有经验的。在建设这方面，我们刚开始，只有八年。我们建设的成绩是主要的，但不是没有错误。错误将来还要犯，希望少犯一点。我们学习苏联，要包括研究它的错误。研究了它错误的那一方面，就可以少走弯路。我们是不是可以把苏联走过的弯路避开，比苏联搞的速度更要快一点，比苏联的质量更要好一点？应当争取这个可能。

讲话中毛泽东还提出，要通过精耕细作，使中国“变成世界第一个高产的国家”。他说，有的县现在已经是亩产1000斤了，半个世纪搞到亩产2000斤行不行呀？将来是不是黄河以北亩产800斤，淮河以北亩产1000斤，淮河以南亩产2000斤？到二十一世纪初达到这个指标，还有几十年，也许不要那么多时间。我们靠精耕细作吃饭，人多一点，还是有饭吃。我看一个人平均三亩地太多了，将来只要几分地就够吃。①

中共八届三中全会基本通过了《1956年到1967年全国农业发展纲要（修正草案）》（简称“四十条”或“农业发展纲要”），并于10月25日公布。“四十条”提出，在12年的时间内，粮食每亩平均产量，黄河、秦岭、白龙江以北的地区由1955年的150多斤增加到400斤，黄河以南、淮河以北地区由1955年的208斤增加到500斤，淮河、秦岭、白龙江以南地区由1955年的400斤增加到800斤。同一天，毛泽东为中共中央起草了《关于组织全民讨论一九五六年到一九六七年全国农业发展纲要（修正草案）的通知》，要求在全民中“展开一次大辩论”，“目的在认清方向，坚定信心，人人努力，改造中国”。②

10月27日，《人民日报》配发了《建设社会主义农村的伟大纲领》的社论。社论认为，许多人惯于根据小农经济的生产条件来看合作化以后的新情况，对于过去没有见过的事情，常常是不敢想、不敢做，信心不足，顾虑重重。“为了克服各种各样的保守思想，最有效的方法，就是在农村中以四十条纲要为中心，进行一次生产建设问题的大鸣、大放、大争。”社论还要求在第二个五年计划期间大多数合作社的生产和收入赶上或超过当地富裕中农的水平，要求有关农业和农村的各方面工作在十二年内都按照必要和可能，“实现一个巨大的跃进”。这是中共中央通过媒体正式发出“大跃进”的动员，也是第一次以号召的形式使用“跃进”一词。

---

① 中共中央文献研究室：《建国以来重要文献选编》第10册，中央文献出版社1994年版，第600—601页。

② 《建国以来毛泽东文稿》第6册，中共中央文献出版社1992年版，第610页。

此前的9月24日，中共中央、国务院发出《关于今冬明春大规模地开展兴修农田水利和积肥运动的决定》，要求各地“首先要反对保守思想”，在这年冬季，集中力量开展一个大规模的农田水利建设运动和积肥运动，使之“成为随着目前农村社会主义教育高潮而来的生产高潮的主要组成部分”。① 中共八届三中全会以后，各地按照上述文件的要求，以“大鸣、大放、大辩论、大字报”的形式，开展批判“右倾保守”，落实“农业发展纲要四十条”，部署农田水利建设和积肥运动，投入水利建设的劳动力，1957年10月份两三千万人，11月份六七千万人，12月份八千万人，1958年1月达到一亿。② 就这样，农业生产的“大跃进”正式启动。

1957年11月，毛泽东到莫斯科参加十月革命胜利四十周年庆典及各国共产党和工人党代表会议。在莫斯科期间，苏共中央总书记赫鲁晓夫很有信心地告诉毛泽东：15年后，苏联可以超过美国。苏联老大哥要在15年内超过世界头号资本主义国家，这既使毛泽东感到十分兴奋，也使他感到有很大的压力。他觉得，像中国这样的大国，应当在社会主义阵营与资本主义阵营的竞赛中发挥更大的作用。于是，他在莫斯科明确表示：15年后，中国可能赶上或超过英国。毛泽东提出中国用15年的时间超过英国的一个重要依据，是他在同英国共产党负责人波立特、高兰谈话中了解到，再过15年，英国的钢产量可从现在的2000万吨增长到3000万吨，而按每5年翻一番计算，中国再过15年可达到4000万吨钢。因此，毛泽东认为，作为主要工业产品的钢产量中国用15年的时间赶上或超过英国是可能的。在同国内领导人商量后，11月18日，毛泽东在各国共产党和工人党代表会议的讲话中公开表示，中国今年有了520万吨钢，过5年，可以达到1000万吨到1500万吨钢；再过5年，可以达到2000万吨到2500万吨钢；再过5年，可以达到3500万吨到4000万吨钢。他还认为，15年后，在社会主义阵营中间，苏联超过美国，中国超过英国。③

毛泽东提出15年赶上英国的设想，在当时的历史条件下是可以理解

---

① 中共中央文献研究室：《建国以来重要文献选编》第10册，中央文献出版社1994年版，第567页。

② 薄一波：《若干重大决策与事件的回顾》下卷，中共中央党校出版社1993年版，第479页。

③ 顾龙生：《毛泽东经济年谱》，中共中央党校出版社1993年版，第406—407页。

的。他曾说过："中国经济落后，物质基础薄弱，使我们至今还处在一种被动状态，精神上感到还是受束缚，在这方面我们还没有得到解放。……十五年后，粮食多了，钢铁多了，我们的主动就更多了。"① 问题是"超英赶美"的时间一再被提前，结果欲速则不达，搞起了得不偿失的"大跃进"。

莫斯科会议期间，毛泽东处于一种兴奋状态。胡乔木后来回忆说："毛主席对这个会议非常满意。加上苏联的人造卫星上天，毛主席这时确实感到胜利在我们一边，提出东风压倒西风，超英赶美。""毛主席觉得可以探索一种更高的发展速度，把群众发动起来，而且把全国发动进来，生产一定会大跃进。"② 毛泽东还从莫斯科给国内打电话，说以后再也不要提反冒进了，搞社会主义就是要"冒"一点。

11 月 13 日，《人民日报》发表《发动全民，讨论四十条纲要，掀起农业生产的新高潮》的社论，对反冒进作了公开的批评。其中说道："有些人害了右倾保守的毛病，像蜗牛一样爬行得很慢，他们不了解在农业合作化以后，我们就有条件也有必要在生产战线上来一个大的跃进。这是符合于客观规律的。一九五六年的成绩充分反映了这种跃进式发展的正确性。有右倾保守思想的人，因为不懂得这个道理，不了解合作化以后农民群众的伟大的创造性，所以他们认为农业发展纲要草案是'冒进了'。他们把正确的跃进看成了'冒进'。他们不了解所谓'冒进'是没有实际条件，因而是没有成功可能的盲目行动。而我们在 1956 年的跃进却完全不是这样，是有很多可以实现的条件，因而取得了巨大的成绩。否则，就无法说明，为什么 1956 年我国遭受了严重的自然灾害，而粮食产量却超过了大丰收的 1955 年一百多亿斤。"

这篇社论中关于"跃进""大的跃进"的表述，得到了毛泽东的充分肯定。1958 年 5 月 26 日，毛泽东重看了这篇社论，并随即给正在此间参加中共中央政治局扩大会议的与会人员写了一封信，其中说："以'跃进'一词代替'冒进'一词从此篇起。两词是对立的。自从'跃进'这个口号提出以后，反冒进论者闭口无言了，'冒进'可反（冒进即左倾机会主义

① 《毛泽东文集》第 7 卷，人民出版社 1999 年版，第 350 页。

② 胡乔木：《胡乔木回忆毛泽东》，人民出版社 1994 年版，第 14 页。

的代名词)，当然可以振振有词。跃进呢？那就不同，不好反了。要反那就立刻把自己抛到一个很不光彩的地位上去了。此文发表时，我们一些人在莫斯科，是国内同志主持的，其功不在禹下。如果要颁发博士头衔的话，我建议第一号博士赠与发明这个伟大口号(即：'跃进')的那一位(或者几位)科学家。"①

其实，"跃进"一词过去在报刊上也是经常出现的。1949年至1956年的《人民日报》，这个词每年都有几十篇文章使用，有时甚至偶有"大跃进"的表述。在重要文件中首次使用"跃进"一语，是1957年6月26日周恩来在一届全国人大四次会议上所作的政府工作报告。当时正值反右派运动进入高潮之际，周恩来在报告中批评了认为我国国民经济计划"在1956年全面冒进了，在1957年又全面冒退了"的观点，指出：1956年的计划"采取了跃进的步骤，而且在各方面取得了如前所说的巨大成就"，"而1956年，伴随着社会主义改造的高潮的到来，我国的社会主义建设有了一个跃进的发展"。② 这也是党和国家领导人第一次明确地用"跃进"一词。当然，"大跃进"作为一个特殊的用语，还是这篇社论以后的事情。

1957年11月下旬，毛泽东从苏联回国。接着，他主持起草了《人民日报》社论《必须坚持多快好省的建设方针》，并于12月12日公开发表。社论说："去年秋天以后的一段时间里，在某些部门、某些单位、某些干部中间刮起了一股风，居然把多快好省的方针刮掉了。有的人说，农业发展纲要四十条订得冒进了，行不通；有的人说，1956年的国民经济发展计划全部冒进了，甚至第一个五年计划也冒进了，搞错了；有的人竟说，宁可犯保守的错误，也不要犯冒进的错误，等等。于是，本来应该和可以多办、快办的事情，也少办、慢办甚至不办了。这种做法对社会主义建设事业当然不能起积极的促进作用，相反地起了消极的'促退'的作用"。

随后，毛泽东在不同的场合一再对反冒进提出批评，并且措辞一次比一次严厉。在1957年12月的杭州会议上，毛泽东对主持反冒进的周恩来作了点名批评。1958年1月，毛泽东主持召开为发动"大跃进"做准备

① 《建国以来毛泽东文稿》第7册，中央文献出版社1992年版，第254页。

② 周恩来：《政府工作报告》，《人民日报》1956年6月27日。

的南宁会议。在会上，毛泽东多次讲到反冒进问题，说反冒进使“6亿人泄了气”，明确表示“我是反反冒进的”。在同年3月的成都会议上，毛泽东对反冒进又一次作了批评，说反冒进是方针性的错误。并且说，一种是马克思主义的冒进，一种是非马克思主义的反冒进，究竟采取哪一种，应该采取冒进。1958年4月，毛泽东在武汉主持的一次汇报会上说，1956年下半年和1957年来了一个反冒进，搞得人不舒服，是个马鞍形，是两个高潮间的一个低潮，并对“稳妥可靠”的提法提出批评，说我们这样大的国家，稳、慢就会出大祸，快一点，就会好些，“反冒进”是稳妥派反对跃进的口号。我们要用“跃进”代替“冒进”，使他们不好反对。通过这些会议的发动，加上宣传媒体的推波助澜，“大跃进”的浪潮很快席卷神州大地。

二、人民公社的酝酿

随着“大跃进”的启动，全国人民以迅速改变我国一穷二白面貌的雄心壮志，以前所未有的热情投入到工农业生产中，全国出现了一片热火朝天的工农业生产“大跃进”景象。但是，当年对人民群众高涨的生产积极性并没有正确地加以运用，而是片面地将群众的生产热情同现实的生产力等同起来，想当然地认为我国工农业生产将有一个飞速的发展，原来的工农业生产计划已大大落后于形势，必须对计划进行调整。在这种情况下，一系列不切实际的高指标提了出来。

在1958年1月的南宁会议上，毛泽东就提出了要提前实现几个月前刚通过的“农业发展纲要四十条”的问题，要求在今后五年到八年内，完成“农业发展纲要四十条”原定十二年实现的指标。他在会议期间写的《工作方法六十条（草案）》中提出：“就全国范围来看，五年完成‘四十条’不能普遍做到，六年或者七年可能普遍做到，八年就更加有可能普遍做到。”他还说：“十年决于三年，争取在三年内大部分地区的面貌基本改观。其他地区的时间可以略为延长。口号是：苦战三年。办法是：放手发动群众，一切经过实验。”[1]后来的问题恰恰是许多方针、措施的提出根本没有经过实验。

南宁会议还提出了“两本账”的问题。所谓“两本账”，就中央而言，一本是必成的计划，一本是期成的计划；就地方而言，第一本账就是中央期成的计划，第二本账就是地方期成的计划。期成的计划指标总是要高于必成计划指标，加之各级都搞自己的“两本账”，各种计划也就被层层加码，指标被层层拔高。如果有人对高指标、“大跃进”持怀疑态度，就被指责为“观潮派”“秋后算账派”，说这些人举的不是红旗而是“白旗”，各地区、各部门纷纷开展“插红旗、拔白旗”活动。那些严重脱离实际的高指标一旦不能完成，许多地方就只得采取假冒浮夸的方法去应对。

南宁会议后，浮夸风便开始出现。浙江、广东、江苏、山东、安徽、江西等省的省委提出，用五年或者稍多一点的时间，粮食生产达到“四十条”的目标。河南省委则要求全省在当年麦收前实现水利化，消灭老鼠、麻雀、苍蝇和蚊子等“四害”，在年内达到“四十条”规定的粮食亩产指标，年底全省城乡消灭文盲。辽宁是我国重要的工业基地，一直是粮食调入省，但辽宁省委提出要在当年实现粮食、猪肉、蔬菜三自给。广东省委提出，到 1962 年要实现全省粮食平均亩产 800 斤的目标，1967 年达到 1000 斤。江西省委则提出了“十年规划，五年完成”的口号。毛泽东对河南的部署虽有怀疑，但认为危险不大，只要求不要登报，让河南试验一年，如果河南灵了，明年各省再来一个大运动。[2]

伴随高指标的提出，以“放卫星”为特征的浮夸风盛行起来。1957 年 10 月，苏联成功发射了第一颗人造地球卫星，在全世界引起了巨大的震动。受此启发，一些地方把自己假造的所谓“高产典型”称之为“放卫星”。

1957 年 12 月 25 日，《人民日报》报道说，广东省汕头专区早在 1956 年就成为全国第一个亩产 800 斤粮食的专区，这个专区的澄海县，则达到

① 《建国以来毛泽东文稿》第 7 册，中央文献出版社 1992 年版，第 49 页。

② 薄一波：《若干重大决策与事件的回顾》下卷，中共中央党校出版社 1993 年版，第 480—481 页。

了亩产1257斤。此后不久，《人民日报》又报道说，河北省邢台市南园村红光一社亩产粮食1112斤，这个地区有7个社亩产过了千斤；沧县地区黄骅县井子村900亩水稻平均亩产1023斤，其中有40亩亩产1500斤。这是“大跃进”运动中的第一批“高产典型”。

随着反“右倾保守思想”的深入和“大跃进”高潮的到来，所谓的“高产纪录”不断被刷新。6月8日，河南省遂平县卫星农业社声称，5亩小麦平均亩产2105斤。过了四天，这个农业社又放出了一颗亩产3530斤小麦的“卫星”。从此，“放卫星”之风遍及全国，“卫星”越放越多，也越放越大。从6月上旬到11月中旬，仅新华社、《人民日报》报道的各种农业“卫星”就达39次之多。至于各地方报刊推介的“卫星”更是难以计数。“卫星”的产量也就有了亩产水稻13万斤、亩产花生5万斤、亩产芝麻7000多斤、亩产茶叶1600多斤等等。于是，一些违背客观事实、甚为荒唐的话语也出现在党报党刊上，如“只要我们需要，要生产多少就可生产出多少粮食来”，“地的产是人的胆决定的”，“人有多大胆，地有多大产”。有的报刊还专门发表文章，大张旗鼓地批判“粮食增产有限论”。

随着一颗颗高产“卫星”的冉冉升起，农作物产量的统计数据也不断攀升。1958年6月中旬，华东协作区农业协作会议宣布：华东五省市（不含山东）去年粮食总产715亿斤，今年夏季收203亿斤，加上秋季将有1200亿斤，比去年将增加507亿斤，增长近70%。7月23日，农业部发布公报：当年夏粮空前丰收，总产量达到5050万吨，比1957年增产2065万吨，增长69%。同一天，《人民日报》发表题为《今年夏季大丰收说明了什么?》的社论，宣布中国的小麦（包括春小麦）总产量已经超过了美国而跃居世界第二位。9月30日，新华社宣布，中国1958年粮食总产量将达到7000亿斤，全国大部分地方的粮食总产量基本实现了“四十条”规定的1967年的指标；大豆、花生、油菜、芝麻等主要油料作物总产量将达到2000万吨，比上年增长50%以上；皮棉总产量可达350万吨，大大超过美国。

在各地农业生产“卫星”争相竞放之时，一些农村还创办了“红专大学”“农业大学”；由于组织所谓“大兵团作战”，将农村的青壮年劳动力按团、营、连的编制进行“共产主义大协作”，公共食堂、托儿所等公共福利事业也开始出现，中国农村的确出现了一股热火朝天的新气象。这种局面的出现，使中国领导人一方面为农村正在发生的变化而鼓舞，一方面又感到农村的生产力已空前地发展起来，生产关系已经不适应生产力的发展。于是，他们开始思考农村的基层组织结构的变革问题。

1958 年 3 月 20 日，中共河南封丘县委向毛泽东报告说，该县应举农业生产合作社依靠集体的力量，战胜自然灾害，改变了贫穷落后面貌。毛泽东看了这个报告十分振奋，亲笔写了《介绍一个合作社》的推介文章。文章一开头，他就以饱含激情的笔调写道："'一个苦战二年改变了面貌的合作社'，这篇文章值得一读。共产主义精神在全国蓬勃发展。广大群众的政治觉悟迅速提高。群众中的落后阶层奋发起来努力赶上先进阶层，这个事实标志着我国社会主义的经济革命（生产关系方面尚未完成改造的部分）、政治革命、思想革命、技术革命、文化革命正在向前奋进。由此看来，我国在工农业生产方面赶上资本主义大国，可能不需要从前所想的那样长的时间了。"① 这里所说的"从前所想的那样长的时间"，指的是"大跃进"发动之初确定的十五年超过英国，然后再赶上美国的时间。从这段话中可以看出，毛泽东对中国农村面貌即将发生巨大变化是充满信心的。实际上，他此时已在思考在我国农村如何尽早实现共产主义的问题。

1958 年 4 月下旬，刘少奇去广州向毛泽东汇报中共八大二次会议的准备情况。据刘少奇后来自己讲，在火车上，他与周恩来、陆定一（时任中共中央政治局候补委员、中共中央宣传部部长）、邓力群（时任中共中央书记处办公室组长）等吹半工半读，吹教育如何普及，吹公社，吹乌托邦，还吹过渡到共产主义。说建设社会主义这个时候就为共产主义准备条件，要使前一阶段为后一阶段准备条件，我们搞革命就是这样的，开始搞前一步的时候，就想下一步，为下一步创造条件。我们现在建设社会主义，就要为共产主义创造一些顺利条件。此外，还吹空想社会主义，还吹托儿所、集体化、生活集体化，还吹工厂办学校、学校办工厂、半工半读。车到郑州时，刘少奇还对河南省省长吴芝圃说，我们有这样一个设

① 《建国以来毛泽东文稿》第 7 册，中央文献出版社 1992 年版，第 177 页。

想，你们可以试验一下。[①] 一个“吹”字，充分反映了领导人的兴奋心情。

在广州，毛泽东向刘少奇等人谈了他对于农村发展的设想。在1958年5月19日中共八大二次会议上，陆定一将这些设想透露出来了。陆定一在发言稿中说：“毛主席和少奇同志谈到几十年以后我国的情景时，曾经这样说，那时我国的乡村中将有许多共产主义的公社，每个公社有自己的农业、工业，有大学、中学、小学，有医院，有科学研究机关，有商店和服务行业，有交通事业，有托儿所和公共食堂，有俱乐部，也有维持治安的民警等等，若干乡村公社围绕着城市，又成为更大的共产主义公社。前人的‘乌托邦’想法，将被实现，并将超过。我们的教育方针和其他教育事业，也将朝这个目标发展。”

1958年6月14日，刘少奇同全国妇联主席蔡畅，副主席邓颖超、杨之华等谈话。刘少奇说：八大二次会议上，河南代表、青年团代表都讲了公共食堂问题，江苏常熟普遍办起了农忙食堂，可见大家趋向共产主义。毛主席讲“三无”，无政府，无国家，无家族，这将来会统统要实行。毛主席讲过两次，家庭要消灭的。……当然家庭消灭不是现在的事情，而是将来的事情。在中国康有为最早提出消灭家庭，他主张男女结婚不得超过一年，他说这么一来六十年后就没有家庭了。他是从消灭私有财产想的，他认为家庭占有私有财产，消灭了家庭就可以消灭私有财产。因此，他主张消灭家庭。毛主席讲，家庭是历史上产生的现象，也会消灭的。家庭在历史上的作用是生产单位、教育单位、消费单位，它的社会职能有这么多，现在的家庭已不能成为物质生产的单位了，物质生产的作用很小了，但家庭还是个消费单位。他又说，可以搞很多的事业，像空想社会主义所说的，小孩子多大年龄就到什么地方去，到处有花园，老人有养老院，还有戏院、小学、图书馆、电影院……搞得好，可以达到这种境地。完全可以设想，到将来我们到共产主义不要多远，十五年可以赶上美国，再有十五年等于三四个美国。再有四十年、五十年中国可以进入共产主义。

1958年6月30日，刘少奇在同《北京日报》编辑谈话时提出，三四十年即可进入共产主义社会，对共产主义社会的基层组织，现在就要

① 薄一波：《若干重大决策与事件的回顾》下卷，中共中央党校出版社1993年版，第514页。

开始实验。恐不能像现在这样，种地净种地，做工净做工，现在就要搞工农商学兵。7 月 7 日，在视察北京市通县（1997 年改设通州区）时，刘少奇又说：磨面、做饭、带孩子、缝纫、洗衣这些事实现集体化，这就解放了妇女劳动力。生产集体化了，生活也得集体化，否则就和生产集体化不相适应。为生产服务的事业集体化，跟生产集体化配合起来，这就算共产主义的开始。7 月 19 日，在同天津地委的谈话中，刘少奇还说，一个乡一个社，将来是否叫社，农庄也包括不了，因为有工业、有学校、有商业，又有民兵，生孩子也有人管，实际上是共产主义的基层结构。这是组织起来的公社，有工业，有商业，有农业，有学校，生、老、病、死都在这里。这是共产主义社会。

就在这个时候，中国领导人关于农村基层组织的设想，由毛泽东的秘书、新创刊的《红旗》杂志的总编辑陈伯达进一步透露出来。1958 年 7 月 1 日出版的《红旗》第 3 期发表了陈伯达的《全新的社会，全新的人》一文，文章在介绍湖北省鄂城县旭光一社土法办小工厂的经验时说，该社是“把一个合作社变成既有农业合作又有工业合作的基层单位，实际上是农业和工业相结合的人民公社”。这是党的机关刊物第一次使用“人民公社”一词。

同一天，在北京大学庆祝中国共产党成立 37 周年大会上，陈伯达在演讲中称：“毛泽东同志说，我们的方向，应该逐步地有次序地把‘工（工业）、农（农业）、商（交换）、学（文化教育）、兵（民兵、即全民武装）’组成一个大公社，从而构成为我国社会的基本单位。在这样的公社里面，工业、农业和交换是人们的物质生活；文化教育是反映这种物质生活的人们的精神生活；全民武装是为着保卫这种物质生活和精神生活，在全世界上人剥削人的制度还没有彻底消灭以前，这种全民武装是完全必要的。毛泽东同志关于这种公社的思想，是从现实生活的经验所得的结论。”这篇讲话随后以《在毛泽东同志的旗帜下》为题，发表在 7 月 16 日出版的《红旗》杂志第 4 期上。

这两篇文章，对人民公社的出现起了直接的推动作用。1958 年 8 月 4 日，中共河南省委书记处书记史向生在信阳地委召开的公社现场会的讲话中说：“在目前并大社中出现了一批公社，或类似公社的组织，陈伯达同志在《红旗》上写文章提出公社这个名子（字），我们也很同意用这个名子（字），从提法上讲可以叫做人民公社。”①8 月 22 日，中共河南省委向中共中央报告也说：“（人民公社化）这一运动，首先从农村开始，小社并大社，自留地归集体，大搞公共食堂，广泛开展社会主义大协作……这在实质上已经形成了公社的雏形，但还没有肯定的统一的名称。在农村有的叫集体农庄，有的叫农场；在城市有的叫社会主义大院，有的叫社会主义大家庭。直至《红旗》第四期陈伯达同志所写《在毛泽东同志的旗帜下》一文引证毛主席关于人民公社的指示后，才明确了建立人民公社的方向。开始是遂平县卫星社建立了第一个人民公社，接着全县实现了公社化，以后很快在信阳、新乡地区全面展开，其他各县都进行试办。”②

三、小社并大社

在党的领导人开始构想中国农村新蓝图的时候，广大农村的社会组织正处在变化之中，出现了联乡并社的势头，导致了一大批超大型农业生产合作社的产生，并由此催生了人民公社。

对于农业生产合作社的规模大小问题，毛泽东早在合作化运动高潮时就有过考虑。1955 年 12 月，他主编《中国农村的社会主义高潮》一书时，在为《大社的优越性》一文所写的按语中说：“现在办的半社会主义的合作社，为了易于办成，为了使干部和群众迅速取得经验，二三十户的小社为多。但是小社人少地少资金少，不能进行大规模的经营，不能使用机器。这种小社仍然束缚着生产力的发展，不能停留太久，应当逐步合并。有的地方可以一乡为一个社，少数地方可以几乡为一个社，当然会有很多地方一乡有几个社的。不但平原地区可以办大社，山区也可以办大社。”

① 《省委书记处书记史向生同志在地委召开的公社现场会议上的报告》，1958 年 8 月 4 日。
② 中共河南省委：《关于建立人民公社情况的报告》，1958 年 8 月 22 日。

由于不恰当地强调大社的优越性，结果1956年上半年办起的一些高级社，规模都比较大。

到1956年9月中共八大召开时，河北全省共有农业合作社24249个，其中联村、联乡社占33.03%，500户以上至数千户的社占合作社总数的23%，一村一社的占64.56%，全省农业合作社平均户数为340户。武安县的贺进农业社由2个乡、7个村、49个初级社组成，全社1897户，6252人，男女整劳动力2272个，男女半劳动力554个，耕畜451头，有12000亩耕地。武安县的伯延乡曙光农业社由原来的5个乡、21个行政村、63个初级社合并而成，全社有6473户，22069人，男女整劳动力8908个，男女半劳动力1907个，土地69816亩，牲畜1953头，全社共编成22个生产大队，101个生产小队。成安县七一农业生产合作社是由原来的4个半村的20个初级社合并而成，全社共有4480户，20586人，男女整劳动力8667个，男女半劳动力3215个，耕地面积79386亩，牲口1473头。

1956年底，河南全省高级社平均365户，许多社是由多个村合办的联村社。该省新乡地区1955年底实现高级合作化，共组成3645个高级农业社，每社平均518户。许昌地区建立的2283个高级社中，1000户至2000户的有116个，2000户以上的有24个。1956年1月成立的固始县七一农业合作社，由5个乡的49个初级社及部分单干户组成，全社2276户，10545人，耕地18015亩。

1956年春，吉林省曾集训了957名农业社主任，其中100户至300户的社355个，301户至500户的社403个，501户至1000户的社167个，1001户至1500户的社25个，1501户至2000户的社4个，2000户以上的社有3个。

辽宁省盖平县花园坨乡的太阳升农业合作社，是1955年冬合作化高潮中，由全乡11个村、25个初级社合并建成的。当时拥有社员2403户，共有耕地1905公顷，苹果树9万株，耕畜492头，大车214辆。

由于农业社的规模过大，社干部缺乏办大社的经验，管理水平自然跟不上，出现了许多的问题。中共河北省委第一书记林铁在八大的发言中说："有不少数村、十数村包括千户、数千户的大社，出现了下列现象：生产管理困难，政策上难以正确贯彻，社干部不能深入工作，特别是由于村与村之间土地占有和收入悬殊以及生产经营的对象不同，使彼村骤然普遍增加收入，此村社员不能增加收入。”① 中共陕西省委第一书记张德生在八大的发言中也说，由于一些地方“不顾条件地追求大社、大队、大组，而不善于组织大规模的集体劳动。以致生产秩序混乱，形成了‘派活乱点兵，做活一窝蜂’的现象；只靠命令办事，不和群众商量，有的甚至用‘扣工分’、‘不派活’的办法来推动工作，以致部分社员产生了‘干部怎么说就怎么办’的消极情绪。”②

根据中共河北省邯郸地委农村工作部对武安县贺进社的调查，该社由于规模过大，经营管理和财务管理上存在许多问题，如生产计划不周，顾此失彼，社里为修水渠开展“红五月活动”，要求“开渠到顶”，而此时正是谷子苗锄草季节，社里却不安排锄草，有的队偷偷锄了还挨社里的批评。等到社里决定锄谷草时又到了小麦收割季节，因为这时安排劳动力锄谷草去了，人手不够，结果使应收的小麦遭了雹灾。这个社搞副业生产也没有计划，无目的地组织了 15 辆胶轮车到邯郸跑运输，去了一个月赔了三十多元，回来后有 25 头牲口不能使用，其中还有 8 头生病；社里财务自从高级社建立之后一次也没有向社员公开过，社下的大队与小队都不知道本队收支情况，有的队有账没有单，也有队有单没有账，社员对社里的财务情况一点也不摸底。“由于干部领导力量薄弱，经营管理不善，社员生产情绪不高，劳动纪律松弛”，结果全社 1956 年减产 24.5%，大多数社员不能增加收入，而且高级社成立之后没有向社员预支一分钱，造成社员生活困难。由于高级社成立后问题很多，社员对办大社没有信心，大量劳动力外流，全社正式迁移走的有 120 人，还有许多偷偷走的。贺进村原 1200 户，到 1956 年 10 月只有男女劳动力 400 个，严重影响了生产。③

农业社的规模过大，不但给生产管理带来了诸多不便，也容易造成分配上的平均主义和社干部在工作上的强迫命令（有的大社本身就是强迫命令的产物）。当时，针对部分农业合作社规模过大的情况，中共中央、国

① 《中国共产党第八次全国代表大会文献》，人民出版社 1957 年版，第 209 页。

② 《中国共产党第八次全国代表大会文献》，人民出版社 1957 年版，第 292 页。

③ 中共邯郸地委农村工作部：《关于联乡社——武安贺进农业社的情况调查材料》，1956 年 10 月 27 日。

务院曾于1956年9月12日发出《关于加强农业生产合作社的生产领导和组织建设的指示》，强调指出：合作社规模大小，是合作社组织建设的一个重大问题，应该根据有利于生产，有利于团结，适合当前的管理水平，便于联系社员的原则加以规定。在目前条件下，合作社的规模，山区以一百户左右，丘陵区二百户左右，平原区三百户左右为适宜，超过三百户以上的大村也可以一村一社。今后建社并社的时候，应该按照这种规模进行。至于现有的大社，凡能办好的应该努力办好，凡不利于生产、多数社员要求分开的，应该适当分开。与此同时，中共八大通过的《关于发展国民经济的第二个五年计划（1958—1962）的建议》也认为："在农业生产合作社的发展中，应该防止盲目并成大社，以免造成经营管理和生产组织工作上的困难，影响农业生产。"①

但是，上述指示当时在一些地方并没有很好加以贯彻。到了1956年底至1957年初，由于收入下降，少数乡社干部作风独断专行，以及办社经验不足，粮食统购任务过重等原因，一些地方出现了社员要求退社的现象，有的地方还发生了规模不等的社员闹退社事件。

为了加强和改进农业社工作，中共中央于1957年9月14日作出《关于整顿农业生产合作社的指示》《关于做好农业生产合作社管理工作的指示》和《关于在农业合作社内部贯彻执行互利政策的指示》，指出："合作社和生产队的规模大小，对于农业生产管理工作的好坏，关系很大。由于目前农业生产的种种特点，又由于目前农业社的技术水平和管理水平还不高，几年来各地实践的结果，证明大社、大队一般是不适合于当前生产条件的。"并且强调："除少数确实办好了的大社以外，现在规模仍然过大而又没有办好的社，均应根据社员要求，适当分小。""社和生产队的组织规模确定了之后，应该宣布在10年内不予变动。"②根据这些指示，各地相继将那些规模过大的农业社适当加以划小，如河南新乡地区将原来的3645个合作社分成了10272个合作社，平均每社由原来518户减少到

① 《中国共产党第八次全国代表大会关于发展国民经济的第二个五年计划（1958—1962）的建议》，《人民日报》1956年9月29日。

② 《当代中国农业合作化》编辑部编：《建国以来农业合作化史料汇编》，中共党史出版社1992年版，第448、450页。

183户。

“大跃进”运动开始后，伴随大规模农田水利建设的开展，尤其是较大规模水利设施的动工，土地、劳动力的使用等方面原有的社、乡界限被打破。一方面，较大规模的农田水利设施常常是跨社、乡甚至是跨县的，而且难免出现水利设施建在甲乡甲社，使用甲乡甲社的土地和劳动力，但受益的却是乙乡乙社的情况，社与社、乡与乡之间时常产生矛盾。另一方面，较大规模的水利设施的建设又往往单靠一乡一社难以建成，需要社、乡间的合作。为此，一些地方打破社、乡间的界限搞起劳动协作，一些干部也产生了将若干小型合作社合并为较大规模合作社的想法。针对这种情况，毛泽东开始重新考虑农业合作社的规模问题，并提出了“并大社”的想法。

根据毛泽东“并大社”的思想，1958年3月的成都会议通过了《中共中央关于把小型的农业合作社适当地并为大社的意见》（以下简称《意见》），并于4月8日得到了中共中央政治局会议的批准。《意见》指出：“我国农业正在迅速地实现农田水利化，并将在几年内逐步实现耕作机械化，在这种情况下，农业生产合作社如果规模过小，在生产的组织和发展方面势将发生许多不便。为了适应农业生产和文化革命的需要，在有条件的地方，把小型的农业合作社有计划地适当地合并为大型的合作社是必要的。”①《意见》提出了小社并大社的几个条件：一是在发展生产上有需要；二是绝大多数社员确实赞成；三是地理条件适合大社的经营；四是合作社的干部有能力办好大社。《意见》还提出小社并成大社后，一个乡领导几个农业生产合作社是适宜的，但如果乡的规划较小，可以适当地合并成大乡。

1958年4月12日，《人民日报》头版头条发表了《联乡并社发展生产力》的报道。报道中说，为了解决这个一乡一社小单位的人力物力与农业生产“大跃进”不相适应的新矛盾，福建省闽侯县在三个月的时间内，把城门、下洋、龙江三个乡合并为一个乡，把二十三个农业社合并为一个社。“在

① 中共中央文献研究室：《建国以来重要文献选编》第11册，中央文献出版社1985年版，第209页。

大规模的农村技术改革运动中，对各项大的建设进行统一规划、全面合作，提倡社与社之间互相协作、相互支援。并且由驻各乡的县、区干部等组成联合工作组，指挥各社的技术改革运动和当前生产活动。”同一天的《人民日报》还以《编辑的话》的形式，将《中共中央关于把小型的农业合作社适当并为大社的意见》中的主要观点公开发表。

1958年6月底7月初，晋、冀、鲁、豫、陕、京六省市农业协作会议在河南郑州召开，专题讨论了小社并大社的问题。会议通过的《关于农业社问题的意见》中提出：“为了适应农业更大的跃进和农业机械化、电气化的需要，小社应当适当并大。”关于大社的规模，会议认为，一个社以1000户到2000户比较适宜，有的地方还可以小一些，有条件的地方也可以大一些。

在这之后，小社并大社的工作在各地相继开展。截止到1958年7月，辽宁将全省9297个农业社并成了1461个社。合并后的社平均户数为1995户，其中500户以下的80个，500户至2000户的702个，2000户至4000户的569个，4000户至5000户的14个，5000户以上的36个，万户以上的大社有9个。最大的盖平县花园坨乡太阳升社（又叫太阳升共产主义农场）是由花园坨、团山子、沙岗子、刘屯、徐屯、东海、新友谊等7个社组成，这个大社东西约60里，南北约40里，总共有18000多户，95000多人口。并社过程中，辽宁还对乡进行了调整，全省由原来的2854个乡合并为1326个乡，其中一乡一社的1072个，一乡两社的109个，一乡三社的36个，一乡四社以上的9个，基本上实现了一乡一社。

辽宁并社的具体做法是：(一）公共财产统一归大社所有；(二）债务处理原则上公债归公，私债归私；(三）社员多余的股份基金采取缓期归还和献给合作社两种办法；(四）在收益分配上，有的由大社统一分配，统一积累，也有的仍按原来的小社进行分配；(五）社员私有经济也有两种处理方法，一种是减少自留地，母猪由社统一控制，小牲畜、零星果树一律作价归公，另一种是没收自留地，房屋、小牲畜、零星果树一律无代价地归公。在组织机构上，大社设立管理委员会，乡党委即大社的党委，大社以下设合作社、作业区、生产队三级。辽宁还总结了并社的五大优越性：一是协作大进步，生产力大解放；二是工、农、商、学、兵，农、林、牧、副、渔一齐发展；三是人多力量大，抗灾本钱厚；四是贫富差距缩小；五是干群大解放，眼界宽，胆量大，敢想敢做。① 在这个过程中，安东县前阳地区由前阳、新安、龙潭、新沟、黑山五个社并成的前阳大社（又称前阳农业公社，全社 13000 多户）还进行了由集体所有制过渡到全民所有制的试点。

到 1958 年 7 月，河南全省将 38286 个农业社合并成 2700 多个，平均每社 4000 户左右。其中信阳地区在 7 月间将 5376 个小社合并为 208 个大社，平均每社 8000 户。7 月 16 日至 18 日，河南修武县召开有 5000 人参加的全县四级干部会议，研究进一步“大跃进”的问题。会上，中共修武县委拿出了建立“一县一社”的方案，征求与会干部的意见。结果，许多干部“强烈要求”并大社，在报经中共新乡地委批准后，修武县委决定将全县的 245 个小社合并成一个大型的农业社。7 月下旬，“修武县跃进农业生产合作社”正式成立，开了全国一县一社的先河。

各地合并起来的大社，开始时名称各不相同，有的仍叫农业生产合作社，有的叫“集体农庄”，有的叫“社会主义大院”或“社会主义大家庭”，有的叫“共产主义农场”“国营农场”“合作农场”。也有称“公社”的，如浙江省诸暨县城南乡 1958 年 6 月中旬成立的大社称为“红旗共产主义公社”，辽宁省安东县前阳地区五个社合并的大社叫做“前阳农业公社”。不久，这些合并成的大社有了一个统一的称呼——人民公社。当然，人民公社的出现，不仅仅是一个称呼的问题，而且是农村社会经济体制的深刻变革。

四、第一批公社

各地的并社运动中，相继建立了一批规模很大的农业合作社，并成为

① 中共黑龙江省委：《批转省委农村工作部关于参观辽宁并社工作的报告》，1958 年 8 月 2 日。

后来人民公社的雏形。其中具有典型意义的是河南遂平县的嵖岈山地区。

嵖岈山地处遂平县西部。“大跃进”开始后，这里和全国各地一样，也掀起了农田水利建设的高潮。在兴修水利的过程中，社与社之间围绕用地、劳动力使用等方面出现了一些矛盾，乡社干部和群众由此产生了并大社的想法。

1958 年 4 月 15 日，信阳地区专员（遂平县当时属信阳地区，今属驻马店市）张树藩和遂平县委书记处书记娄本耀到嵖岈山地区检查麦田管理和卫生工作，地处嵖岈山的杨店、土山等乡的干部在汇报工作时提出了“并大社”的请求。4 月 18 日下午，杨店、土山、鲍庄三个乡的男女社员 8000 多人，抬着申请书，汇集到杨店街，向地区和县里的领导申请并大社。面对这种情况，张树藩表示，能否并大社需要向地委请示。娄本耀当即就拨通了中共信阳地委的电话。张树藩随即向地委第一书记路宪文通报了有关情况，路宪文在电话中表示同意。

信阳地委同意在嵖岈山成立大社后，马上面临着成立相应的组织机构的问题。娄本耀同被县里派到这里帮助工作的县委农工部副部长陈丙寅商量后认为，一个大社几万人，吃、住、行都得考虑，建议按中央机关的组织形式，大社设立公安、民兵、农业、司法、多种经营等部门。娄本耀还建议陈丙寅就任大社的党委书记，韩楼农业社社长、劳动模范钟清德当大社的社长，各个乡的党委书记都当大社的副书记，乡长当大社的副社长，原来的乡变成管理区，原来的高级社变成大队。同一天，娄本耀请正在邻近的常庄乡检查工作的中共遂平县委第一书记蔡中田、信阳地委秘书长兼遂平县委副书记赵光赶到杨店，共同研究大社的组织机构问题，最后决定大社就叫“嵖岈山大社”。

4 月 20 日，已经得知地委同意并大社消息的嵖岈山地区干部，再次组织群众到杨店街参加大社成立大会。参加这次集会的群众除了杨店、土山、鲍庄 3 个乡 19 个农业社的群众外，还有槐树乡 7 个社、玉山乡 3 个社和张堂乡 1 个社的群众，共达 15000 余人。这次群众不但抬着要求并大社的申请书，还抬着各式各样的决心书和保证书。会上，张树藩当场向群众宣布：地委已经同意成立大社。

大社成立后，有人认为“嵖岈山大社”这个名字还不够好，是不是改一改？这时有人提出，办大社是向苏联老大哥学习的。他们有集体农庄，大社也该叫集体农庄。还有人说，起社名要带点先进性。苏联的卫星上了天，引得人人都朝天上看，应在集体农庄之前加上“卫星”二字。这样，“嵖岈山大社”被改名为“嵖岈山卫星集体农庄”（又叫“嵖岈山卫星农业社”）。

卫星农业社是由嵖岈山地区杨店、土山、鲍庄三个乡加张堂乡的一部分合并而成的，全农庄有耕地 90447 亩，山林 56865 亩。共有 6566 户，30131 人，其中有整劳力 11960 人，半劳力 3406 人。下设 20 个生产大队（即原来的 20 个高级社），215 个生产队。

嵖岈山卫星农业社成立后，中共遂平县委对此给予了充分肯定，并特地总结了小社并大社的若干优越性，如能够更好地锻炼农民的社会主义思想，进一步树立共产主义思想，彻底扫除资本主义思想，使农民的思想更为开阔，看问题更远，社会主义的气魄更大；由于大社人多势众，便于更多地集中使用劳动力，有力量建立更多的地方工业和进行多种经营；大社具备了进行各种基本建设的条件和力量，能够更快地促进农业机械化的实现，更多地增加生产，增加社员收入，支援国家工业建设，也能提高社员生活水平，改变农村居住条件，发展和提高农村文化教育卫生事业；由于社大干部多，有利于加强党对农业生产的领导，更好地培养和锻炼干部的能力等。①

嵖岈山卫星农业社设立了党委和管理委员会。党委委员 31 人，常委 9 人，书记 1 人，副书记 4 人，秘书、组织委员、宣传委员各 1 人，组织、宣传干事各 1 人，另设团委书记 1 人。党委的职责是负责对全体党员和社员的政治思想领导，掌握党的各项方针政策的贯彻，执行上级党组织的各项指示和决议。管理委员会设主席 1 人，副主席 4 人，委员 17 人，秘书 1 人，会计 4 人。规定管理委员会的主要任务是领导全社的各项生产，管理全社的财务，贯彻社员代表大会的决议，布置和总结全社的生产和各项工作，拟定各项生产规划，组织调配全社性的较大工程所用劳动力，定期主持召开社员代表大会。

① 赵光、陈丙寅：《关于卫星农业社由小社并成大社的总结报告》，1958 年 6 月 27 日。

之后，卫星农业社的机构设置有所变化，据遂平县委副书记赵光在这年7月16日共青团信阳地委四级干部会议上的介绍，卫星农业社设有农业技术部、水利部、工业部、畜牧部、林业部、财经部、文化卫生部、交通部、外交部、内务部和军事保卫部等部门。农业社设立的外交部，主要是负责对外联络和接待参观者。

卫星农业社还提出了自己的发展规划，如粮食生产1958年保证亩产3000斤，争取4000斤，1959年小麦亩产4000斤，争取5000斤，1962年亩产达到10000斤；芝麻和皮棉都是1958年保证250斤，争取300斤，1959年保证500斤，争取700斤，1962年则达到1000斤；1959年实现水利自流化，1960年全部实现农业机械化和电气化；1960年的工业总产值超过农业总产值；1962年普及高中教育，并办大学一所；1962年将全社社员住房全部按照生产的需要，统一建成社会主义式的新农村、新楼房等。为了实现这些规划，卫星农业社提出的口号是："鼓足干劲拼命干，全面跃进冲破天，十年规划一年完，亩产粮食三千三。""说干就干，坚决实现；右倾保守，必须批判；快马加鞭，跑在前面。"①

对于并社过程中的经济问题，卫星农业社的做法是：原小社所有的土地、山林、荒坡、公共建筑、牲口、农具、机器设备全归大社所有，在未统一分配前一般由原小社即大队使用；原小社所有的公积金、公益金全部归大社所有和统一使用；原有小社所欠国家的贷款和社员生产投资，属于购买固定生产资料和用于基本建设者，均由大社负责偿还，属于当年生产消费开支者，由各大队（原高级社）负责偿还；原小社的股份基金，由大社接收，原小社欠社员股份基金的剩余部分和社员欠的股份基金，均由大社适当偿还或收回（其实后来这一条根本没有执行）。②

嵖岈山卫星农业社实行"组织军事化、行动战斗化、生活集体化"，社员按团、营、连、排、班进行组织，以生产大队为一个团，设正副团长和正副政委，由正副大队长和正副党总支书记担任；以一个中队（即生产队）为一个营，营以下按村庄和作业组成立连、排、班。规定社员外出要

① 赵光、陈丙寅：《关于卫星农业社由小社并成大社的总结报告》，1958年6月27日。

② 《关于卫星社并社的情况》，1958年7月4日。

报告，回家要请假，上下工要集合排队。实行伙食供给制，建立公共食堂，全社共建立农忙食堂198个，参加食堂的农户占总数的92.5%。

卫星农业社建立时，浮夸风在全国开始泛滥，卫星集体农庄自然不甘落后，率先在河南放出了一颗小麦高产“卫星”。这年6月8日的《人民日报》报道说：“河南省遂平县卫星农业社今年有五亩小麦每亩平均实产两千一百零五斤，它比去年湖北省房县双河农业社创造的全国小麦亩产最高纪录一千五百四十斤多五百六十五斤。这个奇绩是这个社中共党委副书记王丙寅等同志和第二生产大队二分队社员合作培育的丰产试验田里创造出来的。这个社亩产小麦二千斤以上的还有第二大队六分队的五亩零一厘丰产田。”① 仅仅过了4天，卫星集体农庄放出了一颗更大的小麦“卫星”。6月12日的《人民日报》再次报道说：“河南省遂平县卫星农业社第二生产大队五亩小麦平均亩产二千一百零五斤的消息传开以后（这个消息登在本报6月8日第一版），这个社的小麦经过继续打场脱粒，10日第一大队二分队又有二亩九分地总产量达到一万零二百三十八斤六两，平均每亩亩产三千五百三十斤七两五钱，比二大队的最高产量每亩多一千四百二十五斤，超过这块地去年每亩亩产七百五十斤的三倍多。”② 这两颗大“卫星”经新华社向全国宣布，《人民日报》公开报道后，卫星社顿时名噪全国。

在卫星农业社成立后不久，即1958年6月底7月初，晋、冀、鲁、豫、陕、京六省市农业协作会议在郑州召开。会上，中共中央政治局委员谭震林在会上专门讲到了农业生产合作社的变革问题。他说：“农业大丰收，在农村已开始了新的变革，在合作社组织上和合作社的经营管理上、规模上开始了变革，它已经不能按照原来那些办法、那一套制度、那一套形式来发展了，需要有所改变了。”谭震林还谈到，有些合作社可以过渡到国营农场，有的地方可以搞公社，大概是一万户左右。③ 会后，谭震林把嵖岈山卫星农业社的干部找到郑州汇报，并向他们讲了办公社的道理。11月13日，毛泽东为召开武昌会议途经遂平时，找遂平县委和嵖岈山区

① 《卫星社坐上了卫星，5亩小麦亩产2105斤》，《人民日报》1958年6月8日。

② 《卫星农业社发出第二颗“卫星”，二亩九分小麦亩产3530斤》，《人民日报》1958年6月12日。

③ 薄一波：《若干重大决策与事件的回顾》下卷，中共中央党校出版社1993年版，第518页。

委负责人谈话，嵖岈山区委书记陈丙寅汇报说："原来叫农庄，以后到省里给谭书记（即谭震林）汇报，谭书记说叫公社，我们回来就改成公社了。"在一旁的谭震林接过话头说："那时候他们汇报了，我说过去有个巴黎公社，中央也没研究，他们回去就干起来了。"①

随后，陈伯达领导的《红旗》杂志社派编辑李友九到嵖岈山调查研究。当李友九于1958年7月17日到达这里时，"嵖岈山卫星农业社"已改名为"嵖岈山卫星公社"。李友九于8月8日给《红旗》杂志写信说："他们这里并大社，原来也只是为了并大一点，好搞建设。到郑州一汇报，谭震林同志向他们讲了毛泽东同志和党中央关于办包括'工农商学兵'的大公社一番道理，回来就叫成公社了。"②

现在还很难确定"卫星集体农庄"（"卫星农业社"）更名为"卫星公社"的具体时间，大致是在1958年7月中旬更名的，因为除了上面李友九给《红旗》杂志的信可以为据外,7月18日，中共卫星公社委员会制订了《遂平县卫星公社1958年到1962年全面规划草案》，由此判断，卫星公社是在7月18日之前改名的。此外《遂平县报》的有关报道也可以印证这一点（这一年，遂平和全国各地一样，创办了自己的报纸《遂平县报》）。该报第一次出现"公社"的称呼是7月21日。这天的报纸上有这样几则报道：一则是《共产主义公社建立幸福院》，一则是《共产主义公社办起十八处农业大学》，再一则是《卫星公社九十五名社员走进农业大学》，这里的"共产主义公社"指的就是卫星公社。

嵖岈山卫星农业社更名后，遂平县的16个大社立即被合并为10个公社。10个公社中，11000多户的有1个，9000户左右的有3个，8000户左右的有4个，5000户左右的有2个。各个公社根据社员的居住条件、自然条件、各种作物种植的不同特点，划分成1000—1500户的作业区，作业区又根据各区不同的耕作条件分为150—200户的耕作队，耕作队下再分成若干专业生产小组。各公社设立社员大会或社员代表大会制度，选出35—47人的公社管理委员会，从中推出主席1人、副主席4—5人。社

① 蔡中田、娄本耀等：《幸福的会见，巨大的鼓舞》，1958年11月13日。

② 李友九：《河南信阳来信》，《红旗》1958年第7期。

员大会或社员代表大会选举出监察委员会委员9—17人，从中推选出监察主任1人、副主任2人。公社管委会模仿国务院的机构设置，下设外交(实际上负责接待)、内政、军事、公安、农业、工业、饲养、文教、生活福利、交通、水利、财政、商业、林业、畜牧等部，并设立机械站和各作业区的分站，同时设立公社党委、公社共青团委员会、妇女工作委员会和公社报社。①

1958年7月20日，中共遂平县委做出了《关于公社管理工作几个具体工作的意见（草案)》(按：原文如此)，除了规定了公社的组织机构外，在生产计划和经营管理上，还提出公社向各作物管理区实行“定产”“定工”“定投资”“定工资”的“四定”管理制度。公社取消产品分配制，实行经济核算的工资分配制，也就是将社员的劳动日折算成工资，按季度预分。分别建立青壮年食堂、老年幸福食堂、幼儿保健食堂，按国家粮油标准发给粮油证，由耕作队依照标准，油票集中使用，粮票发给社员或集中使用，粮食由公社统一调剂。②

虽然遂平县及其所属的嵖岈山地区是河南省最早将大社冠名为“公社”的，其“公社”的组织结构也与后来的人民公社相类似，甚至可以说，随后各地建立的人民公社就是卫星公社的翻版，但其名称却在“公社”前缺少“人民”二字，也就是说，它尚没有直接称之为“人民公社”。

嵖岈山卫星农业社（卫星集体农庄），不过是这年夏天并大社运动中的一个典型个案。与此同时，各地并大社运动中这些建立起来的大社，也就使用了五花八门的名称，有的叫大社，有的称农场，也有的称集体农庄，还有的称公社。即使是称公社的，名称又不相同，如有的叫“共产主义公社”，有的叫“农业公社”，也有的叫“人民生产公社”，还有的则直接叫“人民公社”。

1958年6月，中共浙江省委召开三级干部会议，省委书记处书记林乎加在报告中说，各县都可以搞个把共产主义雏形的乡、社。会议期间，

---

① 《建立公社，改变生产关系，调整组织，发展生产力——全县合并为十个公社》，《遂平县报》，1958年7月26日。

② 《中共遂平县委关于公社管理工作几个具体工作的意见（草案)》，1958年7月20日。

中共浙江省委政治研究室起草了一份《浙江省1958—1962年农业发展纲要（草案）》印发给参加浙江三级干部会议的人员。这份《纲要（草案）》明确提出："我们的奋斗目标——向共产主义公社方向前进"，"农业合作社应当准备过渡到共产主义公社"，"从现在起，就在在领导干部中、党员中和积极分子中宣传这样一个思想：共产主义的乐园，就要在我们这一代人手中建成"。①

参加会议的诸暨县城南乡党委书记丁祖铭对此印象很深，回到乡里后，立即召开了几次干部会议，研究成立共产主义公社的问题。

城南乡共有4个农业社，各社的经济均有较好的基础，公共积累有100多万元，仅种在田埂边的水果，一年的收入就可达10多万元。各社还办了大小30余个社办工厂，年产值可达30万元。于是，城南乡的干部们认为，已经具备建立共产主义社会的基本条件，乃于7月5日将全乡的四个社合并为一个共产主义公社（随后改名为"红旗共产主义建设公社"），并订出了共产主义公社十大规划，如1959年实现农业机械化，工业产值占工农业总产值的60%以上；1958年冬至1959年春完成土地平整化，取消自留地；发展文教事业，1958年秋建立高中一所，1959年建立大学一所；举办集体福利事业，做到队队有托儿所，村村办俱乐部，负担学龄儿童的书籍费，社员看病免费医疗；改善居住条件，逐步把分散的村庄集中为大村庄；取消评分记工，社员实行十级工资制等。

红旗共产主义建设公社建立后，各高级社原有土地无代价地归公社，山林、树林、果园、竹园等原为高级社所有者转归公社，高级社尚未偿还的价款由公社负责偿还，尚为社员私有者作价归公社所有，分期偿还。各高级社的公共积累一律归公社所有，所欠的债务亦转归公社偿还。同时把原来12所民办中小学全部转为社办，子弟上小学一律免费，升中学经济有困难时由公社适当补贴；成立幼儿园和托儿所，社内幼儿免费入园入所，教员、保姆工资一律由公社负担，村村办起公共食堂。公社开始规定看病一律免费，结果看病人数每天较平时增加5倍以上，随后改为"半公

① 中共浙江省政治研究室：《浙江省1958—1962年农业发展纲要（草案）》，1958年6月20日。

费医疗制”，即社员看病挂号费自己负担，医药费每次在0.3元以下由公社负担，0.3元以上部分自己负担，无力负担者经公社批准可适当给予补贴。公社建立管理委员会、社员代表大会和监察委员会，社下以原高级社或村为单位建立大队，队内设队委会，大队以下设若干个班，每班三五十户不等，作为包工包产和生产单位。①

这年7月，红旗共产主义建设公社拟定了一份章程，明确提出“红旗共产主义建设公社是工人、农民、教职员等劳动者在共产党、人民政府的领导和帮助下，在自愿基础上组织起来的工、农、商、学、信贷等事业单位的初级形式的共产主义经济组织，并努力地争取在短时间内建设成为高级形式的共产主义经济组织——全民所有制”。该章程共分为十章五十条，如规定公社要逐步地从按劳取酬的社会主义分配原则过渡到各取所需的共产主义分配原则；原属高级社的土地无代价地转为公社集体所有，社员的自留地也在发展公共食堂的条件下逐步地达到归公社所有；等等。②

这年6月底至7月初，中共辽宁安东县委在该县的前阳地区建立了一个农业公社。前阳农业公社共有13294户，72610人，有耕地15620垧。在由农业合作社转为农业公社的过程中，将农业社的土地、山林、苇塘及公共财产、公共积累全部转为公社所有，社员的牛、马、大宗副业生产工具等亦归公社所有，生活资料则仍归社员个人所有，社员每户喂养的猪不得超过两头、鸡不得超过10只，社员的住房由公社统一规划，原则上由社员自己投资，由社组织劳力统一修建。

在1958年的“大跃进”运动中，河南鲁山县是浮夸风比较严重的地方。在这年1月上旬召开的中共河南省鲁山县第二届代表大会第二次会议上，鲁山县委提出的农业生产大跃进口号和目标是：“征服自然，改造自然；咬紧牙关，苦战五年；十年指标，一年完成。”要求1958年粮食平均亩产达到500斤；在1962年达到亩产800斤；争取三年内治好全部荒山，达到一次降雨量在200毫米的情况下，山地水不出川，土不下山，平地不发生径

① 参见中共新乡地委赴浙江诸暨县城南乡参观红旗共产主义建设公社参观团：《关于参观浙江省诸暨县城南乡共产主义建设公社情况的报告》，1958年7月28日。

② 《诸暨红旗共产主义建设公社章程（草案）》，1958年7月26日。

流；1958 年生猪要由现有的 8.2 万头发展到 42 万头，由一户一猪一跃而达到一人一猪。大力发展水稻生产，1958 年水稻种植面积由现有的 2.5 万亩再发展 10 万亩，5 年内全县基本上实现水稻化。①

到 1958 年夏，鲁山县委更是提出 1958 年粮食亩产要达到 2500 斤，每人平均 3500 斤，年产钢铁 50 万吨，人均超过 1 吨钢铁的指标，并且号称这年小麦平均亩产已达 526 斤，一季收成即超过去年一年，全县实现了水利化、自流灌溉网，部分地区还实现了机械化和电气化。鲁山县委认为，这些都为由农业社集体所有制过渡到全民所有制打下了可靠的物质基础和思想基础。

这年 7 月，鲁山县委决定在全县范围内建立“人民生产公社”，认为公社的性质是“全部生产资料和一部分生活资料全民所有制（过去是集体所有制）；分配变为工资制；实行征购包干，交产品，交利润；各项生产计划化”。规定公社的规模山区一山一沟一个社，一般 500 户至 1000 户，最多不超过 2000 户；平地除城关、马楼、张良等乡搞大社外，其他地区一般 2000 户上下。②

7 月 23 日，鲁山县委专门制定了《关于在全县范围内举办人民生产公社的工作方案（草案）》，提出在“全县范围内举办人民生产公社，即实现全民所有制，条件已基本成熟”。认为这种“人民生产公社”具有如下特点：（一）实行生产资料的全民所有制；（二）公社生产计划纳入国家生产计划轨道；（三）公社的分配是国家分配的一部分，公社收入全部归国家，开支亦由国家发给，社员的消费由国家统一安排；（四）在生产经营上，公社除了大力发展农业生产外，还要因社制宜地发展工业、手工业、畜牧业、林业、园艺业、交通运输业，即生产将不受任何限制地发展；（五）逐步举办适应全民所有制需要的、对生产有益的公共组织。

这份文件还总结出了“人民生产公社”具有“生产可以得到无限度的发展”“提前实现共产主义社会”“更快地实现工业化和农业的现代化”等

① 《一场辩论驳倒了促退派，河南省鲁山县党代会提出了豪迈的规划》，《人民日报》1958 年 2 月 3 日。

② 《革书记在扩干会上的总结和当前工作安排》，1958 年 7 月 20 日。

十大优越性。在建立“人民生产公社”的各项具体政策上，鲁山县委提出，属于高级社所有的土地、树木及全部财产，全部转为全民所有；社员私有的生产资料和自留地也收归国家所有，房屋、家具则仍归社员个人所有，一家最多只能喂两头猪，且不能喂养母猪，除回民户可以一家养一二只羊外，其他的私人养羊亦收归国家所有；社员实行基本工资制，对丧失劳动能力的鳏寡孤独由公社制订办法统一安排。鲁山县委要求在8月20日前全部结束由高级社转为“人民生产公社”的工作。

根据笔者目前所掌握的材料，最早使用“人民公社”名称的，当属河南省新乡县七里营人民公社。1958年8月3日，中共河南省委农村工作部的李玉亭、陈传于与新乡县、乡、社干部共同研究拟出了《关于建立人民公社政策问题的初步意见（草稿）》。其中说：“新乡县七里营乡在党的总路线的鼓舞下，根据群众的要求，在26个农业合作社的基础上于1958年7月20日成立了人民公社（开始时称为七里营大社，引者）。”

1958年二三月间，七里营相继成立了杨屯、八柳树、曹村等8个联社。7月初，晋、冀、鲁、豫、陕、京六省市农业协作会议期间，谭震林在听取嵖岈山地区建立大社的汇报后，要求农业生产一向搞得比较好的七里营派代表去嵖岈山参观学习。七里营的代表经过一番走马观花般的参观，回来后就在本乡大力宣传嵖岈山的经验和办大社的好处。

这时，七里营不少高级社纷纷到乡政府要求办大社，一部分群众还敲锣打鼓到乡里表决心、递申请书。中共七里营乡党委认为办大社的条件已经成熟，乃于7月16日拟定了一份《中共七里营乡党委关于并大社意见》，报请中共新乡县委审批，很快得到同意。7月20日上午，由全乡26个高级社并成的七里营大社正式成立。

大社成立后，对于大社叫什么名称，干部社员颇费了一番脑筋。有人建议叫大社，也有建议叫联社，但又觉得都不合适。于是，又有人建议叫公社，理由是马克思、恩格斯的著作中多次讲到“巴黎公社”，大家觉得公社这个名字不错，就决定将大社命名为“七里营共产主义公社”意即为向共产主义过渡创造条件。于是，就在乡政府门口挂出了“七里营共产主义公社”的牌子。

可是，这块牌子刚挂出去，七里营村的一个老汉看后说：“我早盼共产主义，晚盼共产主义。我想，我能熬到共产主义活三天就心满意足了。可谁知共产主义的牌子挂出去了，就是这样子。难道我们现在这个样子就算是共产主义社会了？”公社的干部觉得这个老汉的话也有道理，认为称“共产主义公社”确实有些不妥。于是又有人建议说：“我们现在是建设社会主义，向共产主义过渡，就叫共产主义建设公社吧。”这时，有人想起了前不久《红旗》杂志发表的陈伯达文章《全新的社会，全新的人》里，曾提到“把一个合作社变成既有农业合作又有工业合作的基层组织单位，实际上农业和工业相结合的人民公社”，就提议说，咱们大社里有农业，有工业，有工人，也有农民，有学校，还有商店，而且我们的国家叫人民共和国，政府叫人民政府，银行叫人民银行，总之一切都离不开人民，不如干脆将大社改称为“人民公社”。这一名称提出后，得到了一致认可。于是“七里营共产主义公社”正式更名为“七里营人民公社”。8 月 1 日，七里营大社在行文中首次启用了“七里营人民公社”的称呼。8 月 4 日，又由公社木器厂制作了一块长方形的标牌挂在公社的大门口。

遂平县嵖岈山卫星公社虽然不是最早使用“人民公社”名称的，但它在人民公社化运动中所起的影响却是任何公社所不能比拟的。1958 年 11 月 13 日，毛泽东在听取遂平县委和嵖岈山区委负责人汇报时曾说，巴黎公社是世界上第一个公社，遂平“卫星”是第二个。卫星公社获得如此殊荣，与那份《嵖岈山卫星人民公社试行简章（草案）》密不可分。

嵖岈山卫星公社更名前，曾几次放小麦高产“卫星”，一时名声大噪。加之它成立大社的时间早，规模大，又在河南率先将大社更名为公社，反响很大，成为“大跃进”运动中一颗耀眼的新星。8 月初，中共河南省委在嵖岈山召开全省地、县农村工作部部长会议。参加会议的有河南省委书记处书记、副省长史向生，河南省委农村工作部部长赵定远、副部长崔光华，河南日报社社长丁希凌，信阳地委书记路宪文，《红旗》杂志社编辑李友九等。会间，由李友九草拟一个卫星人民公社的简章，史向生、赵定远、路宪文等人也参与了研究和修改。

《嵖岈山卫星人民公社试行简章（草案）》（以下简称《简章（草案）》）共 26 条，分别规定了公社的性质、宗旨和任务；社员成分和入社手续；公社对原农业生产合作社财产和个人财产的处理；公社对农具改良、农村电气化、发展工业的规划；公社设立供销部、信用部及其经营方式；公社的教育及科学研究工作；公社实行全民武装及民兵的组织、训练和任务；公社的权力机关、组织形式；公社的粮食、工资分配及公共食堂的管理；等等。例如，它规定：

——人民公社是劳动人民在共产党和人民政府的领导下，自愿联合起来的社会基层组织，它的任务是管理本社范围内的一切工农业生产、交换、文化教育和政治事务。

——人民公社的宗旨是巩固社会主义制度，并且积极地创造条件，准备逐步过渡到共产主义制度。在社会产品很丰富和人民有高度觉悟的条件下，逐步从“各尽所能，按劳取酬”过渡到“各尽所能，各取所需”。

——各个农业生产合作社合并为公社，根据共产主义大协作的精神，应该将一切公有财产交给公社，多者不退，少者不补。原来的债务，除了用于当年度生产周转应当各自清理的外，其余都转归为公社负责偿还。各个农业生产合作社社员所交纳的股份基金，仍分记在各人名下，不计利息。各个农业生产合作社社员的投资，由公社负责偿还。

——在已经基本上实现了生产资料公有化的基础上，社员转入公社，应该交出全部自留地，并且将私有的牲畜、林木等转为全社公有，但可以留下小量的家畜和家禽，仍归个人私有。社员私有的牲畜和林木转为全社公有，但应该折价作为本人的投资。

——公社要建立供销部，它是国营商业的基层机构。供销部的资金由上级国营商业机构拨给，工作人员的工资由公社负责。供销部的盈余应当上缴给国营商业机关，但公社可以提取一定的比例。公社必须保证供销部完成国家的统购任务，执行上级国营商业机关的计划和制度，同时有权对供销部进行具体的业务领导。

——公社实行全民武装。适龄的男性青壮年和复员退伍军人应该编成民兵，经常进行军事训练，并且担负国家所分配的任务，民兵在受训和执行任务期间，工资照发。

——公社按照乡的范围建立，一乡一社。为了便利工作，实行乡社结合，乡人民代表大会代表兼任公社社员代表大会代表，乡人民委员会委员兼任公社管理委员会委员，乡长兼任社长，副乡长兼任副社长，公社管理委员会的办事机构兼为乡人民委员会的办事机构。

——公社在收入稳定、资金充足、社员能够自觉地遵守劳动纪律的情况下，实行工资制。按照每个劳动力所参加工作的繁重和复杂程度，以及本人的体力强弱、技术高低和劳动态度好坏，由群众评定他们的工资等级，按月发给不同的、一定的工资，有特殊技术的，可以另加技术津贴。

——在粮食生产高度发展、全体社员一致同意的条件下，实行粮食供给制。全体社员，不论家中劳动力多少，都可以按照国家规定的粮食供应标准，按家庭人口得到免费的粮食供应。实行粮食供给制，必须使家中劳动力较多的社员，仍然比过去增加收入。

——公社要组织公共食堂、托儿所和缝纫小组，使妇女从家务劳动中解放出来。为了便于管理，公共食堂和托儿所一般地以生产队为单位建立。不愿意参加食堂和托儿所的，听其自便。参加食堂的，也可以自己另备小菜。公共食堂、托儿所和缝纫小组工作人员的工资供给，由公社负责；他们为社员服务所收的费用，按照不赔不赚的原则规定。

《简章（草案）》对公社的工、农、商、学、兵，生产和消费，组织和管理诸多方面都作出了规定，其中影响最大的，是对合作社和社员生产资料、生活资料的处理，工资制与供给制相结合的分配方式，以及对公共食堂的规定。

1958年8月6日，史向生将《简章（草案）》给了正在郑州的毛泽东。毛泽东表示，“如获至宝，这东西好”。[①] 李友九也将之寄给了陈伯达，陈伯达又将之转报了毛泽东。毛泽东在8月17日亲笔批示：“此件请各同志讨论。似可发各省、市参考。”[②]《简章（草案）》曾在8月中旬召开的北戴河会议上印发，9月1日出版的《红旗》杂志（即1958年第7期）全文刊登，《人民日报》又加以全文转载。可以说，全国各地的农村人民公社，差不多都是按照这份《简章（草案）》建立起来的。这份《简章（草案）》实际上成了各地人民公社的示范章程，在人民公社化运动中起了至关重要的作用。

① 林英海：《毛泽东在河南》，河南人民出版社1993年版，第62页。

② 《建国以来毛泽东文稿》第7册，中央文献出版社1992年版，第345页。

五、“人民公社好”

如果说嵖岈山卫星公社和七里营人民公社的建立，带有一定的自发性质，那么，1958年的人民公社化运动短时间内席卷全国，则与毛泽东的推动密切相关。

1958年8月4日，毛泽东离开北京，决定深入农村看一看“大跃进”的火热场面，实地调查农村新的基层组织的实现形式。当天下午4点，毛泽东在中共河北省委、保定地委负责人的陪同下，来到了“大跃进”运动中崛起的农业生产先进典型徐水县。

徐水是一个只有31万人口的小县，全县除去老弱病残、妇女和各种脱产人员，能投入农业生产的劳动力实际不足10万人。在1957年冬至1958年春大搞农田水利建设中，徐水在“提高群众觉悟”的基础上，组织了一支“平时10万人，多时13万人”的劳动大军，其办法是打破社界、乡界搞大协作，实行全县劳动力的统一调配。为此，中共徐水县委提出了“行动军事化，作风战斗化”的口号，把全县8万多名劳动力组成了若干个大队、中队，在工地搭棚宿营，并组织随营食堂，吃住在工地。接着，徐水又开展了大规模的抗旱春种，成立了田间指挥部，划分“战区”，实行集体吃、集体住，开始了所谓的全民军事化。

1958年3月11日，《人民日报》发表中共徐水县委书记张国忠的文章《苦战三月，改变全县自然面貌》，同时配发《徐水创造了好经验》的社论，称赞徐水仅用了三个月的时间，就基本上消灭了水灾和旱灾，“从一个工作很平常的县一跃而为先进县”。社论还说：“去冬以来，全国各地都在组织农业生产的大跃进，各地都出现了一批把事情办得又快又好的典型，徐水县就是在全县规模又快又好地组织全面大跃进的一个好榜样。”3月28日，中共河北省委向中共中央正式报送了徐水县组织农业生产“大跃进”的经验。

为了迎接毛泽东的到来，徐水县委作了充分准备：把大部分劳动力集中到铁路两旁和计划参观的地方，按军事编制明确连、排负责人；规定道路两旁不得留杂草，地里有人就得有红旗；将一些所谓的“持不同政见者”打发到偏远的地方，不准回城。①

毛泽东下火车后，先来到了县城郊外的大寺各庄社，询问徐水夏收情况和秋收的预估产量。县委书记张国忠回答说，今年内全县夏秋两季一共计划要拿到12亿斤粮食，平均亩产2000斤。毛泽东听后说：“全县31万多人口，怎么能吃得了那么多粮食呢？”张国忠回答说粮食多了换机器。毛泽东说：“换机器也用不完，大家的粮食都多了怎么办？要考虑怎么着多吃。国家不要谁也不要，只有社员吃，一天吃五顿饭。粮食多了可以半日劳动半日搞文化。明年还可少种些甘薯，多种小麦，多吃细粮。”

回县城的路上，毛泽东又与张国忠等人谈到了劳动大协作、军事化问题。张国忠说这是逼出来的，并汇报说修了一个比十三陵还大一点的水库，是按主席关于一穷二白、多快好省的指示办起来的。毛泽东说：“这是形势逼人。”毛泽东又问：“办食堂老年人同意不同意？”张国忠回答说，开始有思想不通的，说吃了大锅饭。毛泽东开玩笑似的说：“你们这不是大锅饭吗？”张国忠回答说，现正进行共产主义教育，除生活用品外，关于房屋、树木、羊群、自留地都要转为公有。毛泽东问：“十个人有三个不赞成吗？”张国忠说：“没有，连两个也没有。”②

到了徐水县委，毛泽东对陪同的人说：“世界上的事情是不办就不办，一办就办得很多！过去几千年都是亩产一二百斤，你看，如今一下子就是几千上万！”又说：“下边真好啊！出的东西真多啊！北京就不出什么东西。你们说，北京出什么呀？”张国忠回答说：“北京出政治领导，出党的总路线。”对于这个回答，毛泽东十分满意，不断点头。③

第二天在安国县视察时，毛泽东问今年每人收多少粮食，县长焦国驹回答说，按亩产3000斤算，35万人，人均4000斤。对此，毛泽东有些怀疑，说主要是甘薯吧！焦回答说，主要是甘薯，明年计划少种点甘

---

① 李锐：《“大跃进”亲历记》下卷，南方出版社1999版，第25页。

② 《张国忠同志和毛主席谈话的回忆录（摘要）》，1958年8月5日；参见《李锋向河北省委书记处的汇报》，1958年8月5日。关于毛泽东在徐水的谈话，李锋的回忆与张国忠的回忆略有出入。

③ 康濯：《毛主席到了徐水》，《人民日报》1958年8月11日。

薯，适当增加油料作物。毛泽东又问："你们打这么多的粮食怎么办？"焦国驹说："搞储备，社员多吃点。"毛泽东说："粮食那么多，每人可以吃到六七百斤，土地也应该有休整时间。"毛泽东在徐水和安国对粮食的询问表明，他对这年的粮食大丰收，以至到了多得吃不完的地步，也是深信不疑的，他的脑海里正在考虑粮食多了怎么办的问题。正因为他感到中国的粮食问题已经解决，所以认为有必要变革农村的组织形式，寻找一条在不长的时间里中国步入共产主义的具体途径。

随后，毛泽东来到了安国县流村（毛泽东视察后改名为八五村）红星农业社，看了该社的丰产试验田。此时正值大热天，陪同的人员请毛泽东到试验田边的窝棚里休息。这时，乡党委书记郭建向毛泽东汇报了并社的情况，毛泽东听后表示：分久必合，合久必分，社可以二三千户，四五千户，五千户，六千户。随后，毛泽东又看了田埂边种的甘薯，并询问甘薯产量，郭健说计划亩产 80 万斤，毛泽东说，要看结果，这还是计划，20 万斤也不少。①

在离开安国去定县车站时，毛泽东同保定地委书记李悦农谈了很多话。毛泽东问："是不是搞一乡一社？"李悦农回答："我们已经有这个酝酿，省委已经有过原则指示。"毛泽东说："好！是不是搞万人公社？在平原地区万八千人搞成一个社不要紧，社里工、农、兵、学、商都有，不只是农业。"又说："合作社应该是全的，有农业、有工业，也要有商业，有民兵，有武装。"

在谈到徐水军事化时，毛泽东问李悦农："你们能不能弄一批枪来？把他们武装起来。"毛泽东又说："徐水劳动力共 11 万人，其中青年男女可能有 5 万人，20%的发枪，共需 1 万支。有几十个团，又是战斗队，又是生产队。5 万人里 1 万支枪，5 亿人，1 亿支枪。全国这样组织起来，就把美帝国主义吓死了。"毛泽东还谈到了并县的问题，说县也要并得大一点，并到几十万人的大县，这样更好领导。②

1958 年 8 月 6 日下午，毛泽东来到了已经成立了人民公社的河南新

① 《焦国驹同志的回忆》，1958 年 8 月 5 日。

② 《李悦农同志同毛主席谈话的回忆录》，1958 年 8 月 5 日。

乡县七里营视察。毛泽东走到公社大院门口，看到了“新乡县七里营人民公社”这块牌子时，停下脚步，一字一顿地念起来。中共新乡县委书记胡少华随即对毛泽东说：“这是全县的第一个人民公社。”旁边的中共新乡地委书记耿起昌问道：“他们起这个名字怎么样，行不行呀？”毛泽东用肯定的语气说：“人民公社这个名字好！”当毛泽东问到全县有几个这样的公社时，胡少华答道：“全县原来有60多个小乡，成立了60多个高级社，后来合并成10个联社，七里营是我们县第一个人民公社。我们正在开战地会，准备都改成人民公社。”毛泽东又问：“人们喜欢这个名字吗？”七里营人民公社党委书记徐占才回答说：“喜欢！”毛泽东还询问了公社的土地、人口等情况。①

随后，毛泽东到了棉花地里，观看了女社员喷射杀虫药剂的表演，并称赞棉花长得好，当得知七里营10050亩棉花有5000亩是这样的，每亩保证皮棉1000斤，争取2000斤时，他兴奋地对陪同的中共河南省委第一书记、省长吴芝圃说：“吴书记，有希望啊！你们河南都像这样就好了。”吴芝圃说：“有这么一个社就不愁有更多这样的社。”毛泽东说：“对！有这样一个社，就会有好多社。”②

1958年8月6日晚上，毛泽东到了郑州，在这里接见了从嵖岈山赶来的中共河南省委书记处书记史向生，并详细地了解了嵖岈山卫星公社的情况。当听到农民劳动已经军事化了，按班、排、连的编制进行生产，又听到一个公社有5万多人口时，毛泽东感慨地说：“大得多了，公得多了。”“这在古代，一个诸侯国了。”又说，比之古代诸侯国，公社是又大又公，多了公的特点，是“一大，二公”。毛泽东又问起群众的纠纷公社如何调解，史向生告诉他，由公社民政部门来调解处理。毛泽东听后表示：“这带政权性质，既是经济组织，又是政治组织，实际上是基层组织，这叫政社合一。”又说：“大集体，小自由，不要统得太死。”之后，史向生又汇报了嵖岈山公社的组织结构，当听到公社采取工、农、商、学、兵结合，实行统一管理、统一规划、统一分配时，毛泽东说：“工、农、商、

① 林英海：《毛泽东在河南》，河南人民出版社1993年版，第157页。

② 《毛主席视察河南农村》，《人民日报》，1958年8月12日。

学、兵，那么工业、商业、学校都包括了，是五位一体啊。两个招牌换成一个招牌，是政社合一。”①另据解学恭、张明河回忆，在汇报过程中史向生还谈到了人民公社的来历，说在参观浙江省诸暨县的农场以后，认为农场这个名字包括不了工农商学兵，就起了一个“共产主义公社”的名字，并请示吴芝圃。吴芝圃说叫人民公社好，所以才定名“人民公社”。毛泽东说，看来“人民公社”是一个好名字，包括工农商学兵，管理生产，管理生活，管理政权。“人民公社”前面可以加上地名，或者加上群众所喜欢的名字。②

8月9日零时30分，毛泽东来到山东兖州，在专列上同中共山东省委副秘书长谢华、济宁地委书记高逢五、滕县县委书记王吉德、滋阳县委书记任志明、滋阳县中匈友谊农业生产合作社支部书记周庆和、滋阳县长安农业生产合作社社长扈镇才谈话。

毛泽东详细地询问了干部群众对“大跃进”的态度、当地粮食生产情况等。在问到粮食产量的时候，高逢五说，今年全区亩产600斤，前年亩产250斤，周庆和则说他们社今年全年亩产1500斤，明年小麦亩产可达3200斤，扈镇才表示他们社今年亩产1080斤，明年小麦亩产计划2500斤。高逢五也说全地区明年亩产1200斤到1500斤。毛泽东问：采取什么措施保证明年的产量？高逢五回答说：深翻1.5尺到2尺，底肥8万斤，种子最低25斤，丰产田50斤。毛泽东接着问：你们考虑过没有，粮食多了怎么办，周庆和与扈镇才回答说：多了好，群众吃饱了都卖给国家。毛泽东说：北京、上海、济南反正都是这样多的人，国家能卖多少？谢华说：多了还可以出口。毛泽东说：出口也不要那样多，美国的粮食就无人要。接着又问：口粮多少，还是（人均）360（斤），又问两个社干部：你们吃多少？周和扈说：去年是360，实际上还多，前年是430。毛泽东又问：今年呢？周和扈回答说：今年完成统购粮后每人还有1000多斤。毛泽东说：可以多吃一点嘛！每人是否可以吃到500斤？

谈话中，毛泽东问王吉德：社大了好，社小了好？王回答说：社大了

---

① 林英海：《毛泽东在河南》，河南人民出版社1993年版，第63页。

② 解学恭、张明河：《主席在视察时的谈话回忆录》，1958年8月。

好，准备合并成5000户的一乡一社。谢华补充说：他们三级会议上即酝酿了这个问题。毛泽东说：这个我高兴。毛泽东又问了两个社干部：你们说社大了好，小了好？两位社干部回答说：大了好。毛泽东说：可以搞大一点。搞五六千户、万把户，河北、河南现在都在合，河南从下边来的压力很大，要省委下决心。还说可以到河南看看去，参观一下。①

8月9日凌晨3时许，毛泽东到达泰安车站，在专列上同泰安地委副书记李元明等人谈话，再次详细地询问了当地粮食生产情况。李元明等告诉他，粮食情况比往年好得多，今年小麦亩产162斤，较1957年增产36%多一点。今年原计划亩产500斤，争取600斤，最近又修订为保证亩产600斤，争取700斤，而1957年的亩产量是230多斤。今年的计划产量实现每人平均粮食就可达到1000斤以上，明年计划亩产1500斤，争取双千斤，搞得好明年即可达到每人平均3000斤。谈话中，毛泽东特地了解农业合作社规模大小问题，当地负责人汇报说，泰安现有650余个社，平均不到300户，社的规模太小，已不适应生产大跃进的新形势，计划合并至200余个。②

8月9日早上5时，毛泽东来到山东济南，中共山东省委书记处书记谭启龙、裴孟飞向他汇报了山东各项工作的情况。毛泽东问谭启龙："你们这里有没有干劲？"谭启龙回答说："干劲有，但不够齐一。"毛泽东说："要经过辩论，搞它三天。"谭启龙告诉他，省委最近已经开了扩大会议，布置各地除准备秋冬搞一次社会主义教育外，当前结合冬季增产和明年跃进计划进行大辩论，起码搞五天。毛泽东表示，辩论三天就够。他又问现在山东跃进上来了没有？谭启龙回答说，跃进是跃上来了，但比起河南、河北等兄弟省还差些，郑州的华北六省市农业协作会议期间，曾专门将山东的县委书记召去参观开会，会后生产上有新的进展。谭启龙还说，寿张县今年可以亩产双千斤，争取3000斤，毛泽东问是不是地瓜为主，谭说不完全是地瓜，还有其他的粮食。毛泽东又问山东去年全省打了多少粮

① 中共山东省委办公厅：《毛主席来山东视察时在兖州车站和济宁地、县委同志谈话的指示纪要》，1958年8月13日。

② 中共山东省委办公厅：《毛主席在山东视察大跃进时在泰安车站和泰安地、县委同志谈话的指示纪要》，1958年8月13日。

食，今年多少，明年计划多少？谭回答说去年253.5亿斤，今年保证520亿斤，争取600亿斤至700亿斤，明年准备1000亿斤至1200亿斤。毛泽东说，你们翻一番好了，今年500亿斤，明年1000亿斤。

随后，毛泽东去历城县（今济南市历城区）北园乡视察农业生产合作社。视察中，毛泽东详细地询问了北园农业生产合作社的水稻种植情况。农业生产合作社主任李树诚汇报说，50亩高额丰产田，原计划亩产两万斤，现在要争取4万斤，过去一亩只产二三百斤。毛泽东说："好，你这个人，不干就不干，一干就干大的。"

在地边的树林稍作休息时，李树诚向毛泽东汇报了"北园大社"的办社情况和社员讨论的意见，请示毛泽东是叫"大社"好呢，还是叫"农场"或"农庄"好。并汇报了办起大社以来生产面貌的变化和今后的打算，毛泽东没有立即回答。陪同视察的山东省委负责人汇报说："现在北园乡准备办大农场。"这时，毛泽东说："还是办人民公社好，它的好处是可以把工、农、商、学、兵结合在一起，便于领导。"①

在回济南的路上，毛泽东问谭启龙山东有多少农业合作社，谭说有五万多个，毛泽东认为不需要那么多，谭启龙说拟合并为2000多个，现在就搞典型，冬季大合并。毛泽东说，大社好，可以搞人民公社，不要搞农场，人民公社好，和政府合一了。还说河南遂平县卫星社搞公社已四个多月，每县试办一个公社，秋后全面搞，9000多户一个（社），山区也可以搞大点，公社是工农兵学商一起。还说三年赶上英国，再加四年，苦战七年，赶上美国，但是不要对外宣传，这不仅仅是帝国主义害怕。②

按照毛泽东的指示，北园乡于8月20日正式成立了山东全省第一个人民公社——北园人民公社。全公社包括20个自然村，1万多户。在此基础上，历城全县到9月上旬实现了人民公社化，由原来的500个农业生产合作社组成10个人民公社，参加人民公社的农户达137606户，占总农户的99%以上。

① 山东省农业合作化史料集编辑委员会：《山东省农业合作化史料汇集》下册，山东人民出版社1989年版，第118—119页。

② 中共山东省委办公厅：《毛主席来山东视察大跃进工作时的指示纪要》，1958年8月11日。

1958年8月10日，毛泽东的专列抵达天津，在这里听取了中共河北省委的工作汇报。河北省省长刘子厚汇报说，河北今年每人要求收到1000斤粮食，明年计划每人2000斤。毛泽东问道："后年呢？每人搞5000斤粮食有什么用处？每人5000斤就不好办了。每人3000斤粮食是需要的，多了以后储备有困难。"此时的毛泽东相信，中国的粮食已经完全有了保证。

当汇报到河北农村远景规划和并社规划，平原1万户左右为一社，山区5000户左右一社，乡社合一时，毛泽东问："你们现在有多少乡？"刘子厚说："4000多个乡。"毛泽东说："要那么多乡干什么？有2000个乡，2000个社就行了。办大的么，好大喜功么，有小的，有中的，也要有大的。大了好办事，可以更好地调动劳动力，可以很好地使用土地。一万户左右一个社，这样好。"

刘子厚讲到，当每人收到3000斤粮食以后，计划用一半的地种粮食、棉花、油料，其余的土地造林种果树或办牧场、养鱼，还要建设工业区、文化教育区、居住区，搞河网，修公路等。毛泽东听后说："好啊！这样农村和城市就差不多了。就是这个想法，没有别的出路。200户的搞综合不便利，工、农、商、学、兵、交通、机械化、电气化，有几万人，万八千户就好办了。"①

8月13日，毛泽东结束了对河北、河南、山东三省的视察，回到北京。11日起，新华社相继播发了毛泽东视察徐水、七里营和山东的消息。在8月12日关于毛泽东视察七里营的报道上，讲到七里营"按照毛主席指示的道路，已经在全乡农业合作化的基础上，建立了七里营人民公社"。8月13日，《人民日报》在报道毛泽东视察山东时，用了这样的大字标题——《毛主席视察山东农村，强调部署各项工作必须通过群众鸣放辩论，办人民公社的好处是把工农商学兵结合在一起便于领导》。于是，"办人民公社好"的消息迅速传遍全国。

① 《河北省委向主席汇报时主席的插话》，1958年8月10日。

第二章 大 潮

一、北戴河会议的决策

如果说，毛泽东视察山东农村消息的发表，是向全国发出了要大办人民公社信号的话，那么，1958 年 8 月中下旬在北戴河召开的中共中央政治局扩大会议，则成为全国农村实现人民公社化的关键。

北戴河会议共有 17 个议题，人民公社问题是其中之一。会前，根据毛泽东的意见，“农林口”准备了一份题为《关于在农村建立人民公社的意见》的文稿，毛泽东对这份文稿给予了很高评价，认为是提交会议的文件中写得最好的。会议开幕的当天，毛泽东指示将这份文稿和《嵖岈山卫星人民公社试行简章（草案)》印发给与会人员。

在北戴河会议期间，还穿插召开了各协作区①主任会议。在这两个会议上，毛泽东就人民公社的问题作了多次讲话。

在 8 月 19 日的协作区主任会议上，毛泽东说，人民公社问题，名称怎么叫法？可以叫人民公社，也可以不叫，我的意见叫人民公社，这仍然

① 1958 年 6 月 1 日，中共中央作出《关于加强协作区工作的决定》，将全国划为东北、华北、华东、华中、华南、西南、西北等七个协作区。各协作区成立协作区委员会，作为领导机构。

是社会主义性质的，不过分强调共产主义。人民公社一曰大，二曰公。人多，地大，生产规模大，各种事业大；政社合一；搞公共食堂，自留地取消，鸡、鸭、屋前屋后的小树还是自己的，这些到将来也不存在；粮食多了，可以搞供给制，还是按劳分配，工资按各尽所能发给个人，不交给家长，青年、妇女都高兴，这对个性解放有很大的好处。搞人民公社，我看又是农村走前头，城市还未搞，工人阶级的待遇比较复杂。不论城乡，应当是社会主义制度加共产主义思想。苏联片面搞物质刺激，搞重赏重罚。我们现在搞社会主义，也有共产主义的萌芽。学校、工厂、街道都可以搞人民公社。不要几年工夫，就把大家组成大公社。

在 8 月 21 日的协作区主任会议上，毛泽东说，整风以来，资产阶级的法权制度差不多破坏完了，领导干部不靠威风，不靠官架子，而是靠为人民服务、为人民谋福利，靠说服。要考虑取消薪水制，恢复供给制的问题。过去搞军队，没有薪水，没有星期天，没有八小时工作制，上下一致，官兵一致，军民打成一片，成千上万的人调动起来，这种共产主义精神很好。不搞点帮助别人，不搞点共产主义，有什么意思呢？取消薪水制，一条有饭吃，不死人；一条身体健壮。我在延安身体不大好。胡宗南一进攻，我和总理、胡乔木等六人住两间窑洞，身体好了。到西柏坡也是一个小房子。一进北京后，房子一步好一步，我的身体不好，感冒多了。大跃进以来，身体又好了，三天到四天中有一天不睡觉。空想社会主义的一些理想，我们要实行。

毛泽东在讲话中认为，一些干部进城后变了，受资产阶级思想的腐蚀，把一些好东西抛掉了，农村作风吃不开了，城市要求正规化，衙门大了，离人民远。蒋介石的阴魂在城市中没有走，资产阶级的臭气渲染着党的干部，与他们见面，要剃头、刮胡子，学绅士派头，装资产味，实在没有味道。搞供给制，过共产主义生活，这是马克思主义作风与资产阶级作风的对立。他还说，还是农村作风、游击习气好。二十二年的战争都打胜了，为什么建设共产主义不行了呢？为什么要搞工资制？这是向资产阶级让步，是借农村作风和游击习气来贬低我们，结果发展了个人主义。他建议进一步破除资产阶级法权，干部带头恢复供给制。还说恢复供给制，好像是“倒退”，“倒退”就是进步，因为干部进城后退了，现在要恢复进步，各级干部要带头把六亿人民带成共产主义作风。

关于人民公社问题，毛泽东说，嵖岈山公社章程，《红旗》杂志要登出来，各地方不一定都照此办，可以创造各种形式。要好好吹一下，一个省找十来个人吹。大社要与自然条件、人口、文化等各种条件结合起来。人民公社，有共产主义的萌芽。产品十分丰富，粮食、棉花、油料都实行共产。那时道德大为进步，劳动不要监督，要他休息也不休息。人民公社大协作，自带工具、粮食，工人敲锣打鼓，不要计件工资，这些都是共产主义的萌芽，是对资产阶级法权制度的破坏。如果做到吃饭不要钱，这是一个大变化。大概十年左右，可能产品非常丰富，道德非常高尚，我们就可以在吃饭、穿衣、住房上面实行共产主义。公共食堂，吃饭不要钱，就是共产主义。将来一律叫公社，不叫工厂，如鞍钢叫鞍钢公社，城市、乡村一律叫公社，大学、街道都办成公社。乡、社合一，政、社合一，暂时挂两个牌子。公社中设一个内务部（行政科），管生死登记、婚姻、人口、民事。

在 8 月 24 日的协作区主任会议上，毛泽东说，吃粮食是有规律的，大口小口一年三石六斗，放开量叫他吃，薛仁贵一天吃一斗米，总是少数。我们搞公共食堂，也可以打回去吃。吃饭不要钱的办法，可以逐步实行，暂时不定，1959 年是否实行，明年再看；穿衣是否也可以不要钱。吃、穿不要钱，不一定要等到第三个五年（计划）。毛泽东还说，人民公社当决议草案发下去，每一个县搞一两个试点，不一定一下子都铺开，也不一定都搞团、营、连、排、班。要有领导有计划地去进行规划，现在不搞人民公社不行，不搞要犯错误。1955 年我就提倡大社。全国搞一万五千个到二万个社，每社五千户到六千户，二三万人一社，相当大了，便于搞工、农、兵、学、商与农、林、牧、副、渔这一套。我看将来有些大城市要分散，二万人到三万人的居民点，什么都会有，乡村就是小城市，哲学家、科学家都将要出在那里，每个大社都将公路修通。自留地要增加，耕畜要私养为主，大社要变小社等几件事，是向富裕中农让步。经过这个过程是可以的，不算严重的原则错误，在当时条件下，还有某些积极意义，现在又否定了。个别的猪，私人可以喂。社以大为好，人民公社的特点就是一曰大，二曰公，主要是许多社合为一个大公社。

在 8 月 30 日的中共中央政治局扩大会议上，毛泽东说，人民公社这个事情是群众自发的，不是我们提倡的。因为我们提倡不断革命，破除迷信，敢想、敢说、敢做，群众就干起来了。不仅南宁会议没有料到，成都会议也没有料到，八大二次会议也没有料到。我们的人民在农业合作社的基础上搞起的人民公社不是空想的，他们就是有那么个趋势，想要干起来。但是条理化，说清楚道理，那就需要我们，需要我们在座的同志们，需要各级党委，需要中央。现在我们作了个决议。人民公社的特点是两个，一为大，二为公。我看是叫大公社。人多，地多，综合经营，工农商学兵，农林牧副渔，这些就是大。大，这个东西可了不起，人多势众，办不到的事情就可以办到。公，就比合作社更要社会主义，把资本主义的残余，比如自留地、自养牲口，都可以逐步取消，有些已经在取消了。办公共食堂、托儿所、缝纫组，全体劳动妇女可以得到解放。农村是个工厂，实行工资制度。工资是发给每一个人的，而过去合作社是发给一个户，一个家长。青年人和妇女非常欢迎现在这个工资制度。

毛泽东还说，人民公社的公的特点比较合作社大为提高。这是最近一个很短的时间之内出现的一个新问题。看起来，只要一传播，把章程、道理一讲，发展可能是很快的。今年一个秋、一个冬，明年一个春，可能就差不多了。当然要实行工资制度，粮食供给制，无论谁人，都有饭吃。吃饭不要钱，还要有个过程，明年还要苦战一年，也许有些要苦战三年。我们这个决议案上有一句话，是不是妥当，请同志们考虑一下。比如讲，快的三四年，慢的五六年，或者更多一点时间，由从前合作社的集体所有制过渡到全民所有制，就是一切公有，跟工厂差不多，私人的生产资料、房屋也是公共的。农村、城市统统要园林化，好像一个公园一样。几年之后，亩产量很高了，不需要那么多耕地面积了，可以拿三分之一种树，三分之一种粮，三分之一休耕。我们现在这个国家刚刚开始建设，我看要用新的观点好好经营一下，有规划，搞得很美，是园林化。农林牧是互相联系、互相影响的。人民公社问题是个重要问题，将来还会有许多问题我们不知道，还要研究。

毛泽东还讲到向共产主义的过渡问题。他说：有一个文件讲，第三个五年计划就过渡到共产主义阶段（不单是农村，还有城市），我加了“第四个”三个字，第三个、第四个五年计划向共产主义过渡，不然太短了。

（刘少奇插话说：第三个五年计划开始过渡。）加上“开始”还可以。搞共产主义，第一个条件是产品要多，第二个条件是精神要好，就是要共产主义的精神。一有命令，自觉地做工作，懒汉甚少，或者没有懒汉。实行薪水制以来的缺点就是衣分三色、食分五等，坐椅子都要有等级的，办公桌是有等级的。这样一来，脱离群众，战士就不喜欢军官，农民就不喜欢我们县、区、乡的干部，城市里的工人也不喜欢我们。为什么不喜欢呢？你是当官，党官、政官、军官、学官，还有商官（做生意的），还有工官（当厂长的），官这么多，就出官僚主义。官气多，政治少。整风一来，就整官气，提政治，政治挂帅，从前争等级，争待遇，争薪水，后头不争了。我看要打掉这个东西。现在是不是马上废除薪水制？也可以暂时不废除。要来个一两年的准备，要人民公社搞起来逼我们。我们过去二十二年出了多少懒汉？我就没有见过几个懒汉。他不懒是什么原因呢？就是政治教育，政治挂帅，有个共同团体，有个共同目标，阶级斗争。

毛泽东还说，现在人民公社有些地方提出了“组织军事化，行动纪律化，生活集体化”，我看这三个口号很好。实际上是个军队，是个产业大军。不仅工人是产业军，农民这个军更大。讲军事组织，就好像没有民主了。恰好我们的民主不在别的地方，而在我们的军队，它可以搞军事民主、政治民主、经济民主。人民公社这个军事化，又有民主，又有很严格的纪律，但是他们相互的关系是同志关系，是用说服，不是用压服。有一本书，叫作《马恩列斯论共产主义社会》，这本书请各省都印，印到县、区、乡，乡党委至少要有一本，能看的让他们去看。因为我们要搞进一步的社会主义，要向共产主义过渡，要看那个东西。这本书要公开出版，广为散发，对我们很有启发。第一条，很有启发；第二条，相当不足，许多话是模糊印象，那个时候的人讲的话，就没有像我们这个决议案这样具体。这也要破除迷信。

在北戴河会议上，刘少奇对人民公社问题也发表了看法。他说，搞人民公社，大小、快慢各地自办，要酝酿成熟，不要勉强、性急，能快而推慢不好，故意发急也不必。要走群众路线，大鸣大放，不要强迫命令。公社是社会主义性质的，但增加了共产主义成分。由集体所有制过渡到全民所有制，要自然，要逐步，可以不声不响慢慢过渡，不必大力宣传。共产主义一方面不是遥远的未来，一方面也不是很快的事。对于公社化问题，刘少奇和毛泽东一样认为这是向共产主义过渡的形式，但在步骤上，毛泽东性急一些，刘少奇则主张稳妥一些。

在 1958 年那种气氛下，全国上上下下都处于一种亢奋状态。在北戴河会议上，对于在农村建立人民公社，作为集体所有制向全民所有制的过渡，进而由此过渡到共产主义，几乎是全体与会者的共识。会议讨论在农村建立人民公社问题时，只有黄克诚（中共中央书记处书记）讲过这样一句话：公社挂个牌子算了。①

8 月 29 日，北戴河会议通过了《中共中央关于在农村建立人民公社问题的决议》（以下简称《决议》）。《决议》分为六个部分。

第一，关于人民公社是形势发展的必然趋势。《决议》提出："人民公社发展的主要基础是我国农业生产全面的不断的跃进和五亿农民愈来愈高的政治觉悟。"理由是：空前规模的农田基本建设，创造了可以基本上免除水旱灾害、使农业生产比较稳定发展的新的基础；克服"右倾保守思想"后，农产品产量成倍、几倍、十几倍、几十倍地增长，更加促进了人们的思想解放；农村实现机械化、电气化的要求愈来愈迫切；农田基本建设打破社界、乡界、县界的大协作和组织军事化、行动战斗化、生活集体化，进一步提高了五亿农民的共产主义觉悟；公共食堂、幼儿园、红专学校等把农民引向了更幸福的生活，锻炼和培养了农民群众的集体主义思想。所有这些，都说明几十户、几百户的单一农业生产合作社已经不能适应形势发展的要求。因此，"在目前形势下，建立农林牧副渔全面发展、工农商学兵互相结合的人民公社，是指导农民加速社会主义建设，提前建成社会主义并逐步过渡到共产主义所必须采取的基本方针"。

第二，关于人民公社的规模。《决议》认为，目前以一乡一社，每社以 2000 户左右为宜，在某些地域辽阔、人烟稀少的地区，也可以少于 2000 户，一乡数社。有的地方根据自然条件和生产发展的需要，也可数乡并为一乡，组成一社，6000—7000 户。至于 2000 户或以上的，不要去反对也不要去提倡。人民公社进一步发展的趋势，有可能以县为单位组织

① 李锐：《"大跃进"亲历记》下卷，南方出版社 1999 版，第 110 页。

联社。人民公社实行乡社合一，乡党委就是社党委，乡人民委员会就是社人民委员会。

第三，关于小社并大社、转为人民公社的步骤和要求。《决议》强调要依靠贫下中农，充分发动群众，展开“鸣放辩论”，团结大部分赞成并大社、转公社的上中农，克服另一部分上中农的动摇，揭穿和击退地主富农的造谣破坏，使广大农民在思想解放、自觉自愿的基础上并大社、转公社。并大社、转公社，一气呵成当然好，也可以分两步走。各县都应先进行试点，然后逐步推广。

第四，关于并社中的经济政策问题。《决议》规定，社员自留地可在并社时变为集体经营，零星果树暂时仍归私有，过些时候再处理。股份基金可拖一两年后等生产发展、收入增加和人们觉悟提高后自然转变为公有。同时强调在并社过程要用共产主义精神去教育干部群众，不要采取算细账、找平补齐的办法，不要去斤斤计较小事。

第五，关于公社的名称、所有制和分配。规定大社统一命名为人民公社，不必搞国营农场，因为农场不好包括工、农、商、学、兵各方面。对于人民公社的所有制问题，毛泽东在《决议》草案中加写了如下一段话：

> 人民公社建成以后，不要忙于改集体所有制为全民所有制，在目前还是以采用集体所有制为好，这可以避免在改变所有制的过程发生不必要的麻烦。实际上，人民公社的集体所有制中，就已经包含有若干全民所有制的成分了。这种全民所有制，将在不断发展中继续增长，逐步地代替集体所有制。由集体所有制向全民所有制过渡，是一个过程，有些地方可能较快，三四年内就可完成，有些地方，可能较慢，需要五六年或者更长一些的时间。过渡到了全民所有制，如国营工业那样，它的性质还是社会主义的，各尽所能，按劳取酬。然后再经过多少年，社会产品极大地丰富了，全体人民的共产主义的思想觉悟和道德品质都极大地提高了，全民教育普及并且提高了，社会主义时期还不得不保存的旧社会遗留下来的工农差别、城乡差别、脑力劳动与体力劳动的差别，都逐步地消失了，反映这些差别的不平等的资产阶级法权

的残余，也逐步地消失了，国家职能只是为了对付外部敌人的侵略，对内已经不起作用了，在这种时候，我国社会就将进入各尽所能、各取所需的共产主义时代。①

对于这段话中所规定的集体所有制转变为全民所有制的时间，后来毛泽东也承认设想得过快了。

对于人民公社的分配，虽然《决议》中也认为人民公社建立后不必改变原有的分配制度，以免对生产发生不利的影响，但同时又提出，在条件成熟的地方，可改行工资制。至于条件成熟的标准是什么没有提及，加之毛泽东在北戴河会议期间多次讲到“吃饭不要钱”就是共产主义，所以在实际操作过程中，人民公社实行的是工资制加供给制的分配制度。

第六，关于建设社会主义与实现共产主义的关系。《决议》虽然承认现阶段是建设社会主义，但又强调建立人民公社首先是为了加快社会主义建设的速度，而建设社会主义是为了过渡到共产主义积极地做好准备。因此，《决议》最后满怀信心地说：“看来，共产主义在我国的实现，已经不是什么遥远将来的事情了，我们应该积极地运用人民公社的形式，摸索出一条过渡到共产主义的具体途径。”②

由此可以看出，在全国农村实现人民公社化，是建立在主观地认为我国的社会生产力已经有了相当的发展，尤其是经过“大跃进”，我国农村已经“免除水旱灾害”，农产品产量成倍、几倍、十几倍甚至几十倍地增长，农民的共产主义觉悟空前提高等基础上的。而这种既有农林牧副渔，又包括工农商学兵的人民公社一旦建立，又会进一步加速社会主义建设，消灭城乡、工农、脑力劳动与体力劳动等三大差别，加速实现共产主义。实际上，1958 年的中国农村，除了广大农民的积极性的确空前高涨之外，生产力水平、农作物产量等，与几年前并没有太大的差别。至于农产品产量成倍、几倍、十几倍、几十倍地增长，则完全是“放卫星”放出来的。

① 《建国以来毛泽东文稿》第 7 册，中央文献出版社 1992 年版，第 360 页。

② 中共中央文献研究室：《建国以来重要文献选编》第 11 册，中央文献出版社 1995 年版，第 446—450 页。

在这样的物质基础上就奢言集体所有制向全民所有制过渡，进而认为实现共产主义不再是遥远的将来，完全是严重脱离现实的空想。

同一天，北戴河会议通过了《中共中央关于今冬明春在农村中普遍展开社会主义和共产主义教育运动的指示》，要求就农业生产合作社的收入如何分配和是否建立人民公社的问题为中心，进行鸣放辩论，引导农民用社会主义和共产主义精神来解决这两个问题。指示强调："工农商学兵合一，乡社合一的人民公社，是现阶段建设社会主义的最好的一种组织形式，也将是未来的共产主义社会的基层单位。应该通过鸣放辩论，使广大农民充分了解人民公社比原有的农业社具有更伟大的优越性，自觉自愿地把农业社转为人民公社，并且用社会主义和共产主义的精神，来解决与转为人民公社有关的各种经济问题，反对个人主义和本位主义。"①《指示》还要求采取"插红旗""拔白旗"的方法，大破右倾保守、甘居下游的思想，使"观潮派""秋后算账派"在思想上彻底破产。

9月1日，这天出版的《红旗》杂志第7期发表《迎接人民公社化高潮》社论，同时刊登了《嵖岈山卫星人民公社简章（草案）》。9月3日，《人民日报》也发表《高举人民公社的红旗前进》的社论，透露了《中共中央关于在农村建立人民公社问题的决议》的基本内容。

9月4日，《人民日报》也全文刊载了卫星公社的简章，并配发了题为《从"卫星"公社的简章谈如何办公社》的社论，总结了人民公社与农业生产合作社的不同特点：

第一，人民公社不是单纯的农业生产组织，也不只是农林牧副渔全面发展，而且要像城市工矿区一样同时兴办工业。人民公社将逐渐消除城市和乡村的界线，消除工业和农业的差别。除了生产，公社还要自己经办商业（交换）、信用（银行业务），举办文化教育（包括小学、中学、专科、科学研究等）事业，实行全民武装，适龄的男性青年和复员退伍军人要编成民兵。人民公社是工农商学兵的统一体。

第二，公社以乡为范围建立，规模当然比原来的农业生产合作社大

① 中共中央文献研究室：《建国以来重要文献选编》第11册，中央文献出版社1995年版，第453页。

得多。

第三，乡社合一。乡人民代表大会代表兼任公社社员代表大会代表，乡人民委员会委员兼任公社管理委员会委员，正副乡长分别兼任正副社长，公社管理委员会的办事机构兼乡人民委员会的办事机构。这些说明公社实际上是社会主义社会的基层单位。

第四，在所有制方面进一步向公有发展。全部自留地、私有的房基、牲畜、林木等逐步转为全社公有，私人暂时留下少量的家畜和家禽，也将逐步转为公有。这样，个体经济的残余就进一步被消灭了。

第五，收益分配和劳动报酬方面，将随着生产的发展，逐步实行工资制（包括奖励工资）代替按劳动日分红制。在粮食生产高度发展、全体社员一致同意的条件下，实行粮食供给制。

第六，生活更进一步集体化，社员公共福利事业加速发展。设立公共食堂、托儿所、缝纫组、医务组织、疗养院、幸福院，按照园林化而规划建设新的住宅，家务劳动社会化。

9月10日，《人民日报》全文发表《中共中央关于在农村建立人民公社问题的决议》，并发表了《先把人民公社的架子搭起来》的社论。社论提出：当前农村工作要抓住人民公社这个中心环节，先搭好人民公社的架子。即先按规划把公社委员会建立起来，统一调配劳动力，统一做好规划（包括基建、生产及公共积累的比例等），在公社的统一领导下分头进行各项工作；对原来的劳动组织、核算单位、分配方案、财务处理等，暂时不动。社论同时强调，搭架子的过程必须是一个充分发动群众的过程，必须是一个向群众进行社会主义和共产主义思想教育的过程。11日，《中共中央关于今冬明春在农村中普遍展开社会主义和共产主义教育运动的指示》公开发表。至此，人民公社化运动如暴风骤雨，迅速席卷全国农村。

二、人民公社化的实现

人民公社化运动在全国农村的广泛开展，是从1958年8月13日《人民日报》公开发表毛泽东的"办人民公社好"的讲话开始的。

在人民公社化运动中，得信息之先的河南走在全国的前面。毛泽东刚刚离开河南，中共河南省委就向中共中央汇报说："我省在麦收以后，在全省范围内出现了一个建立人民公社的高潮，其运动的规模和速度大大超过了合作化高潮，'建立人民公社'，'走人民公社的道路'，已成为全省人民舆论的中心。""最近毛主席来河南视察工作，对群众鼓舞很大，办人民公社迅速在全省城乡形成了全面高潮。"至 8 月 22 日，河南全省原有的 4200 多个农业生产合作社，已并成 1172 个公社，正在建立的有 300 个，平均每个公社 7000 户左右。①

在大规模的人民公社化运动中，信阳地区又走在了河南的前面。从 7 月中旬嵖岈山卫星集体农庄更名为卫星公社起，信阳全地区就出现了小社并大社转公社的高潮；至 7 月底，全地区 5376 个农业生产合作社的并社工作基本结束，共建立大型的人民公社 208 个，每社平均 8000 户。该地区的商城县超英人民公社由 10 个乡合并，全社 20457 户，98275 人，总面积 135 万亩。固始县七一人民公社规模更大，全社共 46161 户，201075 人，规模为河南全省人民公社之最。

在并大社、转公社时，信阳地区对生产、生活资料采取如下原则进行处理：

——所有土地、牲畜、家具、宅基、矿山、工厂、鱼塘、河坝、山林和各项建设设备等生产资料，一律转为人民公社集体所有。

——各小社现有的公共积累（包括现金、实物和储备粮等）统一上交人民公社分配使用，不准隐瞒或私分。

——原各小社所办的工业和各项副业生产，并入公社以后，其现有的机械设备、副业工具、原料、成品、半成品均归公社集体所有，原社均不得动用。

——原有小社债务分别偿还。属于小社用于当年生产的债务，仍由小社偿还；属于基本建设、公共建筑等的债务，由公社偿还。

——社员私有的房屋、小片林木、饲养的牲畜等生产资料一律转为公

① 中共河南省委：《关于建立人民公社情况的报告》，1958 年 8 月 22 日。

社集体所有，牲畜、小片林木转为集体所有时合理折价，作为社员向社的投资。

——社员原有的少量家庭副业，如家禽家畜，一般仍允许社员自己经营，如社员愿意交集体经营的，合理作价后归社所有。

——社员的自留地，大片的由生产队接收，统一经营，共同消费。①

信阳在并大社、办公社的过程中，总结出了建立人民公社的十大优越性：(1) 能进一步巩固集体所有制，锻炼培养集体主义觉悟；(2) 能进一步发展工农业生产，实现工农业并举的方针；(3) 加速实现农业机械化；(4) 便于进行大型的基本建设；(5) 社大人多，资源丰富，便于发展多种经营；(6) 社大骨干强，而且集中，便于统一调配使用劳动力，并能大量培养又红又专的建设社会主义的积极分子队伍；(7) 可以大量培养干部和各种技术人才；(8) 可以大力促进文化交通运输事业的发展；(9) 抗灾能力强，更快地提高生产和生活水平；(10) 更进一步加强党对社的领导。②今天看来，这些“优越性”，基本上是想当然总结出来的。

人民公社是一哄而起建立的，在所有制等重大问题上政策界限很不明确。中共河南省委在给中共中央的报告中说，河南的农村人民公社大体有三种形式：一是宣布一切主要生产资料归全民所有，产品由国家统一调拨使用，上缴利润，生产开支、社员消费均由国家统一确定，这种公社占少部分。二是虽未向群众宣布生产资料归全民所有，但实质上主要生产资料已变为全民所有，社内的产品在保证上交公粮、税款和完成国家统购物资的原则下，仍由各公社独立分配，这一类公社是大量的。第三类是国营农场和农业社合并建立的人民公社，实行统一经营，分别核算，分别计酬，原农场工人工资不动，原农业社社员采取低工资的办法。③

截至 8 月底，河南全省农村在原有 38473 个农业生产合作社、平均每社 260 户的基础上，已经建成大型的综合性的人民公社 1378 个，平均每

① 中共湖南省委赴河南参观团：《关于参观河南信阳地区人民公社的报告》，1958 年 8 月 30 日。

② 《高举毛泽东思想红旗大踏步前进，信阳地区普遍建立人民公社》，《河南日报》1958 年 8 月 14 日。

③ 中共河南省委：《关于建立人民公社的报告》，1958 年 8 月 22 日。

社7200多户。加入人民公社的农户已占全省农户总数的99.98%。至此，河南全省建立人民公社的工作已告基本结束。

河北是全国较早实现人民公社化的又一省份。毛泽东视察徐水、安国后，河北的人民公社化运动全面展开。1958年8月6日，中共中央农村工作部副部长陈正人来到徐水，传达了中共中央在徐水搞共产主义试点的指示。几天时间，全县248个农业生产合作社宣布转为人民公社。“在社员自愿的基础上，各户私有的部分农具、牲畜、房屋、树木等都已转为公社所有；生产资料入社折价款的部分也已决定取消。各个公社正在实行或者准备实行工资制。最近几个月来迅速发展起来的公共食堂、缝纫厂、幼儿园、托儿所和老年的幸福院等，现已完全普及，并已成为新建立的人民公社的组成部分。”徐水全县进一步实行军事化，全部劳动力已编成2个团、191个营、666个连，有的乡还给青壮年民兵发了枪支。8月15日，徐水全县20个乡镇并为9个大的乡镇。①

1958年8月22日，中共徐水县委制订了《关于加速社会主义建设向共产主义迈进的规划（草案）》，并在8月26日的《徐水报》上全文刊登。规划的前景是：1958年实现灌溉机械化和加工机械化，1963年实现高度机械化和电气化，一切主要体力劳动都为机械所代替。那时，人们的劳动已经不再仅仅是谋求生计的手段，而本身成为生活的第一需要了。1959年每人平均可以分到粮食2000斤、食油20斤、肉类50斤，1963年则可分别分到2000斤、50斤、300斤，另有棉布100尺、糖240斤、水果147斤，主要生活资料实现各尽所需。1959年消灭30岁以下的文盲，到1963年达到高小文化程度。从1959年算起，在7—10年内，30岁以内青壮年都要达到专科以上文化程度，成为专家。到那时，旧的劳动分工形式要改变，体力劳动和脑力劳动的本质差别将逐渐消失。也就是说，按照这个规划，徐水要在1963年实现共产主义。

到8月28日，河北的石家庄专区全区的6850个农业社，已经全部合并建成了141个人民公社；张家口专区已建成109个人民公社；天津市郊

① 陈勃伟：《徐水全部农业社转为公社，农民热情高涨正全力加强秋田管理》，《人民日报》1958年8月20日。

区352个农、渔业生产合作社全部合并建成15个人民公社。至9月1日，河北全省已有95个县、市实现了公社化，共建成大型人民公社624个，平原地区一般10000户左右，丘陵地区一般5000户左右，山区一般3000户左右。

河北在并小社建立人民公社的同时，各地还挑选出条件较好的县和社，作为向共产主义过渡的试点。保定专区确定徐水和安国，唐山专区确定乐亭和大厂，天津专区确定宁津，作为共产主义试点县。河北还挑选出了36个条件较好的大社，作为共产主义公社的试点社。①

北京市顺义县（1958年由河北省划归北京市）原来有19个乡、414个农业生产合作社，为了适应“大跃进”的新形势，7月份，所有的农业生产合作社经过合并，建立了8个大型的人民公社，平均每社9600户。丰台区到8月29日，全区已经建成石景山、南苑红旗、上游、卢沟桥东方红和长辛店等5个人民公社。到8月30日为止，海淀区原有的19个农业生产合作社已经合并建立了四季青、万寿山、玉渊潭、东升、海淀、清河等6个人民公社。

据中共中央农村工作部统计，至1958年9月16日，已有河南、河北、山西、青海、辽宁、广西、黑龙江、北京等八省（自治区）一市实现了人民公社化，全国已建成人民公社1万多个。至9月20日，全国建立人民公社则达1.5万多个，平均每社4600多户。至9月30日，全面实现了农村公社化的省、市、自治区有河南、辽宁、广西、青海、河北、北京、陕西、山东、黑龙江、吉林和上海；农村公社化已达90%以上的有山西、广东、湖南、四川、江苏、浙江和甘肃；农村公社化达到85%左右的有江西、安徽、湖北、福建和内蒙古；贵州和宁夏月底也实现或基本实现了农村公社化；新疆农业区参加公社的农户已达80%。云南省农村已建成200多个人民公社。至此，全国农村共有人民公社23384个，参加的农户达总农户数的90.4%，平均每社4797户，我国农村基本实现了公社化。②

① 中共河北省委农村工作部：《农村工作简报“第一号”》，1959年8月20日。

② 《当代中国农业合作化》编辑室：《建国以来农业合作化史料汇编》，中共党史出版社1992年版，第500—503页。

1958年11月21日，中共中央农村工作部向中共中央报告说，据10月间分区召开的农业协作会议统计，全国农村共有26576个人民公社，入社农户12692万户，占全国总农户数的99.1%。各地农村在公社化的同时，普遍实现了组织军事化、行动战斗化和生活集体化。全国农村人民公社共办公共食堂265万多个，建立托儿所、幼儿园475万多个，幸福院10万多个。此外，各地公社还普遍组织民兵武装，据河北、辽宁、贵州、江苏等20个省、市、自治区的不完全统计，共组成民兵师1052个，民兵团24525个，基干民兵4905.7万人。①

那么，如此短的时间内，是如何克服由小社到大社再转变到人民公社的阻力的呢？主要的办法是大辩论。其实，所谓大辩论，实际就是批判会，也就是用当时认为正确的思想去批判错误的观点。

自从1957年整风反右运动使用大鸣、大放、大辩论、大字报这“四大”以来，大辩论对中国人来说已不再是陌生的东西，而是经常使用的所谓解决思想认识问题的手段。1957年秋冬在农村进行的社会主义教育运动，使用的就是大辩论的方法。

应该承认，人民公社的出现，也不完全是领导人一时的头脑发热，还是有一定社会基础的。前面提到的中共河南省委给中共中央的报告中说：人民公社化运动中，“不论城市和乡村都在风起云涌，争先恐后，汹涌蓬勃地发展，到处是敲锣打鼓，欢天喜地，纷纷写决心书，出大字报，开庆祝会，向领导报喜的群众情绪高涨”。这也不完全是夸大之辞。在“大跃进”和人民公社化运动中，许多群众头脑也在发热，也处于一种亢奋状态。河南省遂平县嵖岈山的小社并大社，就带有一定的群众自发性质。因为当时开展的农田水利建设的确需要打破乡、社的界限，进行乡、社间的协作，在生产工具落后，还基本要靠手工劳动进行农田水利建设的情况下，人多有时是有力量大的优越性，尤其是人多可以修建一些单靠一乡一社的力量不能修建的大中型农田水利设施。当时，一部分基层干部和群众确实产生了小社并大社的要求。

但是，小社并大社也好，大社转公社也好，它并没有从根本上提高生

① 中共中央农村工作部：《全国农村人民公社发展概况（资料）》，1958年11月21日。

产力，因为生产力的发展，不是单个劳动者劳动力的简单相加，而主要要靠生产工具和农业技术的改进。实际上，随着社、队规模的扩大，分配上的平均主义（对于这一点，后面还将论及）吃“大锅饭”的现象较之农业生产合作社更加严重，加之公社化过程中，不但农业生产合作社的生产资料、公共积累全归公社，而且社员个人的生产、生活资料如家庭副业、宅基地、自留地等也要归公社所有，所以公社化过程中相当多的基层干部和群众有抵触情绪。

毛泽东“办人民公社好”的指示发表的当天，中共河南省委在向中共中央的电话汇报中一方面说，贫下中农“对并社办公社欢欣鼓舞”，另一方面也承认，“一部分富裕中农有抵触情绪，有的大吃大喝或者是浪费”，“他们怕入公社吃亏，怕不自由”。据该省光山县 2946 个生产队以上的干部的思想排队，积极拥护并社的占 83.5%，思想动摇的占 15.5%，消极抵触的占 3%。① 类似的情况在其他地方也存在。据中共河北邢台县委给河北省委的报告，全县 8260 名党员中，有 15%左右的党员对办公社不够积极，有右倾保守思想，认为建立人民公社为时过早，认为小社好办，大社难搞。又据中共河北唐县县委分析，有 20%左右的社员对办公社不够积极，其中有 5%的人甚至有抵触情绪。② 中共山西武乡县委办公室分析，建立公社时，在开始发动阶段积极拥护办公社的占总户数的 55%，随大流的 37%，反对的占 8%。③ 这几组数字说明，对办人民公社不积极甚至反对的还是大有人在。

既然有不同的声音，按照当时的思维方式，大辩论就成了统一思想认识的基本途径。北戴河会议通过的《中共中央关于今冬明春在农村中普遍开展社会主义和共产主义教育运动的指示》，就明确规定要围绕是不是建立人民公社的问题进行鸣放辩论。中共河北省委强调：“在发动群众中，要广泛运用大鸣大放大字报的方式，鸣深辩透，使群众了解……把小社并为大社建立人民公社，则又是完全必要和正确的。”④ 河南在人民公社化运

① 北戴河会议文件五十八，《河南电话汇报》，1958 年 8 月 13 日。

② 中共河北省委农村工作部：《建立人民公社简报》，1958 年 9 月 2 日。

③ 魏晋峰：《武乡农业合作史》，山西人民出版社 1996 年版，第 149 页。

④ 中共河北省委：《关于建立人民公社的指示》，1958 年 8 月 29 日。

动一开始，“各地普遍展开了‘要不要建立人民公社?’‘人民公社有什么优越性?’‘怎样建立人民公社?’‘依靠谁建立人民公社?’等题目的大放大鸣大辩论，展开了两条道路、两种思想的斗争，提高了广大群众的觉悟，并且向破坏行为进行了斗争”。① 对于这些问题，本来就不是可以辩论的，在各级组织和各种媒体对人民公社优越性及办人民公社的必要性作了广泛宣传的情况下，谁敢冒天下之大不韪公开反对办人民公社呢?

仅用一个多月的时间全国就实现了人民公社化，又是与宣传舆论的推动分不开的。8月13日毛泽东视察山东“办人民公社好”那番话见报后，《人民日报》及各种宣传舆论工具对人民公社的建立及优越性作了大量的报道。

1958年8月18日，《人民日报》以《人民公社好》为题报道了河南信阳专区人民公社化运动的情况，其中讲到信阳专区总结出了人民公社的十大优点和四项有利条件。同一天，该报还发表了中共遂平县委副书记赵光的文章《人民公社带来的变化——介绍遂平县卫星人民公社》。这是中共中央机关报较早报道人民公社的两篇文章。1958年8月21日，《人民日报》再次发表了一篇有导向性的文章《怎样办好人民公社?》，介绍了中共信阳地委在遂平卫星公社召开现场会议，研究公社的体制、分配制度、党的领导等问题的情况。报道中说：“信阳地区在这次新的伟大的社会变革中，由原有的5376个农业生产合作社，合并建成208个大型人民公社。这个伟大的变化，是信阳地区一年来政治战线和思想战线的革命的胜利和社会主义建设全面大跃进的结果。而这个伟大的社会变革，它更加激发了人们建设社会主义的积极性，推动了生产力的发展，使信阳地区出现了一个胜利再胜利、跃进再跃进的新形势。”报道对建立人民公社的作用做了极为夸大的评价。文章还详尽地介绍了信阳地区人民公社的体制和机构、分配制度、加强党对建立人民公社的领导等内容。

同一天，《人民日报》还发表了署名“唐飞霄”的文章《人民公社是万人欢乐的大花园》，用极其夸张的语言介绍作者访问遂平县卫星人民公社的所见所闻。其中说：“在过去，人们麦收以后吃不了多久，可是今年，

① 《数千万农民坚定地向共产主义过渡，河南农村实现人民公社化》，《人民日报》1958年9月2日。

白面吃不清。社员们反映，现在发愁的，不是粮食不够吃，而是多得没有地方放。”“丰收进一步解放了人们的思想。在今年小麦丰收的基础上，有的社员把明年的小麦亩产计划提高到1万斤以上，有的社员把今年的水稻亩产量由1万斤提高到5万斤，有的社员把红薯的亩产量由40万斤提高到60万斤。”“公社建立以后，劳动组织更加健全和强化了。……今天的新型农民，已经是有组织守纪律的生产战斗部队了。”“建立公共食堂以后节省出来的人工，等于给全社增添了四千多个常年劳动力。”“实行了工资制以后，社员们就可以逐渐变成工人阶级了。”“秋收以后，社里将实行公费医疗和养老制度。……这样一来，就病有所医，老有所养了。”正如作者所说的，卫星人民公社是一个“万人欢乐的大花园”。

在有关颂扬人民公社化的各种报道中，《人民日报》1958年8月23日至9月1日间发表的长篇通讯《徐水人民公社颂》，全文1.5万字，分6天才刊完，分别使用了“全民皆兵的公社”“工商百业样样全”“‘四化’齐来万众欢”(主要内容是公共食堂)、“朝霞与晚香”(指幼儿园和幸福院)、“文明而城市化的街坊”“将要发射的高产卫星”等标题。从中可以看出，报道对人民公社充满了溢美之词。文章最后说：“徐水的人民公社将会在不远的期间，把社员们带向人类历史上最高的仙境，这就是那‘各尽所能，各取所需’的自由王国的时光。”

当年各种报刊上类似的报道比比皆是，对人民公社各种优越性的称颂，也到了无以复加的地步。正因为这种将未来的憧憬当作现实的可能，虽脱离实际但攻势强大的宣传，造成了只要办起了人民公社，生产力就会飞速发展，人民生活就会有极大改善，中国也就很快进入共产主义人间仙境的舆论氛围。这样的好社会谁又能不心向往之呢？

人民公社化的迅速实现，也离不开毛泽东的巨大威望。在长期的革命和建设过程中，毛泽东作为中共主要领导人，的确显示出了卓越的领导才能和睿智的远见，得到了人民的衷心拥护和爱戴，形成了巨大的威望和影响力。毛泽东成为党的领袖后，一段时间里他对个人崇拜是保持清醒认识的，也强调不要搞对他的个人崇拜。“大跃进”和人民公社化之时，他对个人崇拜就有些欣赏起来了，以至于在成都会议上提出了要区分正确的个人崇拜和错误的个人崇拜，并认为前者还是必要的。实际上，新中国成立后，随着新民主主义革命和社会主义革命取得一个又一个胜利，对毛泽东的个人崇拜就已经产生了，党内党外，上上下下，也自觉不自觉地将他视为正确思想的代表，看作真理的化身。凡是他所赞同或提倡的，党内党外几乎没有人会加以怀疑或反对。当年公开发表的毛泽东关于人民公社的言论并不多，但就那么一句“还是办人民公社好”，却起了一语定乾坤的作用。既然毛泽东都说人民公社好，全国闻风而动，人民公社如雨后春笋般地出现在神州大地，就一点也不奇怪了。

三、人民公社的基本特征

毛泽东在北戴河会议上对人民公社作出的“一曰大，二曰公”的概括，准确地揭示了人民公社的最主要特征。

人民公社首先是“大”。公社化前，全国共有74万个农业生产合作社，平均每社约170户、2000亩土地和350个劳动力。公社化后，变成了26500多个人民公社，每社平均4755户、6万亩土地、1万个劳动力，全国平均28.5个合作社合并成1个公社。据10个省、市的统计：5538个公社中，5000户以下的公社有3343个，5000户到1万户的有1628个，1万户到2万户的有516个，2万户以上的有51个。一县建成一个大公社和成立了全县人民公社县联社的，据13个省统计有94个。规模较大的是广东、上海和北京郊区，平均在1万户以上。其次是河北、辽宁、山东、安徽、浙江、福建、河南，平均七八千户，湖南、广西平均五六千户。其余省区，除贵州、新疆在两千户以下外，都在两千户以上，一般三四千户。此外，河南的遂平县、修武县，河北的徐水县，在人民公社化运动高潮中，都变成了一县一社。

人民公社的规模如此之大，一个重要的原因是当时片面地认为，人多力量大，人多好办事。中共辽宁省委宣传部编印的关于办好人民公社的宣传教育提纲中，总结出了人民公社的十大优越性。其中前四条都是讲“大”的好处：一是人民公社能够更加“多、快、好、省”地发展生产。一方面，人才集中，资金集中，物资集中，就可以更好地利用人力、物力来大规模地发展生产。另一方面，对于自然条件，可以进行更大范围的全面规划，加以充分的合理利用。二是人民公社规模大，人多地多，资金充足，不仅能大办特办农业，也能大办特办工业。三是人民公社大，生产发展快，能更多地积累资金，更快地扩大公有经济。四是人民公社人力多、资金多，土地连片，便于有效地利用资金，进行农田基本建设和农业机械化、电气化。①

人民公社“大”的优越性，其实是经不起推敲的。在一定的情况下，集体的力量能超过个体的力量，小型的农业生产合作社也确实存在不便于进行大规模的农田基本建设和开展农业规划的问题。但是，农业生产合作社特别是初级社，由于实行土地分红与劳动分红相结合的分配制度，较好地处理了按生产要素分配与按劳分配的关系，既避免了农村可能出现的两极分化，又较好地调动了农民生产劳动的积极性，应当说是总体符合我国农村生产力水平的。至 1955 年上半年，在农业合作化问题上，也是基本上遵循自愿互利原则的。1955 年下半年开始，农业合作化运动就出现了过快过急、超越了中国农村现有的生产力水平的倾向，如果当时停留在初级农业生产合作社阶段的时间长一点，待初级社得到一定的巩固和发展之后再转入高级社，对生产力的发展会更有利一些。可是，刚刚建立的高级社还未来得及站稳脚跟，又来一个规模更大的人民公社，使合作社时期本已存在的干活窝工、分配吃“大锅饭”的现象更加严重。一个公社少则几千户，多则上万户、几万户，数千上万甚至几万名劳动力，给劳动力的合理使用带来许多困难，而所谓“组织军事化”，在全社范围内将劳动力编制为团、营、连等，进行大兵团作战，更是造成了劳动力的巨大浪费。公社规模大，也容易造成干部在生产工作中的“瞎指挥”和强迫命令。

人民公社的另一个特点是“公”。这个“公”其实就是将农业生产合作社和社员的财产无代价地收归公社所有，由公社统一经营、统一核算。嵖岈山卫星人民公社规定：“各个农业社合并为公社，根据共产主义大协

① 中共辽宁省委宣传部：《提高共产主义觉悟，努力办好人民公社——关于办好人民公社的宣传教育提纲》，《辽宁日报》1958 年 9 月 16 日。

作的精神，应该将一切公有财产交给公社，多者不退，少者不补。”“在已经基本上实现了生产资料公有化的基础上，社员转入公社，应该交出全部自留地，并且将私有的房基、牲畜、林木等生产资料转为全社公有，但可以留下小量的家畜和家禽，仍归个人所有。”①不论是嵖岈山卫星公社的简章，还是各地关于建立人民公社的具体政策，都规定将合作社的土地、牲畜、农具等生产资料和其他公共财产收归公社所有，甚至社员个人经营的自留地、林木、牲畜和社员多余的房屋也归了公社，目的在于消灭生产资料的私有制残余，并使小集体经济变成大集体经济，进而为过渡到全民所有制创造条件。

与此同时，公社创办了供销部、信用部，国家将粮食、商业、财政、银行等部门在农村的基层机构也下放给公社经营管理，使公社增加全民所有制的成分。

“一大二公”的人民公社在管理体制上实行“政社合一”。农业生产合作社时，实行的是乡社分设的体制，乡是农村基层政权，社是农民集体经济组织，一般是一个乡领导几个甚至数十个社。《中共中央关于在农村建立人民公社问题的决议》明确规定，人民公社“实行政社合一，乡党委就是社党委，乡人民委员会就是社务委员会”②。根据“乡社合一”的原则，公社的社务委员会一般再下设若干部，如中共山东省委《关于人民公社的若干问题的意见（第二次修改稿)》中规定，人民公社下设工业、农业、水利、林业、牲畜饲养、水产、财政、供销、信用、粮食、宣教、内政、人民武装、福利、组织等 15 个部，另设计划委员会和科学技术委员会。这样，公社具有了农村基层政权和经济组织的双重职能。

农业生产合作社时，社下一般设生产队。公社化后，公社下设大队和生产队（小队)，大队相当于原来的农业生产合作社，也有一些地方在公社之下大队之上设立管理区。对于大队和生产队的职能，各地的规定各不相同。嵖岈山卫星人民公社的简章中提出，生产大队是管理生产、进行经

① 中共中央文献研究室：《建国以来重要文献选编》第 11 册，中央文献出版社 1995 年版，第 388 页。

② 中共中央文献研究室：《建国以来重要文献选编》第 11 册，中央文献出版社 1995 年版，第 447 页。

济核算的单位，盈亏由社统一负责，生产队是组织劳动的基本单位。山东掖县先锋人民公社试行简章（草案）规定：生产大队是社务委员会的派出机构，负责监督检查和指导生产。生产队是具体组织生产的单位。① 江西省修水县规定，大队作为公社的派出机构，负责管理本大队和专业队的生产，是经济核算的基本单位，生产队是组织生产的基本单位。② 这样，公社替代了原来的乡政府并成为集体经济组织。生产大队的规模相当于原来的高级社，但没有生产资料所有权、生产经营自主权和产品处置权，原有的村级组织被取消，其社会管理职能为生产大队所取代。

按照"组织军事化、行动战斗化、生活集体化"的要求，各地的人民公社还将青壮年社员以生产队为单位组成连，以大队为单位组成营，以公社为单位组成团，进行军事化管理，按时吃饭、集体上工、统一休息。这些连、营、团既是民兵组织，也是生产突击队，劳动力在全公社范围内统一调动。

公社化前，农业合作社作为集体经济组织，在国家计划的指导下独立地进行生产经营。公社化后，生产大队和生产队都变成了组织管理生产的单位，如果公社是一家大工厂的话，那么，大队相当于这个工厂下的没有生产经营自主权的车间，生产队就成了车间的工段。一切生产资料和劳动力统归公社调配和使用，工、农、林、牧、副、渔等一切生产建设事项，统归公社经营，由公社统一制定各种生产建设计划和决定收益分配。生产大队和生产队既没有生产资料的所有权，也没有生产资料和劳动力的支配权，公社既是基层政权组织，又是农村集体经济组织，集人、财、物大权于一身，工、农、商、学、兵样样齐全。全国的人民公社平均由 28 个农业生产合作社组成，一个公社少则有十几、多则有几十个大队，数万人口，各大队的情况千差万别，由公社统一经营，就势必只能依靠行政命令组织生产，搞"一刀切"，产生工作中的"瞎指挥"和"命令风"。又因为公社掌握了人、财、物统一调拨的大权，搞"一平二调"（平均主义和无

① 《山东省农业合作化史》编辑委员会：《山东省农业合作化史料汇集》下册，山东人民出版社 1989 年版，第 298 页。

② 中共修水县委：《太阳升人民公社是怎样建立起来的》，江西人民出版社 1958 年版，第 22 页。

偿调拨）就可通过行政命令的方式进行，所以人民公社的建立过程，也是刮“一平二调”的“共产风”的过程。

人民公社除了“一大二公”的特点外，还有一个重要的特征，就是在分配上实行供给制与工资制相结合的分配制度，以及与这种分配制度相适应的公共食堂。

所谓供给制，通俗的说法是“吃饭不要钱”。作为全国人民公社样板的嵖岈山卫星人民公社和七里营人民公社，都在公社的章程中对供给制作了明确规定。

嵖岈山卫星人民公社试行简章第十五条规定：“在粮食生产高度发展、全体社员一致同意的条件下，实行粮食供给制。全体社员，不论家中劳动力多少，都可以按照国家规定的粮食供应标准，按家庭人口得到免费的粮食供应。实行粮食供给制，必须使家中劳动力较多的社员，仍然比过去增加收入。”①

七里营人民公社章程第二十二条关于供给制的内容是：“在保证满足公社全体人员基本生活需要的基础上，实行按劳分配的定级工资制。即从全年总收入中首先扣除税金、生产费用、公共积累，然后再由公社统一核定标准，扣除全社人员基本生活费用（包括吃饭、穿衣、住房、生育、教育、医疗、婚丧等一切开支），实行按劳评级按级定工资加奖励的分配办法。”②

人民公社推行的供给制，当时有三种类型。一种是粮食供给制，这是各地普遍推行的方式，其办法是在公社预定分配给社员个人的消费基金中，口粮部分按国家规定的留粮指标，统一拨给公共食堂，社员无代价地到公共食堂用饭，菜金和副食品部分仍由社员出钱负担。嵖岈山卫星人民公社实行的就是这种供给制。如果将副食品也包括在供给的范围之内，就变成了第二种类型，即伙食供给制。第三种类型是基本生活供给制，如七里营人民公社的供给范围包括伙食、衣服、住房等七项内容，简称七包，

---

① 中共中央文献研究室：《建国以来重要文献选编》第 11 册，中央文献出版社 1995 年版，第 394 页。

② 《当代中国农业合作化》编辑室：《建国以来农业合作化史料汇编》，中共党史出版社 1992 年版，第 487 页。

当然也有八包、十包或者十几包的。

七里营人民公社的《分配工作试行办法（草案）》规定：根据公社的经济力量，确定基本生活标准为粮食全年全社每人平均40元，油、盐、烧柴等杂费6元，粮食按以人定量标准发给饭票，凭票在食堂吃饭，普通饭菜无价供应，个人另吃好菜时得向食堂购买，集体改善生活仍由公社开支。穿衣按国家供应棉布证折款发给每人4元，吃穿生活费用合计50元。无房社员由公社调剂住房，今后改善居住条件由公社开支。生育、教育、看病、婚丧等费用亦由公社负责从公益金中解决。随着生产的发展，社员生活标准也要不断提高，逐步达到丰衣足食。①

七里营人民公社成立后，时任中共上海市委宣传部部长的张春桥到七里营参观后，发现这里搞的是吃饭不要钱，认为是个新发明，回去后向中共上海市委第一书记、市长柯庆施作了汇报。柯庆施就把这个口号宣传出来。这样，人民公社的供给制（主要是粮食供给制）有了一个通俗而响亮的叫法："吃饭不要钱"。

最典型，影响也最大的是河北省徐水人民公社的基本生活供给制。徐水实行供给制范围包括农民、工人、干部及一切工作人员，也就是所有徐水人。徐水针对农民的计划供给内容有：

伙食：男女整半劳力、大学生、中学生（这里的大学生是指农村红专大学的学生）每人每月5元，小学生每人每月4元，幸福院老人每人每月4.5元，幼儿园幼儿每人每月3.5元，托儿所婴儿每人每月3元。伙食费一律不发给本人，以食堂为单位掌握。伙食用粮发给实物，以食堂为单位发给供应证，凭证到附近粮库领取，其他部分一律折款发给货币。为了便于掌握，各食堂可发给个人饭证。农民出门原数带走饭费，到另一食堂吃饭交费。

服装日用品：男女整半劳力，每人每年发给服装布24尺、棉花1斤、鞋3双、袜子2双、毛巾1条、肥皂2块，根据需要发给草帽1顶。学生、幸福院老人、婴幼儿都有相应的规定，连托儿所儿童，也规定每人每年也发给服装布8尺、袜子3双、毛巾2条、帽子1顶、香皂1块、小毛巾1条。

① 《人民公社参考资料选集》第二集，中国人民大学出版社1958年版，第54页。

津贴：根据劳动态度、技术高低、劳动强度分为两等，一等每月2元，二等每月1元，一、二等各占50%左右。大学生、中学生每人每月零用钱5角，小学生、幸福院老人、婴幼儿每人每月分别为1角、3角、1角，不发给个人，由集体掌握。

其他：农民的医疗费，由县财粮部发给各公社，由各公社统一掌握，农民看病在本公社有效，本公社不能治疗经医生证明转院，转院治疗一律付现款；结婚男女双方每人补助1.5元，生育补助3元，死亡丧葬适当发给丧葬费；看戏、看电影、洗澡不花钱，每10天发洗澡票1张，每20天发理发票1张，每个月发电影票1张；取暖以每年105天计算，每户每天煤2斤，折款一次发给各户。①

徐水是在全县范围内实行供给制。无独有偶，河南省修武县也是实行全县范围的供给制。修武县是人民公社化运动中最早成立县联社的地方之一。修武县人民公社是1958年7月18日由全县的245个农业生产合作社合并而成的（开始称大社）。公社建立后的第三天，即开始在全社实行粮食供给制和工资制，并将之作为培养人民共产主义觉悟、消灭体力劳动与脑力劳动差别的重大举措。

根据修武县人民公社9月份制定的《关于全民实行供给制和工资制的试行方案（草案）》，供给部分和工资部分的具体标准是：

（1）伙食。农民：按实有人数不分大人小孩每人每月3.86元，菜地0.1亩。中等学校、红专大学学生：在县城集体搭伙者每人每月7元，在农村者与农民相同。工人：煤矿井下工和高温作业工每人每月15元，其他工人13.50元。干部：县级干部参加工作8年以上、区级干部参加工作12年以上、一般干部参加工作15年以上者，每人每月18元，其他干部13.50元。此外，县城居民和干部家属伙食费每人每月7元。

（2）被服、日用品。农民：不分大人小孩每人每年棉布18尺、棉花2斤、布鞋2双、袜子1双，以上各项折合市价12.24元，每月1.02元。工人、干部：每人每年棉布18尺、棉花3斤、鞋3双、袜子3双、帽子1顶、

① 《中共徐水县委员会关于人民公社实行供给制的试行（修正草案）》，《徐水报》1958年10月17日。

牙刷1把、牙膏2管、香皂2块，每人每月洗澡费0.5元、理发费0.25元，以上各项每人每月3.25元。

（3）工资。参加劳动的社员根据劳动态度、体力强弱，干部根据德、才与现任职务，统一划分为十级，干部一至四级，最高者15元，最低者4元；工人为三至六级，最高者7元，最低者1.50元；农民六至十级，最高者2元，最低者0.20元。

（3）福利。公费医疗全体社员每人每年2元；结婚补助3元；生育补助一般女社员2元（双生4元），女干部8元（双生13元）；社员死亡发埋葬费5元；家在外地的干部经领导批准者往返路费由公社报销。①

几个具有代表性的人民公社率先实行供给制，对于这种制度在全国的推广起了重大的示范作用，而党的领导人对供给制和“吃饭不要钱”的赞扬，则进一步使其在全国广泛推行。

在北戴河会议上，毛泽东多次以赞赏的语气讲到供给制问题。说如果做到吃饭不要钱，这是一个大变化，公共食堂，吃饭不要钱，就是共产主义。北戴河会议后，毛泽东视察大江南北。1958年9月16日至20日，毛泽东在安徽视察。9月16日，毛泽东来到舒城县舒茶人民公社，得知这个公社办公共食堂后，已经实行了吃饭不要钱时，高兴地说：“吃饭不要钱，既然一个社能办到，其他有条件的社也能办到。既然吃饭可以不要钱，将来穿衣服也就可以不要钱了。”在合肥期间，毛泽东与妇女干部谈话时又说：“如果每年每人没有一千斤、两千斤粮食，没有公共食堂，没有幸福院、托儿所，没有扫除文盲，没有进小学、中学、大学，妇女还不可能彻底解放。”②他还说，人民公社实行工资制、供给制，工资发给每个人，而不发给家长，妇女、青年一定很高兴，这样就破除了家长制，破坏了资产阶级法权思想。9月29日，《安徽日报》对毛泽东视察安徽的情况作了报道。几天后，《人民日报》转发了这篇报道。自此，“吃饭不要钱”成为家喻户晓的一句口号。

① 中共河南省委农村工作部：《关于修武县人民公社实行供给制情况的报告》，1958年11月11日。

② 《毛主席在安徽》，《人民日报》1958年10月4日。

与此同时，刘少奇也就供给制问题发表了不少谈话。

1958 年 9 月 10 日，刘少奇离京前往河北徐水、定县、石家庄、邯郸等地视察。期间，在谈及供给制时，针对徐水的什么都不要钱，刘少奇说，实物工资和供给制还是有区别的，供给制不算钱也不给钱，给实物算钱就是工资形式。搞供给制，也不要搞许多项目，开始先搞粮食，项目少些，逐步来，一项一项增加。粮食为什么可以呢？就是吃不完。

1958 年 9 月下旬，刘少奇在江苏省常熟县和平公社视察，当地领导汇报说，这里秋后将实行粮食供给制，群众对此非常拥护，有群众说，实行供给制，一个心思丢了，一个心思又来了，丢下的是几千年愁吃愁穿的苦心思，又来的心思是怎样把生产搞得更好，不然对不起共产党。听到群众这样的反映，作为党的领导人，自然很高兴。刘少奇认为，苏州农民的这两句话说明，实行供给制不但不会出懒人，而且群众的情绪更高了，生产更积极了，这是人民共产主义觉悟提高的表现。他对陪同视察的当地干部说："全体人民都养成了这样的劳动习惯和劳动态度，个别的懒人就会完全孤立，会被大家看成是很没有道德的人，大家都瞧不起他，他也就势必会改造过来，参加集体的劳动。只有彻底地实现共产主义，才能彻底地消灭懒汉。"①

在这个过程中，主管农村工作的中共中央政治局委员谭震林也就人民公社供给制和工资制等问题发表过不少意见。他于 1958 年 9 月在安徽合肥召开的人民公社座谈会期间写的《人民公社的几个问题》中提出："人民公社同时按照社会主义的'按劳取酬'和共产主义的'各取所需'的原则，进行分配。实行各取所需性质的吃饭不要钱的供给制；实行主要是各取所需性质的集体福利事业；实行按劳取酬性质的基本工资加奖励工资制。"在这年 9 月 18 日的江苏省委人民公社座谈会上，谭震林说，人民公社既按照社会主义"按劳取酬"的原则，又按照共产主义"各取所需"的原则，来进行分配的。吃饭不要钱，这既是共产主义，又不完全是共产主义。共产主义没有什么钱不钱的话。劳动力少子女多的家庭，或者丧失了劳动力的人，照样有饭吃，这又是共产主义的。吃饭不要钱，主要的部分

① 《少奇同志视察江苏城乡》，《人民日报》1958 年 9 月 30 日。

是共产主义，次要的部分是社会主义。还说，“鼓足干劲生产，放开肚皮吃饭”这个口号很好。①

北戴河会议通过的《中共中央关于在农村建立人民公社问题的决议》中，虽然仍规定：“人民公社建成之后，也不必忙于改变原有的分配制度，以免对生产发生不利的影响。”同时表示，条件成熟的地方可以改行工资制，条件不成熟的地方仍旧实行按劳动日计酬的制度，待条件成熟后再加以改变。但是，其倾向性是十分明显的，即提倡和鼓励实行工资制加供给制的办法，只是要看条件。可是，当年不论干什么都鼓吹“大破条件论”，甚至提出“不怕做不到，就怕想不到”。北戴河会议后，各地便不论条件成熟与否，争先恐后地在农村推广起工资制和供给制来。

1958 年国庆节前，全国农村基本实现人民公社化。在分配制度上，工资制和供给制逐渐成为人民公社分配的主要方式。据各省、市、自治区向中央农村工作部汇报，河南、广西等几个省份计划在 1958 年内或 1959 年 1 月普遍推行工资制和粮食供给制。其他地方也都在重点试点，准备推广。很多公社一建立，就不再分现粮，实行以人定量，把粮食统一拨给食堂，给社员发就餐证，吃饭不要钱。少数公社则实行衣、食、住、行、生、老、病、死、学、育、婚、乐都由公社包干供给。中央农村工作部还报告说，群众对供给制的反映是，一有盼头（共产主义），五不操心（吃、穿、零花、孩子、工分），因此，“更加鼓舞了人们的干劲，增强了人们的集体主义思想，促进了生产力的发展”。②

人民公社在实行供给制的同时，还普遍办起了公共食堂。公共食堂是供给制的重要载体。

公共食堂早在人民公社化运动之前就已出现。“大跃进”启动后，由于大规模农田水利建设和积肥运动，接着是深翻土地搞所谓“大兵团作战”，加之各地大办工业，特别是进入夏天后，既要进行夏收秋种，又开始大炼钢铁，造成农村劳动力的紧张，客观上需要广大妇女摆脱家务劳动

① 《谭震林同志在江苏省委人民公社座谈会上的讲话（记录稿）》，1958 年 9 月 18 日。

② 中共中央农村工作部：《全国基本实现了农村人民公社化》，载《人民公社化运动简报》第 4 期。

的拖累，投入到生产第一线。于是农村先是出现了农忙食堂，一些地方还办起了常年食堂。公社化运动前，河北徐水、河南沁阳都实现了全县食堂化。

人民公社化运动中，公共食堂被看作是解放妇女、节省粮食、节省劳动力甚至是消灭私有制残余的“共产主义萌芽”而被大力提倡。北戴河会议通过的《中共中央关于在农村建立人民公社问题的决议》明确规定：“公共食堂、幼儿园、托儿所、缝衣组、理发室、公共浴室、幸福院、农业中学、红专学校等等，把农民引向了更幸福的集体生活，进一步培养和锻炼着农民的集体主义思想。”于是，在全国实现人民公社化的同时，农村公共食堂作为人民公社的一项不可或缺的内容，也得到了空前的发展。

在嵖岈山和七里营这两个人民公社样板的章程中，都有建立公共食堂的内容。嵖岈山卫星人民公社的简章第十七条规定：“公社要组织公共食堂、托儿所和缝纫小组，使妇女从家务劳动中解放出来。为了便于管理，公共食堂和托儿所一般地以生产队为单位建立。不愿意参加食堂和托儿所的，听其自便。参加食堂的，也可以自己另备小菜。公共食堂、托儿所和缝纫小组工作人员的工资供给，由公社负责；他们为社员服务所收的费用，按照不赔不赚的原则规定。公共食堂要经营菜地，喂猪喂鸡，不断地改善伙食。”① 七里营人民公社的章程第六十二条称：“公社实行生活集体化，以生产单位建立全民食堂，并不断提高管理水平，使之日臻完善。”②于是，各地在建立人民公社的同时，纷纷仿效办起了公共食堂。

至1958年9月2日，河北省已办起食堂21.7万个，在食堂吃饭的群众达2720万人，占全省总人口的63%，有98个县（市）实现了食堂化，至10月中旬，河北的公共食堂增加到23万个，全省有94%的社员参加了公共食堂。③

---

① 中共中央文献研究室：《建国以来重要文献选编》第11册，中央文献出版社1995年版，第394页。

② 《当代中国农业合作化》编辑室：《建国以来农业合作化史料汇编》，中共党史出版社1992年版，第489页。

③ 《认真整顿提高农村公共食堂》，《河北日报》1958年10月21日。

至10月14日，河南全省建立公共食堂26.9万个，在食堂吃饭的人占全省总人口的80%，而农村人民公社参加食堂吃饭者占总人口的98%，实现了全省食堂化。①

至9月28日，陕西建立公共食堂10.5万个，参加入伙的占总农户的80%。② 至1958年10月底，全国农村共办公共食堂265万个。至1958年底，全国的公共食堂达340多万个，在食堂吃饭的人口占全国农村总人口的90%。

人民公社化后办起的公共食堂，是同供给制捆绑在一起的。因为供给制中最重要的一项供给内容——粮食——并不直接分给社员个人，而是交给公共食堂。没有公共食堂这个载体，供给制不能顺利推行，而不实行供给制，公共食堂也难以在如此短的时间里迅速普及。

这段时间，由于刮“共产风”和提倡“吃饭不要钱”的影响，加之想当然地认为这年粮食获得了特大丰收，已经到了多得吃不完的地步，于是许多地方搞没有限量的“敞开肚皮吃饭”，不少公共食堂还开起了“流水席”，社员随到随吃。还有些地方，甚至给过往行人大开方便之门，仿照汉末张鲁设义舍的办法，五里设一凉亭，十里设一饭铺，行人来了就吃，吃了就走，人家不吃，还劝人家，说是反正吃饭不要钱，造成了粮食的巨大浪费。

人民公社的“生活集体化”当然不仅仅是办公共食堂，还包括建立幼儿园、幸福院和建所谓共产主义新村。嵖岈山卫星人民公社第六基层社第一大队就建立了“三院两所”。“三院”是指儿童学院、青壮年红专学院、老年幸福院，“两所”是指招待所、托儿所。

这个大队共有585户，2689人，按不同年龄进入不同的“院”，集体住宿。所需的房屋则是将社员所有的房宅宣布为公社所有，然后由公社负责管理维修，由大队规划使用。其具体规定是：凡是4—6岁的儿童，全部参加儿童学院。该大队共建有4个儿童学院，入院儿童217人。每院设院长1人，教养员2人，建立儿童食堂1座。儿童实行分班分组，每天集

① 《认真办好公共食堂》，《河南日报》1958年10月18日。

② 《陕西公共食堂办得好》，《人民日报》1958年9月29日。

体上课、睡觉、劳动、吃饭。这个大队共建立了青壮年红专学院4处，住进红专学院的有563人，学员实行军事化，集体吃饭、劳动、学习。在住宿问题上，凡是夫妇两口者，住单间，一门一窗；未婚的青壮年，男女分住，二至三人一个房间，实行集体住宿。凡是年老体弱，不能参加生产劳动的老年人，组织到老年幸福院，集体住宿、吃饭，并根据其劳动力情况，分配给一定的轻体力劳动，如养鸡、鸭、兔、猪等。①

相当多的地方在实行所谓生活集体化的过程中搞集体住宿。湖南省平江县长寿公社第二大队四中队（按：中队相当于生产队）共有864人，公社化后，未婚男女、寡妇等住在7个集体宿舍，112对夫妇，则住单间。②河南省鲁山县红旗公社社内的工厂、学校、专业生产队，都建立男宿舍和女宿舍，实行住宿集体化。红旗公社的农业生产队在农忙时，还建立了许多“战棚”，即临时宿舍。这种“战棚”一般分为两种，一种设在田间，由麦秸、茅草盖成，供社员田间劳动时长期使用，社员在“战棚”里吃饭、休息、住宿；另一种是临时“战棚”，用布制作，由数根竹子撑起，劳动到哪里带到哪里。③还有的地方规定男女分住，夫妻只有星期天才会面。毛泽东得知一些公社搞集体住宿、男女老幼分开后，曾作了严厉批评，说那种搞法不是给国民党对我们的污蔑帮了忙吗？凡是这样胡搞的地方我都支持群众起来造反，这些干部头脑发昏了，共产党怎么不要家庭呢？要禁止拆散家庭，还是一家人大、中、小结合为好。④

在人民公社化运动高潮中，一位省级领导干部在一篇论人民公社的文章中说，要建设有丰富的物质和文化的共产主义生活，必须把现在居住分散而且条件很差的农村逐步城市化。因此，改变农村居住条件这一个有重大意义的任务，随着生产的发展已提到我们面前来了。而房子的个人所有制，势必限制、推迟对农村居住条件的改变，农村房子应该而且必须走集

① 中共信阳地委办公室：《为巩固发展人民公社而斗争》，1958年8月，第77—78页。

② 中共平江县委办公室：《关于管理好集体生活的经验》，《农村工作通讯》，1958年第16期。

③ 农业资料编辑委员会：《关于人民公社生活集体化问题》，农业出版社1959年版，第23—24页。

④ 吴冷西：《忆毛主席——我亲身经历的若干重大历史事件片断》，新华出版社1995年版，第103页。

体所有和全民所有的道路。按照这样的思路，一些人民公社还将社员原有的房屋拆除，盖所谓的“共产主义新村”。可是，不久人民公社的各种问题暴露出来，建新村的计划只得停止。结果，社员新村没住上，旧房子又拆掉了，给生活带来了极大的不便。

四、没有根基的“金桥”

对于建立人民公社与实现共产主义的关系，今天是看得十分明了的了。其实，这一问题，当时的认识也是非常清楚，当年有一句家喻户晓的话：“共产主义是天堂，人民公社是金桥”，这就非常清楚地表明了人民公社与共产主义的内在联系。因为人民公社能实现集体所有制过渡到全民所有制；实行工资制与供给制相结合的分配制度，包含有社会主义的按劳取酬和共产主义的各取所需，并且能实现前者到后者的过渡；公共食堂、托儿所的建立，实现了家务劳动社会化，解放了妇女，消灭了私有制残余；公社办工厂、办红专大学、建新村等，便于消除城乡差别、工农差别、体力劳动与脑力劳动的差别。凡此种种，使得共产主义不再遥远、渺茫和神秘，不久的将来人们就能生活在共产主义时代，正如《中共中央关于在农村建立人民公社问题的决议》所言：“共产主义在我国的实现，已经不是什么遥远将来的事情了。”

那么，既然“不是遥远将来”，到底是什么时候呢？据薄一波回忆，北戴河会议讨论的一个文件中写的是第三个五年计划，即1967年前，毛泽东改活了一点，改成第三、第四个五年计划，即1967年或1972年以前。① 后来这个文件没有公开发表，但起码与会者对实现共产主义的时间表已是明确的了。无怪乎当时的人们说，“我们这一代人将生活在共产主义时代”。

一些地方甚至还提出更短的时间建成共产主义的设想。山东省寿张县

① 薄一波：《若干重大决策与事件的回顾》下卷，中共中央党校出版社1993年版，第538页。

（1964 年撤销，并入阳谷县和河南省范县）计划两年建成一个“像样的共产主义”，山东省范县（1964 年划归河南省）提出在 1960 年过渡到共产主义，山东省莒县的口号是大战两百天向共产主义过渡，河南省修武县打算在五年内实现共产主义。薄一波后来总结说：“当年，把实现共产主义的时间估计得短而又短，我以为这是理论认识上导致人民公社化错误的根本原因。”①

在过去战争年代，进行的是新民主主义革命，革命者们虽然坚信共产主义一定会实现，但他们思考得更多的是如何推翻反动统治阶级，建立一个新民主主义新中国的问题，自然不会更多地去考虑共产主义的实现时间。因为新民主主义革命之后才能进行社会主义革命，建立社会主义制度。至于实现共产主义，更是以后的事情了。为此，毛泽东在 1940 年初发表的《新民主主义论》中，一再强调要将对共产主义的思想体系和社会制度的宣传，同对新民主主义行动纲领的实践区分开来。在 1945 年中共七大上所作的《论联合政府》的报告中，他又指出，任何一个共产党人及其同情者，如果看不起资产阶级民主革命，而空谈什么社会主义和共产主义，那就是有意无意地、或多或少地背叛了社会主义和共产主义，就不是一个自觉和忠诚的共产主义者。

但是，1953 年过渡时期总路线提出后，毛泽东在对中国的未来发展作设想时，急于建成社会主义的情绪就开始有所流露，1956 年社会主义改造基本完成后，他这方面的表现就更为明显。

1954 年一届全国人大召开前夕，毛泽东在中央人民政府委员会第三十次会议上所作的《关于中华人民共和国宪法草案》的讲话中，曾这样说：“我们的总目标，是为建设一个伟大的社会主义国家而奋斗。我们是一个六亿人口的大国，要实现社会主义工业化，要实现农业的社会主义化、机械化，要建成一个伟大的社会主义国家，究竟需要多少时间？现在不讲死，大概是三个五年计划，即十五年左右，可以打下一个基础。到那时，是不是就很伟大了呢？不一定。我看，我们要建成一个伟大的社会主义国家，大概经过五十年即十个五年计划，就差不多了，就像个样子了，

① 薄一波：《若干重大决策与事件的回顾》下卷，中共中央党校出版社 1993 年版，第 539 页。

就同现在大不一样了。”①

到1956年，原定十五年左右完成的社会主义改造实际上不到四年就基本完成了，这使毛泽东对建成社会主义和过渡到共产主义开始有新的设想。他在《一九五七年夏季的形势》中说，只有经过十年至十五年的社会生产力的比较充分的发展，我们的社会主义经济制度和政治制度，才获得了比较充分的物质基础，社会主义社会才算从根本上建成了。“十年至十五年以后的任务，则是进一步发展生产力，进一步扩大工人阶级知识分子的队伍，准备着逐步地由社会主义过渡到共产主义的必要条件，准备着以八个至十个五年计划在经济上赶上并超过美国。”②也就是说，毛泽东认为从1967年或1972年起，就可以为过渡到共产主义准备条件了。

毛泽东的这番话，是在1957年7月反右派运动的高潮中讲的。进入1958年，他亲手发动了“大跃进”运动，目的就在于要加速中国社会主义建设的进程，实现经济社会的超常规发展。“大跃进”与高指标是紧密相连的。高指标导致了浮夸风和“放卫星”的盛行，这又促使中国领导人一面为农村出现的万马奔腾景象所鼓舞，一面又为浮夸风所迷惑，以为中国农村的生产力已经有了一日千里的发展，共产主义的到来已为期不远。

1958年的《新华半月刊》上曾有一份《今年农产品高产纪录统计表》，里面详尽地刊载了截至这年9月25日省级以上党报发布的“卫星”：如水稻产量最高的“卫星”是广西环江县红旗人民公社，亩产130434斤10两4钱；小麦产量最高的是青海柴达木盆地赛什克农场第一生产队，亩产8585斤6两；还有亩产26968斤12两的花生（福建省晋江县集力社自强生产队）、亩产7239斤1两的芝麻（河南省西平县东风人民公社）、亩产202735斤的南瓜（河南省息县包信乡张大庄农业生产合作社）等。对于这些离奇的高产“卫星”，人们不一定完全相信（尽管这些“卫星”都煞有介事地进行过验收），但对于这年的粮食大丰收许多人则是深信不疑的。为此，7月23日的《人民日报》社论《今年夏天大丰收说明了什么》

① 《毛泽东文集》第六卷，人民出版社1999年版，第329页。

② 中共中央文献研究室：《建国以来重要文献选编》第10册，中央文献出版社1994年版，第491页。

自豪地宣称："只要我们需要，要生产多少就可以生产多少粮食出来。"中共广东省委第一书记陶铸发表文章，专门驳斥"粮食生产有限论"。1958年12月，两位主管农业工作的负责人在给中共中央的报告中说："下面报产，有浮夸虚报的，也有隐瞒产量的。经过省、地、县三级打了些折扣，八千五百亿斤左右是比较可靠的；退一步讲，总不少于七千五百亿斤，可以照此数公布。这比一九五七年的产量三千七百亿斤翻一番，还稍多一点，这是很大的跃进。"①

农业的高指标、浮夸风，又逼得工业和其他部门也搞浮夸、"放卫星"，以至各种"卫星"满天飞，1958年的中国真是热闹非凡。既然生产力如此飞速发展，生产关系自然需要进行相应的改变，以摸索出一条过渡到共产主义的具体途径。

1958年急急忙忙地宣布通过人民公社而过渡到共产主义，也有来自国际共产主义运动的影响。

世界各国的马克思主义者都有一个共同的理想：推翻不合理的资本主义制度，建立社会主义制度并实现共产主义。为了实现这一美好的社会制度，许多人洒出了热血，献出了生命。共产主义理想曾是一代又一代马克思主义者奋斗不止的精神动力。一旦旧制度被推翻，社会主义制度被确立，人们自然会憧憬社会主义的未来，关注社会主义向共产主义的过渡。1920年10月，十月革命刚刚胜利不久，列宁就宣布："至于现在15岁的这一代人，就能够看到共产主义社会，也要亲手建设这个社会。"他还说，现在是15岁的一代青年，"再过10—20年就会生活在共产主义社会里"。②可见，在列宁看来，实现共产主义也不是"遥远将来的事情"，而是只需一二十年的时间。十月革命胜利初期，苏维埃俄国实行军事共产主义，"虽然主要是当时的形势所迫，但也与列宁当时的急于搞共产主义的想法是分不开的"。③

斯大林在1936年宣布，苏联已经实现社会主义。1938年苏联开始第

① 中共中央文献研究室：《建国以来重要文献选编》第11册，中央文献出版社1995年版，第586页。

② 《列宁全集》第39卷，人民出版社1986年版，第311页。

③ 薄一波：《若干重大决策与事件的回顾》下卷，中共中央党校出版社1993年版，第540页。

三个五年计划时，提出要在十年到十五年的时间里经济上超过主要资本主义国家，并在五年内“完成无产阶级的社会主义建设并从社会主义逐步过渡到共产主义”。1941 年卫国战争的爆发，打断了苏联向共产主义过渡的进程。战争结束之后，经过几年的重建，苏联的经济恢复到了战前的水平，斯大林再次提出向共产主义过渡的问题。1952 年 10 月，苏共召开十九大，此次大会决定将有几十年历史的“全联盟共产党（布尔什维克）”即“联共（布）”改称为“苏联共产党”。改名的原因，是因为苏共的双重名称——“共产主义的”和“布尔什维克的”——是由于历史上同孟什维克进行斗争而形成的，目的是为了同孟什维克划清界限。现在，孟什维克早已退出历史舞台，党的双重名称也就失去意义，而“共产主义的”这个概念最能确切地反映党的任务的马克思主义的实质，即建立共产主义社会。这次大会不但改变了党的名称，而且通过的党章指出：苏联共产党的主要任务是“从社会主义逐渐过渡到共产主义，最后建成共产主义社会”①。

斯大林逝世后，赫鲁晓夫在 1956 年的苏共二十大上所作的秘密报告中，对斯大林的问题作了全面的揭露，却没有放弃斯大林提出的向共产主义过渡的思想。1957 年 11 月，在庆祝十月革命胜利 40 周年纪念大会上，赫鲁晓夫宣布苏联“在 15 年不仅赶上并且超过美国”。与此同时，苏联在内部确定，从 1959 年算起，以 12 年的时间即 1970 年实现共产主义。1959 年 1 月的苏共二十一大上，赫鲁晓夫在《关于 1959—1965 年苏联发展国民经济的控制数字》的报告中提出：苏联已进入“全面展开共产主义社会建设的时期”，“这个时期的主要任务，是建立共产主义的物质技术基础，进一步加强苏联的经济力量和国防力量，同时日益充分满足人民不断增长的物质需要和精神需要”②。

正是因为赫鲁晓夫提出苏联 15 年赶上和超过世界头号资本主义大国——美国，毛泽东才提出中国 15 年赶上和超过世界第二号资本主义国家——英国。苏联提出的实现共产主义的时间表无疑给中国领导人既有启

① 沈志华等：《苏联共产党九十三年》，当代中国出版社 1993 年版，第 440—441 页。

② 沈志华等：《苏联共产党九十三年》，当代中国出版社 1993 年版，第 524 页。

示，也有压力。毛泽东始终认为，中国应当为人类做出更大的贡献。如果苏联进入了共产主义，中国还在慢吞吞地搞社会主义，实在不成样子，所以才有了在1967年或1972年实现共产主义的想法。这期间，中苏之间在表面上仍维持着密切的关系，但此时两党、两国关系实际上已出现了裂缝。1958年春天和七八月间，围绕共建长波电台和共同舰队的问题，双方闹得很不愉快。中共领导人对苏联和赫鲁晓夫的大国沙文主义是不满的，党内也有一种暗中使劲超过苏联、早于苏联实现共产主义的想法。

要实现共产主义，就必然要改变原有的基层组织结构，构想出一种向全民所有制和共产主义过渡的组织形式。于是，“一大二公”的人民公社应时而生。

中国古代虽有“公社”之名，但它与我们今天所讲的公社是完全不同的两码事，而是祭祀天地神鬼的地方。《礼记·月令第六》中说：“孟冬之月，……天子乃祈来年于天宗，大割祠于公社及门闾。”显然，1958年所建立的人民公社，与中国古代的“公社”没有什么直接联系。

然而，1958年把由若干农业合作社合并而成的大社取名为“公社”，却与欧洲空想共产主义有某种关联。在空想共产主义者关于未来社会的设想中，“公社”是共产主义社会的基本单位，甚至是共产主义的代名词。18世纪法国著名的空想共产主义者巴贝夫认为，所有制方面的革命，应当是在国家中成立的共产主义原则的“全民公社”（又译为“国民公社”）开始。在巴贝夫的“全民公社”里，人们共同劳动，共同拥有国内财富。在这里，每个人都按照法律向当局领取所需之物。每个公社社员，都获得整洁卫生的房屋、衣服、日用品、食品药物等，每个人都应该到公共食堂就餐。巴贝夫还认为，一切劳动人民，都会很愿意加入“全民公社”，至于公社以外不愿放弃私有财产的人们，则不能享受任何权利，并且将之赋以极重的累进税，迫使其破产、逃亡或赶紧加入公社。

被誉为科学社会主义理论来源之一的著名空想共产主义者欧文，也把他理想中的共产主义社会的构成单位命名为公社。1820年，欧文发表《致拉纳克郡报告书》，大力宣传他的空想共产主义思想。他在这篇文章中对其共产主义新村作了详细的描绘：公社（又叫协作社）的人数最好是八百至一千二百人，需要的土地为六百至一千八百法定英亩；新村为大平行四边形，四周设置成年人的寝室和起居室、入学儿童的公共宿舍、存放产品的贮藏室或仓库、宾客招待所和医疗所，中间为教堂、学校、厨房和食堂；公社把产品平均地按照需要进行分配，每个成员依照年龄及能力安排适当的职业或工作；等等。欧文设想中的公社，是一个集工、农、商、学、兵于一体的组织。欧文认为："新的公社将把大城市的一切优点集中于一身，而没有大城市造成的任何害处。公社的每一个成员从广阔的土地上得到的好处，将大大超过在目前的个人主义制度下最富有的地主所得到的好处。"①

欧文不但提出了建立公社的设想，而且还试图将这种设想变为现实。1823 年，他提出一个建立共产主义公社的计划，并于次年和他的一些追随者前往北美印第安那州，用 30 万英镑购买一片土地，从欧洲移去 900 人从事他建立共产主义公社的试验。他将自己创建的公社取名为"新和谐"。根据欧文的思想所制定并得到他认可的《新和谐公社组织法》规定："全体公社成员是一个大家庭，任何人的活动都没有高低之分。人人都将按照年龄的区分，在供应所能做到的范围内，得到同样的食物、衣服和教育；只要可以办到，全体社员将住同样的住宅，而且在一切方面都得到同样的安排。每个社员都要按照公社通过的章程和决议，为公共福利作出最大可能的贡献。"② 该组织法还规定，公社的立法权属于年满 21 岁的社员组成的全体大会，公社的行政权则属于由公社的书记、司库、管理员和四个部的总经理组成的理事会。公社分设 6 个部，即农业部，工业和机械部，文学、科学和教育部，家政部，一般经济部，商业部，每部设一总经理，其中管理员是家政部的总经理，司库是商业部的总经理。

同为 19 世纪法国空想共产主义者的德萨米，则提出了一个以公社为基本单位的共产主义大家庭设想。在德萨米的设想中，这种公社"将集中城市和乡村的一切特点，它既从事农业又从事工业"。与欧文等人的设想有所不同的是，德萨米认为，公社的人数最好以一万人左右为宜。公社设有供社员活动的公社宫。公社宫建在公社的中央，四周则是耕地、果园和

① 《欧文选集》第 2 卷（中译本），商务印书馆 1997 年版，第 190 页。

② 《欧文选集》第 2 卷（中译本），商务印书馆 1997 年版，第 190 页。

牧场等。公社还设有公共食堂，所有的社员在规定的时间内到公共食堂就餐，每个公民都有自己舒适的个人宿舍，且所有宿舍的格局和布置都是一样。① 在德萨米的公社中，除了属于个人消费的东西外，其余的一切财产都归公有。公社中各种生活娱乐设施齐全，人人平等但均须参加劳动，个人消费品按比例平等分配。

19 世纪法国另一空想共产主义者卡贝，曾在他的《伊加利亚旅行记》中对伊加利亚共产主义作了传神的描绘。这个共产主义的共和国划分为面积和人口大体相等的一百个省，每个省有十个面积和人口几乎相等的公社，每一个公社镇都设在公社的中央，一个公社除了公社镇外还在四周设有八个村庄和许多的农场。② 在伊加利亚共和国的每一个公社中，生产资料和消费资料实行社会所有，人们所需要的食品、服装、住房、家具等由社会供给，公社人人平等且人人劳动，等等。

在巴贝夫、欧文、德萨米和卡贝等人的眼中，公社与共产主义是紧密联系在一起的，是他们理想社会的基本构成单位。这种公社与 1958 年建立的人民公社确实有某些惊人的相似之处。虽然现在还很难说空想共产主义者关于未来社会的设想，对 1958 年建立的人民公社有多大影响，但毛泽东、刘少奇都表示过，前人的乌托邦的空想，我们要实现。这年 6 月 14 日，刘少奇在同全国妇联党组谈话时说：空想社会主义者的想法在那时没有实现的条件，现在马克思主义者抓住了阶级斗争，已经消灭阶级或在消灭阶级的过程中，这样，把空想社会主义者不能实现的空想实现了。1958 年 8 月 21 日，毛泽东在北戴河会议上谈到人民公社问题时也说：空想社会主义的一些理想，我们要实行。③ 从中也就不难看出，1958 年建立的人民公社，至少受到了空想共产主义者关于公社设想的启发。

马克思、恩格斯、列宁在他们的著作中，也常常把他们设想的共产主义社会的基层组织称为公社。1845 年 2 月 8 日，恩格斯发表了《在爱北斐特的演说》，对共产主义社会作了细致的描述，演说中有两处地方提到

① 参见郭一民：《公有法典》中译本序，商务印书馆 1996 年版，第 5 页。

② 埃蒂耶纳・卡贝：《伊加利亚旅行记》第 1 卷（中译本），商务印书馆 1997 年版，第 32 页。

③ 薄一波：《若干重大决策与事件的回顾》下卷，中央党校出版社 2008 年版，第 543 页。

公社。一处是："在共产主义社会里无论生产和消费都很容易估计，既然知道每一个人平均需要多少物品，那就容易算出一定数量的人需要多少物品；既然那时生产已经不掌握在个别私人企业主的手里，而是掌握在公社及其管理机构的手里，那也就不难按照需求来调节生产了。"① 恩格斯在另一处说，在共产主义社会里，不会有资本主义社会那种繁杂的运输方法，中央管理机构可以"容易地知道全国各地和各公社的消费量"。② 恩格斯在《共产主义原理》一文也说：废除私有制的革命进程需要若干步骤，其中之一就是"在国有土地上建筑大厦，作为公民公社的公共住宅。公民公社将从事工业生产和农业生产，将把城市和农村生活方式的优点结合起来"。③ 在马克思、恩格斯的著作中，关于公社的论述还有很多。

列宁对于公社的论述也不少。例如，他在其早期著作《什么是"人民之友"以及他们如何攻击社会民主党人?》中写道："要组织没有企业主的大生产，首先必须消灭商品的社会经济组织，代之以公社的即共产主义的社会经济组织，那时调节生产的就不像现在这样是市场，而是生产者自己，是工人社会本身；那时生产资料就不属于私人而属于全社会。这样用公社占有形式来替代私人占有形式，显然需要预先改造生产形式，需要把小生产者分散的细小的独立的生产过程融合成一个社会生产过程，总而言之，需要的正是资本主义所创造的物质条件。"④

十月革命之后，列宁多次论及消费公社问题。他在《关于从资产阶级合作社的供应和分配过渡到无产阶级共产主义的供应和分配的措施》中说："不久以前人民委员会讨论了关于合作社和消费公社的问题。这就把一个最重要的问题，即从资产阶级合作社过渡到全体居民的共产主义消费生产联合组织的措施问题提上了日程。""任务的全部艰巨性（以及立即提到我们面前的这一任务的全部内容）在于要制定出一套切实可行的措施，从旧的合作社（它们必然是资产阶级的，除其他原因外，还因为占居民少数的股东在那里占有突出的地位）过渡到新的真正的公社，从资产阶级合作社

① 《马克思恩格斯全集》第 2 卷，人民出版社 1957 年版，第 605 页。
② 《马克思恩格斯全集》第 2 卷，人民出版社 1957 年版，第 607 页。
③ 《马克思恩格斯选集》第 1 卷，人民出版社 2012 年版，第 305 页。
④ 《列宁全集》第 1 卷，人民出版社 1984 年版，第 212 页。

的供应和分配过渡到无产阶级共产主义的供应和分配。”① 列宁在《苏维埃政权的当前任务》一文中又说：“社会主义国家只能在以下情况下产生：它已经成为一个生产消费公社网，这些公社诚实地计算自己的生产和消费，节省劳动，不断提高劳动生产率，因而能够把工作日缩短到每天 7 小时或 6 小时以至更少。”②

1958 年“大跃进”启动后，党内普遍产生了一种中国生产力能得到迅速发展，能在不长的时间里即可实现共产主义的想法。这年 4 月，时任中共中央宣传部部长的陆定一受命编辑《马克思、恩格斯、列宁、斯大林论共产主义社会》。6 月，这本书编辑完成，随后由人民出版社出版。书稿第一条就是恩格斯《在爱北斐特的演说》。这本书摘录了马克思主义经典作家关于共产主义的论述，其中许多是关于“公社”的一些观点，而且书稿的第十个标题就是“生产公社、消费公社”。这本书对毛泽东的影响很大，在北戴河会议上，他一再向与会者推荐这本书。薄一波回忆说，该书对毛泽东“最后决定把新合并起来的大社叫做人民公社看来起了不小的促进作用”。③ 刘少奇、陆定一等人去广州的时间是 4 月下旬。可以断定，此时陆定一组织编写的这本书应当有了基本轮廓，因而他们在火车上有了关于公社的议论。

1958 年将新合并的大社取名为公社，苏联农业集体化运动给予了直接的影响。十月革命胜利后，苏维埃俄国就启动了农业集体化（即集体农庄）运动。1929 年之后，苏联开始全盘农业集体化，到 1934 年苏联的农业集体化基本完成。苏联开展农业集体化主要是建立集体农庄。苏联的集体农庄有三种组织形式，一是土地共耕社，成员集体劳动，除土地外（十月革命后苏俄实行土地国有）的生产资料仍属于农民个人所有；二是劳动组合，成员从事集体劳动，实行按劳分配，但允许保留一定数量的宅旁园地和从事一定的家庭副业；三是农业公社，成员不但集体劳动，而且全部生产资料与生活资料公有，实行“按需分配”。斯大林曾指出

① 《列宁全集》第 35 卷，人民出版社 1985 年版，第 461—462 页。

② 《列宁全集》第 34 卷，人民出版社 1985 年版，第 167 页。

③ 薄一波：《若干重大决策与事件的回顾》下卷，中央党校出版社 1993 年版，第 517 页。

过农业公社与劳动组合的区别："劳动组合只是把生产资料公有化，而公社在不久以前不仅把生产资料公有化，而且把每个社员的生活也公共化了，就是说，公社社员同劳动组合组员不同，他们没有私有的家禽、小家畜、奶牛、谷物和宅旁园地。"① 在苏联，劳动组合是集体农庄的主要形式，到集体化即将完成的 1933 年，"全部集体农庄的 96.3% 是农业劳动组合"②。

尽管劳动组合是苏联集体农庄的主要形式，但自从十月革命后就建立了数量不等的农业公社。例如，1918 年 3 月，诺夫戈德省建立了两个农业公社。同年 4 月，特维尔省建立了 6 个农业公社。1918 年 12 月，苏俄召开了第一次全俄土地科、贫农委员会和公社代表大会，大会研究了土地整理和建立国营农场、农业公社问题，对集体农庄建设进行了初步总结，大会在其决议中强调："土地政策最主要的任务，就是循序一贯地普遍建立农业公社和苏维埃共产主义农场，实行土地共耕制。这些组织在其后发展中必然会把所有农户导向单一的共产主义组织。"③ 很明显，农业公社在苏联是将之作为向共产主义过渡的重要形式而看待的。

然而，这种具有共产主义"按需分配"之名实则平均主义的农业公社，在苏联并没有广泛建立起来。对于其中的原因，看一看列宁在 1919 年 12 月召开的苏俄农业公社和农业劳动组合第一次代表大会发表的演说就明白了。列宁说："如果农业公社帮助农民只是为了依法行事，那么这种帮助不但无益，反而只会有害。因为农业公社是个很响亮的名称，是与共产主义这个概念有联系的。如果公社在实践中表明自己真正在认真改善农民经济，那就很好，那就无疑会提高共产党员和共产党的威信。但往往有这样的情形，公社只是引起农民的反感，'公社'这个名词有时甚至成了反对共产主义的口号，而且这种情形不仅是在荒唐地强迫农民加入公社的时候才发生。这种做法的荒唐，是大家一眼就看得出来的，所以苏维埃政权早

---

① 《斯大林全集》第 13 卷，人民出版社 1956 年版，第 311 页。

② ［苏］克拉耶夫著，王式斌等译：《苏联集体农庄制度的胜利》，人民出版社 1956 年版，第 352 页。

③ ［苏］克拉耶夫著，王式斌等译：《苏联集体农庄制度的胜利》，人民出版社 1956 年版，第 170 页。

就反对这种做法了。”①

斯大林也曾解释说：“在公社中，与其说照顾到社员的个人生活利益，把它和公共利益结合起来，不如说是为了达到小资产阶级的平均主义而用公共利益把社员的个人利益压抑下去了。很明显，这是公社的最大弱点。正是由于这个缘故，公社没有得到广泛发展，而只有几个或几十个。也是由于这个原因，公社为了维持自己的生存而避免垮台，就不得不放弃生活公共化的办法，开始按劳动日计工，把谷物分给各户，允许社员私有家禽、小家畜、奶牛等等，但是由此产生的结果是公社实际上改为劳动组合了。”②

在苏联，农业公社在集体农庄组织中占的比重并不大，在 1929 年土地共耕社占 60.2%，农业劳动组合占 33.6%，农业公社占 6.2%。到农业集体化基本完成的 1931 年，农业劳动组合已占 91.7%，农业公社却下降到只占 3.6%，土地共耕社占 4.7%。列宁和斯大林不赞成大规模地组织农业公社，他们认为苏联目前还没有建立农业公社所需要的强大物质基础。所以斯大林在联共（布）第十七大所作的报告中说：“将来的公社是从发达的富裕的劳动组合中成长起来的。将来的农业公社是在劳动组合的田地上和养畜场中有了丰富的谷物、家畜、家禽、蔬菜和其他各种产品的时候，在劳动组合中附设有机械化洗衣坊、现代化厨房、食堂、面包厂等的时候……将来的公社是在更发达的技术和更发达的劳动组合的基础上，在产品十分丰富的基础上产生出来的。”③

由此可见，不论是列宁还是斯大林，他们虽然都对急急忙忙地建立农业公社持批评态度，并不是因为公社这个名称不好，恰恰相反，他们始终认为公社与共产主义是紧密相联的，是农业集体化的最高形式，也是农村过渡到共产主义的具体途径。斯大林曾说：“这当然不是说公社根本不需要了，它不再是集体农庄运动的高级形式了。不，公社是需要的，它当然是集体农庄运动的高级形式，但不是目前的在技术不发达和产品不足基础

① 《列宁全集》第 37 卷，人民出版社 1986 年版，第 362—363 页。

② 《斯大林全集》第 13 卷，人民出版社 1956 年版，第 311—312 页。

③ 《斯大林全集》第 13 卷，人民出版社 1956 年版，第 312 页。

上产生并且自然改为劳动组合的公社，而是将来的在技术更发达和产品十分丰富的基础上产生的公社。”① 这就说明，列宁、斯大林对建立公社也是向往的，只是他们认为现在还不具备大规模建立公社的条件。

我国的农业合作化运动经历了互助组——初级社——高级社这样三个互相衔接的阶段，但也有许多的地方，并没有经过初级社这一环节，而是直接由互助组甚至个体农民建立高级社。我国的互助组相当于苏联的共耕社，农业合作社特别是高级社相当于苏联的劳动组合。有所不同的是，苏联实行的是土地国有，而我国的互助组与初级社是土地农民个人所有，高级社是土地集体所有，但在农业集体化的步骤和合作组织内部的运作上，两者之间是相类似的。虽然我国的农业合作化有自己的特点，但受苏联集体化理论和实践的影响也是显而易见的。

1950 年 12 月 5 日，《人民日报》发表了苏联著名哲学家尤金《论苏联由社会主义逐渐过渡到共产主义》的长文，介绍了苏联准备过渡到共产主义的具体做法。其中说：“随着农业技术的全面发展及全部农业劳动过程的电气化与机械化，集体农庄的公共经济也将得到全面的发展。集体农庄的各生产部门将获得特别巨大地发展。养畜业在农业中的比重将显著增大。集体农庄的副业将大规模地扩展。在农业劳动组合的全面发展与生产品丰富无比的基础上，将造成向社会生产更高阶段过渡——从劳动组合到公社——的一切条件。”在那个事事以苏联为榜样的年代，这个论点不能不在中国人头脑中产生深刻的影响。

1953 年 12 月，中共中央作出了《关于发展农业生产合作社的决议》，其中特别引用了列宁关于公社的论述。列宁说：农民“都是实际主义者，都是务实的人，我们应当向他们作出具体的例子来证明‘公社’是最好的东西”。“应把公社组织得尽善尽美，以便取得农民的信任”。② 这个决议在我国农业合作化运动的历史上是一个极为重要的文献，标志着我国的农业合作化由以发展互助组为主，转变为以发展农业合作社为主。这个文件曾在《人民日报》上公开发表，各级组织以此对农民进行了广泛的农业合

---

① 《斯大林全集》第 13 卷，人民出版社 1956 年版，第 312 页。

② 《中国共产党中央委员会关于发展农业生产合作社的决议》，《人民日报》1954 年 1 月 9 日。

作化的宣传教育。由此不难看出，至少是文件的起草者认为中国农业合作化的最终目的，也是应当建立公社的。

如果说，在 1958 年以前，还只是将在农村建立公社作为一种理想的话，那么，1958 年随着“大跃进”的全面启动，建立公社就被认为从现时起即可以付诸实践了。因为列宁与斯大林说得很明白，公社应当且只能建立在生产力高度发达、产品极为丰富的基础上。由于 1958 年“大跃进”中大刮浮夸风，致使人们产生了中国的生产力已取得一日千里发展的错觉，中国在很短的时间内就可以赶上并超过世界上最发达的资本主义国家，因而在中国实现共产主义也不再是“遥远的将来”，有必要现在就考虑实现共产主义的具体途径。而“大跃进”是率先在农村发动的，以“放卫星”为特征的浮夸风也在农村刮得最厉害，以至于人们主观地认为，农村已走在城市的前面，在中国实现共产主义也将是走农村包围城市的道路，因此有必要先在农村进行实现共产主义的实验。

毛泽东一再讲，人民公社是群众自发搞起来的，他无发明之权，只有建议之权。在 1958 年 12 月中共八届六中全会的一次谈话中，毛泽东说，人民公社的出现，这是 3 月成都会议、5 月党代表大会没有料到的。其实 4 月已在河南出现，5、6、7 月都不知道，一直到 8 月才发现。北戴河作了决议。这是件大事。他在 1959 年 7 月的庐山会议上还讲，人民公社我无发明之权，只有建议之权。我在山东，一个记者问我：“人民公社好不好？”我说“好”，他就登了报。小资产阶级的狂热性有一点，以后新闻记者要离开。一位毛泽东身边的工作人员曾回忆说，人民公社是毛泽东在视察中随便讲的一句话，记者在报道中写上了。毛泽东看到后，忽然拍案失口喊道：“哎呀，糟糕，捅出去了，事先没有讨论呢，政治局还没有讨论呢。”事后，毛泽东在小范围内作了解释：“这个话是我讲的，是我没慎重。也不能全怪记者。”[①]这里，中央政治局没有讨论是事实，但恐怕不能说“人民公社好”是毛泽东“随便讲的一句话”，因为他在河南视察时就做过这样的表态。

客观而论，1958 年“大跃进”中，不只是中国共产党的领导人头脑

① 李银桥：《走向神坛的毛泽东》，中外文化公司 1989 年版，第 223—224 页。

发热，广大基层干部和群众其实也处于一种极度的亢奋之中。近代以来，中国贫穷落后，受人欺凌，中国人民忍气吞声了一个多世纪。新中国的成立，使中国人民政治上翻了身，生活也有了很大的改善，但中国生产力仍很落后，经济上还没有彻底翻身。中国共产党发动“大跃进”，人民群众投身“大跃进”，都是希望早日改变中国贫穷落后的面貌，以最快速度把我国建设成为一个强大的社会主义国家。这也正是“大跃进”没有任何阻力就发动起来的一个重要原因。“大跃进”开始后，原有的社会体系确有与新形势不适应之处，而当时又想不出既不改变原有的生产关系，又能进行大规模建设的妥善办法，自然只有在扩大社会组织的规模上打主意。于是，小社并大社在一些地方自发产生了，而办大社又恰好是党的领导人提倡的。所以并社运动很快在全国铺开，各个大社也就有了五花八门的名称。

与群众并大社好办大事这样的自发认识相比，毛泽东显然想得更远一些，考虑的是如何通过调整生产关系来适应生产力的发展，尽早实现共产主义这样的重大问题。虽然从现在所能看到的材料中，还很难看出毛泽东发出“还是办人民公社好”的指示前，他对人民公社有什么样的认识，但有一点可以肯定，这句话绝不是毛泽东“随便讲的”。如果是随便讲的，陈伯达两次转述他关于公社的设想就难以解释了。要是毛泽东没有相关公社的议论，陈伯达又怎会在自己的文章和讲话中特地点明是毛泽东的观点呢？而且对于这一点，不只有陈伯达透露过毛泽东关于公社的设想，前面提到的中共八大二次会议上陆定一也透露了毛泽东、刘少奇有关公社的构想。另外，谭震林 1958 年 8 月 11 日发表在《人民日报》上的《论我国今年夏季的空前丰收》一文中，也说：“今年 6 月，毛泽东同志在接见应举农业社社长时，曾经向在座的描绘了一幅幸福生活的图景，也就是向我们提出了一个具体的奋斗目标：全国每人每年一千五百斤粮食，一百斤猪肉，二十斤植物油，二十斤皮棉。我们可以满怀信心地说，这样的幸福生活并不是太遥远的事，而是在短时期内就完全可能达到并超过这个目标。毛泽东同志曾经说过，我们应该逐步地有秩序地把‘工（工业）、农（农业）、商（商业）、学（文化教育）、兵（民兵，即全民武装）’组成一个大公社，构成我国社会的基本单位。目前有些地方为了适应大跃进的客观要求，开始采取了并大社的方针，就是根据毛泽东同志这个指导思想发展起来的。”这篇文章的发表要早于新华社关于毛泽东视察山东的报道。陈伯达是毛泽东的秘书、中共中央政治局候补委员，谭震林是中共中央政治局委员、中央书记处书记，他们讲话也好，发表文章也好，应该是很慎重的，不会随意透露党的最高领导人的设想。对此，或许有两种可能，一是毛泽东有了“工农商学兵”组成一个大公社的设想后，为了不至于太突然，先让陈伯达等人透露出去，起投石问路的作用；二是毛泽东和其他领导人议论过此事（这一点陆定一在中共八大二次会议的发言中可以印证），但也只是一般的议论，而陈伯达在经过一番揣摩后借题发挥，谭震林在文章中又转述了毛泽东的话。第一种的可能性恐怕更大些。

其实，“公社”只不过是一个名称问题，当时将这种新的农村政权与经济组织定名为公社，看重的不单单是这个名称马克思主义经典作家使用过，更重要的是它的“公”，也就是它与实现共产主义的关系。

1958 年建立的人民公社带有浓郁的理想主义色彩，甚至可以说是空想主义色彩，这又与毛泽东早年接触过的某些政治思想，尤其是中国传统文化中的一些空想主义、国外的空想社会主义等旧思想，有着或多或少的联系。

毛泽东在《论人民民主专政》一文中说过：“康有为写了《大同书》，他没有也不可能找到一条到达大同的路。”这自然是不错的。但由此也可以看出，一方面，他为此时中国已经找到了一条通向大同的路而高兴；另一方面，他并不认为康有为的“大同”理想有什么不对，康有为的问题主要是找不到如何去实现大同的路。《大同书》是戊戌变法失败后康有为流亡海外期间写的，写成之后，康有为一直秘不示人，直到 1913 年才在《不忍》杂志上发表。对于《大同书》的主要内容，梁启超曾有过概括：

> 一、无国家，全世界置一总政府，分若干区域。二、总政府及区政府皆由民选。三、无家族，男女同栖不得逾一年，届期须易人。四、妇女有身者入胎教院，儿童出胎者入育婴院。五、儿童按年入蒙养院及各级学校。六、成年后由政府指派分任农工等生产事业。七、病则入养病院，老则入养老院。八、胎教、育

婴、蒙养、养病、养老诸院，为各区最高之设备，入者得最高之享乐。九、成年男女，例须以若干年服役于此诸院，若今世之兵役然。十、设公共宿舍、公共食堂，有等差，各以其劳作所入自由享用。十一、警惰为最严之刑。十二、学术上有新发明者及在胎教等五院有特别劳绩者，得殊奖。十三、死则火葬，火葬比邻为肥料工厂。①

康有为关于大同社会的设想的某些方面，与 1958 年的人民公社是何等相似！

大同世界是古代中国人虚构的太平盛世。《礼记·礼运》中说："大道之行也，天下为公，选贤与能，讲信修睦。故人不独亲其亲，不独子其子……货恶其弃于地也，不必藏于己；力恶其不出于身也，不必为己……是谓大同。"康有为的《大同书》，是中国传统的大同思想，同西方的"乌托邦"思想、基督教教义、达尔文进化论、卢梭"天赋人权论"等糅合而成的中国式的空想社会主义。

毛泽东在青年时期，曾读过《礼记》，对中国古代的大同思想颇为赞许。1917 年 8 月 23 日，他在致好友黎锦熙的信中说："彼时天下皆为圣贤，而无凡愚，可尽毁一切世法，呼太和之气而吸清海之波。孔子知此义，故立太平世为鹄，而不废据乱、升平二世。大同者，吾人之鹄也。"② 可见，青年毛泽东对大同世界是非常向往的。毛泽东青年时期是否读过《大同书》，现在还难以断定。但是，当时涌现出的一些社会主义思潮，如无政府主义、新村主义、工读互助主义，对毛泽东等渴望改造中国的先进青年来说，却是心向往之且产生了深刻影响的。1919 年 12 月，已经历了五四运动洗礼的毛泽东，在湖南教育月刊上发表了《学生之工作》，其中在谈到他的新村计划时说："合若干之新家庭，即可创造一种新社会。新社会之种类不可尽举，举其著者：公共育儿院，公共蒙养院，公共学校，公共图书馆，公共银行，公共农场，公共工作厂，公共消费社，公共剧院，公

① 梁启超：《清代学术概论》，上海古籍出版社 1998 版，第 81 页。

② 《毛泽东早期文稿》，湖南出版社 1990 年版，第 89 页。

共病院，公园，博物馆，自治会。”①

成为马克思主义者之前，毛泽东对东西方许多思想家的著作都有涉猎，从孔孟儒家、宋明理学到进步思想家顾炎武、王船山；从资产阶级理论家康有为、梁启超、谭嗣同、严复、孙中山到中国最早的马克思主义者李大钊、陈独秀；从赫胥黎的进化论、康德的二元论到18世纪、19世纪欧洲的空想社会主义以及日本的新村主义。他在1936年曾对斯诺说：“在这个时候，我的思想是自由主义、民主改良主义、空想社会主义等思想的大杂烩。我憧憬‘十九世纪的民主’、乌托邦主义和旧式的自由主义，但是我反对军阀和反对帝国主义是明确无疑的。”②可见，中国古代的大同思想，西方舶来的“乌托邦”思想等，曾在他心目中引起了很大的共鸣。这也不难理解，和当时其他的中国先进青年一样，毛泽东在对黑暗的现实强烈不满的同时，以天下兴亡为己任的使命，又驱使他如饥似渴地从中外思想家身上寻找救国救民的良策和改造中国社会的各种方剂。经过五四运动的洗礼，毛泽东抛弃各种芜杂的旧思想，成为马克思主义者。但是，一个人青年时期接受的思想观念，总难免在脑海中留下某些痕迹。

任何人都有自己的理想追求，作为一个伟大的政治家，毛泽东有着崇高的政治理想，这就是实现共产主义的大同社会。在革命战争年代，毛泽东能正确地处理新民主主义、社会主义、共产主义的联系与区别，一部《新民主主义论》，把这三者的关系分析得多么透彻。当然，革命与建设不同，革命有着明确的敌人，也有着明确的目标。进入社会主义建设阶段，社会主义与共产主义的关系就不那么容易处理了。今天，我们已经认识到实现共产主义是一个漫长的过程，而这样的认识正是总结历史经验的基础上才得出的。而在刚刚开始社会主义建设的1958年，人们还不可能具有这样的认识，毛泽东自然也不例外。

中国共产党一成立，就将实现共产主义写在自己的旗帜上。中共一大通过的《中国共产党第一个纲领》中明确写道：“革命军队（按：即共产党）必须与无产阶级一起推翻资本家阶级的政权，必须支援工人阶级，直到社

① 《毛泽东早期文稿》，湖南出版社1990年版，第454页。

② ［美］埃德加·斯诺：《西行漫记》，生活·读书·新知三联书店1979年版，第125页。

会的阶级区分消除为止。”[①] 毛泽东自从确立马克思主义的信仰之后，就矢志不移地为实现共产主义大同社会而奋斗。在社会主义改造完成前，中国共产党人的任务主要是革命，是为了建立新制度。1956 年，社会主义制度在中国基本确立后，共产党人的主要任务就是建设社会主义了。如果说，革命是为实现共产主义间接地做准备，那么，进入建设时期就是为向共产主义过渡直接创造条件了。早年的毛泽东对大同社会的向往，还只是一种理想追求。那时，他还仅仅是一个有志于改造社会的青年，并不具备将那些空想转变为现实的条件。到这时，毛泽东已成为党和国家的最高领导人，偌大一个中国就为他实现大同理想提供了一个广阔的试验空间。毛泽东认为，他亲手发动的“大跃进”和人民公社化运动，就是通向大同理想的有效途径。此时，毛泽东已是 60 余岁的老年人，与普通老年人一样，已是喜欢忆旧、也容易忆旧的年龄，青年时代曾憧憬的理想蓝图，再次从他的思想意识中流露出来，使以前一再强调实事求是的他也陷入了空想之中。

1958 年的人民公社化运动之所以选择农村率先向共产主义过渡，还有来一次新的农村包围城市的用意。民主革命时期，中共长期把农村作为工作重心，成功地走出了一条农村包围城市的革命道路。新中国成立后，又顺利地完成了土地改革和农业合作化，这使许多干部不但对农民有很深的感情，而且也熟悉农民，善于组织和动员农民，做起农村工作来得心应手。虽然在中共七届二中全会上，毛泽东就明确宣布从此全党进入了城市领导农村的时期，但许多干部还是习惯于将工作的着力点放在农村，所以“大跃进”运动发源于农村，人民公社化运动也由农村开始（按照当时的设想，不但农村要公社化，工厂、学校、机关、街道等也要公社化，而且郑州、哈尔滨等城市也曾建立了城市人民公社）。在北戴河会议上，毛泽东多次讲到，搞人民公社，农村又走在城市的前头。谭震林在江苏座谈人民公社问题时，当江阴县马镇公社谈到实行“吃饭不要钱”后，一部分家在农村的工人家属如何处理时，他说：“农村包围城市，这是中国革命的经验，民主革命是如此，建立农村根据地，而后夺取城市；社会主义革命

① 中央档案馆：《中共中央文件选集》第 1 册，中共中央党校出版社 1989 年版，第 3 页。

也是如此，先农业合作化，而后才是资本主义工商业的公私合营；共产主义革命看来也是如此。”谭震林又说，成立人民公社，这是一个伟大的转变，是质的变化，“反正农村包围城市，农村共产主义化了，你城市不得不化了”。[①] 这段话，把为何要先在农村实现公社化，说得很明确了。

① 《谭震林同志在江苏省委人民公社座谈会上的讲话》（记录稿），1958 年 9 月 18 日。

第三章　问　题

一、刮“五风”

在短短的一个多月时间内，在未经试点的情况下，全国一哄而起建立了两万多个“又大又公”的人民公社，实现了公社化，结果很快出现了不少问题。

首先，混淆集体所有制与全民所有制、社会主义与共产主义的界限，导致“共产风”盛行。

公社化过程中“公”的实现过程，也就是刮“共产风”的过程。

全国的人民公社平均由 28 个农业生产合作社合并而成，原来的农业生产合作社一般成了公社下辖的大队或管理区，成为单纯的生产管理单位。许多公社都是白手起家建立的，而公社建立后，要求农、林、牧、副、渔全面发展，工、农、商、学、兵样样俱全，构成一个半独立半封闭的小社会。公社要建办公楼，要发展工业，要建“红专大学”，还要盖所谓的新村，等等，这些所需开支，都来自对各农业生产合作社资金、物资的无偿调拨。嵖岈山公社建立后，为了建公社办公楼和招待所，征用土地 50 余亩，调用 1.46 万个劳动日，砍树 1.3 万棵，调砖瓦 31.2 万块，名副其实地“共”了各农业生产合作社的“产”。

组成人民公社的各个农业生产合作社，由于自然条件、社队干部领导能力等差异，贫富程度是不同的，在“发扬共产主义精神”的大原则下，原来各农业生产合作社之间的贫富被拉平，社员之间的收入差别也被消除，成了社、队“共”社员的“产”，穷队“共”富队的“产”，贫穷的社员“共”较富裕的社员的“产”。在全公社范围内，统一生产和统一分配，农民过着名为集体、实则平均的生活。

应该说，“共产风”在“大跃进”开始时就已刮起。湖南省湘潭县石潭公社古云大队便是一例。

1957 年 12 月至 1958 年 3 月，根据中共湘潭县委的布置，古云高级社开展大规模的投资和积肥运动。当时的口号是“死钱变活钱”，要社员把家里藏的光洋（即银元）拿出来，作为向社里的投资，办法是先由几个干部摸底，对被认定是有钱的农户就送去一张条子，写明什么时候要向社里交出多少钱来，如果不交，就开展辩论、斗争。古云高级社就有近 20 户被送了要钱的条子，由于不愿交钱而被打的社员有 10 个人，其中有 5 名中农和 5 名富农。这样一逼一打，弄得人人紧张，有的社员吓得把钱都拿了出来。如此一来，古云高级社一共搞到了 7000 元，其中有 4000 元光洋。没钱的农户，有的被逼得出卖被帐、棉纱，有的被赶走了生猪。

公社化后古云的“共产风”有增无减。1958 年 8 月 15 日，公社为了开煤矿，要调大批的劳力，调人的办法是各生产队站队点名，谁被点名谁走，多数男劳动力被调去。接着是全民大炼钢铁，这个大队的劳动力被集中到石潭镇炼钢。没有炉子，就拆屋取砖；没有燃料，就砍树或拆楼板烧；炼不出铁，就打烂社员家的铁锅做“引铁”。当时的口号是“一天不出铁是大事，三年不出谷是小事”。炼完钢铁，又去修运河。根据上级要求，必须“逢山过山，逢水过水”，“山上要过船，底上 15 尺，两边跑汽车，中间过洋船”。古云大队一下子被调去了几百人，每个生产队只剩下一两个男劳动力。被调去修运河的社员前后去了 40 天，这段时间不准请假，凡是回了家的，都得押送回工地。①

河北省武清县河西务第三社建公共食堂时，社党支部书记、社长召开社员大会，叫社员向食堂送粮食，社员对办食堂有顾虑，拿出来的粮食并

① 中央、省、地、县调查组：《古云大队调查会》，1961 年 4 月。

不多，社领导就决定到各家各户去翻查，该社 147 户中只有 3 户“五保户”未翻，其余的全都翻了，并且连翻三次。在翻查过程中发现社员有值钱的财物，就拿走算作对社的投资。社员王勋伍一家三口都下地劳动去了，结果他家的锅、勺都当作废铁被拿走，还将他家里的 30 尺布也当作投资拿去了。①

河北省安国县为了美化公路，平调了各生产队的树木 1.5 万棵。该县伍仁桥生产队为了建一座容纳 2000 人的大食堂，占用了 15 户社员的宅基地，拆房25间，一切砖瓦木料均无代价使用，还向生产小队平调梁78根，椽子 6900 根，柱子 52 根，门 26 扇，窗户 82 个。还抽调小队劳力 62 人无偿使用达三个月之久。②

人民公社化运动大刮“共产风”的过程中，还“刮”出了许多令人啼笑皆非的事情。

1958 年 10 月中旬的一天，湖北省当阳县跑马公社的党委副书记（公社党委书记带领群众在外面大炼钢铁去了）在大会上宣布：11 月 7 日是社会主义结束之日，11 月 8 日则是共产主义开始之日。大会一结束，人们就到街上商店拿东西，去得早的多拿一点，去得晚的少拿一点，最后去的是一位教师，只拿了两筒蜡纸。商店的东西拿完后，就去拿别人家的东西。别人家的鸡，可以随便抓来吃；这个队种的菜，别的队可以随便来挖。甚至连小孩子也不分你的我的了，因为马上就共产主义了，子女也就成了大家的。这个公社只剩下一条还没有“共产”：老婆还是自己的。不过这一条该公社党委副书记也拿不准是不是可以不“共产”，说还得请示上级。这在今天看来好像是天方夜谭，可这件事却是 1959 年 3 月中共湖北省委第一书记王任重在给中共中央的一个报告中讲到的。

虽然在公社化时，各地都规定社员个人的生活资料仍归社员个人所有，如河北省安国县规定：除了农业社的全部财产归公社所有外，社员个人的自留地、大牲畜归集体所有，但房屋、院中与宅房的小片土地和零星

---

① 中共河北省委农村工作部：《人民公社简报》，第 11 期，1958 年 11 月 23 日。

② 安国县地方志办公室：《安国县“大跃进”》，中共保定市委党史研究室：《保定党史专题资料汇编（社会主义时期）》，2002 年编印，第 327 页。

树木仍归私有；社员个人喂养猪、羊、鸡等仍归私有，对于社员个人使用的生活资料如衣服、被褥、家具、自行车、手表等，一律不动，仍归社员个人私有。① 但在实际操作中，这些规定常常走了样。河南省郾城大刘店公社党委宣布："反正现在啥都是大家的了，有衣服都得拿出来，谁需要谁穿。"于是在全公社强制推行收衣服的办法。这个公社的五个党委书记中，只有第三书记是本社人，结果拿出了七件衣服公社党委还不满意。安阳县的一些公社则提出，人民公社就是共产主义啦，一人只留一条被子，多余的交公社。该县县委农村工作部的一个干部回家时发现被子很重，拿不动。他爱人解释说，听说共产主义，一人一条被子，就把五条被子缝到一块了。②

"共产风"实际上就是"一平二调"，即平均主义和无偿调拨农业社或社员的财产。"共产风"的出现，既有历史原因，也有现实原因。从历史上看，中国农民自古就有平均主义的思想，历次农民起义无不是为了实现"均贫富、等贵贱"，这既是农民英雄们追求的目标，也是他们揭竿而起的动力。太平天国革命提出的"有田同耕，有饭同食，有衣同穿，有钱同使，无处不均匀，无人不饱暖"，可以说是这种思想发展的极致。如果说，"均贫富"的思想在封建时代，在反抗地主阶级的统治方面尚有积极作用的话，那么，在取得了新民主主义革命胜利，开始进入大规模的经济建设阶段之后，平均主义就成为生产力发展、农民积极性提高的阻力了。而平均主义思想作为一份历史遗产，在生产力不发达，商品经济发展不充分的情况下，是难以彻底根除的。从现实看，正如邓小平后来所总结的，我们过去对于什么是社会主义，怎样建设社会主义和发展社会主义的认识，"不是完全清醒的"，"并没有完全搞清楚"，更不要说什么是共产主义和如何实现共产主义这样的问题了。于是，把实现共产主义理解为必须先"共产"，各地大刮"共产风"，也就势成必然了。

人民公社虽然被认为是向共产主义过渡最好的组织形式，是通向共产

---

① 《安国县在建立人民公社运动中是怎样解决经济政策问题的》，载《河北日报》1958 年 9 月 4 日。

② 中共河南省委党史研究室：《河南农村经济体制变革史》，中共党史出版社 2000 年版，第 115 页。

主义大同社会的“金桥”，但何谓共产主义和怎样才能进入共产主义，当时实际上是并不清楚的。这样的问题，不要说广大农民和基层干部不清楚，就是理论界甚至中央高层也没有搞清楚。但有一点却是明确的，这就是对于公有制与社会主义、共产主义的关系，认为公有制程度越高，就越接近共产主义，自然也就认为公有制程度越高越好、越纯越好，也就是“产”“共”得越多、越彻底越好。

第二，由于人民公社实行供给制，搞“吃饭不要钱”，还提倡“敞开肚皮吃饭”，造成了粮食的巨大浪费，并严重地挫伤了广大社员的积极性。在实现人民公社化的同时，为了实现年产1070万吨钢的目标，各地土法上马，建起了一大批小土高炉，组织大兵团作战，开展全民大炼钢。到1958年9月，全国参加炼钢的人数由8月份的几百万人增加到5000万人，10月底达到6000万人，11月更是多达9000万人，农村的主要青壮年劳动力几乎都被投入到了钢铁生产第一线，留在家里进行农业生产的大都是妇女或老弱病残。与此同时，全国各地还动用了人民公社20%的畜力车、人力车，参加大炼钢铁的运输，并组织农村劳动力参加铁路建设，仅京广、津浦铁路沿线的人民公社，就有150万人参加了这两条铁路的复线建设工程。此外，1958年内，还有约7000万人，多时达1亿人参加了水利建设。由于大量的农村劳动力被抽调去从事非农业生产，致使这年秋收农忙季节却没有劳动力去收割快要到手的粮食，造成大量成熟了的粮食烂在地里，不能收回。河北省安国县共有劳动力16万人，大炼钢铁去了8万多人，修水库又去了近万人，加上各公社建林场、猪场、肥厂又平调了一部分人，结果投入秋收种麦的不足一半人，而且多是妇女。全县不少生产队用耠子耕甘薯地，后边跟着人拾甘薯，丢掉的不少。即使拾起来的甘薯也没有时间和车子运回去，社员怕干部看见挨批评，就用甘薯蔓将甘薯盖住。有的则采取就地挖窖的办法，把甘薯埋在地里。在种麦平畦时，平出了许多甘薯，社员怕暴露内情，又悄悄将之踩入地下。这一年，老天爷很照顾，风调雨顺，庄稼确实长得很好，但丰产不丰收，最保守的估计全国也有一至二成的粮食没有收回，造成了巨大的浪费。

粮食的浪费还体现在公共食堂上。公社化后农村也实现了食堂化，亿万农民告别了自己的小锅小灶，吃起了人民公社的大食堂。由于大放农业生产“卫星”，认为粮食已经多到吃不完的地步，不但实行“吃饭不要钱”，而且还提倡“敞开肚皮吃饭”，不少公共食堂以“吃饱”“吃好”为目标，倾其所有，倾其所能，不但吃饭不限量，就是吃菜也强调“一个星期不重样”，“半个月不重样”，大吃大喝，穷吃海吃，导致食堂浪费严重。一些公社吃粮根本不过秤，结果一人一月平均吃粮食五六十斤。山东省菏泽县马岭岗公社刁屯大队段庄小队的食堂，放开肚皮吃饭后，340 人一个月吃粮 3 万多斤，每人一天合 3 斤多。[①] 这并非是个别现象，在有的地方，一天吃五顿饭，有的地方放吃饭“卫星”。如此一来，“敞开肚皮吃饭”实行不到两三个月，多数食堂已寅吃卯粮。

到了 1958 年冬天，农村粮食就开始出现紧张，以致部分公共食堂发生断粮停伙现象。山东省馆陶县（今属河北省）的食堂停伙事件就是一个例子。

1958 年 12 月，馆陶县群众给中共中央写信，反映该县有些村庄食堂停伙，群众外出逃荒。中共中央将来信转给中共山东省委和省人民委员会，并指示其对此事进行调查。经山东省委组织的省、地、县联合调查组调查，了解到人民来信中反映的情况完全属实，而且停伙和一天只吃一顿或只有萝卜可吃的半停伙情况还在发展。至 1959 年 1 月 10 日，馆陶 7 个公社中，已有 6 个公社出现了停伙半停伙的情况。据各公社党委自报，全县 1195 个食堂，停伙者已有 82 个，而群众反映绝不止此数，至于半停伙者更多。很多地方自从 1958 年中秋节后就没见过粮食，吃了四五十天的地瓜和萝卜。房寨公社芦里大队，有四个食堂在 1958 年中秋节后全吃地瓜，到 11 月后全吃萝卜，12 月 29 日萝卜也没得吃了，食堂只得停伙。馆陶事件发生后，山东省委、省人委立即组织了粮食调运工作组，调拨粮食，并根据各公社的实际库存，按每人每天一斤的标准，先给每个食堂调够 3 个月的粮食，公社库存不够者，由国库拨给。这样，已停伙的食堂得以重新开伙，外逃的群众陆续返回。

在一些地方公共食堂停伙的同时，许多地方的供给制也无力为继，除了粮食供给制还在勉强维持外，其他的供给已是名存实亡。作为“共产主

① 《山东省农业合作化史》编辑委员会：《山东省农业合作化史料汇集》下册，山东人民出版社 1989 年版，第 143 页。

义试点”的徐水县，以实行全民供给制的“十五包”而闻名，其实到了1958年11月，才发出第一次生活用品，全县共支出550万元。按原来的计划，全县仅发毛巾一项就需144万条，实际只发了72万条，其他的生活用品只是给幼儿园、幸福院象征性地发了一些。至于看电影、洗澡费等则根本没有兑现。按照徐水当时的经济水平，“十五包”是根本不可能的。这里的共产主义试点，只实行了三四个月就夭折了。

人民公社在分配上实行供给制与工资制相结合，工资与供给的比例各地各不相同，如河北省遵化县建明人民公社（就是以著名劳动模范王国藩所在的“穷棒子社”为基础建立起来的人民公社）供给部分占69.28%，工资部分占30.72%；而河北多数公社是供给占60%左右，工资占40%左右。① 在人民公社的分配中，供给部分占了大头，工资仅具有象征性。河南新乡地区是较早实现公社化的地方之一，到1958年11月，全地区有152个公社发了一次工资，34个公社发了两次工资，19个公社发了三次工资，总共发工资710万元，每人平均2元左右。② 人民公社建立之初，因为要搞各种“大办”需要大量的资金，只得搞高积累，根本没有多少资金可以用于发放工资。有的公社伙食供给制都难以维持，哪里还有工资可发？即使有那么一点工资，但它与供给部分相比，也是无足轻重。这种名义上具有共产主义按需分配因素，实际上是平均主义的供给制，正是压抑社员生产积极性的重要因素。

广东省新会县第一次发放工资后出现的情况就足以说明这个问题。新会县的大泽公社发放第一次工资后，出现了“四多四少”的现象：(一)吃饭的人多，出勤的人少；(二)装病的人多，吃药的人少；(三)学懒的人多，学勤的人少；(四)读书的人多，劳动的人少。类似的现象在新会其他公社也普遍存在。

新会县各公社发放工资后10天左右，出勤率普遍降低了五六成。大泽公社礼成管理区领工资的600人，出勤的只有300人。同时，没病装病，小病装大病，没月经装有月经或借口照顾小孩而不出工的也大有人在。一

① 中共河北省委：《关于人民公社问题向中央的报告》，1959年11月28日。

② 《中共新乡地委关于农村人民公社实行供给加津贴制的情况报告》，1958年11月22日。

些原来劳动态度差的人现在更差，原来劳动态度好的人也受其影响而消极。原来每天可送 200 担肥的，现有只送五六十担，过去能挑 100 斤，现在只挑 50 斤；过去一个能挑的，现在则要两个人抬。

出现这种现象的原因，就在于供给部分与工资部分的比例不合理。该县二者之间一般是 6 ∶ 4 或 7 ∶ 3，供给部分占了大头，再加上其他的扣除，社员能拿到手的工资并没有多少。对社员来说，劳动少了减少不了多少收入，劳动多了也增加不了什么，多劳不能多得，干多干少一个样。群众说："干不干，三餐饭"，"做多做少，一样吃饱"，甚至出现了"出工自由化，吃饭战斗化，收工集体化"的现象。①

湖北省钟祥县长城公社实行"吃饭不要钱"的伙食供给制后，有的社员经常不出勤，生产队派工也派不动，有的人甚至长期装病。还有的半劳动力，在农业社出勤挣工分时很积极，不弱于一个全劳力，实行供给制后也不干活了。该公社的五合生产队就有 11 名四十多岁的妇女有这种情况。生产队长问她们："你在食堂吃饭，为什么不出工？"她们回答说："我不是吃你的饭，我是吃人民公社的饭！"结果使那些积极出勤的社员也很有意见，他们对队长说："你只晓得叫我们出工，对他们你就没有一点办法！"实行供给制后，过去不上学的现在也上学了，长城公社的小学生数量，1959 年春季开学时，新增加了 324 名，不少是超过入学年龄的青少年，他们原来是半劳动力或辅助劳动力，有的十八九岁还去读初小一二年级。②

此外，公社建立后，规模扩大了，管理的内容增多了，但许多社、队干部的素质却没有得到相应的提高，导致生产工作中的"瞎指挥风"和"强迫命令风"随之发生。"大跃进"之初，毛泽东听说山东有个大山农业生产合作社，因为深翻土地，增产百分之百，就鼓励各地搞深翻，并且说：深翻土地，大有味道，宁可一亩花一百个工、几百个工也要干。又说，订个五年计划，用人海战术，把耕地全部翻一遍。河南省长葛县提出"土地大翻身、黄土变黄金"的口号，将全县 33 万亩土地都深翻了一遍，深度

① 中华人民共和国国家农业委员会办公厅：《农业集体化重要文件汇编（1958—1981）》下，中共中央党校出版社 1981 年版，第 128 页。

② 《省委批转道琦同志与基层干部座谈"吃饭不要钱"问题的报告》，1959 年 3 月 27 日。

在一尺五寸左右，成为全国土地深翻的典型，这年5月召开的八大二次会议上，该县县委书记还特地介绍了长葛深翻土地使粮食大幅度增产的经验。1958年7月，农业部特地在长葛召开土地深翻现场会议，号召全国搞一个“土地大翻身”运动。北戴河会议还做出了《中共中央关于深耕和改良土壤的指示》，要求在今后两三年内，把一切可能深耕的土地，全部深耕一次，并且每三年轮流深耕一次，周而复始。深耕的标准是一尺以上，丰产田二尺以上。根据这个指示，各地农村通过人民公社的组织体系，抽调大批劳动力，掀起所谓“土地大翻身”的群众运动。有的地方还放翻地“卫星”，片面地认为土地越深翻越好，有翻地数尺甚至上丈深者。这样做不但浪费了劳动力，而且还破坏了耕作层，导致农作物的减产。

毛泽东在“大跃进”中还发现，南方一些水稻高产地区每亩植3万蔸，乃号召各地根据不同的情况进行合理密植。但“合理密植”在执行过程也走了样，变成了越密越好。1958年8月，中共中央转发了山西洪赵县委《关于就实论虚的报告》，认定“密植是保证小麦生产飞跃的中心点”，要求“以密植为统帅，实行以最高的密植为中心的一系列技术革新，跨上密植跃进马，突破百万株穗关”。于是，全国迅速掀起了一股密植热。河南省获嘉县城关公社宋庄大队就搞了一个计划亩产10万斤的“七七试验”。该大队选择了7分地，计划收粮7万斤。具体做法是：地深翻了7尺，下了几千斤的腐烂动物皮渣与农家肥混合搅拌的复合肥，边翻地边施底肥，足足花了半个月才将地深翻一遍。以每分地下种100斤计算，试验田共下种700斤，这个数字超过了正常下种量的近百倍，靠木耧根本无法播种，只好将700斤种子全部进行撒播，连播几遍才将种播完。这样的“丰产试验”，其结果自然可想而知。第二年小麦收割时，7分试验田仅获得163斤秕麦。①

人民公社建立后，按照军事编制组织团、营、连、排、班等所谓的“作战单位”，进行“大兵团作战”，将劳动力在全公社甚至全县范围内调来调去，造成劳动力的大量浪费。一些地方还大搞疲劳战术，动辄苦战、夜战，不关心群众生活。河北省安国县公社化后在全县推广“十一到田”，

① 王保友等：《获嘉县七七试验田始末》，载《大跃进时期的新乡》，河南人民出版社1999年版。

即“指挥战斗到田，食堂到田，住宿到田，托儿所到田，技术传授到田，鸣放辩论到田，修配厂到田，物资供应到田，大字报到田，医疗到田，学习书报到田”。有的公社还搞“三无村”，即村内无闲人，夜间无灯火，村村无炊烟。河北宁津县（1964 年复归山东省）红旗人民公社第三营，在种麦期间连续鏖战十八昼夜，有的社员在干活中就睡着了。河北武清县（今属天津市）草园公社提出要鏖战七昼夜，社员坚持不下去，就在晚上留人在地头挂起灯笼摆动，以应付公社的检查。

人民公社成立后，社队干部的“强迫命令风”和违法乱纪现象也很严重。一些公社将停止社员吃饭和劳改作为惩处社员的手段。武清县西浦公社社员翟国杰，年仅 16 岁，在深翻土地时将脚扭伤了，向社长请假休息，社长不允，勉强干了一天，第二天脚肿了实在不能干活就未参加深翻。社长知道后宣布对翟国杰停饭三天，有一个社员背着社长给他去送窝窝头，被社长看见马上夺回，翟国杰的父亲只得把自己那份饭偷偷留下一点给儿子吃。后来，翟国杰发高烧，他父亲才请假从集体宿舍将他送回家，回到家后翟国杰就死了。这种现象在各地的人民公社并不罕见。有的社队干部动辄以不给饭吃威胁社员。河北农村有的社员说：“干部有了刀把子，稍微有点毛病，就说不让吃饭，你到厕所里去吃。”“还不如挣工分时（按：指高级社的评工记分），自己挣来自己吃，现在吃的是干部的饭。”①

作为向共产主义过渡试点的徐水县，设立所谓的“劳改队”，凡是被认为是“坏人”“消极分子”的社员，即被送去劳改，从 1958 年 7 月至 11 月，全县被劳改者达 3674 人。该县大王店公社一位党委副书记，命令该社六各庄村党支部书记在 20 分钟内找 20 根绳子，捆 20 个坏人到公社，结果找来了 7 人，全被绑送劳改。社员马玉梅腿上长疮刚从医院回来，劳动中行动迟缓，即被罚了三个小时的“立定”，直到昏倒在地，才被家人抬回。史各庄公社社员葛洛喜，因赶大车时压了豆子，被县工作组看见，葛洛喜说明了缘由，工作组不信，以不服从命令为名将其送去劳改队。劳改队大

① 中共河北省委政策研究室：《关于人民公社当前生产、生活和群众思想上存在的一些问题的材料》，1958 年 12 月 19 日。

小便要报告，有专人持枪看守，吃饭有限量。设立劳改队的不只是徐水县，武清县甚至将批准劳改的权力下放到了生产大队，以致出现了社员有缺点和错误就送到劳改队的现象。

人民公社化过程中，“共产风”“浮夸风”“瞎指挥风”“强迫命令风”“干部特殊化风”等五风，引起了广大社员的强烈不满。1958年12月28日，中共中央批转了《北京郊区人民公社社员有十五个不满的反映》。这份材料中反映的北京郊区社员的不满是：(1) 对大协作不满，什么工作都要大协作，抽调了劳动力，打乱了生产计划；(2) 对有些干部不参加劳动不满；(3) 对公社向社员要东西（如砖、瓦、木料等）不满；(4) 对常常苦战几昼夜不满；(5) 对食堂粮食不加限制不满；(6) 对干部作风生硬、不民主不满；(7) 对少数干部贪污腐化不满；(8) 对劳动力流入城市，影响农业生产不满；(9) 对丰产田指标过高不满；(10) 对今年水利建设任务过重，影响农业增产的其他措施不能实现不满；(11) 对不搞副业生产不满；(12) 对城里有些单位到农村用高价购买物品不满；(13) 对今年谷子种得少，牲口草料不够不满；(14) 对猪集中饲养，死亡率高不满；(15) 对没有时间积肥不满。

由此可见，一哄而起建立的人民公社已出现了不少问题。几年后，毛泽东承认：“几个月内公社的架子就搭起来了，但是乱子出得不少，与秋冬大办钢铁同时并举，乱子就更多了。”①

二、初步调查

人民公社是北戴河会议之后毛泽东十分关注的一个问题。1958年10月2日，他在会见一些国家的代表团时说：人民公社，它的特点就是一个大，一个公。但是，基本上还是社会主义的，不是共产主义的，有共产主义的因素。人民公社这个名称，并不是我们在座的这些人取的，也不是哪

① 《建国以来毛泽东文稿》第9册，中央文献出版社1996年版，第213页。

一个省委决定的，而是群众取的，首先是河南人，他们起一个章程，从今年四月间开始，有几处地方，挂出一块招牌叫人民公社。今年8月，我到河南、河北、山东走了一圈，就说了这个问题，究竟叫合作社还是叫人民公社这个问题。我说群众要叫人民公社，可以。后来在北戴河中央会议接受河南人民的办法，作出了关于办人民公社的决议。现在在试办，这个东西还要看，搞几年再看，不过大体可以肯定这个东西是不会失败的。群众迫切要求，基本上是因为劳动力不够。又要搞农业，又要搞工业，农业又要搞高产，小社不行，范围太小；要搞大企业，解放妇女，统统要搞公共食堂，几亿人民在公共食堂里吃饭，妇女就不要做饭了，妇女从家务劳动中解放出来是一个很大的劳动力。①

毛泽东是人民公社的大力倡导者，也是乱子的较早发现者。1958年10月中旬，毛泽东再次离开北京外出视察，决定深入实际了解人民公社的真实情况。

10月14日，他来到天津，连续两天同中共河北省委、天津市委负责人谈话。16日和17日，他又将保定地委和徐水、安国、唐县、正定县委的负责人找来了解情况。

在14日的谈话中，主要议论的是资产阶级法权问题。在这之前，时任中共上海市委宣传部长的张春桥，在上海市委机关刊物《解放》半月刊这年第6期上发表《破除资产阶级的法权思想》一文，认为解放之初实行的供给制，本来是一种很好的制度，但不久这种生活制度受到了资产阶级法权思想的攻击，逐渐放弃了。经过几年来的实践，证明了对“供给制”、对“农村作风”和“游击习气”的攻击，实际上是资产阶级为了保护不平等的法权。现在，恢复了供给制，但还不能说已经做得很彻底，资产阶级的法权思想仍在影响着人们。因此，在新的条件下，必须彻底破除资产阶级的法权思想。

毛泽东对这篇文章很欣赏，他不但指示《人民日报》加以转载，而且还亲自为其写“编者按”说：“张春桥同志此文，见之于上海〈解放〉半

① 中共中央文献研究室：《毛泽东年谱（1949—1976）》第3卷，中央文献出版社2013年版，第455页。

月刊第六期，现在转载于此，以供同志们讨论。这个问题需要讨论，因为它是当前一个重要的问题。我们认为，张文基本上是正确的，但有一些片面性，就是说，对历史过程解释得不完全。但他鲜明地提出了这个问题，引人注意。文章又通俗易懂，很好读。”①之后，全国引发了一场关于破除资产阶级法权的大讨论。

毛泽东在天津的谈话中说，在战争时期，那时叫军事共产主义，我们只有三钱盐、三钱油、一斤半面。没有物资刺激，结果把日本人打败了。现在大跃进，也不能用物质刺激说明，不是因为提高了粮价、棉价，粮棉才增产的。欧洲一说搞社会主义，都说要出懒汉，实际上是资产阶级、社会民主党驳我们的东西。对于资产阶级法权，应该采取逐步破的方针。人民公社吃饭不要钱，就是破了嘛。过去我们实行供给制，只是一部分人的，在战争时期只是革命干部、解放军实行。现在要在社会上普遍搞，范围就大变了。在谈到人民公社问题时，毛泽东说，湖南搞人民公社，开始有 30%的人不赞成，公社成立后，有些人通了，还有 10%的人不赞成。这个运动，不是我们设计的，不是中共中央设计的，是他们（指农民）自己设计的。农民搞公共食堂，集体吃饭，吃了饭就出发，军事化，一天省下一个半小时。

在 16 日同各县的负责人谈话时，毛泽东一开始就问县委书记们：今年种麦和去年有什么不同？

这时正值各地大放粮食“卫星”之际，于是，安国县委第一书记刘振宗说：安国东风社搞了千亩小麦“天下第一田”，火箭社搞了 2 万亩的“宇宙最高峰”，都是大面积高产小麦。

毛泽东说：好，明年 6 月上半月去看看。又说：这么多粮，有仓库没有？

刘振宗说：安国明年每人平均拿到 1 万斤粮，每人吃 1000 斤。

毛泽东问：那 9000 斤怎么办？

刘振宗说：一部分支持山区，如阜平、涞源，8500 斤卖给国家。

毛泽东又问：没人要怎么办？

① 《〈破除资产阶级的法权思想〉编者按》，《人民日报》1958 年 10 月 13 日。

刘振宗说：安国计划 1959 年种一年，拿到每人 1 万斤粮，1960 年土地休息一年，集中力量搞建设、学文化。

毛泽东对安国这个设想很感兴趣，说道：民兵可以练体操了，还可以养牲口。安国去年平均亩产 464 斤，徐水去年平均亩产 214 斤，100 亩才搞 2 万斤，日后 1 亩 1 万斤，98 亩就别种了。

谈话中，徐水县委第一书记张国忠汇报了该县幸福院、幼儿园和新村建设的试点规划。当谈到夫妇住一处，小孩住一处，老人住一处时，毛泽东对此不以为然，说：太单调了嘛，也要大中小结合，老人不跟壮丁、小孩结合怎么办？整天只有老头对老头行吗？

在谈到徐水的全民所有制问题时，毛泽东说：徐水叫全民所有制，你和鞍山有什么不同？机械化、生产能力不如它，你产品是不是向国家调配？粮食不要，还要什么东西？张国忠回答说：还产麻、苇、油料、甜菜、猪、鱼、鸭、鸭蛋、钢铁、纸等。毛泽东说：还是和国家交换，不是调配嘛。鞍钢每人生产 16000 元，成本 6000 元，包括每人工资 800 元，给国家上交 10000 元。你在徐水讲全民所有制，可以讲，你在全国讲，和鞍钢总是还有差别，还有所不同嘛，贡献不同，和天津的国营工业也有不同，你还有奋斗目标。

在 17 日的谈话中，毛泽东再次谈到了徐水的全民所有制和供给制问题。他说：徐水还是全县人民的所有制，还不是 6 亿人口的所有制，徐水实质是集体所有，是扩大了范围的集体所有制。毛泽东还问徐水县委负责人，供给制是绝对可靠，还是比较可靠？天有不测风云，你遇到大水、大旱、连旱三年怎么办？遇到瘟疫怎么办？在谈到徐水的幸福院时，毛泽东说，我就不愿进你的幸福院，幸福要有点分析，幸福之中有不幸福就好。鳏寡孤独可以，但是幸福院作为一个生活单位，缺乏两端，大中小嘛，一天净是老人，看不见青壮年，是不是不好？

当然，毛泽东此时对形势的估计还比较乐观，对人民公社和供给制也是充分肯定的。在谈话中，他说，我们过去三钱油、三钱盐、一斤半面，结果把日本打跑了，把美国薪金制打败了，是供给制战胜薪金制。搞供给制是一不死人，二不瘦，三很健康。他又说：过去不晓得以钢为纲，是逐步认识的。没有合作化，没有整风反右不行，不提出大跃进口号也不行。

今年找到点路了，不要那么多年。8年来我们达到了535万吨钢，除去原有90万吨，才增长445万吨。今年全民搞钢铁，就可翻一番，达到1070万吨钢，明年可达到2500万吨到3000万吨，1962年可能达到8000万吨到1亿吨，再过2年可达到15000万吨。不要断定什么美国了不起。粮食，今年可达8000亿斤，去年是3700亿斤，翻一番多。苦战三年，基本改变农村面貌，在武昌开会(指1958年4月他在武昌主持的华东和中南两地区省委、自治区党委第一书记会议）时我说是否改为初步改变，现在看保守了。他们当时拿了很多证据，看了看，不能叫初步改变，是基本改变，说服我了。

毛泽东还说：社会主义比资本主义好，归根到底还是在大大提高劳动生产率。同样工具，比他生产得多，我们和美国还不是同样的工具，但我们组织起来了，过去是一家，社也小，才几百户，后来搞他一万多户的一个公社，力量就大了。徐水16万户当作一个社来调动，力量就更大了，分工也好分了，搞钢铁，搞森林，搞建筑。他要河北明年集中搞一千万亩高产，亩产万斤。这样一来，中国17亿亩土地，搞二三亿亩就行，其他15亿亩植树种花。

尽管如此，毛泽东通过此次天津之行，还是感受到在人民公社化运动中，许多人“急急忙忙往前闯”，有一大堆的混乱思想，必须引起高度重视。

谈话结束时，毛泽东指示河北省委派调查组去了解徐水的情况，然后向他汇报。

在此之前，毛泽东曾派了中央办公厅机要室的18名工作人员到徐水进行劳动，并实地考察徐水“大跃进”和人民公社化的情况。10月18日，中办机要室下放人员将他们在劳动中的所见所闻向毛泽东作了报告。报告说，今年9月中旬，中办机要室部分同志去徐水县商庄人民公社前所营村参加秋收种麦劳动。这次下去，完全是和当地群众同吃、同住、同劳动，群众反应很好。报告中说，一穷二白，干劲冲天，对明天充满希望和信心，是这里群众的显著特点。这个地区往年常遭水旱灾，人民生活很苦。去冬今春，全县人民在县委领导下，大搞水利建设，实现了“满天星、葡萄串”的水利化，人民生活有了显著提高。这里的劳动组织完全按军队那样编成连和营，劳动是军事化、战斗化，纪律很严，为突击秋收种麦，还组织了一个“野战部队”，在地里吃饭宿营，是劳动中的一支突击力量。这个村还建立了食堂、幼儿园、幸福院、缝纫组、洗衣组、俱乐部、土化肥厂、供销部、粮食加工厂等，实行供给制，受到社员们的拥护。这个村自公社化后，一切自留地、房屋、零星果树都归公社所有，彻底割掉了私有制的尾巴，加之劳动大协作的锻炼，使农民的思想觉悟有了飞跃提高。

报告又说，我们在劳动中也看到一些问题，主要是：

（一）目前各营（即原来的村）的耕作区仍是公社化前的原有耕作区，很分散，社与社之间互相交叉的地很多，不便于耕作与组织劳动协作。建议各公社的耕地重新划分，打破原来各小社的地界，以适应新的劳动形式的需要。

（二）主观主义和强迫命令现象在局部地区依然存在。由于有些干部政治思想水平低，只强调军事化、纪律性，而忽视对社员的思想工作，他们在布置生产任务时，都是以简单的命令下达，遇事很少和社员商量，特别在处理劳动不积极、思想落后等问题时，往往采取简单粗暴的工作方法。

（三）存在一些虚假现象。据公社干部反映，由于县里布置任务都是又急又多，下面的干部感到压力太大，因此工作中的虚报现象不少。县里和各公社对于粮食的预产估计也多半大于实际产量。

（四）鸡鸭的饲养问题。公社化以后，自留地没有了，吃饭也都在食堂吃，个人不再喂养鸡鸭，而这里又没有组织集体饲养，长此下去就会吃不到鸡鸭和鸡蛋。应组织幸福院的老人们集体饲养鸡鸭，以解决这个问题。

（五）几个值得研究的口号。在商庄公社庆祝国庆的大会上，公社党委书记在报告中提出了这样的口号：“1960 年建成社会主义，1963 年建成共产主义”，“到那时候，吃什么有什么，穿什么有什么，要什么有什么”。这些口号公开在社员大会上宣布是有些问题的，因为有些口号不够实际，有的则在提法上就不够确切。喊出去，到时候实现不了，会给群众造成不好影响。过去这个县就曾宣布 1958 年 9 月争取成为文化县，而现在文盲还是不少，实际上没有实现。①

看了这个报告后，坚定了毛泽东对“大跃进”和人民公社化运动中存

① 《建国以来毛泽东文稿》第 7 册，中央文献出版社 1992 年版，第 523—524 页。

在的问题进一步调查研究的决心。10月19日，他致信陈伯达，要他与张春桥前往河南遂平嵖岈山卫星公社深入再调查，信中说：

伯达同志：

想了一下，你和张春桥同志似以早三天去河南卫星公社进行调查工作为适宜，不必听廿一日刘子厚同志的报告。集中精力在卫星公社调查七天至十天，为杭州会议准备意见，很有必要。可带李友九去帮忙。

如同意，请告叶子龙同志，为你们调一架专机即飞郑州。

毛泽东

十月十九日上午七时

到郑州时，最好能请史向生同志和你们一道去卫星社。史对人民公社有研究，他去过卫星社。他是省委书记。

过了半小时，他又给陈伯达写了一封信，谈到此次调查的注意事项。信中说：

伯达同志：

去河南时，请把《马、恩、列、斯论共产主义社会》一书带几本去，你们调查团几个人，每人一本，边调查，边读书，白天调查，晚上阅读，有十几天，也就可以读完了。建议将胡绳、李友九都带去，练习去向劳动人民做调查工作的方法和态度，善于看问题和提问题。

我过了下星期就去郑州，一到，即可听你们关于卫星社观察所得的报告，在四省第一书记会议上予以讨论。①

毛泽东

十月十九日上午七时半

① 《建国以来毛泽东文稿》第7册，中央文献出版社1992年版，第463—464页。

毛泽东特地要求为陈伯达等人去调研安排一架专机，足见他多么迫切地了解情况。按照毛泽东的指示，陈伯达一行很快到出发了。

毛泽东天津谈话后，河北省委立即组织了一个工作组，由省长刘子厚率领，于 1958 年 10 月 18 日至 20 日，到徐水进行了三天的调查。21 日下午，刘子厚等省委领导到北京向毛泽东汇报调查了解到的主要问题。

汇报中，刘子厚说，徐水实际上还是集体所有制，不是全民所有制，但他们已经公布了是全民所有制，究竟如何提法为好？毛泽东说，徐水实际上是集体所有制，他们说是全民所有，也不一定公开改，马虎下去就是了。你们把这个问题弄清楚了好。是徐水全民所有，不是全国的全民所有。它和过去合作社不同，和国营工业也还不同。公社要从两个方面发展，一方面大范围的内部调拨要发展，另一方面社会主义市场、社会主义商业要发展，还是货币交易。必须多产经济作物，好交换，国家好供应，不然就没有交换的东西了。粮食可以交换一部分，即统销的那一部分。要大修铁路，运输紧张得很。关于供给制问题，毛泽东说：对供给制，真正赞成的占百分之三十至四十，要分析一下。要从发展生产中解决问题，明年发展生产一年，消费不要增加，就可消灭赤字。要有生产资金，要积累一部分，还要储备一部分，食堂也要储备一部分。有的户劳动不积极，他觉得吃亏了，别人把他的劳动占有得太多了。要把劳动力多的户的积极性调动起来，使他们收入多点，工资多点，不要平均主义，多劳多得还是社会主义原则。徐水应有清醒的头脑，知道事情有正面，还有另外的反面。

关于人民公社体制问题，毛泽东说：统一起来，好处是有，问题就是如何发挥下面的积极性。过去全统一归中央，你河北、河南的积极性不能发挥嘛，天津、唐山钢厂不归你们，你们就不积极，邯郸钢厂就不能建。徐水全县一个社，下面十六个社，统一多了，如何发挥十六个社的积极性，看来将来还要权力下放。搞县联社，县一层也不要担负那么多责任。社、大队、队三级，每级都要有点权，没权不利于发展生产，当然权不能太大了。十六个社，可以有几种方法，不要样样都是一个样子，这才好比较。

关于人民公社政策问题，毛泽东说：全国要普遍重新盖新房新村，恐怕得五到七年，短了来不及。盖新房，有利于并村，搞集体福利，劳动、居住就这么一片。恐怕要按劳动组织，以队为单位盖房子，便利生产，按大队恐怕太大了。居民点问题，要研究一下，主要是有利于生产。现在农村重点还是农业，和农业有关的有点工业，徐水有机械厂、钢铁厂，总不能每一社都办机械厂、钢铁厂，有煤、铁的社可办钢铁厂，没有的不一定办。家具不归公，这是一部分生活资料。吃饭集体，衣服、床、桌椅等等，不能归集体。对私人间的债务问题，一风吹，把人家的拿过来，不是借是侵占了。劳动人民内部的，还了它好不好？自己还不了，将来盖了大工厂，由公家替他还了。要调查统计一下，看社员之间的债务究竟有多少，能不能还得起？劳动人民的劳动所得，把它吹掉不好。

在汇报中，刘子厚谈到徐水有假报产量的现象，毛泽东说：要实事求是，把猪都并到一起，就不是实事求是了。初看可以，经不起细看，经不起分析，要告诉县里，叫他们不要搞这一套。又说：对虚报的人要进行教育，进行辩论，不要讲假话，是多少就是多少。刘子厚等人还谈到，徐水有些干部工作方法粗暴，打人、捆人的现象时有发生。毛泽东对此提出了严肃的批评，指出：有捆人、打人就是还有封建残余嘛，是对敌我界限和人民内部的相互关系没有搞清楚。一捆、二打、三骂、四斗，不是解决人民内部矛盾的方法。①

这次河北省委对徐水情况调查的汇报，使毛泽东认为，对于人民公社出现的问题，有进一步了解的必要。10 月 23 日，他再次致信陈伯达，要调查组花一个星期的时间调查河南遂平县卫星公社及所属的大队和生产队的各项问题，然后找遂平县委的领导座谈，研究全县的各项问题。

1958 年 10 月，山西、河北、山东、河南、陕西、辽宁、吉林、黑龙江、北京九省市秋季农业协作会议在西安召开，重点讨论人民公社问题。会后，谭震林、廖鲁言（农业部长、国务院第七办公室副主任）等向毛泽东汇报了会议的情况。在听取汇报的过程中，毛泽东表示，每个公社都要发展一些经济作物，发展多种经营。如果公社通通生产粮食，分配就有问题。粮食问题解决了，就要发展经济作物，每个公社都要搞一些。

对于九省市农业协作会议提出的实行半供给制、半工资制，供给部分

① 中共中央文献研究室：《毛泽东年谱（1949—1976）》第 3 卷，中央文献出版社 2013 年版，第 471—472 页。

和工资部分各占50%左右的问题，毛泽东认为，现在要搞供给制，但按劳分配还不能完全不要。对于一段时间有人主张的人民公社内部逐步取消货币，实行非现金结算的问题，毛泽东说，交换任何时候都是有的，要交换总要有一个标准，不用货币，就用什么别的东西作标准。不能什么都自给，过分强调自给是不妥当的。都自给了，没有交换，那是不行的。除了供给部分，不发工资，那么，自行车卖给谁呢？

毛泽东还问：实行供给制，劳多人少、减少收入的户有多少，能不能使这些不减少收入？

廖鲁言等人回答说：这些大概有20%，要使其完全不减少收入恐怕有困难。不过，这些劳多人少的人，多是土地改革、合作化以后的翻身户，过去很苦，翻身不久，进行思想教育比较好办。而且向来合作社都有超支户和透支户，这些劳多人少的农户，他们的一部分收入实际上被别人超支了，自己只落了个空名义。他们现在虽然人口少一点，但将来总是要生的，老了，还可以进幸福院养老。把这些问题讲一讲，打通思想，再加上在工资上搞一点奖励，在福利上照顾一下，这样就比较好办了。

毛泽东说：打通思想，加上照顾，两头一凑，能解决了，那当然好啊！又说：恐怕是青年人容易通，老年人还会有点意见。在讲到工资问题时，毛泽东说，干部要实行供给制，过去工资差别搞得那么大，很不好；现在一下搞得太小了，活得下去活不下去？也不能持久。他还说，托儿所、食堂一定要办好，明年要普遍地实行吃饭不要钱的供给制，大家都在公共食堂吃饭，这是千千万万人的事，一定要搞好。①

三、“不要急急忙忙往前闯”

10月31日，毛泽东自己也离开北京，到河北的石家庄地区、邯郸地

① 《廖鲁言同志在苏浙皖赣闽沪六省秋季农业协作会议上的讲话（记录）》，1958年10月27日。

区和河南的新乡地区视察。视察途中，他不断找人谈话，除了询问生产情况，还特别关心社员的生活问题。

在当天同中共石家庄市委负责人谈话时，毛泽东一开始就了解农业生产的情况，询问今年的麦子种得怎样，每亩下了多少种，土地深耕了多少，是否具备搞大面积丰产田的条件，并问有没有亩产5000斤到1万斤的？他又问人民公社搞得怎么样，食堂办起来了没有，群众是一起吃饭还是打回家去吃，是否欢迎吃大锅饭。他边问边说，一个食堂，一个托儿所，这两件要注意搞好，搞不好影响生产，饭吃不好就生产不好，小孩带不好影响后一代。又说，每个公社都要种商品作物，如果只种粮食那就不好，就不能发工资。山区可以种核桃、梨，可以养羊，拿到外面去交换。在谈到吃饭不要钱时，毛泽东用商量的口气说，劳多人少的社员不赞成，他们感到吃亏，发工资是否可多发一些。不然，他就不舒服。一家五口人四个劳力，另一家五口只有一个劳力，这两家就不同了，恐怕要照顾一下劳多的。现在是社会主义，价值法则还是存在的。他还说，实行供给制如果年把垮台，还不如谨慎些好。

11月1日下午，毛泽东来到邯郸，又同中共邯郸地委的领导谈话。毛泽东一开头就问当地干部，群众对大跃进有什么不满意的吗？地委负责人说，群众反映一个是累，一个是吃不好，对此有些意见。毛泽东建议给社员一个月放两天的假，让他们能好好休息一下。毛泽东又问今年的粮食产量是多少，明年计划生产多少，当地干部告诉他，今年亩产202斤，明年计划亩产1000斤。毛泽东说，亩产800斤也就好了。他还讲到了缩小耕作面积的问题，说过去是浅耕粗作，广种薄收，现在要深耕细作，少种多收。并提出每个社都应当种些有交换价值的经济作物，给社员发工资不是一元、二元，应当多些。

毛泽东还着重谈了带小孩、吃饭和休息的问题，要求把这几件事办好。他说：托儿所一定要比家里好些，才能看到人民公社的优越性，如果和家里差不多，就显示不出优越性。这是一件大事，每个省、专、县都要注意后一代的问题。对于社员的吃饭问题，毛泽东同样很关心，指示说：一是吃饱，二是吃好，不吃冷饭，要吃热饭，菜里有油有盐，要比在家庭、在小灶吃得好，这样农民才欢迎大锅饭。要把这个当成大事，吃饭就是劳动力。毛泽东还说，现在不是军事化吗？要下个睡觉的命令，至少要睡6个小时。休息好了，劳动力增加了，干活效率会提高。针对组织军事化过程中一些地方发生了强迫命令，甚至干部打人、骂人、捆人，并将辩论作为对社员的一种处罚，毛泽东在谈话中认为，这是没有把敌我矛盾与人民内部矛盾搞清楚。对人民内部不要压服，要从团结出发，经过斗争达到新的基础上的团结，强迫命令是干不下去的，因为这样群众会不服。

当天下午，毛泽东到了新乡，并同新乡地委和部分县委的负责人谈话。参加座谈会的有中共河南省委书记处书记史向生、河北省委书记处书记张承先，新乡地委第一书记耿起昌，安阳市委第一书记刘东升、原阳县委第一书记王九书、封丘县委第一书记韩鸿绪、温县县委第一书记李树林等。

毛泽东首先询问了新乡钢铁生产的情况。接着又问种了多少亩麦子，一亩下了多少种，是去年下得多还是今年下得多。当地的干部回答说，去年每亩下种10斤左右，今年都在30斤左右，还有下了几百斤、上千斤的。毛泽东表示，下得太多了，麦苗会挤不出来。有人回答说，是分层种的，像楼梯一样，麦子在楼梯上站着。听到这里，毛泽东忍不住笑了起来。

毛泽东又问：食堂办得怎么样？社员能不能吃上热饭，有没有菜，有没有油，有没有肉吃。新乡地委负责人都一一作了回答。当问到有没有人民公社发不出工资的时候，新乡地委第一书记耿起昌回答说都能发，毛泽东表示不相信，认为靠不住，并且说，不出经济作物的地方，只产一点粮食，哪里有钱发工资？毛泽东又问有没有信心办好公共食堂，食堂有没有垮台的？耿起昌回答说，没有垮台的，许多妇女办食堂决心很大，把小锅砸了。毛泽东说：这个革命可革得厉害。

接着，毛泽东又问："你们的幸福院究竟幸福不幸福？有没有不愿意去的？老人在幸福院做活不做活？"史向生回答说："有人照顾的不去幸福院，没人照顾的才去幸福院，有的老人闲不住，自动地做点轻活。"毛泽东还询问了社员睡觉的情况，再次表示一定要让社员睡够六小时，在这个问题可以搞点强迫命令，这样的强迫命令老百姓会欢迎。

在10月中旬以来半个月的时间里，毛泽东对人民公社的情况做了不少了解，虽然下面向他报告的不见得都是真实情况，他还是在视察的过程中发现人民公社存在不少问题。

1958 年 11 月 6 日，毛泽东到了郑州，分别去修武、新乡调查的吴冷西和田家英向他汇报了调查了解到的情况。吴冷西重点汇报了修武县委书记提出的全民所有制和供给制问题，田家英重点汇报了七里营人民公社的“十五包”。

汇报中，毛泽东不断插话。对于修武的一县一社，毛泽东认为太大了，县委管不了那么多具体的事情，而且全县各地的生产水平也不平衡，平均分配会损害富社富队的积极性。他说，我们现在还是搞社会主义，还是按劳分配。凡是有利于发展生产的就干，一切不利于发展生产的就不要干。供给制只能搞公共食堂，而且要加强管理，粗细搭配，干稀搭配，农忙农闲不同，要学会勤俭过日子，不能放开肚皮吃喝，那样肯定维持不下去。其他只搞些公共福利事业，不要采取“包”的办法，量力而为。修武不同于鞍钢，产品不能调拨，只有进行商品交换，不能称为全民所有制，只能叫做集体所有制，千万不能把两者混同起来。①

为了解决人民公社化运动中出现的一些问题，中共中央于 1958 年 11 月 2 日至 10 日，在郑州召开了有部分中央领导人和省委书记参加的会议，史称第一次郑州会议。

会议开始后，毛泽东多次找到会的省委书记谈话，做高级干部的“降温”工作。11 月 3 日下午，毛泽东听取河北、河南、陕西、甘肃、湖北、山西、山东、安徽、湖南等九省省委第一书记及陈伯达等人对于人民公社问题的汇报。当汇报到有些地方搞非现金结算时，毛泽东说：“每个人民公社除生产粮食以外，必须大量生产经济作物，能够赚钱的，能够交换的，有农业品，有工业品，总之是生产商品，这个问题不提倡，以为人民公社就是个国家，完全都自给，哪有这个事？生产总是分工的。”②

11 月 4 日，毛泽东听取中共河南省委第一书记吴芝圃汇报正在起草的“人民公社四十条”情况汇报（郑州会议的第二天，一些省委领导人提

① 吴冷西：《忆毛主席——我亲身经历的若干重大历史事件片断》，新华出版社 1995 年版，第 102—103 页。

② 逄先知、金冲及：《毛泽东传（1949—1976）》，中央文献出版社 2003 年版，第 889 页。

出，“农业发展纲要四十条”已经过时，要搞一个“人民公社四十条”的文件，得到毛泽东的同意，并决定由吴芝圃、陈伯达等在会议期间起草这个文件），当得知起草小组准备将这个文件取名为《中国共产主义建设十年规划纲要》时，当即插话说，牵涉到共产主义，这个题目就大了。全世界都理解不了，尤其我们苏联同志就不懂了。你看，他们还搞社会主义，你就搞共产主义，并且十年！现在的题目，我看还是社会主义。社会主义里头有共产主义。建成社会主义。这好。准备向共产主义过渡。你说十年就过了，我就不一定相信。

会上，毛泽东提醒那些头脑发热的高级干部说，苏联搞了四十年的社会主义，还没有宣布进入共产主义，中国才搞几年的社会主义，不要那么急急忙忙地宣布过渡。尽管如此，毛泽东对于尽早实现共产主义还是向往的。他在 11 月 6 日讲话中说，斯大林对集体所有制向全民所有制过渡，要多少年，未说明期限。这是第一个过渡。第二个过渡，从“按劳取酬”到“各取所需”。现在已开始准备第二个过渡，吃饭不要钱，苏联也吹，只见楼梯响，不见人下来。我们吃饭不要钱，是各取所需的萌芽。凡是可以做的必须逐步去做。这不能不说是共产主义因素。

同一天，毛泽东看到中共中央宣传部编印的《宣教动态》第 134 期刊登了《山东范县提出一九六〇年过渡到共产主义》一文，报道了山东范县（1964 年划归河南）人民公社党委第一书记（即县委第一书记）这年 10 月 28 日在全县共产主义建设积极分子万人大会上所作的关于范县三年过渡到共产主义规划报告的摘要。其中说：根据全公社工农业生产布局和有利于生产美化环境的原则，把全县 993 个自然村在三年内合并为 25 个合乎共产主义的新乐园。每个新乐园村设有妇产院、剧院、影院、幼儿园、养老院、疗养院、休假院、公园、托儿所、卫生所、图书馆、展览馆、文化馆、理发馆、青年食堂、养老院食堂、大礼堂、会议厅、餐厅、跳舞厅等等，达到八院、二所、四馆、三厅、两池、三站、四场。全县筑八条宽三十米的大马路，贯穿到全公社 25 个新乐园。1959 年普及小学教育，两年普及中学教育，并建成大学 4 到 6 处，师范学院 1 处。此外，对科学、卫生、福利、邮电各方面都有详尽的规划，并到 1960 年基本实行“各尽所能，各取所需”的共产主义分配制度。到那时：人人进入新乐园，吃喝穿用不要钱；鸡鸭鱼肉味道鲜，顿顿可吃四大盘；天天可以吃水果，各样衣服穿不完；人人都说天堂好，天堂不如新乐园。

毛泽东阅后，写了一段批语道："此件很有意思，是一首诗，似乎也是可行的。时间似太促，只三年。也不要紧，三年完不成，顺延也可。"①

可见，这时的毛泽东在人民公社问题上，思想认识是矛盾的。一方面，感到要区分集体所有制与全民所有制、社会主义与共产主义的界限，不能急急忙忙往前闯，急于实现共产主义；另一面，对实现共产主义的速度，他还是想争取尽可能快一些。

不过，毛泽东在会上指示印发范县这个规划，主要还是想通过这个材料来给高级干部们"降温"。因为他在11月9日的会上讲道：人民公社必须生产适宜于交换的社会主义商品，以便逐步提高每个人的工资。在生产资料方面，必须发展社会主义的商业；并且利用价值法则的形式，在过渡时期内作为经济核算的工具，以利逐步过渡到共产主义。我们的国家是个商品生产不发达的国家，现在又很快地进到了社会主义。社会主义的商品生产同商品交换还要发展，这是肯定的。现在有那么一种倾向，就是共产主义越多越好，最好一两年就搞成共产主义。山东省范县说两年进入共产主义，说得神乎其神，我是怀疑的。

在人民公社化运动中，党内有人主张废除货币和商品流通，进行产品调拨，在人民公社内部搞非现金结算。1958年9月中旬，一位负责农业工作的负责人曾起草了一份《关于人民公社的几个问题》的文件，提出人民公社发给社员的工资，一律存入公社，发给存折，不计利息。社员存入公社的劳动报酬所得，除分期支取一定数额的零用钱外，社员的生活需要，由公社统一购买，统一分发，可由社员凭存折到公社门市部选购。无论统一分发或自行选购，均采取转账办法，实行非现金结算，以减少商品供销环节和货币流通范围。这位负责人还认为，实行了非现金结算制度，就不以货币为媒介了，产品直接从批发站到了消费者手里，中间环节抹掉了，这样在公社里已经不存在商业问题，也就把"资本主义自发势力"的根拔掉了。这个文件虽然后来未被中共中央和毛泽东采纳，但由安徽省委

① 《建国以来毛泽东文稿》第7册，中央文献出版社1992年版，第494页。

办公厅发给了省外一些单位，造成了很大影响。

为了澄清党内在商品生产、商品交换，社会主义和共产主义等许多重大问题的糊涂思想，毛泽东致信中央、省、地、县四级党的委员会的委员，号召各级干部读两本书，一本是斯大林的《苏联社会主义经济问题》，一本是《马恩列斯论共产主义社会》。他要求这几级干部用两至三个月的时间，每本书用心读三遍，随读随想，加以分析，并且“要联系中国社会主义经济革命和经济建设去读这两本书，使自己获得一个清醒的头脑，以利指导我们伟大的经济工作。现在很多人有一大堆混乱思想，读这两本书就有可能给以澄清”①。

11 月 10 日，毛泽东又亲自给与会者讲解斯大林的《苏联社会主义经济问题》，并就商品生产和商品交换发表意见。毛泽东说：“现在仍然是农民问题。有些同志忽然把农民看得很高，以为农民是第一，工人是第二了，农民甚至比工人阶级还高，是老大哥了。农村在有些方面走在前面，这是现象，不是本质。有人以为中国的无产阶级在农村，好像农民是无产者，工人是小资产阶级。这样看，是不是马克思主义的？有的同志读马克思主义教科书时是马克思主义者，一碰到实际问题就要打折扣。”②

针对有人提出的否认商品生产、价值规律和商品交换的错误观点，毛泽东指出：“我们有些人大有要消灭商品生产之势。他们向往共产主义，一提商品生产就发愁，觉得这是资本主义的东西，没有分清社会主义商品生产和资本主义商品生产的区别，不懂得在社会主义条件下利用商品生产的作用的重要性。这是不承认客观法则的表现，是不认识五亿农民的问题。”“有些同志急于要宣布人民公社是全民所有，废除商业，实行产品调拨，这就是剥夺农民，只会使台湾高兴。”③毛泽东强调，劳动、土地及其他生产资料统统是农民的，是人民公社集体所有的，因此产品也是公社所有。忘记了这一点，就有脱离农民的危险。

毛泽东还讲到了斯大林提出的社会主义向共产主义过渡的条件问题：

---

① 《毛泽东文集》第七卷，人民出版社 1999 年版，第 432 页。

② 《毛泽东文集》第七卷，人民出版社 1999 年版，第 436—437 页。

③ 《毛泽东文集》第七卷，人民出版社 1999 年版，第 437、438 页。

一是增加社会产品；二是集体所有制提高到全民所有制，将商品交换提高到产品交换，使中央机构能掌握全部产品；三是提高文化水平。毛泽东认为，只有实现了全民所有制才能过渡到共产主义，中国现在还只有一部分全民所有制，大部分还是集体所有，就是全民所有也不一定就过渡到共产主义。他说，目前有两种所有制，一种是鞍钢式的全民所有制，一种是公社式的集体所有制。两者之间是有界限的。对于河南提出的四年过渡到共产主义的提法，毛泽东不无讽刺地说：马列主义“太多了”，不要急于在四年搞成。毛泽东还告诫党的各级干部，我们搞革命战争用了二十二年，曾经耐心地等待民主革命的胜利。搞社会主义也要有耐心，没有耐心是不行的。

毛泽东上述关于社会主义商品生产、人民公社的所有制性质、社会主义和共产主义的界限等方面的论述，其基本观点无疑是正确的，对于纠正人民公社化过程中混淆集体所有制和全民所有制、取消商品生产和交换、实行产品调拨、急于实现共产主义的错误思想是有积极作用的。这说明，毛泽东本人也从北戴河会议前后急于实现共产主义回到了对社会主义、共产主义比较正确的认识上来。

郑州会议经过讨论，形成了两个文件：一是《郑州会议关于人民公社若干问题的决议》，二是《十五年社会主义建设纲要四十条》。

前一文件分六个部分：社会主义和共产主义，什么叫建成社会主义；公社问题；城市公社问题；要抓农业；工作方法；几个具体政策问题。

关于什么叫建成社会主义，决议归纳了五点：（一）实现社会主义的全面的全民所有制；（二）现在的社会主义大集体所有制逐步发展为全面的全民所有制；（三）社会主义的全面的全民所有制的含义，一是社会生产资料为全民所有，二是社会产品也为全民所有；（四）不断发展生产资料的生产和消费资料的生产；（五）实现公社工业化，农业工厂化（即机械化和电气化）。

关于人民公社问题，决议提出，公社的性质是我国社会主义社会结构的工农商学兵相结合的基层单位，同时在现在又是基层政权组织；公社是我国社会经济发展的产物，是1958年大跃进的产物。人民公社是实现由集体所有制到全民所有制、由社会主义的全民所有制到共产主义的全民所有制两个过渡的最好形式。

关于公社的体制形式，决议指出，现在的一县一社、一县数社有县联社和一县数社无县联社三种公社体制形式中，具有县联社的组织形式较好，一县一社的可以继续试行，一县数社但无县联社的形式不好。同时，公社内部各级都应当有一定的权力和机动，以便发挥各级的积极性。至于公社的名称，则一律要冠以地名。

关于公社的分配，全民、集体、个人的关系，作息时间等问题，决议提出，到 1960 年或者更长一点时间，农村人民公社实现每年每人能够分配到 150 元至 200 元，并且逐步提高国家对产品的调拨比例，争取在十年内达到公社纯收入的三分之一左右归个人，三分之一左右归公社积累，三分之一左右归国家调拨。在集体与个人的关系上，应当执行大集体小自由的原则。在苦战三年期间，农村中实行 12 小时工作和学习（一般的时候 10 小时工作，2 小时学习，农忙的时候 12 小时工作），4 小时吃饭和休息，8 小时睡觉。

关于工作方法问题，决议要求人民公社化后，必须特别注意走群众路线的工作方法，不允许用简单化的行政命令手段去处理有关广大群众切身利益的问题，必须严格禁止和纠正假借组织军事化的口号而打骂捆绑群众和任意处罚群众的现象，严格禁止和纠正用处理敌我矛盾的方法来处理人民内部矛盾问题，用所谓“大辩论”“辩你一下”，即整你一下的方法来压服群众的现象。对于工作中成绩和缺点，一定要采取老实态度，反对谎报成绩，隐瞒缺点。无论是工业、农业、文教、卫生等哪一方面的数字，也无论是对内对外对上对下，都必须是多少就说多少，是好就说好，是坏就说坏。决议强调：“现在有一种在成绩方面以少报多，怕说缺点的倾向，这是十分有害的；必须在全体干部中进行一次教育，彻底克服这种不良风气。”

毛泽东在 11 月 10 日最后一次会议上提议，这个文件由邓小平带回北京，经中央政治局通过后下发。事后，毛泽东重新作了慎重考虑，他于 11 月 12 日致信邓小平说：“想了一下，那个关于人民公社若干问题的决议（草案），还是稍等一下（大约两个星期），带到武昌会议上再谈一下，得到更多同志的同意（可能有好的意见提出来，须作若干修改，也说不定），然后作为正式文件发出，较为妥当。”①

《十五年社会主义建设纲要四十条》则提出，我国人民面前的任务是经过人民公社的组织形式，高速度地发展社会生产力，促进全国工业化、公社工业化、农业工厂化，逐步使社会主义的集体所有制过渡到社会主义的全民所有制，建成社会主义；同时，在社会主义建设过程中逐步增长共产主义因素，为过渡到共产主义社会打下基础。十五年中要完成技术革命、文化革命，使我国主要工业产品按人口计算赶上或超过英国，农业主要产品赶上和超过最先进的资本主义国家，从而逐步消灭工农、体力劳动与脑力劳动、城乡三大差别，逐步由按劳分配过渡到各取所需。纲要还提出，十五年经济建设必须“以钢为纲”，带动机械、化工工业，到 1972 年达到钢 4 亿吨；机床总数 1000 万台；煤炭的年产量达到 25 亿吨；全国实现电气化，发电装机容量 5 亿千瓦左右；铁路 40 万公里，通到每个居民点，大小汽车 6000 万辆；每人平均布 30 丈；从 1958 年起，在三四年内达到每年产粮食 15000 亿斤，每人平均 2000 斤，三四年内实现农业机械化；争取将全国现有耕地面积 18 亿亩中每年的播种面积只要 6 亿亩，以 6 亿亩左右的耕地休闲和种植绿肥，其余 6 亿亩左右的耕地植树种草，使整个农村园林化；粮食亩产达到 5000 斤到 10000 斤，棉花亩产达到皮棉 500 斤到 1000 斤，其他作物的单位面积产量也大大提高；从 1958 年起，在四五年内做到全国每人每年有两头猪、10 只鸡鸭；15 年内普及中等教育，并且使有条件的人受到高等教育；每个人的基本生活资料的消费水平，在 15 年内到达到每天细粮 1 斤，肉类半斤，豆制品或奶制品半斤，蔬菜 2 斤，食油1两，水果1斤，鸡蛋2个，糖1两，每人每年布匹100尺；等等。

由此可以看出，郑州会议时，毛泽东和中共中央一方面觉察到了“大跃进”和人民公社化运动中存在许多问题，出现了不少乱子，对此必须加以纠正。但另一方面，又对人民公社加以充分肯定，认为通过“大跃进”的方式，就能够很快赶上世界上最发达的资本主义国家，并且通过人民公社这种组织形式，在不长的时间里即可实现共产主义。因此，郑州会议后的纠“左”，从某种意义上讲是在纠“乱”。应当说，到这时，全党上下的

① 《建国以来毛泽东文稿》第 7 册，中央文献出版社 1992 年版，第 519—520 页。

头脑还没有完全冷静下来。

四、虚幻与现实的交错

第一次郑州会议后，毛泽东于 11 月 13 日下午乘专列继续南下。在专列上，毛泽东邀集了河南许昌、洛阳、新乡、开封等地的地委书记和鲁山、商丘、信阳、禹县等县的县委书记谈话。车到遂平时，又找中共遂平县委和嵖岈山管理区（人民公社化运动后，遂平全县变为一个公社，原嵖岈山卫星公社成为遂平县卫星人民公社下的一个管理区）负责人谈话，详细地询问了公社实行供给制、公共食堂、社员休息、幼儿园管理、公社的文教卫生事业等方面的情况。当毛泽东问及嵖岈山管理区的规模时，管理区党委书记陈丙寅回答说回答说："9369 户，43263 人，原来叫农庄，以后到省内给谭书记汇报，谭书记说叫公社，我们回来就改成公社了。"坐在一旁的谭震林说："那时候他们汇报了，我说过去有个巴黎公社。中央也没有研究，他们回去就干起来了。"毛泽东说："1881 年到 1958 年，共 77 年，巴黎公社是世界上第一个公社，遂平卫星是第二个公社，现在全国各县都有公社了。"①

11 月 14 日下午，专列到达湖北孝感，毛泽东在专列上听取听取了中共湖北省委书记处书记王延春、孝感地委和县委的第一书记、长风公社党委书记和农民代表的汇报。当汇报说长风公社有人创造了亩产万斤稻谷的"万斤田"时，毛泽东表示不相信，有人说这是经过农村工作部长亲自验收的时，他回答说："靠不住，谁验收也靠不住。"谈话中毛泽东表示要关心妇女的健康问题，群众积极性越大越要关心群众。②

这段时间，毛泽东对公社化后群众的生活也很关注。新华社 11 月 11

---

① 蔡中田等：《幸福的会见，巨大的鼓舞》，1958 年 11 月 13 日。

② 中共中央文献研究室：《毛泽东年谱（1949—1976）》第 3 卷，中央文献出版社 2013 年版，第 513—514 页。

日编印的《内部参考》第2630期上，刊登了一篇电讯稿《邯郸专区伤寒疫病普遍流行》。电讯中说，今年入秋以来，河北邯郸专区伤寒疫病普遍流行，痢疾、肠胃炎等症也有发生。此次患病人员较多，蔓延之快，为历年所未见，已波及全区的21个市、县，70多个村庄。发生流行病的主要原因，是一些干部只注意生产，忽视了对群众集体生活的领导和关心。有些地方食堂卫生工作搞得不好，吃不到热饭，找不到暖和的地方，加上睡眠不足，使社员的身体抵抗力下降，病疫蔓延很快。毛泽东阅后，批示道："很值得注意，是一个全国性的问题，注意工作，忽视生活，必须立即引起全党各级负责同志，首先是省、地、县三级的负责同志的注意，方针是：工作生活同时并重。"①

11月16日，谭震林和农业部长廖鲁言就人民公社的主要情况、问题向中共中央和毛泽东作书面报告。报告的主要内容是：

（一）1958年农业收成的情况。粮食总产量预计8500亿斤，比1957年的产量3700亿斤翻一番；棉花总产量预计8500万担，比1957年的产量3280万担增长一倍半。报告还列出了油料及其他经济作物的产量。并说，这些统计是经过各省、市、自治区压缩后的数字，压缩的幅度一般是比地、县委上报的数字少百分之二十至三十。下面报产量有浮夸虚报，也有隐瞒产量的，经过省、地、县三级打些折扣后，这些数字可以认为是可靠的。总之，1958年的农业生产全面丰收，是一个很大的跃进。

（二）1958年的粮食收购计划完成得不好。原因是多方面的，农民自用部分增多、留用种籽增多、劳力紧张和运输工具不足，此外，国家的收购计划没有真正成为农业社的计划等。建议从1959年起，在农产品的采购方面实行合同制，由采购部门同农村人民公社订立合同，双方保证按合同完成任务。

（三）根据各省、市、自治区提出的1959年种植计划，粮食播种面积将缩减到15亿亩以内，比1958年减少4亿亩左右。这就是说亩产量要比1958年增加一倍半，由亩产400多斤提高到千斤以上，才能使1959年的粮食总产量再翻一番，达到1.5万亿斤。这个任务十分艰巨。因此，必须

① 《建国以来毛泽东文稿》第7册，中央文献出版社1992年版，第530页。

开展大面积丰产运动，改变广种薄收为少种多收，实现土地利用的“三三制”，从根本上改变“五亿人搞饭吃”的局面。

（四）1958年的粮棉总产量虽然增加一倍以上，但农副业总产值没有翻一番，副业增加不多，个别地方还有减少。有许多公社账上积累不少，但现金短缺，有的甚至开不出工资；也没有钱购置生产资料，扩大再生产。这种情况，必须力求及早改变。要求各地抓住冬季大搞副业生产，成立专业队，规定完成的任务，解决1959年夏收以前的工资开支和其他现金支出。并发展社办工业，扩大多种经营，增加人民公社的商品生产，这是从经济上巩固提高农村人民公社的一项关键措施。

（五）1958年冬和1959年的水利工程计划，比上一年度增加近3倍。这样重的任务势必与钢铁、积肥、副业生产、交通运输和其他农村基本建设在劳动力安排上产生矛盾。因此，一方面必须保证重点工程如期完成，另一方面要减少一些次要工程，推迟到1960年或1961年再去兴修。

（六）关于分配问题和集体生活问题。生活问题，要有专人负责，县及县以上的农村工作部和妇联也都应有专门的机构与人员来管这些事；分配问题，1959年的分配，由各省、市、自治区自行决定，可以以公社为单位统一分配，也可以由公社统一扣留之后，其余部分以原合作社为单位进行分配。另外，在完成国家征购任务后，可分一部分粮食给社员，使每户都有所储蓄。

（七）今后的任务是，加强党的领导，抓思想、抓生产、抓分配、抓生活，办好人民公社。1958年冬季要根据郑州会议的精神，系统地全面地进行社会主义和共产主义教育；对人民公社的经营管理，准备在1959年1月由中央农村工作部召开一次专门会议加以研究；同时从县以上的机关中抽调干部去充实公社的领导核心，并把在公社化和大跃进中的积极分子吸收一批到党内来，以保证党对人民公社的领导。

毛泽东对这个报告亲自做了多处修改。报告中讲到，人民公社化运动是健康的，比过去的初级合作化和高级农业合作化都顺利得多，在这段话的旁边，毛泽东批写道：“过去两个多月各地人民公社忙于秋收秋种和大搞钢铁，大多数还只搭起个架子，一大堆问题尚未处理。处理这些问题是今后几个月的任务。”在报告中讲到公共食堂和托儿所、幼儿园必须办好，公社要有社领导专门负责管理生活的地方，毛泽东特地加写了这样的文字：“关于生活问题，主要有吃饭、睡觉、带小孩三件大事，睡眠一定要有八小时，加上吃饭和休息的时间四小时，共计十二小时，一定不可少。劳动时间，一般为八小时，忙时可有十小时，最忙也不可超过十二小时，以为持久之计。”“生产和生活两方面，必须同时抓起来。不抓生活，要搞好生产是困难的。生产好，生活好，孩子带得好，这就是我们的口号。”①

11 月 21 日至 27 日，中共中央政治局在武昌召开扩大会议，参加会议的除了部分政治局委员、候补委员外，还有各省、市、自治区党委第一书记，中央有关部委的负责人。会议着重讨论高指标和浮夸风问题。

在 21 日的讲话中，毛泽东说，我们搞社会主义建设没有经验，苏联搞社会主义已经 41 年，我们才 9 年。我对郑州会议文件，又高兴又怀疑，4 亿吨钢是否需要？搞 40 亿吨更好，有没有需要？有没有可能。到现在为止搞了 820 万吨，已经 6000 万人上阵，搞 4 亿吨要多少人？他还形象地说，我们的建设像白杨树，有一种钻天杨，长得很快，就是不结实。钻得太快，不平衡，可能搞得天下大乱。有计划，按比例，钢铁上去，什么都要上去。什么是有计划、按比例，要在实践中慢慢摸索认识客观规律，掌握它，然后熟练地运用它。

毛泽东认为，北戴河会议提出三四年或五六年或更多一点时间搞成全民所有制，是个缺点。好在还提了五个条件，一是产品极为丰富，二是共产主义觉悟和道德的提高；三是文化教育的普及和提高；四是三种差别和资产阶级法权残余的消灭；五是国家除对外作用外，其他作用逐渐消止。这就要有时间。三个差别，资产阶级法权的消失，没有一二十年不行。在这个问题上是否请大家想一想，多快好省是个客观的东西，能速则速，不能速就不速，不能勉强。

接着，他又讲社会主义建设纲要四十条的问题。对于这个文件，毛泽东说，这次会议可以再议一下，但不要作为重点。对于其中指出的一些指标，毛泽东仍有些怀疑。他说，四十条纲要，如果传出去，就不好了。苏联搞那样少，我们搞那样多，叫做务虚名而受实祸，虚名也得不到。搞不

① 《建国以来毛泽东文稿》第 7 册，中央文献出版社 1992 年版，第 541 页。

到那么多，还不是自己垮台？我看还是谨慎一点。毛泽东还说，现在就是吃穷的饭，什么供给食堂，现在就是太快，少则三四年，多则五六年，我有点恐慌，怕犯什么冒险主义的错误。

这时，有领导人插话说：达到 150 元至 200 元的消费水平，就可以转一批（按：即从集体所有制转为全民所有制），将来分批转，这样有利，否则，等到更高了，转起来困难多，反而不利。另一位领导人说：过渡搞慢了，也不利，农民所得过多，赶过了工人不好，罗马尼亚的情况就是这样。只要农民个人所得在 100 元至 200 元之间，把“三化”（即机械化、电气化、园林化）压低，趁热打铁，早转比晚转好，三四年即过渡。毛泽东说，照你们的意见，是趁穷之势来过渡，趁穷过渡可能有利些，不然就难过渡。毛泽东对这种穷过渡的意见实际上是不以然的。

毛泽东又谈到高指标问题，并提出要减轻任务，认为现在提出的任务太重，可以考虑减轻些。今年有两个侧面，一个侧面，鼓足干劲，6000 万人上阵，搞得天翻地覆，高潮是好的，但另一个侧面，要搞那么多铁，就得去6000万人，中国有几个6000万人？此外各种任务，如煤、电、油、化学、纺织、造纸、建筑材料，这次会议要唱低调，把空气压缩一下，变成固体空气。胡琴不要拉得太紧，太紧了，有断弦的危险。毛泽东还讲到了人民公社的整顿问题，提出要议一下人民公社的问题，搞出一个指示。他说，十个公社有一个真正搞好了，就算成功了，一个县搞好一个，就很好。省（市）地委要集中力量去搞好一个公社。

在 11 月 23 日的会议上，毛泽东在讲话中着重讲了 1959 年的钢产量指标和作假问题。关于钢产量指标，毛泽东说，北戴河会议定为 2700 万吨至 3000 万吨，那是建议性的，这次是决议性的了。他表示，自己也赞成搞 3000 万吨钢，问题是能不能办到，有没有依据。他说，去年 500 万吨，都是好钢，今年翻一番，1070 万吨，是冒险的计划。为了 1070 万吨，结果搞得 6000 万人上阵，别的都让路，搞得运输很紧张。我主张明年不翻两番，只翻一番。过去人家反对我的冒进，今年我在这里又反人家的冒进。

对于弄虚作假问题，毛泽东讲得比较尖锐。他说，现在横竖要“放卫星”，争名誉，没有那么多东西就造假。有一个公社，自己只有一百头猪，为了应付参观，借来了二百头大猪，参观后又送回去。有一百头就是一百头，没有就是没有，搞假干什么？不要去争虚荣。比如扫盲，说什么半年、一年扫光，我就不太相信，第二个五年计划期间扫除了就不错。绿化，年年化，年年没有化，越化越见不到树。说消灭了“四害”，是“四无”村，实际上是“四有”村。上面规定的任务，他总说完成了，没有完成就造假。现在的严重问题是，不仅下面作假，而且我们相信，从中央、省、地到县都相信，主要是前三级相信，这就危险。如果样样都不相信，那就变成机会主义了。群众确实做出了成绩，为什么要抹杀群众的成绩，但相信作假也要犯错误。比如1100万吨钢，你说一万吨也没有，那当然不对了，但是真有那么多吗？又比如粮食，究竟有多少，去年3700亿斤，今年先说9000亿斤，后来又压到7500亿斤到8000亿斤，这是否靠得住？我看7500亿斤翻了一番，那就了不起。

在1958年的成都会议和中共八大二次会议上，毛泽东曾多次讲到破除迷信的问题。其用意当然是为了鼓起亿万人民的干劲，敢于创新，但由于后来一些地方在破除迷信时，过于强调人的主观能动性，轻视客观规律，以致发生了许多违背科学的胡搞蛮干。因此，毛泽东在这次会议上强调，在破除迷信时，不要把科学当迷信破除了。他说，破除迷信以来，效力极大，敢想敢说敢做，但有一小部分破得过分了，把科学真理也破了。比如说，连睡觉也不要了，说睡觉一小时就够了。方针是破除迷信，但科学是不能破的。毛泽东又说，凡迷信一定要破除，凡真理一定要保护。资产阶级法权只能破除一部分，例如三风五气，等级过分悬殊，老爷态度，猫鼠关系，一定要破除，而且破得越彻底越好。另一部分，例如工资等级，上下级关系，国家一定的强制，还不能破除。资产阶级法权有一部分在社会主义时代是有用的，必须保护，使之为社会主义服务。把它打得体无完肤，会有一天我们要陷于被动，要承认错误，向有用的资产阶级法权道歉。因此要有分析，分清哪些有用，哪些要破除。①

在第一次郑州会议和武昌会议的基础上，1958年11月28日至12月10日，中共中央在武昌召开八届六中全会，着重讨论并通过了《关于人

① 《毛泽东文集》第七卷，人民出版社1999年版，第446—449页。

民公社若干问题的决议》。这是人民公社历史上一个重要的文件。

八届六中全会按大区分成七个组，就决议进行讨论。这个文件在郑州会议时就形成了初稿，之后，毛泽东等中央领导人又作了修改，发给全会的与会人员进行讨论，在此基础上作出决议，为下一步整顿人民公社做准备。

关于集体所有制与全民所有制、社会主义与共产主义的界限，是这次会议讨论的一个重点。刘少奇在参加华中组的第一次讨论中就提出，到底怎样从集体所有制过渡到全民所有制？怎样从社会主义过渡共产主义。讨论中，有人提出，社会主义社会建成之日，就是开始进入共产主义社会之时，中间没有一条鸿沟；有人认为，从集体所有制过渡到全民所有制，必须具备两个条件，一个按人口平均农民的生活水平相当于或超过工人的生活水平；另一个是收入稳定，在此条件下由国家包下来，给农民发工资。关于向共产主义如何过渡，有的人说，必须根据条件成熟的程度分批地转，但不能认为一个省、一个地区先进入共产主义。可见，一方面，经过郑州会议，人们开始注意社会主义与共产主义的区别，认识到要划清集体所有制与全民所有制、社会主义与共产主义的界限；另一方面，仍是十分关注何时向共产主义过渡的问题，仍存在急于向共产主义过渡的思想。

讨论中有人提出，现在人民公社不能包得太多，因为每个人的需要和爱好不一样，特别是当前产品还不丰富，如果“包”多了，就会使生活搞得简单化，就不能刺激生产的发展。对于决议草案中“实现了吃饭不要钱的理想”的提法，有人建议改为“做到吃饭不要钱”，也有人认为这句话不确切，容易使人误解为“白吃”，实际上还是农民自己劳动吃自己的，还是要了钱的。也有人认为，现在人民公社的规模过大，应当适当缩小。

讨论中还有许多人指出，强迫命令和弄虚作假的问题现在比较普遍，也比较严重，强迫群众的方式多种多样，虚假浮夸不但表现在粮食和钢铁产量上，也表现在扫盲、商业、税收等方方面面，并且产生了严重的后果。对于发生强迫命令、虚假浮夸的原因，与会者普遍认为，除了干部本身的问题外，同各级领导有着直接的关系。领导上的主观主义、官僚主义，给下面下达过重的任务，只喜欢听好的一面，不愿听不同意见，都是造成干部强迫命令、虚假浮夸的重要原因。

此外，讨论中还涉及商品生产和商品交换、农业耕作“三三制”、1959年的计划安排等问题，与会人员就这些问题广泛发表意见。对于“大跃进”和人民公社化运动中存在的问题进行如此深入的讨论，这在1958年还是第一次。应当说，通过郑州会议和武昌会议，各级干部的头脑逐渐有所冷静。

12月9日，毛泽东在全会上作了一次讲话。他一开头就对人民公社作了充分的肯定。他说，人民公社的出现，在成都会议和党的八大二次会议上是没有料到的。其实，4月的时候在河南已经出现，5、6、7月中，我们不知道，到8月才发现。北戴河会议作了决议。这是一件大事。因为找到了一种建设社会主义的形式，便于由集体所有制过渡到全民所有制，也便于由社会主义的全民所有制过渡到共产主义的全民所有制，便于工农商学兵相结合，规模大，人多，便于办很多事。我们曾经说过，准备发生不吉利的事情，最大的莫过于战争和党的分裂。但也有些好事没有料到，如人民公社4月就没有料到，8月才作出决议，4个月间在全国搭起了架子，现正充实组织。这表明，毛泽东虽然觉察到公社化过程中出现了不少问题，但他认为这是前进道路上的问题，是发展过程中遇到的新情况，通过具体的政策调整便可以解决。他认为人民公社是由集体向全民、由社会主义向共产主义过渡的好形式，并为能找到这种好形式由衷地感到高兴。

毛泽东又说，围绕人民公社问题，党内党外有各种议论，有一大堆的问题搞不清楚，一人一说，十人十说，大体上有几说：一说要性急一点，他们有冲天的干劲，革命热情很高，但未做历史分析、形势分析、国际分析。这些人，好处是热情高，缺点是太急了，纷纷宣布进入全民所有制，两三年进入共产主义。这次决议的主要锋芒，是对着这一方面讲的。有了这个决议，经过几个星期、几个月，他们在实践中、辩论中可以大体搞清楚。可能有少数干部，他们是好同志，忠心为党为国，他们以为太急了，内心忧虑，恐怕我们跌跤子，这些人是好人。这个决议也可能说服他们，因为我们并不那么急。这个决议的主要锋芒是对付性急的，也给观潮派、算账派以答复，他们是不怀好意的，他们不懂得当前的形势的迫切要求，而且时机已经成熟。从这段话中可以看出此时毛泽东对人民公社的基本态度：人民公社必须坚持，这是建设社会主义、实现共产主义的好形式，但实现两个过渡不要那么性急，不要急急忙忙地宣布进入共产主义。

毛泽东在讲话中还说，现在我们在全世界名声很大，一个是金门打炮，一个是人民公社，还有钢1070万吨，这几件大事，我看名声甚大，而实力不强，还是“一穷二白”，手无寸铁，一事无成。现在，不过有一寸铁而已，国家实际上是弱的，政治上我们是强国，军事装备和经济是弱国。因此，我们面前的任务是由弱变强，苦战三年，能否改变？三年恐怕不行，苦战三年，只能改变一部分，不能基本改变。再有四年，共七年时间，就比较好了，就名副其实了。现在名声很大，实力很小，这一点要看清楚。

毛泽东对人民公社的充分肯定，还从他对《张鲁传》的批语中表现出来。

据陈寿的《三国志·张鲁传》介绍，张鲁是汉末五斗米道创始人张陵的孙子。张陵客居巴蜀时学道鹄鸣山中，后来造作道书以惑百姓，入道者须出五斗米，后世称之为五斗米道。

毛泽东熟读二十四史和其他古代典籍，从中国的传统文化中吸取了许多治党治国的方法，同时也难免受到传统文化中一些负面东西的影响。第一次郑州会议期间，他就对张鲁的原始共产主义产生了兴趣，说过三国时期，汉中有过张鲁，曹操把他杀了，他也搞过吃饭不要钱。凡是过路人在饭铺里吃饭、吃肉都不要钱，尽肚子吃，这不是吃饭不要钱吗？他不是在整个社会上搞，而是在饭铺里头搞，他搞了30年，人们都高兴那个制度，那是种社会主义作风，我们这个社会主义由来已久了。

按照毛泽东的指示，八届六中全会印发了《张鲁传》。毛泽东为此写了两则批语。他在12月7日的批语中说：“这里所说的群众性医疗运动，有点像我们人民公社免费医疗的味道，不过那时是神道的，也好，那时只好用神道。道路上饭铺里吃饭不要钱，最有意思，开了我们人民公社公共食堂的先河。大约有一千六百年的时间了，贫农、下中农的生产、消费和人们的心情还是大体相同的，都是一穷二白，不同的是生产力于今进步许多了。解放以后，人们掌握了自己这块天地了，在共产党的领导之下。但是一穷二白古今是接近的。所以这个张鲁传值得一看。”“现在的人民公社运动，是有我国的历史来源的。”①

过了两天，他仍觉言意未尽，又写了一份批语：“我国从汉末到今一千多年，情况如天地悬隔。但是从某几点看起来，例如，贫农、下中农的一穷二白，还有某些相似。”“张修，张鲁祖孙三世行五斗三世，行五斗米道。行五斗米道，‘民夷便乐’，可见大受群众欢迎。其法，信教者出五斗米，以神道治病；置义舍（大路上的公共宿舍），吃饭不要钱（目的似乎是招来关中区域的流民）；修治道路（以犯轻微错误的人修路）；‘犯法者三原而后行刑’（以说服为主要方法）；‘不置长吏，皆以祭酒为治’，祭酒‘各领部众，多者为治头大祭酒’（近乎政社合一，劳武结合，但以小农经济为基础），这几条，就是五斗米道的经济、政治纲领。”② 一名研究者为此评论道：“毛早年关于大同社会的梦想，到晚年又重新燃起火焰。从给徐水送《大同书》，到武昌会议印《张鲁传》，尽管前者是公社初期之时，后者是开始降温之际，却有着前后完全一致的思想底蕴，即对空想社会主义的迷恋与神往。”③

讨论通过《关于人民公社若干问题的决议》，是此次中央全会最重要的议题。12 月 9 日，邓小平就这个决议的草案作了说明。

说明中，邓小平在肯定人民公社化运动“总的情况是好的”的同时，也指出，人民公社是一个新问题，不能疏忽大意，要不断总结经验，加强领导。目前党和人民群众中，对人民公社的看法参差不齐，关于人民公社的政策和做法也有一些不一致，对社会主义和共产主义也有一些不正确的、庸俗的解释，因此有必要澄清思想，统一认识，端正做法，使人民公社化运动得以健康发展。

邓小平指出，要把集体所有制和全民所有制的界线划清，确定目前公社还基本是集体所有制性质，并根据这个质的规定来制定人民公社的方针政策。他强调，在今后一个相当长的时间内，必须发展商品生产和商品交换，目前我国的商品和商品交换不是多了，而是少了，应当利用商品生产

① 《建国以来毛泽东文稿》第 7 册，中央文献出版社 1992 年版，第 627—628 页。

② 《建国以来毛泽东文稿》第 7 册，中央文献出版社 1992 年版，第 629 页。

③ 李锐：《大跃进亲历记》下，南方出版社 1999 年版，第 387 页。

和商品交换的形式来促进生产的发展。只有增加商品生产，人民公社的收入才能增加，才发得起工资，所以这对巩固和提高人民公社，也是非常重要的。

邓小平强调，按劳分配原则，在社会主义建设时期，具有积极作用，不能加以否定，人民公社的供给制范围不宜过宽，不要一下子都包起来。凡是涉及人民群众生活的事情，应当和群众商量，不能凭主观愿望来办，公共福利事业，如公共食堂、幼儿园、托儿所等，应当用把它办好的办法，吸引群众参加，绝不能用强迫命令的办法。不能假借“组织军事化”实行强迫命令，搞形式主义，对于干部作风上的强迫命令、虚夸、作假等不良作风，应严肃认真对待，加以纠正，否则，不但会脱离群众，搞坏工作，而且要坏一批干部，必须引起注意。

12 月 10 日，全会通过了《关于人民公社若干问题的决议》（以下简称《决议》）。《决议》首先肯定了人民公社的出现不是偶然的，是我国政治经济发展的产物，是整风、社会主义建设总路线和大跃进的产物。《决议》认为，人民公社成立的时间虽然不长，但广大劳动人民已经看到了它所带来的显著利益。更重要的是，公社化为我国人民指明了农村逐步工业化，农业中的集体所有制逐步过渡到全民所有制，由社会主义的按劳分配逐步过渡到共产主义的按需分配，缩小城乡、工农、体脑劳动三大差别，国家职能逐步缩小以至消灭的道路。

《决议》认为，人民公社是加快我国社会主义建设速度，实现两个过渡的最好形式，摆在我国人民面前的任务是：经过人民公社这种社会组织形式，高速度地发展社会生产力，促进国家工业化、公社工业化、农业机械化电气化，逐步地使社会主义集体所有制过渡到社会主义全民所有制，把我国建设成为一个具有高度发达的现代工业、现代农业和现代科学文化的伟大的社会主义国家，在物质条件和精神条件两个方面为社会主义过渡到共产主义奠定基础。

《决议》的重要之处，在于从理论上和政策上纠正了混淆集体所有制和全民所有制、社会主义和共产主义的界限，急于向全民所有制和共产主义过渡的错误，强调：由农业生产合作社到人民公社的转变，由集体所有制到全民所有制、由社会主义到共产主义的过渡，是互相联系又互相区别的几种过程。农业生产合作社变为人民公社，不等于已经把农村中的集体所有制变成了全民所有制，要在全国农村实现全民所有制，还需要一个相当长的时间；由社会主义集体所有制变为社会主义全民所有制，并不等于社会主义变成共产主义，由社会主义变为共产主义，比社会主义的集体所有制变为社会主义全民所有制，需要经过更长的时间。企图过早地否定按劳分配的原则而代之以按需分配的原则，企图在条件不成熟的时候勉强进入共产主义，无疑是空想。

《决议》指出：在今后一个必要的历史时期内，人民公社的商品生产，以及国家和公社、公社和公社间的商品交换，必须有一个很大的发展，企图过早地取消商品生产和商品交换，过早地否定商品、价值、货币、价格的积极作用，对于发展生产是不利的，也是不正确的。《决议》指出，有人认为公社化要把个人现有的消费财产拿来重分，这是一种误解。应当向群众宣布：社员个人所有的生活资料和存款，公社化以后，仍归社员所有，并且永远归社员所有。社员可以保留宅旁的零星树木、小农具、小工具、小家畜和家禽，可在不妨碍参加集体劳动的条件下，继续经营一些家庭小副业。

《决议》仍然肯定了供给制和工资制相结合的分配制度，认为这是我国人民公社在社会主义分配方式上的一个创举，具有共产主义萌芽，但也强调，供给的范围目前不宜过宽。要办好公共食堂、托儿所、幼儿园、敬老院及小学、中学和成人教育。《决议》要求公社的各级领导工作人员要走群众路线，对社员群众采取同志式的态度，严格禁止用那种压服群众的国民党作风、资产阶级作风来对待群众。

《决议》提出，为了巩固人民公社，促进1959年工农业生产的更大跃进，各省、市、自治区党委应根据本决议的要求，在1958年12月至1959年4月的五个月时间内，对本地区的人民公社进行一次教育、整顿和巩固工作，即整社工作。

《关于人民公社若干问题的决议》与北戴河会议通过的《中共中央关于在农村建立人民公社问题的决议》相比，划分了集体所有制与全民所有制、社会主义与共产主义的界限，不再使用实现共产主义“不是什么遥远将来的事情”这类表述，而是强调实现集体所有制向全民所有制、社会主义向共产主义的过渡，是一个“相当长的时间”，明确了许多具体的政策界限，澄清了在人民公社问题上的一些糊涂认识，是人民公社化运动以来纠“左”的一个重要成果。

但是，囿于当时的历史条件和人们的认识水平，《关于人民公社若干问题的决议》对人民公社的弊端没有也不可能有深刻揭示，它虽然分清了人民公社全民所有制与集体所有制的界限，强调国家与公社、公社与公社之间仍存在商品交换关系，不能无代价地进行产品调拨，但对于公社内部社与队、队与队及社员与社队的关系，并没有加以明确界定。在管理体制上，管理区（生产大队）仍是经济核算单位（有的地方是以公社为基本核算单位），盈亏由公社统一负责，生产队仅是组织劳动的基本单位，因而没有解决公社与大队、大队与小队、社队与个人间的平均主义问题，也就不可能从根本上纠正“共产风”。对于建成社会主义的时间，《关于人民公社若干问题的决议》仍然规定得很短，认为从此时起，将经历十五年、二十年或者更多一些时间，也就是说，还是按照北戴河会议确定的三至四个五年计划的时间，完成第一个过渡并为第二个过渡奠定基础。对供给制和公共食堂，《关于人民公社若干问题的决议》仍作了充分肯定，没有认识到这两件事正是群众对人民公社最不满意的地方。不过，从这个文件的内容看，人民公社化运动已经从北戴河会议前后的一片热火朝天的场面冷静下来了，对于通过人民公社过渡到共产主义，已经去掉了许多虚幻的成分。

第四章 整 顿

一、“三级所有，队为基础”

还在武昌会议和中共八届六中全会进行当中，各地就已开展了人民公社的整顿工作。12 月 8 日，《人民日报》报道了四川、福建、广东等省进行整社的情况。四川整社的重点放在公共食堂的检查和整顿上，并针对有些地区在实行大兵团作战中生产无专人负责的现象，结合小春生产大力推行责任制。12 月 3 日晚上，中共广东省委召开有各地委书记参加的电话会议。会上决定，由省委和地委、县委共同组织万人检查团，深入人民公社，进行全面检查。江苏、湖北、江西等省都决定分批抽调省、地、县三级干部，组成检查团，对全省所有的人民公社进行一次深入的整顿巩固工作。

12 月 11 日，《人民日报》转载了中共北京市委机关刊物《前线》的社论《群众路线是我们党的根本路线》。文章强调群众路线是党根本的政治路线和组织路线，明确指出：“大跃进的伟大胜利，也冲昏了一部分干部的头脑，违反群众路线的思想作风又慢慢抬头了，这种思想作风在本质上是主观主义的思想方法的必然产物。”党的机关刊物用这样尖锐的语言指出“大跃进”中干部思想作风存在的问题，这在“大跃进”运动以来还是第一次，《人民日报》转载这样的文章也是第一次。

中共八届六中全会后，各地在整顿人民公社的过程中，通过对八届六中全会精神的贯彻，使广大干部、社员在公社的所有制、如何向共产主义过渡等问题上的一些糊涂认识有所澄清。甘肃省西礼县盐官公社中川生产队在开展整社后，召开了一次有 8 户社员参加的座谈会。在谈及实现共产主义的问题时，一个社员说："现在好了，不愁吃不愁穿，我看如今就是共产主义了！"另一个青年社员说："有一双球鞋，两套衬衣就是共产主义。"参加座谈的 8 人中有 6 人认为已经到了共产主义。还有些社员将共产主义理解为平均主义，说："共产主义的第一个目的，就是为了平均。平均了，就成全民所有制了。"有社员说："公社是全民所有制，有啥大家用，家里所有的财产除碗筷被子外，凡能变成钱的都是私有尾巴，都应归社。"更有社员说："钱也是私有尾巴，有钱能置家具，置下家具就成了私有尾巴。"在整社中，通过当时流行的大辩论，这个生产队的社员"认识了人民公社现在基本上还是社会主义集体所有制，但是已经包含着全民所有制的若干成分；在实现了全民所有制以后，人民公社也还是社会主义性质的"①。

但是，由于中共八届六中全会通过的《关于人民公社若干问题的决议》没有触及公社最本质的管理体制和分配问题，也就不可能从根本上纠正分配上的平均主义和"一平二调"的"共产风"。在八届六中全会后人民公社的整顿过程中，无偿或低偿调拨生产队的人力、物力和财力的现象仍然大量存在；分配中仍实行供给制与工资制相结合的分配制度，亿万农民仍是几十、几百甚至上千人挤在一个公共食堂，吃着名副其实的"大锅饭"。

1958 年，以粮食生产"放卫星"为特征的浮夸风，导致了中共中央对农业生产形势判断的失误，以为 1958 年中国粮食的确获得了空前的大丰收，在此基础上制订了高征购政策。实际上，当年粮食只比 1957 年增产 495 万吨，根本不是北戴河会议时所说的增产一倍以上。不但如此，1958 年 7—10 月的 4 个月中，与 1957 年同期相比，粮食征购量减少了 440 万吨，而随着非农业人口的增加，粮食的销售加出口则增加了 260 万吨。这一减一增，减少了国家粮食库存几百万吨。为此，中共中央多次指

① 王菁华：《大抓思想是整顿公社的根本的关键》，《甘肃日报》1959 年 1 月 5 日。

示各地要抓紧粮食的收购工作。

粮食本来就增产不多，加之公社化后搞“吃饭不要钱”“敞开肚皮吃饭”，浪费了不少粮食，许多社队自然难以完成国家下达的粮食征购任务。也有一些地方，原来只顾“放卫星”得表扬，没想到国家征购粮食时是按其上报的产量确定征购计划，征购时拿不出这么多的粮食，便纷纷改报低产，叫喊征购任务完不成，于是又给有关部门造成了这些地方是故意隐瞒产量的错觉。由于怕刮“共产风”，一些社队也确实存在干部支持社员瞒产私分的情况。1958 年至 1959 年冬春出现的粮食紧张局面，必然使人们对“大跃进”和人民公社的种种“优越性”产生怀疑。这种情况下，在八届六中全会后的整社过程中，一些地方不适当地开展了所谓“反瞒产”斗争。

1959 年 1 月 11 日，广东省在东莞县召开“反瞒产”大会，省委一位负责人参加了大会，提出“保证三顿干饭吃到底”的口号，要东莞拿出 0.75 亿公斤到 1 亿公斤的粮食。接着，广东全省都开展了“反瞒产”运动。

1959 年 1 月 27 日，中共广东省委书记处书记赵紫阳在一份报告中说，该省雷南县晚造（稻）生产有很大的跃进，年底却出现了粮食紧张的不正常现象。全县召开了一系列的干部会议，结果查出隐瞒私分的粮食 7000 万斤。雷南的经验证明，目前农村有大量粮食，粮食紧张完全是假象，是生产队和分队进行瞒产私分造成的，召开以县为单位的生产队长、分队长以上的干部大会是解决粮食问题最主要、最好的形式。报告还说，必须交待两条政策，一是明确宣布 1959 年夏收之前粮食消费以生产队为单位进行包干，以解除大家对粮食问题的顾虑；二是明确宣布干部瞒产是错误的，但只要坦白交代，可以既往不咎，拒不交代的，要给予处分，甚至法办。

中共湖北省委的一位主要负责同志在 1959 年 2 月谈到粮食紧张时，则明确表示：“今年闹粮食问题是思想问题作怪，不是真没有粮食。经济作物地区、受灾地区真缺粮食的是少数，这些地方多数没有闹粮食，闹的多数是产粮食区，有余粮，而且余粮很多，统购任务没有完成的地区。是那样的公社，那样的生产队在闹，他们以守为攻，吵粮食是为了少卖余粮，为了瞒产私分，不是真的缺粮。他们为了抵抗统购，硬是把食堂停伙，吃菜。”“至于瞒产的花样，真是多得很，就像我们过去对付日本人一样坚壁清野的办法，放到山洞里，埋到地下，用各种各样的办法瞒产藏粮，生产队的干部对待大队干部，大队干部对待公社干部，公社干部对县委，有相当大的一部分人不讲实话。”因此，“必须有决心和信心以粮食问题为中心反对瞒产私分，反对贪污多占，打好整党整社这一仗”。①

当时，全国不少地方都把“反瞒产”作为解决粮食问题的手段，严重地挫伤了生产队和农民的积极性。因此，八届六中全会后，党和政府同农民的关系仍然紧张。

虽然召开了第一次郑州会议、武昌会议和八届六中全会，提出了一系列有关人民公社的方针政策，但人民公社仍是问题不少，这引起了毛泽东的高度注意，也促使他进一步思考人民公社的政策问题。1959 年 1 月 25 日，毛泽东从新华社编印的《内部参考》上，看到了《新会县人民公社在发放第一次工资后出勤率、劳动效率为什么普遍下降》一文，其中说，原因在于分配比例不合理，劳动组织和责任制不健全，群众对公社的性质和政策有误解，宣传教育工作做得不够。毛泽东对此很重视，认为这份材料“极有用”，指示立即印发给正在参加各省、市、自治区党委书记会议的人员阅读，并提出要想一想，研究这个问题。

2 月中旬，毛泽东看到了赵紫阳关于广东省雷南县干部大会解决粮食问题的报告，认为瞒产私分是公社成立后，广大基层干部和农民惧怕集体所有制马上变为国家所有制造成的一种不正常现象，瞒产私分粮食一事，情况严重，影响了广大基层干部的共产主义道德品质，影响了春耕和 1959 年“大跃进”的积极性，影响了人民公社的巩固，在全国是一个普遍存在的问题，必须立即解决。他亲自为中共中央起草了批转这个报告的指示，并要求立即发给各省、市、自治区党委，而且“越快越好”②。

随后，毛泽东离开北京，到河北、山东、河南视察，沿途同当地的省、地、县和公社的各级干部谈话，了解公社的生产、分配情况，从中他感到所有制是人民公社问题的症结所在。

---

① 王任重：《粮食问题与整党整社问题》，1959 年 2 月 26 日。

② 《建国以来毛泽东文稿》第 8 册，中央文献出版社 1993 年版，第 52—53 页。

1959年2月23日，在听取河北省省长刘子厚汇报整社和农业生产情况时，毛泽东说，分配问题，还是基本上以生产队为单位分配。瞒产私分，农民还是农民，还得十年、二十年或者更多的时间教育农民。由集体所有制变为全民所有制，早的四五年，迟的六七年，但真正富起来还得十几年。又说，现在公社的集体所有制，实际上是公社集体所有一小部分，生产队集体所有大部分，也就是基本上是生产队的集体所有制。2月24日，毛泽东在山东济南找了山东历城县委第一书记和一名公社党委书记、一名管理区书记及一名生产队长谈话，进一步了解人民公社的情况。2月26日，毛泽东同中共河南省委负责人谈话进而表示，现在公社所有制是比较合作社扩大的所有制，基本上还是老社的所有制，不是全民也不是省、县所有制，实际上也不是公社所有制，而是队的所有制，即原来的合作社。2月27日，毛泽东在同河南四个地委的负责人座谈时说，现在我们对穷队富队、穷村富村采取拉平是无理由的，这是掠夺，是抢劫。包括桌椅板凳都要打借条，十年偿还。评工记分、包工包产都应该坚持。要认识部分是社所有，基本是队所有。要采取死级活评、按劳取酬的办法。他还说，农民瞒产是有原因的，就是怕“共产”，怕外调，这是一个所有制问题。只有多劳多得，少劳少得，积极性才能调动起来。

通过调查研究，毛泽东认为，必须从明确公社内部所有制入手，进一步解决“共产风”问题。为此，1959年2月27日至3月5日，中共中央政治局在郑州召开扩大会议，研究人民公社问题，史称第二次郑州会议。

会议的第一天，毛泽东在讲话中就说：“大家看到，目前我们跟农民的关系在一些事情上存在着一种相当紧张的状态，突出的现象是在一九五八年农业大丰收以后，粮食、棉花、油料等等农产品的收购至今还有一部分没有完成任务。再则全国，除少数灾区外，几乎普遍地发生瞒产私分，大闹粮食、油料、猪肉、蔬菜‘不足’的风潮，其规模之大，较之一九五三年和一九五五年那两次粮食风潮都有过之无不及。”“这里面有几方面的原因，但是我以为主要地应当从我们对农村人民公社所有制的认识和我们所采取的政策方面去寻找答案。”①

① 《毛泽东文集》第八卷，人民出版社1999年版，第9—10页。

毛泽东认为，八届六中全会通过的《关于人民公社若干问题的决议》，写明了集体所有制过渡到全民所有制和社会主义过渡到共产主义所必须经过的发展阶段，但是没有写明公社的集体所有制也需要一个发展过程。这是一个缺点。“因为那时我们还不认识这个问题。这样，下面的同志也就把公社、生产大队、生产队三级所有制之间的区别模糊了，实际上否认了目前还存在于公社中并且具有极大重要性的生产队（或者生产大队，大体上相当于原来的高级社）的所有制，而这就不可避免要引起广大农民的坚决抵抗。”①

毛泽东在讲话中对平均主义和过分集中两种倾向作了尖锐的批评。他说，所谓平均主义倾向，就是否认各个生产队和个人的收入应当有所差别，而否认这种差别，就是否认按劳分配、多劳多得的社会主义原则。所谓过分集中的倾向，就是否认生产队的所有制，否认生产队应有的权利，任意把生产队的财产上调到公社来。这些就不能不引起各生产队和广大社员的不满。毛泽东强调，在分配中要承认队与队、社员与社员的收入有合理的差别，穷队和富队的伙食和工资应当有所不同。工资应当死级活评。公社应当实行权力下放，三级所有，三级核算，并且以队的核算为基础。在社与社、队与队之间要实行等价交换。

对于群众深恶痛绝的“共产风”，毛泽东在讲话中对其特征作了高度概括。他说：“公社在一九五八年秋季成立之后，刮起了一阵‘共产风’。主要内容有三条：一是穷富拉平。二是积累太多，义务劳动太多。三是‘共’各种‘产’。”毛泽东深刻地揭示了“共产风”的本质，指出：“共产风”“在某种范围内，实际上造成了一部分无偿占有别人劳动成果的情况”。②但是，毛泽东当时还不主张算旧账。他说，我们指出这一点，是为了说明勉强把贫富拉平，任意抽调生产队的财产是不对的，而不是为了要在群众中间去提倡算旧账。相反，我们认为旧账一般地不应当算。

在1959年3月1日和3月5日的讲话中，毛泽东也多次讲到人民公社所有制、“共产风”和瞒产私分的问题。毛泽东说，要提高农民的生产

---

①《毛泽东文集》第八卷，人民出版社1999年版，第10—11页。

②《毛泽东文集》第八卷，人民出版社1999年版，第12页。

积极性，改善政府和农民的关系，必须从改变所有制入手。现在一平、二调、三收款，否定按劳分配，否定价值法则。瞒产私分，非常正确，本位主义有则反之，不能去反五亿农民和基层干部。瞒产私分，站岗放哨，这是由“共产风”而来。普遍地瞒产私分，站岗放哨，是一种和平的反抗。要承认三级所有制，重点在生产队所有制，“有人斯有土，有土斯有财”，所有人、土、财都在生产队，严格按价值法则、等价交换办事。

毛泽东的上述主张是正确的，他看到了公社内部“共产风”的实质和危害，抓住了人民公社问题的要害。这正是毛泽东的过人之处。

当然，毛泽东指出人民公社存在的严重问题，不是要否定人民公社，而是如何使人民公社能健康发展，至于人民公社这种体制本身，他始终是坚决维护的，而且他认为人民公社只是所有制方面前进得过远了一点。这种缺点是十个指头中一个指头的问题，而且也是难免的。他乐观地认为，经过对人民公社的整顿和巩固，党同群众和基层干部的团结就会更加紧密，五亿农民就一定更加心情舒畅，充满干劲，就一定能在 1959 年实现更大的跃进。

会议期间，毛泽东还提出了整顿人民公社的“十四句话方针”：“统一领导，队为基础；分级管理，权力下放；三级核算，各计盈亏；分配计划，由社决定；适当积累，合理调剂；物资劳动，等价交换；按劳分配，承认差别。”①

第二次郑州会议集中讨论和部分解决了所有制这个最根本的问题，虽然这里强调的“三级所有，队为基础”的队，还是生产大队，提出要以生产大队为基本核算单位，还没有解决生产队（小队）之间的平均主义问题，但较之人民公社化运动以来在所有制、分配等问题上的混乱状态，已经是一个不小的进步。上述毛泽东提出的整顿人民公社的“十四句话方针”，并不是也不可能是要从根本上突破人民公社的体制。“但在当时的历史条件下，对于纠正极左政策，调整人民公社内部体制（涉及所有制），进一

① 中共中央文献研究室：《建国以来重要文献选编》第 12 册，中央文献出版社 1996 年版，第 123 页。

步煞‘共产风’，不能说不是一套积极的高明的政策。”①

此次郑州会议经过热烈的讨论，同意了毛泽东的意见，制定了《关于人民公社管理体制的若干规定（草案）》。《规定（草案）》确定了人民公社统一领导、分级管理的“十四句话方针”，明确了公社管理委员会、管理区或生产大队和生产队（小队）的职权范围。这个《规定（草案）》连同毛泽东在会议上的讲话，一并以《郑州会议记录》的名义下发。

在第二次郑州会议召开的同时，河南召开省、地、县、公社、管理区、生产队六级干部会议。毛泽东在会议开幕当天的讲话，随即在六级干部会议上作了传达，引起了强烈反响。

许昌的干部说：“主席看透了农村的情况，看透了农民的心，我们成天在农村，看不见问题的实质，非得很好跟主席学不行。”“在下边遇到许多群众怕上调东西，就是没有办法处理，老认为是群众落后，资本主义思想严重，这次听了主席指示才开了窍。”许昌鄢陵县还总结了讲话精神贯彻下去后，会大大激发广大群众生产积极性等六大好处。信阳的干部说：“公社化后出现的问题，到底也找不到什么原因，毛主席给找到了根啦！”郑州的干部反映：“过去对农村中发生的瞒产私分现象，只认为是由于干部的本位主义，没有了解事情发生的本质，这次毛主席提出是所有制问题，应该首先批评平均主义，然后再批评本位主义，这是完全正确的。”②

河南省六级干部会议在学习毛泽东的讲话中，也有相当多的干部思想一下子还转不过弯来。有的公社干部怕以队为基础后，公社成了空架子，没有权力。南阳一个公社党委书记说：“这不成了联社，还算什么人民公社。”有的干部认为毛泽东的讲话是倒退，对农民太让步了。信阳确山管理区的党委书记说：“这样搞有点倒退吧！这不是削弱全民所有制吗？”滑县有的干部说：“这一下子是否又倒退了，这样搞，右派、地富又钻空子了。”③这说明，要纠正人民公社化运动中出现的“左”的东西，确是一件不容易的事情。

① 董边等：《毛泽东和他的秘书田家英》增订本，中央文献出版社1996年版，第58页。

② 《河南省六级干部会议简报》第1期，1959年2月27日。

③ 《河南省六级干部会议简报》第1期，1959年2月27日。

毛泽东是个执着的人，一旦他认准了的问题，就会锲而不舍地坚持下去。他看了河南省六级干部会议讨论他的讲话的记录后，致信刘少奇、邓小平等人说："建议请同志们认真、仔细、热情地读一读河南此次六级干部会议的详细记录，2 月 27 日、28 日两天的记录，极有味，极有益，其中有许多批评我右倾和倒退的意见。"①因此，他认为各省、市、自治区都有必要像河南省六级干部会议一样，集中时间在省城召开六级干部会议，各省、市、自治区迅速做出一个统一的决定。他在另一封信中说，春耕在即，公社所有制这个大问题如不解决，"将遇到大损失"。他甚至说："我担心苏联合作化时期大破坏现象可能在我国到来。"②可见，这时毛泽东的头脑是比较清醒的，也是下了决心要解决人民公社的所有制问题的。

二、"旧账一般要算"

第二次郑州会议后，各省、市、自治区相继召开五级或六级干部会议，传达会议精神。毛泽东为了把郑州会议的精神贯彻下去，在此后不到一个月的时间里，他四次致信各省、市、自治区党委书记，并且连续批发广东、山东等省六级干部会议的经验，对一些关于人民公社整顿的材料做出批示。

毛泽东写的这些党内通讯、批示，主要是关于基本核算单位和要不要算旧账两个问题。

对于基本核算单位的问题，毛泽东在第二次郑州会议的讲话中，提出了以"队为基础"的观点，这里的队是相当于原来的高级社的生产大队或管理区。在各省（区）六级干部会议讨论这个问题时，有的地方主张以生产大队（管理区）为基本核算单位，有的地方主张以生产队为基本核算单位。毛泽东觉得这个问题必须加以明确。他在 3 月 15 日的党内通讯中

① 《建国以来毛泽东文稿》第 8 册，中央文献出版社 1993 年版，第 86 页。
② 《建国以来毛泽东文稿》第 8 册，中央文献出版社 1993 年版，第 87 页。

说："河南、湖南两省均主张以生产大队（管理区）为基本核算单位，湖北、广东两省均主张以生产队即原高级社为基本核算单位，究竟哪一种主张较好呢？或者二者可以并行呢？""大体上，县委、公社党委、大队（管理区）多主张以大队为基本核算单位，生产队（即原高级社）支书绝大多数或者全体主张以生产队为基本核算单位。我感觉这个问题关系重大，关系到三千多万生产队长小队长等基层干部和几亿农民的直接利益问题，采取河南、湖南的办法，一定要得到基层干部的真正同意，如果他们觉得勉强，则宁可采用生产队即原高级社为基本核算单位，不致使我们脱离群众，而在目前这个时期脱离群众，是很危险的，今年的生产将不能达到目的。""《郑州会议记录》上所谓'队为基础'，指的是生产队，即原高级社，而不是生产大队（管理区）。总之，要按照群众意见办事。无论什么办法，只有适合群众的要求，才行得通，否则终究是行不通的。"①

毛泽东不但明确提出人民公社所有制要以生产队为基础，而且还在考虑生产小队要不要有部分所有制的问题。他在 3 月 17 日的党内通讯中说："应当讨论除公社、管理区（即生产大队）、生产队（即原高级社）三级所有、三级管理、三级核算之外，生产小队（生产小组或作业组）的部分所有制问题"。② 这个问题是湖北省委第一书记王任重、山西省委第一书记陶鲁笳提出来的，毛泽东觉得很重要，特提出让各省、市、自治区六级干部会议讨论。

人民公社建立后，在管理层次上是比较混乱的。一般的是公社、生产大队、生产队三级；但也有的地方在公社之下大队之上设管理区，也有的在生产队之下设耕作区（也有设小队或作业组的），变成四级管理。第二次郑州会议以及毛泽东在上述党内通讯中提到的生产队，相当于公社化前的高级农业生产合作社，而原高级社下一般都设有生产队，作为组织生产劳动的基本单位，公社化后这些生产队变成了小队或作业组。此时的生产队与后来《农村人民公社工作条例》（即"农业六十条"）所规定的生产队是有区别的，即后来的生产队相当于这时的生产小队，而此时的生产队相

① 《建国以来毛泽东文稿》第 8 册，中央文献出版社 1993 年版，第 111—112 页。

② 《毛泽东文集》第八卷，人民出版社 1999 年版，第 32 页。

当于后来的生产大队，至于管理区这一级后来取消了。之所以这时出现管理区、生产大队和生产队混淆的情况，主要是人民公社是由众多的高级社合并组成的，一个高级社就是一个生产队，原来的行政村变成了生产大队。但也有的公社出于求“大”的目的，将若干个高级社合并为一个管理区或生产大队，便出现了这种名称混乱的情况，以至毛泽东在讲到生产大队时，都不得不在括号中说明是管理区，而生产队则是原来的高级社。所以，毛泽东在 1959 年 3 月 17 日的党内通讯所提出的生产小队所有制，实际上就是后来的生产队的所有制。

对于要不要算旧账的问题，第二次郑州会议时毛泽东曾讲过旧账一般地不应当算。因为此时毛泽东把情况估计得过于乐观，他要求那些较穷的社、较穷的队和较穷的户，“依靠自己的努力、公社的照顾和国家的支持，自力更生为主，争取社和国家的帮助为辅，有个三五七年，就可以摆脱目前比较困难的境地，完全用不着依靠占别人的便宜来解决问题”。① 毛泽东希望较穷的队和社员，要靠自己的力量去发展，不要有“共”别队、别人的“产”的思想。既然如此，大家都讲风格，过去的旧账也就不要计较。这自然是一个良好的愿望。毛泽东总有一种人穷志不能短的气概。在他看来，中国虽然穷，但经过努力，是可以改变一穷二白的面貌的。他也希望那些较穷的社队，要有一种自力更生、敢于迎头赶上富社、富队的志气，不靠“共”别人的“产”自己也能发展。但是，实际情况是，不算旧账就不能使广大干部、社员认识“共产风”的危害，也不能切实纠正“共产风”。

第二次郑州会议后不久，毛泽东改变了“旧账一般不算”的看法，认为旧账也应该算。3 月 30 日，他在中共山西省委第一书记陶鲁笳《关于山西各县人民公社问题五级干部会议情况的报告》的批语中说：“旧账一般不算这句话，是写到了郑州讲话里面去了的，不对，应改为旧账一般要算。算账才能实行那个客观存在的价值法则。这个法则是一个伟大的学校，只有利用它，才有可能教会我们的几千万干部和几万万人民，才有可能建设我们的社会主义和共产主义。否则一切都不可能。对群众不能解怨

① 中共中央文献研究室：《建国以来重要文献选编》第 12 册，中央文献出版社 1996 年版，第 131 页。

气。对干部，他们将被我们毁坏掉。有百害而无一利。”①

1959年4月3日，毛泽东看了中共湖北省委书记处书记王延春关于麻城县万人大会的情况的材料后，又在批语中说：“算账才能团结；算账才能帮助干部从贪污浪费的海洋中拔出身来，一身清静；算账才能教会干部学会经营管理方法；算账才能教会五亿农民自己管理自己的公社，监督公社的各级干部只许办好事，不许办坏事，实现群众的监督，实现真正的民主集中制。”②

这里讲的算账，主要是算两方面的账，一是县和社两级向生产队清算过去几个月“一平二调”的账，解决大集体与小集体的矛盾；二是算生产队干部和生产小队干部及社员的账，解决生产队干部与生产小队干部、全体社员群众间的矛盾，也就是解决小集体与社员的矛盾，其中也包括一些干部的贪污多占问题。算账其实就是算“共产风”的账。这说明，毛泽东已痛下决心要解决“共产风”问题。到这时，毛泽东关于人民公社问题的认识，较之第一次郑州会议，已经更具体、更深刻了。

1959年3月25日至4月1日，中共中央政治局在上海召开扩大会议，为即将召开的中共八届七中全会做准备。上海会议检查了八届六中全会以来人民公社的整顿情况，讨论了公社整顿中提出的问题。毛泽东在会议开始时提出了关于人民公社的12个问题提交会议讨论。这12个问题是：(1) 公社的组织章程；(2) 小队的部分所有制；(3) 吃饭不要钱；(4) 算账问题；(5) 5月各公社都要召开代表大会，进行选举；(6) 10—11月间各省召开六级干部会议，讨论今年的分配问题和计划；(7) 税收、积累的绝对数规定；(8) 县一级要不要积累的问题；(9) 贷款的收回与下放问题；(10) 投资10亿元（毛泽东在第二次郑州会议提出国家每年拿出10亿元投资，扶助穷队和帮助公社）的分配、用途；(11) 开会方式，要使层层都到，基层人数要超过上层；(12) 管理费和不脱产人员的补贴的规定。③

会上，毛泽东提出要搞一个人民公社的章程，以利于整顿和规范人民

① 《毛泽东文集》第八卷，人民出版社1999年版，第34页。

② 《毛泽东文集》第八卷，人民出版社1999年版，第35页。

③ 《杨尚昆日记》上，中央文献出版社2001年版，第369页。

公社。过去的农业生产合作社不论是初级社还是高级社，都有一个示范章程，规定合作社的性质、社员的权利和义务、合作社生产经营的方式、劳动组织和收入分配等内容，使合作社的发展有章可循。人民公社建立后，虽然北戴河会议和八届六中全会分别通过了《中共中央关于在农村建立人民公社问题的决议》和《关于人民公社若干问题的决议》，但对人民公社社员的权利义务、公社的生产经营、组织结构、劳动报酬和收入分配等，都没有具体规定，所能依据的只能是嵖岈山卫星公社的简章，而这个简章毕竟只有示范性质而没有规范作用，各地的人民公社实际上是在无章可循的情况下建立的，以致出现了管理区、大队、生产队、生产小队、耕作区、耕作队等相互混淆的名称，至于生产管理、收入分配更是五花八门，带有很大的随意性。在整顿人民公社的过程中，各地深切感到必须有一个人民公社的章程，来规范公社的各级组织形式和职权范围。此次上海会议虽然未能搞出这样一个章程来，但通过了《关于人民公社的十八个问题》的会议纪要，对事关人民公社的许多问题作了明确规定。

这十八个问题中，重要的有：(1) 规定除了公社直接所有的部分外，还有生产大队和生产队的所有制，而且基本上是生产队的所有制，人民公社实行三级管理，三级核算，一般以相当于原高级社的单位为基本核算单位。(2) 确定了生产小队的部分所有制，小队对土地、耕畜、农具和劳动力有固定使用权，公社、生产大队、生产队都不能随意调动。生产小队超产的部分，除上缴一定的比例给生产队外，其余归小队所有；归生产小队的全部收入，公社、大队、生产队要调给别的单位，必须实行等价交换。(3) 规定对人民公社成立以来的各种账目作一次认真的清理，结清旧账，建立新账，县联社、公社无偿调用生产大队或生产队的人力、物力、财力，或者公社、生产大队、生产队无偿调用社员私人财物，如数退还或作价退还，一时退还不了的，可延期或分期付还。(4) 评工记分是从合作社以来群众就熟悉的办法，这个办法与评定工资级别的办法结合起来是适宜的。公社计算劳动报酬要执行“按劳分配，多劳多得”的原则。(5) 人民公社的供给制必须坚持下去，但对农村的二流子和懒汉要加以约束，对有劳动能力的社员要规定一定的劳动日或劳动工分作为享受供给的条件。

毛泽东在会上作了讲话，重点讲了生产小队的部分所有制和旧账要不要算的问题。他说，小队的部分所有制，有几个省充分注意了，有几个省现在还没有充分注意这个问题。小队搞不好，公社也不行，因为事情都要经过小队去办。他还说，我在第二次郑州会议上讲一般不算账。实际上是某一些不算，另有许多非算不可。主张不算账的是什么人呢？第一是公社党委，第二是穷队，第三是县委。这些是得便宜的。而下面就要算。我是站在算账派这一面的。算账有个好处，就是能训练我们的干部。

上海会议结束后，紧接着于 4 月 2 日到 5 日在上海举行中共八届七中全会。全会检查了八届六中全会以来的农村人民公社的整顿工作，对于在整社工作中所发现的问题作了进一步的研究，通过了上海会议提出的《关于人民公社的十八个问题》。

这期间，人民公社的整顿进入实质阶段。

第二次郑州会议一结束，各省、市、自治区按照中共中央的要求，立即召开五级或六级干部会议，传达郑州会议精神。3 月 11 日起，广东六级干部大会召开，原定 5000 人参加，但各级党委和干部对大会异常关心，纷纷要求增加名额。有的公社、管理区和生产队的干部，不等上级批复就径自前往广州，会议的规模大大超过了原来的计划，外地到会的有 6000 人，省直机关来了 4000 人，加上广州军区的干部 6000 人，实际到会人数达到 16000 人，还有一些干部在会议开始时仍在前往广州的途中，以致偌大一个广州市竟找不出一处能容纳这么多人的大会场，不得不分四处开会。这是广东自新中国成立以来规模最大的一次干部大会，广大干部对参加会议抱有空前的热情。江西出席全省六级干部大会的有 7000 人，随后召开的各县五级干部大会的人数总共在 30 万人以上。其他省、市、自治区的情况也差不多。的确，人民公社化以来，由于各项政策规定不明确，“五风”严重，干部、社员思想极为混乱，无不希望有一个好的政策来规范人民公社。可见，第二次郑州会议确定的纠“左”方针是深得广大群众拥护的。

各省、市、自治区的六级干部会议，重点揭露了“共产风”的严重危害，并开始部分退赔工作。

对贯彻第二次郑州会议精神，毛泽东抓得很紧。他不断地批发各地召开六级干部大会的经验，并写下了许多按语，要求在此基础上召开县一级的五级干部会议。3 月 17 日，毛泽东致信各省、市、自治区党委第一书记：“各省、市、区六级干部大会即将结束，是否应当开县的四级或五级干部大会呢？我的意见应当开，并且应当大张旗鼓地开，只是一律不要登报。……我建议县应召开五级干部大会，即县委一级、公社党委一级、生产大队（或管理区）一级、生产队（即原高级社）一级、生产小队（即生产组，又称作业组）一级，每级都要有代表参加，使公社所有的小队长、所有的支部书记和生产队长，所有管理区的党总支书记和生产大队长以及公社一级的若干干部都参加会议。一定要有思想不通的人，观潮派、算账派的人参加，最好占十分之一。社员中的积极分子，也可以找少数人到会。使所有这些人，都听到县委第一书记的讲话，因为他的讲话，比一般公社第一书记的水平要高些。然后展开讨论，言者无罪，大鸣大放，有几天时间，将思想统一起来。”①

按照毛泽东的指示，各省、市、自治区在召开七天至十天的六级干部会议后，又相继召开县一级的五级干部会议，参加会议者各地有数千人到上万人不等。湖北省麻城县就是一个有代表性的例子。麻城县召开为期五天的五级干部大会，除县里的干部外，参加会议的有 300 名公社干部，600 名管理区干部，2500 名生产队干部，5600 名生产小队干部，还有一部分社员代表，共计 1 万余人。大会开始后，县、公社和管理区三级党委，层层作检讨，承认错误。接着算账退赔，县和公社当场兑现，拿出现金 320 万元，分别退还给生产队；当场办手续，退回刮“共产风”时从各生产队刮来的拖拉机 8 台，抽水机 5 部，动力机 49 部，其他小机器 143 部，各种运输车子 744 部，各种小农具 2697 件，耕牛 1025 头，生猪 9019 头，小家畜 3589 只，蜜蜂 2192 箱。该县城关公社五四一队，原来只有 900 人出勤，退赔的第二天，就增加到 1700 人，其中 278 个妇女是公社化以来一直不出工的。②

---

① 《建国以来毛泽东文稿》第 8 册，中央文献出版社 1993 年版，第 122 页。

② 《当代中国农业合作化》编辑室：《建国以来农业合作化史料汇编》，中共党史出版社 1992 年版，第 545 页。

麻城召开万人大会算账的情况，中共湖北省委第一书记王任重报送给了毛泽东。毛泽东感到麻城算账的经验在全国很有示范作用，并指出："（麻城的）办法很好，县、社两级该退还的，迅速地退还给生产队了，一身清静，然后进而解决队与社员的矛盾，公社就可以大大地发展起来。"他还要求各县、社"都应仿照办理"①。

按照毛泽东的指示，各地在整顿人民公社中都开展了算账工作。算账开始时，有些社队干部觉得算账麻烦，或者担心会把自己贪污多占的东西算出来，对算账态度不积极甚至有抵触情绪。他们中有的说，算账把"共产主义因素全都要算掉了"。也有的说，"这笔糊涂账，怎么算得清？把账算清了，一无粮，二无钱，也找不清，现在算账还会影响生产"。但生产小队、社员对算账的积极性很高。人民公社化运动中，群众最反感、也是最挫伤他们积极性的，就是"共产风"。因此，算账也最受群众欢迎。吉林省永吉县口前公社通过算账，算出刮"共产风"平调来的现金 17.2 万元，分给各管理区。该公社红旗管理区主任把钱带回去后，社员喜出望外、奔走相告。社员们说："共产党说到哪里，就办到哪里，以后永远要听党的话。"②四川省资中县在算账退赔后，有的社员激动地说："我（19）57 年还分了几十块钱，（19）58 年不但没有分钱，猪、鸡、鸭都被赶跑了，毛主席真英明，要来算账兑现，有搞头了。"③

通过算"共产风"的账，各地群众生产积极性大增。山西省运城县委给原高级社退回 464 万元现金、58 部动力机械后，该县北景公社阎家庄管理区立即将钱发给群众，结果全部劳动力除病、产者外，全都出了勤。山西省平陆县退回群众 50 万元现金，退回抽调去的劳动力 9000 名，全县出勤率从 60%提高到 96%。④

① 《建国以来毛泽东文稿》第 8 册，中央文献出版社 1993 年版，第 187—188 页。

② 《中共吉林省委关于重算 1958 年分配账的报告》，1959 年 4 月 17 日。

③ 《中共四川省委关于资中县五级干部会议情况的报告》，1959 年 4 月 22 日。

④ 《当代中国农业合作化》编辑室：《建国以来农业合作化史料汇编》，中共党史出版社 1992 年版，第 543 页。

三、若干政策调整

为了贯彻第二次郑州会议的精神，各省、市、自治区相继作出了整顿巩固人民公社的具体规定，各地还建立了“三定一奖”“四定一奖”等各种形式的生产责任制，恢复了农业生产合作社时的评工记分制度。

中共八届六中全会后，山东省委和省人委总结了各地人民公社生产管理的经验，提出人民公社对于农业生产管理，应实行“六定到队”，即定耕作区、定劳力、定产量、定措施、定财务开支、定牲畜农具的责任；生产队对于田间管理实行“四定到田”，即定产量、定措施、定生产成本、定管理人员；实行定期检查评比，并在各项农活中继续实行劳动定额制度。山东省委和省人委认为，一般情况下，都可以采用定任务、定质、定量、定时间、定人员的办法，评定各项农活的劳动定额，并按照定额的标准包到生产队、生产组或个人去负责完成。①

中共江苏省委从1958年12月29日至次年1月3日，召开了全省人民公社经营管理会议，决定由公社对管理区（大队）、管理区（大队）对生产队实行定产（产量或产值）、定成本、定工的“三定”集体责任制。生产队对各个劳动组，也要实行定土地、定措施、定时间、定人员、定生产资料的“五定”责任制。②

河南省睢县也实行了公社对管理区和所辖的厂、站的“四定一奖”制。“四定”是指定生产指标、定投资、定上交任务、定增产措施，“一奖”就是超产奖励。同时，管理区对生产队和所辖的单位也实行了“三定一奖”（定生产指标、定投资、定增产措施，超产奖励）制；生产队对专业生产组实行“五定”（定领导、定劳力、定任务、定质量、定时间），专业组对社员实行“三定”（定任务、定质量、定时间）的方法。这样，改变了原

① 《用中央决议武装全民思想，把整社试点经验全面推广——山东抓紧健全公社生产管理》，《人民日报》1958年12月27日。

② 《江苏省公社经营管理会议提出公社管理原则和办法》，《人民日报》1959年1月10日。

来的生产管理制度，逐级建立了生产责任制。《人民日报》还介绍了睢县实行“四定一奖”责任制的经验。

1959年2月17日，《人民日报》发表了题为《人民公社要建立健全生产责任制》的社论。社论指出，1958年以来的农业生产实行大兵团作战，搞“大呼隆”，造成劳动力窝工，劳动效率低，农活质量差。农业生产的多数活动，需要有明确而又严格的责任制。即使在公社的工、林、牧、渔和副业生产及服务性事业中，也需要有责任制。人民公社要建立任务到队、管理到组、措施到田、责任到人、检查验收的集体生产和个人责任制。这实际上等于公开否定了“大跃进”以来将劳动力调来调去的所谓的“大兵团作战”。

这时的生产责任制自然还不是后来的生产承包责任制，生产小队和社员也没有生产经营的自主权，但它改变了过去所谓的“大兵团作战”时“生产一窝蜂，吃饭打冲锋”的状态，加强了生产管理，也在一定程度上提高了生产效率。

人民公社化之初，片面认为合作社的评工记分手续麻烦，耽误劳动时间，影响社员间的团结（这种情况确实存在，但又是集体劳动的情况下比较合理的计酬方法），容易造成记工员贪污等，便废除了这种制度，改行工资制。工资制一般都以公社为单位制定工资标准，与社员劳动的多少和质量并不直接挂钩，加之分配中供给部分占了大头，工资在许多公社名存实亡。于是“干不干，三餐饭”，“出门一条龙，做事大窝工”，出工不出力成了普遍现象，社员生产的积极性大挫。江西省贵溪县的一个公社干部为此写了一首打油诗：“公社分配样样包，开支多来不讨好。劳模懒汉无区别，长的短的一般高。装病诉苦不生产，争吃争穿争棉袄。”

实行评工记分，能刺激社员积极劳动，提高出勤率和劳动效率，因为谁劳动多，工分就多，分配也多；评工记分体现同工同酬原则，社员劳动的好坏也可从中表现出来，并且能够调动原来没有工资等级的老少社员参加劳动的积极性。第二次郑州会议后，“按劳分配、多劳多得”的分配原则得到了肯定，各地在整顿和巩固人民公社的工作中，都把解决分配问题，放在一个重要的位置。许多地方提出，分给社员的工资部分应实行“死级活评”的办法，人民公社按原来评定的工资级别，把工资发给各生产队，生产队对社员的劳动实行评工记分，根据每个社员(包括未评级的)每月评定的工分发给工资。在整社过程中，不少公社相继恢复了评工记分的制度。

评工记分与工资制相结合，当时主要有这几种形式：一是固定级别，按实做劳动日奖惩；二是工资级别按工分活评；三是工资指标到生产队不到人，完全按实做劳动日发工资，工资级别不再直接发生作用；四是把基本劳动日分为两部分，一半同工资部分联系起来，一半同供给部分联系起来，没有完成基本劳动日者按比例扣除供给部分。

“四包一奖”的责任制和评工记分的实行，并没有从根本上改变人民公社生产中的“大呼隆”和分配中的平均主义。因为这些“定”，至多也只定到生产小组一级，而这时的生产小组或作业组并不小，一般都有数十户。而超产奖励的部分，又不是直接奖给社员，如河南省睢县红星人民公社规定：“对生产积极、措施有力、管理好的超产单位，从超产部分提取40%给予奖励，由超产单位作为扩大再生产和兴办福利事业的资金。60%上交公社，公社再从超产上交部分中抽出40%作为对各基层生产单位的奖励。”① 实行这种责任制后吃“大锅饭”的现象还是没有改变。于是，一些地方为了从根本上解决人民公社分配中的平均主义“大锅饭”问题，搞起了“包工到户”或“定产到户”的生产责任制，比较典型的是河南的新乡地区和洛阳地区。

新乡是全国最早实现人民公社化的地区之一。新乡多数县份地处比较富庶的豫北平原，是河南重要的粮棉产区。但经过“大跃进”和人民公社化运动的折腾，这里农业生产受到严重影响。1959年三四月间，在整顿人民公社的过程中，新乡地区也建立了“四定一奖”“五定一奖”等各种形式的责任制，包工包产到生产队或作业组。在一些边远山区，还自发地出现了包产到户。受其影响，全地区许多地方也主张在包工包产时，能将工分或产量直接包到各户，以使社员拥有更多的自主权。这时，新乡地委主要负责人也认为，公社化后，实行集体生产和集体生活，对农民卡得过死，剥夺了农民自由，农民生产不积极。合作化后，把农民的劳动力拿过

① 中共睢县县委工作组：《“四定一奖”生产责任制》，《河南日报》1959年1月13日。

来了，不能自由劳动了；公社化后，把农民的吃饭权也拿过来了，实际上没有吃饭自由。为此，他在 1959 年 5 月提出了“包工到户，定产到田，个人负责，超产奖励”的主张，并提出奖励可达超产部分的 70%—80%。为了避免实行包产到户是“走资本主义道路”的嫌疑，新乡地区将这种做法称为“地段责任制”。这种包工到户、定产到田的地段责任制，将社员的生产劳动与个人收入直接挂钩，深受群众欢迎，生产效率明显提高，并很快在新乡全地区 60%的生产队推行。

洛阳地区则根据自己的情况，提出了《农村工作若干问题讨论提纲》30 条，主张实行“包产包工到户，以产定工，产工一致，全奖全罚，三年不变”的办法。其具体做法是：将土地分散和固定到户，根据土质好坏确定包产指标，依据包产指标的高低，定出所需的工数，收获后进行评产，超产多少奖多少，减产多少罚多少，并将牲口、农具、土地、劳动力固定到各生产小组或各户使用，不经生产小组同意，任何单位不得随意调动。洛阳全地区大约有 800 多个生产队实行了这种包产到户的责任制。①

与此同时，江苏、湖北、陕西、甘肃等省的一些地方，也搞起了“定产到田，超产奖励”“田间管理包工包产到户”等各种形式的包产到户责任制。

人民公社成立之初，供给制被吹捧为“共产主义萌芽”，是实现社会主义的按劳取酬到共产主义的各取所需的最好途径，事实上它却是人民公社内部社员之间平均主义的总根源。因为社员干多干少、干好干坏，一家人多人少，供给的内容都是相同的。虽然供给制被认为是具有共产主义萌芽性质的新生事物，号称“吃饭不要钱”，但农民们清楚，这种不要钱的供给，并不是天上掉下来的，实际上吃的还是自己的劳动成果，只不过是大家吃一样的饭而已。农民总是现实主义者，平均主义的“大锅饭”只会打击他们生产的积极性，公社化之初鼓吹的实行供给制不会出懒汉，纯属无稽之谈。有的偷懒的社员经常装病不出工，还对动员出工的干部说：“我不是吃你的饭，我是吃公社的饭。”这又引起了勤出工的社员的不满，

① 中共河南省委党史研究室：《河南农村经济体制变革史》，中共党史出版社 2000 年版，第 132 页。

以致他们也消极起来。由于实行供给制，一些原本是半劳力或辅助劳力早已辍学的青少年，又回到了学校，有的地方出现了十六七岁的青少年读初小一二年级的现象。

至于与供给制捆绑在一起的公共食堂，不但吃饭不自由，还常常成为有些干部卡压群众的手段。同时，公共食堂还存在浪费大量的劳动力和柴煤，浪费粮食，不利于精打细算，也不利于发展家庭副业等弊端，早已为群众不满。据中共广东省委第一书记陶铸在农村调查中的了解，“迫切要求退出食堂回家自己起伙的户大约占 70%，剩下的 30%多是困难户、单身汉、干部和一些不养猪的户”。① 另据河北省委工作组对衡水、霸县、石家庄等地农村公共食堂的调查，各地社员要求留在食堂吃饭的，多的有 30%，少者 10%，一般为 20%左右。这些户多是一些光棍汉、孤寡户和小孩多劳动力少的户，还有少数饭量大的人。要求退出食堂和随大流的占 70%—90%，一般在 80%以上。②

针对供给制和公共食堂出现的各种问题，1959 年 5 月 26 日，中共中央发出《关于人民公社夏收分配的指示》，明确指出：“在夏收分配中，工资部分和供给部分所占的比例，要适当调整，必须力求做到工资部分占 60%—70%左右，供给部分占 30%—40%左右。”某些收入水平过低、暂时无力实行供给制的地方，可以按照高级社的办法对“五保户”实行“五保”，并且对劳动力少人口多的困难户实行定额的粮食补助。对于公共食堂，该指示要求：“要通过夏收分配，认真地整顿公共食堂。公共食堂必须是积极办好，自愿参加。既要使参加公共食堂的社员真正自愿，又不能采取放任自流的态度，把食堂一风吹散。”指示提出，可以办全体社员参加的食堂，也可以办一部分社员参加的食堂；食堂可以是常年的，也可以是农忙的；可以农忙多办，农闲少办，灵活执行；食堂范围过大，可以适当缩小。口粮应该分配到户，分配到社员，以人定量，在公共食堂吃饭的，粮食交给食堂，节约归个人；不在公共食堂吃饭的，粮食全部分给个

① 《中央转发陶铸同志参加中山县人民公社社员代表大会接触到的一些问题的报告》，1959 年 6 月 24 日。

② 中共河北省委工作组：《关于目前农村食堂情况和整顿意见向省委的报告》，1959 年 6 月 11 日。

人保管食用。①

中共八届七中全会前后，毛泽东觉察到干部中存在着不敢向上级反映真实情况和提出不同意见的问题，浮夸风还没有得到根本纠正。在八届七中全会上，他号召各级干部向敢于直谏的明朝官员海瑞学习，敢于讲真话。4 月 29 日，他致信省、地、县、社、队、小队六级干部，强调："包产能包多少，就讲能包多少，不讲经过努力实在做不到而又勉强讲做得到的假话。收获多少，就讲多少，不可以讲不合实际情况的假话。对各项增产措施，对实行八字宪法，每项都不可讲假话。老实人，敢讲真话的人，归根到底，于人民事业有利，于自己也不吃亏。爱讲假话的人，一害人民，二害自己，总是吃亏。应当说，有许多假话是上面压出来的。上面'一吹二压三许愿'，使下面很难办。因此，干劲一定要有，假话一定不可讲。"②

毛泽东的这封信，在广大人民公社社员中引起了强烈反响，给那些虚报浮夸的干部以很大的震动。湖北省汉川县马口公社一个社员说："这一下子，一定是有个大胆的干部告了状，说假话的情况到了毛主席那里去了，吹牛说假话再也吃不开了。"安陆县应山公社一个生产队支部书记 1958 年种了 5 亩早稻实验田，亩产 500 斤，向社员提出上报 2000 斤。社员讽刺说："现在是说假话的时候了，你报 4000 斤好不好呀？"他真的报了 4000 斤，第二天就得了一面奖旗。这回听了毛泽东关于讲真话的指示，社员催他把奖旗退了，并说："你赶快检讨，我们不得假光荣。毛主席这样关心我们，不能再哄毛主席。"③

虽然自第一次郑州会议纠"左"以来，人民公社在组织、体制、管理等问题上的混乱状态得到了遏制，形势在向好的方面转化，但是，"大跃进"和人民公社化运动积累下来的问题不少，这不是一下子能解决得了的。由于高征购，公共食堂寅吃卯粮，1959 年春天许多地方发生了比较

① 《当代中国农业合作化》编辑室：《建国以来农业合作化史料汇编》，中共党史出版社 1992 年版，第 567 页。

② 《毛泽东文集》第八卷，人民出版社 1999 年版，第 50 页。

③ 《中共孝感地委关于贯彻毛主席农业六个问题的反映向市委、省委的报告》，1959 年 5 月 7 日。

严重的粮荒，一些公共食堂处于停伙或半停伙状态，农村出现了浮肿病人增多、人口外流甚至因粮荒而造成的非正常死亡。

公社化前，自留地、家庭副业是社员收入的重要来源，也是向市场提供蔬菜、副食品的重要渠道。公社化中，自留地归了集体，家庭副业不准搞，也没有时间搞，社员家里的猪鸡鹅鸭差不多绝了迹。过去，社员遇到灾荒，还可通过自留地和家庭副业来缓解。现在，这个办法行不通了，吃公共食堂成为社员生活的唯一来源。对此，中共中央接受了中央农村工作部部长邓子恢建议，于 1959 年 5 月 7 日做出了《中共中央关于农业的五条紧急指示》。5 月 7 日和 6 月 1 日，又分别发出了《中共中央关于分配私人自留地以利于发展猪鸡鹅鸭问题的指示》《中共中央关于社员私养家禽、家畜和自留地等四个问题的指示》。这些指示规定：

允许社员私人喂养家禽家畜，包括猪、羊、鸡、鸭、鹅、兔在内，这些家禽家畜养大了，卖得的价款和平时的粪肥收入，私养的完全归社员个人所得，公有私养的一定要给社员合理的报酬。

恢复自留地制度，按原来高级社的规定，以不超过每人平均占有土地的 5%为原则。社员在自留地可以种蔬菜、饲料、瓜果或小杂粮，不要过分限制。自留地的产品归社员支配。自留地长期归社员自由使用，不征公粮，不派统购任务，但不许买卖、出租或私自转让。

鼓励社员利用零星空闲的时间，把屋旁、村旁、水旁、路旁的零星闲散土地充分利用起来。这些土地上长的庄稼，谁种谁收，不征公粮，不派统购任务，由社员个人自由支配。

屋前屋后的零星树木（包括竹木果树）仍归社员私有，由社员负责经营培护，其收益也完全归社员自由处理。并且奖励社员利用屋前屋后和其他废弃土地种竹木、水果，谁种谁有。尤其重要的是，上述指示明确指出，社员家庭副业和自留地这种大集体中的小私有，在一个长时期内是必要的，有利于生产的发展，也有利于人民的生活安排。允许这种小私有，实际是保护社员在集体劳动时间以外的劳动果实，并不是什么“发展资本主义”。

对于 5%的自留地问题，党内有人提出，浙江、福建、广东这些省份地少人多，每人只有一亩地，甚至只有七八分地，留 5%的自留地，会影响集体生产。对此，毛泽东曾有些动摇。6月中旬的一天，他对主张恢复自留地的邓子恢提出，不要全国统一规定5%，要允许各地因地制宜，并发一通知。邓子恢感到这是关系到5亿农民切身利益的大问题，当时没有直接回答。一回到家，他便立即致信毛泽东，陈述自己对自留地的看法。他在信中说："以我的经验，按每人分地百分之五留自留地是适当的。……全国现有耕地十六亿亩，按百分之五留自留地计算，总共不过八千万亩。花这八千万亩地，可以解决五亿多农民的蔬菜供应，可以发展私人养猪、养鸡、养鸭。这样做的好处，至少可以使五亿多农民不再向市场来争购副食品，有的农民还可以挤出一些副食品来供应市场。我认为这是最合算不过的措施。只要把五亿多农民安顿好了，我们的市场就稳如泰山。"① 事后，毛泽东没有再提自留地问题。

农村人民公社经过几个月的整顿，逐渐剥去了一些空想的成分，刹住了急于向全民所有制和共产主义过渡的势头，"共产风"得到了初步的遏制，平均主义的分配方式有了一定程度的改变，基本核算单位大体上回到了原来高级社的水平，生产小队得到了一定的自主权，许多混乱不堪的政策问题得到了明确，大兵团式的劳动协作基本终止，党同人民群众的关系有了改善，中共中央、毛泽东以及各级党的组织，为纠正人民公社化过程中的"左"倾错误做了大量的努力。所有这些，都是值得肯定的。

但是，在对庐山会议前的纠"左"工作进行充分肯定的同时，也应看到当时对"左"倾错误的纠正其实相当有限，尤其是没有从根本上认识到"大跃进"和人民公社化运动本身的问题。经济建设必须遵循其自身的客观规律。虽然毛泽东在这个过程中也强调"价值法则是一个伟大的学校"，但他所批评的是那种急急忙忙取消等价交换、混淆集体所有制与全民所有制界限的做法，而没有认识到通过群众运动的方式搞经济建设，不但不能实现经济的"跃进"式发展，而且会造成国民经济各部门间比例的失衡；也没有认识到在生产力水平还不具备改变生产关系的情况下，就建立"一大二公"为主要特征的人民公社，本身既违背经济规律，也违背了社会发展规律。所以，庐山会议前半年多时间的纠"左"，不是纠正指导思想上

① 《邓子恢文集》，人民出版社1996年版，第525页。

的“左”，而是纠的一些具体问题的“左”。当时，中共中央领导层特别是作为主要领导人的毛泽东，对总路线、“大跃进”和人民公社仍是充分肯定的，认为这是探索中国自己的社会主义建设道路中了不起的创造，问题主要是基层干部在贯彻执行这“三面红旗”的过程中出现了偏差，如有的指标提得过高，刮了一阵“共产风”，过早把集体所有制转变为全民所有制等。只要把这些问题解决了，就可以取得新的更大的“跃进”，人民公社就可以巩固，多快好省建设社会主义的总路线的优越性就能更好地发挥。

还应该看到，人民公社化运动是“大跃进”运动的直接产物，而“大跃进”是在不断批评反冒进的过程中逐步发展起来的。1956 年的反冒进，本是得到了中央领导层多数人赞成，可以说是中共中央领导集体作出的决策，但由于毛泽东在这个问题上一开始就有保留意见，到反右派运动快结束的时候，他认为反冒进给群众运动泼了冷水，挫伤干部群众快速建设社会主义的积极性，于是从中共八届三中全会开始，一再对反冒进进行批评，而原本主张反冒进的领导人只得再三作检讨。毛泽东批评反冒进实际上是对中央集体决策的否定，也在一定程度上破坏了党内的民主生活，助长了个人说了算的现象和个人崇拜的发展，这就使得领袖的个人意志已经代表了中央的集体决策，一些正确的意见很难反映到中央并被采纳。因此，当时纠“左”的程度取决于毛泽东对于“三面红旗”的认知态度，当毛泽东认为应当纠“左”的时候，全党上下进行纠“左”，而毛泽东认为应当反右倾的时候，全党又紧跟他开展“反右倾”。

第五章 反 复

一、庐山风云

为了进一步总结1958年"大跃进"和人民公社化运动以来的经验教训，解决1959年工作中的一些具体问题，落实工农业生产的各种指标，实现1959年的继续"跃进"，中共中央政治局决定1959年7月间在庐山召开扩大会议。

第一次郑州会议至庐山会议前的半年时间里，毛泽东的主要精力放在人民公社的整顿上。对于这件事，他抓得很紧，主持召开了四次政治局扩大会议(两次郑州会议、武昌会议和上海会议)、两次中央全会(八届六中、七中全会)，通过了《关于人民公社若干问题的决议》和《关于人民公社的十八个问题》这两个重要文件，写了数封党内通讯，批示了大量有关人民公社的材料，督促各省、市、自治区召开了各级干部会议。他认为，经过这些努力，找到了人民公社问题的症结在于所有制问题，引起群众不满的是"共产风"，而这两个问题通过确定生产队（即生产大队）为基本核算单位、开展算账退赔便可基本解决。如果再进一步解决与群众生活密切相关的公共食堂等问题，人民公社就能健康发展。

在召开庐山会议之前，1959年6月13日，毛泽东主持召开了一次中央政治局会议，中心议题是讨论工业、农业、市场等问题。会上，毛泽东对 1959 年粮食“增产三成”表示怀疑。他说：“假定有三成，全国也只有 4800 亿斤。今年根本不要理那个 10500 亿斤的指标（按：指八届六中全会确定的 1959 年粮食生产计划指标），就是按去年的实际产量，今年只增一成、二成、三成。听说包产的结果是 6000 亿斤，但是我看，我们过日子还是放在 4800 亿斤的基础上。本来是富日子，也照穷日子过，这样安排好。”① 对于公共食堂问题，毛泽东说：“食堂，保持有三分之一，或者四分之一，或者五分之一的人吃就可以了。至于要不要钱，一种人吃饭要钱，一种人是吃饭不要钱。老、弱、五保户不要钱，其他的要钱。……现在食堂的问题没有完全解决，我想出去跟省委书记谈一谈。粮食要分给本人，你愿意吃食堂，就自愿参加，不愿意可以不参加。这样就主动了。”②

会后，毛泽东离开北京南下。6 月 22 日，毛泽东在郑州同中共河南省委负责人谈话。毛泽东说：认识是逐步深入的。去年大家头脑热，上上下下一起热，一热就充公。公社教训就是群众路线的问题，脱离群众，刮“共产风”。哪一件事情触怒了群众呢？就是刮“共产风”。“共产风”刮过来容易，刮回去就难。要用群众路线的方法，不要用不退就撤职的办法。粮食，今年的吃法、收法、管法、用法，都不同了。收要精收，颗粒还家；管是分散管，农民个人的由他家里自己去管；吃法就是以人定量，自愿参加，完工吃饭，旷工交钱，吃饭不要钱同吃饭要钱相结合。一方面是广种薄收，同时要注意精耕细作，重点放在大面积高产上，不要放在少数“卫星”上。综合平衡这个思想要普遍提倡。农业里头，有粮、棉、油、麻、丝、茶、果、菜、烟、蔗、药，这十一样要综合平衡，都要有一点，一个县要都有这些，至少一个专区得都有这些。公社化以后，小东西买不到了。家庭副业，生产队搞的手工业，县城以外的小镇要活跃起来。省和县都要把手工业搞起来，把小市场恢复起来。

6 月 25 日，毛泽东回到了阔别二十多年的故乡韶山，祭奠了父母，宴请了乡亲，走访了社员家庭，并写下著名的《七律·到韶山》。从诗的最后两句“喜看稻菽千重浪，遍地英雄下夕烟”中可以看出，毛泽东此时

① 薄一波：《若干重大决策与事件的回顾》下卷，中共中央党校出版社 1993 年版，第 594 页。
② 薄一波：《若干重大决策与事件的回顾》下卷，中共中央党校出版社 1993 年版，第 594 页。

心情是比较愉快的，由此可以判断出他对形势的看法也是乐观的。

这种乐观的情绪，还从他在庐山会议开始时的讲话中体现出来。毛泽东说："国内大形势还好，有点坏，但还不至于坏到'报老爷，大事不好'的程度。八大二次会议的方针要坚持。总的说来，像湖南省一个同志所说的，是两句话：'有伟大的成绩，有丰富的经验。'实际上是：有伟大的成绩，有不少的问题，前途是光明的。基本问题是：(一）综合平衡；(二）群众路线；(三）统一领导；(四）注意质量。四个问题中最基本的是综合平衡和群众路线。要注意质量，宁肯少些，但要好些、全些，各种各样都要有。去年'两小无猜'（小高炉、小转炉）的搞法不行，把精力集中搞这'两小'，其他都丢了。去年大跃进、大丰收，今年是大春荒，现在形势在好转。去年这时很快地刮起了'共产风'，今年不会刮，比去年好。明年'五一'可以完全好转。去年人们的热情是宝贵的，只是工作中有些盲目性。在大跃进形势中，包含着某些错误，某些消极因素。现在虽然存在一些问题，但是包含着有益的积极因素。去年形势本来很好，但是带有一些盲目性，只想好的方面，没有想到困难。"① 毛泽东认为，1959 年的形势与 1958 年相比要好，因为 1958 年刮"共产风"，而"共产风"已经得到了制止，盲目性已经认识到了。

在中央领导层中，有这种看法的当然不止毛泽东一人。周恩来也曾谈到过与会者初上庐山时的心情："那时候，是本着一年的党的总路线的执行情况，跃进了一年，大家都很忙，到庐山来把经验总结总结。主席说了，也带有一点休息的意思。这一年的大跃进成绩伟大，有些问题，逐步在解决，已经解决了不少，剩下的还在解决中，在认识上前途是光明的。是这样的心情，这样的意思上山的。"②

时为中共中央政治局委员、国防部部长的彭德怀，在上庐山之时，却没有这种心情。对于"大跃进"和人民公社化运动，彭德怀一开始还是赞成的。1958 年 8 月的北戴河会议通过《中共中央关于在农村建立人民公

① 中共中央文献研究室：《毛泽东年谱（1949—1976)》第 4 卷，中央文献出版社 2013 年版，第 84 页。

② 薄一波：《若干重大决策与事件的回顾》下卷，中共中央党校出版社 1993 年版，第 596 页。

社的决议》时，他参加了讨论，也举了手，没有提出不同意见。会后一个月，他在沈阳军区党委扩大会议上的讲话中，也与当时的许多人一样，流露出激动和兴奋的心情。他说，中国人民几千年来饿肚子的问题如今解决了，“马克思讲过的‘一天等于二十年’，现在证实了。我是最近才相信这番话的”①。在随后的西北之行中，甘肃省敦煌县县委副书记告诉他，敦煌全县八万人组成一个大公社，分八个大队。办公社中，贫农最积极，要求割掉资本主义尾巴，把所有的生产资料都交归公社，不要任何代价；中农有些是强迫的，有些勉强；富农的生产资料不肯全部交出来，有的把猪、羊藏起来，有的把毛驴杀掉。听到这里，彭德怀对这样办公社有些担心，提醒当地干部要注意避免发生破坏生产资料的现象。

1958 年冬天，彭德怀回到家乡湖南，了解到了农村的许多真实情况。他在自述中说：“会议（按：指武昌会议和八届六中全会）闭幕后，我先到了湘潭县的乌石、韶山两公社，后又到了平江县。这几处给我的印象是实际收获的粮食数字没有公布的数字那样多。其根据：由于劳动力不足，没有收获好；有些地区又多吃了一些粮食。在平江展览馆参观时，发现将两个年度的生产数字颠倒公布了，即将 1957 年的高产数字公布为 1958 年的生产数字，而将 1958 年的较低数字公布为 1957 年的生产数字。这样的造假数字，真是令人可怕的。”② 这次故乡之行，使他“对人民公社化运动和大炼钢铁中的问题有了更清晰的了解，也给他增加了更大的疑虑”③。彭德怀就是带着这样的疑虑和担忧上庐山的。

庐山会议开始时，按照毛泽东的指示，围绕读书、形势、当年的任务和 1960 年的任务等 18 个问题开展讨论。其中直接关系到人民公社的，有公共食堂、使生产小队成为半基本核算单位和粮食等三个问题。

对于人民公社问题，毛泽东在 7 月 10 日下午的讲话中，曾作过这样的评价：“我不相信公社会垮，可能垮一部分，以后再办。”“现在证明一条，社会主义国家中过去总是说农业合作化以后要减产，但是我们的经验

① 《彭德怀传》编写组：《彭德怀传》，当代中国出版社 1993 年版，第 575 页。

② 《彭德怀自述》，人民出版社 1981 年版，第 266 页。

③ 《彭德怀传》编写组：《彭德怀传》，当代中国出版社 1993 年版，第 580 页。

证明，合作化也好，公社化也好，不减产。人民公社叫大合作社，或者说基本上还是高级合作社，就没有问题了。问题就是把公社看得太高了。”

会议在讨论对当时形势的看法时，出现了两种意见。一种意见认为，“大跃进”和人民公社化运动的成绩应当充分肯定，缺点和错误是“一个指头”，优点和成绩是“九个指头”，而且就是“一个指头”的问题，经过第一次郑州会议以来中央的一系列政策措施，已经得到解决。另一种意见认为，“大跃进”和人民公社化运动虽然取得了很大成绩，但也暴露出了许多问题，有的还很严重，前一段纠“左”成效显著，但还不够，还需要进一步深入，把存在的问题讲透。有的与会者还对自己工作中的错误感到痛心，主动作了自我批评。

针对会上对形势的看法出现分歧，毛泽东认为，对形势的看法如果不一致，就会影响团结，因此有统一认识的必要。在10日晚的各组组长会上，他说：“对形势的看法如不能一致，就不能团结；要党内团结，首先要把问题搞清楚。”“我们把道理讲清楚，把问题摆开，也不戴帽子，什么观潮派、怀疑派、算账派、保守派等等，都不戴。总可以有70%的人赞成总路线的。”“对去年的一些缺点、错误要承认。从一个局部、一个问题来讲，可能是一个指头或七个、九个指头的问题；但从全局来讲，是一个指头与九个指头，或三个指头与七个指头，最多是三个指头的问题。成绩还是主要的，无甚了不起。一年来有好的经验与坏的经验，不能说光有坏的、错误的经验。”① 从这段话中可以看出，毛泽东此时的态度是：“‘左’的错误要批评，但不应总是抓住不放；对热心搞‘大跃进’的同志，应该是既批评又鼓励，不要挫伤他们的积极性；现在已经批了9个月的‘左’，差不多了；应赶快抓工作，争取1959年的跃进。”②

在会议开始的小组讨论时，彭德怀多次作了发言，直截了当地批评“大跃进”运动以来的错误，有的话还是直涉毛泽东的。对于人民公社，他在发言中说：“人民公社我认为办早了一些，高级社的优越性刚发挥，还没有充分发挥就公社化，而且没有经过试验。如果试验一年半年再搞，

① 李锐：《庐山会议实录》，河南人民出版社1994版，第55—56页。

② 薄一波：《若干重大决策与事件的回顾》下卷，中共中央党校出版社1993年版，第597页。

就好了。”① 这个观点无疑是正确的。

鉴于会议未能从根本上解决“大跃进”和人民公社化运动存在的问题，又认为这些问题的解决只能通过毛泽东才能实现，7 月 14 日，彭德怀给毛泽东写了一封信。信中在充分肯定 1958 年成绩的基础上，着重指出了“大跃进”以来工作中存在的一些严重问题及其原因。他把这些问题概括为浮夸风、“小资产阶级狂热性”和强迫命令等。

彭德怀在信中一方面肯定 1958 年的人民公社化“是具有伟大意义的”，工作中出现的一些缺点错误，“基本已经得到纠正”，但是，另一方面又强调指出：1958 年的“大跃进”中，“一些‘左’的倾向有了相当程度的发展，总想一步跨进共产主义，抢先思想（按：指抢先于苏联进入共产主义）一度占了上风；把党长期以来形成的群众路线和实事求是作风置诸脑后了”。“诸如过早否定等价交换法则，过早提出吃饭不要钱，某些地区认为粮食丰产了，一度取消统销政策，提倡放开肚皮吃，以及某些技术不经鉴定就贸然推广，有些经济法则和科学规律被否定等，都是一种‘左’的倾向”。②

显然，彭德怀在小组讨论中的发言和这封信中对于“大跃进”和人民公社化的评价，已经大大超出了毛泽东所允许的“一个指头”与“九个指头”的限度。毛泽东认为：“信中并没有什么新东西，其中所列‘大跃进’的种种问题，并没有超出中央八九个月来所一再讲的，而（彭德怀）在过去的历次会议上‘不提意见’，现在‘搞这一手’，动机不纯。”③ 这表明，毛泽东对彭德怀的这封信是不满的。

彭德怀的这封信，是为了如实地反映客观实际和群众的要求，不存在“动机不纯”的问题，内容也是基本正确的。在对问题的分析和遣词造句上，也考虑到了毛泽东接受的程度。就彭德怀当时对“大跃进”和人民公社化的内心认识而言，他对形势和问题的看法要严重得多。对此，看一看他在庐山会议期间所写的笔记就清楚了。关于人民公社问题，他写道：1958 年人民公社化，那一股共产风冲击和搞乱所有制，错误地把生产大

① 《彭德怀传》编写组：《彭德怀传》，当代中国出版社 1993 年版，第 588 页。

② 《彭德怀自述》，人民出版社 1981 年版，第 285—286 页。

③ 薄一波：《若干重大决策与事件的回顾》下卷，中共中央党校出版社 1993 年版，第 602 页。

队或生产队管理区的集体所有制，个人所有制，几乎都变为公社所有制，造成穷队与富队之间，贫农与中农之间，干部与农民之间，同时紧张。对于自留地也是几收几放，增加了农民对发展生产的顾虑，人心不安，大量农民自发地流入城市，这一切当然会打击农民的生产情绪，必然会造成减产的效果。上述这些错误和缺点，虽然经过两次郑州会议，武昌、上海六中和七中全会，以及 1959 年 4 月 22 日发出《党内通讯》，总的说来，“左”的倾向基本上得到了纠正，未酿成动摇总路线的错误，也没有打击那些真正热情高涨的干部和群众，而且使他们得到了教育，这当然是一个很大的胜利，但是到现在为此，并不是所有的地区和所有的部门都纠正了。某些地区和某些部门“左”的倾向还在继续存在和发展，特别是“共产风”所带来的严重强迫命令，浮夸虚报，脱离群众等现象是异常严重的。某些个别县要在两三年之内单独进入共产主义。……相当多的地区，实行大兵团作战，不计报酬，违背按劳分配、多劳多得的原则。按男女强弱分编劳动大军，而不是强弱搭配。根据我国农村现在生产条件，这样的分工和组织是很不适当的。为了急于新建居民点，事先拆毁房屋，新居民点尚未着手建设，旧的房屋已经拆毁不少。为了炼钢铁，捣毁铁锅和农具，这些现象绝不是正常的人民群众的革命热情，这是一部分小资产阶级出身未改造好的干部，被过去胜利冲昏了头脑的小资产阶级的狂热性。这些人对农业生产带来了严重的破坏性。①

由此可见，彭德怀对“大跃进”和人民公社化运动的认识是相当深刻的。

庐山会议之时，党内党外对“大跃进”和人民公社化运动存在的不少否定意见，也传到了毛泽东那里。

1959 年 5 月，当讨论第二次郑州会议、上海会议巩固人民公社的方针时，中共江西省委党校 80 多个县委一级干部通过大鸣大放，有人认为人民公社建立太快了，是早产儿；人民公社违背客观规律，是根据上级指示人为的产物，搞人民公社根本没有条件，人民公社没有合作社优越，缺

① 彭德怀：《为什么要写信给毛主席》，载《中共党史资料》第 28 辑，中共党史资料出版社 1988 年版。

点大于优点，公社是空架子，是金字招牌；“共产风”是上面刮下来，中央、省、地委应负责任；工资制与供给制相结合的分配制度提得过早，应该取消；公社目前不能实行工农业同时并举的方针，应以农业生产为主；公共食堂不是共产主义因素，害多利少；等等。

中共中央宣传部这年6月20日编印的《宣教动态》第45期上，刊登了《否定和怀疑1958年大跃进的若干论点》一文，其中讲到，天津部分党员干部认为，1958年的全民炼钢是得不偿失，农业上粮食不够吃，市场上出现了前所未有的紧张，党的威信不如过去高了；“大跃进”是工业跃进了，农业没有跃进；政治跃进了，经济没有跃进；人民公社走得太快，对农民的觉悟估计过高，忽视了农村的现实条件，主观愿望超过了客观现实等。

1959年6月9日，原国家建委基本建设局副局长、时任东北协作区办公厅综合组组长的李云仲，就目前经济生活中一些问题给毛泽东写了一封信。信中直言不讳地说，最近一年来，我们的工作中犯了“左”倾冒险主义的错误，其原因主要是在思想上忽视了两条战线的斗争，即在反对右倾保守思想的同时，忽视了“左”倾冒险主义的侵袭，在一个比较短的时期内，“左”倾冒险主义的思潮曾形成一个主流。信中列举了“左”倾冒险主义的主要表现，如将以钢为纲变成以钢为一切，全民大搞土法炼钢的运动是一条失败的经验，国家经济力量的消耗太大了；去年的公社化运动，在生产关系的变革即所有制问题上，可能是跑得太快了，其结果是“一平、二调、三抽款”；等等。

中国人民解放军总政治部秘书处这年6月24日编印的《政治工作简报》上，有一份材料说，据第42军政治部和海南军区政治部报告，少数营团干部对经济生活的紧张表示抵触和不满，认为经济紧张是全面的，长期不能解决，说人民公社成立太快了、太早了，不合乎规律，工人、农民和军官都对成立公社有意见，公社的优越性是宣传出来的；“全民炼钢”的口号是不对的，“小土群”可以不搞，1070万吨钢的指标也可以不提，钢的指标是领导主观主义地规定的。

国务院秘书厅党委办公室7月9日编印的第25期《秘书厅学习简报》中说，秘书厅的有些干部在学习中共中央关于压缩社会购买力的紧急指示过程中，对人民公社有这样的议论：(1) 建立人民公社的条件不成熟；(2) 人民公社所有制与我国目前的生产力水平不太适应；(3) 人民公社实行供给制与工资制相结合的分配制度，不适应我国目前生产力发展水平和群众觉悟，吃饭不要钱也不符合按劳分配原则；(4) 人民公社的发展太快太猛了；(5) 人民公社是群众运动搞起来的，但政策没有跟上去，有的有了正确政策，但在执行中又发生了偏差。

社会上出现的这些对“大跃进”和人民公社的否定性意见，联系到彭德怀信中所反映的问题，说明党内党外对总路线、“大跃进”和人民公社认识很不一致。毛泽东认为，右倾思想并不只是彭德怀等个别人存在，而是一种不可忽视的社会思潮，如果不对其进行批判，就可能向全社会蔓延开来，从根本上动摇“三面红旗”。因此，彭德怀“这封信对毛主席起了强刺激作用，免不掉又要亢奋失眠。主席自己在会上说，吃了三次安眠药睡不着。在神经过度兴奋的状态下，仔细琢磨的结果，就把这封信和党内外各种尖锐的反对意见，都联系起来；把彭总当作了代表人物，而且是在中央政治局里的代表人物。认为他的矛头是指向中央政治局和主席的，于是认为路线斗争不可避免”。①

7 月 16 日，毛泽东将彭德怀的信冠以《彭德怀同志的意见书》，印发给与会人员进行讨论。在讨论中，有人说这封信夸大了错误，低估了成绩，有人甚至认为这封信实际上否定了“大跃进”和人民公社化的成绩，是针对毛泽东的。也有人基本同意信的内容，说彭德怀的意见是好的，但不赞同信中诸如“小资产阶级狂热性”的提法。在小组讨论中，中央政治局候补委员、外交部副部长张闻天，中央书记处书记、总参谋长黄克诚，湖南省委第一书记周小舟明确表示赞同彭德怀的基本观点。

7 月 21 日，在庐山会议风向已开始转变的情况下，张闻天在小组会上就“大跃进”和人民公社化问题作了长篇发言。张闻天不但明确支持彭德怀信中的基本观点，而且对“大跃进”以来发生的严重问题作了理论上的分析，强调要多从观点、方法、作风上探讨缺点和错误产生的原因。他说，胜利容易使人头脑发热，骄傲自满，听不得不同意见，民主风气很重

---

① 《黄克诚回忆录》，人民出版社 1994 年版，第 252 页。

要，领导者要造成一种风气、环境，使下面敢于提意见。我们不要怕没有人歌功颂德，怕的就是人家不敢向我们提意见。张闻天的这番话，很有针对性，也很有见地，说明他对当时存在的问题是做过认真思考的。彭德怀信中谈及的“小资产阶级狂热性”一词，几乎是与会者均不赞同的。但张闻天说：“这个问题不说可能更好点，说了也可以，究竟什么样，可以考虑。但是，刮‘共产风’恐怕也是小资产阶级狂热性。”

张闻天把批评的锋芒集中在“全民炼钢”和“共产风”上。他指出，刮“共产风”，搞“一平二调”，从主观上看，主要是对所有制和按劳分配的认识出了问题，在急于过渡到共产主义的“左”倾思想指导下，否定集体所有制和个人所有制，所谓“破除资产阶级法权”、平均主义，是“共产风”的理论根源。他认为，现在集体所有制的历史使命还没有完成，它还有生命力，应该将之巩固稳定下来，不要急于改变。他强调要坚决贯彻按劳分配原则，反对搞平均主义。为此，张闻天指出：“对少数丧失劳动力的人，实行‘吃饭不要钱’是对的，但对多数人这样做，就不对了。我们不能搞平均主义。按现在的规定，工资部分在社员劳动报酬中，应占百分之六十至七十。这个比例实际上达不到，即使达到了，也还嫌少；以百分之三十作为社会保险，比例还是嫌大。我主张彻底一点。不缩小供给部分，按劳分配的原则就贯彻不了。现在有些人把供给制、公共食堂等于社会主义、共产主义，怕取消供给制就不够进步，退出食堂就不是社会主义。其实，这完全是两回事，是两个不同的范畴。社会主义并不一定要采取供给制、公共食堂这种办法。”①

俗话说，忠言逆耳。这时党内的民主集中制已经不健全，在巨大的威望面前，毛泽东已渐渐地听不进不同意见，更不要说反对意见。对于工作中出现的“左”倾错误，他自己可以进行纠正，但别人指出后他就有些难以接受，加之有个别“左”倾思想比较严重的干部说要顶住这股否定“大跃进”和人民公社化运动之风，否则队伍就散了。这样，彭德怀的信和张闻天的发言，引起了毛泽东的强烈不满。他认为，“大跃进”和人民公社化运动，虽有缺点和不足，但成绩是主要的，大方向是正确的，何况这些

① 《张闻天选集》，人民出版社 1985 年版，第 497 页。

问题已经得到纠正。彭德怀和张闻天对“大跃进”和人民公社化的问题早不提、晚不提，偏偏在形势好转、问题即将解决时提，于是他主观地认为，“彭德怀等不是跟他一道去纠正工作中的缺点错误，实际上是对大跃进和人民公社表示怀疑和反对，是向他和党中央的领导‘下战书’，因而是右倾的表现。由于对彭、张过去积有不满，更加重了毛泽东看到他们的信和发言记录后产生的反感和猜疑”①。

或许是历史的巧合，彭德怀上书的第四天，即 7 月 18 日，赫鲁晓夫在波兰的一个农业生产合作社发表了一通关于苏联历史上的公社的议论。赫鲁晓夫说：“可以理解，把个体经济改造为集体经济，这是个复杂的过程。我们在这条道路上曾碰到过不少困难。在国内战争一结束之后，我们当时开始建立的不是农业劳动组合，而是公社。”“看来，当时许多人还不太明白：什么是共产主义和如何建设共产主义。”“公社建立了，虽然当时既不具备物质条件，也不具备政治条件——我们是指人民群众的觉悟。”“许多这样的公社都没有什么成绩，于是党走了列宁所指出的道路。它开始把农民组织在合作社中，组织在农业劳动组合中，在那里人们集体地工作，但是按劳取酬。”赫鲁晓夫这些话虽然表面上是总结苏联历史上公社失败的原因，但显然是对中国的人民公社含沙射影的攻击。美国《纽约时报》对此借题发挥，说赫鲁晓夫这番话，是迄今为止一位苏联领袖对公社所作的最直率的公开批评。

对于国际上如美国的杜勒斯之流攻击人民公社，毛泽东觉得这是情理之中的事，而社会主义阵营内部赫鲁晓夫对人民公社指桑骂槐的指责，毛泽东就感到非常不满。他在 8 月 1 日给王稼祥的信中说：“一个百花齐放，一个人民公社，一个大跃进，这三件，赫鲁晓夫们是反对的，或者是怀疑的。我看他们是处于被动了，我们非常主动，你看如何？这三件要向全世界作战，包括党内大批反对派和怀疑派。”② 在毛泽东看来，对“大跃进”和人民公社，下有江西省委党校学员的议论，中有李云仲这一级干部的否定，上有彭德怀、张闻天这样的中央大员的“挑战”，国内、国际都有一

① 胡绳：《中国共产党的七十年》，中共党史出版社 1991 年版，第 377 页。

② 逄先知、金冲及：《毛泽东传（1949—1976）》，中央文献出版社 2003 年版，第 992 页。

股势力在否定“大跃进”和人民公社，任其下去，“大跃进”就要夭折，人民公社就要垮台，必须加以反击。在这样的情况下，庐山会议被延长，并由中央政治局扩大会议改为召开八届八中全会，集中解决彭德怀等人的问题。

7月22日，毛泽东找几个人谈话。有人对毛泽东说，现在很需要他出来讲话，顶住这股风，不然队伍就散了。还说，彭德怀的信是对着总路线，对着毛泽东的。这番话直接促使毛泽东下决心“反右倾”。当天晚上，毛泽东与刘少奇、周恩来商量准备第二天开大会。7月23日，毛泽东在大会上发表长篇讲话，庐山会议的主题也就由纠“左”转变为“反右倾”。正如杨尚昆后来所回忆的：“庐山会议从纠‘左’转向反右，彭德怀的《意见书》是‘导火索’，看来事情带有偶然性，其实不然。会议前期，大家思想并没有敞开，对形势的估计一直存在分歧，一些不同意见遭到压制。毛泽东原来估计，彭德怀的《意见书》印发后，会引起一些人的批评和反对，而实际情况却是得到了不少人的同情和支持。毛泽东怀疑党内有人在刮风；一些‘左’派人物感到批评‘三面红旗’的人越来越多，会使人泄气，担心‘左’派队伍守不住阵地，有人就到毛泽东那里去告状，要求毛泽东出来讲话。与此同时，从中央到地方都不断传来对‘三面红旗’的尖锐批评；在国外，赫鲁晓夫和东欧国家的一些领导人，也连续发表批评中国‘大跃进’和人民公社的讲话和文章。这一切都使毛泽东感到形势严重，必须进行反击。”①

毛泽东在7月23日大会上发表的长篇讲话中，逐一批驳彭德怀信中的观点并对人民公社大加维护。他说，小资产阶级狂热性，有一点，并不那么多。我同意同志们的意见。问题是公社运动。我到遂平详细谈了两个钟头，嵖岈山公社党委书记告诉我，七、八、九三个月，平均每天三千人参观，三个月三十万人。徐水、七里营听说也有这么多人参观。这些人都是县、社、队干部，也有地、省干部。他们的想法是河南人和河北人创造了真理。搞共产主义，这股热情怎么看法？小资产阶级狂热性吗？我看不能那么说，无非是想多一点、快一点。三个月当中，三个三十万，九十万

① 苏维民：《杨尚昆谈庐山会议》，《百年潮》2008年第1期。

人朝山进香，对这种广泛的群众运动，不能泼冷水，只能劝说，不能性急，要有步骤。这些干部，率领几亿人民，他们要办公社，办食堂，搞大协作，非常积极，你说这是小资产阶级狂热性？这不是小资产阶级，是贫农、下中农，无产阶级、半无产阶级，三亿五千万人。

毛泽东又说：对“共产风”也要有分析，其中有小资产阶级狂热性。这是什么人？“共产风”主要是县、社两级，特别是公社一部分干部，刮生产队和生产小队的。这是不好的，群众不欢迎。用了一个多月工夫，三四两月间把风压下去了，该退的退，社与队的账算清楚了。这一个多月的教育、算账有好处，在极短的时间里，使他们懂得了平均主义不行，“一平、二调、三收款”是不行的。他们不晓得做了多少次检讨了，从去年郑州会议以来，大做特做，省六级干部会上、县五级干部会上都要检讨。北京来的人哇啦哇啦，他们就听不进去，说我们检讨多次，你们没有听到？我就劝这些同志，要听人家的意见。我少年中年时，也是听到坏话就一股火。人不犯我，我不犯人；人若犯我，我必犯人；人先犯我，我后犯人。这个原则，我现在也不放弃。① 毛泽东还说，人民公社，我无发明之权，有推广之权。北戴河决议也是我建议写的。我去河南调查时，发现嵖岈山这个典型，得了卫星公社的一个章程，如获至宝。你讲我是小资产阶级狂热性，也是有一点，不然为什么如获至宝呢？

7 月 26 日，毛泽东在李云仲的信上写了一段长达三千余字的批语，一方面肯定李云仲的“好处是把自己的思想和盘托出”，“不隐瞒自己的政治观点”，另一方面又认为“现在党内党外出现了一种新的事物，就是右倾情绪、右倾思想、右倾活动已经增长，大有猖狂进攻之势”。② 在毛泽东看来，反右必出“左”，反“左”必出右，现在已经到了反右的时候了。

7 月 29 日，毛泽东看了《内部参考》第 2820 期《赫鲁晓夫谈苏联过去的公社》等三篇文章后，写了一段批语，其中说：“不合历史要求的东西，一定垮掉，人为地维持不垮是不可能的。合乎历史要求的东西，一定

① 中共中央文献研究室：《毛泽东年谱（1949—1976）》第 4 卷，中央文献出版社 2013 年版，第 112—113 页。

② 《建国以来毛泽东文稿》第 8 册，中央文献出版社 1993 年版，第 379 页。

垮不了，人为地解散也是办不到的。这是历史唯物主义的大道理。”[①]毛泽东的意思很清楚，苏联历史上的公社之所以垮台，是因为其不合乎历史要求，而中国的人民公社是合乎历史要求的，是垮不了的。

8 月 2 日，中共八届八中全会在庐山举行。毛泽东在讲话中说：“我们反了九个月‘左’倾了，现在基本上不是这一方面的问题了，现在庐山会议不是反‘左’的问题了，而是反右的问题了。因为右倾机会主义在向着党，向着党的领导机关猖狂进攻，向着人民事业，向着六亿人民的轰轰烈烈的社会主义事业进攻。”

8 月 5 日，毛泽东看了一份关于湖南平江县淡岑公社稻竹大队几十个食堂散伙后又恢复的材料后，更加坚信人民公社和食堂是能办好的。他提笔写了一段富有感情的文字：“此件值得一看。一个大队的几十个食堂，一下子都散了；过一会，又都恢复了。教训是：不应当在困难面前低头。像人民公社和公共食堂这一类的事情，是有深厚的社会经济根源的。……孙中山说：‘事有顺乎天理，应乎人情，适乎世界之潮流，合乎人群之需要，而为先知先觉者决志行之，则断无不成者也。’这句话是正确的。我们的大跃进、人民公社，属于这一类。困难是有的，错误也一定要犯的，但可以克服和改正。悲观主义的思潮，是腐蚀党、腐蚀人民的一种极坏的思潮，是与无产阶级和贫苦农民的意志相违反的，是与马克思列宁主义相违反的。”[②]

8 月 7 日，中共中央作出《关于反对右倾思想的指示》，认为“有些右倾保守分子，不但对于人民公社和去年以来大跃进的伟大成就，对于人民公社和大跃进运动中所遇到的主要问题迅速获得解决的事实，熟视无睹，不感兴趣；而且对于运动中所发生的错误和缺点，不管是否已经克服，都如获至宝一般地广为搜集，加以夸大，作为攻击社会主义建设各个战线上积极分子的武器”。[③]强调右倾思想已经成为工作中的主要危险，如果不彻底加以批判和克服，就不可能贯彻实行总路线，也不可能使各项

① 《建国以来毛泽东文稿》第 8 册，中央文献出版社 1993 年版，第 390 页。

② 逄先知、金冲及：《毛泽东传（1949—1976）》，中央文献出版社 2003 年版，第 998 页。

③ 中共中央文献研究室：《建国以来重要文献选编》第 12 册，中央文献出版社 1996 年版，第 496 页。

事业继续跃进。从此揭开了庐山会议后“反右倾”运动的序幕。

中共八届八中全会在经过对彭德怀、张闻天、黄克诚、周小舟等的猛烈批判之后，于8月16日结束。全会通过的《关于开展增产节约运动的决议》，对人民公社作了充分肯定，强调：“人民公社的优越性，包括组织规模大，活动范围广，可以统一筹划全社的生产和分配，可以比农业生产合作社更有效地充分动员和合理安排农村的劳动力，可以兴办农业生产合作社所难以兴办的建设，便于加快农林牧副渔和工农商学兵的综合发展，便于实现农业机械化，便于实现农民收入的稳定增长和加快农村整个生活的进步，便于发展公共食堂、托儿所等集体事业，在分配中可以有一定的供给制成分，等等，所有这些优越性，将越来越显著地发挥出来。”①全会作出了《为保卫党的总路线、反对右倾机会主义而斗争》的决议，再次肯定人民公社化运动是“去年大跃进中农业生产大发展、农田水利大发展、农民办工业的积极性和农民社会主义觉悟大高涨的产物”。右倾机会机会主义分子则看不到“在贯彻实行按劳分配、明确规定公社生产队的基本所有制的条件下，人民公社的组织形式，正是进一步发展农业中的社会主义集体所有制的强大武器”。号召全党：“保卫总路线，击退右倾机会主义的进攻，已经成为党的当前的主要战斗任务”。②

至此，第一次郑州会议以来的人民公社的纠“左”进程被中断。在随后开展的“反右倾”过程中，许多“左”的东西重新出现，已基本遏制的“共产风”再度泛滥，提早过渡的思想再次泛起。

二、“坚守社会主义阵地”

庐山会议之后，毛泽东多次讲到要维护人民公社。1959年9月15日，

① 中共中央文献研究室：《建国以来重要文献选编》第12册，中央文献出版社1996年版，第516页。

② 中共中央文献研究室：《建国以来重要文献选编》第12册，中央文献出版社1996年版，第508—509页。

在各民主党派负责人座谈会上，他说，农业没有人民公社不行，搞水利化，搞机械化，几十户、一百户的高级社就不适应。又说，大跃进不应该搞，人民公社不应该搞，那么总路线还有什么？总路线就要崩溃，所以我们要起来保卫总路线，支持大跃进、人民公社。①

1959 年 9 月 30 日，赫鲁晓夫来到北京，参加中华人民共和国成立十周年庆典。毛泽东知道，赫鲁晓夫是不赞成搞人民公社的，但他还是在 10 月 4 日同赫鲁晓夫谈话时说，我们的人民公社也是人民创造出来的。我们研究了 1918 年苏俄办公社的章程，这个章程里面有许多好东西，但有两个缺点：一是取消了社员的小私有权，二是搞共产主义的按需分配。这两点我们都考虑了，比如我们的公社允许社员留自留地，仍然是社会主义的按劳分配。这些都写在我们的决议里面了。赫鲁晓夫说：对你们的公社我们是不大了解的。在初期，根据中国的宣传报道来看，有些中国同志是想否认物质刺激，确有想跨过社会主义原则的样子。我们那儿也有人提出，我们为什么不按需分配。毛泽东回答说：我们公社的原则，已经都写在决议里面了。我们在公社里也搞积累，不但公社搞积累，国家也搞积累。② 毛泽东在会见波兰党政代表团时又说，人民公社也是群众创造的，中央只是总结经验把它推广。中国的条件下不搞公社不行。中国有很多天灾，每年都有，没有大规模的组织就不能抵抗灾害。成立公社后，过去不能利用的资源，现在也能利用了。公社可以办相当大的中型水库，过去不能办的工厂、学校、托儿所等现在也能兴办了。③ 在毛泽东看来，公社不是强加给群众的，而是人民群众的创造。苏联的公社之所以垮台，是因为苏联的公社有缺点，而中国的公社却克服了这些缺点，是不会垮台的。

庐山会议结束时，正值北戴河会议通过《中共中央关于在农村建立人民公社问题的决议》一周年。为此，8 月 29 日出版的《人民日报》发表了《人民公社万岁》的社论，其中对人民公社充满赞美之词。社论认为，像人民公社化这样大规模的、迅速发展的群众运动，在获得伟大成就的同时，当

---

① 顾龙生：《毛泽东经济评传》，中国经济出版社 2000 年版，第 422 页。

② 中共中央文献研究室：《毛泽东年谱（1949—1976）》第 4 卷，中央文献出版社 2013 年版，第 199 页。

③ 逄先知、金冲及：《毛泽东传（1949—1976）》下，中央文献出版社 2003 年版，第 993 页。

然不可避免地也要发生一些缺点。但是，“值得惊奇的并不是发生了一些缺点；值得惊奇的是，缺点同成绩相比是如此之少，缺点的克服是如此之快”。经过郑州会议、八届六中全会和 1959 年 2 月底到 3 月初召集的第二次郑州会议，从而使这一运动在初期出现的一些问题得到了透彻的解决。社论最后说：“作为新生的社会组织的人民公社，已经经历了严重的考验，也积累了丰富的经验。任凭国内外敌对势力怎样咒骂和破坏，任凭党内右倾机会主义分子怎样指责和反对，任凭严重的自然灾害怎样袭击，人民公社都没有垮台，我们因此也有权利说，它将永不会垮台。”

庐山会议之后，各种宣传媒体发表了大量的宣传人民公社建立的必要性和人民公社的优越性的文章。

8 月 29 日，新华社发表《在跃进中诞生，在战斗中成长，在整顿中壮大——人民公社健全发展稳如泰山》的长篇通讯，强调一年来大规模的、工农商学兵相结合的、政社合一的人民公社，经过初期轰轰烈烈的建社阶段，经过几个月的整顿巩固工作，已经普遍走上了巩固的健全发展的道路。现在全国人民公社不仅在发展生产、组织生活等各方面发挥了强大的优越性，而且在办社、在经营管理方面已摸索出一套比较完善的经验，在我国农村建立了强固根基。

8 月 30 日，《人民日报》发表《继承“穷棒子社”的勤俭传统，发挥人民公社的优越性，建明人民公社树立了光辉榜样》，介绍了河北省遵化县建明人民公社建立一年来的变化，证明人民公社具有“无限灿烂的光辉和无穷无尽的力量”。

12 月 6 日，《人民日报》发表中共安徽省委第一书记曾希圣的文章《人民公社在安徽》，将人民公社建立以来取得的成绩，概括为六个方面：(1) 大大推进了水利建设运动，在水利战线上出现了一个新的局面。(2) 为发展多种经营和社办工业，开辟了广阔的道路。(3) 使富队的生产得到了进一步发展，使穷队的生产得到了更快的提高，初步改变了穷队的面貌。(4) 随着生产的迅速发展，公社的积累大大增长，社员的生活普遍提高。(5) 公社举办的各种集体福利事业，发展十分迅速，日益走向巩固和健全。(6) 人民公社促使群众的精神面貌起了深刻变化。文章认为，所有这一切，是因为人民公社具有“一大二公”的特点，能够解放大批劳动力，更充分合理地使用劳动力；能够统一规划和合理利用资金、土地以及其他自然资源，兴办高级社难以兴办的各种建设事业；能够把工、农、商、学、兵拧成一股绳，保证农、林、牧、副、渔业和工业生产的全面发展。

为了论证人民公社的优越性，还在庐山会议期间，毛泽东就致信吴冷西、陈伯达和胡乔木，要求新华社通知各分社，每个省（市、自治区）选择五个具有典型意义的人民公社，特别是办得好的典型，进行一次调查，目的是“为了驳斥国内外敌人和党内右倾机会主义，或者不明真相抱着怀疑态度的人们，对于人民公社的攻击、污蔑和怀疑”①。

按照毛泽东的指示，新华社组织各分社进行了一次规模宏大的人民公社调查，并将其中的一部分调查报告汇编成书，交人民出版社公开出版，其余的由新华社于 1960 年 5 月编辑成册，随《内部参考》发行。不需说，这些调查报告的内容，都是对人民公社种种优越性的论证与颂扬。

引导农民走集体化道路是应该的，在一个农民个体生产占主体的汪洋大国中，不完成农业的集体化，改变土地的小私有性质，就不能完成国家的工业化，也不可能实现土地的集约经营和农业现代化，更不能建立和巩固社会主义制度。个体农民也的确没有抗拒自然灾害的能力，而且不可避免地将出现两极分化。引导农民通过合作化的形式走上集体化道路，既是与马克思主义的论述相符的，也是符合中国实情的。

土地改革之后，许多农民有着实现集体化、走社会主义道路的强烈愿望。不然，农业合作化能那样迅速实现就解释不通。问题是，大多数农民还刚刚感受到土地改革带来的好处，他们多数人的愿望要求还停留在互助合作阶段时，就在批判“小脚女人走路”中，匆忙地完成了合作化；初级农业生产合作社建立后，又没有经过一段时间的巩固，就急急忙忙地完成了初级农业生产合作社到高级农业生产合作社的转变，有的农民是从互助组甚至是个体单干而直接跨入高级社的。现在回过头来看，由互助组到初级社再到高级社的转变过程中，的确存在所有制改变过急过快、组织形式简单划一、违背农民意愿的倾向。

初级社的评工记分和股份分红，比较好地体现了按劳分配原则和生产

---

① 《建国以来毛泽东文稿》第 8 册，中央文献出版社 1993 年版，第 462 页。

要素在分配中的作用，社员不但积极劳动，而且爱惜集体财物，愿意集体经济壮大，因为在集体经济的发展中他能得到实际利益，初级农业生产合作社的集体利益与社员的个人利益是较好地结合在一起的。

进入高级社后，生产要素退出分配领域，社员集体劳动，评工记分，按工分进行分配，虽然评工记分手续比较繁琐，也有不能真实体现社员劳动的质量和效率的地方，已经存在平均主义“大锅饭”的问题，但毕竟其主体还是按劳分配，社员只有劳动多，才能工分多，也才能分配得多。

人民公社实行供给制与工资制相结合的分配方式，供给的部分比重大，这种分配实际上是奖懒惩勤、奖人多劳少惩人少劳多的典型的平均主义，而那点本来比重就不大的工资，又是固定了级别的，社员干多干少、干好干坏基本上是一个样，所以严重挫伤了社员生产劳动的积极性。至于与公社化随之而来的“共产风”“命令风”等五风，不自由的生活集体化，更是使社员对公社的“优越性”不能不加以怀疑。

而既然所谓的“右倾机会主义者”攻击人民公社是“办早了”“搞糟了”，自然要对人民公社的“优越性”大加赞扬。不但如此，而且还要对“右倾机会主义者”及由其造成的“右倾的邪气、歪气”加以批判，以此来“坚守农村社会主义阵地”。对于人民公社当时已经出现的问题，不是从人民公社的体制本身去找原因，而是用阶级斗争的思维去看待和分析农村的形势，片面认为存在一股反社会主义道路的逆流，存在着资本主义和社会主义两条道路的激烈斗争。1959 年 9 月 29 日，中共农业部党组在《关于庐山会议以来农村形势的报告》中说：“在五、六、七几个月内，农村中也有局部地方曾经出现一股右倾的歪风。”报告列举了“右倾歪风”的五种表现：一是改变基本队所有制，以生产小队为基本核算单位，或者名义上保持基本队所有制，而实际上把收入的 50%以上归生产小队分配；二是包产到户，实际是恢复单干；三是利用小私有、小自由，变成大私有、大自由，甚至还有一个月只劳动几天的挂名社员；四是吹掉了部分供给制；五是吹掉公共食堂。①10 月 15 日，中共中央批转了这个报告，并加按语说，

① 《当代中国农业合作化》编辑室：《建国以来农业合作化史料汇编》，中共党史出版社 1992 年版，第 572 页。

上述表现“实际上是猖狂的反对社会主义道路的逆流”，要求各地把这些“反动的、丑恶的东西大量地揭露出来”，“彻底加以揭发和批判”①。

同年11月3日，中共河北省委作出《关于在农村开展两条道路的斗争进行社会主义教育的指示》，认为“农村中一部分富裕中农和干部当中的少数代表富裕中农利益的右倾机会主义分子”，“反对人民公社，反对供给制和公共食堂，反对大跃进，反对总路线和党的领导，并且根本反对社会主义”，他们“到处散布反动言论，污蔑大跃进是‘吹牛’，说人民公社‘办糟了’，说‘供给制助长了懒汉’，说公共食堂这‘吃不好，浪费粮食，不自由’，并且消极怠工，破坏生产，有的地方甚至把牲口分回到户，或者常年包工包产到户，无限量地大搞私有经济，削弱集体经济的发展，有的已经闹退社了”。这些情况说明，“目前农村中资本主义和社会主义两条道路的斗争还是非常尖锐的，这场斗争是十年来农村中资本主义和社会主义两条道路的继续，是一场很激烈很深刻的阶级斗争”。②

中共湖南省委农村工作部给湖南省委的《关于整社试点座谈会的报告》中也说，虽然公社化一年来，“农村的形势是极好的，前途一片光明”，但在这种大好形势面前，“以少数富裕中农为代表的右倾思想极为严重的人，向我们发动了猖狂的、恶毒的进攻”。如否定“大跃进”的成绩，说什么“共产党好吹牛皮，讲大话，年年喊增产，年年都减产，就是增了一点产，劳力、成本花得多，得不偿失，劳民伤财”；认为公社化搞快了，搞糟了，搞穷了，说人民公社不如高级社，高级社不如初级社，主张把土地、耕牛、农具和粮食下放到户，把产量、产值包到户；说供给制出懒汉，不能发挥人的积极性，主张搞清一色的按劳分配，或者给困难户一点救济，吃亏吃在明处；把食堂说成是“死堂”，主张拆散食堂，重建私灶；等等。因此，湖南省委农村工作部认为，在当前农村中开展一次“主要是解决农村社会主义和资本主义两条道路的思想斗争”的整社运动，“十分必要”。“这场斗争的胜利对于社会主义建设，对于继续组织大跃进，是关系极大的”。

① 《当代中国农业合作化》编辑室：《建国以来农业合作化史料汇编》，中共党史出版社1992年版，第573页。

② 《河北省委关于在农村开展两条道路的斗争进行社会主义教育运动的指示》，1959年11月3日。

湖南省委农村工作部明确提出，此次整社运动在思想上，“要把少数有严重右倾思想的人的错误言行，进行彻底地揭露和批判，把它在群众中狠狠搞臭，使群众深刻地认识其危害性，划清资本主义思想和社会主义思想的界限，从而大大提高群众的思想觉悟，巩固农村中的社会主义思想阵地”；政治上，积极培养和扩大骨干力量，树立贫下中农在生产队和作业组中的绝对优势，把领导权紧紧地掌握在这些人手里。组织上，要把公社、大队、生产队、作业组各级组织都健全和充实起来，改变目前某些组织机构不适应生产发展的情况。在制度上，要在总结今年经验的基础上，进一步贯彻“统一领导、分级管理”的制度，建立和健全生产管理、生活管理、财务和民主管理制度，以促进生产的更大发展和公社的日益巩固。①

按照这样的思路，湖南省委农村工作部首先在长沙、平江、浏阳、湘潭等 10 个地区各选择了一个人民公社，作为整社的试点单位。整社分为四步进行：第一步，发动干部、群众围绕“大跃进的巨大成绩、人民公社的巨大优越性”等，组织鸣放辩论（其实也就是批斗会）；第二步，抓住主要问题进行整改，如整顿公共食堂，贯彻计划用粮、节约用粮等；第三步，进行党、团组织建设，选举新的领导机构；第四步，制订明年的生产计划和远景规划。这四步中，鸣放辩论是最重要的，“主要的锋芒要对准党内的右倾机会主义分子和富裕中农当中少数有严重资本主义言行的人”。

中共湖南省委很快批转了省委农村工作部的上述报告，并报送了中共中央，引起了中共中央的高度重视。1959 年 10 月 15 日，中共中央在转发湖南省委的报告中指出：“在农村中如果不把一部分富裕中农反党反社会主义的猖狂进攻彻底粉碎，人民公社就不可能进一步巩固，农业的继续大跃进和贯彻实行党的总路线也是不可能的。”② 中共中央要求各省、市、自治区安排一个适当的时间，以两条道路的斗争和社会主义教育为纲，进行一次整社、整风运动。

按照中共中央的指示，全国农村相继展开了以“反右倾”为中心内容

---

① 《当代中国农业合作化》编辑室：《建国以来农业合作化史料汇编》，中共党史出版社 1992 年版，第 575—576 页。

② 《当代中国农业合作化》编辑室：《建国以来农业合作化史料汇编》，中共党史出版社 1992 年版，第 573 页。

的整风整社运动。以河北省保定市为例，1959 年 12 月，中共保定市委发出通知，要求在全市农村广泛深入地开展一次全民性的两条道路斗争和社会主义教育运动。随后，全市 5567 个生产队分两批开展整风整社，第一批 2592 个生产队，第二批 2975 个生产队。运动开始后，全市组织有 2428 人参加的整风工作队进驻农村发动整风，并将公社各级干部集中学习，同时进行检查、鸣放；然后组织群众批判犯有“严重富裕中农思想”错误的党员干部，批判的主要内容有包产到户、部分生产资料退还生产小队或农户、多留自留地或私自小片开荒、瞒产私分、不实行供给制或解散公共食堂等。全市农村被整风批判的重点对象有 19346 名，其中富裕中农 12658 名，党员干部 5487 名。接着对农村党支部进行分类排队，并重点整顿全市 822 个三类党支部，全市共调整支部书记、生产队长以上干部 8149 名，新提拔干部 8487 名。保定的整风整社从 1959 年 12 月开始，至 1960 年 2 月结束。在运动过程中，全市农村党员干部受到各种党纪处分的有 430 人，其中被开除党籍的 85 人，留党察看的 74 人，撤职的 76 人，严重警告的 124 人，警告的 121 人。①

庐山会议后在全国农村以整风整社和社会主义教育名义开展的“反右倾”运动中，大批敢于坚持实事求是、对“共产风”、浮夸风进行过抵制的农村基层干部甚至普通社员，被戴上各种帽子或遭受错误批判和处分。

甘肃平凉地区庐山会议后到 1959 年 12 月底，全地区共排出重点斗争对象 17032 名，占农村人口 0.82%。在这些重点批判对象中，富裕中农占 80.2%，地主富农成分者占 4.8%。其中党员 2346 人，占批判对象的 13.7%，占党员总数的 5.05%；团员 1100 人，占批判对象的 6.4%，占团员总数的 2.5%；基层干部 3142 名，占批判对象的 18.45%，占基层干部总数的 5.8%。②

中共湖南省委于 8 月 22 日至 9 月 15 日召开有 2000 余人参加的省委扩大会议，揭发批判以原省委第一书记周小舟为首的所谓“右倾机会主

① 焦显丽：《保定市反右倾斗争概述》，载《保定党史专题资料汇编》，中共保定市委党史研究室 2002 年编印。

② 中共平凉地委：《关于全区整社运动中几个主要问题的报告》，1959 年 12 月 31 日。

义反党宗派活动”。随后，“反右倾”整风运动在全省展开，整个运动至1960年3月才基本结束，全省县以上机关的8万多名党干部中，有4600多人受到重点打击，定为“右倾机会主义分子”的483人，定为“反党分子”的354人。在农村则开展整社结合整党、整团的“反右倾”，农村80多万基层干部和1800万社员卷入运动之中，主要的方式是开展大辩论和大批判，重点揭批以富裕中农为代表的“资本主义倾向”及“右倾机会主义思想”。据全省66个县的统计，受到重点的批判有10.3万人。[①]

四川省宜宾县在庐山会议后的“反右倾”运动中，第一批在22个公社中清理了1884名干部，重点批斗了131人；第二批在21个公社重点揭发、批判了“右倾机会主义分子”和严重“资本主义言行”者120人。随后，全县召开县、区、社、大队、小队五级干部会议，与会的2638人中上千人受到批判，被撤职者155人。[②]据1960年2月中共四川省泸州地委《关于开展反右倾斗争总结报告（初稿）》的统计，在庐山会议后的反右倾运动中，泸州地区公社正副书记以上干部被重点批判的共计180人，其中定为右倾机会主义分子的45人，定为严重右倾的100人，定为反党分子、对敌右倾、个人主义、坏分子、阶级异己分子等共35人。这些人中，受到警告处分的5人，严重警告的14人，撤职的79人，留党察看的4人，开除党籍的6人。同年3月，泸州地委在《关于农村社会主义教育运动的总结报告》中说，在庐山会议后的社会主义教育运动中，被批判的公社以下干部16443人，占干部总数的17.9%；社员14056人，占农村总人口的0.38%。“从反右倾斗争到现在，共撤职调整干部13102人(从区到生产队)，占干部总数的25.21%”，“落后地区的批判斗争面和干部调整面，一般较宽，干部批判面占46%，群众中的批判面达农村总人口的1.1%，撤职和调整的干部一般达到40%。”[③]

在江西，在运动中重点批判的干部1728人，占公社党委书记和县以上机关干部总数的2.15%；其中打成“右倾机会主义分子”187人，“反

① 禹舜主编:《当代湖南简史》，当代中国出版社1997年版，第177页。

② 杨超等主编:《当代四川省简史》，当代中国出版社1997年版，第123—124页。

③ 《四川省农业合作经济史料》编辑部:《四川省农业合作经济史料》，四川科学技术出版社1989年版，第496—497页。

党分子”106 人，“严重右倾思想”者 650 人，“严重资产阶级个人主义”者 673 人，其他 104 人。据 1960 年 2 月对 80 个县的统计，农村基层受到重点批判的生产小队长以上党员干部 7494 人，全党员总数的 2.75%，另有一部分社员也受到批判。①

随着整风整社运动的开展，刚刚萌生的包产到户的命运就可想而知了。

庐山会议结束刚刚一个星期，中共江苏省委就发出通知说，不论是全部农活包到户，还是各种形式的包产到户，都是右倾思想的表现，它从根本上取消了人民公社集体劳动这一基本的劳动形式，退到了个体分散劳动的老路。包产到户，实质上是从集体退到单干。这些做法，“就会使人民公社无法统一安排劳动力组织生产，就会使资本主义思想和行为发展起来”。因此，“凡是发现把全部农活包到户，或者是包产到户的地方，不论形式如何，名目怎样，都应当立即批判，加以纠正。这种做法，既不必试行，更不能推广”。②10 月 13 日，中共中央转发了江苏省委的通知，并指出：“把全部或者大部分农活包工到户或者包产到户的做法，实际上是农村中反对社会主义道路、而走资本主义道路的做法，凡有这种意见和活动的地方，都必须彻底加以揭露和批判。”③

中共河南省委也在庐山会议后立即召开省、地、县三级干部会议，检查并批判河南的“右倾机会主义思想和右倾错误”，对新乡、洛阳的“包产到户、定产到田”进行猛烈批判，赞成包产到户的干部被打成“右倾机会主义分子”，并对其做出撤职或降职处分。9 月 12 日，河南省委将全省三级干部会议期间被批判为“右倾机会主义分子”的几个典型材料上报中共中央。10 月 29 日，中共中央批转了这一报告，并且认为河南一些地方前一段时间推行的名为“地段责任制”的包产到户，是想把“一大二公”的人民公社倒退到互助组甚至单干户，是从根本上反对人民公社，反对走社会主义道路。包产到户反映的是一部分富裕中农的要求，其实质是反党

① 危任聂主编：《当代中国的江西》，当代中国出版社 2002 年版，第 182 页。

② 中共江苏省委：《关于立即纠正把全部农活包到户和包产到户的通知》，1959 年 8 月 22 日。

③ 《当代中国农业合作化》编辑室：《建国以来农业合作化史料汇编》，中共党史出版社 1992 年版，第 580 页。

反人民的资产阶级思想在党内的反映。如不彻底肃清，总路线就不可能贯彻执行，社会主义建设就不能顺利进行。因此，对于这种思想，各级党委应该组织党员干部进行深入彻底的揭露和批判，把一切右倾思想、右倾活动彻底搞臭。

接着，河南省委立即发出通知，要求各级党委认真学习中共中央的指示精神，彻底改正“地段责任制”，并组织调查组前往新乡、洛阳寻找包产到户的典型以供批判。1959年底，调查组写出了《关于十一个生产队执行“包产到户”情况的调查报告》，罗列了包产到户“削弱党的领导”，“破坏农业生产”，“阻碍社有经济发展”等八大“罪状”。河南省委在转发这个调查报告时强调：为了保卫“总路线”“大跃进”和人民公社，必须肃清“右倾机会主义分子”的思想影响，彻底纠正包产到户的错误倾向，加强人民公社的集体生产。这样，河南的包产到户尚在萌芽状态中就窒息夭折了。其他各地的包产到户也都遭到了同样的厄运。

同时，各种报刊还发表了大量的批判包产到户的文章。1959年11月1日，《人民日报》发表《红旗》杂志评论员文章《右倾机会主义就是企图为资本主义复辟开辟道路》。文章说：“右倾机会主义分子不喜欢加快社会主义建设速度，反对人民公社”，“所以按照他们的逻辑，我们的农村不但不应当前进到人民公社，而且还应当倒退到资本主义。他们企图用所谓‘包产到户’之类的形式来破坏集体所有制，恢复单干，使农村重新走上资本主义的道路。”

第二天，《人民日报》又发表评论员文章《揭穿“包产到户”的真面目》，指责包产到户“是极端落后、倒退、反动的做法”，强调“集体劳动永远是人民公社的基本的劳动方式，随着生产工具和管理水平的提高，适于包给社员个人单独做的农活必将越来越少。这样的原则决不能有丝毫动摇，决不能有一点违背。人民公社的劳动管理、包工包产，并不简单的是方法问题、技术问题，而是涉及生产关系的重大政治问题，是两条道路斗争的一个重要战场。右倾机会主义者总是想在这些地方钻空子，必须谨防。界线必须划清，阵地必须固守”。

三、“穷过渡”

第二次郑州会议明确提出了人民公社要以生产大队为基本核算单位，并提出要考虑小队的部分所有制问题。庐山会议之后，随着“反右倾”运动的展开，不但使第一次郑州会议以来纠“左”的努力付诸东流，而且还主观地认为，1959 年六七月间之所以出现生产下降和城乡人民生活困难，是“由于右倾保守、右倾活动，特别是右倾机会主义分子作怪”①。庐山会议后，“大跃进”狂潮再起，各种不切实际的高指标再度提出，人民公社的所有制问题再次被看成是向共产主义过渡的核心内容。

1959 年底至 1960 年初，毛泽东在读苏联《政治经济学教科书》时，对人民公社的集体所有制向全民所有制、社会主义向共产主义两个过渡的问题，做了许多的思考。他认为，从资本主义过渡到共产主义有可能分成两个阶段：一是由资本主义到社会主义，这可以叫不发达的社会主义；二是由社会主义到共产主义，即比较不发达的社会主义到比较发达的社会主义也就是共产主义。后一阶段可能比前一阶段需要更长的时间。经过了后一阶段，物质产品、精神财富都大为丰富，人们的共产主义觉悟大大提高，在此基础上就可进到共产主义的高级阶段了。将社会主义划分为比较不发达和比较发达两个阶段，是毛泽东对社会主义发展阶段的一个有积极意义的思考。

毛泽东认为，从资本主义到共产主义是一个大过渡，这个大过渡中又包括两个小过渡，第一个过渡是由资本主义到生产资料私有制改造完成，这是不发达社会主义；第二个过渡是由不发达社会主义到发达社会主义的过渡，发达社会主义建成之日，也就是共产主义实现之时。正因为如此，在毛泽东看来，中国的第一个过渡已经完成，现在所面临的是实现第二个过渡。因此，必须从目前的基本队有制发展到基本社有制，再由公社的集体所有制发展到全民所有制，而由基本队有制过渡到基本社有制，就是现

① 《中共中央批转冶金部和煤炭部党组向中央报告的批语》，1959 年 10 月 12 日。

阶段必须着重考虑的问题。

毛泽东在《读苏联〈政治经济学教科书〉的谈话》中曾指出："人民公社由基本队有转变到基本社有的时候，在一部分人中间，会不会发生抵触现象，这个问题值得研究。我们将来实现这个转变的一个决定性的条件，是社有经济的收入占全社总收入的一半以上。在转变的时候，是队共社的产，而不是社共队的产。社员在这种'共产'以后，比在这种'共产'以前有利。这样，估计绝大多数人不会抵触。"[①]在他看来，全国一旦实现了单一的全民所有制，就会大大地促进生产力的发展，这也就能为转变为单一的共产主义全民所有制创造条件。1959年12月22日，中共中央办公厅编印的一份《情况简报》上，刊载了《东北三省已有少数公社、生产队过渡为全民所有制或基本社有制》《四川省顺江人民公社实行基本社有制的情况和向全民所有制过渡的三年规划》及《广西柳州地委提出从十个方面发展社有经济》等三篇材料，涉及的内容都是一些公社实行基本社有制或全民所有制后，社有经济及各项事业迅速发展的情况。毛泽东看了这几篇材料后，亲笔批示："此件极好。"[②]

由此可见，毛泽东虽然提出了不发达的社会主义和发达的社会主义这样有价值的观点，但他关于两个过渡的认识中，由基本队有制过渡到基本社有制却是根本的一环。按照这样的指导思想，实现基本队有制向基本社有制过渡，就成为庐山会议后人民公社体制变革的一项重要内容。

1959年12月，浙江、安徽、江苏和上海四省（市）就人民公社的过渡问题召开座谈会。会前，华东协作区委员会会议曾提出以分配给社员每人平均200元作为过渡的条件。座谈会认同了这个条件，并且认为，要达到每人分配到200元，人民公社的总产值每人平均应达到600—800元。1959年，江苏全省人民公社平均每人预计154元，安徽为188元，上海为325元，要达到人均产值600—800元，需要提高不少。因此，会议提出："从基本队有过渡到基本社有，上海的条件较好，大约要三到五年的

① 中共中央文献研究室：《毛泽东年谱（1949—1976）》第4卷，中央文献出版社2013年版，第269页。

② 《建国以来毛泽东文稿》第8册，中央文献出版社1993年版，第628页。

时间，其他各省大约要五年时间，或者更长一些时间才行。”会议同时提出：“在一个公社来说，各个生产大队的发展情况也不可能是一样的，有的大队的过渡条件可能成熟得早一些，有些大队的过渡条件可能成熟得晚一些。条件成熟了不过渡，就会带来一系列的问题，影响生产发展；条件不成熟，勉强过渡，也不利于生产的发展。因此，一般公社的发展趋势，将是分批过渡，成熟一批过渡一批；有些公社，大队情况基本平衡，同时具备了过渡条件的，也可以一起过渡。”①

为了加速过渡，会议提出必须使农、牧、渔、副业和社办工业有更大的“跃进”，必须十分注意扶持穷队发展生产，使穷队在短期内赶上富队，具体办法：一是仍将穷队作为基本核算单位，由国家和公社在基本建设、生产资金、生产资料、计划安排等方面给予大力支持。二是把部分穷队转为公社直属队。同时，对生产小队的小部分所有制必须进行适当的控制，生产小队已开垦出来的荒地，收归生产大队，养猪要以公社和生产大队为主。在分配上，生产水平不很高和社员收入还没有赶上原来富裕中农收入水平的，实行按比例分配的办法，社员消费水平的增长应控制在5%—10%的范围内；生产水平较高，社员收入已超过原来富裕中农水平的，则应改变按比例分配的办法，推行固定劳动分值。

1960 年 1 月，中共中央政治局在上海举行扩大会议，讨论了《关于 1960 年计划和今后三年、八年设想的口头汇报提纲》。三年设想的具体目标是：提前五年实现中共八届八中全会提出的十年赶上英国的目标；提前五年实现十二年农业发展纲要，大力搞农业，争取提前完成农业机械化“四年小解决”的任务，并为提前完成“十年大解决”的任务做好准备；提前五年实现十二年科学规划纲要。八年设想的总要求和基本任务是：以共产主义的雄心大志，尽可能地加快建设，保证工农业生产的不断跃进，基本实现我国工业、农业、科学文化和国防的四个现代化，建立起完整的工业体系，使我国成为一个富强的社会主义国家。同时，要基本上完成集体所有制到社会主义全民所有制的过渡，在分配中要逐步增加共产主义

① 《当代中国农业合作化》编辑室：《建国以来农业合作化史料汇编》，中共党史出版社 1992 年版，第 587 页。

的、按需分配的因素。关于过渡问题，《汇报提纲》提出，要分期分批地采取各种不同的形式，完成人民公社由基本上是生产队所有制到基本上为公社所有制的过渡，并且开始向全民所有制过渡；人民公社的收入分配要以工资制为主，采取工资制和供给制相结合的分配方式。1 月 26 日，中共中央印发了这个《汇报提纲》。

1960 年 4 月初，在二届全国人大二次会议上，主管农业的副总理谭震林在讲到过渡问题时强调："我们的前途是从队基本所有过渡到社基本所有，然后再从社基本所有过渡到全民所有。"他还提出了由基本队所有过渡到基本社所有的四个条件：一是全社的经济发展达到了每年人均收入 150 元至 200 元的水平；二是社有经济部分在全社经济中占有优势；三是穷队赶上富队；四是农村的机械化和半机械化达到了一定程度。①

根据上述设想，各省纷纷开展由基本队有制向基本社有制过渡的试点工作。

1959 年 12 月，河北开始了过渡的试点。中共保定地委计划在全地区 18 个公社进行过渡试点。其中计划 3 个公社 104 个生产队全部向公社所有制过渡，15 个公社的 27 个生产队向国营农、牧、蔬菜场过渡，其余 25 个生产队亦向公社所有制过渡。到 1960 年 5 月初，已有安国县的祁州、徐水县的白洋淀两个公社及其他试点公社的 42 个生产队基本完成了过渡。② 此外，中共石家庄地委表示要在春季前把全区的 1088 个富队过渡为公社所有制。中共天津市农委打算在 1960 年把近郊的 12 个公社全部完成过渡。据河北各市（地）委农村工作部拟定的过渡计划，1959 年以前过渡为公社集体所有制的，有吴桥县的城关、邯郸市的伯延、唐山市的张庄子三个公社，过渡为全民所有制的有黄骅县的腾庄子、南大港两个公社。天津、邯郸、石家庄三个地区在 1963 年全部过渡完。承德地区在 1960 年地委试点，1961 年县委试点，1962 年大部过渡，1963 年基本过渡完，1964 年扫尾。③ 同时，河北各地还开展了合并基本核算单位的工作，

① 谭震林：《为提前实现全国农业发展纲要而奋斗》，1960 年 4 月 6 日。

② 《中共保定市委关于农村人民公社过渡试点问题向省委的报告》，1960 年 4 月 21 日。

③ 中共河北省委农村工作部：《关于农村人民公社过渡与并队情况的简报》，1960 年 1 月 22 日。

至 1960 年 3 月，全省合并基本核算单位 5312 个，占 40390 个核算单位的 13%多；部分过渡的已有 1675 个队，占总数的 4.1%。①

1960 年 3 月初，中共山东省委农村工作部向山东省委报告说："到目前为止，各地提出并经省委批准的 30 个过渡试点已经有了 25 个全部过渡过来，所有过渡过来的社，都毫无例外地进一步调动了社员群众建设社会主义的积极性，有力地促进了生产建设高潮。"②

1960 年上半年，湖南选择了攸县峦山公社、沅江县草尾公社、衡南县鄢湖公社等 20 个公社作为过渡试点单位。中共湖南省委农村工作部在关于过渡试点问题给湖南省委的报告中说："由基本队有制过渡到基本社有制，是人民公社制度的进一步发展，是农村生产关系的又一次变革。这次变革，从广度上、深度上讲，都是比较大的。"由基本队有制过渡到基本社有制后，"社会化、集体化的程度大大提高了，它的性质更接近于全民所有制"，"基本社有制比基本队有制具有更大更多的优越性"③。

河南则选择了郑州市的北郊、古荥，淅川县的毛堂，遂平县的嵖岈山，新乡县的七里营等 20 个公社作为过渡试点。这些试点公社共有 215660 户，989704 人，共辖 552 个生产大队，3475 个生产队。至 1960 年 5 月，已有毛堂、古荥、北郊三个公社完成了向基本社有制的过渡。对于过渡的经济问题，河南规定：土地、牲口、大中型农具等为公社所有，但管理和使用权仍固定在原单位不变；大队的公积金归公社所有，统一使用，同时适当留给大队一部分，但动用时要经过公社批准；种子、饲料、口粮、化肥、办公用具等，仍留原单位使用，不得无偿调拨；大队欠国家的贷款，预购定金，社员工资、存款、投资等，由公社偿还，欠公社的各种款项注销，国家、社员欠大队的款项，由公社收回；公社实行统一分配，但要照顾差别；社员的房屋、衣物、家具、银行存款、小农具等，仍

① 中共河北省委农村工作部：《关于农村人民公社过渡问题向省委和中央农村工作部的报告》，1960 年 3 月 19 日。

② 中共山东省委农村工作部：《关于人民公社由基本队有制向基本社有制过渡试点情况的报告》，1960 年 3 月 8 日。

③ 《中共湖南省委批转省委农村部关于基本队有制过渡到基本社有制有关试点工作的报告》，1960 年 7 月 14 日。

归社员所有；等等。①

中共山西省委提出，1960年开始过渡试点，做到“三年小过渡，五年内大部过渡，八年全部完成过渡”。1960年1月，山西省委批准侯马的曲沃公社和新绛公社、运城的虞乡公社作为管理区（相当于生产大队）所有制向公社所有制过渡的试点单位。以后又陆续批准了长治的荫城、临汾的贾得、大同的平旺等32个公社作为过渡试点单位。

虽然庐山会议后在由基本队有制到基本社有制过渡的问题上，没有像实现人民公社化那样一哄而起，而是强调先要进行试点，但是，既然确定实现过渡的年限只有8年，当时不少干部自然产生了越早实现过渡越好的心理。山东省惠民县有的公社干部说：“今年小合并，明年来个大合并，走到社有制。”曲阜县多数公社干部打算“秋后搞过渡”，认为“核算单位越大越好；并的大，单位少，干部多，好领导，好办事”。夏津县一个公社党委书记说：“三级核算太麻烦，公社难领导，包产单位不听话，逐步过渡不如走近路好（按：意即一次过渡好）。”②

各省选择的试点单位，基本上都是从互助组、合作社到人民公社的红旗社，经济基础较好，干部群众的政治觉悟高。尽管如此，庐山会议后进行的由基本队有制向基本社有制的过渡，仍可谓是名副其实的“穷过渡”。例如，湖南过渡试点的攸县峦山公社，1959年人均产值只有200元，每人平均分配仅68元；古丈县巨龙公社，1959年的人均产值为118元，人均分配69元；长沙市黄花公社，1959年产值为101元，人均分配42.1元。③据1959年全国40多万个基本核算单位的统计，年人均收入在50元以下的队占26.94%，50元至79元的队占41.9%，80元至99元的队占19.4%，100元以上的只占11.69%。④这种情况下，根本不具备搞所有制

① 中共河南省委农村工作部：《关于人民公社“过渡”试点工作情况的报告（草稿）》，1960年7月1日。

② 《山东省农业合作化史》编辑委员会：《山东省农业合作化史料汇集》下册，山东人民出版社1989年版，第362页。

③ 中共湖南省委农村工作部：《关于从基本队有制过渡到基本社有制有关试点工作的报告》，1960年7月7日。

④ 谭震林：《关于人民公社过渡问题和分配问题若干意见的报告》，1960年1月8日。

过渡的条件。

当时主观地认为实现基本社有制有无比的优越性，并且乐观地估计“多数党员和干部群众，特别是贫下中农，对于向基本社有制过渡，促进生产大跃进，有着迫切要求和思想准备”①。河南省孟津县横水公社还提出了大队所有制有“五不适应”：一是不适应大型水利建设的需要；二是不适应植树造林、绿化荒山的需要；三是不适应社办工业发展的需要；四是不适应农业机械化发展的需要；五是不适应小麦丰产、田园化建设的需要。因此，只有实现了从队有制向社有制的过渡，才能有利于生产的发展。中共河南省委在1960年2月召开的省、地、县、社、大队五级干部会议更是认为，公社所有制是“带动人民公社整个生产继续向前发展的核心力量和主要的物质基础，是代表着人民公社的伟大希望和伟大前途”②。中共山东省委农村工作部也认为，“由基本队有制过渡到基本社有制，是多数群众、多数单位的迫切要求，他们对过渡热烈拥护”③。

但实际上，广大干部群众对这种“穷过渡”是有疑虑的，中共山东省委农村工作部在给山东省委的报告中也承认，“有一部分干部和社员存在着思想顾虑，例如，一部分基本核算单位的干部怕过渡以后当不上干部了，一部分小队干部怕调他们的生产资料，一部分社员怕过渡以后不按劳分配，一部分富队怕重复‘一平二调’”。④

在过渡试点中，有些地方也意识到不能重犯搞“一平二调”、刮“共产风”的错误，制订了一些相关的具体政策，如山东提出了“三变六不变”政策。所谓“三变”，一是把基本核算单位的生产资料、公共积累、公共财产变为公社所有；二是在管理体制上一般把原基本核算单位变为包产单位，把原包产单位变为作业组或专业队；三是在分配上把按比例分配的办

① 中共河南省委农村工作部：《关于人民公社“过渡”试点工作情况的报告（草稿）》，1960年7月1日。

② 中共河南省委党史研究室：《河南农村经济体制变革史》，中共党史出版社2000年版，第137页。

③ 中共山东省委农村工作部：《关于人民公社由基本队有制向基本社有制过渡试点情况的报告》，1960年3月8日。

④ 中共山东省委农村工作部：《关于人民公社由基本队有制向基本社有制过渡试点情况的报告》，1960年3月8日。

法，改变为社对包产单位实行包工包产包成本和包总产值加超产奖励的办法。所谓“六不变”，一是生产小队和社员在不妨碍完成集体生产任务的前提下，经营零星小副业和自留地的政策不变；二是公社对包产单位实行“三包一奖”的政策不变；三是包产单位对社员实行评工记分、按工分分配的政策不变；四是实行工资制与供给制相结合的分配办法不变；五是土地、牲畜、农具等生产资料和劳动力的管理使用权不变；六是社员个人所有的生活资料（包括房屋、衣服和家具等）和在银行、信用社的存款永远归社员所有，以及在不妨碍集体劳动的前提下，允许社员个人饲养一定数量的猪、羊、鸡、鸭等政策不变。

但是，由于即使是挑选出来的过渡试点单位，基层干部和群众既没有过渡的愿望，也没有过渡的经济条件，加之当时提出可以过渡的一条重要杠杠，就是社有经济至少要占50%，为此必须大办县社工业、大办水利、大办交通、大办养猪场等。人民公社成立仅一年多的时间，并没有多少进行这些“大办”的物质条件，各种“大办”一齐上，就只得一切都向生产队“平调”。要实现过渡，还必须使穷队赶上富队，于是在农业贷款、抽取公积金等方面一味地照顾穷队，并且无偿地调拨富队的生产资料、劳动力和资金支援穷队。在1960年1月的中央政治局上海会议上，中央主管农业的负责同志建议：“对那些生产发展很快，收入增加过猛的富队，应当采取适当的控制办法，如在经营范围上对收入多的项目，由公社经营或社队合营，在分配上提高积累的比例，或扣留工资基金等办法，实行多扣少分的方针。”“为了更快、更有效地支持穷队发展生产，可以采取把全部穷队和个别比穷队稍高的中等队，合并为一个或几个核算单位，由公社直接负责经营管理的办法，这样做，便于公社以更大的力量支援穷队迅速发展生产。”① 这种做法，实际上是让穷队去“共”富队的“产”。于是，在庐山会议后基本队有制向基本社有制过渡和各种“大办”中，“共产风”再度盛行起来。

湖南省衡山县沙泉公社规划在两年内过渡到基本社有制，一声令下，勒令泉水生产队90多户全部搬走，占用房屋200多间，田地400多亩，

① 谭震林：《关于人民公社过渡问题和分配问题若干意见的报告》，1960年1月8日。

农具、家具数十件，成立所谓的“农场”。这个公社刮“共产风”真是名目繁多。大体有如下十种：一是下命令、下通知。1960 年公社盖礼堂，命令全社每人送砖 4 块，共 4 万块，调用劳力 3000 多个，木材 500 多根。二是蛮搞蛮要，强行占用。公社为办招待所、卫生院、供销部，命令沙泉公社 20 多户人家搬走，还挤走了一个作业组。三是合营为名，吞并为实。该社所属的山田大队在 1958 年办了一个陶瓷厂，水口大队办了一个伞厂，1959 年社队合营，1960 年即被收归公社了。四是“刘备借荆州，有借无还”。公社所办的许多事业单位，其房子、家具、机器，很多说是向大队借，结果，坏了的不赔，用了的不给租金，还存在的也不承认生产大队的所有权。五是借口发展社有经济，大搞平调。公社办饲养场，就无偿调了各生产队的生猪 50 头。六是利用现场会，无偿拿东西。湖南省、地、县三级商业系统在衡山召开支援农业现场会，衡山县为此盖了一栋服务大楼，拆改房屋达 110 间，花费劳力 8000 个。七是组织协作，抽调劳力，取消等价交换。单沙泉公社就抽调了 7 万多个劳动力。八是捐献为名，搜刮财物。连学校也刮起了“共产风”，有一个小学就“刮”了学生 700 多个鸡蛋。九是公款还账，层层扣留。衡山县扣留修筑京广铁路复线民工工资 44740 元，这个公社则扣留了生产队钢铁补助款 9000 元。十是非法搜查，没收东西。这个公社将外地回来的社员扣住搜查，没收现款 600 多元。为此，群众气愤地说：“公社要大鱼，大队要小鱼，生产队要虾米，小鱼、虾米一齐要。”“除了堂客（按：湖南方言，女人、妻子之意），什么都刮。”①

据山西省六级干部会议的估计，全省搞“一平二调”的公社约占 15%，有 70%的公社在制定发展社营经济计划时，有“一平二调”的打算。“一平二调”的方法，一是无偿抽调；二是低价收买，不等价交换；三是不付现金，有价无款；四是摊派发展社办经济基金；五是随意占用管理区的土地；六是随意抽调管理区的劳动力。稷山县里望公社 1960 年春季搞发展社办经济“开门红”，要各管理区敲锣打鼓把所有好马、来亨鸡、咖

① 湖南省委衡山重点县工作队：《衡山县沙泉公社整风、整社的情况（第三次报告）》，1960 年 12 月。

啡兔、大母猪一律送交公社。还要求调一带四，如调一口猪带一个喂猪盆、一个猪圈门扇、700斤谷糠、200斤麦秸，有的管理区的马蹄表也被调走了。①

虽然各地在基本队有制向基本社有制过渡的试点中，都允许社员可以保留自留地，可以饲养一定数量的家禽，但实际上这些政策都没有兑现。用湖南省耒阳县双桥公社社员的话说："不要说五厘自留地，就是五棵庄稼也都拿走了。"其他的诸如评工记分、"三包一奖"，也形同虚设。②湖北省沔阳县的群众形容"共产风"时说："见钱就要，见物就调，见屋就拆，见粮就挑"，"上至树梢，下至浮土，什么东西都刮到了"。③

对于由基本队有制向基本社有制过渡中出现的"一平二调"的"共产风"，从地方到中央都很快有所觉察。1960年2月25日，中共广东省委发出《关于当前人民公社工作中几个问题的指示》，提出目前农村中值得重视的五个问题：一是有些地方出现了急于向基本社有制过渡的苗头；二是有些地方在发展公社经济上，实际在重复"一平二调"刮"共产风"的错误；三是全党必须重视分配工作；四是公社必须建立严格的财政管理制度和财经纪律；五是全党要树立一种良好的工作作风。并强调："从目前我省人民公社的发展情况来看，一般是不具备过渡的条件的。如果在目前条件尚不成熟的情况下，勉强转变，那就会违背客观规律，那就有可能重复1958年曾犯过的'一平二调'刮'共产风'的错误。而1958年的经验证明，这个教训是深刻的，决不能重复这个教训。"④中共山东省委在1960年3月召开六级干部大会时，也发现"公社干部有的存在急于过渡的苗头"，"穷队盼过渡，要求快过渡"，"富队怕过渡，生产不积极"等，而且一些地方"一平二调"的"共产风"又重新抬头。中共中央在《关于山东六级干部大会情况的批示》中提出："山东发现的问题，肯定各省、各市、各

① 中共中央文献研究室：《建国以来重要文献选编》第13册，中央文献出版社1996年版，第242页。

② 苏钢：《关于耒阳整风、整社问题的报告》，1960年11月30日。

③ 《当代中国农业合作化》编辑室：《建国以来农业合作化史料汇编》，中共党史出版社1992年版，第620页。

④ 中共中央文献研究室：《建国以来重要文献选编》第13册，中央文献出版社1996年版，第35—36页。

自治区都有，不过大同小异而已。问题严重，不处理不行。在一些社中，去年 4 月上海会议十八个问题的规定也忘记了，共产风、浮夸风、命令风又都刮起来了。”①

庐山会议后重新刮“共产风”的根本原因，在于急急忙忙地要实现基本队有制到基本社有制的过渡。虽然各地都规定要先经过试点，但由于规定过渡的年限只有 8 年，而各个人民公社并不具备过渡的条件，于是，只好没有条件硬“创造条件”上，各地纷纷办起了各式各样的社办企业、社办的“万猪场”“万鸡场”，可当时的公社多数是一无资金，二无场地，要实现各种“大办”，唯一的出路就是刮“共产风”，把各种物资从大队（管理区）、小队乃至社员手中刮到公社来。可是，当时在制止和纠正“共产风”的过程中，却不是从人民公社的体制上和“穷过渡”根源上去找原因，而是片面地将刮“共产风”的责任推到社队干部身上。

中共中央在《关于山东六级干部大会情况的批示》中说：“一些公社工作人员很狂妄，毫无纪律观念，敢于不得上级批准，一平二调。另外还有三风：贪污、浪费、官僚主义，又大发作，危害人民。什么叫做价值法则，等价交换，他们全不理会。所有以上这些，都是公社一级干的。范围多大，不很大，也不很小，是否有十分之一的社这样胡闹，要查清楚。”②

随后，中共中央发出指示，要求在 1960 年三四月间，利用省委召开的六级干部会议和县委接着召开的四级干部会议，对于人民公社出现的严重情况，进行一次彻底的整顿，并利用六级和四级干部会议公开提出反贪污、反浪费、反官僚主义的“三反”问题。

1960 年 5 月 15 日，中共中央发出《关于在农村开展“三反”运动的指示》。文件中虽然承认农村基层干部绝大多数是好的，犯有较严重贪污、浪费、官僚主义错误的，只是很少数，真正的坏分子更是极少数。但是，文件将基层干部中存在的贪污、浪费、官僚主义这类错误，归结为“实质上是资产阶级思想对我们干部队伍的侵蚀”，“三反”运动所展开的斗争，

① 中共中央文献研究室：《建国以来重要文献选编》第 13 册，中央文献出版社 1996 年版，第 129 页。

② 中共中央文献研究室：《建国以来重要文献选编》第 13 册，中央文献出版社 1996 年版，第 129 页。

“正是两条道路的斗争的一个重要方面”。[①] 在随后开展的农村“三反”运动中，虽然对部分农村基层干部存在的贪污、浪费等行为有所遏制，干部作风有所好转，但以搞阶级斗争的方式去分析和解决人民公社中存在的问题，没有找到问题的症结所在。

庐山会议前整顿人民公社的过程中，由于群众对公共食堂强烈不满，加之一些地方出现了较为严重的粮荒，相当多的食堂已处在停伙半停伙状态，中共中央在公共食堂问题上提出了“争取巩固、坚持自愿、积极办好”的方针，不少地方的公共食堂按照群众的要求解散了，山西全省留在公共食堂的农户一度只剩下 20%。至 1959 年 6 月底，河北全省尚有食堂 49004 个，较原来减少 83.6%，加入食堂的农户有 1643990 户，占农户总数的 19.65%，较原来减少了 80%，此时剩下的除了少量主要由单身汉和没有辅助劳力做饭的户组成的小型常年食堂外，还有一些因农忙突击生产办起的农忙食堂和农田水利建设工地上的工地食堂。

在庐山会议上，彭德怀、张闻天都讲到过公共食堂、供给制问题。彭德怀 7 月 4 日在西北小组会上的发言中说：“去年忽视了工作方法六十条的‘一切经过试验’。吃饭不要钱那么大的事，没有经过试验。”张闻天更是直截了当地说，供给制、公共食堂不同于社会主义，取消供给制不等于退步，退出公共食堂不等于不搞社会主义，这完全是两回事，两个完全不同的范畴。

作为对彭德怀、张闻天等人批评的反击，毛泽东在会议期间的讲话和批语中，一再为公共食堂辩护。在 7 月 23 日的发言中，毛泽东说，食堂是个好东西，未可厚非。他还在一份材料的批评中写道：解散食堂“是腐蚀党、腐蚀人民的一种极坏的思潮，是与无产阶级和贫苦农民的意志相违反的，是与马克思列宁主义相违反的”[②]。毛泽东指责主张解散食堂的中共安徽省委书记处书记、副省长张恺帆“站在资产阶级立场，蓄谋破坏无产阶级专政，分裂共产党，在党内组织派别，散布他们的影响，涣散无产阶

① 中共中央文献研究室：《建国以来重要文献选编》第 13 册，中央文献出版社 1996 年版，第 379 页。

② 《建国以来毛泽东文稿》第 8 册，中央文献出版社 1993 年版，第 410 页。

级先锋队，另立他们的机会主义的党”①。既然“右倾机会主义分子”如此不赞同甚至反对公共食堂，那么，在“反右倾”时，坚持公共食堂也就是题中应有之义，理所当然了。

1959年9月22日，《人民日报》发表社论《公共食堂前途无量》。社论一开始就如是说：1958年中国出现许多新鲜事情，公共食堂在广大农村普遍建立就是其中的一桩。公共食堂有深厚的社会经济根源，有党和人民的爱护和支持，它绝不是一阵风吹起来的，也不是一阵风吹得散的。个别的暂时被吹掉了，迟早也总是要吹回来。人民公社的公共食堂一定会越办越好。在此前后，各种报刊刊发了大量的有关公共食堂的通讯、报道、社论和评论，自然是毫无例外地为公共食堂大唱赞歌。

庐山会议后，一些地方还开展了要不要办公共食堂的大辩论。既然反对办公共食堂就是反对人民公社，就是反党，对公共食堂的认识，已经上升到了两条路线斗争的高度，组织群众进行鸣放辩论的结果可想而知。庐山会议后的全党“反右倾”的过程中，一些原来支持解散公共食堂的干部被打成“右倾分子”，党员干部为大势所趋，只得不遗余力地推广公共食堂。农民对加入公共食堂虽极不情愿，但经不住所谓大辩论，谁也不敢承担“走资本主义道路”“破坏人民公社”的罪名。于是，一度散伙的公共食堂又相继恢复。至1959年底，我国农村已办公共食堂391.9万个，参加公共食堂吃饭的约4亿人，占人民公社总人数的72.6%。其中河南、湖南、四川、云南、贵州、上海、安徽七省（市）有90%以上的农户参加了公共食堂。

为了推广公共食堂，各地总结出了公共食堂许多的“优越性”，如公共食堂能节约大量的劳动力，能解放妇女，实现男女平等，而这又是实现共产主义的先决条件；公共食堂能解决社员吃饭的后顾之忧，贫下中农不再为吃饭问题所累；社员在公共食堂集体吃饭，可以集体学政治、学文化等。公共食堂也就再次成了“共产主义萌芽”，“大大有助于加速社会主义的建设”，并且将“茁壮地成长起来，发展成为完全的共产主义”②。

---

① 《建国以来毛泽东文稿》第8册，中央文献出版社1993年版，第431—432页。

② 《公共食堂前途无量》，《人民日报》1959年9月22日。

1960年2月16日至18日，中共贵州省委召开地（州、市）委第一书记会议，主要讨论公共食堂问题。会后，贵州省委向中共中央报告说，全省农村13万个公共食堂，80%左右是巩固的或基本巩固的，不巩固的只占20%左右。报告说，农村经过整风整社和社会主义教育运动之后，富裕中农同我们作斗争的主要是针对公共食堂。去年贯彻八届八中全会精神之前，他们的主要活动，是闹土地下放，包产到户，牵牛拉马。现在千方百计扯垮公共食堂，这就是挖人民公社的墙脚。“所以食堂也是我们必须固守的社会主义阵地”。“失掉这个阵地，人民公社就不可能巩固，大跃进也就没有保证”①。

这份报告引起了中共中央的重视。2月26日，中共中央将其转发给各省、市、自治区党委，并在批语中说：“办好食堂是贯彻执行节约用粮和安排好群众生活的一个关键，也是解决粮食不足时更有计划地用粮的最好办法。”批语认为，富裕中农阶层中反对人民公社的分子，首先就是破坏公共食堂，为了巩固人民公社，必须办好公共食堂，而实行指标到户，实物到（食）堂，凭票吃饭，节约归己，是办好公共食堂的先决条件。②

1960年3月4日，毛泽东又对贵州省委的报告为中共中央写下了一段批语，称赞这份报告写得好，要求各地“一律仿照执行，不应有例外”。还说这个报告是一个科学总结，可以使我们从社会主义向共产主义过渡的事业在五至十年内跃进一大步。在1960年一年，全国公共食堂达到贵州现时的那种水平，也就很好了，他要求全国各地一定要达到贵州公共食堂现时的那种水平，并且还要提高。同时，他还致信刘少奇、邓小平，要他们将贵州省委的报告在中央会议上讨论通过后，于3月10日前以最快的速度送到各省、市、自治区党委第一书记手里，远的则干脆用飞机送达。这种急迫的心情，足见毛泽东对农村公共食堂工作的重视，也足见他是何等地看好公共食堂在社会主义向共产主义过渡中的作用。

1960年3月18日，中共中央又转发了中央办公厅整理的《八个省农

① 中共贵州省委：《关于目前农村公共食堂情况的报告》，1960年2月24日。

② 中共中央文献研究室：《建国以来重要文献选编》第13册，中央文献出版社1996年版，第44页。

村公共食堂情况》《河南省农村公共食堂情况》和《1959年年底全国农村公共食堂情况》等材料，并指示抓好公共食堂是一个“极端重要”的问题，要做到“统一用粮，指标到户，实物到堂”，争取80%甚至90%以上的社员到公共食堂吃饭，实现全民公共食堂化。

为了恢复和巩固公共食堂，各地相继出台了一批关于公共食堂的政策。1960年3月，河南制订《农村公共食堂试行章程》，规定公共食堂“是人民公社的一个组成部分，是社员生活集体化的基本单位，是共产主义的萌芽，是农村社会主义的坚实阵地”。2月8日，中共青海省委发出《关于迅速全面安排好人民群众生活的紧急指示》，强调要大量举办和办好公共食堂，称公共食堂“既有利生产，又便于安排社员生活，具有无比的优越性”。6月4日，中共山东省委和山东省人民委员会联合作出《关于农村人民公社公共食堂管理办法的暂行规定》，提出了十条管理办法，强调要坚持贯彻执行“积极办好，自愿参加”原则，充分发挥公共食堂的优越性，吸引广大群众自愿参加；所有社、队干部和上级派到社、队工作的干部一律参加小队食堂吃饭；在食堂中贯彻阶级路线，依靠贫下中农办好食堂；按照国家规定的口粮标准，实行“以人定量，指标到户，粮食到堂，凭票吃饭，节约归己”的原则等。

各地的文件中都强调要按照“积极办好，自愿参加”的原则，办好公共食堂，有的还明确规定对少数暂时不愿参加公共食堂的人，不要勉强他们参加。但实际上，对于大多数社员来说，公共食堂的弊端是显而易见的，参加公共食堂并非自愿，而且规定“指标到户，粮食到堂”，实际上社员能得到的只是粮食指标，而实物则直接分到公共食堂，这等于卡死了农民分灶做饭的可能性。因此，1960年春夏之交，全国农村公共食堂规模和参加人数急剧扩大。云南办起了10.7万个食堂，97%以上的社员参加；河南共建立食堂33万个，全部农村人口都参加了公共食堂，而且所有食堂都是常年食堂；湖南农村共有41万个公共食堂，参加食堂的人口占农村人口的99%以上；四川共有62万多个公共食堂，全省参加公共食堂的农户占总农户的97.7%。全国亿万农民再次回到了公共食堂，吃着越来越稀的“大锅饭”。

四、严重的困难

庐山会议后，随着新一轮“大跃进”的启动和农村人民公社一系列“左”的政策的出台，造成了比1959年上半年更为严重的经济困难，国民经济比例严重失调。其表现在于：一是积累和消费的比例失调，1958年至1960年的积累率分别达到了33.9%、43.9%和39.6%，大大超过了第一个五年计划期间本已较高的平均积累率24.2%的水平，如此高的积累只能以降低人民生活水平为代价。二是工农业比例失调，重工业畸形发展，从1957年至1960年，重工业增长了2.3倍，而农业则下降了22.8%。由于基本建设规模过大，增加大量职工和投资，造成社会购买力和可供商品的比例失调，出现了巨大的财政赤字和市场紧张。最严重的是农业生产遭到了极大破坏，粮食和其他主要农作物大幅度减产，农民生活极度困难。

1959年到1961年是共和国历史上的一个特殊的时期，后来，我们将这几年叫做“三年暂时困难时期”。这种困难局面的出现，很大程度是庐山会议后的继续“大跃进”和农村人民公社体制的弊端造成的。

人民公社的管理和分配体制严重束缚了生产小队与社员的生产积极性。且不说那些作为基本队有制过渡到基本社有制的试点单位，即使大多数以生产大队（或管理区）为基本核算单位的人民公社，因为一个大队（或管理区）往往由十数个生产小队或作业组组成，人数少则数百，多则数千，各生产小队的情况各不相同，但由于以大队为基本核算单位，也就是各小队间、大队内部的各个社员间，仍然是完全的平均主义。在分配上，也仍然坚持工资制与供给制相结合的分配办法，虽然1960年5月中共中央在《关于农村人民公社分配工作的指示》中曾明确规定，供给的部分一般不要低于30%，也不要高于40%，但由于供给部分中主要的是粮食，在当时的条件下，工资仅具象征性，并无多少实际意义，所以在人民公社的分配中，真正起作用的是供给制，而供给制是彻头彻尾的平均主义。有的地方自公社化以来，没有认真进行过分配。湖南省湘潭县 1958 年根本没有搞年终决算，也没有找补，谁多谁少，社员谁也不知道。1959 年虽然办了决算，但真正进行了找补的只有 73 个大队，226 个大队只找补了一部分，同时，找补的金额，也被七扣八扣扣除了。社员说："干不干，三餐饭。"正因为如此，生产小队和社员都没有积极性，农村的超支户越来越多，有的生产队竟户户超支。社员说："一年忙收头，汗水白白流，年终搞决算，落个癞痢头。"生产队、生产小队和社员生产积极性受到严重打击，出工不出力，不爱惜集体财产的现象普遍存在，农业生产的效率大为降低。小队和社员自然也不会在粮食丰产丰收问题上多想办法，加之自然灾害的影响，粮食和其他农作物产量的减产也就是必然的了。

当时，农村面临的最大困难，就是产量连年下降造成的粮食短缺，这几年粮食产量大幅度下降，与下面的因素直接相关。

一是我国出现了比较严重的自然灾害。据 1960 年 12 月 28 日新华社报道，1960 年全国有 9 亿亩农田受到不同程度的灾害，其中有 3 亿至 4 亿亩农田遭到重灾，甚至一部分农田因灾害特别严重而没有收成。这年灾情最严重的是旱灾，全国除西藏没有受灾，新疆地区虽气候不正常但尚未成灾外，其余各省、自治区都先后发生程度不等的旱灾，1960 年，全国大面积受灾，其中以河北、山东、山西最为严重，占耕地面积的 60% 以上，受旱农田达 6 亿亩。受旱地区中以河北、河南、山东、山西这四省面积最大，占四省总耕地面积的 60% 以上；受灾时间最长，一般持续 6—7 个月。此外，东北三省和沿海的广东、福建、江苏、山东还遭受了台风和洪涝灾害，辽宁东部地区更遭受了当地有水文记录以来从未有过的特大洪灾。同时，受洪涝灾害的影响，山东、河南、安徽、辽宁等省大片地区都发生了严重的病虫灾。陕西、山西、河北、安徽、山东等省还遭受了频繁而严重的冰雹和霜冻。

① 农业部计划司编：《中国农村经济统计大全（1949—1986）》，农业出版社 1989 年版，第 354—355 页。

表 1　1958 年至 1962 年的农业自然灾害情况表 ①

（单位：万亩）

年份	受灾总面积	其中				成灾总面积
		水灾	旱灾	风灾	霜灾	
1958	46444	6419	33541	2845	3639	11732
1959	62189	7219	50710	2896	1373	20682
1960	80374	15232	57197	5884	2071	34495
1961	80346	13307	56770	6667	3602	40038
1962	52050	14715	31212	3562	2561	25008

二是由于 1958 年“大跃进”的浮夸风导致了 1959 年耕种面积的减少。1958 年大放农业生产“卫星”的一大后果是，使中央决策层相信，中国的粮食问题已经解决，粮食不是少了，而是多了，于是认为用不着那么多的耕地来耕种粮食，为此，毛泽东、刘少奇都提出了耕地三三制的问题。毛泽东曾说：我看一个人平均三亩地太多了，将来只要几分地就够吃。1958 年 9 月，刘少奇视察江苏城乡。在同淮阴地委领导人座谈时，刘少奇说：“我在河北、河南视察的时候，有些县委书记认为少种多收比广种薄收要节省得多，应该把丰产田的经验推广，集中使用人力和物力来种好用地。这样再过几年，就可以用 1/3 的地种粮食，1/3 种树，1/3 休闲。”① 一些地方领导干部对 1958 年的粮食丰收也深信不疑。在 1959 年 1 月的湖北省四级干部会议上，中共湖北省委主要负责人说：“9 月下旬到 10 月上旬，我从汉口到襄阳、宜昌、荆州，跑了 1800 多公里。我们没有看到百斤以下的棉花，千斤以下的稻谷，个别地方有（钟祥靠近宜城交界处有一块），大量是 1000 斤以上的，还有 2000 斤、3000 斤的。”②

在这种思想指导下，1958 年 12 月中共八届六中全会通过的《关于人民公社若干问题的决议》中赫然写道：“过去我们经常忧愁我们的人口多，耕地少。但是一九五八年农业大丰收的事实，把这种论断推翻了。只要认真推广深耕细作、分层施肥、合理密植而获得极其大量的高额丰产的经

① 《少奇同志视察江苏城乡》，《人民日报》1958 年 9 月 30 日。

② 《王任重同志在四级干部会上的讲话》，1959 年 1 月 15 日。

验，耕地就不是少了，而是多了，人口就不是多了，而是感到劳动力不足了。”为此，决议提出，应当争取在若干年内，把现在耕种农作物的耕地面积缩减到三分之一左右，另三分之一土地实行轮休，种牧草、肥田草，其余三分之一的土地植树造林，挖湖蓄水，在平地、山上和水面都大种万紫千红的观赏植物，实行大地园林化，并认为“这是一个可以实现的伟大理想”，号召全国农村人民公社都要为此而努力。①

由于农业高产“卫星”的误导，在制订1959年农业生产计划时出现了重大失误。既然1958年的粮食产量大大增加，甚至到了吃不完的地步，在制订计划的时候便决定减少总播种面积，而其中，又缩小粮食作物的比重，而增大棉、油料和其他非粮食作物的比重。结果，1959年的总播种面积比1957年减少了10%，粮食播种面积减少了13%。一面是播种面积的减少，一面是由于自然灾害导致1959年单产的减少。这两个减少导致1959年的粮食产量仅3400亿斤，比当时公布的5401亿斤约少2000亿斤，跌到了1954年（3390亿斤）的水平。

1960年和1961年的粮食播种面积虽比1959年有所增加（分别为183644万亩和182165万亩，比1959年各增加9610万亩和8131万亩），但都没有达到1958年（191420万亩）的水平。由于1960年遭受了比1959年更严重的自然灾害，导致农作物大面积减产。1960年我国农业总产值在上年实际上是大幅度下降的情况下，又下降了12.6%。主要农副产品大幅度减少，其中粮食只有1.435亿吨，比上年减少2650万吨，减少15.6%，而征购量却比1959年增加了300万吨，当年销售大于库存620万吨，国家库存粮食比1957年减少了1180万吨。按每人每年需要250公斤粮食计算，国家这年大约差2400万人的粮食。棉、油等经济作物也大幅度减产。与1957年相比，全国的粮、棉、油人均拥有量分别下降了29.7%、38.5%和56.1%。粮食的减少还导致了生猪数量的下降，猪肉人均拥有量1960年比1957年下降了36.4%。

---

① 中共中央文献研究室：《建国以来重要文献选编》第11册，中央文献出版社1995年版，第609页。

② 农业部计划司编：《中国农村经济统计大全（1949—1986）》，农业出版社1989年版，第130、147页。

表2　1958年至1962年的粮食作物播种面积表①

年份	总播种面积（单位：万亩）	粮食作物播种面积（单位：万亩）	占总播种面积的百分比	比上年增减面积（单位：万亩）
1958	227992	191420	84.0	–9030
1959	213607	174034	81.5	–17386
1960	225863	183644	81.3	+9610
1961	214821	182165	84.8	–1479
1962	210343	182431	86.7	+266

三是1959年以来，粮食的单产连年下降，这是这几年粮食总产量连年下降的最根本原因。1960年比1958年平均每亩减产54斤，按1960年总播种面积193644万亩计算，减少产量达990亿斤，超过了1957年全国粮食征购总量。

表3　1958年至1962年全国主要粮食作物及平均亩产量①

（单位：公斤）

年份	平均亩产	比上年增减	稻谷	比上年增减	小麦	比上年增减
1958	105	+7	171	–9	59	+2
1959	98	–7	160	–11	63	+4
1960	78	–20	134	–26	54	–9
1961	81	+3	149	+15	41	–13
1962	88	+7	162	+13	46	+5

单产下降的原因，除了自然灾害的因素外，主要在于对土地的投入不足。首先是用于农业的劳动力大为减少。1958年的所谓粮食大丰收，给人们造成一种错觉，认为中国的粮食问题已经解决，今后重点是发展工业，为此提出了“大办工业”的口号，从中央到地方，一大批的工业和基本建设项目纷纷上马，致使大量的青壮年劳动力脱离农业生产第一

① 农业部计划司编：《中国农村经济统计大全（1949—1986）》，农业出版社1989年版，第150、152页。

线。在 1958 年至 1960 年三年间共增加职工 2800 万人，其中来自农村的有近 2000 万人。这样一来，人民公社直接用于农业生产特别是粮食生产的劳动力大为减少。1957 年全国农业劳动力 19310 万人，1958 年只有 15492 万人，1959 年 16273 万人，其中从事农林牧副渔业的劳动力分别为 19200 万人、15118 万人和 15820 万人，1959 年比 1957 年减少 3380 万人。农业劳动力减少除了工业部门招工过多外，公社内部非农业战线过长和国家调用民工过多也是重要原因。农村从事非农业第一线的劳动力，1957 年为 3700 万人，1960 年上半年增加到 8900 万人。此外，1958 年到 1960 年的三年间，国家调用民工的数量经常保持在 1000 万人以上，其结果是在农村从事农业生产的大多是老弱病残。1958 年底，彭德怀在湖南平江县考察时，有一位伤残老红军给了他一首诗，其中说“谷撒地，薯叶枯，青壮炼铁去，收禾童与姑”，就是当年农村生产情景的真实写照。

表 4　1957 年至 1962 年农业劳动力情况 ①

年份	全社会劳动力（单位：人）	农业劳动力（单位：人）	农业劳动力占全社会劳动力的百分比
1957	23771	19310	81.2
1958	26600	15118	58.2
1959	26173	15820	62.2
1960	25880	16330	65.8
1961	25590	19129	77.2
1962	25910	20761	82.1

从上表可以看出，由于全民大炼钢和其他一系列的“大办”，1958 年用于农业生产的劳力比 1957 年减少了 4192 万人，下降了 23%。此后两年，虽然农业生产的劳动力有所增加，但直到 1961 年对国民经济实行调

① 农业部计划司编：《中国农村经济统计大全（1949—1986）》，农业出版社 1989 年版，第 14 页。

整，下决心加强农业生产之后，用于农业生产的劳动力才接近 1957 年的水平。到 1962 年之后，由于国民经济调整取得实质性进展，大批的项目关停并转，大量精简企业职工和城镇人口，并规定人民公社不再办社队企业之后，用于农业生产的劳动力才超过 1957 年。"大跃进"之后，农业生产条件和农业机械化水平没有根本性的提高，农业劳动力的大量减少，必然给农业生产造成重大影响，以至于 1959 年至 1962 年这几年的总播种面积和粮食作物播种面积都低于 1958 年的水平，这是造成这几年粮食总产量下降的重要原因。

其次是耕畜和肥料的减少。1957 年末全国耕畜总计为 6361.2 万头，1958 年为 5906.9 万头，1960 年减少到 5744.3 万头，1961 年再减至 5500.5 头。① 虽然耕畜总量较之 1957 年减少不是很多，但由于粮食的减产致使饲料不足，耕畜掉膘严重，畜力下降。当年农业生产化肥施用量不大。据统计，1958 年至 1962 年的化肥施用量分别为 270.8 万吨，253.3 万吨，316.4 万吨，224.2 万吨，310.5 万吨。② 以化肥施用量最大的 1960 年为例，这年全国总播种面积为 225863 万亩，平均每亩化肥施用量为 2.4 斤。当时，就大多数地方而言，农作物主要施有机肥，而养猪又是农村有机肥的一个重要来源。1958 年至 1961 年，全国的生猪存栏数也是连年下降。1958 年末，全国生猪存栏数为 13828.9 万头，1959 年末为 12041.6 万头，1960 年下降到 8226.5 万头，1961 年再降到 7552 万头。1962 年全国粮食产量回升，形势好转，生猪存栏数恢复到 13179.8 万头。③ 畜力下降是导致这几年耕地面积减少的因素之一，而耕畜与生猪存栏数的减少相应地致使耕地施肥量与产量的下降。

此外，随着 1959 年起农村粮食普遍出现短缺，农民的口粮标准一降再降，1957 年，全国农村居民平均粮食消费量为 410 斤，1958 年为 402 斤，

---

① 农业部计划司编：《中国农村经济统计大全（1949—1986）》，农业出版社 1989 年版，第 246 页。

② 农业部计划司编：《中国农村经济统计大全（1949—1986）》，农业出版社 1989 年版，第 340 页。

③ 农业部计划司编：《中国农村经济统计大全（1949—1986）》，农业出版社 1989 年版，第 244 页。

1959年为366斤，1960年为312斤，猪肉的人均消费量则分别为8.8斤、9.2斤、5斤、2.4斤。加之在“大跃进”中动辄组织各种“会战”“夜战”“挑战”，使农民体力消耗严重。这样一来，“大跃进”以来，农民体质普遍下降，也在一定程度上降低了农业生产的效率。

当年，粮食的短缺是全国性的，但农村的情况比城镇更严重，原因就在于这几年城镇人口大幅度增加，为保证城镇人口基本的口粮供应，只得实行高征购（征指粮食征收，即以粮食充抵农业税，俗称公粮；购指粮食统购，即将除农民口粮、种子、饲料粮、公粮以外的绝大部分余粮，由国家按市场牌价收购，农民或集体均不得自由销售余粮）。

粮食高征购起始于1958年。这年高征购的起因是“大跃进”启动后各地盛行“放卫星”，大刮浮夸风，导致上上下下对这年粮食增加的估计过于乐观。1958年8月中旬，中共国家粮食部党组向中共中央报送了《关于今年增产粮食的分配和国家粮食购销问题的报告》。报告中说，据各地汇报的材料，今年全国产量预计为6283亿斤，比去年的3899亿斤增加2384亿斤，即增长61.14%。这样，按全国人口平均计算，每人就有粮食900多斤，粮食生产水平很低的时代即将从此结束，粮食状况将要根本改观。因此，今年大量增产的粮食应如何分配，是当前粮食工作上一个亟待解决的大问题。

为了解决这个“大问题”，报告提出：现在，随着粮食的大量增产，农村的消费状况将有显著的改善；工业大跃进以后，工矿企业职工的劳动强度比过去大了，机关、团体干部，学校教职员和学生参加体力劳动，街道居民大搞工业，郊区发展饲养业，城市对粮食的需要有了新的发展；今年大量增产的薯类，又有一部分必须进行工业上的综合利用。在这些新的情况下，在扩大收购的基础上，适当多销一些粮食就是必要的了。粮食部党组建议：今年秋收以后，在城市供应方面采取如下措施：（一）增加口粮供应。办法是只要工种变动和儿童年龄增长，一律按分等定量的规定，及时调整工种和供应等别；还有不够吃的，再增加一点。至于定量标准则暂不公开宣布提高。（二）增加行业用粮。（三）增加饲料用粮。（四）增加工业用粮。①

① 粮食部党组：《关于今年增产粮食的分配和国家粮食购销问题的报告》，1958年8月15日。

与此同时，国家粮食部根据各省、自治区、直辖市粮食部门报告的材料，确定了 1958 年度（即 1958 年 7 月至次年 6 月）的粮食征购计划。8 月 22 日，中共粮食部党组向中共中央报送了《关于 1958—1959 年度粮食购销问题的报告》。报告中说："从夏收作物比去年增长 69%，早稻比去年增长一倍，薯类生产发展很大等情况看，只要今后一两个月不发生严重的自然灾害，今年粮食总产量达到 6000 多亿斤是完全可能的。这样，按全国人口平均计算，每人就将有粮食 1000 斤，粮食生产水平和消费水平很低的时代即将从此结束，粮食状况将要根本改观。"报告建议向农民宣布，今年粮食虽然大增产，但国家仍只征购 880 亿斤，各地原来向农业社包干的任务是多少仍是多少，增产不增购。农业为了解决资金问题，要求多卖余粮给国家，国家也应当收下来。这样，国家的粮食征购数量，势将超过原计划数的 880 亿斤。①

根据粮食总产量 6000 亿斤这个当时认为保守的数字，粮食部确定了全年粮食购销的所谓三本账（三本账是"大跃进"中流行的做法，即将原来的计划作为第一本账，现在必须完成的计划为第二本账，争取完成的计划为第三本账，各省市自治区则以中央的第二本账为自己的第一本账，各级依次类推）。

表 5　1958 年粮食购销的三本账 ①

（单位：亿斤）

	第一本账（原来安排数）	第二本账（必须完成数）	第三本账（争取完成数）
征购	880	1250	1500
销售	746	950	1150
购销差	134	300	350
军粮	18	18	18
出口	40	60	70
增加库存	76	222	262

8 月 29 日，中共中央批转了粮食部党组《关于 1958—1959 年粮食购

① 粮食部党组：《关于 1958—1959 年度粮食购销问题的报告》，1958 年 8 月 22 日。

② 粮食部党组：《关于 1958—1959 年度粮食购销问题的报告》，1958 年 8 月 22 日。

销问题的报告》，也就是认可了这个征购计划。表面上看，这年的征购比例并不大。就算以中共中央正式公布的全年粮食总产量为7500亿斤为征购基数，第二本账的征购率仅16.6%，第三本账的征购率也只有20%，均比实行统购统销制度以来的任何一年都小。1953年实行统购统销制度以来，到1957年，这几年的征购率分别为28.4%、30.6%、27.6%、23.3%、24.6%。① 但由于当时估计的产量严重不实，第二本账的实际征购率达到31%。

1958年底，国家粮食部对征购计划数略作调整，将全年的征购计划确定为1150亿斤，为当年正式公布的粮食总产量的18%。但征购任务完成情况仍不好，从1958年7月1日起，截至12月底，全国共征购902亿斤。这个数字仅相当于调整后的征购计划1150亿斤的78.43%。完成了原定任务的只有少数地区，大部分地区没有完成预计的任务。最终的结果是，1958年底共征购粮食1175.2亿斤，征购率为29.4%。

1959年之后的高征购，则主要是由于粮食产量下降而城镇人口增多造成的。据1959年5月中共国家计委党组、劳动部党组《关于1958年劳动工资基本情况和1959年劳动工资安排意见的报告》，1958年末全国国营、公私合营、事业和国家机关的职工总数为4532万人，比1957年末增加了2082万人。1959年上半年在纠"左"的过程中，中共中央意识到职工增加过快，决定较大幅度地精简职工，计划全年共精简800万人。截至1959年6月底，全部工业和基本建设部门共精减职工605.4万人，扣除这年上半年新增加的106.8万人和1958年统计漏报的42.5万人，实际精减了456.1万人，完成了原定精简任务的半数。

可是，由于随后召开的庐山会议由纠"左"逆转为"反右倾"，搞新一轮"大跃进"，使职工队伍第二次膨胀，城镇人口也大幅度增加。1957年全国职工共计3101万人，1960年达到5969万人，1958年至1960年三年共计增加2868万人；1957年全国城镇人口总计为9949万人，1960年达到13073万人，1958年至1960年共计增加城镇人口3124万人。② 在新增

① 农业部计划司编：《中国农村经济统计大全（1949—1986）》，农业出版社1989年版，第410页。

② 参见《中国统计年鉴（1989）》，中国统计出版社1989年版，第87、101页，

加的2800多万职工中，来自农村的有近2000万人。为了保证城镇居民基本的粮食需要，1959年度共征购粮食1448.1亿斤，征购率高达39.7%。1960年度的全国共征购粮食1021亿斤，虽然征购量比上年度有所减少了，但由于粮食总产量的下降，这年的征购率却仍高达35.6%。①

表6　1958年至1962年的粮食征购量③

（单位：万吨）

年份	产量	征购量	其中净收购*	征购量占产量的百分比（%）
1958	20000	5876.0	4172.5	29.4
1959	17000	6740.5	4756.5	39.7
1960	14350	5105.0	3089.5	35.6
1961	14750	4047.0	2580.5	27.4
1962	16000	3814.5	2572.0	23.8

*净收购量是指从总收购量中减去返销给农村的粮食。

由于连续几年实行高征购，虽然城镇居民的口粮标准也不高，但情况却要好于农村。

表7　1958至1962年的全国城乡居民平均粮食消费量①

（贸易粮，单位：公斤）

年份	全国	城镇	农村
1958	198	186	201
1959	187	201	183
1960	164	193	156
1961	159	180	154
1962	165	184	161

表中的粮食消费量，并不全都是口粮，而是各种粮食消费的总和。而

① 赵发生主编：《当代中国的粮食工作》，中国社会科学出版社1988年版，第189页。

② 农业部计划司编：《中国农村经济统计大全（1949—1986）》，农业出版社1989年版，第410—411页。

③ 农业部计划司编：《中国农村经济统计大全（1949—1986）》，农业出版社1989年版，第576页。

且消费的粮种不全是大米或面粉等细粮，甚至更多的是玉米、高粱、红薯干等粗粮以至各种“代食品”。从上表中可以看出，1958 年至 1962 年的五年中，除了 1958 年以外，其余时间城镇居民的粮食消费都要高于农民。由于城镇实行定量供应，虽然具体标准有所差异，但总体水平各地相差并不是很大。各地农村粮食丰歉情况不同，社员的口粮标准也就不同。1960 年全国农民平均消费仅 312 斤，比 1958 年减少了 90 斤。

据河北省 3.5 万多个生产队 1960 年 4 月的统计，社员平均吃粮水平达到 1 斤（以 16 两为 1 斤，下同）以上的，有 7759 个，占 21.7%，12 两以上 1 斤以下的，有 21292 个队，占 59.6%；半斤以上 12 两以下的有 5316 个队，占 14.9%；不到半斤的有 1346 个，占 3.8%；最少的只吃 3.4 两。① 这个 3.4 两是什么概念，相当于今天的 2.5—3 两。

到 1960 年冬，河北农村的吃粮标准被进一步降低。这年 11 月，宣化市农村人均每天粮食消费只有 5.4 两。其中，3—4 两的有 109 个食堂 22565 人，4—5 两的有 805 个食堂 139316 人，5—6 两的有 286 个食堂 61780 人。徐水县老河头公社（今属安新县）截至 1960 年 11 月 17 日前，全社的 132 个食堂中，吃 5 两的共有 76 个食堂，6 两的 31 个食堂，6 两以上的 25 个食堂。全公社存粮仅有 2467333 斤，这点粮食就是全社至 1961 年 6 月夏收前的口粮。按此计算，到 1961 年 6 月底，每人每天平均只有 3.2 两粮。其中 1 两以下的有 6 个队，1—2 两的有 13 个队，2—3 两的有 6 个队，3—4 两的有 11 个队，4—5 两的有 5 个队，5—6 两的有 1 个队，6—7 两的有 3 个队，7 两以上的有 2 个队。

河南叶县旧县公社的老鸦张管理区 1959 年受灾较重，全年粮食除完成征购任务外，口粮本来不足，加之管理不善，用粮没有计划，以至于这年 11 月起就开始缺粮。缺粮之初，由于干菜、蔬菜较多，生活尚能勉强维持。到了 1960 年 2 月，干蔬菜吃完，粮食更缺，在全管理区的 7 个大队中，5 个大队有 8 天的时间平均每人每天吃二三两豆子，有 9 天每天吃二两谷子，其余的时间大部分也是每天吃 4 两粮，最多吃到 6 两。粮食不够，群众只得找雁屎、树皮、青苗、坏红薯充饥。

① 河北省委农村工作部：《关于农村人民公社生活安排情况的报告》，1960 年 4 月 29 日。

粮食的极度匮乏，营养的不足，加上劳累过度，致使第二次大办公共食堂不久，全国农村出现了严重人口外逃、浮肿病和非正常死亡。

1960年2月18日，中共河北省委向中共中央报告说：到1960年2月15日，全省有44个县、235个公社、5600多个村庄（约占全省村庄的10%），发现浮肿病人5.9万多人，已病故450多人。其中唐山地区最为严重，仅玉田、宝坻两个县就发现浮肿病人1.9万多人，保定、石家庄地区发现的浮肿病人也在万人以上。①

1961年3月底，中共河南新乡地委在给省委的报告中说，尽管开展了整风整社运动，生活方面采取了紧急措施，全地区尚有9000万斤的粮食缺口。尤为严重的是全地区48%的食堂没有菜吃，31.8%的食堂只能吃到3月底。

河南长葛县的周庄大队本是个老红旗单位，全大队共有399户，1551口人。该大队的白庄生产队230口人，1960年春天粮食紧张时吃草根、树皮、麦苗，1961年春天则吃榆树皮、皮绳头、杂草、白菜疙瘩、柿子疙瘩，群众因此面黄肌瘦，身体虚弱，不能维持生产。

四川省潼南县的塘坝、三汇两区，有1600多户社员吃观音土，其中的长兴、复兴公社的个别生产队和作业组，几乎百分之百的户挖吃观音土。复兴公社第三大队有307户，1337人，吃观音土的有154户，占总户数的46%，该大队第五生产队69户社员，就有52户吃观音土。不吃观音土的，则吃树皮、树根、野菜、野草。吃了这些东西后，大部分人发生头痛、肚胀、大便结燥。

这时全国不少地方出现了类似的现象。连一向供应比较好的广东，1959年至1960年间，农村普遍一个月一人吃不到10斤原粮，不少地方一人一天只有3—4两米，肉、油基本见不到，青菜也少。吃糠、吃蕉头、吃甘蔗渣、吃红薯藤的事，到处都有发生。1960年底，广东农业办公室对31个县市不完全统计，死亡人数占总人口的2.25%，大大超过了正常年份。另一个供应较好的省份江苏，1960年1月的统计，全省共有浮肿病人12.66万人。另据镇江、扬州、徐州、淮阴四个专区和南京市的不完

---

① 《河北省委关于防治浮肿病情况的报告》，1960年2月18日。

全统计，农村外流人口达 14.8 万余人。情况最严重的宝应县 1959 年冬至 1960 年 4 月，先后死亡 35391 人，占农村总人口的 6.2%。1960 年全国人口死亡率为 25.43‰，出生率为 20.86‰，这年的全国人口自然增长率为 −4.57‰。根据国家统计局公布的全国人口统计，1960 年全国总人口比 1959 年减少 1000 万人。

第六章 退 却

一、紧急指示信十二条

1960 年上半年，“大跃进”和人民公社化运动造成的严重问题充分暴露出来。针对农村因粮食短缺而造成的农民生活极度困难局面，中共中央和各级党委随即出台了一些应对措施。

1960 年 5 月 15 日，中共中央发出《关于农村人民公社分配工作的指示》，要求人民公社正确处理国家、集体、个人的关系，正确处理积累和消费的关系，年终分配在春季前一律结束，不拖尾巴。这个指示一方面仍肯定工资制与供给制相结合的分配制度是人民公社化运动中的一个创造，但也强调供给部分一般应不少于 30%，也不要多于 40%，要通过搞好分配工作来促进生产的发展。

8 月 10 日，中共中央发出《关于全党动手，大办农业，大办粮食的指示》，要求全党全民，一致努力，大办农业，大办粮食，要坚决从各方面挤出一切可能挤出的劳动力，充实农业战线，首先是粮食生产战线，保证在农忙季节参加农业生产的，至少达到农村劳动力总数的 80%以上，并且搞好秋田管理，力争秋季丰收，特别是粮食丰收。在搞好粮食生产的基础上，把粮食管好、用好，安排好人民生活。口粮标准必须从低，其他消费标准也必须从低。同时，大搞副食品，大搞瓜菜，大搞代食品和代用品（简称“瓜菜代”）。

然而，农村的紧张形势并未因这些指示的发出而迅速好转。1960 年 9 月，中共中央在下发给各省、市、自治区党委的一份指示中说：“山东某些地方在麦收以后，肿病、非正常死亡和人口外流的现象还在继续发生，偷青吃青现象很严重。在夏收以后仍然出现这种严重问题，是极不应该的。据我们所知，夏粮估产偏高、留粮不足、偷青吃青、人口外流的现象，在河南、山西、安徽、江苏等省也有发生；肿病和非正常死亡，在个别地方也发生过。”①

为了缓解日益紧张的粮食供需矛盾，1960 年 9 月 7 日，中共中央发出《关于压低农村和城市的口粮标准的指示》，承认受自然灾害的影响，1960 年某些省区，粮食势将比上年减产。全国夏收粮食和早稻的产量，包括春小麦在内，比去年还少一点。全年的粮食产量预计可能达不到北戴河会议所估计的 4500 亿斤（这一年实际只有 2870 亿斤）。“因此，全国必须立即采取压低城乡口粮标准的方针，要求农村少吃，城市也要少吃；丰收区少吃，灾区更要少吃”②。

指示还具体规定了农村的口粮标准：淮河以南直到珠江流域的地区，应当维持平均每人全年原粮 360 斤。遭灾的地方应当更低些。丰收的地方在完成原定外调和为支援灾区而增加外调的粮食任务以后，还有余根，口粮标准可以提高到原粮 380 斤，最多不能超过原粮 400 斤。淮河以北地区的口粮标准，应当压低到平均每人全年原粮 300 斤左右，东北等一部分严寒地区可以稍高一点；而各省的重灾区，则应当压低到平均每人 300 斤以下。在压低农村口粮标准的同时，城市供应标准也必须相应地降低。除了高温、高空、井下和担负重体力劳动的职工以外，其余的全部城市人口，每人每月必须压低口粮标准两斤左右（商品粮）。

尽管降低用粮指标，提出“低标准、瓜菜代”的方针，有的地方为了解决公共食堂问题，还专门召开“吃饭大会”，甚至还“创造”了各种各

① 中共中央文献研究室：《建国以来重要文献选编》第 13 册，中央文献出版社 1996 年版，第 565 页。

② 中共中央文献研究室：《建国以来重要文献选编》第 13 册，中央文献出版社 1996 年版，第 567 页。

样的所谓“粮食增量法”，但这些治标措施并不能改变农村日益严重的困难局面。要从根本上解决农村问题，就必须调整农村政策。

在当时发动“大跃进”，建立人民公社的时候，全国上下都以为自此找到了一条建设社会主义的捷径，中国将在不长的时间里建成社会主义并实现共产主义。但事与愿违，1958 年以来连续三年“大跃进”，给中国带来的却是国民经济比例的严重失调和人民生活水平的大幅度降低。严酷的现实使人们发热的头脑开始得以冷静。

1960 年 6 月，中共中央政治局在上海召开扩大会议。会上，毛泽东指出，1958 年、1959 年我们曾讲数量，今后要讲质量、品种，要把质量、品种放在第一位。还说，真正的大跃进是留有余地的，真正的留有余地不是口头上的。只有留有余地，才能鼓起劲来。

会议期间，刘少奇在主持有各大区和各省、市、自治区以及中央一些部门主要负责人参加的座谈会上也说：最近半年以来，我们在工作中发生了比较多的问题，这些问题是比较严重的，有粮食问题，浮肿病问题，非正常死亡问题，事故问题，计划完成情况问题，还有一些其他的问题。大家一番热情，总想多一点，快一点，盘子摆得大一点，基本建设项目多上一点，许多同志主要的想法是这方面。一方面，我们应该敢想、敢说、敢做，但是还要切实可靠，充分可靠，一切经试验，实事求是，冷热结合。①

6 月 18 日，毛泽东写了《十年总结》一文，试图对十年的社会主义革命和建设经验做一个初步的总结。他在文章中虽然对人民公社做了充分肯定，认为庐山会议打退了“右倾机会主义的猖狂进攻”，“使我们基本清醒了”。但他同时指出，时至今时，党内管农业的同志，以及管工业、商业的同志，“在这一段时间内，思想方法有一些不对头，忘记了实事求是的原则，有一些片面思想（形而上学思想）”。他还承认自己“也有过许多错误”，“有些是和当事人一起犯的”。他还提出：“郑重的党在于重视错误，找出错误的原因，分析所以犯错误的客观原因，公开改正。”他提醒全党：对于社会主义时期的革命和建设，还有一个很大的盲目性，还有一个很大

① 中共中央文献研究室：《刘少奇年谱》下卷，中央文献出版社 1996 年版，第 488 页。

的未被认识的必然王国。我们还不深刻地认识它。要以第二个十年时间去调查它，去研究它，从其中找出它的固有的规律，以便利用这些规律为社会主义的革命和建设服务。①

囿于当时的主客观条件，毛泽东的这篇文章还不可能对 1958 年“大跃进”运动以来的“左”倾错误，进行全面的反思、深刻的剖析和彻底的清理，并且对所谓的“三面红旗”加以否定。但是，毛泽东在全党面前公开承认自己也犯了错误，强调一段时间以来思想方法不对头，忘记了实事求是原则，号召全党上下认真总结社会主义革命和建设的规律，这对于各级干部冷静地思考“大跃进”和人民公社化运动以来经济生活中存在的问题及其原因，并对随后制订“调整、巩固、充实、提高”的八字方针，对国民经济进行大幅度的调整，仍意义重大。

上海会议后不久，中共中央于 7 月 5 日至 8 月 10 日在北戴河召开工作会议。会上，毛泽东针对苏联撕毁合同、撤走专家的问题，强调要坚持独立自主、自力更生的原则。对于国内问题，他强调要抓好粮食生产，搞好秋收秋种，尽可能地多打粮食，多种粮食。对于人民公社，他指出，农村以生产队(即生产大队）为基本核算单位的三级所有制，至少五年不变，要搞个死规定，五年以后再说。他还说，要有部分人的个人所有制，总要给每个社员留有自留地，使社员能够种菜，喂猪喂鸡喂鸭。

1960 年 2 月，中共贵州省委在关于公共食堂问题给中共中央的报告中提出，要办好公共食堂，社员的自留地就势必要交给食堂，社员养猪要加以限制，一户最多可养一头。这样对搞好集体生产，办好食堂，都有好处。中共中央批转了这个报告，并要求各省、市、自治区对贵州的做法“一律依照执行，不应有例外”。按照这个指示，社员的自留地再度被收回，家庭副业基本不复存在，社员生活一切都要依靠公共食堂，大大加剧了广大农民生活困难的程度。毛泽东在北戴河召开的工作会议上提出，在自留地问题上，中央批转贵州食堂问题的指示，有毛病，要改过来。毛泽东的讲话表明，中央领导层对人民公社的若干政策问题的认识，已经有了

① 中共中央文献研究室：《建国以来重要文献选编》第 13 册，中央文献出版社 1996 年版，第 419—421 页。

较大改变。

为了克服严重的困难，1960 年 7 月 9 日，广西壮族自治区人民委员会作出了《关于农村的十项政策》，明确规定：(一）保证留足基本口粮；(二）节约备荒，粮食节余归己；(三）包产必须落实，超产奖励必须兑现；(四）给食堂拨够菜地，保证每人每天吃菜 1—2 斤；(五）鼓励生产小队开发空隙土地，争取每人每年多吃二三十斤豆类和杂粮；(六）留足饲料，拨给青饲料地，发展集体养猪，建立养牛场，发展养牛；(七）留足自留地，实现社员家庭养猪平均每户一头；(八）多种油料作物，争取每人每日一钱油；(九）增加现金收入，争取按季或按月发工资；(十）大队掌握产品，迅速分配收益。

9 月 8 日，中共中央批转了这个文件，并指示各省、市、自治区依照广西的办法，作出一些具体明确的规定，以便农村干部和群众共同遵守。指示还强调，为了更有效地防止公社干部重复“一平二调”的错误，要向干部和社员反复讲清楚，即使将来过渡到基本社有制，也不是“社共队的产”，而是“队共社的产”，现在归基本核算单位所有的耕畜、农具等生产资料，在将来过渡到基本社有制的时候，也并不转归公社，仍归队所有，归队使用。在供给制与工资制的比例中，工资部分应占 70%左右，最低不能低于 60%；供给部分一般限制在 30%左右，最高不能超过 40%。

按照中共中央的指示精神，各地相继出台了类似的规定，如中共湖北省委制订了《关于调动群众积极性的十项措施》，要求切实贯彻人民公社“统一领导，分组管理，队为基础，三级核算”的体制，强调中心问题是要承认生产队的所有制是基本的，要集中优势兵力到农业生产第一线，要使 80%以上的社员收入逐年有所增加，生产小队在不妨碍“三包”（指包产工、包产、包成本）任务完成的条件下，可以开垦零星荒地，多种多收，其收入（实物）全部归小队，在不影响集体生产的情况下，允许社员适当经营个人的自留地等。

中共山东省委作出了《关于当前农村若干政策问题的规定》共十八条，针对一段时间以来一些地方急于实现由队有制向社有制的过渡问题，这个文件其中第一条就是“公社体制，队为基础，五年一律不变”。至于五年之后，变与不变，还要看生产的需要与群众的意见，由各队和社员做主，自己讨论决定。文件还要求保证社员基本口粮，允许社员适当经营个人自留地，绝对不允许侵犯社员生活资料，社员利用生产空隙采集的饲料、柴草和野菜全归社员个人所有等。

中共山西省委也制定了农村政策的十二条政策规定（草案），强调三级所有、队为基础，是现阶段人民公社的根本制度，要坚决纠正“一平二调”的错误，加强生产队的基本所有制，允许社员经营少量的自留地和家庭副业。其他各省、市、自治区也相继作出了相类似的政策规定。

为了检查贯彻执行中共中央关于大办农业、大办粮食的指示，在中共中央政治局委员、国务院副总理谭震林的主持下，9 月 20 日至 22 日，山西、河北、山东、河南和北京五省市在北京召开农业书记会议。会议要求安排好农村人民生活，压低口粮指标，大种蔬菜，大搞代食品，办好公共食堂，并提出要“在今冬明春给广大群众以休生养息的机会”。①10 月 7 日，中共中央转发了这次会议的纪要，并要求各地以中共八届六中全会和毛泽东在两次郑州会议、两次上海会议上的讲话为武器，“彻底肃清‘共产风’、浮夸风、命令风和某些干部的特殊化风”，“把国家、集体与个人之间的关系，把大集体与小集体之间的关系，把领导与群众之间的关系彻底搞好，把农村必不可少的制度建立起来”。

1960 年下半年各地相继出台的一系列有关农村和农业问题的方针政策，使庐山会议后开始的基本队有制向基本社有制的过渡风得以停止，自留地和家庭副业有了一定程度的恢复。但是，这些政策措施还没有触及人民公社最根本的体制问题，大队内部生产队与生产队间，生产队内部各生产小队间，社员与社员间的平均主义，还仍然存在。与此同时，各地在贯彻相关政策的过程中，发现了 1960 年春各种“大办”时大刮“共产风”的严重情况。

1960 年 9 月 18 日，中共湖北省委书记处书记王延春就沔阳县贯彻《湖北省委关于调动群众积极性的十项措施》的试点情况，给省委书记处写了一份报告。其中说：该县的通海口公社“从暴露的情况看，各方面都存在着极其严重的问题，其中刮‘共产风’、乱指挥生产、粮食问题、自留地

① 《晋、冀、鲁、豫、北京五省市农业书记会议纪要》，1960 年 10 月。

问题等最为严重”。“这个公社的‘共产风’，年年季季在刮，年年季季在处理，可是边处理边刮”，“刮‘共产风’的单位，上到省级，下至小队，一杆到底，根深蒂固”，“刮‘共产风’的范围，大至土地、粮食、房屋，小至镰刀、筷子、夜壶，什么都刮”。公社生产队以下的“共产风”，“更是一阵接一阵，干一件什么事情，搞一个什么运动，就刮一次，就是一次大破坏”。搞生产木轨化，就拆社员的房子，动员社员“献”树木；建集体猪场，就拆房子盖猪圈，盖了猪圈没有猪，又拉社员的猪仔；搞车子化，就砍光社员的树；搞大协作，就乱调人，乱吃饭，乱拿工具。通海口公社的城关管理区，全区性的“共产风”就刮了25次，仅1959年一年内就刮起了15次，许多生产队刮“共产风”的损失，相当于一年至二年的分配收入。

报告认为，“只有抓住贯彻政策，彻底处理‘一平二调’，彻底地纠正生产上的瞎指挥，以及认真地解决粮食问题等，才有可能真正地调动广大群众的生产积极性，才会有生产的迅速发展和人民公社的巩固”。

通海口公社是中共沔阳县委贯彻省委“十条政策”的试点单位，为此县委组织了一支400多人的工作队进驻这个公社，每个管理区都派去了工作队，每个生产队有工作组，做到每个小队有一名工作队员。工作队进村后，先抓住最突出、群众反映最强烈的一两件事，立即处理兑现，以此表达纠正“共产风”的信心。该公社的红星生产队开展工作的第二天，工作组就带着队干部和群众，将各单位占去的550亩土地和供销社调去的船只要了回来，将没收的自留地退还给社员，一时在全公社引起了很大的反响。然后，县、公社、管理区、生产队均成立兑现办公室或小组，负责核账和兑现。公社向管理区兑现时，以管理区为单位召开兑现大会，生产队和小队都派代表参加，公社干部在会上作检讨，保证今后不重犯“一平二调”的错误。生产队退还社员的财物，采取自报与评议相结合的办法，该兑现的张榜公布，召开社员代表会议，宣布兑现，干部和群众共同做出决议，今后不许重犯。

经过十余天的工作，该公社的“共产风”基本得收纠正，不该调的劳动力全部退回，被占去的8000多亩土地，除少数用作基建按价付款外全部归还生产队，被占用的房屋退还了大部分，拆毁的等秋种后重建，粮食、农具、耕牛、家具、材料等，物在者全部清退，原物不在者共折价49万余元，兑现了71%。

对于“共产风”的危害，其实早在庐山会议前的纠“左”时就有所认识，也曾采取了一些措施加以遏制，从而使其有所收敛，但随着“反右倾”的开展，人民公社在各式各样“大办”的口号下，“共产风”却愈演愈烈。如果说1958年刮“共产风”时，社员和原农业社还有一点老家底可刮的话，而在庐山会议后的新一轮“大跃进”中再次一轮轮地大刮“共产风”，不但把社员和生产队彻底刮穷了，而且将其生产的积极性彻底刮掉了，从而更加重了农村的困难。因此，要改变农村的困难局面，制止“共产风”就成了当时最为迫切的问题。

10月12日，中共中央批转了王延春的这个报告，同时也批转了中共福建省闽侯县委第一书记常登榜《关于城门公社集中劳动力、加强农业生产第一线工作情况的报告》，并就这两个文件作出了重要指示。中共中央指示：“从一九五八年冬天以来，中央和毛主席再三再四地指示，必须坚决纠正一平二调的‘共产风’。因为这种‘共产风’严重地破坏以生产队为基础的公社三级所有制和农业生产力。但是，从湖北沔阳县通海口公社的例子看来，这个问题在不少地方至今没有解决。一平二调的‘共产风’，再加上某些浮夸、强迫命令和某些干部特殊化的作风，使干部严重地脱离了农民群众，使这类地区的农业生产和农民的生产积极性受到损害。这种严重情况必须大力改变，绝对不能允许再拖延下去。”

中共中央认为，“纠正一平二调的‘共产风’，纠正强迫命令、浮夸和某些干部特殊化的作风，坚持以生产队为基础的公社三级所有制，是彻底调整当前农村中社会主义生产关系的关键问题，是在公社中贯彻实现社会主义按劳分配原则的关键问题。解决了这类生产关系的关键性问题，就会大大地促进农业生产力的发展。”中共中央要求各地参照通海口公社的做法，派遣得力的工作组到问题最多的公社，对“共产风”问题作全面的切实的解决。各省必须将工作部署的情况尽速上报中央。①

---

① 中共中央文献研究室：《建国以来重要文献选编》第13册，中央文献出版社1996年版，第640页。

10月23日至26日，毛泽东召集华北、中南、东北、西北四个大区的省、市、自治区党委主要负责人开会，主要是听取他们关于农业情况的汇报，讨论如何纠正和防止“共产风”的问题。中央领导人刘少奇、周恩来、李富春、谭震林、李先念和有关部门负责人廖鲁言、陈正人参加了会议。会议的最后一天，毛泽东看到了中央组织部和中央监察委员会四名干部10月21日关于河南信阳地区饿死人和干部严重违法乱纪的调查材料，从而使他认识到农村问题的严重性，并下决心纠正“共产风”问题。

为了从根本上解决“共产风”问题，中共中央决定向各级组织发出一份专题指示，并委托周恩来负责文件的起草。这就是随后不久发出的《中共中央关于农村人民公社当前政策问题的紧急指示信》。因为指示信中列举了十二条措施，所以又简称“十二条”。

指示信初稿写出后，毛泽东和刘少奇都亲自作了审改。

毛泽东对指示信稿的修改，主要有以下一些。原稿中说，“以生产队为基础的三级所有制……从一九六一年算起，至少五年不变。”他将五年改为七年，并加了一句：“至少七年不变（在一九六七年我国第三个五年计划最后完成的一年以前，坚决不变）。”原稿中说，“以生产队为基础的公社三级所有制，……必须在一定时期内稳定下来”，毛泽东将“一定时期”改为“一个长时期”。原稿中说，各生产小队之间在分配上的差别，“对于发展生产是有利的”，毛泽东将“有利的”改为“极为有利的”。原稿中说，“社员户养猪也不可偏废”，毛泽东改为“应该鼓励”。原稿中说，“在现阶段，人民公社分配原则还是按劳分配”，毛泽东在“在现阶段”之后，加上“在很长的时期内，至少在今后二十年内”。①

刘少奇则在第二条中加写这样一段文字：“一切干部和群众都必须了解，所有制是生产关系的决定环节，目前我们所规定的以生产队为基础的公社三级所有制，必须在一定的时期内稳定下来，绝不容许对它有任何侵犯，特别是从上面来的侵犯，已侵犯了的必须赔偿，否则，就要破坏生产力，破坏群众的生产积极性。”②

① 逄先知、金冲及：《毛泽东传（1949—1976）》下，中央文献出版社2003年版，第1100页。

② 中共中央文献研究室：《刘少奇年谱》下卷，中央文献出版社1996年版，第495页。

11月3日，经毛泽东最后审改的紧急指示信十二条发给了生产队党支部以上的各级党组织。这“十二条”的主要内容是：

（一）三级所有，队为基础，是现阶段人民公社的根本制度。以生产队为基础的三级所有制，从1961年算起，至少七年不变。在此期间，不再新办基本社有制和全民所有制的试点。现有的试点和已经过渡为基本社有制或全民所有制的社、队，办得好的、群众拥护的，可以继续办下去；办得不好的、群众要求改变的，就停止试验，重新恢复基本队有制。

（二）坚决反对和彻底纠正“一平二调”的错误。凡是从人民公社成立以来，县和县以上各级机关和企业、事业单位向社平调的，县和社向生产队平调的，以及县、社和队向社员个人平调的房屋、家具、土地、农具、车辆、家畜、家禽、农副产品和建筑材料等等各种财物，都必须认真清理，坚决退还。有实物的退还实物，并且付给公平合理的租金、折旧费或修理费；实物已经消耗、无法退还的，作价补偿，付给现款。无偿调用的劳动力，必须彻底清理，给以补偿。

（三）加强生产队的基本所有制。生产队是基本核算单位。生产经营管理的权力应该主要归生产队，公社和作为公社派出机关的管理区（生产大队）不要统得过死，不要乱加干涉。绝不能削弱队有经济来发展社有经济，更不允许用“一平二调”的错误办法来发展社有经济。

（四）坚持生产小队的小部分所有制。生产小队是组织生产的基层单位。劳力、土地、耕畜、农具必须坚决实行“四固定”，固定给生产小队使用，并且登记造册，任何人不得随便调用。小队与小队之间组织劳力协作的时候，必须自愿两利、等价交换，由受协作的单位以工换工或者评工记分，按劳付酬。生产队对生产小队要实行包产、包工、包成本和超产奖励制度。

（五）允许社员经营少量的自留地和小规模的家庭副业。凡是已经把自留地全部收回的，应该拨出适当的土地分给社员，作为自留地。今后不得将社员的自留地收归公有，也不得任意调换社员的自留地。在不影响集体劳动的前提下，鼓励社员种好自留地，饲养少量的猪、羊和家禽，培育好屋前屋后的零星果木，经营小规模的家庭副业。

（六）少扣多分，尽力做到90%的社员增加收入。分配给社员消费的部分，一般应该占总收入（指可分配的总收入，而不是总产值）的65%左右，扣留部分占35%左右。

（七）坚持各尽所能、按劳分配的原则，供给部分和工资部分三七开。在分配给社员个人消费的部分中，应该控制供给部分，提高工资部分。供给部分应该占30%，不要超过，工资部分应该占70%，使劳动力强、出勤多的人除了吃饭以外还能得到较多的工资。

（八）从各方面节约劳动力，加强农业生产第一线。以农村中整、半劳动力的总数作为一百，公社和生产队（基本核算单位）两级占用的劳动力，不能超过5%，其余的95%左右都归生产小队支配；用于农业生产第一线的劳动力，农忙季节必须达到80%。

（九）安排好粮食，办好公共食堂。必须严格实行计划用粮，节约用粮，闲时少吃，忙时多吃，12个月的口粮按13个月安排，留有余地。公共食堂的制度必须坚持。但是，在北方严寒季节和燃料缺乏的地方，经过县委批准，可以允许采取由食堂统一管理、由各户分散做饭的临时办法，适应社员家庭取暖的需要。

（十）有领导有计划地恢复农村集市，活跃农村经济。除了粮食、棉花、油料等主要农产品只许卖给国家收购机关以外，其他农产品和副产品，在完成国家规定的交售任务以后，都可以拿到集市上进行交易。

（十一）认真实行劳逸结合。必须坚决保证社员每天睡足八小时。可以实行男社员每月放假两天、女社员每月放假四天的制度。耕畜也应该劳逸结合，在冬季农闲季节，必须保证耕畜得到适当的休息。

（十二）放手发动群众，整风整社。整风整社是调整当前农村中社会主义生产关系的关键问题，必须坚决依靠群众，大鸣大放，用领导和群众“两头挤”的方法，用由上而下和由下而上相结合的方法，把农村“三反”贯彻到底，把整风整社搞深搞透。

中共中央要求各级党组织坚决反对和纠正“共产风”，把有关人民公社所有制方面的一系列政策讲清楚，将“十二条”原原本本地读给全体党员和社员听，做到家喻户晓，把政策交给群众，监督党员和干部不折不扣地执行。中共中央认为，只要认真贯彻执行以上各项政策，特别是经过这次彻底清理“一平二调”，彻底纠正“共产风”，切实地把人民公社经营管理的一系列的必要的规章制度建立起来，把以队为基础的公社三级所有制稳定下来，人民公社的优越性必将得到更好更大的发挥，以农业为基础的整个国民经济必将获得更好更大的跃进。

为了使“十二条”能迅速贯彻，同一天，中共中央又发出了《关于贯彻“紧急指示信”的指示》，要求各地至迟在12月中旬前把“十二条”传达到农村中去，传达到全体农村党员、干部和农民群众中去，必须原原本本地向群众传达，不折不扣地切实执行。具体步骤是：先召开有地委、县委书记和省直各系统各部门负责干部参加的省委扩大会议，展开讨论，弄通思想。然后，以地委、县委为单位，召开生产小队以上的干部会议，吸收若干社员代表参加，进行传达动员，其中要有持不同意见的人参加。再由省、地、县委的负责人带工作组到农村去，帮助社、队干部向全体党员、干部、社员进行传达，以造成一个贯彻紧急指示信的群众运动。中共中央还要求各省、市、自治区和中央各部门对紧急指示信的传达讨论和执行情况，随时报告中央。

“十二条”标志着中共中央、毛泽东停止了庐山会议以来的“反右倾”运动，开始转向重新纠“左”。这是一个重大的转变，为扭转农村的经济困难创造了有利条件。但是，这“十二条”以及随之出台的一系列政策，仍有很大的不足。如一再强调的“队为基础，三级所有”中的“队”，指的是生产大队而不是生产小队，仍然肯定了平均主义的供给制和工资制的分配制度。尤其是群众反映强烈、意见最大的公共食堂问题，仍明确规定“必须坚持”，只有在北方的严寒季节和缺乏燃料的地方，在经过县委一级批准后，方可允许采取由食堂统一管理，由各户分散做饭的临时办法。因此，广大农民一面对“十二条”表示由衷的欢迎，一面又迫切希望进一步解决困扰他们积极性的供给制和公共食堂等问题。

二、“集中力量整顿三类社队”

“十二条”发出后，各地关于贯彻执行情况的报告也陆续送来北京。

11月12日，中共湖北省委第一书记王任重关于纠正“五风”问题，给中共中央中南局第一书记陶铸并毛泽东的报告中说，为贯彻执行中央的“十二条指示”，全省三级干部会议已于11日开始。会议围绕“苦战三年，总结经验”这一主题，采取群众路线、整风和批评与自我批评的方法，充分发扬民主，让大家畅所欲言，先集中揭发错误，然后再作全面评价，目的是为了弄清真实情况，接受三年来的教训，使全党团结一致去战胜当前的困难，夺取农业丰收。这次会议中，讲对讲错，一律不记账，不戴帽子；要求地、县委首先批评省委，然后县委批评地委，最后是省、地、县三级作自我批评。

王任重在报告中还附上了中共沔阳县委所写的《沔阳县贯彻政策第一阶段的总结》和县委第一书记马杰的《通海口公社贯彻政策后的变化》两个材料。这两个材料主要是介绍沔阳整风整社运动的开展情况和该县通海口公社在纠正“共产风”后所发生的变化。

沔阳县委在总结中说，县委以贯彻省委“十项政策”为中心，开展了群众性的整风整社运动。到目前为止，第一阶段已基本结束。这个阶段，主要是解决“共产风”和瞎指挥生产的问题。从揭发情况看，全县所有公社，问题都极为严重，在经济、政治上都带来了极为严重的后果。开展整风整社运动后，对过去所犯的政策错误和作风问题进行了纠正，有的还在继续纠正。对“共产风”中的损失，坚决兑现，物在还物，物不在赔钱。干部强迫命令、瞎指挥，都向群众作了深刻检讨。经过整风整社，群众生产积极性大大提高，干部作风有了很大转变，干群关系在新的基础上密切起来了。

马杰则在报告中说，通海口公社经过这次贯彻省委“十项政策”、坚决纠正“五风”之后，面貌发生了根本的变化。群众心情舒畅，对社会主义的误解消除了，对党的政策信任了，普遍树立了兴家立业、当家做主的思想，人人关心生产，爱护公物，生产队则大搞农田基本建设，改善经营条件。干部作风有了显著改变，参加劳动已开始形成制度，通过生产了解实际情况，克服了工作上的主观主义；通过处理“共产风”，干部的政策水平有了提高，纠正了强迫命令、瞎指挥，使党群关系密切起来，干部工作也好做了。这些变化，大大推动了生产和生活，使得生产出现高潮，生活面貌发生了改观，鼓舞了社员群众夺取明年大跃进的信心。

同一天，中共甘肃省委就贯彻紧急指示信在给中共中央及中共中央西北局的第二次报告中说，“一平二调”的“共产风”，在我省是相当普遍、严重的。省、地、县、社各级和工农商学兵各部门，都向公社和生产队伸手拿东西，都有“平调”。全省560个公社，“共产风”刮得严重的占29%，没有刮的只占1%。“共产风”刮得厉害的地方，挫伤了基层干部和广大群众的生产积极性，耕畜、劳力大量减少，耕作粗糙，播种面积缩小，产量下降，严重地破坏了农业生产。刮“共产风”的做法，不仅是方法上、作风上的错误，在方向上也是一种严重的偏差。纠正这种错误的主要方法，是总结经验，教育干部，严肃贯彻中央的方针政策。

11月20日，中共四川省委也给中共中央西南局并中共中央、毛泽东报送了关于贯彻中央紧急指示信的简报。其中说，接到中央的紧急指示信后，各试点公社都采取了干部会、社员代表会和社员大会等形式，原原本本地逐条予以宣读讲解。虽然不同类型的试点公社各有不同的反应，但总的情况是好的，都很快地起到了安定人心、激发群众积极性、推动生产和其他各项工作的作用，使部分干部的“一平二调”“共产风”和其他歪风开始有所收敛和改变。公社各级干部绝大多数是拥护中央指示的，拥护的重点各有侧重。少数人则表现出了程度不同的顾虑和抵触情绪，其中大多是乘“一平二调”之机手脚不干净，或在工作上、作风上有严重错误的人。另外还有一些地、富、反、坏等分子乘机破坏和富裕农民浑水摸鱼。

对于各地贯彻落实中央紧急指示信的情况，毛泽东十分重视，他特地交待值班秘书，凡是这一类电报他都要看。对于有些报告他还亲自加写了批语。11月5日，毛泽东为中共中央就彻底纠正“五风”问题起草了对各省、市、自治区党委的指示，要求“必须在几个月内下决心彻底纠正十分错误的共产风、浮夸风、命令风、干部特殊风和对生产瞎指挥风，而以纠正共产风为重点，带动其余四项歪风的纠正”，同时要求在纠正“五风”时，“一定要走群众路线，充分发动群众自己起来纠正干部的五风不正，反对恩赐观点”，并且强调“现在是下决心纠正错误的时候了。只要情况明，决心大，方法对，根据中央十二条指示，让干部真正学懂政策（即十二条），又把政策交给群众，几个月时间就可把局面转过来”。①

11 月 25 日，甘肃省委就贯彻中央紧急指示信给中共中央和西北局作了第四次报告。报告说，我省召开三级干部会议，深入检查了一再发生“共产风”的根源，认为应当而且必须从省委领导工作中的缺点错误方面去寻找。报告具体分析了三个方面的原因：

一是省委对中央政策研究不够，领会不深，贯彻不力，甚至产生了一些偏差：（一）急于由基本队有制向基本社有制过渡。（二）忽视小队小部分所有制和小队工作。（三）对发展生产队（基本核算单位）的经济重视不够，抓得不狠。（四）收益分配政策定得不恰当，扣留部分多，分配部分少；供给部分大，工资部分小。

二是省委在指导人民公社发展生产和农村工作安排方面，主要是没有把安排工作和贯彻政策结合起来，提出的任务大，要求急；对需要考虑得多，对可能考虑得少；看有利条件多，看困难因素少；给下面干部分派任务多，交代办法少，致使他们在政策许可的范围内难以完成任务，就必然出现违反政策的事。

三是省委领导工作的一个重大问题是农业估产偏高，要求过高过急，作了一些不恰当的宣传、表扬和批评，助长“五风”的出现，使领导工作失去主动权。

这份报告引起了毛泽东的共鸣，11 月 28 日，他亲自为中共中央拟定了转发甘肃省委报告的批示。毛泽东写道：“发去甘肃省委一九六〇年十一月二十五日报告一件，很有参考价值，值得你们及地、县同志们认真研究一遍至两遍。甘肃省委在作自我批评了，看起来批评得还算切实、认真。看起来甘肃同志开始已经有了真正改正错误的决心了。毛泽东同志对这个报告看了两遍，他说还想看一遍，以便从其中吸取教训和经验。他自己说，他是同一切愿意改正错误的同志同命运、共呼吸的。他说，他自己也曾犯了错误，一定要改正。”

毛泽东还在批示中强调，从现在起，至少七年时间公社现行所有制不

① 《建国以来毛泽东文稿》第 9 册，中央文献出版社 1996 年版，第 352—353 页。

变。即使将来变的时候，也是队“共”社的“产”，而不是社“共”队的“产”。从现在起至少二十年内社会主义制度（各尽所能，按劳付酬）坚决不变，二十年后是否能变，要看那时情况才能决定。“总之，无论何时，队的产业永远归队所有或使用，永远不许一平二调。公共积累一定不能多，公共工程也一定不能过多。不是死规定几年改变农村面貌，而是依情况一步一步地改变农村面貌。”① 毛泽东已经意识到，农村出现各种问题，一个重要的原因，是这几年体制变动频繁，从而混淆了集体与全民两种所有制的界限。

随着“十二条”的贯彻，“五风”问题的严重性日益暴露出来。“五风”之所以屡禁不止，根本原因在于“一大二公”的人民公社体制。

由于人民公社的规模大，少则数千户，多则上万户甚至几万户，公社以下的管理区（生产大队）、生产队、生产小队相应地规模也很大，这就使社队干部工作中容易搞强迫命令和瞎指挥。人民公社自它建立的那天起，就将之定位于过渡到共产主义的基层单位，是社会主义通向共产主义的“金桥”，而共产主义毫无疑问是实行全民所有制。因此，公社的各项事业自然是越公越好，越接近全民所有制越有利于过渡，“共产风”也就由此产生。

自公社建立以来，在基本核算单位问题上，长期没有明确的规定，虽然也一再强调“三级（即公社、大队、生产队）所有、队为基础”，但这里的队是指生产大队（有的地方是管理区），实际上多数地区以生产大队（也有少数地区一直以公社）为基本核算单位，那么，在一个大队内部搞“一平二调”也就成为必然了。同时，人民公社既然“三级所有”，作为公社一级而言，它既是大队、生产队的上级，又是这两级所拥有财物的共同所有者，因而它在内部搞“一平二调”也是合理合法的。因而，要真正遏制“共产风”问题，最根本的是要对公社体制进行调整。

不过，由于公社化以来“一大二公”一直作为人民公社的优越性广为宣传，因而人们还没有对公社体制本身产生怀疑，而是认为“共产风”等五风的出现，主要是少数干部蜕化变质，违法乱纪造成的。而干部队伍中

① 《建国以来毛泽东文稿》第9册，中央文献出版社1996年版，第364—365页。

存在的问题，又与社会上的阶级斗争密不可分。

1960年11月15日，毛泽东就抽调万名干部下放基层的问题写信给周恩来。信中对当前农村的阶级斗争形势作出了过于严重的判断，他说："在讲大好形势、学习政策的过程中，要有一段时间大讲三分之一地区的不好形势，坏人当权，打人死人，粮食减产，吃不饱饭，民主革命尚未完成，封建势力大大作怪，对社会主义更加仇视，破坏社会主义的生产关系和生产力，农村工作极为艰苦，要有坚强意志决不怕苦的精神才能去，否则不能去。"他还说："全国大好形势，占三分之二地区；又有大不好形势，占三分之一的地区。五个月内，一定要把全部形势都转变过来。共产党要有这样一种本领，五个月工作的转变，一定争取1961年的农业大丰收，一切坏人坏事都改过来，邪气下降，正气上升。"①

由于种种原因，山东、河南、甘肃、贵州等省的农村形势尤为严峻。这年12月8日，中共中央专门就这几个省一些地方所发生的严重情况作出指示，认为"干部中的极其严重的不可容忍的铺张浪费、贪污腐化、破坏党章、违法乱纪、不顾人民生活的情况"，是农村中阶级斗争的最激烈表现。在全国农村人口中有8%的地主富农及其家属，加上城市的资产阶级、资产阶级知识分子和上层小资产阶级分子及其家属，总共占全国人口的10%左右，虽然他们中的大多数已得到了不同程度的社会主义改造，但他们中间或多或少的资产阶级的和资产阶级的自发习惯势力，也天天在影响和侵蚀我们，其中的未被改造或不接受改造的最坚决最隐蔽的反革命分子，会有意识地随时都准备借尸还魂，篡夺领导，实行复辟和疯狂挣扎，对他们万万疏忽麻痹不得。②

1961年1月1日，中共中央又批转了河南省信阳地委关于整风运动和生产救灾工作情况的报告。当时信阳地区的情况是很严重的，1960年有9个县死亡率超过100‰，为正常年份好几倍。信阳事件的发生有着复杂的原因，既离不开当年"大跃进"的特殊环境，也与一些干部好大喜功、

① 逄先知、金冲及：《毛泽东传（1949—1976）》下，中央文献出版社2003年版，第1102页。

② 中华人民共和国农业委员会办公厅：《农业集体化重要文件汇编》下，中共中央党校出版社1981年版，第416—417页。

强迫命令、官僚主义甚至草菅人命有关。信阳事件本与阶级斗争没有直接联系，但长期的阶级斗争思维惯性，使从上到下都认为，这样严重事件的发生，一定是阶级敌人从中破坏，是民主革命不彻底的结果。

随后，信阳地委以下各级组织被改组，全地区按照民主革命补课的方式开展整风整社。全地区 16 个县、市，各级参与整风运动的干部达 13 万人，对于其中被认为问题比较严重的人，集训了 8000 人，特别集训了 5000 人，斗争和批判了 1 万多人，撤职查办管教反省的 900 余人，逮捕法办的 270 余人。在全区的 4497 个大队中，“有 1327 个大队的领导权被夺了过来，正在进行夺取领导权斗争的有 1621 个大队，其余大队正在积极进行准备，不久即可展开斗争”。

信阳地区开展整风整社的具体方式是：“放手发动群众，坚决撇开原有组织，依靠工作队和贫雇农群众以及被打击陷害的好人，夺取领导权”。“对于原有组织中，犯有严重错误和有罪恶的人，根据情况，分别采取集中整风、集训、特别集训和撤职查办管教反省以及逮捕法办的办法，打击敌人的反动气焰，初平民愤，扫除运动的障碍”。“由于绝大部分原有的组织已经腐烂，所以必须依靠上级派来的干部，在各级各部门中建立领导小组，实行领导小组专政。大队暂时成立社员代表会，小队暂时成立代表小组，一切权力归代表会，废除过去的一切反动政策和规定。”

信阳地委认为，“随着革命运动的发展和问题进一步地揭露，愈来愈清楚地证明信阳事件的性质是反革命复辟，是民主革命不彻底，是内部肃反、社会镇反不彻底，是敌人利用我们工作中的错误，打着我们的招牌，进行大规模的最残酷的连续半年之久的阶级报复。凡是整风运动深入开展的地方，揭发的问题比我们原来了解的严重很多，而且是越揭发越严重。”“随着运动的不断深入，不但情况愈揭愈严重，而且问题的性质也暴露得更加明显了。敌人打进来、拉过去的材料大量增加，暴露出来的反革命集团和反革命的现行破坏活动一天多于一天。民主革命不彻底的情况十分突出。”①

信阳地委的这种做法，得到了中共中央的肯定。中共中央在批示中要

① 《信阳地委关于整风运动和生产救灾工作情况的报告》，1960 年 12 月 22 日。

求“全国三类社队（当时将社队分为好中差三类，所谓三类社队就是问题严重的社队，引者）整风整社都应当照此执行”，并认为只要认真宣传和执行党中央的政策，信任群众，依靠群众，尤其是要信任和依靠贫雇农和下中农，敢于揭露情况，就能够迅速掀起整风整社的高潮，彻底孤立和打倒反革命复辟势力，彻底反掉“五风”，完全扭转三类社的局面，巩固或重新建立党的领导。

1960 年 12 月召开的中共中央工作会议形成了《中央工作会议关于农村整风整社和若干政策问题的讨论纪要》，要求进一步开展整风整社，并集中力量整顿三类社队，对于其中被敌对分子和蜕化变质分子篡夺了领导权的，要把领导权夺回来，这既是社会主义革命的补课，也是民主革命的补课。对于一部分“死官僚主义分子”也要把他们撤下来。至于那些软弱无能、思想糊涂，使各种工作长期落后、问题成堆、“五风”严重的干部，也要将他们调离主要领导岗位。三类社员的整顿，主要依靠上面派去的工作团，通过扎根串联，挑选一批真正贫下中农的积极分子，同时吸收原组织中好的或比较好的干部，组成贫下中农委员会主持整风整社，并且临时代行社队管理委员会的职权。①

三、未解决问题的整风整社

在启动整风整社运动时，各地都对问题比较严重的三类社队的所谓阶级斗争作了相当严重的估计，认为“各级组织严重不纯，使用干部重才轻德，坏人钻进了革命队伍，篡夺了权”。据当时的材料称，湖南宁乡县 5 个县委书记（当时设有第一书记，书记相当于副书记）烂掉了 2 个；27 个县委委员烂了 8 个，占 29.6%；18 个公社烂掉了 7 个，占 38.8%；81 个公社党委正副书记烂掉了 32 个，占 39.5%；365 个大队烂掉了 148

① 中华人民共和国农业委员会办公厅：《农业集体化重要文件汇编》下，中共中央党校出版社 1981 年版，第 432—433 页。

个，占大队总数的40.5%。[①] 在河南新乡地区，据称全区的283个公社中，被敌人篡夺领导权的有48个，占公社总数的16.9%，全地区的7978个大队中，被敌人篡夺了领导权的1294个，占16.1%。此外尚有60个公社（占21%）和2470大队（占31.1%）有敌人的破坏活动。[②] 而河南东明县和沈丘县的情况更是严重，"县、社、队不少基层领导权被敌人和坏分子所掌握"。东明县委5个书记烂掉了2个，22个县委委员中烂掉了10个，县直科局级干部共67人，被认为是敌人钻进来或烂掉的有26人，占38.8%。全县9个人民公社，被敌人篡夺了领导权的有6个，169个大队被敌人篡夺领导权的有69个，占41.7%，三类生产队占总数的21%。[③] 沈丘县12个公社，有8个属于三类社，是"敌人掌权，基本烂掉"，有4个二类社，"部分烂掉"；240个大队三类171个，占71.6%，二类56个，占23.33%，一类13个，占5.83%。全县共查出阶级异己分子225人，蜕化变质分子1342人，漏网地主144人，漏网富农285人，反革命分子和其他坏分子287人。"这些内部敌人与社会敌人，互相勾结在一起，篡夺了领导权，千方百计进行破坏活动。"[④]

当时认为，凡"五风"严重、农民生活困难的三类社队，"一般是敌对分子、坏分子和蜕化变质分子篡夺了领导权，在那里实行反革命复辟。也有些是死官僚主义者当道，纵容坏人，为非作歹，残害群众，实际上这些地方的领导权也被坏人篡夺了"。因而"在三类社、队整风整社的首要任务，是打倒封建反革命势力，彻底完成民主革命补课的任务。一定要采取革命的方针，放手发动群众，坚决撇开原组织，由工作队领导，依靠广大贫农和下中农，坚决而迅速地夺取领导权"。[⑤] 并且强调："当前农村阶级斗争是非常尖锐的，在一部分地方存在着人民内部矛盾和部分敌我矛盾错综复杂的斗争形势"，因此，"新铺开的社、队凡情况清楚，确实是敌人

① 地委工作队：《宁乡县整风整社工作会议的情况》，1961年1月。

② 新乡地委整风整社办公室：《当前整风整社运动汇报提纲》，1961年1月3日。

③ 中共开封地委：《关于东明县问题的报告》，1961年1月27日。

④ 《中共沈丘县委关于整风整社运动开展情况的总结报告》，1961年1月19日。

⑤ 《中共湖南省委批转农村赖账整社运动办公室关于三类社、队放手发动群众斗争坏人坏事的具体做法的意见》，1961年1月19日。

篡夺政权、敌我矛盾占主要地位的，应当从抓好生产、生活入手，深入发动群众，首先打垮敌人，夺回政权”。①

各地在开展整风整社时，基本上都是按照阶级斗争的方式开展运动的。中共河南省委书记处书记史向生在关于许昌市五女店公社整风整社试点第一阶段情况的报告中说：“整个运动原来打算，以反‘共产风’为中心解决‘五风’问题，但是，工作组进村后，首先碰到的问题是，一部分大队和生产队，被敌人和蜕化变质分子篡夺领导权，坏人当道，压在群众头上，胡作非为。群众有三怕：一怕停伙不叫吃饭；二怕挨打受气；三怕自己东西不当家。他们迫切要求政治上出气，经济上兑现。特别是要求政治上出气比经济上兑现更迫切。”根据这种情况，上级派来的工作组“经过访贫问苦，扎根串连，组成阶级队伍，迅速揭开盖子，分别不同对象，采取大会、小会、联合会等各种形式，广泛开展了说理诉苦斗争。”“前后激战了七八天，全社共开大小斗争会三百余次，参加群众三万余人，共斗争 178 人，占小队以上干部 10%左右，共法办 7 人，撤职反省 120 人，停职反省 38 人。”这个公社属于二类社，所以“主要是内部问题，属于‘五风’和违法乱纪问题，但也有敌我矛盾，阶级敌人同样用钻进来、拉出去的办法，篡夺基层领导，实行阶级复辟。据这次斗争的 125 人中统计，钻进来的阶级异己分子和坏分子 27 人，占 23%，经不起敌人糖弹袭击的蜕化变质分子 45 人，占 39.1%，违法乱纪分子 43 人，占 37.9%”②。

河南省开封地区的整风整社则“突出地抓住以了下几项工作”：一是“迅速地训练组织力量，武装骨干，组成社、队工作组，加上原有社、队的好干部，深入基层，夺取领导权，开展对敌斗争”，全地区共抽调了 25043 名干部，在经过短期训练后，分配到各公社开展工作，并将其中的 12733 名干部分配至“对敌斗争的重点公社”。二是“采取召开贫雇农大会、贫雇农代表会、社员代表会、社员大会和万人大会的方法，普遍发动群众，大搞革命运动，以排山倒海的气魄，开展对敌斗争”，共挖出“敌人和坏分子”17861 名，召开各种斗争 14401 次，已斗争“敌人和坏分

① 《中共湖南省委关于当前农村整风整社运动的指示》，1961 年 1 月 8 日，

② 史向生：《许昌市五女店公社整风整社试点第一阶段工作情况的报告》，1961 年 1 月 1 日。

子”16111名，最多的斗争了几十个回合，最少的也斗争了一两个回合，并从中培养了一大批斗争积极分子。三是“在集中力量抓好对敌重点斗争的同时，也进行了控制面的工作”，采取县、市为单位召开面上生产队以上干部会议，交待政策。四是“推广了信阳地区的经验，抽出专门力量，大抓集训、特训工作”。凡被揭发出来的“敌人和坏分子，一时材料弄不很清楚的，一律进行集训”，全地区已集训2447人，特训1829人。①

河北安国县博野公社是保定地区整风整社试点单位。这个公社问题比较严重，“突出表现在：生产逐年下降，牲畜猪只减少，群众生活困难，病、死、外逃现象严重”。出现这种现象的原因，除了县委存在“极其严重的官僚主义、主观主义领导，本身提出过不少不切实际的要求，助长了下边的错误发展外”，还在于“坏分子篡夺了领导权”。全公社共有三类队18个，占全社总队数的37.5%，其中“坏分子”当权的队5个，“蜕化变质分子”当权的队5个，富裕中农当权的队3个。这些三类队，“组织严重不纯，民主革命不彻底，广大群众处于封建残余统治之下，党的政策不能贯彻，生产生活遭到严重破坏，社员情绪动荡不安”。1960年10月22日起，博野公社开始整风整社的试点，共分三个阶段进行。第一阶段：训练队伍，发动群众揭发问题，处理“一平二调”“共产风”；第二阶段：重新整顿队伍，安排人民生活；第三阶段：全面做好组织处理和组织建设。在这个过程中，共召开各种不同形式的批判会10余次，并对犯有错误的干部集中进行整风补课。在三类队的整风整社中，“中心是发动群众争夺领导权问题”，具体办法是“坚定地依靠贫农下中农，充分发动群众，彻底揭发坏人坏事”，“在群众发动起来后，大会斗争坏人，斗深斗臭，肃清其影响，提高群众的政治觉悟”，在这个基础上再进行组织处理。②

1961年1月下旬，湖南湘乡县在山枣公社巴江大队开展推广河南信阳整风整社经验的试点。运动也是分三步进行：第一步，撇开原来组织，开展扎根串联，揭盖子，培训“苦主”，作好斗争准备；第二，集中火力

① 中共开封地委：《关于贯彻中央监委王从吾同志指示开展对敌斗争情况的简报》，1960年12月26日。

② 《中共保定市委关于博野公社整风整社试点工作向省委的总结报告》，1961年1月25日。

挖尽斗垮“敌人”；第三步，处理“共产风”等“五风”问题，整党整团，落实作业组的“三权”“四固定”（前者是指所有权、经营权、分配权；后者指土地、耕畜、农具、劳力固定给生产队、组）。运动一开始，“就把矛头对准基层干部，把‘五风’和减产饿死人的账全算到他们身上，用对待敌人的方式和态度对待他们”，将所谓的四、五、六类干部集中到县城集训，共集训了225人，其中县委委员2人，科局长1人，公社正副书记6人，大队干部167人，生产组干部35人。在集训中，县社有专人对其进行管教和立案，并派民兵看守和监督劳动，需要批斗时由工作队派人接回交群众批斗。此外，在全县的99个三类队中，共斗争1726人，其中所谓“内部敌人”1032人，漏网“阶级敌人”227人，有“现行破坏活动的阶级敌人”417人。①

各地在整风整社中，基本上是采取过去土地改革中使用的访贫问苦、扎根串联的方法。河北省徐水县张市公社南阳生产队当时被认定为三类队。据称，该队主管会计是富农分子，助理会计是地主分子，贫农出身的支部书记和生产队长被坏分子拉拢蜕化变质，“形成坏人当道，横行霸道”，自1958年以来根本没有进行过分配，1960年比1958年减产40%，耕畜减少50%，1960年一年外逃青壮年70余人，群众对此意见很大，但敢怒不敢言。整风整社开始后，首先对该队的七名党支部委员进行审查，“结果坏人四人，好人三人，在好人中一般错误的二个，没错误的一个”。于是找出没有问题或问题不严重的几人，工作组以此为线索进行访贫问苦，并确定选定的根子必须具备是土改时正派的贫下中农等条件，然后“工作组与群众审查鉴定”，共选定了11个扎根对象，依靠这11个人进行访贫问苦、扎根串联，发动37人作为运动的积极分子。接着，在这些根子对象和积极分子中选出23人在生产队组成贫下中农代表会，在生产小队成立贫下中农代表小组，由其中的代表担任小组长，由贫下中农代表会和代表小组接管大队和生产小队，“一切权力归代表会，负责食堂、处理平调退赔等工作。审查鉴定了全队37名记工员以上干部，确定其中的7

① 中共湘乡市委党联络组等：《中共湘乡地方史（1949—2002）》，中共党史出版社2004年版，第159—160页。

人是坏人属于敌我矛盾；将其余的 30 人分为犯严重错误的 7 人，一般错误的 5 人，没有错误的 18 人，分别采取撤职查办到公社集训，在村停职反省，向群众检讨后保护过关的办法，然后开展对 7 名坏干部的斗争。就这样，南阳生产队的群众被发动起来”。① 各地的整风整社大体都是这样开展的。

对基层干部开展集训和特训是整风整社的一个特点。根据中共湘潭地委的统计，全区需要集训和特训的干部共有 6979 人。特训的对象“一种是混进来的阶级敌人，一种是明显的为非作歹的蜕化变质分子，其性质属于敌我矛盾”。所谓特训，“基本上是管制的方法”，限制其人身自由，责令其“老实坦白，向人民低头认罪”。集训的对象主要是“障碍运动的明显的死官僚主义分子”，同时还包括一部分“似敌非敌，界限未划清，未定敌我性质的人”，对他们主要是集中整风，学习文件，写反省报告，提高觉悟，虚心认错。②

这次农村整风整社对遏制“共产风”等“五风”起到了一定的积极作用。更为重要的是，在运动中通过发动群众，检举揭发出了少数确实为非作歹、民怨甚大的坏干部，在一定程度上缓解了广大群众对“大跃进”和人民公社化运动造成严重经济困难的怨气，而将出现严重困难的原因归结到少数坏干部身上，从而也缓解了群众的不满情绪，有利于农村社会的稳定。但是，当时农村出现严重的经济困难，一些地方发生浮肿病和非正常死亡，“大跃进”以来“共产风”、浮夸风等“五风”严重固然是其重要原因，但根本原因在于“一大二公”的人民公社体制本身，在于人民公社政社合一的体制给少数素质不高的干部大刮“五风”创造了条件，在于平均主义的供给制和限制社员吃饭自由的公共食堂严重挫伤了农民生产积极性，要摆脱农村的困难局面，最根本的是必须进行相关政策调整。可是，在整风整社运动中，却认为“五风”的出现，主要是基层干部队伍不纯，民主革命不彻底所致，是阶级斗争在新形势下的反映，因而在运动的方法

① 《河北省委批转徐水县南阳生产队、隆化县疙瘩营子生产队访贫问苦、扎根串联进行整风整社的经验和安国县祁州公社召开社员代表大会的经验》，1961 年 2 月 12 日。

② 《中共湖南省委批转湘潭地委关于整风整社集中集训工作的意见》，1961 年 2 月 13 日。

上，仍是沿袭过去土地改革时期上级派工作团（队）、访贫问苦、扎根串联、集会批斗等，并用集训特训、夺权、撤职查办等方式，将矛头对向基层干部。这实际上成为后来农村社会主义教育运动（即“四清”运动）的预演。尽管当时干部队伍中确实存在比较严重的强迫命令等现象，但其根本原因，并不是阶级斗争造成的，那些在运动中遭到批斗的基层干部，所存在的主要是工作方法简单，最多也是个人品质问题。在整风整社中，将他们看作所谓阶级敌人或者其代理人，这就严重地混淆视了敌我，也就不可能从根本上解决农村的问题。

第七章 “六十条”

一、“搞这个条例有必要”

1960 年 12 月 24 日至 1961 年 1 月 13 日，中共中央在北京召开工作会议，主要内容是进一步部署农村的整风整社。

会议确定，所有社队都必须以中央的十二条紧急指示信为纲，进行整风整社，彻底纠正“共产风”、浮夸风、瞎指挥风、干部特殊风、强迫命令风等“五风”，彻底清算平调账，坚决退赔。在整风整社中必须放手发动群众，大鸣大放，依靠群众，把运动搞深搞透，并集中力量整顿三类社队。一类、二类社队也存在着程度不同的“五风”问题或者其他问题，必须认真进行整顿。一类和二类社队的整顿，主要依靠原有组织力量，上面也必须派强的工作组（团）去帮助，加强领导。

如何纠正“共产风”问题，是这次会议研究讨论的一项重要内容。对于这个问题，毛泽东的态度很坚决。他说：县、社宁可把家业统统赔进去，破产也要赔。马克思主义者永远不许剥削劳动者。一定要坚决退赔，赔到什么东西都没有，有实物退实物，有钱退钱。不要怕公社没有东西，他不是白手起家，是黑手起家。只有退赔光了，才能白手起家。县、社干部不满意不要紧，我们得到了农民群众的满意。要纠正“共产风”，就要真兑现，不受整、不痛下就得不到教训。苦一下、痛一下，这样才能懂得马克思主义的等价交换这个原则。一平二调是上面搞出来的，谁搞谁负责。退赔兑现了，干部作风才能转变。①

这次会议还作出了具体工作的规定，要求社队各级和县以上各级各部门的平调（即"一平二调"）账，都必须认真清理，坚决退赔，谁平调的谁退赔，从哪里平调的退赔给哪里。清算平调账和退赔兑现，必须走群众路线，充分发扬民主，把党的政策规定交给群众。要退赔实物，原物还在的，一定要退还原物，并且给以使用期间应得的报酬；原物损坏了的，修理好了退还，且给以适当的补贴；原物已经丢失或者消耗了无法退回的，可以用等价的其他实物抵偿。可以退赔的实物退光以后，仍然还不清的平调账，再用现金赔补。

会议确定：在进一步贯彻落实"十二条"的基础上，提高农副产品收购价格和退赔平调账，国家准备再拿出 10 个亿来专用于提高粮食收购价格，拿出 25 个亿列入财政支出，基本按农村人口分给各省、市、自治区来作为"共产风"的赔退补贴；社员的家庭副业和手工业，是社会主义经济的必要补充，是大集体下的小自由，允许适当发展，社员自留地与人均占有耕地的比例，由"十二条"的 5%提高到 7%，至少 20 年不变；对农村集市采取活而不乱、管而不死的方针，目前要放手活跃农村集市，不要过多限制；等等。

自从出台"十二条"各地开展整风整社活动后，毛泽东对农村的真实情况有了较多的了解，开始感到农村困难局面的出现，很大程度上同决策脱离实际有关，是调查研究不够，情况不明造成的，因此有必要大力提倡调查研究。1 月 13 日，也就是中央工作会议的最后一天。会上，毛泽东就农业问题、工业问题、建设方针、国际形势等阐明了意见，着重讲了调查研究的问题。

毛泽东说："这一次中央工作会议，开得比过去几次都要好一些，大家的头脑比较清醒一些。比如关于冷热结合这个问题，过去总是冷得不够，热得多了一点，这一次结合得比过去有进步，对问题有分析，情况比较摸底。当然，现在有许多情况，就中央和省一级来说，还是不摸

① 《毛泽东文集》第八卷，人民出版社 1999 年版，第 228 页。

底。”“这些年来，我们的同志调查研究工作不做了。要是不做调查研究工作，只凭想象和估计办事，我们的工作就没有基础。所以，请同志们回去后大兴调查研究之风，一切从实际出发，没有把握就不要下决心。”

毛泽东在讲话中认为，只有情况明，才能决心大、方法对，因此必须开展调查研究。他说：“我们党是有实事求是传统的，就是把马列主义的普遍真理同中国的实际相结合。但是建国以来，特别是最近几年，我们对实际情况不大摸底了，大概是官做大了。我这个人就是官做大了，我从前在江西那样的调查研究，现在就做得很少了。今年要做一点，这个会开完，我想去一个地方，做点调查研究工作。”①

中央工作会议后，接着又于 1961 年 1 月中旬召开了中共八届九中全会。全会确定对国民经济实行“调整、巩固、充实、提高”的八字方针。会上，毛泽东又讲到了调查研究的问题，说这几年我们吃了不调查研究的亏，重申 1961 年要成为实事求是年、调查研究年。

正当毛泽东大力提倡调查研究之际，一本题为《调查工作》的石印小册子摆到了他的案头，他见后非常高兴。这是他三十年前写的一篇旧作，是针对当时党内存在的严重的教条主义倾向而写的，已经失散多年，一直寻找而未得。1959 年中国革命历史博物馆建馆，到各地征集革命文物，在福建的龙岩地区发现了这篇文章的石印本。1960 年底，中共中央政治研究室的人从革命博物馆借来。毛泽东的秘书田家英得知此书后，将其送到了毛泽东手中。

毛泽东在这篇文章中写道：“你对于那个问题不能解决吗？那末，你就去调查那个问题的现状和它的历史吧！你完完全全调查明白了，你对那个问题就有解决的办法了。一切结论产生于调查情况的末尾，而不是在它的先头。”“调查就像‘十月怀胎’，解决问题就像‘一朝分娩’。调查就是解决问题。”②

看到这熟悉的文字，联想到当前困难的形势，毛泽东更感调查研究的重要。中共八届九中全会刚刚结束，他就致信田家英，要他和陈伯达、

① 《毛泽东文集》第八卷，人民出版社 1999 年版，第 233—234、237 页。

② 《毛泽东选集》第一卷，人民出版社 1991 年版，第 110 页。

胡乔木各带一个调查组，分别去浙江、湖南、广东三省农村，以10天至15天的时间，各调查一个最好的队和一个最坏的队，然后直接向他汇报。1961年1月21日，三个调查组离京前往浙、湘、粤三省农村调查。

随后，毛泽东自己也离开北京南下，亲自进行调查研究。在路经天津、济南、南京时，他在专列上先后听取了河北、山东、江苏三省党委负责人关于贯彻中央工作会议、八届九中全会精神的汇报，包括调查研究、整风整社、人民生活、轻工业生产和市场等问题。在听取汇报时，他一再强调调查研究的重要。毛泽东说："今年这一年要大兴调查研究之风，没有调查研究是相当危险的。""水是浑的，有没有鱼不知道。要大兴调查研究之风，要把浮夸、官僚主义、不摸底这些东西彻底克服掉。过去几年不大讲调查研究了，是损失。不根据调查研究来制定方针、政策是不可靠的，很危险。心中也无数，数字也许知道，实际情况并不知道。""成绩、缺点要两面听，两点论嘛。成绩、缺点，正面、反面，光明面、黑暗面，已经认识了的世界和未被认识的世界等等，一万年也是这样。"①

1月22日，由田家英率领的中央浙江调查组到达杭州。田家英向中共浙江省委负责人转达了毛泽东给他的信，浙江省委也决定派人参加调查组。根据毛泽东各调查一个最好的队和一个最坏的队的指示，调查组和浙江省委商定在富阳县选一个最好的生产队（即东洲公社的五星生产队），在嘉善县（当时合并到嘉兴县）选一个最差的生产队（即魏塘公社的和合生产队）作为调查对象，整个调查工作由田家英统一领导。调查组分成两个小组，一个小组去嘉善，一个小组去富阳。田家英自己先去嘉善调查。

1月24日下午，田家英率领的调查组来到嘉善的魏塘公社。当天晚上，调查组就听取了公社负责人的汇报，对这个公社1958年以来组织"大跃进""放卫星""大办钢铁""人民公社化""大办食堂""大兵团作战"等情况，有了初步印象。

调查工作开始后，调查组首先采取串门个别访问、分阶层召开各种座谈会的方法了解情况。选择了两户贫农、两户下中农、两户上中农，用几

① 逄先知、金冲及：《毛泽东传（1949—1976）》下，中央文献出版社2003年版，第1120—1121页。

天时间对这六户家庭解放以来的劳力、经济、生活状况的变化，进行了算账对比。调查组还请来了几位老贫农、老雇农、老中农和生产队干部进行交谈，连续座谈了几天，对和合生产队 1956 年至 1960 年生产发展情况、存在的严重问题有了深入了解。

和合生产队是魏塘公社 14 个落后队中的一个，它在公社化前是一个高级农业合作社，下面有 11 个生产小队，共有 327 户，1236 人，有耕地 3753 亩，人均 3 亩多。这里地处杭嘉湖平原水网地区，土地肥沃、灌溉便利，历来是有名的产粮区，群众生活一向较好，是名副其实的“鱼米之乡”。公社化前，和合生产队每年向国家提供 100 万斤左右的商品粮，但自 1958 年以来，这个生产队粮食产量连年下降，1960 年亩产量只有 291 斤，而解放前常年亩产已达 350 斤至 380 斤。

对于这个队的落后面貌，调查组将之概括为“队困民穷，集体负债，社员倒挂（即透支）”，主要表现在三个方面：

一是生产力遭到了严重破坏。1958 年下半年以来，和合生产队的耕牛、猪、羊大批死亡，农具大量损坏，瘦瘠地不断增加。这个生产队的耕牛已由 1956 年高级社时的 108 头减少到 68 头，仅 1958 年冬到 1959 年春就死掉十多头；猪从 1958 年的 486 头减少到 1961 年初的 180 头，羊从 200 只减少到 74 只；瘦瘠地却由 510 亩增加到 1960 年的 830 亩。农具的损失和破坏也相当严重，农具中的水车由 101 部减少到 52 部，犁耙由 99 张减少到 57 张，稻桶由 82 只减少到 54 只，而现有的农具许多破旧不堪，需经过修理才能使用。

二是社员生活十分困难，收入减少，口粮下降，体质很差，疾病增多。1949 年以来这里农民本来收入一年比一年增加，日子一年比一年好，但 1957 年以后，生活水平就逐渐下降，1960 年更是直线下降。这一年每个社员的平均收入只有 21.27 元，还不到 1956 年 73.4 元的 30%，而每个人的最低标准口粮就需要 30 元左右，社员一年辛勤劳动，到年终结算，还成了“倒挂户”，全队“倒挂户”占到了总户数的 58.6%。

社员生活最大的困难，就是口粮不足。1956 年以后社员口粮连年下降，1960 年只有 353 斤原粮，仅为定量的四分之三，这个队已连续三年春天闹粮荒。调查组来时，每人每天只有半斤大米，三餐都是稀饭，蔬菜很少，又没有其他代食品，社员普遍反映："这三年来，人有点饿坏了。"他们形容这几年的生活是："王二小过年，一年不如一年。"由于口粮不足，吃不饱饭，社员体质明显下降，生病的年年增多。当时全队有 170 个病人，占全队人数 13.7%，其中劳动力 80 人，占 19%。

在座谈过程中，调查组了解到，由于生活困难，社员们普遍怀念过去的初级社，说那个时候最好，饭吃得饱，钱拿得多。也有一些社员怀念单干时的生产，这些人不都是中农和富裕中农，也有贫农和下中农。甚至一些雇农出身的社员，也对当年的雇工生活有些留恋，说那个时候比现在吃得饱，吃得好，经常可以吃到咸鱼，农忙时还有酒有肉。

三是集体经济受到削弱。由于生产力的破坏，社员生活的下降，从而也严重影响了集体经济的巩固。1961 年上半年和合生产队生产周转资金缺口达 11000 元，必需的基本建设和生产费用需要 29000 元。如果没有国家的支援，和合大队已经到了连简单的再生产也无法维持的程度。而这个生产队已经欠国家贷款等 48000 元。这几年，社员从集体分到的收入，无论是绝对数或比重，都是愈来愈小。1960 年集体分配部分仅占社员总收入的 63%，每一个劳动日只有 0.163 元。

调查组发现，和合生产队出现这种严重局面，主要原因并不是自然灾害。群众反映说，这几年的年景不错，并没有什么自然灾害。调查组认为，造成这个队落后的最主要的原因，是"共产风"、浮夸风、强迫命令风、生产瞎指挥风、干部特殊化风等"五风"。从 1958 年下半年起，和合生产队"五风"一直在刮，且越刮越大，越刮越厉害。其结果，不但刮掉了合作社时期的一套行之有效的经营管理制度，严重挫伤了广大农民的生产积极性，引起粮食问题更加紧张，还使高级社时就已存在的问题，如由于生产队规模过大而产生的平均主义等矛盾更加突出。①

从 1 月 25 日至 2 月 2 日，田家英率调查组经过 7 天半的调查，收集了大量的第一手资料，基本上掌握了和合生产队的情况及存在的问题。通过调查，也深切地感受到了"五风"问题的严重危害。

① 《中央调查组关于魏塘人民公社和合生产队调查》，中共嘉善县委党史研究室：《田家英嘉善调查与人民公社〈六十条〉的制订》，东方出版社 1997 年版，第 32—49 页。

随后，田家英又赶到富阳县东洲公社，调查了解五星生产队的情况。在此之前，另一调查小组已在这里调查了一个星期，但对这个队的粮食产量依然摸不清底细，采访了不少老农、基层干部，说法各不相同；查账也是几个数字、互相矛盾。田家英和调查组其他人分别找会计、仓库保管员、生产队长和支部书记谈心，干部们才交了底，说出了真情。这个生产队的粮食生产之所以没有下降，人民生活情况还比较好，主要原因是生产队干部、党员和部分老农协商一致，有组织地抵制来自上面的瞎指挥，对粮食产量采取两本账的办法；对密植采取路边密点、里面常规的办法加以应付。田家英听了生产队的汇报之后，立即肯定了他们的这套“防风林”的措施。①

在田家英率调查组到浙江时，胡乔木率领的另一个中央调查组到了湖南。随后，调查组前往长沙、湘潭、安化等县调查。

1961 年 1 月 30 日至 3 月 7 日，中央调查组与湖南省、湘潭地委调查组一起，来到湘潭县的石潭公社古云大队调查。调查组住在古云大队部的一栋旧瓦房里，胡乔木住一小间，其他人在一间大点的房子打通铺。

调查组进村时，群众对调查组的情况不摸底，尽管他们对公社体制、公共食堂有很多意见，却不敢讲实话，害怕调查组走后挨辩论、批斗、扣饭。为了打消群众的顾虑，胡乔木决定走家串户进行走访调查。

调查组首先来到了已经“靠边站”的队干部易少华家。易少华“靠边站”的原因是讲了一句上面不爱听的话，结果不但挨了批，而且还被撤了职。胡乔木在得知他有四个小孩后，便问道：“四个崽，有饭吃吗？”易少华本想说真话，但又怕以后挨打受斗，就低头不语。胡乔木见状，知道他有顾虑，不敢说真话，就对他说：“你放心，我们这次来，只是来搞调查，没别的意思。调查目的就是要弄楚清你们的生活生产怎么样，有什么困难、问题和要求，再报告给毛主席、党中央，为制订好的农村政策打下基础，摸清底子。”

易少华听胡乔木这么一说，就大着胆子说了一句：“就是饭吃不饱。”

① 林乎加、薛驹：《忠心赤胆为人民——深切怀念田家英同志》，《人民日报》1996 年 8 月 29 日。

胡乔木问："为什么连饭都吃不饱？"易少华说："这几年连年减产，亩产只有140多斤。"胡乔木说："产量这样底，群众吃几两米一餐。"易少华说："十六两秤一斤吃三两米一餐。"胡乔木感叹地说："吃三两米，怎么做得事。"胡乔木又问易少华对农村政策怎么看，易少华说，搞集体还是要得，就是搞公共食堂要不得。胡乔木问："为什么要不得？"易少华说："会饿死人的。我们这里搞食堂只是一个形式，不信你可以到食堂去看看。"

2月5日，胡乔木在几个生产队转了一圈后，来到了泥湾小队的食堂。此时正好是食堂开饭时分，胡乔木要了一钵饭，来到一张桌子边，却发现食堂许多的桌子都蒙上了厚厚的一层灰。他悄悄地问旁边一个叫陈玉泉的社员怎么回事。陈玉泉本来不想讲，但又想起别人告诉他说易少华对调查组讲了真话，也没把他怎么样，就对胡乔木说：食堂本来早已散了，队长听说调查组要来检查食堂，前天通知社员要集体出工，并说食堂管三餐饭。胡乔木又问食堂好不好，陈玉泉说："吃食堂好是好，就是身体打败仗。"说着就捋起裤脚把浮肿的双腿给胡乔木看。

胡乔木又问旁边一个叫李枚生的社员："饿饭吗？"李枚生一向胆小怕事，就言不由衷地说："生活还好，饭也吃饱。"胡乔木知道他说的不是真心话，就指着他身上穿的烂衣服说："你怎么穿得这样差？"李枚生说："这是我下田穿的劳动服，好的锁在柜子里。"胡乔木见此，就说："那好，你带我到你屋里去看你的好衣服。"李枚生没有办法，只得把胡乔木领到家里。到了李家，李的妻子赵氏正在吃东西，胡乔木便问吃的是什么？赵氏比较泼辣，就把碗端到胡乔木面前，并且说："看吧，糠粑粑，你试点味不？"胡乔木看着碗里的糠粑粑，久久没有说话。①

2月9日，调查组开了一次干部座谈会，参加调查会的5人中，有4个是生产小队长和1个被撤职的大队财粮委员，其中3人是党员。

调查组问：这几年，哪年生产搞得最好，粮食搞得最多？

回答是：土改后一亩能收500斤，1953年和1954年产量更高，平均每亩有600斤，1955年和1956年低了些，平均500斤上下。到1958年，

---

① 赵荣球：《深入实际，体察民情——忆胡乔木在湘潭古云的调查》，《湘潮》2000年第6期。

粮食产量降低了，每亩只有 390 斤，1959 年只有 200 多斤，1960 年每亩仅收了 100 多斤。

调查组问：为什么近几年来，粮食产量逐年下降，急剧下降呢？

回答是：除了 1960 年有较大的灾害和 1959 年稍有灾害外，主要是生产瞎指挥，“乱搞乱顿姜”（湖南方言，乱来，无计划之意）；刮“共产风”，“你的就是我的”；基层干部的作风不民主，强迫命令，打人骂人。

这个大队的生产瞎指挥，从 1958 年春天就已开始，下什么种，什么时候浸种，都是按上边命令；1958 年上级号召深耕，犁田不看田底子，有的田深耕三尺。最严重的是乱调人，1958 年早稻刚收完，就抽了一部分人去找煤矿，一部分人去炼铁，留在家里的人很少，到 11 月才把晚稻收回来。1959 年早稻刚上场，就发动社员去修“幸福堤”；“幸福堤”刚修完，又修“增产坝”和“花果山”。参加座谈的干部们说：“搞来搞去，把人搞疲了，和烂泥巴一样，骂也不动，打也不动。”“按这号搞法，再搞几年，就没有人了，都会‘散工’（死亡）。”

调查组问：为什么这几年生猪、鱼、鸡鸭都少了？

回答是：以前这里每户都养猪，有的还有猪婆（母猪）。养猪最多的时候是 1952 年到 1957 年，那时候食品公司猪都收不过来，一天收一二百头。从 1958 年起，生猪就减少了。为什么？一是办起食堂后，屋里没有谷米加工，没有糠碎，社员私人不喂了，只有食堂喂了几只；二是猪喂壮了，政府又叫送走了，喂猪的人没有肉吃。这样一来，大家都不愿喂猪了。这几年政府（指大队）要抓现金，不问来源，只分配任务，规定每个中队（生产队）要交多少钱给大队，鱼只捉不放，哪里还有呢？ 1959 年冬公社收购鸡鸭，往下硬性分配任务，几天向上面报一次“喜”。社员不送来，（公社）供销部就派人去捉。这样一来，就坏事了，你捉了一只，其余两只都“该死”，还不越搞越少。

参加调查会的小队干部还反映，瞎指挥不仅使当年生活受到影响，而且使生产工具和耕牛受到损害，影响了再生产。古云从土改到合作化，农具逐年增加。到了 1958 年以后，生产瞎指挥加上“共产风”，农具用了就丢，没人收捡，没人清洗，放在外面日晒夜露。耕牛也减少了，其原因，一是耕牛的劳役加重了，二是耕牛的体质和气力减弱，也没有牛崽子了。①

中央调查组还了解到，古云大队的这些情况，其实在湘潭全县是普遍存在的。湘潭县的“共产风”这些年来一共刮过六次。第一次是1957年冬，主要是挖底财，搞投资，谁家有现金、银元、银器，都得交出来，普遍发生了吊打捆绑现象。第二次是人民公社化运动，有的地方搞“三化六集中”。“三化”是生产整齐化，男女分居化，出工收工一二化（喊操）；“六集中”是劳力集中，居住集中，幼儿集中，农具集中，牲畜集中，学生集中。第三次是大炼钢铁时，调劳力，拆房屋，砍树木，收铁器，集中粮食、蔬菜、家畜、家禽。第四次是1959年3月，搞“经济一条龙”，公社、大队、生产队、食堂的资金和社员的现款，一律由银行、公社信用部冻结，不准支出。第五次是1959年秋收后，搞大兵团作战，调劳力、粮食、蔬菜、农具、家具、稻草等。第六次是1960年春大建猪场，拆房屋，起猪场，调社员的猪。

除了“一平二调”以外，1957年办高级社以来，湘潭县农村就没有认真进行过分配。有的社虽然搞过决算，但一直没有进行找补。1958年根本没有搞过决算，也没有找补，谁多谁少，谁也不知道。1959年虽然办了决算，但真正找补的只有73个大队，226个大队只找补了一部分，可是找补的现金，七扣除八扣除也就没有了。社员说：“干不干，三餐饭。”

1958年以来，湘潭的生产遭到严重破坏。1958年全县粮食产量6.25亿斤，1959年5.30亿斤，1960年下降到2.85亿斤。生猪则分别为33万头，24万头，14万头。社员生活水平大为降低，1958年人均口粮520斤，1959年440斤，1960年只有303斤。

1月28日，陈伯达率领的中央调查组来到广州。这个调查组的成员来自中央办公厅、中央农村工作部、中央宣传部、国家计委、红旗杂志社等单位，共有11个人。到广州后，调查组又分成两个小组，分别由许力群和邓力群担任小组长。

调查组到广州后，先听取了中共广东省委第一书记陶铸等人关于广东

① 中央、省、地、县调查组：《古云大队调查会》，1961年2月。

农村和整风整社情况的介绍，接着又参加了由广东省委组织的南海县和新兴县两个大队干部座谈会，对食堂、供给制等问题有了初步的了解。2月1日，调查组来到番禺县大石公社，在听取公社党委的情况介绍后，分成两个小组，分别到了沙溪、西二两个大队进行调查。前者是一个生产搞得比较好的大队，后者则是一个搞得比较差的大队。调查组通过家庭访问、个别谈话、开调查会等方式，对这两个大队的生产情况、公社体制和社有经济、分配和食堂、干部参加劳动等问题作了深入的调查。西二大队的调查，从2月2日至2月10日，进行了9天，2月11日，调查组成员到了番禺县的大石公社，调查了社有经济的情况；沙溪大队的调查，则从2月2日调查到了2月8日，进行了7天，2月9日，调查组成员前往被认为是猪粮并举取得出色成就的两阳县岗列大队调查。

2月17日，调查组将调查情况辑录整理成《广东农村人民公社几个生产队的调查纪要》(以下简称《纪要》)。《纪要》中说：现在的生产大队把富村和穷村勉强地合在一起，作为一个基本核算单位，原来收入较多的村社员意见很多，可以根据不同经济条件、自然条件和群众意见，划分为不同的基本核算单位。现在的生产小队，有的规模过大，不利于组织生产，可以根据群众的意见，适当地缩小。“公社各级的关系，在解决了自下而上的‘共产风’问题后，似乎应当注意更适当地解决队与队之间、社员与社员之间在分配上的某些平均主义。”关于队与队的平均主义，《纪要》举例说，新兴县里洞公社蒙坑大队是由原来的两个高级社合并起来的，一个在山上，副业门路多，收入高，一个劳动日1.2元；另一个在平地，副业门路少，收入低，一个劳动日0.7元。现在，都降低了，而且降成一样，都是0.4元，社员意见很大，收入降低多的社员意见更大。蒙坑大队的党总支书记说，不解决这个问题，队与队之间的“共产风”还是没有克服。

关于社员与社员之间的平均主义，《纪要》认为，主要表现在供给与工资的比例、公共食堂等制度上。南海县大沥公社按劳分配的工资部分还占不到总分配数的20%，而按人口平均分配的供给部分却占了总分配数的80%多。公社干部认为，“劳动力强的和弱的都一样地吃，能挑百斤泥的人没有劲了，劳动力弱的也不积极，有些人就‘走自发’，谁也瞧不起工分了。”据典型调查，农村里劳动力多、人口少的家庭和人口多、劳动力少的家庭，大体都占农户总数的40%左右。人民公社要分配合理，重点就是处理好这两类户之间的矛盾。公社的分配制度必须认真改变供给和工资倒三七、倒四六甚至倒二八的状况，更好地实行按劳分配的制度。①

这三个调查组的负责人都来自毛泽东身边，接着他们又参加了在广州召开的中央工作会议，参与了《农村人民公社工作条例（草案）》的起草。因此，他们在调查中掌握的情况，对于毛泽东更真切地了解农村的情形特别是人民公社的弊端，下决心调整农村政策起了很重要的作用。

这年2月初，毛泽东也到了杭州，并于2月5日听取了中央调查组的汇报。田家英向毛泽东汇报了和合生产队的调查情况，主要反映了三个问题。第一，主要由于“五风”严重破坏，造成粮食生产大幅度减产，水稻亩产由常年的四百多斤下降到291斤；第二，生产队的规模太大，共辖11个小队；第三，社员对公共食堂普遍不满，不愿意在食堂吃饭，食堂实际上是造饭工厂，不做菜，社员将饭打回去，还得再热一次。

在听了田家英汇报后，毛泽东又于2月6日听取中共浙江省委负责人江华、霍士廉、林乎加、李丰平汇报整风整社和省委召开扩大会议的情况，并就有关问题发表了自己的看法。

讲到社、队规模时，毛泽东说，县、社规模太大，大了搞不好，管不过来。几年来并县、并社，都是从上面方便着想的，不是从群众要求、从生产有利出发的。浙江有600个公社，一分为二,1200个就好办了。他说：“生产队的规模也大了。我们中央有几个调查组，在你们浙江就有一个，让他们调查一个最好的生产队和一个最坏的生产队，不要只钻到一头，好就好得不得了，坏就坏得不成话，应该有好有坏，这样才能全面。关于生产队规模问题，他们反映，生产队管的小队太多。田家英同志调查的那个队就管11个小队，有几十里宽。这里的农民不知道那里的农民搞些什么事情，这怎么行呢？我看一个生产队管不了这么多，太大了。”

毛泽东说，在一个基本核算单位里，有富（队）、中（间队）、贫（队）就有问题，群众就不满意。小队就是过去的初级社。他建议把小队改成生产队，原来的生产队改成生产大队，把生产队（原来的生产小队）变成生

① 《广东农村人民公社几个生产队的调查纪要》，1961年2月17日。

产单位和消费单位。他还要浙江省委研究一下，是把基本核算单位放在过去的初级社好，还是放在过去的高级社好？就是说，放在生产小队好，还是放在生产队好？①这说明，毛泽东此时已考虑到人民公社基本核算单位下放的问题。

2 月 8 日，毛泽东再次与浙江省委负责人谈话。毛泽东开头就问："有没有希望？整好社，去掉'五风'，能不能达到你们的指标？"

江华汇报时说，浙江粮食产量 1961 年争取达到 160 亿斤。

毛泽东说："落后的地方要找到落后的原因，是天灾，是人祸？嘉兴魏塘公社和合生产队产量只有 291 斤，主要是'五风'瞎指挥，要去掉这些因素，恢复大概要两三年。"

毛泽东又问："退赔，有没有决心？"

林乎加答："决心退赔，破产退赔，哪一级决定的，哪一级负责。"

毛泽东说："这个办法好，谁决定的，谁负责赔。问题是中央、省、地、县四级有没有决心。单是中央和省有决心还不行，地、县没有决心就搞不好。地、县有了决心，即使有些公社、生产队没有搞好，也是时间问题。要使他们真正懂得共产主义和社会主义的区别，全民所有制和集体所有制的区别，等价交换，不能剥夺农民。我们只讲过剥夺地主，哪里讲过剥夺农民。"江华也补充说，这种思想是反动的。

这时，毛泽东加重语气地说："是的，是最反动的，不是建设社会主义，而是破坏社会主义。"

林乎加谈到，瞎指挥有些是从省里下去的。毛泽东对此也有同感，并且说："也有从北京下去的。1959 年 10 月开了一次农业书记会议，搞了一套文件，没有批准就发了。我对谭震林同志说，三年不要开农业书记会议。春耕生产指示，一年一个，形式主义，谁人去看，农民要饿肚子，他不懂得要耕要种？"

1958 年以来，在自留地政策上是反反复复。1958 年公社化时曾将社员自留地收走，1959 年上半年整顿人民公社时，中共中央和各级又发文

① 中共中央文献研究室：《毛泽东年谱（1949—1976）》第 4 卷，中央文献出版社 2013 年版，第 536 页。

件要求给社员自留地，庐山会议“反右倾”运动一来，又将自留地收回去。当林乎加讲到这几年自留地几放几收，放有放的道理，收有收的道理时，毛泽东说：“两个道理，归根到底，只能是一个道理，还是要给农民自留地，而且要把为什么反复交代清楚，农民不相信，你变得太多了嘛！”“现在反复不下去了，再搞下去，就是你们所说的饿、病、逃、荒、死。”

这时，毛泽东又想起了生产队规模太大，是否把生产小队改成基本核算单位的问题。他说：“现在这样口粮拉平分配，工分拉平分配，这是破坏农民的积极性。”“基本原则是要增产，要把饿、病、逃、荒、死的原因去掉，做到不饿、不病、不逃、不荒、不死。当然有正常的死，人也难免要生点病，主要的问题是饿不饿的问题。”这说明此时毛泽东意识到，要从根本上解决“共产风”等“五风”问题，出路在于调整人民公社的体制。

最后，毛泽东表示，要抓紧干部的教育，使他们懂得什么是共产主义，什么是社会主义。全民所有制、集体所有制，这都是社会主义性质的。自留地是个人所有制的尾巴，并不危险。不懂得社会主义革命和社会主义建设这些道理，就会死人的。①

农业合作化运动时，东北区、华北区都制订过《农业生产合作社试行章程》。1955 年 11 月，一届全国人大常委会第二十四次会议还通过了一个全国性的《农业合作社示范章程草案》，1956 年的一届人大三次会议又通过了《高级农业合作社示范章程》。农业合作化运动虽然在后期尤其是初级社转为高级社时，也存在过急过快、形式简单划一的问题，但总的来说，还是有章可循。人民公社建立两年多来，虽然也有 1958 年 8 月北戴河会议和同年 12 月的八届六中全会通过的两个决议，有 1959 年 4 月上海会议通过的关于人民公社的十八个问题，又有了《紧急指示信》十二条，但这些都是党内文件，而且规定的内容也不具体、全面，各地操作起来并不方便，甚至还容易在执行中出现偏向。因此，搞一个类似于合作社章程的全国性的人民公社工作条例，对于规范人民公社各级的责、权、利十分必要。

---

① 逄先知、金冲及：《毛泽东传（1949—1976）》下，中央文献出版社 2003 年版，第 1123—1125 页。

就在这次谈话中，田家英向毛泽东建议中共中央搞一个人民公社工作条例，被毛泽东采纳了。在随后的广州会议上，毛泽东提到这个条例的由来时说："我是听了谁的话呢？就是听了田家英的话，他说搞条例比较好。我在杭州的时候，就找了江华同志、林乎加同志、田家英同志，我们商量了一下，搞这个条例有必要。搞条例不是我创议的，是别人创议的，我抓住这个东西来搞。"①

二、起草农业"六十条"

2月10日，在杭州去长沙的火车上，毛泽东听取了中共江西省委负责人杨尚奎、邵式平、方志纯、刘俊秀等人的汇报。当他了解江西的生产队大部分是一百多户到二百户，每个小队有十几户时，表示生产队的规模太大了，并且说公社的规模也太大了，认为一个公社以一万多人为好，人少的地方两三千人也可以，公社应当一律以原来的乡为单位，凡是以原来的区为单位的，给它一个不合法。在谈话中毛泽东还提出了基本核算单位放在生产队好还是小队好的问题。②

公共食堂是此次谈话的一个议题，毛泽东说：办食堂要满足三种人的要求。比如没有结婚的单身汉，或者结了婚没有孩子的，他就愿意吃常年食堂，就办常年食堂；比如有孩子的人，农忙时愿意吃食堂，农闲时愿意在家里自己做饭吃，就办农忙食堂；还有一部分人不愿意在食堂吃的，那就满足他，可以不参加食堂。

2月11日，毛泽东的专列到了长沙。

在长沙附近的一条铁路支线上，毛泽东听取了中共湖南省委第一书记张平化，省委书记处书记胡继宗、周礼，以及胡乔木的汇报，并同他们集

① 董边等：《毛泽东和他的秘书田家英》（增订本），中央文献出版社1996年版，第71页。

② 中共中央文献研究室：《毛泽东年谱（1949—1976）》第4卷，中央文献出版社2013年版，第541页。

中讨论了公社体制和公共食堂这两个问题。

当汇报到社队规模时，毛泽东说："我看，你们这个社也大了，队也大了。大体上一个社划成三个社比较恰当，就是以乡为单位。"这时，胡乔木表示："开始提的是以乡为单位，后来不断加码，撤区并乡，小乡并大乡，几乡一社。实际上，还是小队的劳动为基础，大队作经济核算，加以联合，公社恐怕只是一个联络组合的形式。"

接着，毛泽东又提出基本核算单位放在哪一级的问题，他说："究竟是队为基础好，还是下放到小队为基础好，有人提出这样的疑问。因为现在队底下管的小队多，而小队就是过去的初级社。有三种方案：一种方案就是现在的这种方案，队为基础，比较大的队平均三四百户。这种方案在一些地方是否适宜还值得研究，这么大，从东到西，从南到北，老百姓自己不清楚。小队里边又分三种情况，比较富的，比较自保的，比较穷的，统一分配，结果就是吃饭拉平，工分拉平。第二个方案，就是把现在这个队划成三个队，使经济水平大体相同的小队组成一个基本核算单位，不要肥的搭瘦的。肥瘦搭配，事实上是搞平均主义，吃饭平均主义，工分平均主义。山区还要小，只要几十户，二三十户、三四十户一个生产队。"

毛泽东问湖南省委负责人："你们有多少生产队？"

胡继宗答："15000 个。高级社时是 5000 个社，公社化后划成 16000 个大队。"

毛泽东说："你们还是大体上恢复到高级社的范围，5 万个。"

胡乔木说："如果这样，对群众才说得上民主，大队干部才说得上领导管理，不然经营不了。"

毛泽东说："而且势必实行平均主义，吃饭平均，工分平均。"

胡乔木说："我去了一个好的生产队，在长沙县，叫天华大队，那个大队年年增产，一步一步地走上坡，它有一个特点，就是始终保持高级社的规模。公社的规模要缩小，它的权力也要缩小，权力跟责任都要缩小，这样，事情就好办了。过去几年湘潭的情况比较严重，我们有个组在湘潭，到一个坏的生产队，它的特点是从 1957 年下半年起，一年比一年坏，根本就是破坏。"

毛泽东说："我看兴起来也快。恢复原状，就是过去的高级社，由若干高级社组成一个公社。”

第二天毛泽东继续听取汇报，这次参加汇报的只有张平化和胡乔木两人。汇报一开始，张平化就说：“昨天谈了以后，我们回去商量了一下，认为对体制调整决心下得不够。如果基本核算单位就相当于原来的高级社，全省可能有 5 万多个大队；现有的 1100 个公社可能变成 3000 个公社或者多一点。春耕之前，先解决基本核算单位划小的问题，大家的意见是一致的。”

毛泽东说：“我看是群众的要求。你们既然叫大队，底下就不要叫小队，就叫队。因为一讲小队，这个‘小’字就有个缺点，它职权小。其实这个小队有很多工作，有人计算有十五项工作。就叫生产队，上面叫生产大队，是基本核算单位，再上面是公社。公社、大队、队，不要这个‘小’字。”

张平化说：“好，原来没有承认它是一级，现在承认它是一级，而且是很重要的一级。”

毛泽东说：“是啊！是很重要的一级。所以，有人怀疑，基本核算单位究竟是小队，还是队。所谓队为基础，哪个是基础？”

胡乔木建议：“可以考虑把现在的公社变成区联社，恢复区委，大队变成公社。”

毛泽东反问道：“那么小队变成生产队？”

胡乔木回答说：“叫小队也可以，叫生产队也可以。”

毛泽东表示：“不要叫小队，叫生产队。”

在谈完人民公社的体制问题后，张和胡汇报公共食堂问题。这时，毛泽东提醒说，吃食堂不能勉强，并问湖南是不是还勉强？胡乔木根据其调查，认为食堂这个制度现在还不算勉强，并且说：“我们原来很留神研究这个问题。长沙县的情况很特别，非常明了，食堂根本不可能散了，它把好多人家连到一起去了，一个食堂就是一个屋场，所谓屋场就是一个小队。”

湖南农村农民居住一向是分散的，听到这种情况，毛泽东有些不解地问：“为什么弄成这个样子？”

胡乔木说：“这是因为拆房子拆得多，搬房子搬得多，已经搞到这一步，再返回去就没有必要了，群众现在习惯了，他觉得这样有好处。我们问了一些贫农、下中农，他们对食堂都还是满意的。他主要是觉得痛快、干脆，不管那么多的闲事了，这个群众还是高兴的。”

毛泽东又问：“这是并了的，没有并了的呢？要走那么远的路去吃饭，谁人来吃呀？”

张平化回答说：“有这个问题。这次我专门回家看了一趟，在大山区里头。他们那个生产队原来有五个食堂，以后并成三个。这一次整社，群众要求再分成五个，还有个别较远的单家独户，允许他单独开伙。”

毛泽东又问：“你们有没有农忙食堂？”

张平化答：“没有。我们有个规定，冬天的时候，晚上可以回家做一顿，因为要烤火。”

烧柴是公共食堂的一个大问题。张平化说：“食堂办得好不好，柴火关系很大。”

听张平化这么一说，毛泽东立即想起了在浙江时也听到了这样的汇报，就说：“浙江同志讲，食堂实际上是一个造饭工厂，它不做菜的，社员把饭打回去吃，回去凉了，又要热一顿，结果柴火两头分散，家庭要烧柴火，食堂又要烧柴火。”

张平化说：“我们也有这种情况，因为居住分散，回家他还得煮一次。”

毛泽东听后说：“那何必呢？”①

毛泽东还谈到准备搞一个人民公社工作条例的问题。他说，现在我们在全国有几个调查组。将来这些组到广州集合，每省三个，三个省共九个人，加我一个，组成十人小组，认真研究解决一些问题，搞一个文件。问题很多，各同志应分头去调查，将来我们在广州搞出一个条例来。

在杭州和长沙的谈话中，毛泽东还谈到了相关政策问题。他说，我们的政策多变，而老百姓总是怀疑我们。农民怀疑我们是对的，因为你变得太多，在自留地问题上，在养猪问题上，总是变。现在把它用“十二条”

① 逄先知、金冲及：《毛泽东传（1949—1976）》下，中央文献出版社2003年版，第1127—1131页。

固定下来了，但是还有相当一部分农民怀疑，他们说你晓得“十二条”还会不会变。我们在“十二条”时规定了三级所有，队为基础，七年不变，自留地二十年不变，还有其他一些具体政策，就是为了解除农民的顾虑，促进生产的发展。

他还说，我们现在彻底算账退赔，近两三年计划方针的确定，有些人认为我们右了，我就曾经说过，如果落实，实事求是地干，不那么高估产，不平调就好了。如果这样，有人说我是右倾保守。那我谢天谢地。如果不再“右”，饿、病、逃、荒、死的情况就更多。

毛泽东还谈到了如何稳定农村粮食征购任务的问题。他说，有人提出不要每年定产，而是要算出一个标准来，按标准定产。要按几年的收成，按一大片田的平均产量来定产。以后这个产就不变，然后再按这个产定购，丰产了不多购，减产了也不减购，除去特大灾害。这是河北一个公社社长给谭震林同志的信说的，我看这代表了农民的要求。①

1961 年 2 月 12 日晚，毛泽东离开长沙前往广州，并在广州过春节。

2 月 22 日，按照毛泽东的指示，赴浙江、湖南、广东的三个中央调查组的组长，各带一名助手来到广州会合。25 日，毛泽东召集胡乔木、陈伯达、田家英和中共广东省委第一书记陶铸、书记赵紫阳和中央农村工作部副部长兼农业部长廖鲁言开会，讨论起草农村人民公社工作条例问题。毛泽东提出条例的起草工作由陶铸挂帅，陈伯达为副帅，廖鲁言、田家英执笔，于 3 月 10 日写出初稿。会中毛泽东还提出社队规模太大不行，划小社队规模有利于解放公社内部存在的小队与小队之间、个人与个人之间的平均主义。他还建议把生产小队的名字去掉直接叫队，人民公社分为社、大队、队三级。随后，根据毛泽东的意见，条例的起草工作又吸收了几个省的负责人参加讨论和修改。

在此之前，中央农村工作部部长邓子恢在农村调查时感到，第二次郑州会议以来，中央出台了好些文件，但到了基层，有的没有同群众见面，有的执行不认真，有的执行中打折扣甚至走了样。这其中可能与某些具体规定朝令夕改有关。如果能搞出一个条例，把现有的处理人民公社内部矛

① 中办机要室：《毛主席最近关于人民公社体制和一些政策问题的谈话》，1961 年 3 月 2 日。

盾的方针、政策、办法归纳起来，使之条理化、规范化，公布于众，对于纠正农村工作中的错误，稳定农民生产情绪，将起重大作用。于是，邓子恢组织了一班人花了 40 多天的时间，写出了《农村人民公社内务条例（修改稿）》。[①]这个《条例》就成了起草农村人民公社工作条例的重要参考资料。

2 月 23 日，中共中央政治局候补委员、中央宣传部部长陆定一到广东新会县调研。在同县委第一书记党向民座谈时，陆定一问党向民，为什么我们的农村工作在过去一直都是顺利的，到了人民公社的时候，却发生了一些问题？

党向民说，人民公社以来，他感觉有三点不同：第一点，没有经过试点。过去，无论土改、互助组、低级社、高级社，都经过试点，试点时很谨慎，规模小。试点本身就是对群众很好的宣传。群众看到新办法比老办法更有利于生产，就自然而然地赞成新办法了。而人民公社没有经过过去那种试点过程，立即全面铺开，一哄而起。第二点，以前因为经过试点，中央规定的办法很具体。人民公社则不然，办法不具体，不细致，有的问题反复多次。第三点，过去管理制度规定得严密，人民公社的管理制度不严密。

陆定一觉得党向民这些话说得很中肯，2 月 27 日，他将谈话的情况给毛泽东写了一封信，并提出现在许多地方采取新的措施时，也务必稳妥一些，先试点，后推广。毛泽东认为陆定一反映的情况对起草条例具有参考价值，就将这封信批转给起草条例的陶、陈、胡、田等人阅看。

2 月 25 日，三个中央调查组的部分人员，又到南海县大沥公社的大镇大队，作了半天的座谈和访问，主要是了解该社解决生产小队之间和社员之间平均主义问题的办法。

据了解，这个公社贯彻“十二条”后，各大队之间的“共产风”问题基本解决了，干部和群众的积极性也起来了，但小队与小队间、社员之间的“大拉平”问题还没有解决。小队与小队之间的“大拉平”，主要体现在“三包”问题上。按规定：小队超产 100 斤稻谷，可得 70 斤的超产奖励，其中一半给钱，一半给谷，实际上小队只得到 35 斤谷，其余的 65 斤要上

① 《邓子恢传》编辑委员会：《邓子恢传》，人民出版社 1996 年版，第 536 页。

交大队。有一个生产小队 1960 年超产了 1 万斤谷，上交给大队 6500 斤，然后在全大队范围内按照口粮标准统一分配，社员们说："这样做，只有太阳从西边出来，才能吃饱饭。"

为了解决小队与小队间的"大拉平"问题，这个大队改变了"三包"的办法，把生产小队上交给大队的征购粮、饲料、种子、蔬菜、鱼塘和其他产品，都包了绝对数，按数上交后，剩下的都归小队分配。粮食上交以后，小队可以多吃；蔬菜上交后，剩下的小队可以自己卖；别的东西完成产值后，余钱由小队支配。实行这个办法后，克服了小队之间的"大拉平"，小队干部和社员的积极性提高了，再也不说太阳从西边出来才能吃饱饭了。随后，调查组将座谈的情况整理成《南海大沥公社社、队干部和几个社员的谈话记录》，并在随后在广州召开的中央工作会议上印发。

3 月 5 日，毛泽东在广州主持召开中共中央政治局常委扩大会议。出席会议的有周恩来、朱德、邓小平、林彪、彭真、陈伯达、胡乔木、陶铸。会上，毛泽东集中谈到了他对人民公社体制问题的看法。他说："在庐山会议之前，我们对情况的了解还是比较清楚的，但在庐山会议之后就不大清楚了。因为庐山会议之后一反右，有人讲真实话，讲困难，讲存在的问题，讲客观实际情况等等，都被认为是右的东西。结果造成一种空气，不敢讲真实情况了。相反就产生了另外一种情绪，不讲实际了，例如河南本来粮食产量只有 240 亿斤，他们说有 400 多亿斤，这都是反右反出来的。右是要反的，也不得不反，不反，对我们工作就不利。庐山会议是要反右的，但是接着就在群众中反右，这就坏了。"

"郑州会议的召开，是为了反'左'，凡是贯彻郑州会议精神比较彻底的省，工作就比较实一些。从 3 月到 6 月只反了 4 个月的'左'，如果继续反下去，那就好了。谁知道彭德怀在中间插了一手，我们就反右。右是应该反的，反右是正确的。但是带来一个高估产、高征购、高分配。这个教训值得我们吸取，这件事也教育了我们，反'左'中间插了一个反右，在群众中间一反，结果就反出一个浮夸风。庐山会议反右这股风把我们原来的反'左'割断了。"

他还说："我这次出来之后，沿途和河北的同志谈了一下，和山东的同志谈了一下，和浙江的同志谈了一下，也和江西、湖南的同志谈了一下。他们所反映的问题和你们了解的情况差不多。他们普遍感到社、队大了，要求划小一点。我们搞了三个调查组，目前他们正在这里起草一个农村人民公社工作条例，初稿已经写出来了，准备让几个省来几个同志参加讨论修改。修改后再广泛征求意见，然后提交中央工作会议。”①

会上，有的人对划小社、队规模，起草人民公社工作条例，还有些顾虑，主要是怕公社搞小了，对各方面是否会有影响；怕现在变动，影响生产，因为正是春耕季节；同时还考虑到国际影响问题。

但是毛泽东坚持公社要划小。他说：“我的家乡湘潭，原来是21个都。以前对那个都还嫌大，分成了上七都、下七都。如果一个都一个公社，也要21个公社，但现在只有13个公社。你们看，河南只有1200个公社，湖北只有600个公社，都太大了。总而言之，要适合群众的要求，要反映群众合情合理的要求。食堂也是一样。田家英同志在浙江调查了一个生产大队，二百多户。这个大队领导了11个生产小队，这11个小队里面有富队，有中等队，也有穷队，在分配的时候统统拉平，这么一来就发生问题了。现在他们建议将这个生产大队分成三个大队，把经济基础差不多的小队分在一起。这样，分配上就不拉平了，使得经济情况都差不多。这是队与队之间的拉平问题。还有一个队里面人与人之间的拉平问题，这个问题还没有解决。如果这些问题解决了，就可以调动起群众的积极性。”

他接着说：“过去我们老是要数字，什么东西种了多少，产了多少，今天积了多少肥，明天又搞些什么，天天统计，天天上报，统计也统计不及。横直就是那样，你瞎指挥，我就乱报，结果就浮夸起来了，一点也不实在。包括我们中央发的文件在内，也是那样。今后不要搞那么多文件，要适当压缩。不要想在一个文件里什么问题都讲。为了全面，什么问题都讲，结果就是不解决问题。不要批文件过多，过去我也是热心家，也批了许多文件。我就批了贵州关于食堂问题的那个文件，结果对各省影响很大。又比如，每年到春耕时，中央就要发指示，国务院就要发命令，今年

① 逄先知、金冲及：《毛泽东传（1949—1976）》下，中央文献出版社2003年版，第1134—1135页。

不搞了好不好？我说这都是多余的。”①

除了人民公社体制问题，公共食堂始终也是毛泽东放心不下的一个问题。

3月7日，毛泽东找来参加人民公社条例起草工作的中共湖北省委第一书记王任重谈话，他说：“参加食堂也是要大家愿意。如果不愿意就搞农忙食堂，不愿意吃食堂的也可以让他在家里吃。”不过毛泽东内心还是希望食堂能够办下去，因此说到这里，他又明确表示：“我们办食堂这个制度是肯定了的。”王任重对办食堂也表示赞成：“食堂不办不行，肯定还是要办，因为妇女要参加劳动，还有一部分贫农确实要吃食堂。但有一部分中农也确实不愿意吃食堂，因为不如家里吃得好。”毛泽东表示：“城市里头吃食堂的人才占40%，农村有20%的人吃食堂就行了。”这时，王任重反映了一个情况，河南一些食堂为了解决烧柴问题，用了许多劳动力去拾柴，还有的拆房子烧，有的拆桥烧，有的甚至把修好了的水闸拆了当柴烧。毛泽东听后说：“那就非得改变不可！”② 谈话中，毛泽东还说想搞一个人民公社各级工作条例，目的就是把公社各级的职权搞清，使公社各级干部知道该办什么不该办什么，该管什么不该管什么。

中共中央紧急指示信十二条下发后，农村形势出现了好转的迹象。当时，党内有人认为，有了这十二条，政策调整也差不多了，农村的问题就可以大体解决了。为了讨论农村人民公社工作条例和进一步解决农业问题，中共中央决定在广州和北京分别召开工作会议。广州工作会议于3月11日举行，由毛泽东主持，出席会议的有中南、华东、西南中央局书记和三大区各省市自治区党委负责人，简称“三南”会议。北京工作会议同时召开，由刘少奇、周恩来主持，出席会议的有华北、东北、西北中央局书记及三大区各省市自治区党委负责人，简称“三北”会议。

为了引起高级干部们对调查研究工作的重视，“三南”会议的第一天，毛泽东就将他的《调查工作》一文印发给了与会人员，并写了一个说明：

① 逄先知、金冲及：《毛泽东传（1949—1976）》下，中央文献出版社2003年版，第1136—1137页。

② 逄先知、金冲及：《毛泽东传（1949—1976）》下，中央文献出版社2003年版，第1137页。

“这是一篇老文章，是为了反对当时红军中的教条主义思想而写的。那时没有用‘教条主义’这个名称，我们叫它做‘本本主义’。写作时间大约在1930年春季，已经三十年不见了。1961年1月，忽然从中央革命博物馆里找到，而中央革命博物馆是从福建龙岩地委找到的。看来还有些用处，印若干份供同志们参考。”①

3月13日清晨，毛泽东致信刘少奇、周恩来、陈云、邓小平、彭真及“三北”会议全体人员，指出：“大队内部生产队与生产队之间的平均主义问题，生产队（过去小队）内部人与人之间的平均主义问题，是两个极端严重的大问题，希望在北京会议上讨论一下，以便各人回去后，自己并指导各级第一书记认真切实调查一下。不亲身调查是不会懂得的，是不能解决这两个重大问题的（别的重大问题也一样），是不能真正地全部地调动群众的积极性的。也希望小平、彭真两位同志在会后抽出一点时间（例如十天左右），去密云、顺义、怀柔等处同社员、小队级、大队级、公社级、县级分开（不要各级集合）调查研究一下，使自己心中有数，好做指导工作。”

毛泽东在信中写道：“我看你们对于上述两个平均主义问题，至今还是不甚了了，不是吗？我说错了吗？省、地、县、社的第一书记大都也是如此，总之是不甚了了，一知半解。其原因是忙于事务工作，不做亲身的典型调查，满足于在会议上听地、县两级的报告，满足于看地、县的书面报告，或者满足于走马看花的调查。这些毛病，中央同志一般也是同样犯了的。我希望同志们从此改正。我自己的毛病当然要坚决改正。”“我的那篇《关于调查工作》的文章也请同志们研究一下，那里提出的问题是做系统的亲身出马的调查，而不是老爷式的调查，因此建议同志们研究一下。可以提出反对意见，但不要置之不理。”②

毛泽东在上午8时写完信后，又在“三南”会议上反复阐明解决队与队、社员与社员间平均主义和调查研究的重要性。毛泽东说：

“这次会议要解决两个很重要的问题：一是生产队与生产队之间的平

①《建国以来毛泽东文稿》第9册，中央文献出版社1996年版，第438页。

②《毛泽东文集》第八卷，人民出版社1999年版，第250—251页。

均主义；一是生产队内部人与人之间的平均主义。这两个问题不解决好，就没有可能充分地调动群众的积极性。”

“要做系统的由历史到现状的调查研究。省委第一书记要亲自做调查研究，我也是第一书记，我只抓第一书记。其他的书记也要做调查研究，由你们负责去抓。只要省、地、县、社四级党委的第一书记都做调查研究，事情就好办了。”

“今年一月找出了三十年前我写的一篇文章，我自己看看觉得还有点道理，别人看怎么样不知道。‘文章是自己的好’，我对自己的文章有些也并不喜欢，这一篇我是喜欢的。这篇文章是经过一番大斗争以后写出来的，是在红四军党的第九次代表大会以后，一九三〇年写的。过去到处找，找不到。这篇文章请大家研究一下，提出意见，哪些赞成，哪些不赞成，如果基本赞成，就照办，不用解释了。文章的主题是，做领导工作的人要依靠自己亲身的调查研究去解决问题。书面报告也可以看，但是这跟自己亲身的调查是不相同的。自己到处跑或者住下来做一个星期到十天的调查，主要是应该住下来做一番系统的调查研究。农村情况，只要先调查清楚一个乡就比较好办了，再去调查其他乡那就心中有数了。”

毛泽东还说，过去这几年我们犯错误，首先是因为情况不明。情况不明，政策就不正确，决心就不大，方法也不对头。最近几年吃情况不明的亏很大，付出的代价很大。大家做官了，不做调查研究了。他承认自己虽然也做了一些调查研究，但大多也是浮在上面看报告。现在，要搞几个点，几个调查的基地，下去交一些朋友。调查的目的是为了解决问题，不是为了报表。了解情况主要不靠报表，也不能靠逐级的报告，要亲自了解基层的情况。①

“三南”会议开始时，集中讨论的是公社规模问题。中南小组在讨论中认为，从中南地区的情况看，现在已不是应不应该调整的问题，而是如何调整的问题。事实证明，公社越大越不好办，生产上越是瞎指挥，“共产风”越是刮得厉害。与会者一致认为，公社一般应相当于原来的乡或大乡，大队一般应相当于原来的高级社，调整之后，一般分为公社、大队、

① 《毛泽东文集》第八卷，人民出版社1999年版，第252—254页。

生产队三级。西南小组认为，为了克服生产队与生产队之间的平均主义，首先要解决公社组织规模过大和生产队户数过多的问题，公社划小后，更易于加强公社各级的领导，促进生产的发展。

对于农村人民公社条例问题，与会者认为，搞这样一个条例非常必要。中共山东省委书记处书记谭启龙说，从山东的情况看，广大干部群众迫切需要一个公社的示范章程性质的条例，并提议再搞一个党内文件，着重解决党内思想上、政策上、组织上、领导方法上几个未解决好的问题。目前领导上需要解决的问题：一是必须及早下决心把工业和各项事业过多的劳动力砍下去，压缩城镇非农业人口，否则各项事业与农业关系摆不好，粮食问题无法解决。二是坚决把许多权力，特别是生产权下放到小队和农民，让他们对生产负责，发挥积极性，不能再瞎指挥了。三是领导要真正吸取教训，检查为什么不从实际出发，不能正确执行政策。党内生活不够健康，使下情不能上达是个很大的问题。

中共江苏省委第一书记江渭清认为，为了把三年来人民公社的丰富经验加以比较系统的总结，搞两个文件比较好，一个是条例或示范章程，一个是党内指示。条例或章程除了肯定人民公社已有的正确经验，防止和克服曾经出现过的错误做法外，还可以参考高级社行之有效的一套政策（如按劳分配、多劳多得、自留地、家庭副业等）、制度和办法，使之条例化。全党干部，特别是各级党委主要负责同志，必须亲自动手，进行调查研究，痛改不切实际的作风。只有这样，才能少犯或不犯错误。①

参加会议的上海、安徽、山东、江苏、浙江、江西、福建六省一市的负责人，在讨论过程中，形成了一份《华东几个同志关于当前农村人民公社需要解决的几个问题的意见》，其主要内容是：

（一）社员规模问题。调整社、队规模，要根据生产和收入水平、地理情况、原来的基础、群众自愿等条件，由群众充分讨论决定，做到有利生产，便利群众。调整以后，稳定一个时期，同所有制一样，至少七年不变，以利于生产力的发展。生产队不宜过大，一般二十户左右；生产大队一般维持原来高级社的规模；公社的规模以相当于原来的乡为宜。

---

① 《建国以来毛泽东文稿》第9册，中央文献出版社1996年版，第446—447页。

（二）管理体制问题。公社要集中力量抓农业生产，商业、文教、卫生、金融、工业等工作，有些要收归县以上部门管理；公社对生产大队和生产队，主要是抓政策、方针，抓计划，抓生产资料的供应，以及其他生产队不能解决的问题；对于农活安排、技术措施等，主要由生产大队和小队当家，公社不能瞎指挥；要发扬政治、经济、生产生活三大民主。

（三）党政社关系问题。党的领导主要是抓好一个时期的中心工作和经常性的全面安排，要实行以下的领导方法："大权独揽，小权分散，党委决定，各方去办。办也有决，不离原则。工作检查，党委有责。"最基本的方法是了解情况（调查研究），掌握政策，做出样子（典型示范）。

（四）干部问题。应当认真选好、管好、教育好干部。公社、大队、队三级干部都要实行民主选举，要依靠领导考察和群众监督管好干部，要教育干部执行三大纪律、八项注意。

（五）经营管理问题。要恢复高级社时期的一系列好的经营管理办法。

对于这些意见和建议，毛泽东很重视，并要求与会人员在讨论人民公社工作条例草案时，能将这些意见考虑进去。

根据毛泽东的指示和会议的讨论，条例起草小组于3月15日写出了第二稿，送给了毛泽东。当天下午，毛泽东召集陈伯达、胡乔木、田家英、廖鲁言等谈条例问题，并决定将之印发到当天开幕的中央工作会议讨论。

在会议期间，中央和广东省委调查组又请新兴县里洞公社蒙坑大队党总支书记梁纪南和公社宣教委员苏品芳到广州来，于3月14日、15日就有关人民公社的几个重要问题与他们交换意见，并形成了一份座谈纪要。据梁纪南和苏品芳反映：

——社队规模问题。蒙坑大队原来是两个高级社，一个收入高，一个收入低，公社化后合成一个基本核算单位，拉平了，原来收入高的很有意见。贯彻"十二条"后，蒙坑大队按原来高级社的规模，分为两个大队，解决了穷村同富村的矛盾，两边对生产、积肥都积极了，对耕牛、农具也都爱惜了。

——分配问题。过去搞三七开，事实上不劳动者也可以得食，因此可以考虑打破这个框框，全部实行按劳分配，用公益金和公益粮补贴困难户，这样就可以调动全体社员的劳动积极性。

——食堂问题。应当粮食分到户，农忙办食堂，这样生产队菜地就有可能给市场提供更多的菜，社员也能养猪、积肥。

——定征定购问题。征购粮要定下来，使农民心里有底，至少三年不变，能五年不变就更好。定征定购后，生产队的超产部分，可以留出一定的比例作为储备粮，要逐步使队、社、县都有储备粮，同时也要逐步使家家户户都有粮食储备。

3 月 15 日，陈伯达将座谈会记录报送给了毛泽东。毛泽东看后认为，这是“一个重要文件”，要求印发给参加“三南”会议的全体人员。

“三南”会议召开时，农村人民公社工作条例已写出了初稿。全文算上序言，分 8 部分，67 条，共 14000 字。毛泽东对于这个稿子不太满意，认为内容太繁杂，篇幅太长，逻辑性不强，不能抓住人一口气读下去，要压缩到 8000 字左右。

3 月 14 日晚，毛泽东主持召开了中央政治局常委扩大会议。

会上，毛泽东再次重申：公社、生产大队划小这个原则，已经肯定了，过大了对生产不利。他强调：“队与队之间的平均主义，队里边人与人之间的平均主义，从开始搞农业社会主义改造，搞集体化、搞公社化以来，就没有解决的。现在这个条例，就是要解决平均主义问题。”“穷富队拉平的问题，现在已经证明，对富队不好，对穷队也不好。必须对生产大队下面的生产小队，区别对待。小队里头人与人之间的平均主义，也就是劳动力多的与劳动力少的社员户之间的矛盾。因为实行粮食供给制、劳动力少的户跟劳动力多的户吃粮都一样，他横直有的吃，所以就不积极。而劳动力多的户，他们想，反正吃粮都一样，我干也是白费了，所以他也不积极了。”①

这时，如何克服生产队与生产队、社员与社员间的平均主义问题，一直萦绕在毛泽东心头，他希望能够找到一条既能巩固人民公社又能克服平均主义的办法。

毛泽东的话引起了刘少奇的共鸣，他接着说：“群众提出他们对多产

① 逄先知、金冲及：《毛泽东传（1949—1976）》下，中央文献出版社 2003 年版，第 1142 页。

多购少吃很有意见。他们要求，如果他们丰收了，多产了，可以多购，但他们也要多吃；如果少产了，那就少购少吃。我们对多产的，应该有所奖励，国家应该采取这个政策。按劳分配，不但要表现在工资问题上，而且要表现在实物上，就是说多产的要能够多吃一点，多用一点。增加收入的问题，不但贫队要增加收入，富队也要增加收入，这样他们才满意。"①

三、公社体制的初步调整

毛泽东原打算派陶铸去北京通报"三南"会议的情况，并带去给刘少奇等人的信和《关于调查工作》一文。但他很快就改变了主意，决定从15日起将"三南"会议与"三北"会议合并在广州召开。3月14日，参加"三北"会议的四名中央政治局常委和其他与会人员，分乘两架飞机来到广州。

从15日开始，"三南"和"三北"两个会议重新编组合并召开，会议就两个平均主义、公共食堂、供给制等问题开展讨论。

对于两个平均主义问题，中南、华北小组认为，现在主要有两个问题需要解决，一个公社化后"一平二调"、瞎指挥把生产搞坏了；另一个是平均主义。这二者中，后者又是最主要的。经过整风整社，贯彻执行中央十二条政策后，情况有所好转，但群众的积极性仍然没有充分调动起来，问题非常明显，主要是平均主义未彻底解决。②

华东、东北小组认为，公社化后，由于生产队之间出现了一些问题未获得适当解决，贫富队的矛盾，就大大地突出起来了，如生产大队的规模比高级社大，生产队之间的生产水平和收入水平也比以前悬殊，经过拉平分配，富队减少了收入，心感不满，穷队受人冷言冷语，心感不安；土地、劳力、耕畜、农具不固定，大队可以随时变动，抽强补弱，使生产好

① 中共中央文献研究室：《刘少奇年谱》下卷，中央文献出版社1996年版，第508页。
② 中央工作会议小组会议情况简报，第1号，1961年3月16日。

的队吃亏，超产队的口粮也和减产队一样，多产不能多吃。评工记分制度一般没有执行，有的地方虽然执行了，但没有按劳动数量、质量进行评工记分，而是“点人头”“点日头”，劳动好、劳动强、技术高的社员没有得到应得的工分，劳动效率普遍降低，工分分值大大降低；非田间生产人员参加分配的比例过大，如办食堂等一般占去10%甚至15%的劳动力，公社化后农业中学、红专中学、社办中学发展太快，一部分原来从事农业生产的青少年弃工就学，这些人一般要占去农村劳动力的10%—15%甚至20%。因此，要解决生产队之间的平均主义，必须调整生产大队的规模，一般应恢复到1957年底的高级社的大小；对生产队的“三包”指标要留有余地，使生产好的生产队有产可超，有奖可得；对土地、劳力、耕畜、农具要坚决固定下来，不许抽强补弱；超产奖励要尽量奖给实物，使超产队可以多产多吃。对于生产队内部社员之间的平均主义问题，他们建议必须坚持评工记分制度和逐步建立定额制度，并从各方面压缩非生产人员，减少非生产的劳动工分。①

西南、西北小组认为，解决队与队之间的平均主义，除了适当缩小社、队规模外，主要是应该承认和照顾穷队与富队之间的差别，认真执行“三包一奖”制度，并且适当地增加生产队的所有制，帮助生产队发展队有经济。造成社员之间平均主义的原因，主要在于扩大了供给部分的比例，使工资部分相对减少，以致难以体现按劳分配原则；队有经济削弱，实际上没有实行超产奖励，破坏了评工记分，也拉平了社员之间的差别。②

会议讨论过程中，华东、东北小组认为，虽然规定了供给部分不能超过30%，但由于生产水平很低，大家在食堂吃饭，先吃后算，年终结算，劳动力少、人口多的户超支，劳动力强、人口少的户分空，结果“大家都只糊了一张嘴”③。

中南、华北小组提出，目前供给制部分所占的比例过大，工资部分太

① 中央工作会议小组会议情况简报，第3号，1961年3月17日。

② 中央工作会议小组会议情况简报，第8号，1961年3月19日。

③ 中央工作会议小组会议情况简报，第3号，1961年3月17日。

少，一般是“倒三七开”，有的灾区实际上是吃“大锅饭”的办法，完全一拉平，结果“多劳不多吃，少劳不少吃，不劳动也得吃”，是否可只对五保户、困难户实行部分供给？刘少奇也认为，对五保户实行部分供给，实际上是社会保险，农民是赞成的，但其余的统统要按劳分配，多劳多得，多劳多吃。①

由于人民公社化以来，供给制一直被当作“共产主义幼芽”，被认为是分配史上的一个创举，因此，尽管与会人员认识到供给制严重束缚了农民生产积极性，但仍没有明确提出要取消供给制，而只是强调要缩小供给的比重。

与供给制相关联的食堂问题。人民公社化后，全国农村也实现了食堂化，农民在公共食堂吃名副其实的大锅饭。由于公共食堂被赋予了许多的“优越性”，诸如可节约劳力、解放妇女、培养农民集体主义精神等等，所以公社化以来也是对其一直是在唱赞歌，庐山会议后更是把公共食堂看成是“社会主义阵地”。实际上，食堂不但限制了农民的吃饭自由，而且浪费了大量的劳力、燃料，它与供给制一样最为农民所不满。与会人员虽然也感到食堂有许多弊端，但还没有对食堂提出完全否定性意见，而是仍认为要坚持积极办好、自愿参加原则。

在 3 月 14 日的“三南”会议上，中南小组讨论时提出，要解决人与人之间的平均主义问题，关键是如何办好公共食堂，现在的情况是，大多数食堂实际上变成了伙食供给制，发不了工资，或者发得很少。工分不值钱，劳动一天不如鸡下个蛋。吃饭、做活都不分，干不干三顿饭，人就变懒了。办高级社时只照顾困难户、五保户，现在要把吃饭包下来平均吃，造成了人与之间的平均主义，这与我们今天以人力为主的农业生产水平不相适应。办食堂的方向是正确的，但照现在这样办，路子越走越窄。应当是一部分条件好的小队继续办长年食堂，大量的小队办农忙食堂，少数特别困难的小队可以暂时不办，像高级社那样，对困难户、五保户加以照顾。②

① 中央工作会议小组会议情况简报，第 3 号，1961 年 3 月 17 日。

② 中央工作会议小组会议情况简报，第 4 号，1961 年 3 月 15 日。

在3月16日的中央工作会议上，西南、西北小组提出，对一部分社员来说食堂是需要的，而且对于充分发挥农村现有劳动力特别是妇女在生产中的作用很重要，但食堂必须方便生产、方便生活，可以举办常年食堂，也可以举办农忙食堂，规模过大的，可以适当划小。高山地区，居住条件十分分散的，也可以不办。食堂采用多种多样的形式以后，也就更能做到自愿参加，食堂就更能巩固。①

对于公社规模问题，与会者一致认为，目前社队的规模过大，这种情况必须改变。中南、华北小组认为，以一乡一社为宜，公社一级的权利要缩小到只行使乡政府的职能，加上公积金和一些社办企业；作为基本核算单位的大队，应相当于原来的高级社，平均300户左右，大队的权力也要适当划分范围。② 华东、东北小组认为，调整生产大队的规模，一般恢复到1957年年底高级社的规模，有的可大些，有的可小些。③

3月19日，起草小组开始修改农村人民公社工作条例第二稿。根据毛泽东的意见，每一大区吸收一人至三人参加条例的修改。21日，条例草案写出了第三稿。这一稿共十章六十条，所以这个条例草案又叫“农业六十条”。这十章的标题分别是：第一章，农村人民公社在现阶段的性质、组织和规模；第二章，人民公社的社员代表大会和社员大会；第三章，公社管理委员会；第四章，生产大队管理委员会；第五章，生产队管理委员会；第六章，社员家庭副业；第七章，社员；第八章，干部；第九章，人民公社各级监察委员会；第十章，人民公社中的党组织。其中，对公社体制最有突破性的是第一章和第六章。

条例草案第一章，是关于农村人民公社现阶段的性质、组织和规模。条例规定：人民公社是政社合一的组织，既是基层政权组织，又是社会主义的集体经济组织；公社一般分为公社、生产大队和生产队三级，实行生产大队所有制，大队是基本核算单位，生产队是直接组织社员的生产和生活单位。

① 中央工作会议小组会议情况简报，第8号，1961年3月19日。

② 中央工作会议小组会议情况简报，第1号，1961年3月16日。

③ 中央工作会议小组会议情况简报，第3号，1961年3月17日。

对于公社的规模，条例草案明确规定：“人民公社各级的规模，都应该利于生产，利于经营管理，利于团结，不宜过大。特别是生产大队的规模不宜过大，避免在分配上把经济水平相差过大的生产队拉平，避免队和队之间的平均主义。”“人民公社的规模，一般地应该相当于原来的乡或者大乡；生产大队的规模，一般地应相当于原来的高级农业生产合作社。但是，也不要强求一律。公社、生产大队和生产队，都可以有大、中、小不同的规模，由社员根据具体情况，民主决定。”①

这是一个重要的规定。自 1958 年北戴河会议决定在全国农村建立人民公社起，“大”曾被认为是人民公社的特点和优点。认为公社人多地广，可以集中力量办大事，便于加快向全民所有制过渡。所以北戴河会议后办起的人民公社规模都很大，1958 年 10 月底，全国共有 23384 个公社，平均每社 4797 户，有相当多的社在万户以上，还有些地方是一县一社的县联社。

1959 年上半年在整顿人民公社的过程中，社队的数量有所增加，规模有所缩小。但随着庐山会议后“反右倾”运动的开展，尤其是 1960 年 1 月中共中央政治局扩大会议提出八年时间完成基本队有制向基本社有制过渡后，人民公社的规模再度扩张，公社总数减少。到 1960 年底，全国 27 个省、市、自治区共有人民公社 25204 个，平均户数大体相当 1958 年年底的水平。

社队规模过大，大队与大队间，小队与小队间情况各异，不但不利于因地制宜安排生产，也容易导致干部在生产工作中的瞎指挥和强迫命令，并造成队与队间的平均主义。加之大队的规模大，又以之为基本核算单位，虽说人民公社也曾规定实行评工记分制度，但根本无法做到，评工记分只能是流于形式，有的地方甚至连这个形式都没有。至于集体的生产、分配等各种大事，社员更不可能心中有数，因而对生产队的生产经营发展也不关心，更没有生产积极性。

“十二条”发布后，不少地方意识到必须解决社队规模过大的问题，

① 《当代中国农业合作化》编辑部编：《建国以来农业合作化史料汇编》，中共党史出版社 1992 年版，第 632 页。

认为在目前农业生产仍处在分散、交通不便、基本还是手工操作和使用畜力的情况下，社队规模过大，是不利于生产的。“三南”会议前，中共湖南省委在给中共中央和毛泽东的一份报告中说：“对于这个问题（按：指社队规模过大），群众早有意见，说社队规模大了，‘看不到，摸不着’，‘不知葫芦里卖的什么药’，‘不是共同富裕，是共同遭殃’，‘反正摊到我头上只有几粒谷子，怕懒得（按：湖南方言，无所谓之意）’。因此，普遍存在着‘混道场’、‘坐大船’的思想，影响了群众的生产积极性。”① 此次广州中央工作会议上，与会者普遍感到社队规模过大的弊端甚多，纷纷提出要缩小社队规模，于是有了“六十条（草案）”中关于社、队规模的上述规定。

公社化之初，由于公社的规模过大，加之没有一个统一的条例或章程，公社以下各级组织的名称混乱，有的地方设公社、管理区、生产队、作业组，有的地方是公社、大队、生产队、生产小队。有的生产大队相当于原来的一个高级社，有的生产大队则由几个高级社合并而成，所以常常是生产队与生产小队难以区分。条例中，将人民公社的组织明确规定为公社、大队、生产队三级，减少了公社的管理层次，明确了公社、大队、生产队的性质、任务。

“农业六十条（草案）”的另一突破，是对自留地和家庭副业的规定。在人民公社成立时，社员的自留地、私有房基、牲畜、林木等生产资料全部转为公社所有，个人只能保留少量的家禽家畜。由于“共产风”的影响，使社员在公社化之初即将自养的家禽家畜宰杀，大吃几顿后再加入公共食堂。这样，自留地和家庭副业基本上不存在了。1958 年 12 月的八届六中全会对此曾有所纠正，会议通过的《中共中央关于人民公社若干问题的决议》中规定：“社员可保留宅旁的零星树木、小农具、小工具、小家畜和家禽等；也可以在不妨碍参加集体劳动的条件下，继续经营一些家庭小副业。”1959 年 5 月和 6 月，中共中央先后发出《关于分配私人自留地以利发展猪鸡鹅鸭问题的指示》和《关于社员私养家禽、家畜和自留地等四个问题的指示》，恢复了社员的自留地，允许社员饲养家禽家畜，规定

① 《中共湖南省委关于调整人民公社的规模和体制问题的报告（初稿）》，1961 年 3 月 8 日。

属于自有私养的，完全归社员个人所有；属于私有公养的，给予社员合理的报酬。

但是，庐山会议“反右倾”后，这些政策出现了反复，有些地方将社员的家庭副业作为“逆流”“资本主义尾巴”对待。随后刮第二次“共产风”，社员的自留地被收走，自养的猪、羊、鸡、鸭被刮进了所谓“万猪场”“万鸡场”，使社员从事家庭副业的积极性受到重大打击。河北省吴桥县桑元大队大观李生产队 7 户社员，1959 年在自留地里种谷子，共收了 719 斤，吃了 100 多斤。到了这年冬天，生产队因为口粮紧张，向社员开展所谓挖潜力运动，队干部硬说这 7 户社员的谷子是偷的，谁不交出就“熬鹰”（即不让睡觉）、“辩论”，翻箱倒柜，结果这几户社员挨了四五个晚上的冻，只得把粮食全交了出来。提起这件事，社员们都说：“谁种自留地谁倒霉，今后给也不种了。”①

虽然年前下发的紧急指示信“十二条”中，也曾有专门一条提出“允许社员经营少量的自留地和小规模的家庭副业”，但社员对公社化以来的两次“共产风”心有余悸，以至出现了自留地不要，家庭副业不搞的情况。“六十条”草案中专门列了一章讲家庭副业问题，并且强调：“人民公社社员的家庭副业，是社会主义经济的必要的补充部分。它附属于集体所有制经济和全民所有制经济，是它们的助手。在积极办好集体经济，不妨碍集体经济的发展，保证集体经济占绝对优势的条件下，人民公社应该允许和鼓励社员利用剩余时间和假日，发展家庭副业，增加社会产品，补助社员收入，活跃农村市场。”并规定自留地长期归社员家庭使用，自留地的农产品，不算在集体分配的产量和口粮以内，国家不征公粮，不计统购。② 这样，以条例的形式将家庭副业和自留地肯定下来，经过宣传和动员，终于消除了社员的顾虑，调动了社员经营自留地和家庭副业的积极性，对于他们开展生产自救、救荒渡灾发挥了重要作用。

① 中共河北省委组织部：《吴桥县农业生产和人民公社若干问题的情况》，1960 年 8 月 1 日。

② 《当代中国农业合作化》编辑部编：《建国以来农业合作化史料汇编》，中共党史出版社 1992 年版，第 635—636 页。

此外，“六十条”草案还规定，公社占用大队的劳动力，一般不得超过生产大队劳动力总数的 2%；生产大队占用生产队的劳动力，一般不能超过生产队劳动力总数的 3%。为了巩固大队所有制和发展大队经济，在今后几年内，公社一般应少提或不提生产大队的公积金；如果要提，提取的比例要经县人民委员会批准。生产大队对生产队必须认真执行包产、包工、包成本和超产奖励的“三包一奖”制；超产指标要留有余地，超产的大部或全部应奖给生产队。人民公社的各级干部，必须坚持实事求是的工作作风，说老实话，如实反映情况；严禁干部打人骂人和变相体罚，严禁用“不准打饭”“不发口粮”和乱扣工分的办法处罚社员。人民公社的各级党组织，既要加强对公社各级和各部门的领导，又不应包办代替各级管理委员会的工作，社、队的日常业务工作，应该由管理委员会处理。这些规定，在当时都是很有针对性的。

“六十条”草案也有其不足，如仍然规定以生产大队为基本核算单位，生产队仅是生产的组织单位，还没有生产经营自主权，队与队间的平均主义问题还没有解决。同时，条例草案虽然提出在分配中，工资部分至少不能少于七成，供给部分至多不能多于三成，但对这种社员间的平均主义分配方式没有加以否定；虽然条例草案也提出公共食堂必须坚持真正自愿参加的原则，但同时又强调“在一切有条件的地方，生产队应该积极办好公共食堂”，而供给制和公共食堂恰恰是广大社员最有意见的两件事。

但是，对任何事物的认识都有一个发展过程，对于人民公社化以来积累下来的诸多问题，要想一下子全都得到解决，也是不现实的。这个条例草案明确规定缩小社队规模，要求给生产队一定的生产管理自主权，强调社员个人的生活资料永远归个人所有，要求恢复社员自留地和家庭副业，这些具体规定，都为广大农民所拥护所欢迎。更为重要的是，自 1958 年建立人民公社以来，对人民公社一直是只能唱赞歌，不能说公社体制有缺点，但这次会议在一定程度上对人民公社存在的问题给予了重视，并下决心对人民公社体制进行调整。“农业六十条”草案的规定与北戴河会议以来关于人民公社的一系列政策规定相比，表面上是一种退步，但实际上是一个巨大的进步，因为它已经比较接近农村生产力发展的实际水平，体现了广大社员的迫切要求。

当时，以毛泽东为核心的中共第一代中共中央领导集体，对解决人民公社中存在的问题，扭转农村工作和农业生产的被动局面，是下了大力气的。为了使各项政策能真正贯彻落实到群众中去，并在实践加以检验，中共中央决定将条例草案发给全国农村党支部和农村人民公社全体社员进行讨论。3月22日，中央工作会议通过了《农村人民公社工作条例(草案)》。同一天，中共中央发出了《关于讨论农村人民公社工作条例草案给全党同志的信》。

信中指出，目前农村人民公社还存在着许多迫切需要解决的问题，主要是：(一）在分配上，无论是生产队与生产队之间，或者是社员与社员之间，都存在着不同程度的平均主义现象；(二）公社的规模在许多地方偏大；(三）公社对生产大队，生产大队对生产队一般管理得太多太死；(四）公社各级的民主制度不够健全；(五）党委包办代替公社各级行政的现象相当严重。上述现象必须及时适当地改变，才能有利于生产地发展。

从这封信中所讲到的问题中可以看出，实事求是的传统正在恢复。因为人民公社化运动以来，直接面向全体党员和公社社员的文件中，如此直截了当地指出人民公社中存在的问题，还是第一次。在信中，中共中央要求：

第一，县级以上各级党委，要详细研究条例草案，然后领导公社各级党组织研究这个条例草案，并征求他们对于条例草案的修改意见。

第二，要把这个条例草案从头到尾一字不漏地读给和讲给人民公社的全体党员和全体社员听，对于同社员关系密切的地方要特别讲得明白，对于他们的疑问要作详细解答，并征求他们对条例草案的修改意见。

第三，县级以上各级党委要帮助公社各级党委，详细研究本地区在试行条例草案时可能遭到的各种问题，并同群众反复商量，定出切合实际的解决问题的办法和实施步骤。

第四，在讨论和试行这个条例草案的时候，一定要注意不妨碍当前的生产。

第五，各省、市、自治区党委可根据当地情况和民族特点，拟定自己的补充条例。

第六，城市中的机关、工厂、学校、部队和其他单位，也都应当领导党员和适当范围内的群众讨论条例草案，以便使他们了解党关于农村人民公社的政策。①

① 中共中央文献研究室：《建国以来重要文献选编》第14册，中央文献出版社1997年版，第223—224页。

第八章　新的突破

一、全党农村大调查

为了改变各级干部的工作作风，贯彻落实条例，毛泽东在广州中央工作会议的最后一天，即3月23日，结合对《关于调查工作》这篇文章的介绍，再一次讲明了调查研究的重要性。

毛泽东说，这篇文章中心点是要做好调查研究工作。接着，他对文章的主要内容逐节作了介绍，并联系实际说明搞社会主义革命和建设开展调查研究的重要性。毛泽东认为，现在全党对情况比较摸底了，但还是不甚了了。现在局势已经是有所好转，但是不要满足，不要满足于现在已经比较摸底、比较清楚情况，要鼓起群众的干劲，同时鼓起干部的干劲。干部一到群众里头去，干劲就来了。他说："我的经验历来如此，凡是忧愁没有办法的时候，就去调查研究，一经调查研究，办法就出来了，问题就解决了。打仗也是这样，凡是没有办法的时候，就去调查研究。""调查研究就会有办法，大家回去试试看。"他还说："教条主义这个东西，只有原理原则，没有具体政策，是不能解决问题的，而没有调查研究，是不能产生正确的具体政策的。"①

① 《毛泽东文集》第八卷，人民出版社1999年版，第261—262页。

同一天，中共中央就认真进行调查研究问题致信各中央局，各省、市、自治区党委，要求高中级干部联系最近几年工作中的经验教训，认真学习毛泽东的《关于调查工作》一文。并指出，近几年农业、工业方面的具体工作中，发生的缺点和错误，主要是因为放松了调查研究工作，满足于看纸上的报告，听口头的汇报，下去的时候也是走马观花，不求甚解，并且在一段时间内，根据一些不符合实际的或者片面性的材料作出一些判断和决断。这段时间，夸夸其谈，以感想代替政策的恶劣作风，又有了抬头。这是一个主要的教训，对于这样一个付出了代价的教训绝不可忽视和忘记。

中共中央要求从现在起，县以上的党委领导人员，首先是第一书记，要将调查工作作为首要任务，并订出制度，造成空气。在调查中，不要怕听言之有物的不同意见，更不要怕实践检验推翻了已经作出的判断和决定。只要坚持调查研究、实事求是的作风，目前所遇到的问题就一定能够顺利地解决，各方面的工作就一定能够得到迅速的进步。①

广州中央工作会议之后，从党的领袖到省、地、县各级领导机关的干部，纷纷走出机关，带着《农村人民公社工作条例（草案)》，深入农村，宣传“六十条”，解决贯彻“六十条”时遇到的问题，全党上下大兴调查研究之风。在此前后，中共中央还组织了一批调查组，前往各地农村进行调查研究，如习仲勋率领的河南长葛调查组，谢富治率领的河北邯郸调查组，杨尚昆率领的河北徐水、安国调查组，陈正人率领的四川简阳调查组，胡耀邦率领的辽宁海城调查组，钱瑛率领的甘肃天水调查组，王从吾率领的黑龙江双城调查组，平杰三率领的山东泰安调查组，廖鲁言率领的山西长治调查组等。这些调查组与农民同吃同住同劳动，掌握了农村的许多真实情况，对人民公社存在的问题有了深入的了解。在中共中央的带领下，各省、地、县的党委也纷纷组织调查组，深入本地农村了解“六十条”草案的贯彻情况。

在调查中，群众反映最强烈是公共食堂、供给制问题以及山林和房屋

① 中共中央文献研究室：《建国以来重要文献选编》第14册，中央文献出版社1997年版，第225—226页。

问题。

广州中央工作会议一结束，刘少奇就到了湖南，回到了家乡宁乡县进行调查研究。4 月初，他在宁乡的王家湾住地听取了先期到达这里的中央工作组的汇报，并到附近农村同社员作了谈话，了解到了社员对食堂、分配、住房、生产等方面的意见，使他对湖南及宁乡的情况有了初步的了解。为了进一步了解真实情况，刘少奇决定选择一个比较典型的生产队进行调查。在同中共湖南省委商量后，他来到了长沙县广福公社的天华大队。

天华大队合作化以来一直是湖南农业生产和农村工作的一面“红旗”，在刘少奇来之前，胡乔木曾率调查组在这里调查了一段时间，调查组认为，这是一个生产和生活都搞得较好的典型，并于这年 2 月初在长沙向毛泽东报告了调查到的情况。事实上这个大队的生产与生活都存在不少问题。由于受“左”的思想影响，这个大队粮食连年减产，“共产风”、浮夸风盛行，大队干部采取统一口径、弄虚作假等手段隐瞒实情，使中央调查组得出了与事实不符的结论。①

在天华，刘少奇一共住了 18 天。调查中，刘少奇感到，群众最关心的是公共食堂的问题，而这个问题已经严重到了非解决不可的地步了。4 月 17 日，天华大队召开党总支会议，刘少奇出席了会议，并在会上说：看来，1958 年一声喊，食堂就办起来，那是大错误，应该吸取教训。办食堂有一个很大的平均主义。多数社员不愿办食堂，要求散。准不准散，我看应该散。平均主义不是社会主义，更不是共产主义。平均主义是违背社会主义的根本原则——按劳分配的，违背了社会主义，还有什么共产主义呢？就更不是共产主义了。

在天华调查结束后，刘少奇去长沙工作了几天。然后，回到了阔别三十六年的家乡宁乡县花明楼公社的炭子冲，继续对农村情况进行调查。经过调查，刘少奇了解到了农村的真实情况，他发现，公共食堂的问题比他想象的还要严重，也坚定了他解散食堂的决心。他在同炭子冲的社员谈话时表示：“食堂没有优越性，不节省劳动力，不节省烧柴。这样的食堂

① 参见金冲及主编：《刘少奇传》，中央文献出版社 1998 年版，第 863 页。

要散，勉强维持下去没有好处，已经浪费几年了，不能再浪费下去。”①

周恩来于4月底5月初到了河北邯郸，重点对武安县的伯延公社进行调查。武安是革命老区，抗日战争时期，这里是八路军晋冀鲁豫军区所在地，武安人民为革命的胜利作出了巨大的贡献。在武安，周恩来走访了几十户贫下中农家庭。在社员家里，周恩来看到，群众的生活困难比他想象的还要严重。

5月7日，周恩来将调查了解到的情况用电话向毛泽东作了汇报，他在电话中说：绝大多数甚至于全体社员，包括妇女和单身汉在内都愿意回家吃饭；社员不赞成供给制，只赞成把五保户包下来和照顾困难户的办法；社员迫切要求恢复到高级社时记工评分的办法。②毛泽东对周恩来的意见极为重视，当即批发给各中央局、各省、市、区党委参考。

5月11日至13日，周恩来在邯郸市交际处听取中央调查组和河北省委负责人及河北部分地、市、县的领导的汇报。就有步骤地解散食堂问题，周恩来要求各级干部做好九项工作：一、房屋问题；二、灶具问题；三、粮食加工问题；四、菜地问题；五、油盐问题；六、拉煤问题；七、老弱孤寡挑水问题；八、农村工作人员吃饭问题；九、算账问题。在汇报会期间，周恩来还派人专程去武安了解解散食堂的情况，并在会上作了通报，还对解散食堂后社员节约用粮、生产积极性的调动等一一举例说明，以证明解散食堂是符合现实和群众愿望的。③

在调查研究的过程中，其他领导人对公共食堂的问题也很关注。广州中央工作会议后，朱德前往四川、陕西、河南、河北四省视察。回到北京后，他于5月9日致信毛泽东说：四川的公共食堂是“两道烟”，即在食堂做一道，社员打回家再做一道，既浪费人力又浪费物力。陕西群众说，农村的公共食堂有五不好：一是社员吃不够标准；二是浪费劳动力；三是浪费时间；四是下雨天吃饭不方便；五是一年到头吃糊涂面。据豫东调查，允许社员自己回家做饭吃，不到一个月，浮肿病即下降了40%到

① 《刘少奇选集》下册，人民出版社1985年版，第329页。

② 《周恩来选集》下卷，人民出版社1984年版，第314页。

③ 参见中共河北省委党史研究室编：《领袖在河北》，中共党史出版社1993年版，第177—178页。

50%。①

广州中央工作会议后，邓子恢到福建的漳州和龙岩作了一个多月的调查。5 月 13 日，邓子恢把他调查到的情况给中共中央和毛泽东写了一份很长的报告。报告首先反映的是公共食堂的问题。邓子恢说：公共食堂“这是包括城乡全体人民所迫切要求解决的问题，我一回到龙岩边境就有许多群众反映这个问题。当时龙岩县委已宣传了《六十条》，并允许某些老年人、病人、小孩多的户回家自炊，但绝大部分农民还要在食堂吃饭。群众基本口粮从四月一日起，也比以前增加了一二两到三四两大米。但食堂实际上仍是干饭加工厂。群众从食堂领回干饭后，不仅要在家煮菜，还要自己加煮一点粮食（如大麦、地瓜之类）；有的还要把从食堂领回来的干饭和菜混在一起煮稀饭来吃。因此，群众认为办食堂害多利少，甚至有害无利。”

在调查中邓子恢发现，办食堂已成了妨碍农民生产生活的最大障碍，群众纷纷要求解散食堂，大小队干部也赞成停办食堂，但干部又不敢做主将食堂解散，主要的顾虑是怕犯右倾错误。干部们说，郑州会议后，各地的食堂曾经停办过一段时间，但 1959 年冬的反右倾又把食堂恢复起来了。这次“农业六十条”草案虽然提出了“自愿参加”的原则，但其中有一句“积极办好”，如果现在停办，将来上级会抓住这句话来责备。也有的干部说，食堂是社会主义的重要制度，如果不办好，岂不是反社会主义吗？

根据这种情况，邓子恢向中共中央和毛泽东建议：“在目前口粮紧、副食品缺少的地方，食堂应该全部停办。当然大忙季节要办农忙食堂，群众也有此要求，但也应采用由各户自己放米拿到食堂蒸煮的办法。至于单身汉和孤寡老人，平时也要办部分人食堂，但要重新改组，不能将现有食堂这批人马原封不动地留下来，菜地也应该转归小队所有，作为商品菜地。食堂账目应该清算公布。”②

这年 4 月底 5 月初，国务院副总理习仲勋率领一个中央调查组，前往河南长葛县和尚桥公社调查。长葛在“大跃进”时以深翻土地而闻名全国，

① 中共中央文献研究室编：《朱德年谱》，人民出版社 1986 年版，第 478 页。

② 《邓子恢文集》，人民出版社 1996 年版，第 527—530 页。

在中共八大二次会议上，长葛县委还介绍了其通过深翻土地大幅度增产的经验。

调查组到来之前，和尚桥公社的食堂已大部分散了伙，全县已有70%的食堂相继停办，余下来仍在勉强维持的，群众都在等待观望，只要干部一松口，也会马上停办。一些干部曾担心食堂解散后会影响社员出勤，调查组发现事实正好相反，社员利用早晚时间推磨并没有占用干活的时间，有辅助劳力的，连在家做饭的时间都不占，而且让社员在自己家里做饭，还可以把30%左右的劳力从食堂中节省下来，全部投入农业生产。

食堂停办后社员自己吃粮精打细算，再加些野菜，比过去吃得好，吃得稠。调查组所到的三个大队，自从食堂解散后，浮肿病人显著减少。宗寨大队在食堂解散前，有浮肿病人145人，食堂解散不久就只剩下27人，小孩子的面色也好看了许多，大人干活也有劲了。过去在强调办食堂的重要性时，一些干部总是说贫雇农、下中农拥护食堂，中农、上中农不赞成办食堂。真实情况并非如此。樊楼大队的第五生产队共有49户，调查组除了三户地富外逐户进行了调查，结果是不论贫农、中农，男女老少都不赞成再办食堂，只有几户五保户和单身汉愿意在农忙时办小型食堂。

能节省劳动力曾是公共食堂的一大"优越性"，实际情况是食堂不但不能节约劳力，反而占用了大量的劳力。和尚桥公社宗寨大队第四生产队食堂有316人吃饭，仅炊管人员就有28人，占全队整劳力的29.4%，其中磨面的16人，炊事员9人，事务长1人，会计1人，监灶1人。而该大队全部7个食堂共有劳动力452个，炊管人员竟有186人，占总劳动力的41.1%。社员们说："食堂把干部、劳力占去一半，下地干活的净是些老婆娃娃，一天干不了半天活，三个劳力不顶一个用，照这样弄法，再过一年吃啥?"①

这年5月初，陈正人率一个中央调查组到四川简阳平泉公社的石子大队，就公共食堂问题作了一次专题调查。这个大队共有7个全民、全日、全年的"三全"食堂。由于过去总是讲食堂"是社会主义的阵地"，"是通向共产主义的桥梁"，调查组刚来时，社、队干部和社员在食堂问题上仍

① 习仲勋:《河南长葛县和尚桥人民公社整风整社问题的调查》，1961年5月15日。

顾虑重重，干部怕自己说错了话再来一个反右倾，社员们则怕说食堂不好挨“辩论”，所以谁都不敢说出自己的真实想法。

调查组 5 月 2 日进村后，有意采取“放”的方针，号召干部群众敞开思想，畅所欲言，说出自己的真心话。“放”的结果是全大队的 7 个生产队中，第二生产队有 92%的社员主张办食堂，第三生产队有 50%的社员主张办院坝食堂，其余五个生产队的绝大多数干部社员都要求退出食堂。全大队除第二生产队外共有 237 户，表示参加食堂的只有 16 户，占总户数的 6.7%。

调查组没想到有这么多的社员不赞成办食堂，认为群众要求退出食堂，可能是干群关系不好造成的，乃从 5 月 6 日起向群众反复说明食堂是社员集体的公共福利组织，食堂应该实行民主管理，要求干部改进工作作风，号召群众向干部提意见。于是，干部们纷纷表示要把食堂办好，自己带头吃食堂。这样一来，除了第二生产队坚持办食堂，第一和第七两个生产队坚持解散食堂的态度没有变外，原来多数人要求解散食堂的第三、四、五、六这四个生产队，多数人又表示要参加食堂。据 5 月 8 日的统计，除第二生产队外的 237 户中，表示参加食堂的有 131 户，占总户数的 55.2%。

为了弄清楚干部社员对办食堂的真实想法，调查组通过个别访问、干部座谈等方式，将社员办食堂的态度进行了逐户的分析，了解到 5 月 6 日后表示参加食堂的社员，其实真正出于自愿的并不多。调查组对其中的 100 户作了分析，发现自愿参加的只有 45 户，其中包括 6 户干部，其余是单身汉和没有独立生活能力的孤寡老弱户，也有少数因家庭不和愿在食堂吃饭的。表示暂时参加的有 47 户。这些户之所以同意参加食堂，是因为他们现在回家做饭还有困难，如果粮食和副食品分到户，划定了私人的柴坡，分配给一定的菜地，他们就会退出食堂。另外 8 户则是在干部的影响下勉强表示参加食堂的。

通过深入的调查分析，调查组认为，这个大队坚决参加食堂的占 10%—20%，如果除去其中的干部，这些人中半数是因为独立生活有困难而离不开食堂的。自愿退出食堂的占 50%；本意要求退出食堂，但在目前条件下勉强参加的占 30%。如果口粮、柴坡和菜地等问题得到解决，将有80%左右的社员退出食堂。

在调查过程中，调查组召开了几次社员大会，由社员谈自己对食堂的看法，一部分愿意参加食堂的社员谈到了食堂的好处，但调查组听到更多的是谈食堂的缺点。社员丁祖昆说："过去不敢讲食堂的坏话，怕挨斗，现在趁早散伙。可少死人。"女社员苏秀贞说："这几年硬是吃的受气饭，再不退伙，肚皮都要气爆了。"社员埋怨干部多吃多占，利用职权扣饭减粮，可干部们也有一肚子的委曲，第五生产队队长丁继祥说："办食堂就像捏个麻雀，捏紧了怕它死，捏松了怕它飞。"

经过此次调查，调查组认为："目前形式的大多数食堂，如果继续坚持办下去，即使增加一些'小自由'和采取改进食堂的一些措施，一般地可以肯定是弊多利少。反之，如果让绝大多数的社员回家做饭，对少数困难户根据他们的自愿，帮助他们组织生活互助组、抖米下锅，或者办几户、十几户的院坝食堂或农忙食堂，这样做一般也可以肯定是利多弊少，或者说只有好处没有坏处。"①

各中央局直至县委派出的调查组，通过调查后得出的结论，也是食堂不能不散。1961年1月就任中共甘肃省第一书记的汪锋，带人到临夏县新集公社新一号生产大队就食堂问题进行调查，了解到该大队第九生产队的食堂，因为大队干部以及上面来大队工作的干部都在这里吃饭，大队对这个食堂有许多照顾，是一个办得还比较好的食堂，社员在该食堂吃饭的，共有40户，196人。在宣读"农业六十条"草案时，除一个五十多岁的单身汉表示"家里吃也成哩，食堂吃也成哩，我一个人随大家"外，其余的社员都主张打粮回家吃饭，停办食堂。而那个表示在哪里吃饭都行的单身汉，在食堂解散的第二天对调查组说，他讲这个意见的时候，思想还有顾虑，不敢说不在食堂吃饭，而实际上他也是不愿在食堂吃饭的。该大队第六、第七生产队的食堂，没有什么特殊照顾，办得不好，在这个食堂吃饭的共有61户，313人，只有一个女社员主张在食堂吃饭，其余的社员都主张停办食堂，事后调查组了解，那个主张在食堂吃饭的女社员是

① 陈正人:《四川省简阳县平泉公社石子生产大队关于公共食堂问题的调查》，1961年5月10日。

食堂管理员的老婆。①

对于与公共食堂紧密相关的供给制，“农业六十条”草案仍坚持分配中供给和工资三七开。各地在调查中却反映供给制严重挫伤了农民的生产积极性，广大群众也纷纷要求取消。

中共北京市委通过调查发现，“所谓三七开的供给办法，害处很多；只对五保户和困难户实行供给制的办法，则好处很多，两者利害比较，优劣极为明显。”

北京郊区按理说是条件比较好的地方，但北京市委调查的结果是，这里的许多公社，社员根本上拿不到工资；即使发工资的，工分也不值钱。近郊菜区的工资高一点，一个工分能拿到一毛钱，远郊区一个工分一般只能拿到五分钱，低的只值一二分钱。社员们说：“养个鸡，下个蛋，也比劳动挣工分强。”供给制使劳动力多、劳动好的人吃亏，吃亏户一般占总户数的百分之四五十，多的达60%。群众对这种平均主义的供给制很不满意，他们说：“供给制养懒人，养坏人。”“说什么吃饭不要钱，是不要死人的钱，可要活人的钱。”

如果不实行供给制，只对五保户和困难户实行供给，供给部分只要1%—5%就够了，最多10%，这样90%以上的收入可按劳分配，社员分值也就会大大提高，一般可提高50%以上。怀柔县梭草大队才刚刚讨论只包五保户和困难户，其他实行按劳分配办法，就有许多过去偷懒的人开始下地干活了。该大队有一个社员，已有两个月没有下地干活，每天出门打兔子到北京城区去卖，听说要取消供给制，再也不去打兔子而是下地劳动了。

北京市委在给中共中央和华北局的调查报告中说：“现在看来，改变供给制的办法是势所必至，迫不及待的。”在开始讨论这一问题时，群众还有些顾虑，仍在工资与供给究竟是三七开、二八开还是一九开上兜圈子。只对五保户和困难户实行部分供给的意见一提出来，马上得到所有积

① 《汪锋同志关于农村食堂等问题向主席的报告》（1961年5月9日），甘肃省农业合作史编写办公室、甘肃省档案馆：《甘肃省农业合作制重要文献汇编》第1辑，甘肃人民出版社1988年版，第848页。

极分子、劳动力多和劳动好的人的积极拥护。就是原来占供给制便宜的户也表示赞成。他们说："虽说占点便宜，但懒人多，总收入少，就会吃大亏。"懒汉们虽然对改变供给制有些不满意，但由于是大势所趋，也不得不表示同意。社员们说："这样做既合理又解决问题，劳动好的人满意，真正困难户问题也解决了，懒人也不懒了，生产准能搞好。"①

据习仲勋率领的中央调查组对河南省长葛县和尚桥公社宗寨大队的调查，这个大队1958年8月至1959年3月，在分配问题上搞公社统一核算，公社对社员实行衣、食、住、生、教、婚、病、葬的八包供给制，食堂吃饭不过秤，社员吃饭不要钱，社员的工资由公社按四级劳力统一发放，同级别的社员劳与不劳、劳多劳少都得同样的工资。由于分配办法不合理，社员劳动积极性普遍低，出勤人数减少，干活效率低，质量差，有的生产队出勤的劳动力只有20%—30%。有一个女社员，三个多月时间只出工两天，队长批评她，她反驳说："我不干活也吃不着你，不用你管。"即使出工也是磨洋工，干的时间没有歇的时间长，过去一个劳动力一天能锄二亩地，实行供给制后只能锄四分地。社员对集体财物也不爱惜。该大队第三生产队1957年死了头骡子，几十户社员都心里难受，公社化后死了牲口，社员不但不在乎，而且要求吃牲口肉改善生活。

1959年4月至1960年11月底，大队成为基本核算单位，分配上实行粮、煤、盐、油、菜不要钱的伙食供给制，这个大队在1960年的分配中，供给部分占83.7%，工资部分只占16.3%。由于供给部分过大，社员多劳而不能多得，少劳者有的甚至还多得。社员张文卿一家五口人，两个整劳动力，两个半劳动力，全年共挣得工分4800分，得工资59元，享受伙食供给185元，两者共计224元。如果按劳分配，应得289元，少得45元。女社员李爱香一家四口人，其丈夫外流，家里只有一个劳动力，一年挣得工分1790分，得工资23元，享受伙食供给126元，共计149元。如果按劳分配，只能得126元，多得了31元。由于供给与工资的比例不合理，导致社员生产情绪低落，出勤率低，劳动质量差，劳动力外流，超龄学生上学。宗寨生产队实行伙食供给制后，就有7个超龄学生重新上

① 《北京市委关于改变供给制的办法向中央、华北局的报告》，1961年5月15日。

学，其中有一个人已经20岁，早就没有念书了，1960年却又背起了书包去读小学。而生产却连年下降，宗寨大队1958年粮食作物平均亩产560斤，1959年下降为321斤，1960年再下降为310斤。

调查组对宗寨生产队调查的结果是，全队47户中，有40户赞成只包五保户，照顾困难户，其余的全部按劳分配。他们的理由是，实行这种办法能调动社员的生产积极性，能挖掘劳动潜力，鼓励外流劳力返乡，也便于生产管理。主张实行粮食半供给制的有5户，其中劳力少人口多的4户，无劳力的1户。这些人的理由是，劳力少人口多挣工分不够吃。另有两户两种分配办法都表示赞成，这两户一户人口虽多，但家中有劳力，外边还有工人挣钱，另一户是6口人3个劳力，觉得无论实行哪种分配办法都不算吃亏。① 可见，这个生产队绝大多数社员赞成取消供给制实行按劳分配。

当时，中央农村工作部副部长王观澜带领一个调查组，前往陕西临潼县华清公社和长安县韦曲公社进行调查。关于供给制问题，王观澜在调查报告中写道："社员和干部认为实行按劳分配、包五保户、补贴困难户的办法好得很。他们反映，高级社时实行评工记分，按劳分配，'干部愁活少，社员抢活干'，'社员做活挡也挡不住'。如果干部分配给哪个社员的活少了，活轻了，还认为干部对他'有冤'。'工分是命根子'是当时大家公认的一句话。他们回忆起当时'活不够干，粮吃不完'的情景时，个个兴致勃勃，说得津津有味。讲到现在的情形：'干活要队长挨门叫，叫也叫不动。''锣打破了啦都叫不齐。'来了也是'马马虎虎向前干，工分多少都吃饭。'""许多干部主张包五保户和定时定量补贴困难户，其余的社员都按劳动工分的多少，进行分配。认为这样办，'可以治有劳不劳的人'，'去掉依赖的根'。"②

广州中央工作会议后，中共中央东北局农委与辽宁省委农村工作部、阜新市委、阜新县委组成联合调查组，于4月10日至29日，在阜新县的富荣、大板两个公社的四个大队，进行了20天的调查。这四个大队中，朝阳寺大队代表富队，黑帝庙、四楞子两个大队代表一般队，六寨子大

① 中央调查组：《河南长葛县和尚桥公社宗寨大队分配制度调查》，1961年5月15日。

② 王观澜：《在西安临潼华清公社和长安韦曲公社的调查》，1961年5月10日。

队是个穷队。这四个大队1958年以后，特别是1960年，劳动力大量外流，耕畜瘦弱死亡，农具丢失损坏严重。四楞子大队的于家荒生产队和黑帝庙大队的土地营子两个生产队，劳动力由1957年的194名减少到163名，耕畜由1957年59头减少到46头，主要农具由1957年的804件减少到616件。1960年这两个队并没有遭受自然灾害，粮食产量却由1958年40万斤减少到28.7万斤，减少30%。由于生产下降，社员收入逐年减少。土地营子生产队1956年每个劳动日分红0.7元，1957年0.65元，1958年0.3元，1959年0.22元，1960年0.2元。

这四个大队在贯彻"十二条"，开展整风整社后，群众情绪有了很大的好转，外流人口纷纷返乡，种自留地、发展家庭副业的劲头很大，但参加集体劳动的积极性还没有调动起来，出工晚收工早，休息时间长，每天只劳动四五个小时，劳动效率很低。造成这种状况的原因，除了生产瞎指挥、刮"共产风"、农业税负担重等原因外，据调查组了解，"最主要的还是由于分配上的平均主义，挫伤了群众的积极性，破坏了生产力"。用社员们的话说："这是根，人越平越没劲，牲口越平越瘦弱，地越平越荒，再平下去，草就要上房了。"

这四个大队的平均主义除穷队与富队拉平，产量高的队多劳不能多分多吃外，更为重要的是社员与社员之间"多干少干，一样吃饭"，劳动好的社员不能多分多吃。这四个大队一般都实行口粮供给或半供给，从大队这一级来讲基本上三七开，而到了生产队一级就变成了伙食供给制，供给与工资的比例，有的对半开，四六开，有的倒三七开。朝阳寺大队第三生产队有"十不算"，土地营子生产队有"十五个不要钱"，即柴、米、油、盐、酱、菜、豆腐、淀粉、炊事员工资等统统由生产队包下来，包不了就挪用大队财产或扣留大队分给社员的工资。这个生产队由于供给与工资倒四六开，全队10户劳动力多人口少的户的收入，比实行供给制以前减少20%，少数户甚至减少了一半，他们说："净替别人养活老婆孩子。"

这几个大队的其他实物也是按人头分配。土地营子生产队1958年以前除口粮以人定量外，其他实物都是随工分分配，而1960年分配给社员的50多种实物中，都是按人按户平均分配的，使得有些小孩多、劳力少、挣工分少的社员，按人口分配的东西吃不完，拿到自由市场上去高价出售，而那些劳力多、人口少的社员，按人分配东西还不够吃，要高价向别人去买。由于工分分值低，一个劳动力一年挣的工资，只能买到 30 个大萝卜。因此，劳力多、人口少的社员对此十分不满，他们说："按人头分东西，整了能干活的人，奖励了尖头懒汉，没个好。"

据调查组对土地营子生产队的调查，全队 46 户社员，一致要求改变供给、工资倒四六开的状况，对今后实行哪种供给制，有四种意见：一是主张取消供给制，实行五保户、困难户的社会保险和困难补助，像高级社以前那样，由国家负担。二是赞成供给制，但只包五保户，补助困难户，持这种意见的社员说："供给比重再大，劳力多、人口少的受不了。"三是主张包老小两头，补助困难户。四是提出实行口粮半供给。持第一种主张的有 10 户，占总户数的 21.9%，都是些劳力多、人口少的户，他们说："这种办法不行，就同意第二种办法"。赞成第二种方案的 25 户，占 54.1%，这些都是劳动、人口一般的户。赞成第三种方案的有 9 户，占 20%，都是人多劳少或有病的困难户。赞成第四种方案只有 2 户，占 4%，全是人口多的户。根据这种情况，调查组在给东北局的报告中说："在目前生产力水平较低的情况下，供给比例过大，对生产是不利的"，"在最近若干年内，供给应仅限于五保户、补助困难户，再多就使劳动力多、人口少的社员收入减少，对生产不利"。①

吉林省农安县合隆公社烧锅局子大队共有 398 户，2252 人，1959 年和 1960 年供给和工资的比例都是三七开，实行的是粮食供给制。1961 年 5 月，吉林省委和农安县委组成联合调查组，对这个大队的供给制情况进行专题调查。从供给与工资的比例上，虽然大队一级是三七开，但由于大队只供给社员口粮，而盐、菜、柴、炊事员工资和食堂的杂费开支，均要生产队负担，结果使生产队用于供给的现金支出占了现金分配部分的 69.5%，加上实物供给和炊事员的工资等，占了生产队分配部分的 97%。

实行供给制，有些劳动力多的户感到吃亏，就抽走劳动力到外地干活挣钱，家里只留一个劳动力，全家同样享受供给。据对第四生产队的调查，全队就有 17 户社员家中有劳动力在外边干活，其中有 11 户占了供给

① 冯纪新：《关于两个平均主义问题的调查报告》（草稿），1961 年 5 月 3 日。

制的便宜。而那些劳动力多、挣工分也多的户反而吃亏，他们说："提起供给制，叫人生气，多劳不多得，少劳不少吃，不管干不干，一天三顿饭。"有个社员对调查组说，干部宣传供给制是"共产主义因素"，为什么干部不实行三七开的供给制，光叫农民实行供给制呢？也有的社员说："挣钱多自己得不到，给人家养活老婆孩子"，"明明自己吃亏，也不敢提，说了就得挨辩论，真是哑巴吃黄连有苦说不出。"

在座谈和讨论中，社员对供给制的态度也各不相同。第五生产队在讨论这个问题时，有两个亲兄弟为此还争吵起来了。哥哥王忠，五口人，一个劳动力；弟弟王祥，三口人，一个半劳动力。哥哥说："有了供给制，我这几年不错，干活劲头高了，再也不愁吃穿了。"弟弟说："你生活好了，还不是大家替你养活老婆孩子。你说合理，我看不合理。"

讨论的结果是，大多数社员只同意对五保户和困难户实行供给制。他们认为，对五保户和困难户不能不管，不能自己吃干的，他们连稀的也吃不上，但除了对五保户和困难户实行全部或大部分粮食供给外，其余全部要按劳分配。①

据中共中央西北局蓝田县调查组对该县三里镇人民公社农光生产大队的调查，群众对供给制有这样几点反映：一是实行供给制后工分值太低。高级社时一个劳动分值最高到过一块多钱，一般是七八毛钱，现在才三毛钱，干一年挣不了几个钱。一些不劳动的人还讽刺劳动积极的人说："你拿汗水泡了身子，也不过捞二三毛钱"。二是多干的不能多挣，少干的也不少挣；过去劳动积极的不积极了，劳动不积极的更不积极了。第十生产队一组组长崔发科说："不做活的人一样供给，还说讽刺话，打黑气，说'你干俺不干，都是二百八，你再积极，毛主席还给你缝个绣花被子哩'！"所以劳动积极的人也就不想干了。三是"老人""病人"、学生增加了，劳动的人减少了。有的人本来年岁不大，一实行供给制就挂上拐杖了；有的没有病也说病。过去娃娃一大就不上学了，现在一家有几个娃都上学，反正有供给。据这个大队 1960 年 12 月的统计，全大队有学生 1081 人，占

---

① 中共吉林省委、农安县委调查组：《烧锅局子生产大队实行供给制情况的调查》，1961 年 5 月 6 日。

总人口的 31%。①

邓小平与彭真通过对京郊农村的调查，也发现“现在实行的三七开供给制办法，带有平均主义性质，害处很多。它不仅使劳动力多、劳动好的人吃亏，也不能适当解决五保户和困难户的问题。”当时看好供给制，除了它的“共产主义因素”外，还有一个重要的原因，认为它有利于照顾贫下中农。可事与愿违，受到照顾不是贫下中农，而多是地主、富农等。邓小平、彭真在给毛泽东的信中说：“许多典型材料证明，这种供给制，不但不一定对贫雇农和下中农有利，甚至是对地富和上中农更有利。因为贫雇农和下中农一般结婚比较迟，子女少，劳动比较好，在他们中间占这种供给制便宜的人，比例较小；而地主、富农一般抚养人口比较多，劳动比较差，又有使子女上学的习惯，在他们中间占便宜的人，比例较大。因此，在这次辩论中，干部和群众普遍主张取消这种供给制，而主张只对五保户生活和困难户补助部分实行供给。”②

邓子恢在福建龙岩地区调查时了解到，龙岩地区由于连续两年农业大减产，公社除了供给社员口粮外，几乎没有什么工资，而“群众普遍反映供给制有害无利”。实行供给制后，降低了社员的工分值，一般比 1957 年降低了 50%—60%，甚至 70%—80%，大大影响了农民生产的积极性。邓子恢在调查中还发现，得到供给制好处的往往不是贫下中农，而是地主富农。他在报告中说：供给制使“地、富、反、坏、二流子得到好处（据我工作组在龙溪地区了解，这些人人口多，劳力少，劳力弱，劳动又不积极，但他的供给却占到百分之四十左右），雇贫农反而吃亏（特别是雇农，很多人土改后才成家，现在顶多三四口人，劳力强，他们所得供给只有百分之二十五左右）。由于供给制对地富反坏一视同仁，他们占了便宜，基本群众不满意。他们说：‘二九年分地主（按：龙岩是革命老区，1929 年闽西暴动后即进行了土地革命），五八年养地主’”。不但如此，供给制还供出了一批懒汉，有些人是偷懒不劳动，有的人是不满供给制而不出工。

① 中共中央西北局蓝田县调查组：《陕西省蓝田县三里镇人民公社农光生产大队第二次调查》，1961 年 5 月 9 日。

② 中共中央文献研究室：《建国以来重要文献选编》第 14 册，中央文献出版社 1997 年版，第 325—329 页。

社员们对于供给制大多数很不满，但他们又不敢说不好，怕将来反右倾。邓子恢在调查中问社员，如果不搞三七开，而是实行一包两照顾，即包五保户和照顾人多劳少和劳力有病伤的困难户如何？社员听后都说这一办法好，认为这样既可解决五保户、困难户的问题，又可提高工分值，调动大家的积极性，还可使地主富农、二流子、懒汉无机可乘。因此，邓子恢在调查报告中明确表示："在龙岩这样大减产的地区实行一包两照顾是适宜的。"①

"大跃进"运动以来，山林破坏十分严重。一是1958年下半年全民大炼钢时，大搞小、土、群，土法上马炼钢铁需要煤，而全国多数地区尤其是南方地方缺煤，于是不少地方从山上砍树烧木炭用于炼钢铁。二是公共食堂建立后需要大量的烧柴，在非产煤区，许多食堂图省事，直接砍伐树木作烧柴。三是山林的所有权名义上是归大队所有，但公社要平调不敢管，食堂要砍伐管不住，公社化前形成的一套行之有效的管理制度又废除了，山林实际上处于无人管理的状态。这样一来，山林遭到严重破坏。

中央驻湖南调查组发现，湖南省长沙县天华大队，原有55亩大树林，到公社化后被陆续砍光，原有70亩竹林，到1961年上半年已一根也不剩。湖南茶陵县有家铁厂用木炭炼钢，仅两年时间，就把周围30里的山林砍光。②邓子恢在调查中也发现，沿途山林都被砍光，原因是林权不固定，山林无人管理，公社搞林木大平调，国家和公社乱砍滥伐，社员也跟着各自下手。由于山林砍光，社员副业门路断绝，给生产、生活带来困难。为此，他建议原属高级社的山林，应立即归还大队所有，国有山林和公社山林大部分应划给小队经营，没有林木的荒地和被砍光了的山头，分给小队植树造林，山林收益全归小队所有。③刘少奇在湖南调查时，也发现山林败坏严重。在炭子冲同社员座谈时，刘少奇强调："要保护山林，要拟几条办法。像现在这样砍下去不得了。山林所有权归大队，包给小队，划出自留山。以后不准生产队、社员随便砍树，要砍得经过大队统一规划，公

① 《邓子恢文集》，人民出版社1996年版，第533—534页。

② 薄一波：《若干重大决策与事件的回顾》下卷，中共中央党校出版社1993年版，第436页。

③ 《邓子恢文集》，人民出版社1996年版，第541—543页。

社批准。”①

人民公社化运动之初，大搞生活集体化，建立公共食堂、托儿所、敬老院等，占用了社员的房屋。人民公社在办商业、工业、学校、信用部等机构时，也占去了不少社员的住房。还有些地方在1958年初积肥运动和大炼钢铁时，也拆掉了一些房屋，1960年在基本队有制向基本社有制过渡时为办所谓的“万猪场”，又拆毁了不少社员的房子。结果，不少社员失去自己的房屋，挤住在集体统一安排的房子里。

据中央调查组对湖南长沙县黄花公社新湘大队廖家冲小队的调查，这个小队原有房屋119间，人均1.05间。公社化以来，因积肥等拆掉了37间，大队敬老院和幼儿园占用了7间，食堂占用7间，空了5间。这样一来，社员住的只有63间，每人平均0.56间。全队24户中，住自己房屋的15户，自己房屋拆了，住别人房屋的6户，自己房屋被大队占用，住别人房屋的2户，还有一户是自己房屋被别人占了，自己又住别人房屋的。每拆一次房，社员就搬一次家。公社化以来，这个小队有14户搬过家，搬得最多的一户不到3年时间搬了5次。②“大跃进”和公社化运动以来，湖南省全省共拆毁、占用农民住房3293690间，平均每户0.4间。益阳县的共同、新田两个大队，原有房屋934间，被拆、占513间，平均每户1.6间，占原有房屋总数的54.4%。不少地方出现了“三代同堂”，“两姓一室”，在一间小屋里摆着床铺、锅灶、鸡笼、便桶的现象更是常事。③

随着公共食堂的解散，社员必须有自己做饭、饲养家禽家畜的地方，房子问题就凸显出来。湖南省长沙县广福公社工作队在一份报告中说，过去办食堂，一个地方吃饭，房子需要少一些，公共食堂分散后，社员不仅要房子睡觉，还需要有厨房和喂猪等杂房，房屋定不下来，社员的自留地、自留山、房前屋后的竹木等也都定不下来，社员们说：“房子不解决，六十条讲要发展家庭副业是说空话。”而且房屋定不下来，现在住的只管

---

① 《刘少奇选集》下册，人民出版社1985年版，第331页。

② 徐羽：《长沙县黄花公社新湘大队廖家小队调查》，1961年3月10日。

③ 中共湖南省委农村办公室：《平调房屋的退赔情况》，《农村情况快报》第49期，1961年5月17日。

住不管修，空着的房子无人管，许多房屋的破坏和损坏将更严重。① 对于房屋问题，“农业六十条”（草案）中只是笼统地说包括房屋在内的生活资料归社员所有，没有对平调的社员房屋如何处理作出决定，成为贯彻“农业六十条”草案过程中群众反映强烈的又一个问题。

对于这个问题，刘少奇在湖南农村调查研究时明确表示：拆了人家的房子，一定要赔，大队、公社干部要负这个责任。而且一定要赔清，使社员基本满意，不能敷衍了事。如果这回敷衍了事，就不能教育公社和大队干部，以后他还会搞。大队要从公积金里面拿出一部分钱搞房屋退赔，不能拿其他的钱搞房屋退赔。总而言之，房屋问题要彻底解决，一年解决不了，两年；两年解决不了，三年；三年解决不了，四年；四年解决不了，五年。②

人民公社“一大二公”的体制和“大跃进”以来各种不切实际的高指标，客观上造成了少数社、队干部瞎指挥和强迫命令的工作作风，也便于其搞生活特殊化。1960 年下半，各地开始了以纠正“共产风”为中心内容的整风整社运动，对改进干部作风起了一定的促进作用，但是，这个问题没有从根本上得到解决。据习仲勋对河南省长葛县和尚桥人民公社的调查，1960 年 11 月中共中央《关于农村人民公社当前政策问题的紧急指示信》下发后，“五风”虽然煞了车，但干部作风和工作方法还没有彻底改变。主要表现是不作调查研究，自上而下布置任务多，自下而上反映群众要求少，文件多，会议多，报表多；群众路线的工作作风差，事情很少同群众商量，光要群众听干部的话，干部很少听群众的话；党委包办行政事务，书记事情很多，什么事情书记都要管。③

干部作风曾较早地引起了中共中央的注意。1960 年 12 月下旬中央工作会议期间，毛泽东就要胡乔木借鉴红军时期的经验，搞一个党政干部三大纪律、八项注意的稿子。胡乔木很快就写出了初稿，毛泽东看后觉得太复杂，不如红军三大纪律八项注意简单明了。根据毛泽东的意见，胡乔木

① 长沙县广福公社工作队：《关于广福公社天华大队房屋处理情况的报告》，1961 年 5 月 10 日。

② 中共中央文献研究室：《刘少奇年谱》下卷，中央文献出版社 1996 年版，第 515—516 页。

③ 习仲勋：《河南长葛县和尚桥人民公社整风整社问题的调查》，1961 年 5 月 15 日。

作了二次修改后，1961 年 1 月底发给了各中央局和各省、市、自治区党委讨论，并要求于 3 月底将修改意见报送中共中央。由于广州中央工作会议时，一些地方没有报来修改意见，加之党内也没有对此进行深入的讨论，广州中央工作会议通过的“农业六十条”草案中，没有写上有关三大纪律八项注意的内容。通过调查了解，中共中央感到，有这样一个纪律约束，对于端正干部作风是十分必要的。

各地在边贯彻“农业六十条”草案边调查研究的过程中，结合了解到的情况，对“农业六十条”草案也提出了许多具体的修改意见。

例如，草案第 33 条第 2 段中说：“生产队（包括食堂）分配给社员的现金和实物中，一般地工资部分至少不能少于七成，供给部分至多不能多于三成。”江苏省在宣传、讨论和试行“六十条”草案过程，多数干部和社员认为目前生活水平低，不同意实行比例供给制，建议改为“在目前生产水平很低的情况下，一般地只对生活没有依靠的老、弱、孤、寡、残废的社员，家庭人口多劳力少的社员和生活困难的烈军属、残废军人，遭到不幸事故、生活发生困难的社员，实行供给或者给以补助，其余的社员都按劳动工分的多少，进行分配”。中共湖南省委建议将这条改为：“生产队分配给社员的现金和实物中，可以只对生活没有依靠的老、弱、孤、寡、残疾的社员，家庭人口多、劳动力少的社员，和遭到不幸事故、生活发生困难的社员给予补助，对其余社员的社员都按劳动工分的多少进行分配。补助的部分一般可占生产大队分配给社员的总额的 5%左右。”这实际上等于取消供给制。

条例草案第 34 条规定：“一切有条件的地方，生产队应该积极办好公共食堂，真正做到便利群众，便利生产。”江苏的干部建议改为“生产队应该根据具体条件和社员要求，在真正自愿的前提下，积极领导办好公共食堂，真正做到便利生产、便利群众”，对于草案中所说的“公共食堂必须真正实现自愿参加的原则……。在居住分散或者燃料困难的地方，也可以不办公共食堂”，建议将最后一句修改为“也可以不办公共食堂，由社员分户自炊”，同时建议不问社员参加哪一种形式的食堂，社员都有入食堂的自由和退出食堂的权利；不问社员参加食堂还是分户自炊，都要一视同仁，不许在政治上、经济上有任何限制和歧视行为。中央湖南调查组则建议改为“生产队办不办食堂，办什么形式的食堂，应当完全按照社员的意见办事”，同时增加“对待参加或者不参加食堂的人，应当一视同仁，在政治上和经济上，都不能有任何的限制和歧视”。①

这些意见，后来都吸收到了“农业六十条”的修正草案中。

二、“六十条”修正草案

这次调查研究，在共和国历史上是规模空前的，中共第一代领导集体的成员都深入农村调查，从中央到县级以上各级党委都组织调查组，写出了大量的调查报告，了解到了许多曾经不知情的真实情况，发现了人民公社中存在的大量问题，并在调查中找到了解决问题的对策。通过近两个月的调查，许多事关人民公社的政策问题基本明朗，对“农业六十条”草案需要修改、补充和明确的地方也大体明确。在此基础上，1961 年 5 月 21 日至 6 月 12 日，中共中央在北京召开工作会议。会议的主题是讨论和修改广州中央工作会议制定的“农业六十条”草案，同时制定精简城市人口、压缩粮食销量方案，对几年来受到错误批判和处分的党员干部进行甄别平反。

会上，中共领导人对几年来出现的失误和错误作了认真的分析。毛泽东在会上承认两次郑州会议开得仓促。第一次就是搬斯大林，讲了一次他写的《苏联社会主义经济问题》。第二次就是分三批开会，第一批是一天，最后一批是一天半。问题并没有解决。那时心里想着早点散会，因为三月份春耕来了。如果要把问题搞清楚，一天两天是不行的。时间短了，只能是压服，而不是说服。庐山会议后，错就错在不该把关于彭（德怀）、黄（克诚）、张（闻天）、周（小舟）的决议，传达到县以下。应该传达到

① 中共江苏省委办公厅：《关于农村人民公社工作条例草案的修改、补充意见》，1961 年 5 月 11 日；中央工作会议文件：《关于农村人民公社工作条例（草案）的修改、补充意见》，1961 年 5 月。

县为止，县以下继续贯彻《郑州会议记录》、上海会议的十八条，继续反“左”。一反右，就造成一个假象，可好了，生产大发展呀，其实不是那样。军队不搞到连队，地方不搞到公社以下去就好了。搞下去就整出了许多“右倾机会主义分子”。现在看是犯了错误，把好人、讲老实话的人整成了“右倾机会主义分子”，甚至整成了“反革命分子”。

毛泽东强调：“一定要搞好调查研究，一定要贯彻群众路线。平调的财物要坚决退赔，但不要有恩赐观点。还有一个，凡是冤枉的人都要平反。”他深有感触地说：“社会主义谁也没有干过，没有先学会社会主义的具体政策而后搞社会主义的。我们搞了十一年社会主义，现在要总结经验。”

最后，毛泽东说：“经过三月广州会议、这次北京会议，今年的形势跟过去大不相同。现在同志们解放思想了，对于社会主义的认识，对于怎样建设社会主义的认识，大为深入了。为什么有这个变化呢？一个客观原因，就是一九五九年、一九六〇年这两年碰了钉子。有人说‘碰得头破血流’，我看大家的头也没有流血，这无非是个比喻，吃了苦头就是了。”①

刘少奇就经济困难的原因及克服的办法作了讲话。刘少奇说，现在，各方面的矛盾，如工业和农业的矛盾，文教和其他方面的矛盾，都集中表现在粮食问题上。总而言之，人人都要吃饭。城里人要吃饭，乡下人也要吃饭，读书人要吃饭，我们这些“做官”的人也要吃饭。人不只是吃饭，还要吃油、吃肉、吃鱼，要有副食品。没有那些东西吃，即使粮食不减少，身体也要坏。这几年，农民的身体弱，工人的身体也弱，主要是副食品少了。现在连城市里面、学校里面，也有不少浮肿病人。学生的口粮一般不少，主要也是油、肉、鸡蛋这些东西吃得少了。

刘少奇对高级干部们说：“为什么会搞成这个样子呢？我看，在农村里面，我们的工作有缺点错误，也有天灾；在城市里面，在工业方面，我们的工作也有缺点错误。农业方面是高指标、高征购等等。工业方面也是高指标，横直要搞那么多钢材，那么多煤，那么多交通运输。文教也是这样。结果，把原材料和各种东西都搞到这些方面来，其他方面就没有了，

① 《毛泽东文集》第八卷，人民出版社 1999 年版，第 273—277 页。

势必挤了农业和轻工业。这是从中央起要负责的。”

一段时间以来，党内有相当多的人不愿承认严重困难的现实，并且认为虽有困难，但困难主要是自然灾害造成的。经过40多天的湖南农村调查，刘少奇对困难的严重程度及原因有了深入的了解。他问高级干部们说：“这几年发生的问题，到底主要是由于天灾呢，还是由于我们工作中间的缺点错误呢?”他借用在家乡调查时农民们对他说的一句话，对此作了回答：“三分天灾，七分人祸”。刘少奇说：“总起来，是不是可以这样讲：从全国范围来讲，有些地方，天灾是主要原因，但这恐怕不是大多数；在大多数地方，我们工作中间的缺点错误是主要原因。”

“大跃进”以来，在成绩与缺点的问题上，人们总习惯于用九个指头与一个指头来形容二者的关系。总是讲成绩是九个指头，缺点和错误是一个指头。因而也使得党内形成了一股不愿正视缺点和错误的现象，往往用所谓九个的指头，去掩盖本已十分严重的缺点错误，使之不易发现和纠正，也使党内难以开展正常的批评与自我批评。对此，刘少奇严肃地指出：“有的同志讲，这还是一个指头和九个指头的问题。现在看来恐怕不只是一个指头的问题。总是九个指头、一个指头，这个比例关系不变，也不完全符合实际情况。我们要实事求是，是怎么样就是怎么样，有成绩就是有成绩，有一分成绩就是一分成绩，有十分成绩就是十分成绩。成绩只有七分就说七分，不要多说。我们这几年确实做了一些事，也做了一些不见效的事情。我们在执行总路线、组织人民公社、组织跃进的工作中间，有很多的缺点错误，甚至有严重的缺点错误。”他还说：“如果现在我们还不回头，还要坚持，那就不是路线错误也要走到路线错误上去。所以，在这个问题上，现在要下决心。”

接着，刘少奇语重心长地说：“恐怕应该得到经验教训了。农民饿了一两年饭，害了一点浮肿病，死了一些人，城市里面的人也饿饭，全党、全国人民都有切身的经验了。回过头来考虑考虑，总结经验，我看是到时候了，再不能继续这样搞下去了。”①

周恩来在会上对几年来在经济建设方面的经验教训，谈了自己的体

① 《刘少奇选集》下册，人民出版社1985年版，第335—338页。

会。他说，庐山会议以来，由于缺乏分析，而把反右倾和工作上的问题混淆起来，更重要的是没有实事求是，所以尽管想搞好一点，结果却是适得其反。一切都搞全民化，动摇了集体所有和全民所有，得罪了小资产阶级。另外，在分配上的平均主义，劳动关系上的命令主义，上层建筑上的规章制度一般化、简单化，认识上的主观片面性，作风上的“五风”问题，有些问题在理论上也说不通，如以农业为基础，但是农林牧副渔普遍减产了；以工业为主导，由于战线拉得太长也不起主导作用了。

周恩来表示，工作中出现的这些缺点错误，中央应负很大责任，中央主要是书记处和政府部门。他说：“有些事情发生问题，就是因为我们没有调查，摸得不细，心里没底”。①

为了克服工作上的缺点，周恩来认为必须从思想方法上解决六个方面的问题：（一）不断革命论和革命发展阶段论要相结合，不能只要不断革命，超越了革命发展阶段；（二）主观能动性和客观可能性要相统一，如果过分强调主观能动性，对客观可能性估计不足，结果必定要破坏生产力；（三）革命热情和科学精神要相结合，有了创造性、预见性，还要有科学性，不能以感情代替政策；（四）正视困难和克服困难是相一致的，承认矛盾就要允许讲困难，只有发现矛盾，解决矛盾，矛盾才能统一；（五）理论和思想不应脱节，在具体执行中，不能把理论问题歪曲了；（六）必须认识经济发展的规律，违背客观规律，必然要碰壁。② 周恩来认为，要解决上述六个方面的思想认识问题，就必须调查研究，实事求是，实行民主集中制，做到坚持真理，修正错误，发扬党内民主。

陈云在小组会议发言说，调查研究要下到基层去，同时也要注意在周围干部中间多听反面的意见，这也是调查研究的一种重要方法。反面意见有正确的成分，可以吸收过来，使正确意见更加完备。即使是错误的，也可以起到使正确意见更加正确的作用，因为驳倒错误的过程，就是生长正确的过程。他还讲到了对农民的退赔问题：对农民退赔估计全国有 150 亿

① 中共中央文献研究室：《周恩来传（1949—1976）》下，中央文献出版社 1998 年版，第 637 页。

② 中共中央文献研究室：《周恩来年谱（1949—1976）》中卷，中央文献出版社 1997 年版，第 412 页。

至200亿元，每年要拿出20亿元，其中，中央拿15亿，地方拿5亿。要下决心彻底退赔，这是恢复政治信仰的问题，不要以钱计算，即使有400亿元也要退赔。煤、铁、木、竹等作为退赔的东西，要列入计划，它在政治上比钢铁还硬。我们讲了话要算数。①

陈云还在中央工作会议上专门就精减职工和城市人口下乡问题讲话。他指出：农村的情况，这个年度比上个年度要好一点，下个年度会更好些，因为农民的积极性起来了，但现在看，国家掌握的粮食，明年度将比今年度还要紧张，因为库存减少了，要解决粮食紧张问题，一是继续调整党在农村的基本政策，二是工业要大力支援农业，三是进口粮食，四是动员城市人口下乡。这四条中第一条是根本的，第二三两条有时间和数量的限制，第四条则是必不可少的。

陈云进而分析说，现在问题的实质，就是城市人口如果不下乡，就只好再挖农民的口粮。虽然有了“十二条”和“六十条”，但是，如果粮食的征购任务不减少，这些政策就起不到应有的作用。因为农民最后还是要看国家征购多少粮食。如果征购还是那么高，农民还是吃不饱，那么，他们的积极性仍然不会高。“所以，面前摆着两条路要我们选择：一个是继续挖农民的口粮；一个是城市人口下乡。两条路必须选一条，没有什么别的路可走。我认为只能走压缩城市人口这条路。”②

由于国民经济遭到严重困难，最直接的表现就是粮食缺乏，虽然压低了城乡人民的口粮指标，决定进口部分粮食，但随着农村调查的进行，中央决策层发现，农村的形势远比他们想象的严峻，农业生产要在短期恢复困难很大，广大农民亟须休养生息，不能再在农村实行高征购，靠正常的办法不可能解决粮食问题，现在最直接也是最根本的，只有大幅度减少吃商品粮的城镇人口。因此，此次中央工作会议制订了《关于减少城镇人口和压缩城镇粮食销量的九条办法》，规定三年内减少城镇人口2000万以上，本年内减少1000万。

5月中央工作会议的一项重要成果，是对《农村人民公社工作条例（草

① 中共中央文献研究室：《陈云年谱》下卷，中央文献出版社2000年版，第79页。

② 《陈云文选》第三卷，人民出版社1995年版，第161页。

案)》中关于公共食堂和供给制的内容作了重大修改，对生产大队的山林、社员的房屋和干部纪律作出了明确规定，最后形成了《农村人民公社工作条例（修正草案)》。

对于公共食堂，“农业六十条”修正草案第 36 条规定：“在生产队办不办食堂，完全由社员讨论决定。凡是要办食堂的，都办社员的合伙食堂，实行自愿参加、自由结合、自己管理、自负开销和自由退出的原则。这些食堂，都要单独核算，同生产队的财务分开。”“生产队对于社员办的食堂，应该给予可能的支持和帮助，但是在经济上不应该有特殊的待遇。对于参加和不参加食堂的社员，生产队都应该同样看待，不能有任何的歧视。”“社员的口粮，不论办不办食堂，都应该分配到户，由社员自己支配。口粮分配到户的办法，可以在收获后一次发，也可以分期发。”①

对于供给制问题，“农业六十条”修正草案取消了原草案中关于社员分配中供给部分和工资部分“三七开”的规定，改为社员一切收入都“按劳动工分进行分配”。

对于山林问题，修正草案增写了一条即第 21 条，主要内容是：原来高级社所有的山林和大队新植的林木，一般都归生产大队所有，固定包给生产队经营；少数不便于生产队经营的，由大队组织专业队负责经营；对于不在计划之内和不合规定的采伐，生产大队和生产小队都有权制止。

对于社员的房屋，修正草案第 43 条规定：社员的房屋永远归社员所有，任何组织和个人，都不得强迫社员搬家。任何机关、组织、团体和单位，都不得占用社员的房屋；如因建设需要必须征用的，应该严格按国务院有关征用民房的规定，给予补偿，并且对移民户作妥善安置。

“农业六十条”修正草案增设了公社各级干部三大纪律、八项注意一条。三大纪律是：（一）如实反映情况，（二）正确执行党的政策，（三）实行民主集中制。八项注意是：（一）参加劳动，（二）以平等态度对人，（三）办事公道，（四）不特殊化，（五）工作要同群众商量，（六）没有调

① 中共中央文献研究室：《建国以来重要文献选编》第 14 册，中央文献出版社 1997 年版，第 401 页。

查没有发言权，（七）按照实际情况办事，（八）提高政治水平。

这次中央工作会议通过了《农村人民公社工作条例（修正草案）》，并且通过了《中共中央关于讨论和试行〈农村人民公社工作条例（修正草案）〉的指示》，要求各级党组织都要详细研究这个修正草案，抓紧利用农闲时间，把修正草案读给和讲给人民公社全体党员和社员听，深入地展开讨论，并且在群众同意的基础上，领导群众逐步实行。要将这个工作条例的每条、每款，一字不漏地、原原本本在告诉群众，要防止一部分干部把那些不符合自己口味的规定不告诉群众，或者任意加以篡改。

“农业六十条”修正草案的上述重要修改，是毛泽东、刘少奇、周恩来等第一代中共中央领导集体和各级领导干部，在广泛调查研究的基础上所作出的，表明中共中央在农村政策上有了重大突破，它对于扭转农村困难局面发挥了重要作用。

为彻底肃清“共产风”，1961 年 6 月 19 日，中共中央作出《关于坚决纠正平调错误、彻底退赔的规定》，要求把自人民公社化以来，县级以上党政机关和企事业单位及各公社、生产大队、生产队，凡是违背等价交换和按劳分配原则，抽调或者占用了生产大队、生产队和社员个人的生产资料、生活资料、劳动力和其他财物的，都必须彻底地清算和退赔，并且向群众作检讨。强调要通过彻底退赔来教育干部，“要使我们的干部懂得，只有彻底退赔，才能恢复广大农民群众对党的政策的信任，才能使农民心情舒畅。要使干部认识到，在任何时候都不能剥夺农民；对于人民公社的三级集体所有制，对于社员的个人所有制，都不容许有任何侵犯。要通过这一次彻底退赔，来教会干部懂得等价交换和按劳付酬的社会主义原则，使他们真正学到，好像上了一次学校”。①

5 月中央工作会议后，各地对“农业六十条”修正草案作了广泛的宣传贯彻。这是一个顺民心、得民意的文件，自然得到了广大农民的衷心拥护。山东聊城县于集公社于集大队社员于光华说：“六十说到咱心眼里啦！和高级社一样，实行多劳多得，这么规定谁还不积极生产？只要这样办，

① 中共中央文献研究室：《建国以来重要文献选编》第 14 册，中央文献出版社 1997 年版，第 434 页。

社员多劳多得多吃，国家还多得呢！”临清县老官司寨大队一个女社员说：“听到干部念新的六十条后，心里高兴极了，今后睡觉可踏实啦，干部保准不再半夜叫门翻东西了。”社员们还说：“这回对食堂、对房屋问题都明明白白地规定上啦，砸得很死，不入食堂不叫吃饭、自己的房子住不上乱搬家的事没有了。”①

尤其是办不办公共食堂完全由社员自愿的规定和取消供给制，最受农民欢迎。“农业六十条”修正草案公布之后，中共广西区党委调查组对石龙县的三里、象州、寺村、罗秀等公社，就“六十条”宣传后的反映做了一次调查。调查组给区党委的报告中说：“食堂确实是一个大盖子，只要一揭，如沸汤漫溢，不可遏止。对干部来说，又确实是一个大框框，有许多迷信，破除不了，但只要交给社员讨论，又如疾风卷浮云，很快会吹得天气晴朗。盖子是我们上边盖的，框子是我们上边做的。有了盖子和大框框，基层干部才又套上许多小框框。大框框是社会主义阵地，小框框是一些清规戒律。大框框一拆除，小框框也随之开放。当把六十条和十七条（按：指广西区党委制订的十七条补充规定）向社员做了宣传，并且由领导上明确表明态度之后，社员立即沸腾起来，成为一时舆论的中心。”

这几个公社对于办不办食堂开始还有一些争论，有个别干部提出一些不同意见和疑问，如有人说：“散了食堂，会影响出工。”但马上被人反驳说：“高级社没有食堂，为什么出工比现在还整齐？”有人说：“分米回家，有人要吃过头粮。”又被反驳说：“农民有两件本事，一会种田，二会过日子，用不着担心。”有人说：“回去没有锅头。”主张解散食堂的人说：“没锅头，脸盆可以煮。”有的说：“食堂东西不好分。”又被反驳说：“怎么不好分，上起房子，下至锅碗瓢勺，哪一件不拿自社员，各人拿回去不得了。”

“农业六十条”修正草案中明确取消供给制也深为社员所拥护。三里公社台村大队一个妇女对上级派来的工作队干部说：“好比上楼，你们连梯子都未搭好，就想一步跨上楼，那怎么行？”有的社员，把实行供给制看成是给共产党打长工。象州公社有一对兄弟俩，在地里做活，哥哥对弟

① 中共聊城地委办公室：《关于农村人民公社六十条工作条例贯彻情况》，1961年8月6日。

弟讲："算算，够买口粮工分了没有。不够，继续做，够了，就马上停工回家。"宣布取消供给制后，社员们说："说一百次，也教育不了懒人，这一下，从根本上把问题解决了。"①

在贯彻"六十条"之前，河北丰润县小集公社供给和工资的比重，虽然在大队算账都没有超过三七开，但由于生产队的许多收入都没有计算在内，食堂的用工统于生产队内分红，实际核算的结果，最少的是四六开，一般的达到对半开，有的成了倒三七开。因此分红很少，占供给制便宜的人增多。群众说这是"鹰饱不拿兔，鸟饱不出窝"，劳动好的社员对此意见很大，对生产的积极性影响也最大，说那些不积极劳动的人是"三先""三省""一自在"，即到食堂打饭在先，分实物抢先，买东西争先；省心、省劲、省衣服；光吃饭，不干活，清闲自在。有的社员看到这种状况后说："这样下去，人们生产情绪低落，粮食减产，体质减弱，猪仔减少；再过五年，不用帝国主义侵略，我们自己就得灭亡。"

在贯彻"农业六十条"后，小集公社社员的出勤率普遍提高。柳河大队社员王廷绪，年龄50多岁，过去以自己年老为借口，总是挑轻活干。贯彻"六十条"后，在栽白薯时也挑起水来了，别人问他今年咋变样了呢？他回答说："政府变了(指纠正平均主义，克服瞎指挥风)，我也变了。""今年遂心的事多，不遂心的事少，过去是上级要劲（跃进），现在是社员鼓劲。"②

河北省滋县成安公社周化店和小堤西两个大队的干部和群众，总结出宣传贯彻"农业六十条"后有十大变化：

一是群众的心情大为舒畅。他们说："六十条进了村，大家越讨论越痛快，好像一把钥匙，把心里的疙瘩捅开了。"他们说最近有四大高兴，一为下放食堂；二为按劳分配，多劳多得，三为建立作业组，实行小包工；四为领导愿意听群众的话，社员能够当家做主。

二是干活积极，出勤率大大提高。两个大队的出勤率由原来的60%

---

① 广西区党委调查组：《关于中央"六十条"宣传后的一些调查材料》，1961年6月7日。

② 《唐山地委关于贯彻执行农村人民公社工作条例（草案）试点工作的报告》，1961年5月23日。

多提高到98%，许多辅助劳动力也积极参加劳动了。

三是改变了干活“一窝蜂”，工效显著提高。小堤西大队实行小段包工以来，许多人天刚亮就下地，日落还不回家。干部反映，过去是三等(等打钟，等喊叫，等人到齐)，现在上工是“自动化”，每天劳动时间，由过去的五个半小时增加到九个小时。

四是由不愿养猪到家家养猪。周化店大队仅一个月的时间，社员就买猪20头。

五是许多人盖修房屋、院墙和厕所。社员说：“现在想过好时光的心劲起来了。”

六是新开了小片荒地，两个大队共开荒地40多亩，种上了高粱、谷子和红薯。

七是拾粪积肥的人多了，溜溜逛逛的人少了。

八是弃农经商的人由72人下降为2人。

九是超龄学生回家生产了。

十是社员敢提意见的多了，害怕干部的少了。周化店大队第七生产队队长作风恶劣，贯彻“六十条”后一个队分成两个队，社员们为防止干部贪污多占，自动组织起来看管仓库，要求清点食堂家底，生产队长和会计为此非常恼火，组织“辩论会”，威胁说要将带头的社员送公安局，可社员不怕，坚持清点了仓库。他们说：“毛主席要社员当家做主，给咱们壮了胆，无论啥事都能办好。”①

三、农民发明“分配大包干”

“农业六十条”草案和修正草案，是全党恢复实事求是传统和大兴调查研究之风取得的一个重要成果。“农业六十条”修正草案公布后，各省、市、自治区分别召开三级干部会议，统一思想认识。各级党组织还召开

① 谢富治：《粮食包产和分配问题——成安公社调查之四》，1961年5月13日。

各种形式的座谈会，在了解存在的具体问题的基础上，有针对性地宣传“六十条”，并结合各地的实际制定一些补充规定。在此后两三个月的时间里，农村的“共产风”基本上得到遏制，党同农民的关系有了改善，农民的生产积极性显著提高，各地的生产普遍有了起色。

据中共中央农村工作部1961年8月24日《关于各地贯彻执行六十条的情况和问题》的简报，这些变化主要表现在：

（一）初步调整了社、队规模。到1961年8月下旬，全国27个省、市、自治区人民公社的总数增加到55682个，比调整前增加了30478个；生产大队为708912个，增加225098个；生产小队为4549474个，增加1561306个。

（二）退赔已经部分兑现，公社化以来全国平调总数大约为250亿，已退赔20%—30%。

（三）进一步确立了以生产大队为基础的三级集体所有制，基本上制止了瞎指挥风。

（四）给社员分配和补充了自留地，发展了家庭副业。

（五）普遍恢复了“三包一奖”和定额管理、评工记分等制度。

（六）过去用行政命令方式组织的“全民食堂”大部分有领导地散了，剩下20%左右是群众自由结合的合伙食堂和农忙时的劳力食堂。

（七）普遍实行了粮食分到户的办法。

（八）多数地方对今年夏收比较重视，“三包一奖”、按劳分配等比去年执行得好。

（九）各地普遍重视了人民公社的经营管理工作。

（十）在中央的正确政策领导下，各地对于恢复和发展生产，有了更大的信心。①

但是，“农业六十条”的贯彻执行在各地也存在一些问题。如对“共产风”的退赔很不彻底，其中退赔到社员手中的，仅占平调数字的20%—30%；有的地方没有按规定给社员留足自留地，也有的地方没收社

---

① 《当代中国农业合作化》编辑部编：《建国以来农业合作化史料汇编》，中共党史出版社1992年版，第647—648页。

员自留地的粮食顶上交任务或顶分配口粮，一部分干部仍认为自留地和自由市场是资本主义，怕其影响集体生产，怕社员搞“自发”(即自发搞资本主义)；平均主义的思想仍然存在；在夏收分配中，一些地方对该奖的生产队不敢奖，该罚的不敢罚，有的生产队仍一律按人口平均分配口粮；广大群众对“农业六十条”既热烈拥护，但又普遍存在“怕变”的心理。

尤其重要的是，“六十条”草案和修正草案贯彻落实后，虽然社、队规模有了缩小，但以生产大队为基本核算单位没有改变，大队仍然承担着“统一管理各生产队的生产事业”，“在全大队范围内统一分配归大队所有的产品和收入”的职能，生产大队对生产队实行包工、包产、包成本、超产奖励的“三包一奖”制度，生产队仅仅是一个组织生产的单位，没有生产经营的自主权和劳动产品的处分权，这就使得生产队之间的平均主义问题依然没有从根本上解决。

山东省历城县南郊公社东八里洼大队有5个生产队，各队的生产条件基本相同，第一生产队生产好、增产多，超产粮食18000斤，第二生产队只超产4000斤，结果大队从第一生产队提走超产粮9000斤，从第二生产队只提走了2000斤。第一生产队感到吃亏很大，又听说第二生产队搞了瞒产私分，实际超产粮不止那么多，更感到吃亏，该队队长干脆躺倒不干了。①

包工、包产、包成本、超产奖励的“三包一奖”办法，没有真正解决生产队之间的平均主义问题。湖北武昌县锦绣生产大队的社员说：“养儿当兵，种田纳粮，我们没有意见，就是对明明看到我们队生产的粮食，调给别的生产队吃，思想不通。”因为怕别的队把本队的粮食调跑，富队的生产也不积极了。就是多产，也瞒起来，不向上报，怕别的队调走，收下粮食就私分，浪费、偷盗现象也多起来。队长一管，群众就骂他是个“苕”(湖北方言，“傻”之意)。他们说：“别的队都在浪费、偷盗，为什么管我们这样紧？”群众之间也互相不监督了，怕自己偷少了便宜了别的队。

为了解决穷队与富队的矛盾，这个大队想了许多办法，先是搞“三包”，按作物和面积，包工、包产、包成本，但土质好坏、耕作难易、水

① 中共山东省委农村工作部：《关于农村人民公社体制问题的座谈意见》，1961年3月17日。

利阳光等等千差万别，分类排队、分丘分块搞不准，队长只好要求各生产队“不要斤斤计较”，并许诺到了处理奖赔时保证合理。可是一到处理奖赔，又发生了一个更大的不合理：劳力多、土地少的队，单产高，以单产乘总面积得出来的总产，超产多，得奖也多；而土地多、劳力少的队，单产低，再努力，总产也达不到包产的产量，结果不奖反赔。

“三包”不行，又搞土劳平衡，也就是重新调整土地、耕牛、农具等，这样一来，不论是调进还是调出的都有意见，也行不通。于是，又来了一个“按常年产量包总产”。这一办法看似简单，但到底以哪一年为正常年景，各生产队间也是争得一塌糊涂，而且只讲包总产，不讲包产值，有的队旱地多，种的麦子、大豆多，产量不高但产值高，而有的队水田多，稻谷多，产量高但产值低，结果该卖小麦、大豆的队也不愿意出卖了。对此，干部和社员们说，“六十条”政策好，要是再有一条政策解开这个疙瘩，那就全好了。

这个大队的群众还说，自从办起高级社以来，年年制定“三包”，调整“三包”，处理“三包”，从正月初一到腊月三十至少有五次吵“三包”的高潮，每次总吵个半个月二十天。开干部会不行，开社员代表会；社员代表会不行，开群众大会。开会把人熬到眼泡肿，还是搞不合理，只好说：“算了，算了，今年不说了，明年再来。”①

据中共中央东北局和辽宁省的调查，阜新县的富荣、大板两个公社队与队之间的平均主义十分严重，首先是生产资料“抽肥补瘦”，穷富拉平。1956 年成立高级社时，就对各生产队的土地、耕畜、农具无偿地进行了统一调整，使生产资料少的“共”了生产资料多的产。1958 年成立人民公社后，又多次在生产队之间搞“一平二调”。这个公社的黑帝庙大队 1958 年以来队与队间无偿调剂串换耕地 54 垧，耕畜 18 头，把一个初级社时人强马壮、农具齐全、收入水平很高的土地营子生产队，抽调得只剩下“老牛破车疙瘩套”，生产队的生产和社员生活都大幅度下降。

这两个公社在“三包”中不是以产定工、以产定成本，而是按垧定产、

① 孝感地委工作组：《武昌县锦绣生产大队试行以生产队为核算单位的调查》，1961 年 8 月 12 日。

定工、定成本，增产多的队，因为投资大、用工多，超产不奖励，多投的工和钱由生产队负担，实际等于挨了罚。相反，不好好经营以致减了产的队，因为投资和用工都少，不但不挨罚，而且还可以把节约的工日和财务包干费用来分配。在粮食分配时不根据生产队生产的好坏、打粮多少，而是统一规定一个口粮标准，又不实行粮食超产奖励，使生产好的队不能多吃，生产差的队也不少吃。征购粮则实行大队统一交售，减产队完不成任务，就由增产队来负担。工资分配也不是根据各队劳动日创造的价值高低计算评定，而是统一规定一个劳动日值，不管生产队生产好坏、效益高低，全大队统一工分分值。黑帝庙大队土地营子生产队 1960 年总收入为 15800 元，扣除生产费和公共积累，每个劳动日值(包括供给部分）为0.96 元，安其营子生产队总收入为 5032 元，平均劳动日值 0.18 元。大队按统一标准分配后，这两个队的平均工值都是 0.2 元，土地营子生产队吃亏很大。①

另据中共河北省委工作组在保定地区的调查，满城县城内生产大队为了搞“三包一奖”和夏秋分配，大队和生产队两级，春、夏、秋三季要搞五次十套方案，要算 49 个百分比，1191 笔账。群众说：“年年搞三包一奖，年年稀里糊涂，吃亏占光心里不清楚。”干部和会计人员反映，搞“三包一奖”一年有三愁：“算账、吵嘴、熬油灯”。实行“三包一奖”，对社员应分部分的分配方法是，把包产以内的总收入刨除扣留部分后，全大队按照一个平均工值进行分配。这样，收入多的队不能多分，收入少的队也不少分。虽说有超产奖励，但奖励的产量往往只占超产量的很小一部分，超产的大部分交给了大队。对此，群众不满意地说：“这好比新出嫁的姑娘住娘家，带回去的东西少，拿走的东西多。”

在“三包一奖”中，因为分配是按一个平均包工值确定的，包工多包产低的队就会多分，包工少包产高的队就会少分。河北涿县西皋庄大队，1960 年包产时第二生产队有 10 亩低洼地，每亩只包产 28 斤豆子，每亩包工 9 个。这个队算了一笔账，就算这 10 亩豆子颗粒不收，按亏产罚 30%计算，共要罚款 8.4 元；每亩包工 9 个，按每个工决算时分值 0.35 元

① 冯纪新：《关于两个平均主义问题的调查报告》（草稿），1961 年 5 月 3 日。

计算，能分款31.5元。除去赔款还净得23.1元。如果把这些工用去搞副业，还可得100多元。其他队的社员说："三包一奖好是好，就是投机取巧管不了。"①

为克服"三包一奖"的弊端，前面谈及的湖北武昌县锦绣大队，针对"三包"搞了好几年，各种办法都想到了，变来变去总是搞不合理的情况，大队的干部经过反复讨论，最后认为在目前条件下，只有实行以生产队为单位进行分配核算，才能解决队与队之间的矛盾。以生产队为核算单位，除了完成国家征购任务和上交大队以外，其余的都归生产队自己分配，社员对生产、收入、分配都有了底，民主办社、勤俭办社才能实现，生产队和社员的积极性才能充分发挥出来。最后，经过充分讨论，报经中共孝感地委批准，这个大队决定试行以生产队为单位分配核算，大队向生产队实行"新三包"，即包征购任务，包上交公积金、公益金，包大队行政费。生产队生产的东西，完成"新三包"后，自劳自得，按劳分给社员。大队提留按生产队总收入的10%提，其中公积金5%，公益金3%，行政管理费和大队干部补助2%。在公益金和行政管理费中，提一部分实物，解决五保户的生活需要，照顾烈军属的困难和大队干部的补助。实行"新三包"后，生产队非常满意，社员的积极性大增。他们说，分配权下放，生产的东西，除了提成都是我们的，收多收少都归本生产队分配了，再不积极干，那就太苕了。②

河北保定地区的唐县、定县、满成、安国一些公社，则创造了"分配大包干"（群众叫做"老包干""砸估堆"）的办法。"分配大包干"的特点是：按照"农业六十条"修正草案规定的比例，大队从各生产队的总收入中，提取农业税、公积金、公益金、生活费、管理费之后，剩下的都归生产队；生产队除按照有关规定提留自己的生产费用和管理费用外，都按本队社员实出工数进行分配。这样经营好的队可多分而不多摊，经营差的队少分而不少摊，从根本上防止了队与队之间的平均主义。这种方法，实际

① 河北省委工作组：《关于分配大包干的调查报告》，1961年8月17日。

② 孝感地委工作组：《武昌县锦绣生产大队试行以生产队为核算单位的调查》，1961年8月12日。

上是将生产队作为核算单位。

干部和群众认为，实行“分配大包干”后，“丝罗子事少了”。大队干部说：大包干以前，从春天计划开始，到年终决算分配为止，一年到头丝罗子事不清，把工夫都用在事务上，不能很好地搞生产。在包干后，哪个队干得好就多吃点、多分点，各队相互什么搅缠都没有。生产队干部说：过去足着劲闹本位，向大队争粮、瞒产，现在足着劲往地里使，争生产。此外，“生产队有了底码了”，生产队的责任制更加落实，经营管理权限明确了，各生产队都是干着今年，盘算明年。“大伙的家大伙当”，过去许多事情顶多大队干部同生产队干部一商量就定了，如今一个生产队里，收入多少，开支多少，办什么，花多少钱，都与社员有直接利益关系，非同社员商量行不通。过去有人糟蹋粮食无管，反正大队几百户那点粮食没我多少；大包干后谁要是拿队里一穗粮食，只要有社员看见就会出来制止，他们说：多收一把咱也有份。

中共保定地委调查后也认为：“分配大包干确是一种正确处理生产大队内部关系的好办法。它是符合人民公社以生产大队的集体所有制为基础的三级集体所有制这一根本制度的。它的实质问题是：更明确划分了大队与生产队的经营管理范围，适当地扩大了生产队的经济实权，更彻底地贯彻了‘承认差别，多劳多得’的原则，避免了队与队之间的平均主义。”①

这年 7 月，中共河北省委召开三级干部会议，专门讨论“分配大包干”问题。参加会议的人员绝大多数赞成“大包干”的做法，但也有少数人对此心存疑虑。正好这时毛泽东到外地视察路过天津（当时河北省委驻天津），河北省委向他汇报了唐县峒笼公社各生产大队实行“分配大包干”的做法，并且告诉他，这个公社实行“大包干”后，鼓励了社员生产积极性，粮食增产了，向国家交售的粮食多了，在困难时期群众生活安排得比较好，没有发生浮肿病。毛泽东听后认为这是一个好办法，指示河北省委继续试行下去。②

① 《中共保定地委关于“分配大包干”问题向省委的报告》，1961 年 9 月 8 日。

② 刘子厚：《回忆毛主席在河北的几个片断》，河北省委党史研究室：《领袖在河北》，中共党史出版社 1993 年版，第 97 页。

毛泽东一直把“农业六十条”当作他的心爱之作，对于贯彻执行“六十条”之后生产队之间存在的平均主义，也是他在“六十条”修正草案通过后关注和思考的一个重要问题。

1961 年 8 月 23 日至 9 月 16 日，中共中央在庐山举行工作会议，重点讨论工业、粮食、财贸和教育等问题，但毛泽东此时的注意力仍主要在农业方面，关注“农业六十条”的执行情况。在会议的第一天，毛泽东说：

“我们有把握的、有成套经验的还是民主革命。民主革命搞了几十年，经过了陈独秀的错误，三次‘左’倾错误，又经过了抗日战争时期的右倾错误，犯了许多错误，碰了许多钉子，最后经过了整风，才搞出了一套包括理论的和具体政策的为大家所公认的教科书。”

“讲到社会主义革命，则不甚了了。公社工作六十条，讲的是所有制、分配、人与人的关系，都是社会主义。这个问题究竟如何？你们说有了一套了，我还不大相信。不要迷信广州会议、北京会议搞了一套，认为彻底解决问题了。我看还要碰三年，还要碰大钉子。会不会亡国（蒋介石来，打世界大战）？不会。会不会遭许多挫折和失败？一定会。现在遭了挫折和失败，碰了钉子，但还碰得不够，还要碰。再搞两三年看看能不能搞出一套来。”

“对社会主义，我们现在有些了解，但不甚了了。我们搞社会主义是边建设边学习的。搞社会主义，才有社会主义经验，‘未有先学养子而后嫁者也’。说没经验，已经搞了十二年，也有些，但也只有十二年。我们现在还处在斯大林时代即苏联两个五年计划时期。我们还没有原子弹。这不能怪我们，因为我们时间还短。……现在刚搞了一个‘六十条’，不要认为一切问题都解决了。搞社会主义我们没有一套，没有把握。比如工业，我就不甚了了。计划工作怎么搞，现在总搞不好。”①

毛泽东的这段话，大致反映了他当时的心情。对于“农业六十条”，他倾注了大量的心血，也希望有了这个东西，农村和人民公社的发展就有了规矩，就不至出大的乱子。但是，是否有了“六十条”，农村和人民公

---

① 转引自逄先知、金冲及：《毛泽东传（1949—1976）》下，中央文献出版社 2003 年版，第 1168—1169 页。

社就不会再出问题，农民的积极性就能提高，农村的形势就能根本好转，毛泽东心中也是没有底的。对于社会主义“不甚了了”，的确是他的肺腑之言。

在这次会议上，中共中央中南局负责人陶铸、王任重向毛泽东反映，“六十条”解决了生产队的问题，但土地、牲畜、劳力归生产队所有，而分配则以大队为基本核算单位，所有权与分配权有矛盾。如何解决这个问题，自决定起草农村人民公社工作条例以来，毛泽东一直在思考和探讨。

1961 年 2 月，毛泽东在同中共浙江省委和湖南省委负责人谈话中，就提出了核算单位是以大队为基础还是以生产队为基础的问题。他建议不要小队，把小队改为生产队，相当于原来的初级社，把生产队改为生产大队，要两个省考虑是将核算单位放在过去的高级社好还是放在初级社好，也就是放在生产队好还是放在生产小队好。这是党内最早提出可以将基本核算单位放在相当于后来的生产队。

广州会议期间，陶铸给毛泽东报送了一份关于广东南海县大沥公社沥西大队试行生产队包干上调任务的情况调查。沥西大队在试行“三包”“四定”的基础上，在全大队实行统一分配的前提下，定死各生产队对大队的包干上调任务，完成上调任务后，超产部分全为生产队自行处理。试行这个办法后，各生产队和社员的积极性被进一步调动起来，整个大队的生产面貌完全改观。这实际上就是以生产队为基本核算单位。毛泽东认为这不失为一种解决生产大队内部平均主义的办法，就在这份材料上批写道：“印发各同志。请各组讨论，这个办法是否可以在各地推广。”①

1961 年 3 月，中共山东省农村工作部召开有部分县委书记、县委农村工作部部长、公社党委书记、生产队（即后来的生产大队）支部书记和生产队队长、生产小队（即后来的生产队）队长、社员参加的座谈会，征求他们对人民公社体制问题的意见。从座谈会反映的情况看，几年来之所以各地普遍发生瞒产私分，小队不重视大田生产，社员不积极生产，不爱护耕畜、农具和公共财产等现象，除了经营管理工作跟不上等原因外，最根本的是由于在一个基本核算单位，小队与小队之间经济水平不平衡，生

① 《建国以来毛泽东文稿》第 9 册，中央文献出版社 1996 年版，第 445 页。

产好坏与收入差别很大，而收益由生产队统一分配，产生了平均主义。生产资料的所有权属生产队，而劳力、耕畜、农具等生产资料的管理又在生产队小队。生产小队承担各项生产任务，但又没有分配权。要解决这个矛盾，就必须使生产资料所有权与使用权、生产与分配权统一，核算单位应当就是直接的生产单位，也就是应当将基本核算单位下放到生产小队一级。① 毛泽东将这份材料批给了负责“农业六十条”草案起草的陶铸、陈伯达阅看。

但是，这两份材料并未引起与会人员的太多注意。当时，人们关注的重点在供给制和公共食堂等问题上。因此，在“农业六十条”草案和修正草案中，都没有定死生产队对大队的包干上调任务的内容，而是强调要“认真执行包产、包工、包成本和超产奖励的三包一奖制”，并且重申生产大队是基本核算单位，这就不可能从根本上解决生产大队内部的平均主义。

1961 年 9 月下旬，毛泽东在从外地视察回北京的途中，于 9 月 27 日在河北邯郸邀集河北、山东省委和邯郸、邢台、保定、石家庄、张家口等五地委的负责人谈话。

谈话一开始，毛泽东问中共河北省委代理第一书记刘子厚：“你们想扯什么问题?”刘子厚回答说：“还是上次谈的大包干问题。”这正是毛泽东所关心的，他说：“这是一个大问题。不以脚为基础，以腰为基础，脚去生产，腰在分配，闹平均主义。”

毛泽东问山东是怎么做的，中共山东省委分管农业的书记周兴介绍了山东一些地方搞大包干的情况。毛泽东说：“噢！那就是交公积金、公益金、管理费，还有征购粮。我路过济南时说，河北唐县有一个公社几年来连年增产，并不闹大队统一核算，统一分配，他们分配大包干，年年增产，生活好，也能完成征购任务，真正调动积极性靠这一条。三包一奖，算账算不清，强迫命令定局，搞平均主义。三包一奖搞了六年之久，从来没有搞清楚这个问题，反正他有办法对付你瞒产。”刘子厚对此也颇有同感，说道：“三包一奖太麻烦，保定有个调查，37 道工序，49 个百分比，

① 《建国以来毛泽东文稿》第 9 册，中央文献出版社 1996 年版，第 460—461 页。

1128 笔账。张家口比较简单的办法，也有 800 多笔账。”毛泽东说：“这是烦琐哲学嘛。”刘子厚说：“三包一奖年年吵个一塌糊涂，一年至少吵四次，一次吵多少天。”毛泽东说：“最后吵得没办法了，来个强迫命令算了。”

在听取刘子厚汇报河北实行大包干的经过后，毛泽东说：“广州会议时，河北要在全省实行小队核算。山东开了个座谈会，提出了这个问题：生产在小队，分配在大队，这不是矛盾吗？在广州开会时，我批了一个文件，让大家议一议，大家议的结果都不赞成。农村现在 20 户左右的生产队，有人说规模太小。20 户不小了，山里头更小一些也可以，十来户，七八户搞一个核算单位。20 户有八九十人，30 个、40 个整半劳动力，不算少啦。生产队有 40 来个劳动力，就是个大工厂嘛，再大了管不好。河北平均 42 户，有 80 个到 90 个整半劳动力，已经很大了。这个工厂难办，它是生产植物、动物的工厂，是活的，钢、铁是死的。”

刘子厚说：“今年春天在北京开会讨论这个问题的时候，熟人开玩笑说，你们退到初级社了。”毛泽东说：“问题是搞不搞积累。大队、公社有一部分积累，就没有退到初级社。”

刘子厚说：“有人说对基本建设不利。”毛泽东说：“是否不利？定一条，要抽些劳力，搞些积累。有些基本建设大队可以不干涉，如打井小队也可以搞嘛。全县的全社规模的基本建设，由社、县来办。”刘子厚说：“第三是说征购辫子多了，头绪多了。”毛泽东说：“你还是抓大队嘛。”刘子厚又说：“第四是说，如果有的队遭灾，不利互相支援，第五是说不利于向机械化发展。”毛泽东说：“你现在哪一年实现机械化？还是遥遥无期嘛，现在是靠人力劳动。”

接着，毛泽东又问中共保定地委第一书记李悦农：“你们唐县哪公社是这个办法，有个材料没有？”李悦农回答说：“没有文字材料。唐县的峒笼公社 11 个大队，名义上是县对区都实行‘三包一奖’，实际上是大包干，被评为‘右倾’他们也不改，群众拥护。”毛泽东说：“他们粮食年年增产，牲口也很壮，照他的办就行了，还有什么讲的。”过了一会儿，毛泽东又说：“整风整社，‘六十条’是根据，可是‘六十条’就是缺这一条。山东那个材料很有意思，广州附近某县实际也是这个办法。湖北为这个办法还在吵，他们心中无底。荆门县金山大队试了。叫他们去试一试，问问社员、小队长，多找几个大队去问问。你们河北最好写个报告，我批给他们试试，省、地两级去调查研究一番。指导唐县那个大队的情况，写个报告，四五千字，不要太长，太长了人家不看。”

刘子厚又汇报到按劳分配问题。毛泽东觉得这是不成问题的问题，顺口说来：“按劳分配就是嘛。还有什么问题？还讨论什么？”刘子厚介绍了他们准备实行的实物分配办法。所谓实物，当然主要是粮食。毛泽东说：“唐二里那个地方，口粮按劳分配部分5%—10%，太少了。湖北孝感规定每人口粮360斤，这不行。有了这些基本口粮，就可以不做工了。最好定180斤，吃不饱就得努力。看来基本口粮高了不行。高了就没有积极性了。”毛泽东还说：“什么叫队为基础，就是以现在的生产队为基础，就是过去的小队。三级所有，基础在队，在脚。这样搞上十年、八年，生产发展了就好办了。”①

四、下放基本核算单位

9月29日，毛泽东将自己亲笔作的《邯郸谈话会记录》，批印给中共中央政治局常委们进行讨论、研究。同一天，他致信政治局常委说：

“我们对农业方面的严重平均主义的问题，至今还没有完全解决，还留下一个问题。农民说，六十条就是缺了这一条。这一条是什么呢？就是生产权在小队、分配权却在大队，即所谓‘三包一奖’的问题。这个问题不解决，农、林、牧、副、渔的大发展即仍然受束缚，群众的生产积极性仍然要受影响。”

“我的意见是‘三级所有、队为基础’，即基本核算单位是队而不是大队。”“请各中央局，省、市、区党委，地委及县委亲身下去，并派有力调查研究组下去，做两三星期调查工作，同县、社、大队、队、社员代表开

① 《领袖莅临邯郸纪实》，中共党史出版社1994年版，第34—38页；逄先知、金冲及：《毛泽东传（1949—1976）》下，中央文献出版社2003年版，第1176—1178页。

几次座谈会，看究竟哪样办好。由大队实行‘三包一奖’好，还是队为基础好？要调动群众对集体生产的积极性，要在明年一年及以后几年，大量增产粮、棉、油、麻、丝、茶、糖、菜、烟、果、药、杂以及猪、马、牛、羊、鸡、鸭、鹅等类产品，我以为非走此路不可。”

“在这个问题上，我们过去过了六年之久的糊涂日子（一九五六年，高级社成立时起），第七年应该醒过来了吧。也不知是谁地谁人发明了这个‘三包一奖’的糊涂办法，弄得大小队之间，干群之间，一年大吵几次，结果瞒产私分，并且永远闹不清。据有些同志说，从来就没有真正实行过所谓‘三包一奖’。实在是一个严重的教训。”①

10 月 2 日，共青团中央第一书记胡耀邦写了一个题为《二十五天三千六百里路的农村察看》的报告。报告说，农村形势确实比去年好。所到之处，群众都说形势比去年好多了，不平调了，不瞎指挥了，干部不打人整人了，能多劳多得，生产、生活有了奔头。根本问题在于认真而具体地贯彻“农业六十条”。大队统一分配，在当前是保护队与队之间的平均主义的一个堡垒。经过邯郸时，听说主席早就说过这个问题，并且说用分配大包干代替“三包一奖”，是解决生产在小队而分配在大队这个矛盾现象、真正调动小队积极性的一个大问题。我认为这是十分正确的。

报告还说，我们在安徽看到一个突出的问题，就是许多生产队实行了一种叫做计划、分配、大农活、抗灾、用水看水五个统一下的田间管理责任制。这种责任制的实际内容就是按劳力分等，把田长期分到户管，包死产量，超产全奖，减产受罚，遭灾减免。许多群众通俗地把它叫做分田到户或包产到户。在一些“五风”刮得严重的地方，这种做法对调动社员的劳动积极性确实起了积极作用，但这种做法已出现了一些难以解决的矛盾和纠纷。如大家还要干，仍可试行，但要允许不同意的地方不这样做，更不要把它说得绝对，避免被动。如果要转过来，也要有准备、有计划地转，不要造成混乱，使生产再受损失。

对于如何克服农村中生产队与生产队间、社员与社员间的平均主义，是 1961 年以来毛泽东思考得很多的问题，他为此花了很大的精力主持起

---

① 《毛泽东文集》第八卷，人民出版社 1999 年版，第 284—285 页。

草和修订“农业六十条”。但是正如他所说的，“六十条”还缺了一条，就是没有解决基本核算单位放在哪一级的问题，使得队与队之间仍在闹平均主义。他多次提示一些地方负责人，可否试一试以生产队为基本核算单位，但这些负责人并没有跟上他的思路。河北等地实行“大包干”的做法，与他将基本核算单位下放到生产队一级的想法不谋而合，因此他对“大包干”作了充分的肯定。

毛泽东虽然对将基本核算单位下放到生产队给予充分的支持，但他始终认为不能用包产到户的方法，去解决农村生产关系中存在的问题。搞包产到户就有滑向分田单干的危险。邯郸谈话会后，他认为有了“分配大包干”，解决大队内部的平均主义已有了办法，不需要再搞“责任田”一类包产到户了。胡耀邦这种既明确赞成“大包干”，又不同意包产到户做法的态度，正是毛泽东所需要的。看了胡耀邦的报告，毛泽东高兴地批写道：“此件写得很好，印发各同志，值得一看。”①

受毛泽东的委托，1961 年 10 月 3 日，邓子恢主持召开中央有关部门负责人座谈会，讨论以生产队为基本核算单位的问题。10 月 6 日，邓子恢向毛泽东报送了《关于座谈基本核算单位下放到生产队问题的情况报告》，不但完全同意将基本核算单位下放到生产队，而且还总结出了这样做的几个好处：

（一）可以彻底克服队与队之间的平均主义，大大调动社员的积极性，从而更好地发展农业生产；

（二）把生产权与分配权统一起来，解决了自高级社以来大队与小队之间，长期存在的责权不明的矛盾，从而取消了“三包一奖”这个糊涂制度，结束了大小队干部一年吵几次的情况，减少了许多工作麻烦，使大家能更好地分工合作，搞好农业生产；

（三）便于干部遇事与群众商量，社员也才好充分发表意见，真正建立起生产上的民主管理制度；

（四）分配权下放，大队成为各生产队在经济上的联合组织，大队的支配权只限于各队上交的公积金、公益金、管理费，大队直属企业有限，

① 《建国以来毛泽东文稿》第 9 册，中央文献出版社 1996 年版，第 574 页。

这也减少了大队干部贪污、多占，有利于防止官僚主义与“五风”为害；

（五）分配权下放可以减少大队干部，节约开支，大队干部也可更好地集中精力把直属企业办好，把党与政治工作做好。

10月7日，毛泽东起草了《中共中央关于农村基本核算单位问题给各中央局，各省、市、区党委的指示》，连同《邯郸谈话会记录》，河北省关于“分配大包干”的五个材料，中共湖北省委关于试行以生产队为基本核算单位给中共中央中南局并报中央、毛泽东的请示报告，中共山东省委农村工作部《关于农村人民公社体制问题的座谈意见》和中共山东省委关于“三包一奖”问题的情况报告，中共广东省委调查组关于南海县大沥公社沥西大队试行生产队包干上调任务的情况报告，一同下发到各地。

中共中央在指示中肯定了以生产队为基本核算单位的做法，认为“它最大的好处，是可以改变生产的基本单位是生产队、而统一分配单位却是生产大队的不合理状态，解决集体经济中长期以来存在的这种生产和分配不相适应的矛盾”。中共中央要求各级党委的负责同志，都要亲自下乡，并派得力的调查组下去，广泛征求群众意见。各县还可选择一二个生产队进行试点，以便取得经验。①

10月23日，中共中央转发了河北省邢台地委《关于南宫县贯彻大包干政策的通报》。这个通报介绍了南宫县贯彻大包干政策的具体做法和大包干政策所产生的积极效果。中共中央认为南宫的经验很好，要求各地认真研究，参照办理。

10月下旬至11月上旬，邓子恢率工作组回到家乡福建龙岩，就基本核算单位的试点问题进行调查，并于11月23日向中共中央和毛泽东报送了《关于农村人民公社基本核算单位试点情况的调查报告》。邓子恢在报告中说，对基本核算单位下放，各级干部和群众一致拥护，认为这对克服平均主义、官僚主义，贯彻民主办社，勤俭办社，调动社员积极性，发展农副业生产都有很大好处。但也有少数大队干部感到权力受到了限制，思想上有抵触；小队干部和群众也有一部分过去在大队分配中占便宜的

① 中共中央文献研究室：《建国以来重要文献选编》第14册，中央文献出版社1997年版，第738—739页。

人，主张维持现状不变。这些人经过说服，经过大多数群众通过，也只好赞成。

邓子恢在调查报告中着重谈到了以生产队为基本核算单位后要注意解决的几个问题。认为基本核算单位下放后，现有的小队应基本不动，个别调整，有些小队范围太大需要划分者，可以小乡村一村一队，大乡村一村数队，生产队的规模应以30户左右为宜，最少不得少于20户，各小队划分应经公社批准；体制下放后大队的职权，主要是承担政权方面工作、党与政治工作、联村社工作、办好大队企业等四个方面；报告中还介绍了几个大队土地调整、新三包（公积金、公益金、管理费）提留、社员口粮分配的具体办法，并提出了他对这些问题的看法。

对于邓子恢的这个报告，毛泽东看后作了充分肯定，并以中共中央的名义将报告转发给各中央局和各省、市、自治区党委。毛泽东在批语中说："邓子恢同志这个报告很好，发给你们参考。因为目前各地正在普遍试点，此件可发至地、县、社三级党委参考。认真调查研究，对具体问题作出具体的分析，而不是抽象的主观主义的分析，这是马克思主义的灵魂。"①中共中央和毛泽东还要求在12月20日以前，各省委第一书记带若干工作组，采取邓子恢的方法下乡去，做十天左右的调查研究工作。

下放基本核算单位，毕竟是涉及人民公社体制变革的大问题。为了做好这项工作，各省区吸取了人民公社化时一哄而上的教训，相继进行了以生产队为基本核算单位的试点。

中共广西区党委在调查中发现，"农业六十条"修正草案下发后，群众对调整社队规模、贯彻食堂自愿参加原则、粮食征购三年不变、劳逸结合、恢复自留地、允许生产队和社员开荒、口粮分配到户、开放农村集市贸易，以及干部作风的改进，都是满意的。他们说："有了六十条，生活好过多。""过年过节吃肉，去年是看大队的老牛，今年是看自己的鸡鸭，明年就要看自己的猪肥不肥了。"

尽管如此，"群众集体生产的积极性还不是那么高涨，集体生产部分的增产也还不那么显著"，还有相当数量的社员，愿意多搞自留地和开荒，

---

① 《建国以来毛泽东文稿》第9册，中央文献出版社1996年版，第605页。

不愿多出集体工，表示出集体工所得的工分，只要能拿回口粮就算了。也有一些生产队不愿多要土地，甚至把一部分土地丢下不种，让社员去“开荒”，他们的想法是，反正大队要统一分配，生产少一点也可以得到统一调节。贯彻“农业六十条”后，社员的自留地和开荒地都种得很好，集体生产则起色不大。

出现这种现象的原因，主要是队与队之间、人与人之间的平均主义没有解决，因而在分配上仍是一拉平，生产队是生产的基本单位，而大队则是分配单位，虽然也搞了“三包一奖”，但并没有解决平均主义的问题。为了穷队富队收入不拉平，也曾采取了富队降低包产产量，按土地面积、产量多少计算包工包资等办法，但富队包产包低了穷队不同意，包高了又不能解决穷富队间的平均主义问题，最后往往是富队吃亏，穷队多占，社员说这是“多产不多得，生龟养死鳖”。

试行生产队为核算单位后，对当前的生产“立竿见影起了显著的推动作用”。广西区党委给中共中央和中南局的报告中说：“试点的绝大多数生产队干部和社员群众，在确定了生产队核算后，立即动手扩大冬种，增加积肥，增置农具，积极进行备耕工作，社员出工也比过去整齐得多。”因此，以生产队为基本核算单位，“看来是非搞不可”。①

中共青海省委经过试点后总结说：“下放基本核算单位，对于充分调动广大农民群众集体生产积极性，成效显著，出现新的气象。”“争工分抢活干的人多了，撂荒几年的耕地现在都抢着种。许多生产队购置、修补农具，不少社员把这几年乱拉私藏的农具拿出来。”“社员们说，这种闹生产的劲头与1957年的情况差不多，‘十二条’下放了生产权，现在又下放了核算权，保证明年生产能加一番。”②

中共山东省委经过试点后认为，凡是实行了以生产队为基本核算单位的地方，“气象焕然一新，广大农民群众的集体生产积极性大大提高，开始出现了新的生产高潮。事实表明，普遍实行以生产队为基本核算单位，

① 广西区党委：《关于基本核算单位试点情况给中央、中南局的报告》，1961年11月13日。

② 中共青海省委：《调整农村人民公社基本核算单位试点工作初步总结》，1961年12月20日。

已经是人心所向，大势所趋”，“对此，必须肯定，不要再犹豫不决”。①

这年10月下旬至11月初，陕西省在158个生产大队进行以生产队为基本核算单位的试点，中共陕西省委11月底在给中共中央及西北局关于试点情况的报告中说，以生产队为基本核算单位，绝大多数干部群众热烈拥护，积极支持，说这是“心中想”，“遂心愿”，“毛主席在北京，能摸到咱农民的心”。在确定基本核算单位为生产队以后，“立竿见影，生产和各项工作进一步出现了不少新气象：生产队干部的积极性提高了，社员出勤率和生产效率显著提高；社员关心集体和爱护耕畜农具的现象增多；秋收、秋播质量高，进度快，扩大了播种面积；生产队干部和社员积极添置牲畜、农具；几乎所有试点（队）都提前完成了粮食征购任务”②。

黑龙江在这年10月20日前后，共派出12个工作组，在全省选择了16个公社的33个生产大队，进行以生产队为基本核算单位的试点。中共黑龙江省委在给东北局并中共中央关于试点情况的报告中说：“把基本核算单位由生产大队下放到生产队，是广大基层干部和群众的要求，而且这种要求早在去冬今春贯彻十二条、六十条时，就有人提出，这次工作组就基本核算单位放在哪一级好的问题，向广大基层干部和群众广泛征求意见时，迅速得到强烈反映，绝大多数人都主张基本核算单位放到生产队。”③

对于基本核算单位下放到生产队，毛泽东十分关心，也抓得很紧。1961年12月14日，毛泽东在无锡听取中共江苏、安徽两省委和南京军区负责人的汇报时指出：关于农村基本核算单位下放问题，贯彻要快一点，一传达下去可以调动积极性。有人认为这是倒退。这不是倒退，是前进。不是讲底子薄吗？主要是生产队底子薄，要使生产队由薄变厚，就要发展生产力，就要以生产队为基本核算单位。要肥料就要养猪，要把猪养好，把牛养好，也是生产队来管。要明确大队干什么，生产队干什么，不弄清楚，生产队的积极性起不来。

---

① 《中共山东省委批转省委调查组关于以生产队为基本核算单位问题的两个报告》，1962年1月15日。

② 中共陕西省委：《关于试办以生产队为基本核算单位的情况报告》，1961年11月29日。

③ 《中共黑龙江省委关于农村人民公社基本核算单位问题的调查试点情况的报告》，1961年11月22日。

毛泽东同时认为，有了“农业六十条”，又有了基本核算单位下放到生产队一级，农村的问题就差不多可以解决了。在听取汇报的过程中，中共江苏省委第一书记江渭清告诉他：今年农村粮食计划分配比去年少，但加上自留地、十边田生产的粮菜，估计70%的社员生活可以比上年好一些。毛泽东听后连连点头，并且说：“久卧思起，现在是起床的时候了。到了谷底，就要上山了。”他认为，最困难的日子已经过去，形势逐渐好起来，下放基本核算单位到生产队，是农村政策的底线，不能再向后退了。① 因此，在这次谈话中，他明确表示：“包产到户这事，不可干。”

三天后，毛泽东在济南听取中共山东省委负责人的汇报。毛泽东在听取汇报中插话说：“基本核算单位下放到生产队，牲口就不会死，农具破坏也不会那么严重。大平均主义六年没有解决，现在解决了。有人说，这是不是退步？是不是社会主义？这不是退步，按劳分配就是社会主义。照顾五保户、困难户，有共产主义因素。还有积累，还有征粮，有了前途。这是整个人民的利益。” ②

为了让下放基本核算单位的决策变为全党全国实行的政策，毛泽东认为必须起草一个文件，把这个问题交到全党面前进行研究，以取得共识。毛泽东把这个任务交给了田家英。

1961 年 10 月下旬，田家英率领调查组到了山西，在同中共山西省委和长治地委商量后，选择了潞城县的魏家庄大队作为调查对象。

长治是革命老区，在抗日战争和解放战争时期属于太行解放区。1948 年春，美国友人韩丁以观察员身份在潞城五区张庄村参加土地改革运动，将其亲历亲见写成《翻身》一书，对中国共产党领导的土地改革运动作了真实的记录。长治也是我国农村最早开展农业合作化运动的地区之一，1950 年长治地委在山西省委的支持下，试办了 10 个农业合作社，为此山西省委和它的上级中共中央华北局之间，还就该不该办合作社的问题展开过争论。华北局认为合作社办早了，现在还不能动摇私有制，刘少奇也表示支持华北局的观点，还对山西省委提出批评，但毛泽东得知这件事后，

① 《七十年征程——江渭清回忆录》，江苏人民出版社 1996 年版，第 461—462 页。

② 逄先知、金冲及：《毛泽东传（1949—1976）》下，中央文献出版社 2003 年版，第 1187 页。

明确表示支持山西省委的意见，由此拉开了我国农业合作化运动的序幕。

魏家庄大队有200多户，是长治地区一个基础较好的大队，但由于实行以大队为基本核算单位，生产队与生产队之间搞平均主义，生产队没有自主权，从而影响了生产队的积极性。魏家庄的调查结束后，田家英又选择了晋城县一个独立核算的生产队进行调查，这个生产队只有20多户，原来是一个初级社，高级社后到现在，一直是独立核算，自负盈亏。"由于生产和分配统一起来，社员直接看到集体生产的好坏同自己的利益息息相关，因而能够自觉地关心集体，参加管理，监督干部，干部的手脚比较干净，社员之间也便于互相监督，因而这个队生产比较稳定，社员生活也比较好。"①

通过对比调查，田家英为中共中央起草了《关于改变农村人民公社基本核算单位问题的指示》草案。

1962年1月11日至2月7日，中共中央在北京召开扩大的中央工作会议，即著名的七千人大会。会议主要讨论国际形势、国内形势、1962年的年度计划和长远计划、商业、改变农村基本核算单位、党的工作等六个问题。

1961年11月16日，中共中央发出了《关于召开扩大的中央工作会议的通知》，指出：1958年以来，在中央和地方的工作中间"发生了一些缺点和错误"，并且产生了一些不正确的观点和作风，妨碍着克服困难，必须召开一次较大规模的会议来统一思想认识。

七千人大会于1962年1月11日正式开幕。会议的第一阶段，是讨论刘少奇代表中共中央提出的书面报告草稿。与以往不同的是，这个报告草稿写出来之后，没有经过政治局会议讨论，毛泽东便提议直接印发大会征求修改意见，以便更好地集思广益，将报告修改好。经过与会者反复地讨论和修改，最后形成了《在扩大的中央工作会议上的报告》的定稿，作为大会的正式文件。

书面报告分为三个部分：（一）目前形势和任务；（二）加强党的民主集中制，加强集中统一；（三）党的问题。在关于目前形势和任务部分中，

① 董边等：《毛泽东和他的秘书田家英》（增订本），中央文献出版社1996年版，第268页。

刘少奇总结了1958年以来社会主义建设取得的十二项主要成绩之后，着重提出了几年来工作中发生的主要缺点和错误：第一，工农业生产的计划指标过高，基本建设战线过长，使国民经济各部门间、消费和积累间的比例关系严重不协调；第二，在农村人民公社的实际工作中混淆了集体与全民两种所有制的界限，急于过渡，违反按劳分配与等价交换原则，犯了刮"共产风"和其他平均主义错误；第三，不适当地要在全国范围内建立许多完整的工业体系，权力下放过多，分散主义倾向严重滋长；第四，对农业增产的速度估计过高，对建设事业发展要求过急，造成城市人口和职工人数增长过快，加重了城市供应和农村生产的困难。

按照原定的计划，报告由刘少奇在1月27日的大会上宣读。开会的前一天，毛泽东提议：既然报告已经印发，在大会上就不要念了，请少奇同志根据报告的精神在大会上放开讲一讲。这样，刘少奇连夜准备了一个提纲。第二天开会前，他在休息室里将提纲送给了毛泽东和其他中央常委作了传阅。经常委们同意后，他在大会上作了长篇讲话。

讲话同报告一样，也是三个部分，但比报告要分析得更为透彻。关于目前形势，刘少奇说："我们在经济方面是有相当大的困难的。""当前的困难表现在：人民吃的粮食不够，副食品不够，肉、油等东西不够；穿的也不够，布太少了；用的也不那么够。就是说，人民的吃、穿、用都不足。"

对于困难出现的原因，刘少奇指出，一条是天灾，连续三年的自然灾害，使农业和工业减产了；还有一条就是1958年以来"我们工作中的缺点和错误"。这两条原因，哪一条是主要的呢？刘少奇说，有的地方，减产的主要原因不是天灾，而是工作中的缺点和错误，正如湖南的农民所说的，是"三分天灾，七分人祸"。

对于工作中成绩与缺点的关系，刘少奇指出："过去我们经常把缺点、错误和成绩，比之于一个指头和九个指头的关系。现在恐怕不能到处这样套。有一部分地区还可以这样讲。在那些地方虽然也有缺点和错误，可能只是一个指头，而成绩是九个指头。可是，全国总起来讲，缺点和成绩的关系，就不能说是一个指头和九个指头的关系，恐怕是三个指头和七个指头的关系。还有些地区，缺点和错误不止是三个指头。如果说这些地方的缺点和错误只是三个指头，成绩还有七个指头，这是不符合实际情况的，是不能说服人的。”刘少奇甚至还说：“全国有一部分地区可以说缺点和错误是主要的，成绩不是主要的。”①这就突破了长期以来将成绩与缺点比之为九个指头与一个指头的旧框框，使人们能够大胆地面对工作中遇到的困难和问题，从而找到解决的办法。

如何评价总路线、“大跃进”和人民公社这“三面红旗”，在当时是一个极为敏感的问题，1959 年庐山会议时，彭德怀仅对“三面红旗”提出了一点自己的看法，并未从根本上对其加以否定，结果被打成右倾机会主义分子，受到不公正待遇。自此之后，人们就只能对“三面红旗”大唱赞歌，而不能有半点不同的意见。囿于当时的历史条件，刘少奇在书面报告仍肯定“三面红旗”的基本方向和主要原则是正确的，但他在讲话中又指出：“现在，有些问题还看得不那么清楚，但是再经过五年、十年以后，我们再来总结经验，那时候就可以更进一步地作出结论。”②这实际上把“三面红旗”正确与否的评价问题，留下了将来再作研究的可能。这同时也留下了后来党内斗争的阴影。

按照预定的计划，会议在 1 月 30 日或 31 日即可结束，31 日晚代表们便可以离京返回各地过春节。可是，到了 29 日下午，许多人反映，话还没有说完，还憋着一肚子气。有的组还反映，会上还有人压制民主，不让讲话。针对这种情况，毛泽东在同其他中央常委商量后，决定让与会者把要讲的话都讲出来，把“气”出完，将会期延长。

1 月 30 日，毛泽东在会上作了长篇讲话，中心是讲民主集中制问题，强调不论党内党外都要有充分的民主生活，让群众讲话。有了错误，一定要作自我批评，让人批评。他批评有些人有了错误自己不讲，又怕群众讲，越怕越有鬼。一讨论问题就压制群众的积极性，不许人家讲话，这种态度非常恶劣。他指出：没有民主，不可能有正确的集中。毛泽东说，去年 6 月 12 日，在中央北京工作会议的最后一天，我讲了自己的缺点错误。我请同志们传达到各省、各地方去。事后知道，许多地方没有传达。他

① 《刘少奇选集》下册，人民出版社 1985 年版，第 418—421 页。

② 《刘少奇选集》下册，人民出版社 1985 年版，第 426 页。

说：我的错误也不能隐瞒。“凡是中央犯的错误，直接的归我负责，间接的我也有份，因为我是中央主席。”①

毛泽东在讲话中强调，对于社会主义建设，我们还缺乏经验，还有很大的盲目性。“社会主义经济，对于我们来说，还有许多未被认识的必然王国。拿我来说，经济建设工作中间的许多问题，还不懂得。工业、商业，我就不大懂。对于农业，我懂得一点。但是也只是比较地懂得，还是懂得不多。”②他提醒各级领导干部和全党同志，我们对于社会主义建设的知识非常不够，应当在今后一段时间内，积累经验，努力学习，在实践中间逐步加深对社会主义建设的认识，弄清它的规律。

1 月 12 日至 2 月 6 日，会议开展了积极的批评与自我批评，各大组对省委、中央局、中央国家机关及其有关负责人几年来的工作，提出了许多批评，各省委的主要负责人都在大会上作了检讨，一些部委的负责干部对工作指导上出现的缺点错误作了自我批评。会议洋溢着浓郁的民主气息，与会者畅所欲言，会议的热烈气氛是近几年来所少见的。

七千人大会对《中共中央关于改变农村人民公社基本核算单位问题的指示》草案进行了讨论。讨论中一个重要意见是许多人提出，要规定将以生产队为基本核算单位四十年不变。一位中央负责同志提议将“四十年”改为“至少 20 年内”，并要毛泽东斟酌。毛泽东亲笔将其改为“至少三十年内”。他就此批示道：“以改为‘至少三十年’为宜。苏联现在四十三年了，农业还未过关，我们也可能需要几十年，才能过关。”③

经过七千人大会的讨论，又经过在此前的试点，在此基础上，1962 年 2 月 23 日，中共中央正式发出《关于改变农村人民公社基本核算单位问题的指示》。指示指出：“一九六一年的十月和十一月，全国各地，根据中央十月七日的指示，普遍地进行了关于农村人民公社基本核算单位问题的调查研究和试点工作。这些调查和试点的结果表明，中央和毛泽东同志所提出的以生产队为基本核算单位的意见，完全符合广大农民和基层干部

① 《毛泽东文集》第八卷，人民出版社 1999 年版，第 296 页。

② 《毛泽东文集》第八卷，人民出版社 1999 年版，第 302 页。

③ 《建国以来毛泽东文稿》第 10 册，中央文献出版社 1996 年版，第 48 页。

的要求，得到他们的拥护和欢迎。”

指示总结了以生产队为基本核算单位的诸多好处：(一）使生产队的生产和分配统一起来，能够比较彻底地克服生产队之间的平均主义；(二）生产队生产经营的独立性大为加强，改变了过去进行生产与安排、指挥生产不统一的状况，生产自主权有了很好的保障。(三）它使社员对自己的劳动成果，看得最直接、最清楚，更适合当前农民的觉悟程度。(四）它便于社员直接参加生产队的管理工作，便于监督干部，更有利于改善集体经济的经营管理。

同时，针对一些地方仍然愿意实行以大队为核算单位，党内有少数人不赞成甚至反对基本核算单位下放的情况，指示又提出：“在全国各地农村，绝大多数的人民公社，都宜于以生产队为基本核算单位。这一点，经过调查和试点，已经完全可以肯定了。但是，我国的地面很大，农村情况很为复杂，不论经济条件，生产条件，居住条件，以及集体经济发展的历史，在许多地方都有许多的差别，所以，就整个农村来说，人民公社的体制，又不应当强求一律。”①

指示特别强调：“在我国绝大多数地区的农村人民公社，以生产队为基本核算单位，实行以生产队为基础的三级集体所有制，将不是短期内的事情，而是在一个长时期间内，例如至少三十年，实行的根本制度。基本核算单位一经确定之后，就要稳定下来，不能任意变动”。②

明确以生产队为基本核算单位，是1961年全党农村大调查的又一重要成果。至此，农村人民公社的体制基本稳定下来。虽然修订后的《农村人民公社工作条例》，在今天看来也有明显的不足，一方面，通过下放基本核算单位，解决了大队内部队与队之间的平均主义问题，另一方面，生产队内部社员间的平均主义仍然存在，并且还明确规定不许包产到户；它仍然强调人民公社实行政社合一、三级所有，事实上造成了公社、大队、生产队产权的不明晰，公社仍可以通过行政命令的方式搞强迫命令和对大

① 中共中央文献研究室：《建国以来重要文献选编》第15册，中央文献出版社1997年版，第178页。

② 中共中央文献研究室：《建国以来重要文献选编》第15册，中央文献出版社1997年版，第180页。

队、生产队搞“一平二调”等。但是，它与人民公社建立之初农村工作的混乱局面相比，条例的制订明确了许多重大的政策界限，特别吃饭不自由的公共食堂被解散，绝对平均主义的供给制被取消，社员的自留地和家庭副业得以恢复，社、队规模被缩小，此时的生产队的责、权、利实际上已相当于原来的初级社，等等这些，都是为广大农民所拥护所欢迎的，这也是在当时的历史条件下对农村政策最大限度的调整。随着“农业六十条”草案和修正草案的制定和实施，农村的形势逐渐好转，农民生活逐步得到改善，并由此带来了共和国经济的复苏。

由于基本核算单位的变化，“农业六十条”修正草案中许多内容已不能适应新的形势，为此，1962 年六七月间，中共中央对“农业六十条”再一次进行了修订，形成了《农村人民公社工作条例修正草案》。新的修正草案第二十条明确规定：“生产队是人民公社中的基本核算单位。它实行独立核算，自负盈亏，直接组织生产，组织收益的分配。这种制度定下来以后，至少三十年不变。”①

新的修正草案中，大幅度删改了原“六十条”中关于生产大队的条文，只保留了两条，而关于生产队的条文，则由原来的 10 条增加到 22 条，也就相应地增加了生产队的责、权、利的相关内容，明确规定：生产队范围内的土地，都归生产队所有；生产队劳动力，都由生产队支配；生产队集体所有的牲畜、农具，公社和大队都不能抽调；生产队对生产的经营管理和收益分配，有自主权。

1962 年 9 月 27 日，中共八届十中全会通过了《农村人民公社工作条例修正草案》。至此，历时一年多的“农业六十条”正式定型，成为农村人民公社的“宪法”。由于毛泽东强调生产基本核算单位“至少三十年不变”，这一制度历经“四清”运动和“文化大革命”，一直坚持到十一届三中全会后农村生产承包责任制的实行，这对于稳定农村的局势、保证农业生产的平衡发展，是起了重要作用的。

“农业六十条”的制定和修改过程，也是农村人民公社体制和制度不

① 中共中央文献研究室：《建国以来重要文献选编》第 15 册，中央文献出版社 1997 年版，第 625 页。

断调整、完善的过程。到此时，农村的经济活动虽然还在人民公社这个外壳下进行，但它的实质内容已基本上退到了原来初级社的水平。基本核算单位下放后，各地对社、队规模再次作了调整。据 1962 年 10 月的统计，全国共有农村人民公社 71551 个，比核算单位下放前增加了 15534 个，增加 27.72%；生产大队 713385 个，增加了 5087 个，增加 0.71%；生产队 5468244 个，增加 895502 个，增加 19.58%。全国每个公社平均有 9.6 个生产大队，每个大队平均有 7.6 个生产队，每个生产队平均 23.6 户。全国共有基本核算单位 5219516 个，其中，作为基本核算单位的生产队 5161617 个，占基本核算单位总数的 98.89%；生产大队 41678 个，占总数的 0.8%；公社 77 个，占 0.01%。此外，还有由生产大队和生产队结合核算的 16144 个，占基本核算单位的 0.3%。①

当然，"农业六十条"修正草案也有其明显的不足。薄一波在其《若干重大决策与事件的回顾》中，将"农业六十条"修正草案的缺陷概括为三个方面：一是仍然保留人民公社是政社合一的基层组织这个重要的僵化的观点；二是堵住了通向"包产到户"的可能性，使农村生产关系的调整，到基本核算单位下放到生产队就戛然止步了；三是八届十中全会修改后的"六十条"，贴上了以阶级斗争为纲的标签。这是一个十分深刻的概括，准确地抓住了人民公社的症结所在。

就是人民公社这个外壳，因为它是政社合一的组织，既是政权单位，又是经济单位。而且人民公社的"三级所有"，也意味着公社、大队、生产队是逐级隶属的三级经济组织，生产队虽然是基本核算单位，但公社、大队是它的上级经济单位。这就使得公社、大队仍可使用行政或经济手段来平调生产队的财物，而且也使得公社可以通过行政命令的方法管理经济。这样，一平二调的"共产风"、干部的瞎指挥风和工作中的强迫命令作风，都难以根除。当然，这些问题的解决，涉及人民公社这一制度本身的评价问题，要解决它，只能是连人民公社这个外壳也加以抛弃。然而，这个问题并不是人民公社内部体制和相关政策的调整可以解决的，也是当

① 国务院农林办公室公社处：《农村人民公社各级组织、规模一年来的变化和问题》，1963 年 2 月 7 日。

时的历史条件下难以做到的。

尽管如此，到这时的人民公社虽然仍维持着政社合一的体制，但已经彻底抛弃了向共产主义过渡的基层单位的功能定位，而是主要承担基层政权组织的职能，相当于原来的乡人民政府。生产队成为基本核算单位，既具有生产资料的所有权、使用权，也具有产品的分配权，其功能与职权相当于原来的高级农业生产合作社。也就是说，"农业六十条"草案与修正草案所作的重大调整，人民公社的性质已发生了重大改变，虽然它还保留着公社、大队、生产队的名称，但这三级组织实际上已相当于公社化前的乡人民政府、行政村和农业合作社。而且鉴于1958年以来农村政治经济体制变动给农业生产和农民生活造成严重影响的教训，"农业六十条"修正草案明确规定以生产队为基础的三级集体所有制"至少三十年"不要变动，这规定由于毛泽东的坚持，历经后来的"文化大革命"也没有突破，从而保持了农村政治经济体制的基本稳定。这种体制一直延续到中共十一届三中全会之后包产到户和撤社建乡。

自1960年11月《中共中央关于农村人民公社当前政策问题的紧急指示信》以来，庐山会议后出台的一系列"左"的政策得到了纠正，农民的生产积极性得到了较好地调动，受"大跃进"和"五风"严重破坏的中国农村开始复苏。1961年，我国虽然仍遭受了较严重的自然灾害，但粮食生产已经开始有了转机，比上年度增产了2.8%，扭转了连续两年大减产的局面。到1962年，农村形势进一步好转，全年粮食总产量比1961年增长了125亿斤，其他经济作物也有了一定的发展，全国已有1/4的县农业总产量恢复和超过了1957年的水平。农民生活水平有了明显改善。1960年，全国农民人均消费68元，相当于1957年的77.1%；1961年上升到82元，1962年又上升到88元，分别为1957年的78.5%和84.4%。到这时，中国农业和中国农民都走出了新中国成立以来最困难的时期。这一切表明，正确的农村和农业政策，对中国农业的发展和农民生活水平的提高是多么重要。

第九章 “单干风”

一、安徽“责任田”

“农业六十条”自起草到修改的全过程中，都是着力调整生产大队与生产队的关系，解决队与队之间的平均主义的问题，但是，生产队内部社员与社员之间的平均主义仍然没有克服。

“农业六十条”修正草案虽然规定了劳动定额和评工记分制度，指出凡是有定额的工作，都必须按定额记分，对于某些无法制定定额的工作，采用评工记分的方法。以宁夏永宁县王太大队为例，这个大队根据社员技术的高低、劳动的辛苦程度和生产中的重要性，将农活分为五个等级。其中一级活的标准是技术要求高、劳动强度大，又是关键性的活计，如挖大渠、播种、薅水稻、割小麦等 25 种，二级活如挖支渠、薅草等 26 种，此外还有三级活 25 种，四级活 12 种，五级活 8 种。这个大队以三级活为基本级，每天报酬为 7 个工分，二级和一级活则上推为 8 分、9 分，四级和五级活则下推为 6 分、5 分，然后在此基础上进行评工记分。① 这种做法虽然也在一定程度上体现了按劳分配的原则，但农活复杂多样，轻重不一，制定定额是一件相当麻烦的工作。实际上，相当多的农活是无法制定

① 《永宁县王太大队怎样实行定额管理》，《宁夏日报》1961 年 8 月 10 日。

定额的，而且即使是同样的定额等级，劳动的质量和效果也会因人而异。

人民公社在废除供给制与工资制相结合的分配办法后，普遍推行了评工记分的方法，按工分的多少与生产队的收益确定分值，以此为依据进行分配。这种方法带来了另一个问题，评工工作既繁琐费时，又很难处理好社员间的关系，常常是早早收工开始评工记分，评到半夜也评不清楚，社员之间为工分争论不休成为常事。所以，不少生产队都嫌评工记分麻烦，在评工记分时常常确定男女劳动力的基本工分，除了农忙时季，每个人都按照基本工分记分。比如，一个青壮年男劳动力一天 10 个工分，这样，一旦基本工分确定下来后，不管劳动能力的强弱、劳动态度的好坏、技术水平的高低，只要是同一年龄段的劳动力每天的工分固定不变。社员整天在一个生产队中集体劳动，相互之间又往往沾亲带故，真正评起工来谁也抹不开脸面，也不可能天天评工。于是，评工流于形式，记分是平均主义，成了“大概工”。

虽然“农业六十条”中也强调生产队必须认真执行按劳分配、多劳多得政策，避免社员间在分配上的平均主义，但首先是作为分配基础的工分上的平均，再加上生产队采取基本口粮和按劳动工分分配粮食相结合，在粮食分配中人头占了相当大的比重，实际上由原来分配上的“大锅饭”变成了“二锅饭”，原来劳动中的“大呼隆”变成了“二呼隆”，社员间的平均主义仍然存在，并影响社员生产积极性的进一步发挥。

要解决社员与社员间的平均主义问题，显然是定额管理和评工记分所无法解决的，而是必须对人民公社的管理体制进行更大的突破。

对于如何克服社员间的平均主义，调动农民更大的生产积极性，迅速扭转农村的困难局面，许多干部都在思考这个问题。中共安徽省委第一书记曾希圣便是其中之一。

在“大跃进”和人民公社化运动中，安徽曾是最积极的省份之一，结果付出了惨痛的代价。作为省委第一书记，曾希圣对安徽在“大跃进”和人民公社化运动中出现的严重问题及由此而造成的严重困难，是有责任的。但是，曾希圣在困难面前不是推卸责任，而是积极地探求解决困难的办法。

中共中央华东局成立后，曾希圣就任第二书记，不久又兼任中共山东省委第一书记。一个人同时兼任两个省的党委第一书记，在当时仅曾希圣一人，也足见中共中央和毛泽东对他的信任。

1960年冬，在中共中央召开的一次各中央局书记会议上，曾希圣听毛泽东说“可以把高级社时期实行田间管理农活包工到户的办法恢复起来”，很受启发，认为过去的包工到户，由于责任不明，社员只关心工分，不关心产量，只争工分，不讲质量，只关心自留地，不关心大田生产，而且评工记分手续繁琐，等工、窝工、混工现象很严重，恢复农村经济可以考虑走包产到户的路子。1961年2月，曾希圣辞去山东省委第一书记之职，在回安徽途经蚌埠时，安徽省委常委张祚荫向他介绍了这样一个情况：1960年，宿县有一位70多岁的老农，得到公社允许，带着生病的儿子到山区养病和生产自救。父子俩开了16亩荒地，交给公社粮食1800斤，自己还有自用口粮、种子和饲料粮1500斤，喂鸡养猪得了现金60元。这位老人根据自己的经验，向有关领导建议，最好把田包给社员去种，统一分配，不然不少社员混工分，没有责任心，生产搞不好。曾希圣听了这件事后，认为这位老人是一位有社会主义觉悟的人，他创造了包产到户的方法，值得推广。

回到合肥后，曾希圣立即召开省委书记处会议，研究包产到户问题。会上，曾希圣提出了“按劳动底分包耕地，按实产粮食记工分”的联产到户责任制的新办法。安徽省委书记处研究后同意试行这个办法，但考虑到这个办法虽然没有包产到户之名，却是行包产到户之实，而大家对庐山会议后将包产到户当作“走资本主义道路”而大加批判记忆犹新，建议先请示一下华东局第一书记柯庆施，看看他的态度。柯庆施对这件事也拿不准，答复说，这个办法不推广，每个县先搞一个典型试验一下。

1961年2月下旬，安徽省委组织工作组来到合肥市郊蜀山公社井岗大队南新庄生产队，进行“按劳动底分包耕地，按实产粮食记工分”的联产到户责任制的试点。结果在这个队的29户中，25户积极拥护，3户赞成，只有1户被撤了职的大队干部不赞成。经过讨论，社员们认为这个办法既不是单干，也不是土地还原，因为土地和大型农具仍然公有，包产部分也不是谁种谁收，而仍是统一分配。在工作组的帮助下，先按劳动底分划出田块，再根据田块的好坏逐丘定出产量、用工量，并计算出需要统一用工的大农活、技术活与包到户的用工比例，最后逐块定出产量总数，包产到队，定产到田，以产计酬，大农活包到组，小农活包到户，按大小农活的比例计算奖赔，简称“责任田”。① 安徽省委工作组在试点中认为，联产到户具有十大好处：一是人人有责，大家都会动脑筋想办法来增加生产；二是所有能够参加劳动的人都参加劳动；三是人人都要努力学习生产技术；四是自留地和大田在用肥方面能够统筹兼顾，清除矛盾；五是社员能够更好地安排自己的劳动时间和休息时间，更好地做到劳逸结合；六是大家都会更加爱护耕畜农具；七是能够保证农活质量，不窝工，不出废活；八是能够限制那些投机取巧的人；九是户户都会更好地培养丰产田，并且能够更加做到精打细收，颗粒不丢；十是能够更快发展养猪养家禽，以及其他副业。②

在试包的过程中，也有少数干部对责任田提出怀疑，担心这样做是变相单干，会使中农合算，贫农吃亏，使困难户没有办法，会发生瞒产私分，队、组干部只顾种自己的地，放松领导等。针对这种情况，根据曾希圣的意见，安徽省委做出了《关于推行包产到队、定产到田、责任到人办法的意见》，下发到各地、市、县委。意见对部分干部的上述疑虑一一作了解答，并总结出了推行“责任田”的种种好处。1961 年 3 月中旬，安徽每个县都搞起了一两个“责任田”试验点，一些社队则干脆自发地搞起“责任田”。在不长的时间里，全省搞“责任田”的生产队达到了 39.2%。

1961 年 3 月 7 日，曾希圣来到广州参加“三南”会议，并将安徽“责任田”的一份材料让田家英转送毛泽东。田家英看到材料里讲到一些缺乏劳动力的社员，特别是孤儿寡母在生产和生活上遇到困难，无法控制自己的感情，3 月 18 日，他致信毛泽东说：“寡妇们在无可奈何的情形下，只好互助求生。她们说：‘如果实行包产到户，不带我们的话，要求给一条牛，一张犁，8 个寡妇互助，爬也要爬到田里去。’看到这些，令人鼻酸。工作是我们做坏的，在困难的时候，又要实行什么包产到户，把一些生活没有依靠的群众丢下不管，作为共产党人来说，我认为，良心上是问不过

① 安徽省农村经济委员会等：《安徽“责任田”资料选编》，1987 年编印，第 3 页。

② 中共安徽省委办公厅：《有关“责任田”办法的文件汇编》，1962 年 3 月 29 日。

去的。”田家英在信中还说，依靠集体经济克服困难，发展生产，是我们不能动摇的方向。为了总结多方面的经验，应当进行各种各样的试验。包产到户的办法，也不妨试一试，但是只能是试点。从宿松的材料看，包产到户，在安徽已经不是简单的试点了，已经是在大面积推行。这种做法，应该制止。对于搞包产到户，毛泽东也是不赞成的。田家英的信引起了毛泽东的共鸣，他立即将这份材料和田家英的信批给中央政治局常委和各中央局的书记看。当时，有人赞成田家英的意见，但陈云却对此不以为然，并且说：“安徽搞包产到户，应该允许人家试验嘛！”①

1961 年 3 月 15 日上午，曾希圣向毛泽东汇报了“责任田”的情况。此时，毛泽东正在全力探索如何解决人民公社内部的两个平均主义问题，所以对曾希圣说：“你们试验嘛！搞坏了检讨就是了。如果搞好了，能增产十亿斤粮食，那就是一件大事。”曾希圣立即打电话告诉安徽省委说：“现在已经通天了，可以搞。”过了几天，毛泽东又通过柯庆施转告曾希圣说：可以在小范围试验。②

这期间，安徽省委向各地、市、县委第一书记发出了一封信，认为包产到队、定产到田、责任到人的办法，符合中共中央关于当前农村人民公社的十二条政策，对调动广大群众的生产积极性，加强社员的责任心，恢复和发展农业生产有很大意义。同时附上《关于推行包产到队、定产到田、责任到人办法的意见（第二次修改稿）》。这个文件认为：“只要符合社会主义原则，符合十二条政策，任何有利于发挥人民公社的优越性，有利于迅速发展农业生产，特别是粮食生产的办法都可以采用。”③

这时，安徽的“责任田”已经不是小范围而是大范围了。3 月 18 日，毛泽东将田家英给他的信批给了曾希圣及刘少奇、周恩来、邓小平、彭真、柯庆施阅读。为使“责任田”不至于夭折，曾希圣于 3 月 20 日给毛

① 董边等：《毛泽东和他的秘书田家英》增订本，中央文献出版社 1996 年版，第 89—90 页；中共中央文献研究室：《毛泽东年谱（1949—1976）》第 4 卷，中央文献出版社 2013 年版，第 563 页。

② 薄一波：《若干重大决策与事件的回顾》下卷，中共中央党校出版社 1993 年版，第 1080 页。

③ 安徽省农村经济委员会等：《安徽“责任田”资料选编》，1987 年编印，第 31 页。

泽东写了一封信，为“定产到田、责任到人”的办法进行解释。信中说：“群众所提的逐丘定产、逐丘定工，按劳动力强弱承包一定数量的田亩，再以工除产，得出每个劳动日的产量，以产量来计算工分，这实际上就是包产到户的办法，但我们并不是一成不变地采纳这个办法。”信中认为，群众所提的包产办法，有它的好处，也有它的坏处。好处是改变了计算工分只计数量、不讲质量的缺点，堵塞了投机讨巧的空子，能更好地体现多劳多得的政策，能提高每个社员对包产的责任心和生产积极性；坏处是可能产生“各顾各”的危险，有些农活可能出现争先恐后的现象，自私自利的思想可能发展，困难户的困难可能得不到解决等。

曾希圣解释说，“定产到田、责任到人”的做法既吸取了包产到户的好处，又规定办法防止了它的坏处，这主要是做到了“分配统一”“大农活和技术性农活统一”等“五个统一”。“所以这个办法不是人们所理解的‘包产到户’，实际上是田间管理包工到户，再按产量给奖的办法。也可以说是集体农活与零散农活相结合的包产办法。”他还将这种办法总结了八点好处，即：（一）包产比较落实；（二）包产指标增加；（三）出勤率大大提高；（四）参加农业生产的人数增多；（五）麦田管理有显著加强；（六）男女老少积极积肥；（七）积极修添农具；（八）搞私有的减少。信中最后说，从试点看，情况是好的，增产的可能性很大。当然，这个办法“需要在实践中继续摸索，才能最后作出结论”。① 对于曾希圣的这封信，毛泽东没有表态。

4 月 23 日，曾希圣在安徽省地市县委第一书记会议上作总结报告时，又专门讲到了包工包产责任制问题，认为高级社以来的包工包产办法，责任不明，社员只争工分，不讲质量，评工记分手续相当麻烦，且不容易做到合理，这样一来，社员只顾自留地，不关心大田生产。这些情况在高级社时就存在，公社化后，责任制就更差了，并且把高级社那一套包工包产的办法也打掉了，所以省委提出“责任田”这个包工包产新办法，以解决责任制的问题。并且认为这个办法能加强社员责任心，更好地贯彻按劳分

① 《当代中国农业合作化》编辑室：《建国以来农业合作化史料汇编》，中共党史出版社 1992 年版，第 649—650 页。

配原则。

广州中央工作会议之后，安徽省委既不想将“责任田”停止下来，又担心这种办法会被认为是包产到户，加之邻近的一些省份听说安徽搞了包产到户，许多生产队也要求仿效安徽的做法。于是，安徽省委于1961年4月27日向中共中央、毛泽东和华东局做出报告，把“定产到田、责任到人”的办法改称为“包工包产责任制”。报告说：“少数群众把这个办法误解为‘包产到户’，甚至误解为‘分田’，也有的希望多吃超产粮，故意把它说成包产到户”，“实际上，这个办法不是‘包产到户’，更不是‘分田’，这和‘六十条’中所说的‘实行严格的田间管理’责任制，‘有的责任到组，有的责任到人’是完全一致的”。报告还要求中共中央把安徽的做法通知邻省，以免在群众中发生误解。①

1961年7月24日，安徽省委再次就“田间管理责任制”问题报告中共中央、毛泽东和华东局，将这种责任制概括为“包产到队，定产到田，大农活包工到组，田间管理农活（即小农活）包工到户，按大小农活的用工比例计算奖赔”，并介绍了具体的做法，提出了解决困难户的几条办法。报告认为，“经过几个月的试行，看来这个办法是不违背社会主义原则的”。理由是：第一，这个办法“不是包产到户，不是单干”。因为“它并没有违背集体经济的基本原则”，“它并没有改变生产资料所有制，土地、耕畜、大农具仍是集体所有的”，“并没有改变产品收入的分配办法”，“并没有改变集体的劳动方式”，这种办法“只是社会主义集体经济的一种管理办法”。第二，这个办法不会造成两极分化。“社员间的收入水平的差别不会因为实行这个办法而扩大”，对困难户则有多种照顾，他们的生活会有保障。第三，这个办法不会加重社员的私心。社员管理的“责任田”不是长期固定的，而是会随时进行调整，社员不会将“责任田”视为自己的私有田，而且大农活仍然统一做，社员对田间管理也只有操作权而没有所有权，所以不会增加他们的私有观念。报告还总结了实行“田间管理责任制”的七条好处，并且强调：这种办法“是适合当前生产力的发展水平和群众的觉悟水平的，是符合当前农业生产以手工操作为主的特点的。只要

① 《中共安徽省委关于试行包工包产责任制情况的报告》，1961年4月27日。

正确地贯彻执行，它能够发挥对组织和推动生产的积极作用”①。

以曾希圣为首的安徽省委刚开始实施“责任田”的时候，也许仅是一项渡过困难的临时措施，并没有想到这是对人民公社体制的重大突破。但在随后的实践中，他们的认识也在不断深化。安徽省委 1961 年 7 月 24 日对于“责任田”所作的理论分析，尤其是对“责任田”不是分田单干的论述，将土地的操作权（也就是使用权）与所有权分离，认为实行“责任田”后，社员只有土地的操作权，而土地、耕畜、农具的所有权仍是集体的，从理论上回答了如何划分单干与包产到户的关系，是很有见地的。

同月，曾希圣又到蚌埠就“田间管理责任制”问题向途经这里的毛泽东作了汇报，并再次讲到了实行这种办法的好处。曾希圣说：“过去包产的办法，只有队长一个人关心产量，社员只关心自己的工分，现在的办法，不仅队长关心产量，而且每个社员也关心产量。田间管理，长年包工好处很多，缺点是：(1) 可能私心重；(2) 年年要调整，增减人口都要调整‘责任田’。群众反映不光包‘责任田’有私心，评工记分也有私心，过去评工分是抢工分，现在是要把田做好。这个私心比那个私心好，这个私心能提高产量。”② 毛泽东表示：“你们认为没有毛病就可以普遍扩大。”“如果责任田确有好处，可以多搞一点。”

毛泽东认为安徽“责任田”“可以多搞一点”，并不是表明他已经认同了“责任田”，而是此时他正在为解决队与队、社员与社员间的平均主义问题寻求办法。在他看来，安徽“责任田”也不失是一种解决两个平均主义的办法，可以一试。

有了毛泽东这个表态，安徽全省的“责任田”迅速增加。1961 年 8 月中旬，实行“责任田”的生产队达到了 74.8%，10 月中旬增加到 84.4%。到 1961 年底，则更是增加到 91.1%。据国家粮食部副部长周康民对肥东等六县的调查，社队干部对“田间管理责任制”反映良好，他们说在现在生产条件下，这个办法是一个好办法，对鼓舞社员的生产积极性、增产粮食很有好处。肥东县长乐公社涧南大队有两个生产队，一个在

① 《中共安徽省委关于试行田间管理责任制加奖励办法的报告》，1961 年 7 月 24 日。

② 安徽省农村经济委员会等：《安徽“责任田”资料选编》，1987 年编印，第 7 页。

路东，叫路东生产队，实行“田间管理责任制”的办法；一个在路西，叫路西生产队，实行包产到队的老办法。两个生产队的生产条件大致相当，路西队还稍好些，但由于责任制不同，路东队夏收粮食作物每亩达112斤，而路西却只有100斤；秋季作物路东队每亩245斤，路西队只有195斤。①

1961年9月，毛泽东通过邯郸谈话会，从河北一些地方“分配大包干”中得到启发，并决定将基本核算单位下放到生产队。这也使得他对安徽“责任田”的态度发生了变化。如果说，此前他还认为“责任田”也不妨是解决公社内部平均主义的一种试验，那么，基本核算单位下放到生产队后，他认为已经找到了克服公社内部平均主义的根本途径，就没有必要再搞“责任田”之类了。虽然安徽省委一再强调，他们的“田间管理责任制”不是包产到户，不是单干，但其本质还是搞包产到户，而在毛泽东看来，搞包产到户就会有滑向单干的危险。1960年底以来，毛泽东为解决人民公社的问题付出了很多的精力，在他的努力下，中共中央出台了一系列的政策措施，但以生产队为基本核算单位是毛泽东调整人民公社体制的底线，他认为不能再退了，再退就退到了分田单干的道路上去了。

毛泽东这种态度的变化，从1961年11月13日中共中央发出的《关于在农村进行社会主义教育的指示》中可以看出来。指示说：“目前在个别地方出现的包产到户和一些变相单干的做法，都是不符合社会主义集体经济的原则的，因而也是不正确的。在这类地方，应当通过改进工作，办好集体经济，并且进行细致的说服教育，逐步地引导农民把这些做法改变过来。”②

1961年12月中旬，毛泽东将曾希圣找到江苏无锡，以商量的口吻说，有了以生产队为基本核算单位，是否还要搞“责任田”？又说，生产恢复了，是否把这个办法变回来？曾希圣说：群众刚刚尝到甜头，是否让群众再搞一段时间。毛泽东没有再说什么，但他对不要再搞“责任田”的态度

① 安徽省农村经济委员会等：《安徽“责任田”资料选编》，1987年编印，第111—112页。

② 中共中央文献研究室：《建国以来重要文献选编》第14册，中央文献出版社1997年版，第767页。

其实已经明朗了。

尽管如此，安徽省委仍于1962年1月27日发出《关于实行以生产队为基本核算单位和加强田间管理责任制中几个问题的通知》，认为不能否认“田间管理责任制”，不能说这个办法搞错了，一年来的事实证明，凡是搞得好的，生产都有了很大的发展，群众都很拥护。“应该切实总结好的经验，克服存在的问题，继续充实和完备这个办法，不应该全盘否定”。①

在安徽大搞“责任田”时，其他一些地方也出现了各种形式的包产到户。1961年9月，中共中央农村工作部在一份关于各地贯彻执行“农业六十条”情况简报中说：“在一部分生产力破坏严重的地区，相当一部分干部和农民对集体生产丧失信心，以致发展到按劳分田、包产到户、分口粮田等变相恢复单干现象。……更值得注意的，是推行‘包产到户’的做法，尽管这种地区并不占多数，表现形式和具体做法也各有不同，但带有一定的普遍性，差不多每个省、市、区都有发现。个别地方则是有领导地自上而下地执行这种做法。”②

中共广西壮族自治区党委监察委员会反映，在广西各县举办的贯彻以生产队为基本核算单位的训练干部会议上，“主张单干和实行单干的占到会干部的1/4”，“在生产较好的地区，有这种思想和行为的人约占5%”，在“五风”和受灾严重的地区占60%。柳城县参加三级干部会议的417人中，272人主张单干。龙胜县1867个生产队，其中有790个生产队已经包产到户，占生产队总数的42.3%；三江县有15.3%的生产队实行包产到户，8.4%的生产队包产到组。③

当时，明目张胆地提出要搞单干的干部、社员为数是很少的。所谓“单干”，实际上就是包产到户。广西区党委监察委员会曾将单干归纳为七种形式，其中第一种是分田到户，第二种就是包产到户。广西区党委监察委员会认为，单干产生的原因主要是：“农村有些基层党员、干部，由于

① 安徽省农村经济委员会等：《安徽“责任田”资料选编》，1987年编印，第134页。

② 《当代中国农业合作化》编辑室：《建国以来农业合作化史料汇编》，中共党史出版社1992年版，第648页。

③ 王祝光：《广西农村合作经济史料》上册，广西人民出版社1988年版，第361页。

几年来受到‘五风’的危害，对人民公社集体经济的优越性发生动摇和怀疑；对‘六十条’政策和调整以生产队为基本核算单位产生误解；一些社员和干部资本主义思想的滋长。”① 这里所概括的农村发生“单干”的原因，还是符合实际情况的。经过这几年的困难，广大农民的确对人民公社的“优越性”已有了很大的怀疑。

当时，广西龙胜地县的包产到户比较突出。1958 年以来，由于共产风、浮夸风、强迫命令风、瞎指挥风和干部特殊化化等“五风”的影响，龙胜的农业生产遇到严重破坏，粮食产量下降，人民生活困难。据 1960 年对 108 个生产大队的统计，社员平均口粮在 300 斤以下的有 93 个大队，占 86%，有的生产队人均口粮不足 150 斤。加上分配上仍勉强维持供给制，农民在公共食堂吃平均主义“大锅饭”，社员出工不出力，生产得不到发展，收益也大幅度降低。1959 年全县人民公社的收益分配中，最高的队平均每人分得 77 元，按全年出工 300 天计，平均一个劳动日值 0.26 元；最低的队平均分得 33 元，平均每个劳动日 0.11 元。扣除口粮款，多数社员成了超支户。

口粮减少、收入降低所带来的是人民生活水平的急剧下降和浮肿病、非正常死亡的上升。1961 年 4 月，中共龙胜县委组织了以县委书记为团长的慰问检查团，对全县的疾病及治疗情况进行了一次检查。据当时的统计，至这年 4 月 22 日，全县有病人 8885 人，占总人口的 8.2%。其中，浮肿病 3750 人，占病人总数的 42.2%；干瘦病 1839 人，占总数的 20.6%。病人中是劳动力的 5316 人，占全县劳动力总数的 11.6%。个别地方的情况更为严重。该县泗水公社三宅大队有 95 户，380 人，共有 4 个自然屯，8 个生产小队。这个大队 1961 年 5 月 22 日统计有病人 53 人，占大队总人口的 19.3%，其中浮肿病 43 人，干瘦病 8 人，其他病 2 人；到 6 月 30 日统计，病人增加到 140 人，占总人口的 37.3%。这个大队 1960 年死亡 19 人，占当年总人口 421 人的 4.5%；1961 年 1 月至 6 月底共死亡 14 人，占总人口 402 人的 3.4%。

从 1961 年春开始，龙胜一些地方自发地搞起了三包到组（作业组）

① 王祝光：《广西农村合作经济史料》上册，广西人民出版社 1988 年版，第 363 页。

和三包到户。到1961年6月，龙胜全县18个公社189个生产大队中三包到组到户的情况都不同程度地存在。据统计，三包到组的有25个大队，占大队总数的13.2%，三包到户的有81个大队的374个生产队，占大队总数的42.8%，生产队总数的20.7%。该县泗水公社的每个大队都有三包到户的生产队，这个公社92个生产队中有86个搞了三包到户，占生产队总数的93.4%。

1962年春，中共龙胜县委将当时生产队的情况分为四类：一类是坚持集体统一经营，即坚持统一生产计划，统一劳力调配，统一分配；二类是包工不包产，即将部分或全部耕地包到户，按田亩确定工分数量，实行长年包工，不定产量，产品归生产队统一收割和分配；三类是包工包产到户，包产以内的按产计工分，统一分配，超产部分按比例分成或全给社员，即群众所称的“吃尾巴”；四类是按人口或基本口粮分田到户，各种各收，各交公粮，对五保户、困难户适当照顾。另外，还有少数高、深山散离户和生产组，经县、社批准，只交公粮。据这年春的统计，龙胜全县属于一类和二类的生产队有688个，占生产队总数的45.2%；属于三类的生产队有830个，占43.4%；属于四类的生产队有218个，占11.4%。

1962年6月，中共甘肃省临夏回族自治州委决定在全州范围内推行“包工包产到户”和“大包干到户”，在前后一二十天的时间内，全州就有5943个生产队实行了这种办法。甘肃农民说：“我们已经连续5年没有吃饱饭了，这样做，是迫不得已的。”“我们的脑子想进步，就是肚子太反动了。”①这从一个侧面反映了许多干部群众热衷于包产到户的原因。陕西不少地方也搞起了包产到户，据后来中共陕西省委的一份报告，全省有百分之十几的生产队不巩固或很不巩固，“其中有极少数(大约2%）已经瓦解，实行了‘分田到户’、‘包产到户’”。清涧县的情况尤为严重，“单干倾向严重的占17%，已经瓦解和接近瓦解的占14%多”。单干的形式主要有分田到户、包产到户、过分划小核算单位等。②

① 《当代中国农业合作化》编辑室：《建国以来农业合作化史料汇编》，中共党史出版社1992年版，第705页。

② 陕西省农业合作史编委会：《陕西省农业合作重要文献选编》下册，陕西人民出版社1993年版，第1037页。

到1962年秋，湖南全省有25200多个生产队“已经分田单干”，占全省生产队总数的5.5%。这些生产队，“有的实行了分田到户，有的实行了‘井田制’（按：即口粮田分到户，征购粮田集体耕种），有的实行了包产到户”①。四川省峨眉县的青龙、燕岗、双福三个公社，“一年多来，在省委一再强调要坚决纠正的情况下，这里的包产到户等单干，却由少到多、由隐蔽到公开地大量发展起来”。其中双福公社1961年大春生产时只有4个生产队搞包产到户，1962年小春生产时发展到34个，1962年9月初发展到99个，占99%。②浙江嵊县19个公社，1861个生产大队中，土地落户的有68个大队，占3.6%；包产到户的有134个大队，占5.3%。该县儒岙公社60个大队中，包产到户的大队占78%。丽水、泰顺两县也有20%的大队搞了包产到户。③

当时，还有一些地方用变通的办法搞起了包产到户。1961年8月26日，中共湖南省委发出通知，提出凡是集体单位不能充分利用的冬闲田，允许借一部分给社员个人种植冬菜和冬种春收作物，借田的数量，一般地区可以1—3分，灾区可以3—5分。借给社员耕种冬闲田的收入，全部归社员个人所有。1962年3月，经国务院副总理李富春、中南局第一书记陶铸同意，中共河南省委决定借一部分土地给灾情严重的豫北、豫东地区的群众生产自救。5月，中共河南省委又作出《关于迅速落实借地工作的通知》，允许人均耕地2—3亩的地区，借地加自留地不超过耕地的15%，在人均耕地1亩左右的地区，借地加自留地可不超过20%，借地期限规定3—5年。在盐碱地、沙荒和生产力破坏严重的地区，还可以酌情多借一些地给社员。

① 《当代中国农业合作化》编辑室：《建国以来农业合作化史料汇编》，中共党史出版社1992年版，第749页。

② 中共四川省委农村工作部工作组：《峨眉县青龙、燕南、双福三个公社包产到户情况调查》，1962年9月5日。

③ 中共浙江省委农村工作部：《关于包产到户问题的报告》，1961年7月12日。

二、党内分歧

1962年初的“七千人大会”后期，按照毛泽东提出的要把大会开成“出气会”的要求，各代表团纷纷开展了自我批评。在“大跃进”和人民公社化运动中，安徽“五风”比较严重，曾希圣在会上受到了批判，遭到了撤职处分。结果，曾希圣推行的“责任田”也被连带批判，说“责任田”是“犯了方向性的严重错误”，“带有修正主义色彩”。

新的中共安徽省委成立后，立即着手纠正“责任田”。1962年3月20日，安徽省委常委会议通过了《中共安徽省委关于改正“责任田”办法的决议》。决议认为，安徽全省大部分地区实行的“责任田”办法，“与中央‘六十条’和关于改变农村人民公社基本核算单位问题的指示的精神是背道而驰的”。“因为这个办法是调动农民的个体积极性，引导农民走向单干，其结果必然削弱和瓦解集体经济，走资本主义道路。”决议无视安徽推行“责任田”以来农村面貌发生的变化，认为1961年安徽农村经济的复苏，粮食产量的增加，“责任田”的办法虽然起了某些暂时作用，“但主要还是中央‘十二条’和‘六十条’所发挥的作用，如果不搞‘责任田’，坚决按照中央的方针政策办事，农村的情况可能更好一些”。其实，正是有了“十二条”和“农业六十条”，才使曾希圣等人的思想有了解放，才敢于冒风险进行“责任田”的试验。

新安徽省委将“责任田”的“严重后果”归结为六个方面：第一，出现了严重的单干倾向；第二，产生了两极分化的苗头；第三，削弱和瓦解了集体经济；第四，影响了国家征购和生活安排；第五，影响了按劳分配原则的贯彻；第六，对基层组织起了腐蚀和瓦解作用。安徽省委为此提出，在1962年内要将“责任田”大部分改过来，其余部分在1963年改过来。

“责任田”得到了安徽广大农民拥护，在新的安徽省委大张旗鼓地纠正“责任田”时，据当时的一份调查，仍有10%左右的社员，主张继续搞包产到户，不愿改正“责任田”；有20%左右的社员不愿搞“责任田”，这主要是干部、党团员、积极分子、困难户和劳动力少、技术差的户；其余70%的社员处在中间状态。当然，这个统计数字未必可靠，但即使是这10%和70%，也说明实施"责任田"是深得人心的。

1962年4月14日，中共贵州省委作出《关于解决包产到户问题的意见》。这个文件说，贵州包产到户的现象，在1961年春夏之间即在少数生产队出现，当时虽然也采取了一些措施进行纠正，但未引起各级党组织的足够重视，因而在1961年冬和1962年春又有了蔓延和发展。贵州省委对包产到户的后果所作的估计是："如果任其发展下去，必然会使我省农村人民公社的三级集体所有制从根本上受到破坏，使已经有了将近七年历史的社会主义农业集体经济解体，使现在已经受了很大破坏的农村生产力再一次遭到更加严重的摧残，使农村的社会主义阵地逐步丧失，使目前财政经济上的困难愈来愈加严重，使我们严重地脱离广大人民群众，从而动摇社会主义建设的基础，其后果是不堪设想的。"贵州省委认为，"包产到户已经成为目前农村工作中的主要危险"，"必须下定决心，坚决地、毫不犹豫地来解决包产到户的问题"①。

其他各省份也相继作出决定，赶快终止正在萌芽中的包产到户。

但是，包产到户的问题并没有就此了结，"七千人大会"后，包产到户再起波澜，党内对这一问题出现了不同的看法。

邓子恢是党内明确主张可以搞包产到户的领导人。"农业六十条"起草和修正前后，邓子恢深入农村进行了广泛的调查研究，了解到农民要求"分田到户"的呼声很高，他感到既要调动农民的积极性，又要防止分田单干，就必须把集体经济与个体经济的优越性结合起来，而克服各自的缺点。因此，他主张建立在集体经济组织统一经营下，全面推行和建立包工、包产和超产奖励的生产责任制。②

1962年4月，邓子恢来到广西桂林检查工作，桂林地委向他汇报时说，龙胜县已经有许多生产队包产到户了，希望他谈谈如何处理这个问

① 《当代中国农业合作化》编辑室：《建国以来农业合作化史料汇编》，中共党史出版社1992年版，第701页。

② 《邓子恢传》编辑委员会：《邓子恢传》，人民出版社1996年版，第553页。

题。邓子恢的态度比较明确，认为“解决包产到户问题，要从有利于生产、有利于团结出发，实事求是地解决”。他对桂林地委说，不应该包产到组、包产到户，而现在已经到组、到户的，就马马虎虎，睁个眼闭个眼算了，等秋收以后再慢慢搞，不要影响生产。他还说，集体的优越性，主要体现在多用劳动力，开辟生产门路，但如果组织不好，窝工浪费，优越性就没有了。单干在一定条件下有它的优越性，但发展下去，要两极分化，所以我们要走集体化的道路。①

回到北京后，邓子恢根据调查的情况，向中共中央和毛泽东报送了《关于当前农村人民公社若干政策问题的意见》。他指出：“各级干部思想上仍然存在着不断革命论，而不认识革命发展阶段论，对三十年不变（指基本核算单位，引者），一般认为只是一时权宜之计。干部思想另一个毛病就是平均主义根子未完全挖掉，总想在生产资料特别在土地上，把穷队富队的经济基础适当拉平。”②他认为，个体生产的危险性在于以个体经济作为主要社会制度，从而产生剥削，产生阶级分化，最后走上资本主义道路。如果能保持集体经济作为农村社会制度的主体，加之政权在我们手里，国民经济的骨干是全民所有制，在这种条件下允许社员在一定范围内经营一些“小自由”“小私有”，在农业生产力还处在以人力、畜力经营为主的当前阶段，能调动农民劳动积极性和责任心，是只有好处没有坏处的。“可惜这种想法尚未被全体干部所完全理解，他们不适当地把农民依靠自己劳动、自产自销的经济看作资本主义，而又过于害怕它对社会主义会起破坏作用。”③

从上面可以看出，邓子恢当时考虑较多的是如何调动农民的生产积极性，如何使集体经济能够吸取个体经济的优势问题，对包产到户并未明确地加以赞成还是反对。“七千人大会”后，安徽强行纠正“责任田”，许多干部虽不能公开反对，但内心不赞成这一做法。1962 年 4 月，宿县符离集区委书记武念慈给邓子恢来信，向他保荐“责任田”。信中说，符离集

① 《邓子恢文集》，人民出版社 1996 年版，第 584 页。

② 《邓子恢文集》，人民出版社 1996 年版，第 589 页。

③ 《邓子恢文集》，人民出版社 1996 年版，第 594—595 页。

区从1961年3月开始试行“责任田”，当年粮食增产18%，深受干部群众欢迎。对于省委纠正“责任田”的决议，区委的干部进行了多次学习和讨论，思想仍然不通。这封信引起了邓子恢的重视，乃派农村工作部副部长王观澜带领调查组前往安徽当涂调查。

1962年6月中旬，邓子恢收到了王观澜报送来的《当涂县责任田的情况调查》。调查报告说，“责任田”做到了生产资料、生产计划、劳动力、分配和上交任务“五统一”，把农民的个人利益和集体经济紧密结合起来，社员的生产热情空前高涨，对恢复生产起了积极作用。邓子恢看了王观澜的调查报告后认为，既然大多数“责任田”不涉及所有制问题，只是集体经营管理的一种形式，就不应加以否定，而应总结经验，加以提高。为了稳妥起见，他又让调查组到符离集所在的宿县调查，结果调查组得出了与当涂调查相同的结论，并且反映当地的干部纷纷要求允许他们试三年，等粮食过了关再改过来。

看了这些报告，结合自己对包产到户问题的了解和思考，邓子恢认为包产到户是可行的。1962年7月11日，邓子恢到中共中央高级党校作关于农业问题报告，着重讲了生产责任制的问题。他指出，现在集体经济的经营管理大部分没有搞好，主要是社员积极性不高；责任心不强，责任制没有建立起来；不能因材使用，分工合作。他认为，农活生产责任制不和产量结合是很难包的。因此，他强调：“不能把作为田间管理责任制的包产到户认为是单干，虽然没有统一搞，但土地、生产资料是集体所有，不是个体经济，作为田间管理包到户，超产奖励这是允许的。”①

当时，党内赞成包产到户的，并非只有邓子恢一人。此前的1961年6月中旬，李富春在上海参加华东局会议后返回北京的途中，下车到安徽滁县专区嘉山县管店公社的车站、丘郢两个生产队，了解麦收情况，并同当地农民进行了交谈。农民们告诉他，由于搞了包产到户，责任到田，生产积极性高多了，并且说：“现在自己种自己收，多种就多收，多收就多吃。”受此启发，李富春觉得包产到户是可行的。他在7月10日给中共中央的一份报告中说：“生产力破坏严重、群众对集体经济失去信心的地区，

① 《邓子恢文集》，人民出版社1996年版，第608页。

除了说服农民和支援农民搞好集体经济外，也可以根据农民的意见采取某些过渡的办法，如安徽的‘责任田’，河南的‘借地’，等等。”①

“七千人大会”后，受毛泽东委派，田家英率调查组到湖南进行贯彻执行“农业六十条”情况的调查。调查组调查了毛泽东家乡湘潭的韶山南岸生产队、毛泽东外祖父家所在的湘乡的大坪大队和刘少奇家乡宁乡的炭子冲大队。调查组一进韶山，就发现群众普遍要求包产到户和分田到户，而且呼声很高。对这一情况，田家英没有思想准备，在“三南”会议上，他还是明确地反对包产到户的。通过进一步调查讨论，田家英一方面觉得搞包产到户明显对恢复生产有利，但另一方面又觉得这个问题重大，不能轻举妄动，因为韶山是个特殊的地方，对全国影响很大。带着这种矛盾的心情，田家英前往上海向毛泽东汇报。结果，毛泽东说：“我们是要走群众路线的，但有的时候，也不能完全听群众的，比如要搞包产到户就不能听。”而此时也在上海的陈云看了调查报告后，却评价说：“观点鲜明。”②

从上海回来后，田家英又到韶山进行了一段时间的调查，于 1962 年 6 月底回到北京，将调查的情况向刘少奇作了汇报。刘少奇对包产到户内心是赞成的。1961 年四五月间，他在湖南宁乡调查时针对包产到户问题就讲过，“有些零星生产可以包产到户”，例如田塍、荒地等。所以，田家英的汇报刚开个头，就被刘少奇打断了。刘少奇说：“现在情况已经明了了。”接着就提出关于实行包产到户的主张，并且详细地讲了对当时形势的看法。当田家英问可不可以将他这些意见报告毛泽东时，刘少奇干脆地说：“可以。”③

邓小平对包产到户也是赞成的。1962 年 6 月下旬，中共中央书记处听取华东局农村办公室汇报，华东局认为安徽搞“责任田”就是单干，是方向性错误。会上赞成和反对的各占一半。邓小平说：“在农民生活困难的地区，可以采取各种办法，安徽省的同志说，‘不管黑猫黄猫，能逮住老鼠就是好猫’，这话有一定的道理。‘责任田’是新生事物，可以

---

① 《李富春选集》，中国计划出版社 1992 年版，第 290 页。

② 董边等：《毛泽东和他的秘书田家英》增订本，中央文献出版社 1996 年版，第 90—91 页。

③ 董边等：《毛泽东和他的秘书田家英》增订本，中央文献出版社 1996 年版，第 91 页。

试试看。”[①]7月2日，中共中央书记处开会，讨论如何恢复农业的问题。邓小平说：“恢复农业，群众相当多的提出分田”，“现在是，所有形式中，农业是单干搞得好。不管是黄猫黑猫，在过渡时期，哪一种方法有利于恢复农业，就用哪一种方法。我赞成认真研究一下分田或者包产到户，究竟存在什么问题，因为相当普遍。你说不好，总要有答复。群众要求，总有道理。”[②]

1962年7月7日，邓小平在接见出席共青团三届七中全会的全体与会者时说，现在出现了一些新情况，如实行“包产到户”“责任到田”“五统一”等等。以各种形式包产到户的恐怕不只是百分之二十，这是一个很大的问题。这样的问题应该是百家争鸣，大家出主意，最后找出个办法来。他还说：“生产关系究竟以什么形式为最好，恐怕要采取这样一种态度，就是哪种形式在哪个地方能够比较容易比较快地恢复和发展农业生产，就采取哪种形式；群众愿意采取哪种形式，就应该采取哪种形式，不合法的使它合法起来。”他进一步指出：“就是有些包产到户的，要使他们合法化”[③]。在这里，邓小平对包产到户的倾向性是不言而喻的。

1962年3月，中共中央批转了中央监察委员会关于广西农村有不少党员干部闹单干的情况简报后，中共中央中南局十分重视。6月6日和7日，中南局第一书记陶铸和第二书记王任重亲赴广西龙胜调查。通过调查，他们发现，“原来估计全县有60%甚至70%的生产队单干了，事实上单干的并没有那么多。那是因为界线不清，把那些正确地采用‘田间管理责任制’的和其他基本上仍是集体经营的生产队，都算到单干里面去了”。陶铸和王任重的分析是，目前龙胜的生产队中，大约60%—70%基本上属于社会主义的集体经营性质；有20%—30%基本属于单干，不过还保留某些集体经济的因素；还有大约10%完全是单干。报告中有价值的是提出了集体经济的四个基本条件：一是主要生产资料集体所有；二是生产统一计划安排；三是集体劳动；四是生产收入统一分配。

① 薄一波：《若干重大决策与事件的回顾》下卷，中共中央党校出版社1993年版，第762页。

② 中共中央文献研究室：《邓小平年谱（1904—1974）》下，中央文献出版社2009年版，第1713页。

③ 《邓小平文选》第1卷，人民出版社1994年，第323—324页。

关于集体劳动，他们认为主要是指劳动力由生产队统一调配，而不是说所有的农活，社员都挤到一块，集体去干。因此，不能单纯从集体操作农活的多少来确定是不是集体生产。虽然陶铸和王任重明确表示反对包产到户和分田到户的单干道路，但他们将“田间管理责任制”与分田单干区分开来，不但保护了一批生产队，也澄清了在这个问题上的一些错误认识。

1962年7月30日，河北省张家口地委第一书记胡开明在华北局召开的农业工作座谈会上，提出了实行“三包到组”责任制的建议。8月8日，他又将这个发言稿打印出来，报送给了毛泽东。

胡开明认为，贯彻“十二条”和“农业六十条”后，农民的生产积极性比以前有了提高，但还没有充分调动起来，其中一条重要的原因“是生产队没有建立起责任制，计算劳动报酬的方法有问题，不能很好体现按劳分配”。

那么，怎样解决这个问题，胡开明建议实行“三包到组”生产责任制。具体做法是：(1) 由社员自愿结合组成一个六七八户或六七八个劳动力的生产组，在一般情况下长期不变。(2) 生产队把全部土地都分到生产组，耕畜、农具也尽可能分到生产组去使用，在一般情况下也长期不变。(3) 根据土地好坏，首先进行土地分等，评出常年每亩产量数、用工数和投资数，然后计算全组的土地总产量、总用工和总投资数，签订“三包”合同，认真执行。(4) 到秋收后，包产以内的全部产量，由生产组交生产队统一分配；包产以外的超产部分，完全归生产组按劳分配。如果因为经营管理不善少完成了包产，则按比例扣除包工数。胡开明在建议中还总结了“三包到组”的七大好处：如生产组有了超产部分的分配权，集体的利益与社员的利益就更加接近了，社员都能掏出真心来干，力争多超产；解决了组与组之间评工记分标准不统一的矛盾，彻底消灭了劳动报酬上的不合理现象；便于社员间互相监督，能够保证农活质量等。①

胡开明并不主张包产到户，认为这种方法在包产以内的产品虽然由生产队统一分配，但在经营方式上却是单干的，这就否定了组织起来的优越

① 胡开明：《建议推行“三包到组”的生产责任制》，1962年7月30日。

性。胡开明同时认为，经过工作，如果社员还是要包产到户不可，也不能硬顶或硬纠，在这种情况下只好允许群众包产到户。对于那些包产到户甚至分田到户的农民，也不要歧视，如果他们生产上有困难，也要满腔热情地去帮助他们，而且要采取说服教育和典型示范的办法，逐步地把他们引导到集体方面来。胡开明的“三包到组”责任制在生产方式上有些类似于过去的互助组，但分配是集体统一进行的，生产资料集体所有，实际上就是进一步划小生产经营单位。他认为，这样既可以调动社员的生产积极性，又能区别包产到户。在当时的历史条件下，不失为一种解决集体经济与农民生产积极性矛盾的方法。

1962 年上半年，不但党内高层有相当多的领导人倾向于包产到户，许多基层干部更是希望能坚持包产到户。在明令取消“责任田”的情况下，安徽太湖县委宣传部干部钱让能还甘冒风险，直接写信给毛泽东，保荐“责任田”。

钱让能在信中一开始就说：“根据太湖县一年多来实行责任田的结果，我想作一保荐，不过与省委 1962 年 3 月 20 日关于改正‘责任田’的办法的决议，是相违背的。尽管如此，我总认为‘责任田’的办法是农民的一个创举，是适应当前农村生产力发展的必然趋势，是‘六十条’和以生产队为基本核算单位的重要补充。有了它，当前的农业生产就如鱼得水，锦上添花。”钱让能说：“一年多的实践证明，尽管有人责难它‘糟了’、‘错了’，然而广大农民群众总认为是‘好了’、‘对头了’，记得去年春，我在推行这一工作的过程中，农民群众的那股劲头是我十多年来（除土地改革外）第一次见到。”

钱让能为“责任田”争辩说，搞“责任田”不是单干，不是发展资本主义，也不是什么方向性的错误，相反，“责任田”是社会主义集体经济的一种管理方式，它并未改变生产资料所有制，土地仍然是集体所有，仍然是按劳取酬，并未改变集体的劳动方式。对于新安徽省委纠正“责任田”，钱让能不以为然，认为“急急忙忙地收回‘责任田’，吵吵闹闹地指责‘单干’，很可能因为一部分是好心的同志不知底里。一部分还是以‘本本主义’的观点害怕农民不跟我们走”。

钱让能说：“据我们调查摸底，拥护‘责任田’的起码占 80%以上，甚至于占90%以上。站在90%以上的人民大众这一边同呼吸，该不能算是尾巴主义吧！怕80%甚至90%以上的人不跟我们走，这恐怕也不能算是马克思列宁主义！哪能有马克思列宁主义者害怕90%以上的人民大众的道理呢！坚定地站在人民群众一边，这是一个马克思列宁主义者的根本立场问题。”①

1958年的“大跃进”是从农业开始的，也正是因为农业生产的所谓“大跃进”，才导致了对中国生产力做出了已经实现了超常规发展这种脱离实际的判断，认为农村原有的生产关系和组织结构，已经不能适应形势发展的需要，于是人民公社顺应而生。多少年来，中国共产党一直以农村作为革命的重心，党的领导人也大多出身农民，应该说，他们很了解农村和农民。长期的农村革命战争环境，使党的干部一方面对农村和农民有一种特殊的感情；另一方面，又感到处理农村和农民问题能得心应手。的确，中共领导的新民主主义革命和社会主义革命事业，都是首先从农村取得成功的。中国革命走的是农村包围城市的道路，中国的社会主义改造首先是完成了农业的合作化。这样一来，党内许多人产生了一种中国农民觉悟高，搞各项事业从农村开始比较容易成功的错觉。结果，急急忙忙地实现人民公社化，带来了一系列的问题，从而使中国农民付出沉重的代价。

实际上，进入社会主义阶段后，许多人并不真正地了解农村和农民，尤其是不了解农村生产力发展水平和农民的觉悟程度。对于当时的中国农民来说，对社会主义毫无疑问是向往的，也是愿意走社会主义道路的。但是，将一向分散生产和生活的农民组织起来，集体生产劳动，产品大体平均分配后，他们中相当多的人的觉悟，还不足以达到自觉劳动的程度，他们首先会不满平均主义、反对平均主义，而当对平均主义无力改变后，他们又会接受平均主义，觉得少劳动、少付出才不致吃亏。当农民接受平均主义后，他们的生产积极性自然得不到发挥。而且，在当时农业生产基本靠手工操作的情况下，农村的生产活动，根本还不需要大机器生产那样的劳动者的相互协作，也达不到“田间管理车间化”的条件，多数农活并不

① 《当代中国农业合作化》编辑室：《建国以来农业合作化史料汇编》，中共党史出版社1992年版，第720—724页。

需要“大呼隆”式的集体劳动，采取安徽这种“定产到田、责任到人”的方法，不失为既保证生产资料的集体所有，又调动劳动者积极性的合理办法。遗憾的是，当时人们的认识还达不到这一点。历史的进步总是有代价的，我们今天对联产承包责任制的比较正确的认识，也正是由于曾经有过20世纪60年代初包产到户的曲折经历。

“七千人大会”后，实行以“田间管理责任制”等不同面貌出现的包产到户，已成为党内党外的共同呼声。包产到户其实并不是新事物，早在刚刚实现农业合作化的1956年，一些地方就已出现“田间管理包产到户”“分户田间管理责任制”等形式多样的包产到户。在1957年下半年进行的农村社会主义教育运动即农村两条道路的大辩论中，包产到户遭到严厉批判，这一事物还刚在萌芽时期就夭折了。1959年上半年人民公社的整顿过程中，包产到户再次出现苗头，但在随后的“反右倾”运动中，它被当作“走资本主义道路”再遭批判。然而，包产到户却有顽强的生命力，在“农业六十条”贯彻执行的前后，又一次冒了出来，并且涉及的人口和地区，都大大地超过了第一次和第二次。究其原因，就是自人民公社化运动以来，分配中的平均主义严重地窒息着广大农民的生产积极性，加之农村出现了自新中国成立以来最为严重的经济困难，农民生活水平大幅度下降，从而使广大农民对人民公社的集体经济失去了信心，于是包产到户由开始时的星星之火，很快呈燎原之势。

集体经济与农民个体生产的积极性，要有机地统一起来，确实是不易做到的。当然，如果集体中的每个成员，都有高度的觉悟，都能做到先集体后个人，都把集体的事业真正当成自己的事业，这个矛盾也不难解决，不但如此，还能充分发挥集体的力量，发挥人多力量大的优势。但是，精神虽然对物质有反作用，可起决定作用的最终还是物质。单靠人的觉悟，是难以长久维持生产工作的热情和积极性的，而且在手工劳动，劳动的产品又不丰富，仅能维持温饱甚至还只能维持生命延续的时候，能够刺激劳动者积极性的，就主要只能靠劳动的质和量与劳动成果的分配直接挂钩，真正实行按劳分配原则。

1960年底以来，农村人民公社进行了一系列的政策调整，特别是确定了以生产队为基本核算单位后，较好地解决了公社、生产大队、生产队及生产队与生产队三级四方的关系，有效地控制了“一平二调”的“共产风”和生产队间的平均主义，但这些措施都没有解决社员间的平均主义问题。事实上，如果不将社员的劳动与分配以直接和直观的形式挂钩，搞生产和分配的两张“皮”，生产队内部的平均主义是难以克服的。广大农民只有当他们感到是真正在为自己生产劳动的时候，才会使出全部力气。在坚持生产资料公有制前提下的包产到户，就成为解决这一难题的比较合理的方法。从这个意义上讲，包产到户，是中国农民在社会主义公有制下使生产与分配有机结合的一个了不起的创造。

三、包产到户的夭折

1962 年夏，从上至国家主席、党的副主席和总书记，下至基层干部和群众，都把包产到户当作恢复和发展农业生产、解决生产队内部平均主义的良方，但是包产到户到底能不能公开合法，还有一个必经的关口，就是毛泽东在这个问题上的表态。因为自“大跃进”以来，党内生活已不大正常，党内民主也遭到破坏，个人专断作风开始滋长。“大跃进”之初，毛泽东对主张反冒进的周恩来、陈云等人的批评，庐山会议对彭德怀的批判，严重地损害了党内的民主决策机制。在重大问题上，最终的决定权在毛泽东那里。他对包产到户的态度，也就决定了包产到户的命运。

然而，毛泽东却并不看好包产到户。在他看来，有了“农业六十条”，又有了以生产队为基本核算单位，人民公社的问题就已经解决。搞包产到户就是搞单干，这也就是在农村要“走资本主义道路”。毛泽东对人民公社内部的平均主义是反对的，所以他才决定将基本核算单位下放到生产队，但他又认为，生产队内部又不能没有一点平均主义，不能搞彻底的按劳分配，否则就不能给贫苦农民以适当的照顾，就不可避免地要出现农村的两极分化。毛泽东对农民尤其是贫苦农民有着深厚的感情，对他们的处境十分同情。搞互助合作，引导农民走集体化道路，就是为了避免农村的两极分化，实现共同富裕。毛泽东认为，如果在共产党领导下，农民仍然穷的穷、富的富，那就有悖于党领导农民搞革命的初衷，搞包产到户就会产生这样的后果。

1962年7月初，毛泽东从外地回到北京。7月6日，陈云致信毛泽东，希望就恢复农业的有关问题同他交换意见。此前的这年5月，陈云在上海找商业部长姚依林、粮食部副部长陈国栋谈恢复农业生产的问题，认为包产到户还不彻底，与其包产到户不如分田到户。用重新分田的办法，可以刺激农民的生产积极性，以便恢复农业的产量。陈云还要姚依林帮他算一笔账，分田到户后，农业生产每年能增产多少，国家能掌握多少粮食。姚依林担心地说，这个问题，毛主席怕不会接受。陈云说，毛主席是实事求是的，我去讲。先搞分田到户，这样更彻底一点。集体化以后再搞。7月6日下午1日，毛泽东接到陈云的信。当天下午4点，毛泽东就找陈云谈话。陈云阐述了个体经营与合作经济在我国农村相当长的时间内还要并存的问题，认为当前要注意发挥个体生产积极性，以克服困难。陈云还说，分田到户不会产生两极分化，不会影响征购，恢复只要四年，否则需要八年。当时毛泽东没有表态。但第二天传出消息说，毛泽东很生气，严厉批评说，“分田单干”是瓦解集体经济，是修正主义。① 陈云后来回忆说：“一九六二年我同毛主席谈话后，毛主席很生气，在北戴河开会，批了三个文件给我们看，并对陈云、邓子恢、田家英批得很厉害，把问题上纲到主张分田单干。说分田单干，我还没有发展到那个程度。我说，我只是根据家乡调查的结果，觉得个人搞积极性高一点。”②

接着，毛泽东约见了田家英。田家英在汇报中说，全国各地已经实行包产到户和分田到户的农民，约占30%，而且还在继续发展，与其让农民自发搞，不如有领导地搞活经济。将来实行的结果，包产到户和分田单干的可能达到40%，另有60%是集体的和半集体的。搞包产到户和分田单干，是临时的措施，等生产恢复了，再把他们重新引导到集体经济。田家英汇报完后，毛泽东突然问田家英：你是主张集体经济为主，还是以个体经济为主？又问是田家英个人的意见，还是其他人的意见。田家英回答

① 薄一波：《若干重大决策与事件的回顾》下卷，中共中央党校出版社1993年版，第763页。
② 《陈云文集》第三卷，中央文献出版社2005年版，第522页。

说是个人的意见。对此，毛泽东没有表态。[①]没有表态本身就是一种表态。

其实，毛泽东反对包产到户的态度已是十分明朗，他对邓子恢、田家英主张包产到户非常反感，对刘少奇、陈云、邓小平没有抵制甚至还赞成也不满意。1962 年 7 月 8 日，毛泽东召集刘少奇、周恩来、邓小平、陈伯达、田家英等人开会，介绍了河南、山东两省的夏收情况，说形势并不那么坏，建议刘少奇等找河南、山东、江西的同志谈谈，了解一下农村的形势。在这个会议上，毛泽东明确表示不赞成包产到户，并批评田家英回到北京不修改“农业六十条”，却搞什么包产到户、分田单干。毛泽东还提出要搞一个巩固人民公社集体经济、发展农业生产的决定，由陈伯达主持起草。陈伯达很快就拿出了初稿，并在 1962 年 7 月 19 日和 20 日主持召开了各中央局书记参加的起草委员会会议。

7 月 17 日，毛泽东应邓子恢之请与邓谈话。邓子恢向毛泽东力荐安徽的“责任田”，认为“责任田”能做到主要生产资料、生产计划、劳动力、分配和上缴任务统一于集体，即“五统一”，不是单干，“责任田”实际是一种联产计酬的生产责任制，有强大的生命力，广大农民不愿改变。毛泽东听后没有表示意见，在邓子恢起身要走的时候说，把你给我的报告（指 1962 年 5 月中共中央农村工作部《关于当前农村人民若干政策问题的意见》）和符离集区委同志的汇报送来，我要看看。[②]第二天，毛泽东同中共中央办公厅主任杨尚昆谈话，其中一个重要内容是“走集体道路呢，还是走个人经济道路”的问题。杨尚昆在当天的日记中写道：“我觉得事态很严重!! 十分不安!”[③]

20 日，毛泽东找各中央局书记谈话。毛泽东问与会者：你们赞成社会主义还是赞成资本主义？接着又说：当然不会主张搞资本主义，但有人主张搞包产到户。现在有人主张在全国范围内搞包产到户，甚至分田到户。共产党来分田?! 对农民，要让他自愿，如果有的人非要包产到户不可，也不要采取粗暴态度。问题是要分析农民的基本要求是什么，我们如何领

① 董边等：《毛泽东和他的秘书田家英》增订本，中央文献出版社 1996 年版，第 92—93 页。

② 中共中央文献研究室：《毛泽东年谱（1949—1976）》第 5 卷，中央文献出版社 2013 年版，第 114 页。

③ 《杨尚昆日记》（下），中央文献出版社 2001 年版，第 196 页。

导。有人似乎认为我们和农民搞了几十年，现在好像不行了，难道我们就这样脱离群众？他又说，有人说恢复农业要八年时间，如果实行包产到户四年就够了，你们看怎么样？难道说恢复就那么困难？这些话都是在北京的人说的，下边的同志说还是有希望的。目前的形势究竟是一片黑暗，还是有光明？①

在毛泽东明确表示不同意实行包产到户后，刘少奇不得不收回自己的意见，站到毛泽东的立场上来。1962年7月18日，刘少奇给中直机关和中央国家机关下放干部的讲话中，专门讲到巩固集体经济的问题。他说："现在人民公社的集体经济不够巩固，相当多的集体经济发生动摇，许多地方的农民，甚而至于干部，要求单干，要求分田到户，或者包产到户。""对于这个问题，中央正在讨论，即将规定若干政策措施。"他要求下放干部下去后要抓巩固集体经济的问题。②但同时，刘少奇又认为农业生产必须实行责任制，他指出："我看实行责任制，一户包一块，或者一个组包一片，那是完全可以的。问题是如何使责任制跟产量联系起来。"③。

此时的刘少奇，在包产到户问题上其实是矛盾的。一方面，他对形势的估计与毛泽东明显不同。毛泽东认为，有了"农业六十条"和基本核算单位下放，农村的问题就基本上可以解决，形势正在好起来。刘少奇则认为形势还不能令人过于乐观。他在1962年5月11日的中央工作会议上的讲话中说："从经济上来看，总的讲，不是大好形势，没有大好形势，而是一种困难的形势。"④因此，他主张"要退够"⑤，其中也包括要允许包产到户。另一方面，为了党的团结统一，刘少奇不得不公开与毛泽东保持一致。

---

① 中共中央文献研究室：《毛泽东年谱（1949—1976）》第5卷，中央文献出版社2013年版，第117页。

② 《刘少奇选集》下卷，人民出版社1985年版，第461页。

③ 《刘少奇选集》下卷，人民出版社1985年版，第463页。

④ 《刘少奇选集》下卷，人民出版社1985年版，第444—445页。

⑤ 王光美、刘源等著，郭家宽编：《你所不知道的刘少奇》，河南人民出版社2000年版，第93页。

毛泽东对包产到户的批评并没有就此停止下来。1962 年 8 月 2 日，毛泽东在北戴河同北京、河北、山西、内蒙古等省、市、自治区党委负责人谈话时说，从全国看，今年的收成比去年好，去年比前年好，错误在纠正嘛！有少数人把形势看得很黑暗，也有少数人说一片光明。从整个形势看，前途一片光明，有些问题。问题主要是反映在国内的阶级斗争，也就是究竟是搞社会主义，还是搞资本主义，斗争的时间相当长，一百年以后还有这个问题，这种形势要看到。① 由此看来，毛泽东已将农村出现的包产到户，看作是两条道路斗争的重要表现和阶级斗争的重要内容。在谈话中，毛泽东还讲到生产队规模和管理的问题，认为生产队以 20 户左右为宜，太大了不好。并且说：田间管理责任制要搞好，有的地方按地段包工到组、到户、到人，这是进步的管理办法，不能说不好。第二天，毛泽东在同陕西、甘肃、青海、宁夏、新疆五省区的党委负责人谈话时又说，即将召开的中央工作会议要解决是走社会主义道路还是走单干道路的问题，还说无产阶级与资产阶级的斗争是长期的。

8 月 5 日，毛泽东同邓子恢、陈伯达等人及柯庆施、李葆华（时任中共中央华东局第三书记、中共安徽省第一书记）、陶铸（时任中共中央中南局第一书记、中共广东省委第一书记）、王任重（时任中共中央中央局第二书记，中共湖北委第一书记）谈话。他说：我“周游”了全国，找各大区的同志都谈了一下，每个省都说去年比前年好，今年比去年好。看来并非一片黑暗，有的同志把情况估计得过分黑暗了。当然也不能像 1958 年浮夸时讲的都是一片光明。我是中间派，应当说基本上是光明的，有许多问题还亟待解决，还要花几年的工夫，才能解决。对于包产到户和单干问题，毛泽东说：有人说，人民公社要垮掉百分之六十，留下百分之四十。还有人说，全部解散单干，四年农业生产就可以恢复。已经搞了单干的，不能勉强去扭，过了半年或一年看出两极分化了，这个问题就解决了，允许百分之几到百分之十几闹单干是可以的，还有百分之九十是集体嘛！如果全部闹单干或大部闹单干我是不赞成的。如果那样搞，党内势必

① 中共中央文献研究室：《毛泽东年谱（1949—1976）》第 5 卷，中央文献出版社 2013 年版，第 122 页。

分裂。他还说，我是五年计划就去见马克思了，而阶级斗争要贯穿整个历史时期。我在七千人大会上的讲话，讲到建成社会主义要五十年、一百年或更多的时间。讲这一段话的意思是要人们懂得，有资产阶级存在，不要忘记阶级斗争。①

1962年8月6日至8月24日，中共中央在北戴河召开工作会议，主要讨论农业、财贸、城市等方面的问题。这又是一次著名的北戴河会议。会议开幕的当天，毛泽东就提出了阶级、形势和矛盾等问题。他说，现在一部分农民闹单干，究竟有多少？现在这个时期，这个问题比较突出。是搞社会主义，还是搞资本主义？是搞分田到户、包产到户，还是集体化？农业合作化还要不要？主要就是这样一个问题。已经包产到户、分田到户的，现在暂时不要动，不要去强迫纠正，但是要注意做工作。他还说阶级还要分层。小资产阶级就是要分阶层的，可以分为富裕阶层，比较贫穷的阶层，还有中间阶层。资产阶级、地主富农要争夺小资产阶级搞单干，无产阶级如果不注意，集体化就不能巩固。因为小资产阶级有富裕阶层存在，闹单干的可能性就长期存在，这是单干的社会基础。

在8月9日的中心小组会议上，毛泽东在讲到形势、单干等问题时说：现在有两种人，一种是只讲黑暗，一种是讲大部黑暗，略有光明，任务是从分析形势提出来的，既然是一片黑暗，那任务的提法就不同，就证明社会主义不行，因而就要全部单干，小部集体。然后又必然反映到方针、措施和世界观上来。他接着描绘了一幅搞单干（也就是包产到户）后的“可怕后果”：搞单干，两年都不要，一年多就会出现阶级分化，其中有共产党的支部书记贪污、多占、讨小老婆、放高利贷、买地，另一方面是贫苦农民破产，其中四属户、五保户，这恰恰是我们的社会基础，是我们的依靠。你是站在三分之一的农户的立场上，还是站在三分之二的基本农民群众的立场上，问题就是这样摆在我们的面前。他还说，单干从何而来？在我们党内，有相当大部分小资产阶级成分，包括许多农民，其中大部分是贫下中农，但有一部分是富裕中农出身，或者本人就是富裕中农，也有一

① 中共中央文献研究室：《毛泽东年谱（1949—1976）》第5卷，中央文献出版社2013年版，第126页。

些知识分子，家庭是城市小资产阶级，或者是资产阶级子弟，还有封建、官僚、反动阶级家庭出身的。有的人对社会主义革命缺乏准备。关于矛盾问题，毛泽东说，国内主要矛盾是社会主义和资本主义的矛盾，在农村表现为贫下中农和富裕中农之间的矛盾。①

北戴河会议批判“单干风”，首当其冲的是邓子恢。在8月9日的会议上，有人指责邓子恢在困难面前发生动摇，是代表富裕中农阶层搞资本主义农业的要求，是富裕中农的代表。为此，邓子恢在8月10日的华东组会议上不得不进行申辩，但他仍然认为安徽的“责任田”是做到了“五统一”的，也是符合陶铸广西龙胜的《座谈记录》关于集体经济的四条标准的，不是单干。他说：“我现在对‘责任田’还是这种看法，要作具体分析，安徽的‘责任田’也有搞好了‘五统一’的。”②

迫于压力，邓子恢只得在第二天的中心组会议上作了自我批评，承认自己对于包产到户的看法与毛泽东、中共中央的方针相违背，是方向性的错误。但是，邓子恢并未因检讨而过关。第二天，毛泽东在一份材料上对邓子恢作了措辞严厉的批评：“过了一年……邓子恢同志就动摇了，对形势的看法几乎是一片黑暗，对包产到户大力提倡。”“他没有联系1950年至1955年他自己还是站在一个资产阶级民主主义者的立场上，因而犯了反对建立社会主义集体农业经济的错误。”③

北戴河会议后，接着于9月24日至27日在北京召开中共八届十中全会。会上毛泽东把党内一些认识上的分歧，当作阶级斗争的反映，提出了所谓的“黑暗风”“单干风”和“翻案风”问题，并强调，在无产阶级革命和无产阶级专政的整个历史时期，在由资本主义过渡到共产主义的整个历史时期，存在着无产阶级和资产阶级之间的斗争，存在着社会主义和资本主义这两条道路的斗争。阶级斗争和资本主义复辟的危险性问题，从现在起，必须年年讲，月月讲，使我们对这个问题，有比较清醒的认识，有一条马克思列宁主义的路线。

---

① 中共中央文献研究室：《毛泽东年谱（1949—1976）》第5卷，中央文献出版社2013年版，第130页。

② 《邓子恢文集》，人民出版社1996年版，第614页。

③ 《建国以来毛泽东文稿》第10册，中央文献出版社1996年版，第137页。

主张包产到户的邓子恢再次受到批判。1962年9月25日，当董必武在讲话中讲到“单干风”问题时，毛泽东插话说：邓子恢同志曾当面和我谈过保荐“责任田”，我跟他谈了一个半钟头的话，我就受了一个半钟头的训，不是什么谈话，是受他的训。会上，毛泽东还多次批评田家英的60%包产到户、40%搞集体的主张，并批评邓子恢领导的中央农村工作部搞资本主义，邓子恢是“资本主义农业专家”。①

9月26日，全会召开全体会议，由刘少奇、邓小平、周恩来等人讲话。在刘少奇讲话时，毛泽东就包产到户和单干问题作了不少插话。刘少奇说：在1959年、1960年遭到困难面前，有三种态度：第一种，坚持克服困难，坚持毛主席、中央的革命道路，继续胜利前进。第二种，在困难面前被吓倒、放弃社会主义道路，向后倒退，单干。毛泽东插话：名义上没有放弃社会主义道路，说是经营管理方式，实际上就是单干。刘少奇说：第三种，利用我们暂时的困难，向党发起进攻，企图推翻党的领导。第二种态度是动摇、不坚定，丧失信心，不懂得马列主义；第三种是敌对阶级的态度。毛泽东说：第二种是不懂马列主义，属于认识问题，过几年一看形势好些，就改了，当时没有想到全局和前途，没有想到国际国内关系。刘少奇说：毛主席《关于正确处理人民内部矛盾的问题》中提出的六条标准，最重要的是两条，一条是社会主义道路，一条是党的领导。毛泽东说：主张包产到户和单干，可以建议，但不能采纳。刘少奇说：今年5月会议对困难估计多了些。单干风大，实际单干的不多，并不严重，只有安徽、甘肃多一点。已经单干了的，可以重新组织起来，不愿意的不勉强，先组织那些愿意组织起来的。毛泽东说：有一家就一家，有几家就几家。十家有三家、五家、七家愿意的就组织起来，不愿来的就不来，也不要骂他们是走台湾的道路，但要说他们的方向是不正确的。将来要来还可以来，现在不要闻风而来。散得很多的地方，如安徽可以分二年、三年，说服愿意的先组织起来，一年增加一些。②

---

① 薄一波：《若干重大决策与事件的回顾》下卷，中共中央党校出版社1993年版，第765页。

② 中共中央文献研究室：《毛泽东年谱（1949—1976）》第5卷，中央文献出版社2013年版，第157页。

针对包产到户的问题，八届十中全会专门作出了《中共中央关于进一步巩固人民公社集体经济、发展农业生产的决定》(以下简称《决定》)。《决定》肯定了以生产队为基本核算单位至少三十年不变，同时也规定："人民公社的各种体制、各级规模和条例（按：即'农业六十条'）中的各项重大规定，经过群众讨论，确定以后，也长期不变。"①《决定》提出："是单干力量大，还是集体经济的力量大；是单干能够使农民摆脱贫困，还是集体经济能够使农民摆脱贫困；是单干能够适应社会主义工业化，还是农业的集体化能够适应社会主义工业化；这些问题是需要回答的。"② 对于这些问题，《决定》的出台本身就是最好的回答。

这次全会还通过了修改后的《农村人民公社工作条例（修正草案)》。由于这次全会大讲阶级和阶级斗争，"农业六十条"修正草案也就增加了相关的阶级斗争的内容。如第八条规定："公社、生产大队、生产队，在选举管理委员和监察委员的时候，应该注意使老贫农和下中农占优势。"第五十七条规定，人民公社中的党组织，"要教育党员、团员和干部，正确地执行党在农村中的阶级路线，依靠老贫农和下中农，巩固地联合其他中农"③。

八届十中全会后不久，中共中央撤销了中央农村工作部，理由是中央农村工作部"十年没有干过一件好事"。邓子恢的农村工作部部长自然也当不成了，被调到国家计划委员会当了一名挂名的副主任。

八届十中全会批判"单干风"后，各地相继作出了一系列的纠正包产到户或所谓"单干"的决定。

1962 年 10 月，中共甘肃省委向中共中央和毛泽东报送了《关于临夏回族自治州"包工包产到户"和"大包干到户"情况的检查报告》，表示要在 1963 年内将临夏的包产到户纠正过来，并要求全省做到将巩固人民

① 中共中央文献研究室：《建国以来重要文献选编》第 15 册，中央文献出版社 1997 年版，第 608 页。

② 中共中央文献研究室：《建国以来重要文献选编》第 15 册，中央文献出版社 1997 年版，第 613 页。

③ 中共中央文献研究室：《建国以来重要文献选编》第 15 册，中央文献出版社 1997 年版，第 617、646 页。

公社集体经济当作全党当前最根本的任务。10月11日，中共陕西省委向中共中央和西北局报告说："现在，农村情况已经发生了根本变化。单干风基本上刹住了，各级领导干部中没有人公开主张包产到户了，公社、党支部和生产队的干部也不再继续搞分田到户、包产到户了。有些瓦解了的生产队，又在重新组织起来。"[①]中共安徽省委向中共中央表示，将在1963年春耕以前把全部"责任田"改正过来。中共湖南省委在给中共中央关于纠正"单干风"的报告中说："从根本性质上看，'单干风'与反对'单干风'是阶级斗争，是社会主义和资本主义两条道路的斗争。"从许许多多的材料中清楚地看到，产生"单干风"的根本原因是地、富、反、坏分子捣乱，一部分富裕中农的资本主义自发倾向作怪，利用了少数贫农、下中农对集体经济的暂时的动摇，利用了我们工作上的缺点和错误，煽动起来的，这是问题的本质。"已经分户单干的生产队，拟组织专门的力量进行工作，使之回到集体道路上来。"[②]

与此同时，各地相继作出了类似的规定。至此，包产到户再度夭折，包产到户问题也长期成为禁区，这种状况，一直延续到中共十一届三中全会的召开。

包产到户没有改变生产资料集体所有制的性质，但也应看到，由于劳动力强弱、技术水平高低的差异，即使是同等条件的包产到户，各个社员间收入的多少还是有区别的。也正是这种区别，才能克服平均主义，刺激社员的生产积极性。既然有区别，那么出现一定程度的贫富差别也是难免的。只要采取正确的政策加以引导，再加上保持生产资料集体所有制不变，是不可能产生新的剥削阶级的。当然，在实行包产到户的情况下，对农村中的弱势群体的照顾，也的确是一个必须妥善解决的问题。但如果能坚持统一分配，在政策上对这些人作出明确的保护性规定，就不致使他们的生活水平与其他社员有太大的差距。实际上，担心包产到户后会出现两极分化，进而产生新的剥削阶级，是没有必要的。然而，在当时的历史条

① 《中共陕西省委关于纠正"单干风"、巩固人民公社集体经济情况的报告》，1962年10月11日。

② 《中共湖南省委关于怎样纠正"单干风"的报告》，1962年10月21日。

件下，还难以有这样的认识。

在引导农民走集体化道路的过程中，一再讲要实现全体农民的共同富裕，这是完全正确的。但是共同富裕不是同步富裕，只有让一部分人靠守法经营和诚实劳动先富起来，先富带后富，并通过一定的政策引导才能实现共同富裕。要想让全体农民都在同一个水平上、在同一个时间段做到共同富裕，除非是农业生产的极大发展、产品的极大丰富，否则，在手工劳动为主体的情况下，是不可能的。在社会前进的过程中，无疑要考虑公平，但更要考虑效率，只有较高的效率，才能实现较高水平的公平。任何时候，都不会存在绝对的公平。人民公社分配中的平均主义“大锅饭”，虽然表面上做到了公平，但在这公平的后面，却是干好干坏、干多干少一个样的平均主义。这样的分配方式，对于劳动能力强、劳动态度好、生产技能高的社员来说，又是不公平的。

以毛泽东为代表的一部分共产党人，对贫苦农民特别同情。这种情感，是值得称道的。共产党人有责任帮助他们尽快地富裕起来，使全体人民过上幸福的生活。但这种帮助，不应当是劫富济贫式的帮助，而应在社会生产力的整体提高中去解决。首先是应把社会财富这块蛋糕尽快做大，其次才能考虑蛋糕如何分割的问题。在当时的生产力水平下，包产到户是既坚持集体所有制，又有效地克服平均主义弊端的较好途径。如果社员的劳动付出与劳动所得不能直接体现出来，不管如何进行思想教育，都难解决农民生产积极性不高的问题。农业的根本出路在于机械化，这是当年一个极为重要的观点。这个观点到今天也不能说没有道理。长期以来，中国80%的劳动力在农村搞饭吃，在这样的情况下是不可能实现现代化的。因为现代化的前提是要实现工业化，大量农村劳动力不能转移出去，工业化就不能完成。农业集体化和农业机械化，是当年设想的两个互相关联的农业革命的重要两步。农业合作化时，就进行过先集体化还是先机械化的讨论。结果，我们选择了先集体化后机械化的模式。中国农业集体化实现的速度是异常迅速的，这其中虽然也有不足，甚至有很大的不足，但总体是成功的。

在实现集体化后，一种急于实现机械化的情绪就流露出来。实现机械化既要靠集体的资金积累，也需要土地的连片经营。在中国社会发展条件下，实现农业的机械化和集约经营，将是一个很长的过程。中国是个小农经济历史悠久且如汪洋大海的国家。小农经济有着顽强的生命力，即使在西方发达国家，也仍存在相当数量的家庭经营。古典自由主义经济学都曾预测家庭经营会被资本主义大农场所吞并，大部或全部消失，事实却并非如此。如果说农业合作化是对小农经济的初步改造，那么，人民公社化则带有农业生产工厂化的试验性质。毛泽东在北戴河会议上就说过：我们的集体化，实际上是个农业工厂，不过我们叫生产队，不叫工厂。① 农业集体化无疑是我国农业发展的方向，把千百万农民引上社会主义道路也是中国能否确立社会主义制度的关键。但农业的集体化应当主要体现在生产资料的集体所有上，至于生产经营活动，在手工劳动条件下，实行工厂化、车间化的管理，只能是人力资源的巨大浪费。农产品不同于工业产品，它的生产不是由若干部件组合而成的。工业生产中，流水线的工艺流程，每个工人的生产环节都是上下紧扣的，不能有丝毫的懈怠，一个工人劳动的质和量，马上可以通过下道工序检验出来。即使非流水作业，也可通过产品的计件建立严格的责任制。这是手工劳动的农业生产无法做到的，因为农业生产这种劳动每个人都可以独立进行，不存在上下道工序的相互关联，无法将所有的农活都制定出合理的劳动定额。唯一比较理想的方式，就是劳动与收益直接挂钩的家庭承包责任制为主的统分结合的经营方式。农业的集体化与集体生产劳动是可以适当分离的，土地等生产资料的所有权与使用权也是可以适当分离的，但生产和分配却不能分离。中国农业的根本出路，在于国家工业化和城镇化的实现为农村大量剩余劳动力的转移创造条件，为农业的发展提供资金、技术、装备和社会化服务体系，从而实现农业各部门生产的专业化，农副产品的大量商品化。只有这样，才能实现传统农业向现代农业的转变。可以预见，在今后相当长的时间里，家庭经营仍是我国农业生产的主要方式。在这个问题上急于求成，只会延缓农业现代化的进程。

① 顾龙生：《毛泽东经济年谱》，中共中央党校出版社 1993 年版，第 570 页。

第十章 “四 清”

一、“四清”起因

引导农民走集体化道路，是我国农业发展的必然要求。在中国，没有农民的集体化，就不能完成社会主义改造，也就不能真正确立社会主义制度。但是，自从实现合作化尤其是建立人民公社以来，集体生产与社员个人积极性发挥之间的矛盾，却一直是一个难以协调的老大难问题。集体化后，分配中的平均主义制约着集体化优越性的充分发挥，严重损害了广大农民的劳动热情，也长期困扰着广大农村基层干部。

1956 年下半年，即在全国基本实现农业合作化不久，就曾出现了少数社员因入社后收入降低而闹社、退社的事件。为此，1957 年下半年进行了一场全国规模的农村社会主义教育运动，即社会主义与资本主义两条道路的大辩论，制止了闹社、退社风，使退社的社员重新回到合作社，一些解散了的合作社也得以恢复。但是，因为这次社会主义教育运动是通过“大鸣、大放、大辩论”的方式，采取的是政治手段而非经济手段来巩固合作社，退了社的农民是在强大的政治压力下回到合作社的，而没有改革合作社不合理的管理体制，造成社员闹社、退社的根源——合作社内部分配上的平均主义“大锅饭”问题仍然存在。

更重要的是，这场大辩论是在大张旗鼓的反右派运动进入高潮后展开的，反右派运动本身就存在严重的扩大化倾向，这就不能不对这场社会主义教育运动产生影响。在两条道路的大辩论中，由于对当时的农村形势没有作客观的分析，将农民对合作社的意见，归结为这些农民想“走资本主义道路”，这不但混淆了社会主义和资本主义的界限，将一些本与资本主义搭不上界的东西，牵强附会地当作是资本主义对待，而且也容易将农民的思想认识问题、农民对集体生产管理的不同意见，扣上“走资本主义道路”的大帽子，同时还逐渐形成了一旦农村和农业生产上出了问题，就大抓阶级斗争、从资本主义思想上找原因的思维定式。

庐山会议后，针对部分干部群众对农村人民公社所谓“优越性”的怀疑，中共中央再次提出要在农村开展整风整社，进行一次社会主义教育运动。1960年5月15日，中共中央发出了《关于在农村开展“三反”运动的指示》，要求在农村中深入开展一场反贪污、反浪费、反官僚主义的运动，以达到“普遍提高干部的政治思想水平，改善他们的工作作风，进一步密切党和广大群众的联系；同时，对隐藏在我们队伍中的坏分子加以清理，以纯洁我们的组织”的目的。①

1961年1月1日，中共中央批转了中共河南省信阳地委《关于整风整社和生产自救工作情况的报告》。信阳地委在报告中将此前信阳地区出现的粮食减产和农村人口大量饿、病和非正常死亡，归结为坏人当权和地方封建势力的破坏，因而提出要像新中国成立初期搞土地改革一样大搞整风运动，进行民主革命的补课。在运动中，要充分发动群众，夺取领导权，组织社员代表大会，一切权力归农民代表会。要贯彻狠、准、稳的方针，既不漏掉一个坏人，也不冤枉一个好人。组织健全“司令部”，组织强大的整风队伍。中共中央在批示中肯定了信阳的做法，认为“这是一个好文件，全国三类社（即落后社）都应照此办理”。并强调只要充分信任和依靠贫下中农，敢于揭露情况，就能迅速掀起整风整社高潮，彻底孤立和打倒“反革命势力”，彻底反掉“五风”，完全扭转三类社的局面，重新建立党的领导。

① 中共中央文献研究室：《建国以来重要文献选编》第13册，中央文献出版社1996年版，第378页。

在整风整社的具体做法上，1961 年 1 月召开的中央工作会议通过的《关于农村整风整社和若干政策问题的讨论纪要》提出，对一、二类社的整顿，主要依靠原有的组织力量，并派强的工作团去帮助。对三类社的整顿，“主要依靠上面派去的工作团，经过深入群众，扎根串联，挑选一批真正贫农下中农的积极分子，同时吸收原有组织中好的和比较好的干部参加，组成贫下中农委员会，在党的领导下主持整风整社，并且临时代行社队管理委员会的职权，领导生产，安排生活”①。整风整社运动对于遏止农村“五风”起了一定的作用。但由于对形势的估计和整风整社的做法上存在过“左”的倾向，并没有从根本上解决“共产风”等“五风”问题，而且还对后来的“四清”运动产生了消极影响。

1961 年 11 月，中共中央又一次作出在农村进行社会主义教育的决定，要求结合“农业六十条”的规定，“向农民宣传社会主义、集体主义和爱国主义；要向农民宣传工农联盟，城乡互助，以及兼顾国家、集体和个人利益的重要意义；要向农民宣传艰苦奋斗、自力更生的革命传统”②。这次社会主义教育运动的根本目的，在于增强广大农村干部群众克服困难的信心，巩固人民公社。因为此时严重的经济困难尚未过去，农业生产也尚未根本恢复，农村最迫切的工作是解决农民的温饱问题，实际上这场运动并未广泛地开展起来。

中共八届十中全会上，毛泽东重提阶级斗争问题，并提出在整个社会主义历史阶段中，资产阶级都将存在和企图复辟，并成为党内产生修正主义的根源，阶级斗争要年年讲，月月讲，再次提出要在城乡进行社会主义教育。

八届十中全会后的社会主义教育，是结合批判“单干风”进行的，并以此追查“单干风”的根源。中共湖南省委在 1962 年 10 月 23 日给中共中央的报告中说：“从根本性质上看，‘单干风’与反‘单干风’是阶级斗争，是社会主义和资本主义两条道路的斗争。”“产生‘单干风’的根本原因是地、

① 中共中央文献研究室：《建国以来重要文献选编》第 14 册，中央文献出版社 1997 年版，第 92 页。

② 中共中央文献研究室：《建国以来重要文献选编》第 14 册，中央文献出版社 1997 年版，第 766 页。

富、反、坏分子捣乱，一部分富裕中农的资本主义自发倾向作怪。利用少数贫农、下中农对集体经济的暂时动摇，利用了我们工作上的缺点和错误煽动起来的，这是问题本质。"① 中共陕西省委关于清涧县单干问题给西北局的报告中也说："清涧县的单干活动，早在 1960 年就有发现，地委、县委也都曾经派人进行过调查和纠正，但是，真正纠正了的很少，有的纠了又闹，闹开了又纠。这一方面说明，农村的两条道路的斗争是很激烈的。富裕农民的自发思想和地、富、反、坏分子的破坏活动很嚣张，他们利用天灾和我们工作中的缺点、错误所造成的暂时困难，兴风作浪，企图引导农民离开社会主义道路。"②

在批判"单干风"的过程中，中共湖南省委对当时的形势作了相当严重的估计，认为"当前阶级斗争是激烈的，不论是农村或者是城镇，阶级敌人的破坏活动气焰很嚣张，一股反社会主义的'黑风'刮得很大"，"资本主义和封建势力企图复辟，牛鬼蛇神纷纷出现"，从各方面威胁着集体经济和社会主义建设事业。"阶级斗争在党内的反映也是严重的，一部分党员和干部，已经变质或正在演变"，"有些干部包括有些领导干部，已经蜕化变为资产阶级分子，个别的基层单位已经烂掉"。湖南省委分析，问题比较严重的干部，在县委书记、县长中占 6%—7%，县委部长、区委书记、公社党委书记中占 10%左右。③

1962 年 12 月下旬，湖南对全省的社会主义教育运动作了进一步的部署，决定把重点放在阶级教育上，强调要彻底揭开阶级斗争的盖子，针锋相对地展开斗争，教育干部，发动群众，大张旗鼓地刮"东风"，打击敌人，遏止"黑风"。在运动中，湖南采取先教育干部、后教育群众，先解决内部问题、后解决外部问题的办法。在教育干部上，自上而下，层层训练，第一批集中训练县、区、社三级骨干，第二批集中训练大队骨干，第三批分片训练生产队骨干。湖南社会主义教育的具体做法是：第一，召开贫农座谈会，一面大讲阶级斗争，"揭发敌情""黑风"，一面由干部向贫

① 《当代中国农业合作化》编辑室：《建国以来农业合作化史料汇编》，中共党史出版社 1992 年版，第 749 页。

② 《陕西省委关于清涧县单干问题的报告》，1962 年 10 月 14 日。

③ 《中共湖南省委关于社会主义教育运动情况的报告》，1963 年 2 月 8 日。

农交代自己的问题，听取贫农批评；第二，树立贫农优势，造成激烈的舆论，把“黑风”搞臭；第三，处理问题时划清敌我、严重与一般两个界限。

1963 年 2 月 8 日，中共湖南省委向中共中央、中南局报告说，社会主义教育运动所到之处，“牛鬼蛇神”很快销声匿迹，反攻倒算的地主被迫把土地交回来，搞械斗的交出了武器，赌博的交出了赌具，投机倒把的洗手不干了，有些盗窃的也主动退赃。尤其显著的是，单干的也不干了，凡是运动开展得好的地方，大部分重新组织起来了。①

八届十中全会后，中共河北省保定地委决定利用冬春之季的农闲时间，在全区农村继续深入开展整风整社运动，在运动中对广大农民开展社会主义教育，并决定将运动分三步进行：第一步，学习、讨论八届十中全会公报和毛泽东关于阶级、形势、矛盾的讲话精神，对农村干部群众进行社会主义教育，以解决社会主义方向和“单干风”问题；第二步，宣传、讲解、学习“农业六十条”，发动群众集中解决民主办社和勤俭办社的问题，以整顿干部作风，加强人民公社的经营管理；第三步，在前两步的基础上，建立健全社队各种规章制度，并通过民主选举，健全生产队、大队领导班子，进一步巩固和发展集体经济，掀起生产高潮。根据这一决定，保定地委成立了整风整社办公室，选定了试点县，并派出了工作组。

随后，保定各县都开展了整风整社的试点工作，如定县县委就选择了阜头庄大队作为试点。在试点工作进行到第二步时，群众对干部提出了许多意见，主要的问题是干部不勤俭办社、铺张浪费，账目不清，多记工分。他们说，现在是账目不清，工分不公，钱的来踪去向不明，仓库的粮食没个数。如果不抓住这四个问题弄清，贯彻“农村六十条”就成了一句空话。

根据群众的意见，工作组和大队党支部决定发动群众对生产队的账目、工分、财物、仓库进行一次彻底的大清查，并逐项向群众作出交代。于是，以清账目、清工分、清财物、清仓库为内容的“四清”就构成了阜头庄大队整风整社的中心环节，“四清”的提法也就逐渐形成。阜头庄大队共清出粮食 13879 斤，现款 9070 元。

---

① 《中共湖南省委关于社会主义教育运动情况的报告》，1963 年 2 月 8 日。

1963年1月，定县县委总结了阜头庄大队在整风整社中开展“四清”的经验，并将之报告了保定地委，保定地委又上报给了河北省委。省、地两级党委都对此作了充分肯定。于是，定县县委召开三级干部会议，在全县部署“四清”运动，并将“四清”的内容正式确定为清账（收入、支出和分配账）、清工（主要是干部记工和补助工）、清财（集体财物）和清库（库存的粮、棉、油、肥等）。会后，全县训练了5.9万余名“四清”积极分子，并且有县、区、社干部参加，组成“四清”工作队，在全县范围搞起“四清”。

在得到中共河北省委同意后，保定地委决定在全地区推广定县的经验，在全区农村开展“四清”运动。

2月13日，河北省委召开电话会议，向全省推广保定“四清”的经验。到3月底，河北全省已有30%的生产队结束“四清”，大部分生产队进入“四清”阶段。4月15日至5月6日，河北省委在保定召开整风整社工作会议，对半年来的社会主义教育运动作了总结，认为通过农村社会主义教育运动，纠正了部分生产队分田到户、包产到户和过多发展个体经济的问题，整顿了基层干部的作风，加强了农村基层组织的领导核心。

但是，除湖南和河北两省外，八届十中全会后的社会主义教育运动并没有在农村广泛地开展起来。对于这种局面，毛泽东是不满意的。他后来说：我走了11个省，只有王延春、刘子厚①滔滔不绝地向我讲社会主义教育，其他的省就不讲，河南也是一个。三级干部会也开了，开了几次了，社会主义教育也搞了，但是没有抓住要点，方法不对。社会主义教育的要点，就是阶级、阶级斗争，社会主义教育，“四清”，依靠贫下中农、干部参加劳动这样一套。中央二月工作会议以后，情况有所改变，但是省、地、县三级是否都抓住了，还是一个问题。②毛泽东认为，这个问题尚未引起全党的注意，乃决定召开一次中央工作会议，重点讨论农村社会主义教育和城市“五反”（即反对贪污盗窃、反对投机倒把、反对铺张浪费、

---

① 王延春时任中共湖南省委常务书记，刘子厚时任河北省省长。

② 中共中央文献研究室：《毛泽东年谱（1949—1976）》第5卷，中央文献出版社2013年版，第216—217页。

反对分散主义、反对官僚主义）问题。在1963年2月11日至28日的中央工作会议上，毛泽东为了提起与会者注意农村社会主义教育问题，特地批发了湖南省委关于社会主义教育运动的报告和河北省委关于整风整社运动情况的报告，并在批语中说："两个报告各有特点，都是好文件，值得引起全国各地、中央各部门的同志们认真研究一下。"①

在2月25日的中央工作会议全体会上，在听取刘少奇《关于反对现代修正主义的斗争问题》的报告时，毛泽东插话说：出不出修正主义，一种是可能，一种是不可能。现在有的人三斤猪肉，几包纸烟，就被收买。只有开展社会主义教育，才可以防止修正主义。当刘少奇讲到就是有可能，因此，就要想一种办法来保证时，毛泽东说：根据十中全会以后社会主义教育运动情况来看，也有可能使我们大多数干部了解，使他们跟群众结合，首先是跟贫下中农结合，然后就有可能团结上中农，就可以挖修正主义的根子。②很明显，毛泽东进一步发动农村社会主义教育运动，其根本目的是着眼于"反修""防修"的需要。

在2月28日的闭幕会上，毛泽东提出要把社会主义教育好好抓一下。他说：社会主义教育，干部教育，群众教育，一抓就灵。干部教育中，要保护大多数，使百分之九十以上的同志把包袱放下来，不是洗冷水澡，也不是洗滚水澡，而是洗温水澡。然后，让他们去和贫下中农积极分子结合，经过这些积极分子去串联贫下中农。贫下中农先团结起来，然后团结富裕中农以及或者已经改造或者愿意改造的那些地主残余、富农分子，打击那个猖狂进攻的湖南人叫刮黑风的歪风邪气、牛鬼蛇神。各大区的党委、省委、地委、县委要注意去争取大多数的农村人口，就是贫下中农。现在又证明，我们的干部，包括生产队队长以上的这些不脱离生产的以及脱离生产的，绝大多数不懂社会主义。他们之所以不懂，责任在于我们没有进行教育，没有教材，没有像"六十条"这样的东西以及阶级教育。十中全会公报是很好的一个教材。有教材了，教育的方法，还得照湖南、河

① 《建国以来毛泽东文稿》第10册，中央文献出版社1996年版，第257页。

② 中共中央文献研究室：《毛泽东年谱（1949—1976）》第5卷，中央文献出版社2013年版，第157页。

北现在的办法，参考你们自己的经验，加以研究。要走群众路线，保护大多数干部，又使他们放下包袱，又解决问题。只要五个晚上，歪风邪气、牛鬼蛇神就打下去了，不要多少时间。这个教育问题，提出来还只有一两年，从“六十条”起，还只有两年，从去年七千人大会着重提出教育干部算起，则只有一年多，再有几年，我们的干部是可以教育好的，可以把牛鬼蛇神打下去。①

但是，毛泽东对这次会议也不满意。原因在于，在会议的最后一天，他想延长会期，专门讲社会主义教育问题，为此特地安排刘子厚、王延春在第一排就座，想引起中央第一线的领导同志关注社会主义教育问题。但中央第一线的领导同志没有领会他的意图，会议如期结束。事隔三个月后，毛泽东在杭州说，二月会议的时候，我准备叫他们两人讲一讲，我也讲一讲，你们不赞成。当时为什么叫他们讲呢？无非是因为他们是从下边来的，是从群众中来的。②

1962 年的北戴河会议和八届十中全会后，毛泽东的注意力逐渐地从对“农业六十条”的关注转移到国际“反修”和国内“防修”的问题上来。一方面，通过“农业六十条”的起草、修正，以及随之进行的贯彻落实“农业六十条”带来的农村形势的逐渐好转，毛泽东认为，农村政策的调整已经结束。在这个过程中，出现了安徽“责任田”等各式各样的包产到户，党内有相当多的人对包产到户持支持和同情态度，而毛泽东又是把包产到户与分田单干等同的。他认为分田单干实际上是代表富裕中农的利益，是要在农村走资本主义道路。加之由于严重的经济困难，个别地方出现了地主“反攻倒算”的情况，一些农村的社会治安也由于经济困难而有某些恶化，一些农村干部的多吃多占现象也有所增长，城乡投机倒把呈上升趋势。另一方面，从 1958 年起，中苏两党在国际共产主义运动的许多重大原则问题上出现了严重分歧，毛泽东和中共中央认为，赫鲁晓夫已演变成为“现代修正主义头子”，苏联共产党正在演变为修正主义的政党。这样，毛泽东

① 中共中央文献研究室：《毛泽东年谱（1949—1976）》第 5 卷，中央文献出版社 2013 年版，第 188—189 页。

② 张素华：《60 年代的社会主义教育运动》，《当代中国史研究》2000 年第 1 期。

认为国内的阶级斗争已到了非抓不可的地步了。苏联共产党向修正主义党的演化，也使毛泽东加深了中国共产党会不会出现修正主义的警觉。正因为如此，他在国际上“反修”的同时，提出了国内“防修”的问题。

1962 年 12 月，毛泽东在召集华东各省市党委第一书记谈话时，就提出要讨论国内修正主义、保卫马列主义路线的问题，并说例子各省都有。1963 年 4 月 9 日，他在济南听取中共山东省委负责人汇报时说：如果我们不整风，哪个县都要出修正主义。6 月 4 日，毛泽东在接见越南劳动党代表团时又说，我们在农村经过几次整顿，总整不好。现在找出原因了，一是过去土地改革不彻底，领导权并不在真正共产党人手里或者共产党起了变化，名为共产党，实际上不是了；二是土地改革后合作化有十年了，没有搞阶级斗争了，产生了这种现象（按：指贪污、盗窃等）也是很自然的，社会上总是有这些事的，那么干干净净是不可设想的。出修正主义不是偶然的，一定有其社会经济基础。

二、“前十条”和“后十条”

1963 年 2 月中央工作会议后，各地的“四清”试点工作普遍地开展起来。

中共保定地委 4 月 4 日在给中共河北省委的报告中说，经过一个半月的时间，“四清”第二阶段基本结束，全地区 6128 个生产大队中，有 70%以上的生产大队“四清”工作搞得彻底，“揭发了大量的铺张浪费、干部多吃多占、贪污盗窃等问题”。保定地委认为，“损害集体经济的现象都是资产阶级思想在我们基层干部队伍中的反映；贪污盗窃、投机倒把活动实质上都是资本主义势力的复辟罪行。事实再一次证明阶级和阶级斗争确实是存在的。两条道路的斗争是激烈的。”①

① 中共中央文献研究室：《建国以来重要文献选编》第 16 册，中央文献出版社 1997 年版，第 254 页。

保定地区“四清”工作的具体做法是：第一，认真学习“农业六十条”，统一政策思想，揭发“四不清”问题；第二，对查出的问题先由个人作检讨，并结合进行查证，然后进行退赔处理；第三步，根据“四清”找到漏洞，建立必要的制度；最后是按照“四清”工作的标准进行检查验收。这个报告送到毛泽东手中的时候，他正南下视察经过天津。看了报告后毛泽东当即予以肯定，说不搞“四清”怎么搞社会主义。在路过济南、南京时，他还向山东省委和江苏省委负责人推荐了这个报告。

随后不久，中共中央东北局第一书记宋任穷在给中共中央和毛泽东的报告中提出，在社会主义教育运动中，以阶级和阶级斗争的教育为中心，串联、启发贫下中农进行回忆对比，是一种联系实际的、走群众路线的好方法；要有意识地用村史、合作化史、工厂史、贫下中农和老工人的家史，对青年进行阶级教育，通过新旧社会的回忆对比，用大量的具体生动的史实，教育后代。① 东北局的这一做法，得到了中共中央的认可。1963年5月10日，中共中央批转了这个报告，并认为报告中的这种教育方法“是普遍可行的”。

1963年4月15日，中共河南省委向中共中央和毛泽东报告了全省开展社会主义教育运动的情况。报告中说，整个运动分三步进行，第一步是开好县的三级干部会议；第二步是开好公社的三级干部会议。这两步都是为了训练干部，组成干部队伍。第三步，在群众中开展社会主义教育，经过扎根串联，组成阶级队伍，打击敌人。全省已训练生产队以上干部和贫下中农积极分子150多万人。报告说，仅90个县的三级干部会议揭发出来的材料，大小投机倒把活动就有10万多起，其中“千字号”的上万起，“万字号”的近千起；“反革命集团”活动1300多起；地主富农“反攻倒算”2.6万多起，反动会道门活动8000多起；巫婆、神汉、“阴阳先生”5万多人；续家谱1万多宗；买卖婚姻5万多起。“特别严重的是，不少党员、干部参与了这些活动，有的甚至是他们带头干的。”总之，“这次运动中揭发出来的大量事实，确凿地说明当前我省农村中的

① 宋任穷：《关于农村社会主义教育两个问题的报告》，1963年4月10日。

阶级斗争是十分激烈的”。①

这些报告使毛泽东坚信，农村的阶级斗争和两条道路斗争的形势已十分严峻，发动一场社会主义教育运动对于巩固农村社会主义阵地十分必要。他对东北局、河南省委的报告很重视，提议转发这些文件，并让有关负责人起草了文件的批语。经他亲自修改的中共中央关于东北局和河南省委报告的批语中说：“社会主义教育是一件大事，请你们（指各中央局和各省、市、自治区党委，引者）检查一下自己在这方面的认识和工作，检查一下是不是抓住了要点和采取的方法是否适当，查一查是否还有很多的地、县、社没有抓住这方面的工作。如果有的话（看来一定是有的），应当在农忙间隙，在不误生产的条件下，抓住进行。上半年做不完，可以在下半年做，今年做不完，可以在明年做。特别要注意分步骤的方法、试点的方法和团结大多数、孤立极少数的政策。”②

随着各地社会主义教育运动的展开，毛泽东对国内阶级和阶级斗争形势的估计愈加严重起来。1963 年 5 月 9 日，他在为中共中央起草的浙江省七个关于干部参加劳动的材料的批语中说，如果“地、富、反、坏、牛鬼蛇神”一齐跑出来，而我们的干部不闻不问，有的人甚至敌我不分，互相勾结，被敌人腐蚀侵袭，分化瓦解，拉出去，打进来，许多工人、农民、知识分子也被敌人软硬兼施，照此办理，那就不要很多时间，少则几年、十几年，多则几十年，就不可避免地要出现反革命复辟，马列主义的党就一定会变成修正主义的党，变成法西斯党，整个中国就要改变颜色了。所以，这是一场“重新教育人的斗争，是重新组织革命的阶级队伍，向着正在对我们猖狂进攻的资本主义势力和封建势力作尖锐的针锋相对的斗争”。③

1963 年 5 月 2 日至 12 日，毛泽东在杭州召集有部分中央政治局委员和各中央局书记参加的小型会议，讨论制订《中共中央关于目前农村工作

① 中共中央文献研究室：《建国以来重要文献选编》第 16 册，中央文献出版社 1997 年版，第 301—302 页。

② 中共中央文献研究室：《建国以来重要文献选编》第 16 册，中央文献出版社 1997 年版，第 295 页。

③ 《建国以来毛泽东文稿》第 10 册，中央文献出版社 1996 年版，第 293—294 页。

中若干问题的决定（草案）》，以此作为指导正在开展的农村社会主义教育运动的纲领性文件。毛泽东在5月7日的讲话中说：我们在农村中十年来没有搞阶级斗争了，只是土改搞了一次，“三反”“五反”是在城市，1957年搞了一次，也不是现在这个方法。现在的方法是洗温水澡。说精神愉快，那是结果，要有点紧张，但不是所有的人都那么紧张。有些人实行了退赔，就不戴贪污分子的帽子了。吐出来就算洗了手，一不叫贪污，二不叫盗窃，伤人不要过多。要用现在这个方法，使多数人洗手洗澡，轻装上阵。要把百分之九十以上的人团结教育过来，发动群众，打击极少数贪污盗窃分子。要使多数人有敌我观念，把阶级队伍组织起来。不要性急。今年搞不完明年再搞，明年搞不完就后年。社会总是一分为二，对立的统一，没有贪污盗窃不成世界，不然辩证法就不灵了。他还说：有人有顾虑，无非是两条，一是怕耽误生产，一是怕伤人太多。要使阶级斗争和社会主义教育有利于生产，“四清”“五反”的结果，一定会有利于增加生产。①

5月11日，毛泽东召集周恩来、彭真、各中央局第一书记、陈伯达、江华、胡耀邦等开会。在谈到如何开展“四清”运动时，毛泽东说：不要性急，横直准备搞他一年、两年，两年搞不完就三年。领导弱的地、县，要有意识地放到后面去搞，省委、地委要派人去搞。有的地方不信，就不要勉强搞。可以允许两个办法，一个搞，一个暂时不搞。这样一来，就防止了急。没有自己的经验不行。总之，这一次要搞稳一点，分期分批，一个县也要分期分批，先搞试点，可以有先有后，允许参差不齐。还有，没有蚂蚁的地区就不要找蚂蚁。比如，一类队，一定要搞阶级斗争就不一定。那些地方，过去注意了阶级斗争，注意了社会主义教育，就不一定采取这些方法搞。但是人民内部矛盾是普遍的，那要搞多少年。至于贪污盗窃，多吃多占，自己说出来的，又退了，可以不算贪污分子。赃物赃款，不退不行，又要合情合理，退得太挖苦了也不行，使干部生活过不去也不好。可以采取自报公议的办法。处分的干部可能不到百分之一。②

---

① 中共中央文献研究室：《毛泽东年谱（1949—1976）》第5卷，中央文献出版社2013年版，第217页。

② 中共中央文献研究室：《毛泽东年谱（1949—1976）》第5卷，中央文献出版社2013年版，第225—226页。

5月12日，毛泽东在同各中央局第一书记谈话时再次强调，不要性急，要搞稳一点，不要搞乱了。他说："四清"，我们从来没搞过，过去有许多运动，搞出毛病，后边还要平反。对于干部要着重说服，说服不通的，就用实际证据再说服。没有贫下中农来说服不行，那些顽固的，你们说不行，他就是听群众的。总之，中央局要看情况，如果有人蛮干一气，你就开会，把蛮子说服，不然，那就一下子搞乱了。干部行不行，好不好，这一回是一次大考。对于百分之九十五以上的人，要实行不抓辫子，不打棍子，不戴帽子这一条。手脚不干净的要检讨。要讲清楚，第二批、第三批铺开的不算不名誉，不然他力争上游，一哄而起。就怕伤人，搞过头了。①

《中共中央关于目前农村工作中若干问题的决定（草案）》共分十条，简称为"前十条"（因为同年9月通过的《中共中央关于农村社会主义教育运动中一些具体政策的规定（草案）》也正好是十条，所以用"前十条"与"后十条"来区分这两个文件）。"前十条"所讲的十个问题是：(1) 形势问题；(2) 在社会主义社会是否还有阶级、阶级矛盾和阶级斗争存在的问题；(3) 当前中国社会中出现了严重的尖锐的阶级斗争情况；(4) 我们的同志对于敌情的严重性是否认识清楚了的问题；(5) 依靠谁的问题；(6) 目前农村中正确地进行社会主义教育运动的政策和方法问题；(7) 怎样组织革命的阶级队伍的问题；(8) "四清"问题；(9) 干部参加集体生产劳动的问题；(10) 用马克思主义的科学方法进行调查研究的问题。

关于中国社会中出现的"严重的尖锐的阶级斗争"，"前十条"列举了九种情况，如：地主富农"企图复辟，反攻倒算，进行阶级报复"；被推翻的地主富农分子，千方百计地腐蚀干部，篡夺领导权，有些社队的领导权，实际上落在地主富农手里，其他机关的有些环节，也有他们的代理人；"反动分子的破坏活动"，"多处发现"；"商业上的投机倒把活动很严重"；"雇工剥削、放高利贷、土地买卖的现象，也发生了"；等等。为此，"前十条"得出结论："任何时候都不可忘记阶级斗争"。"前十条"中所讲

① 中共中央文献研究室：《毛泽东年谱（1949—1976）》第5卷，中央文献出版社2013年版，第226—227页。

到的这些问题，在当时部分农村确有不同程度的存在。但是，其中相当多的并不属于阶级斗争性质，而且也远没有达到如此严重的地步。“前十条”认为，在干部和党员中进行社会主义教育，进行阶级斗争，进行两条道路的斗争，“这是决定我们社会主义事业成败的根本问题”。“前十条”提出，在整个社会主义历史阶段，一直到进入共产主义前，在农村中都要依靠贫下中农。因此，要在集体经济中建立贫下中农组织。贫下中农组织的成员，要以土地改革和合作化时期的贫下中农为基础，要结合社会主义教育开展清理账目、清理仓库、清理财物、清理工分的群众运动。

“前十条”提出，社会主义教育运动的方针是“说服教育、洗手洗澡、轻装上阵、团结对敌”。要团结95%以上的干部和群众。对运动中揭发出来的坏人坏事，要有分析，区别对待，以教育为主、惩办为辅。对于贪污盗窃分子，一般不采用群众大会斗争的方式。文件还要求各级党委对社会主义教育运动有关工作要定出规划，全面部署，抓紧时机，在不误生产、密切结合生产的条件下，分期分批有步骤地进行。应该说，这些规定，对于运动不至于发展成为乱批乱斗是有意义的。但是，由于运动是在对阶级斗争的形势作了脱离实际的判断的前提下，在“阶级斗争，一抓就灵”的指导思想下进行的，这就势必将本不属于敌我矛盾和阶级斗争范畴的问题，当作阶级斗争来处理，也就难以避免混淆两种不同性质的矛盾，更难以达到“把我国的社会主义建设事业大大地推进一步”的目的。

“前十条”出台后，许多地方相继进行社会主义教育运动的试点。中共湖南省委于1963年5月底6月初召开的全省三级干部会议认为，“红皮白心的生产队”“不下百分之二三十”。省委决定由各级领导机关派出工作队，协助当地进行社会主义教育运动的试点，然后由点到面，分期分批地进行社会主义教育运动。会议还制订了搞好社会主义教育运动的六条标准和面上社会主义教育宣传要点十二条。会后，全省组织干部8000多人，到302个大队、3298个生产队进行第一批社会主义教育试点。试点从这年6月底开始，8月底结束。

湖南的社会主义教育试点分为三个阶段：第一阶段，“扎根串联，重新组织革命阶级队伍”。社会主义教育工作队选择“根子”的条件是：(1) 出身贫苦，历史清楚；(2) 立场坚定，分清敌我；(3) 劳动积极，拥护集体；(4) 敢说真话，办事公道。“根子”先由大队党支部提供名单，工作队深入访贫问苦，审查“根子”，然后由工作队与支部确定“根子”对象。“根子”选定后，“通过教育提高阶级觉悟，依靠他们进行串联”，建立贫下中农组织。在这个过程中，“广泛采取了谈家史、谈村史，实物展览，对比参观等办法提高群众的阶级觉悟”。接着教育干部“洗手洗澡”，开展“四清”运动。在这个过程中发现“干部队伍中的问题是普遍而严重的”，据试点的 274 个大队的统计，在 18278 名公社、大队、生产队的干部中，贪污多占的有 14816 人，占干部总数的 81%。平均每个干部贪污多占粮食 124 斤，现金 60 元，工分 54 分。同时还存在“政治上敌我不分，组织上稀里糊涂”，“政治上打击贫农，经济上剥削贫农”等问题，并有相当数量的生产大队、生产队的领导权“把持在资本主义和封建主义者手里”。

通过“四清”退赔，即“四不清”干部“洗手洗澡”后，运动进入第二个阶段：“清理阶级，深挖敌情，再一次开展对敌斗争”。据五个试点公社的统计，“地、富、反、坏”这四类分子搞一般破坏活动的占 42.7%，搞严重破坏的占 23.2%。社会主义教育进入这一阶段后，“通过广大干部群众揭露，根据破坏的大小，采取不同的方法进行斗争，大破坏大斗争，小破坏小斗争，谁破坏斗争谁，斗准斗狠斗透”。所谓“大斗争”就是以大队或几个生产队联合起来批斗，“小斗争”就是以生产队为单位进行批斗。在斗垮“四类分子”后，清理阶级队伍，即分清贫下中农、中农、地主富农所占的比例，清出和补划“漏网”的地主、富农。社会主义教育第三阶段是规划集体生产，解决公私关系，改进生产管理。这一步主要是清退社员多占的山林、田土、集体财物等。① 各地的社会主义教育试点基本上都是按照这样的程序进行的。

虽然“前十条”规定，社会主义教育运动和“四清”应采取“以教育为主，以惩办为辅”的方针，但在运动的过程中，在一些地方还是发生了乱打乱斗现象，由此导致自杀事件屡有发生。如湖北省第一批试点铺开前后死了 2000 多人，第二批试点开始后，仅襄阳在 25 天内就死了 74 人。广东在

① 《湖南省三百零二个社会主义教育运动试点大队的一些情况》，1963 年 11 月 28 日。

1963年秋冬的试点中，共发生自杀案件602起，死亡503人。[①]其实，对于这个问题，早在1963年1月中共中央发出的《关于在社会主义教育运动中严禁打人的通知》就明确提出："不仅在人民内部的教育运动中，绝对不允许采取打人、罚跪、捆、吊这类粗暴办法，对于有违法行为的地主、富农和贪污盗窃分子、投机倒把分子等，也应该依法惩处，而不要用打人等办法对待。"[②]但这些政策规定在实际中并没有很好地贯彻。另外，在退赔中，有些地方采取了"鸡生蛋、蛋生鸡"的办法，存在着打击面过宽，混淆政策界限等"左"的倾向。

有鉴于此，在1963年9月召开的中央工作会议上，制订和通过了《中共中央关于农村社会主义教育运动中一些具体政策的规定（草案）》，即"后十条"。这十条是：(1）社会主义教育运动的基本方针和主要内容；(2）领导社会主义教育运动必须注意的几个问题；(3）团结95%以上的农民群众；(4）关于贫下中农组织；(5）中农问题；(6）团结95%以上的农村干部；(7）关于干部参加集体生产劳动；(8）结合社会主义教育运动，整顿农村党的基层组织；(9）对地主分子、富农分子、反革命分子和坏分子的处理；(10）正确地对待地主、富农子女的问题。"后十条"对上述问题都作了具体的政策规定。

"后十条"对前一阶段开展的社会主义教育运动给予了高度评价，认为它"对于打退曾经嚣张一时的资本主义势力和封建势力的猖狂进攻，对于巩固农村社会主义阵地和无产阶级专政，对于铲除发生修正主义的社会基础，对于巩固集体经济、发展农业生产，都有着极其重大的意义"。"后十条"规定了社会主义教育运动要抓住的五个要点：阶级斗争、社会主义教育、组织贫下中农阶级队伍、"四清"、干部参加集体劳动，并强调："这五个问题中间，阶级斗争是最基本的。""后十条"提出，在社会主义教育运动中要依靠基层组织和基层干部，不能把基层干部看得漆黑一团，甚至把他们当作主要的打击对象。不能把基层组织和原有的干部抛在一边，工

---

① 薄一波：《若干重大决策与事件的回顾》下卷，中共中央党校出版社1993年版，第783页。

② 中共中央文献研究室：《建国以来重要文献选编》第16册，中央文献出版社1997年版，第84页。

作队的任务主要是给基层干部当参谋，出主意，进行指导和帮助，启发基层干部善于分析问题，确定方针和办法，而不能包办代替。要团结95%以上的农村干部，至于对那些95%以外的、犯有严重错误的干部，也要将其同阶级敌人相区别，对他们采取教育、改造、团结的方针。

“后十条”与“前十条”相比，着重对团结95%以上的农民群众作了明确具体的规定，认为这是“进行农村社会主义教育运动所必须执行的一项根本政策”，并提出了“四个区别”的问题。“四个区别”即：(1) 必须把进行复辟活动的阶级敌人同那些一时糊涂而被敌人利用的落后群众，加以区别；(2) 必须把投机倒把分子同资本主义倾向比较严重的农民，加以区别；(3) 在反对投机倒把的斗争中，还必须把投机倒把活动同正当的集市贸易活动、临时性的肩挑运销以及小量的贩运活动，加以区别；(4) 必须把资本主义自发性势力同正当的社员家庭副业，加以区别。“后十条”指出，社会主义教育运动中，对有资本主义倾向的少数上中农，只能采取批评教育的方法，不能采取对敌斗争的方法；团结95%以上的群众，应当包括地主、富农子女中的大部分人。

1963年11月14日，中共中央发出《关于印发和宣传农村社会主义教育运动问题的两个文件的通知》，将“前十条”和“后十条”一并发给全国农村的每个党支部（“前十条”此前只发到社会主义教育运动的试点县、公社和大队），并要求“由县委、区委、公社党委领导干部负责向全体党员和全体农民宣读，要讲得明明白白，清清楚楚”。这样，社会主义教育运动在部分县、社开展起来。随后，各地组织了大批的干部深入农村宣讲两个“十条”。如河北省参加宣讲的干部达12万人。“后十条”关于社会主义教育运动的具体规定，“对于在运动中严格执行党的政策，防止扩大打击面，保证运动的正常进行，都是很重要的”①。但是，“后十条”仍然是在“以阶级斗争为纲”的指导思想下制定的，因此，一些地方按照这两个“十条”开展的社会主义教育运动，实际上是采取对敌斗争的方式进行的。

作为山东省社会主义教育运动试点单位的曲阜县颜家村大队，其社会

① 薄一波：《若干重大决策与事件的回顾》下卷，中共中央党校出版社1993年版，第782页。

主义教育运动经历了“四清”和干部“洗手洗澡”、对敌斗争、组织建设、生产建设等四个阶段。在对敌斗争中，社会主义教育工作组采取的方法是：先定目标，对专政对象进行清理、分类、排队，成立大队干部、贫下中农积极分子组成的指挥部，然后将全大队的18个生产队分为4个“战区”和20个战斗小组，每个战斗小组由干部、知情者、苦主和贫下中农积极分子组成，一般5—7人，每个战斗小组斗争一个专政对象。接着，将全大队的“地、富、反、坏”四类分子分为需要斗争的“尖子”、需要在小会上批斗的对象及一般评审对象，斗争与评审相结合，再在此基础上召开对“尖子”的批斗、控诉大会。最后进行定案处理、落实监督管理工作。经过核实罪行材料，群众提出处理意见，指挥部研究定案，经县委批准，对全大队的四类分子分别做出管制、准备逮捕、群众监督改造和摘掉“帽子”的处理。

1964年2月18日，中共山东省委批转了曲阜县委关于《曲阜颜家村大队根据中央两个十条开展社会主义教育运动的情况报告》，认为报告“总结的经验很好”，特别是“对敌斗争的工作做得很细致”，要求各地、县“学习仿行”。这样一来，农村社会主义教育运动，已失去了其教育意义，而变成对敌斗争，这明显是将阶级斗争扩大化。

三、从小“四清”到大“四清”

社会主义教育运动启动后，各地开展运动的过程，也是对农村阶级斗争形势的估计越来越严重的过程，以至于得出了“三分之一的政权不在我们手里”的结论，并提出了要“追根子”的问题。

1964年3月29日，毛泽东在河北邯郸同山西、河北两省负责人谈话时，曾说：“现在看来，大约有三分之一的大队很坏。我们真正有三分之二就了不起了，天下三分，我仍占二分。”1964年5月15日至6月17日，中共中央召开工作会议。会上，有人提出，根据部分生产队的排队情况，坚持社会主义道路的占20%，阶级界限不明，方向不清，随大流的占 50%，发展资本主义而且问题比较严重占 30%，有的已经演变为反革命的两面政权。①

6 月 8 日，毛泽东主持召开有部分中央政治局委员和各中央局第一书记参加的小型会议。会上，当刘少奇谈到要想想我们会不会出修正主义，不注意一定会出时，毛泽东说："已经出了嘛，像白银厂，还有陈伯达调查的天津小站公社，不是已经有了吗？"当周恩来、彭真说下面被敌人掌权的不少时，毛泽东说：我看我们这个国家有三分之一的权力不掌握在我们手里，掌握在敌人手里。在这次会议上，刘少奇还提出了"追根子"的问题。他说："现在下边发生的问题就是不追上边，恰恰问题就出在上边。抚宁县的农民说，四不清不仅下边有根子，上边也有根子，朝里有人好做官。这句话引起我的注意。"毛泽东说："有意包庇坏人的就是坏人。"②

"追根子"的话，最早是刘少奇在 1964 年 2 月上旬提出来的。在此之前，王光美化名董朴，以工作队队员的身份，参加河北省抚宁县卢王庄公社桃园大队的社会主义教育运动试点。春节期间，王光美从桃园回京，同刘少奇谈起群众反映一些"四不清"基层干部，同公社、县和地区某些干部有牵连，上面有"根子"。刘少奇说："犯严重'四不清'的错误，根子在哪里？封建势力和资本主义势力的腐蚀和影响是下面的根子，群众还提出上面的根子，应该切实查一下上边的根子。上面的根子，包括上级机关的蜕化变质分子和一般干部的不好作风的影响。犯有严重'四不清'错误的干部，在上面大体都有根子。"③

1964 年 7 月 2 日，刘少奇在河北省地委书记座谈会上又讲道："注意上面的根子是贫下中农提出来的，贫下中农说，'不仅下面有根子，上面也有根子'。贫下中农这个意见引起了我的注意。""上面的根子也要追，上面的根子更危险，一律要追，追到什么地方算什么地方"，"是公社的追到公社，是县委的追到县委，是省委的追到省委，是中央的追到中央"。"要给工作队交待清楚，不要怕，敢追，不要有任何顾虑"。

① 《刘子厚在中央工作会议华北组的发言》，1964 年 5 月 27 日。

② 中共中央文献研究室：《毛泽东年谱（1949—1976）》第 5 卷，中央文献出版社 2013 年版，第 358 页。

③ 中共中央文献研究室：《刘少奇年谱》下卷，中央文献出版社 1996 年版，第 588 页。

"三分之一政权不在我们手里"的估计和"追上面的根子"的提出，是党的领导人对农村形势和农村干部队伍的又一严重脱离实际的估计，它使社会主义教育运动的矛头直接对准了广大农村干部，这就不能不使这场运动向着更"左"的方向发展。1964 年 6 月 25 日，中共中央作出《关于印发〈中华人民共和国贫下中农协会组织条例（草案）〉的指示》，提出对于过去划错了的成分，都应该认真地审查并改正过来，并规定了贫下中农协会的性质、基本任务、会员、组织机构、领导成员、同社队组织的关系等内容。中共中央在《关于印发和宣传农村社会主义教育运动问题的两个文件的通知》中也指出：组织贫下中农协会是党在农村中的一项组织建设，县以下的党组织要在社会主义教育运动结束后，采取有效措施，使它充分发挥作用。

1964 年 5—6 月的中央工作会议后，中共中央决定农村的"四清"运动和城市的"五反"运动由刘少奇指挥。这年七八月，刘少奇前往全国各地，了解社会主义教育动态，并提出了要集中力量打歼灭战的问题。7 月 2 日，他在河北提出，社会主义教育运动一条重要经验，是集中优势兵力打歼灭战，这样能够确实解决问题，锻炼干部，又出经验。8 月 16 日，他在给毛泽东的信中建议把各县社会主义教育工作队集中到地委，省委工作队分到地委，在省委、地委的领导下集中搞一个县，一个县可以集中工作队员上万人。中央各机关也抽出人来组成工作队，在北京进行初步训练的准备后，分到各大区的若干省，再分到几个县，由省委领导。这样，工作队力量集中，领导加强，便于打歼灭战和掌握运动的火候，使运动能搞深搞透有更多的保证，也可少出乱子。毛泽东复信说，集中力量打歼灭战的办法，"觉得很好，完全赞成"，并提出要"照此办理，迅速实行"①。于是，全国各级机关和部分高等院校抽调了大批的干部、师生组成工作队，分赴农村开展社会主义教育运动，总人数在 100 万以上。仅河北一个省 1964 年 11 月就集中了 10 万多名干部(包括 1.5 万名大专院校师生)，经过训练后，在 11 个重点县和天津市的一个郊区进行"四清"。其中集中在新城一个县的工作队员即达 1.5 万人。湖南的社会主义教育运动也在这

① 《建国以来毛泽东文稿》第 11 册，中央文献出版社 1996 年版，第 132 页。

年底大搞“人海战术”，湖南省委决定将原集中在4000个大队的8万多名工作队员，抽调3.2万人集中到640个大队，使每个大队的工作队员由20人增加到50人。

从1964年8月起，在刘少奇的主持下，中共中央进行了“后十条”的修改工作。“后十条”修改前，毛泽东提出两点意见，第一是不要把基层干部看作漆黑一团，第二是不要把工作队员集中在一个点上。很明显，对刘少奇提出的集中兵力打歼灭战的做法，毛泽东虽然一开始时是“完全赞成”的，但不久他就改变了看法。因为这期间毛泽东在同中共中央华北局第一书记李雪峰和华北各省、市委的书记谈话时，发现他们并不赞成“大兵团作战”的方法，说一万多人集中在一个县，搞倾盆大雨，而且拖的时间会太长。

1964年9月18日，中共中央印发了刘少奇主持修改的《关于农村社会主义教育运动中一些具体政策的规定（修正草案）》（即第二个“后十条”）。与第一个“后十条”相比，第二个“后十条”突出的地方主要在于：(1）增加了毛泽东提出的搞好社会主义教育运动的六条标准(这六条标准，一是看贫下中农是否真正发动起来；二是干部的“四清”是否真正解决；三是干部是否参加劳动；四是一个好的领导核心是否建立起来；五是发现有破坏活动的“地、富、反、坏”分子是将矛盾上交，还是发动群众认真监督、批评，展开恰当的斗争，并留在那里就地改造；六是要看是增产还是减产)。(2）提出要把发动群众放在第一位，是不是发动群众，是不是放手发动贫下中农，是彻底或者不彻底进行社会主义教育运动的根本分界线。(3）改变了第一个“后十条”提出的依靠基层组织和基层干部、工作队主要是给基层干部当参谋出主意的提法，强调每一个点开展社会主义教育运动，都必须有上面派的工作队。整个运动都由工作队领导。(4）提出民主革命不彻底的地区，都必须认真地进行民主革命的补课工作。土地改革时漏划的地主、富农，必须查出来，没收他们过多的房屋和家具，分配给生活困难的贫下中农或收归集体。(5）规定整个社会主义教育运动分为两个阶段：第一阶段主要是解决“四清”问题和对敌斗争问题；第二阶段主要是组织建设。

第二个“后十条”下发前后，中共中央还出台了一系列的加剧社会主义教育运动"左"倾的措施。

1964年9月1日，中共中央转发了《关于一个大队的社会主义教育运动的经验总结》，认为这是"在农村进行社会主义教育的一个比较完全、比较细致的典型经验总结"。这个总结是7月5日王光美在中共河北省委工作会议上所作的报告，主要是介绍她在抚宁县桃园生产大队蹲点搞社会主义教育运动的经验，所以又被称为"桃园经验"。"桃园经验"的主要内容是："四清"与"四不清"的斗争，"确实是包含着严重的阶级斗争"；桃园大队党支部"打着共产党旗号，办的国民党的事"，"基本上不是共产党"，这个党支部书记把持的政权，"基本上是一个反革命两面政权"；工作组进村后，"先搞扎根串联"，"然后搞'四清'"，"再搞敌对斗争"；对基层组织和基层干部，"又依靠，又不完全依靠；又依靠，又要独立思考，全面分析"，在情况还未搞清的时候，就决定"一切依靠基层组织"是错误的；群众没有发动起来的时候，要强调敢不敢发动群众是敢不敢革命的问题，在群众发动起来，又有过激情绪时，要注意掌握火候，强调实事求是；犯严重"四不清"错误的干部，封建主义和资本主义势力的腐蚀和影响，是下面的根子，所以"错在干部，根子在地、富"，这些干部"大体上在公社、区、县都有靠山、有根子"，不解决上面的问题，"四清"搞不彻底；搞"四清"，已经不是保定地委原来提的那样，清工、清账、清财、清库，现在要解决政治上、经济上、思想上、组织上的"四不清"；民主革命和社会主义革命不彻底，要补课。

对于王光美的报告，陈伯达极力主张发给各级党委和所有工作队，并得到了刘少奇的认可。8月19日，刘少奇在致毛泽东的信中说："王光美在河北省委的记录稿上修改了两次，我也看了并修改了一次。现代中央拟了一个批语，请中央审阅，如果中央同意，请中央发出。这个报告确实很长，但不难读，各地同志和工作队同志愿意要这种详细的材料，不愿意压缩过多。"刘少奇代拟的批语说：这个报告"是在农村进行社会主义教育的一个比较完全、比较细致的典型经验总结"，"是有普遍意义的"。但是，各个地方，各个大队的情况，各不相同，一切要从实际出发。"桃园大队的经验只能作参考，不要把它变成框框，到处套用。"8月22日，毛泽东将这件事批给邓小平处理。8月27日，他又作出批示："我是同意陈伯达和少奇同志意见的。”[①] 显然，刘少奇主持修改的“后十条”中的许多提法，都来自于“桃园经验”。此后，各地的社会主义运动基本上都是按照“桃园经验”进行的。

在社会主义教育运动的指导思想、方针政策和具体做法都已很“左”的情况下，中共中央在转发《李雪峰致刘少奇的信》所加的批语中，还认为“在目前的情况下，不向党的各级干部明确指出当前的主要危险是右倾危险，是不利的”，要求“根据各地干部的思想情况及时地向地委书记和县委书记提出反对右倾的问题，怕‘左’不怕右，宁右勿‘左’的问题，进行认真的讨论，以便为当前的社会主义革命打好思想基础”。[②]9 月 16 日，刘少奇在中共中央和国务院副部级以上干部会议上的讲话中也说，当前的主要危险是右倾危险，不是“左”倾危险。可以说，从中央到基层，干部的情绪普遍是这样的：早几年是宁“左”勿右，现在是宁右勿“左”；从前是怕右不怕“左”，现在是怕“左”不怕右，说右了不要紧，右了不会出乱子，右了似乎不妨碍生产，右了也没有后遗症。完全反过来了，党内的思想状态是这样的。实际上，右的乱子最大。

1964 年 10 月 24 日，中共中央发出《关于社会主义教育运动夺权斗争问题的指示——转发天津市委〈关于小站地区夺权斗争的报告〉》。天津小站地区的社会主义教育运动是陈伯达直接抓的一个点，天津市委抽调了大批干部加强工作组的力量，中央一些部门的干部也在这里蹲点。1964 年 8 月初，陈伯达给中共中央的信中汇报了这里抓了三个“反革命集团”的情况，并附有“反革命集团”的社会关系图和“历史大事记”各一份。9 月 25 日，陈伯达领导的工作组以中共天津市委的名义，向中共中央、华北局和河北省委报送了《关于小站地区夺权斗争的报告》（以下简称《报告》）。

《报告》中认为，小站地区的“几次民主革命进行得很不彻底”，“建党建政工作，也没有认真执行阶级路线，根子扎得不正；基层组织严重不

① 中共中央文献研究室：《建国以来毛泽东文稿》第 11 册，中央文献出版社 1996 年版，第 132、144 页。

② 中共中央文献研究室：《刘少奇年谱》下卷，中央文献出版社 1996 年版，第 607 页。

纯，不少村子的党政领导权，落在坏人手里”。《报告》进而认定，小站地区的政权是“三个反革命集团”建立的“反革命两面政权”，他们长期“进行反革命复辟活动”，“在社会主义教育运动前，这里的天下还不是我们的，或者在很大程度上不是我们的”。“三个反革命集团”“上面的根子就在区委。区、社一部分领导干部，实际就是他们的保护人”。《报告》说，工作组进村后，“经过一段时间的扎根串联，发动群众”，“掌握了不少情况”，但没有打开局面。随后，市委陆续抽调大批干部，加强工作组力量，公安局局长带来了一批公安干警，陈伯达也来到小站参加“四清”，“造成像大军压境的局面”。有领导同志“指出群众运动最根本的问题是把群众发动起来。基层干部有的可以依靠，有的是敌人派进来的，怎么能依靠”？“强调必须放手发动贫下中农，揭开盖子，彻底揭露这三个集团的问题，展开夺权斗争”。“现在可以说，这里的天下是我们的了”。《报告》总结了小站三个地方运动的共同点是：“都是敌人经过精心策划，有计划地篡夺了领导权，而且统治时间比较长；问题的性质都是敌我斗争，我们的任务是夺权。”①

中共中央在为转发天津市委报告所作的《关于社会主义教育运动夺权问题的指示》中，肯定了小站的经验，并指出：“小站地区的敌我矛盾，主要的在形式上是以人民内部矛盾、甚至是以党内矛盾出现的，这就迷惑了一些人，并且长期得不到解决，对党对人民造成的损失也很大。”“当前阶级斗争的复杂性就在这里”。因此，“凡是被敌人操纵或篡夺了领导权的地方，被蜕化变质分子把持了领导权的地方，都必须进行夺权的斗争，否则，要犯严重的错误”②。

1964 年 11 月 12 日，中共中央作出了《关于在问题严重的地区由贫协行使权力的批示》和《关于农村社会主义教育运动中工作团领导权限的规定（草案）》。前一个文件提出：“在当前进行社会主义教育运动的重点地区，如果发现有的地方基层干部躺倒不干，以抵抗运动；有的地方领导

① 《天津市委关于小站地区夺权斗争的报告》，1964 年 9 月 25 日。

② 中共中央文献研究室：《建国以来重要文献选编》第 19 册，中央文献出版社 1996 年版，第 306—307 页。

权被蜕化变质分子所掌握；有的地方领导权被地富反坏分子或新资产阶级分子所掌握。上述三种情况，在查明确实后，经工作队批准，都可以由贫协组织取而代之，一切权力归贫协。没有贫协组织的地方，也可以由工作队组织贫协，取而代之。”① 后一文件规定：“今后的农村社会主义教育运动，多数地方已经决定组织强大的工作团，按照集中力量打歼灭战的原则进行。”为及时正确地处理运动中发现的问题，保证运动的彻底胜利，“有必要加重工作团的责任，把所在县的党和政府的各级组织交由工作团领导”。②

上述文件进一步加重了社会主义教育运动中“左”的倾向。其中，影响最大的是“桃园经验”和“小站经验”。诚然，桃园与小站的做法是有区别的。桃园大队的社会主义教育运动，“直到工作组完成任务撤出，没有开过一次斗争会斗过谁，更没有打过人，也没有抓捕一人，只是撤了原支部书记的职，仍以人民内部矛盾对待”③。而小站则完全是以对敌斗争的方式来开展夺权的，而且还创造了“黑帮”“反革命修正主义分子”“夺权”这样后来“文化大革命”中常用的词汇。但在具体做法上，桃园和小站都是“扎根串联”，都是将基层组织视为“反革命两面政权”，都将斗争的矛头对向基层干部，都提出要“追上面的根子”，都是进行基层组织的改造。“这种以阶级斗争的观点来估量一切、把大多数基层干部放到运动的对立面的做法，实际上重复了土地改革中曾经犯过的错误，给广大基层干部造成了伤害”④。

1964 年 12 月 15 日至 1965 年 1 月 14 日，中共中央政治局在北京召开工作会议，总结前一阶段社会主义教育运动的经验，部署下一阶段的工作。两年多的社会主义教育运动的结果，不但未能解决干部队伍中存在的

① 中共中央文献研究室：《建国以来重要文献选编》第 19 册，中央文献出版社 1996 年版，第 326 页。

② 中共中央文献研究室：《建国以来重要文献选编》第 19 册，中央文献出版社 1996 年版，第 330 页。

③ 王光美、刘源等著，郭家宽编：《你所不知道的刘少奇》，河南人民出版社 2000 年版，第 110 页。

④ 金冲及：《刘少奇传》下册，中央文献出版社 1998 年版，第 965 页。

问题，反而发现形势越来越严峻。在会上的发言中，中南局第一书记陶铸提出，领导权不在我们手中的1/3打不住。西北局第一书记刘澜涛说，县以上“烂掉”的有严重问题的在50%以上，基本形式是滥用职权，包庇坏人和“反革命”，自己可能就是“反革命”。华北局第一书记李雪峰说，情况愈摸愈严重，山西8个重点县县委，已“烂掉”3个，常委72人有问题的38人。①

12月28日，会议以纪要的形式通过了《农村社会主义教育运动中目前提出的一些问题》，简称“十七条”，即：运动性质，统一提法，工作方法，抓全面，时间，宣布对隐瞒土地的政策，财贸部门的工作要同“四清”运动相结合，工作队队员，集团问题，给出路，“四清”要落在建设上，生产队规模，基层干部任期，监督问题，四大民主，工作态度。最后一条是讲以上各条原则适用于城市的“四清”运动。

“十七条”提出：社会主义教育运动的性质是“社会主义与资本主义的矛盾”，“重点是整党内那些走资本主义道路的当权派”。“城市乡村的社会主义教育运动，一律简称‘四清’：清政治、清经济、清思想、清组织”。在运动的工作方法上，“必须利用矛盾，争取多数，反对少数，各个击破”。对“四清”的对象，必须善于分化他们，把最坏的人，孤立起来。在时间上，一个大队搞半年左右，三年左右搞完全国三分之一的地区，用五六年的时间全国搞完。

就在这次会议上，毛泽东和刘少奇对社会主义教育运动的看法出现了严重分歧。

一是关于农村主要矛盾的提法。刘少奇认为，当前农村的主要矛盾是“四清与四不清的矛盾”，运动的性质是人民内部矛盾与敌我矛盾交织在一起；毛泽东认为主要矛盾是社会主义与资本主义的矛盾。在12月20日的会议上，刘少奇说：陶铸同志提出农村当前的主要矛盾是富裕农民阶层跟广大群众、贫下中农的矛盾。是这样提，还是说原来的地富反坏跟蜕化变质的有严重错误的坏干部结合起来跟群众的矛盾？毛泽东说：地富反坏是后台老板，四不清干部是当权派。农村的中心问题是这一批干部，主要是

① 《杨尚昆日记》下册，中央文献出版社2001年版，第463、467—468、469页。

大队和生产队的干部，骑在农民头上，农民不好混，穷得要死。地主、富农那些人已经搞臭过一次了，至于这些当权派从来没有搞臭过，他又是共产党，上面又听他的。就是要发动群众来整我们这个党，整那个支部，整那个公社党委，中心问题是整党，不整党没有希望。在会议讨论主要矛盾如何提法时，陶铸提出："我同意城市、农村是'四不清'的干部和广大群众的矛盾的意见。"李雪峰则说："主要矛盾除严重的'四不清'干部以外，还包括严重的贪污盗窃分子、投机倒把分子。"毛泽东说："严重'四不清'干部，投机倒把、贪污盗窃。"刘少奇说："主要矛盾就是'四清'与'四不清'的矛盾，行不行？"陶铸表示赞成。毛泽东则说："不以人的意志为转移。杜甫有一首诗，其中有四句是：'挽弓当挽强，用箭当用长。射人先射马，擒贼先擒王。'"在 12 月 27 日的会上，陈伯达就矛盾问题作解释时说：主席把大家意见加以总结，说"四清"是社会主义和资本主义的矛盾。有同志提出只写主要矛盾好不好？主席指出还是写上几种，便于比较。当陈伯达谈到国民党也说有党内外矛盾的交叉时，毛泽东插话说，我们这个党至少有两派，一个社会主义派，一个资本主义派。①

二是关于运动的搞法。本来，毛泽东对刘少奇在主持修正"后十条"前后提出的社会主义教育运动要采取秘密串联、大兵团作战、不依靠基层干部的做法，就有不同看法。在 12 月 20 日中央政治局扩大会议上，毛泽东有针对性地说："干部里面无非是左、中、右。我相信，右的，特别坏的，总是只占一部分；左的也很少；中间派有人讲问题不那么很多，但是沾了一点，坏事也做了一点，要把这一部分人拉过来。划地富的结果，户数不要超过百分之七八，人数要不超过百分之十左右。我提出这个问题，有点'右'。我就是怕搞得太多了，搞出那么多地主、富农、国民党、反革命、和平演变的，划成百分之十几二十。如果是百分之二十，七亿人口就是一亿四，那恐怕会要发生一个'左'的潮流。树敌太多，最后不利于人民。要把那些几十块钱、一百块钱、一百几十块钱问题的大多数'四不清'干部先解放，我们的群众就多了。但是现在正是有劲的时候，我们现

① 中共中央文献研究室：《毛泽东年谱（1949—1976）》第 5 卷，中央文献出版社 2013 年版，第 452—453、456—457 页。

在这一盆冷水下去，我又怕泼冷水。现在不要把这个气候传下去，现在还是反右。至少再搞五个月，一月、二月、三月、四月、五月。你们掌握气候。一不可搞得打击面太宽了，二不可泼冷水，撑那个'四不清'干部的腰。过去那个'四清'，清财务、清仓库、清工分、清账目，那只是经济，变成一清了。我赞成把过去那个"四清"的概念改变，现在就是包含一个思想，一个组织，一个政治，一个经济。退赔，实在拿不出来的，宽大处理算啦。"① 随后，毛泽东又明确表示，"四清"运动搞大兵团作战是繁琐哲学，搞人海战术不行，扎根串联搞得运动冷冷清清。

会议根据毛泽东的意见，重新讨论了"十七条"，并作了重大修改。文件仍名为《农村社会主义教育运动中目前提出的一些问题》，增加了"形势"，"搞好运动的标准"，"集中力量，打歼灭战"，"抓面的工作"，"干部问题""建立贫下中农协会"和"思想方法"等七条，去掉了"集团问题"这一条，全文共二十三条，简称"二十三条"。

"二十三条"提出，绝大多数农村基层干部是要走社会主义道路的，对待干部要一分为二，要采取严肃、积极、热情的态度，好的和比较好的干部是多数；对于那些犯轻微"四不清"错误的或者问题虽多但交代好的干部，要尽可能早一点地解放出来，逐步实行群众、干部、工作队"三结合"。"四清"工作要走群众路线，不要冷冷清清，不要神秘化，不要只在少数人当中活动，也不要搞人海战术。"四清"要落在建设上面，增产要成为搞好运动的标准之一。这些规定，对于纠正 1964 年下半年社会主义教育运动中的许多"左"的做法，维护农村的稳定，都是有积极意义的。

但是，"二十三条"没有也不可能改变"四清"运动"左"的指导思想，相反，它仍强调运动的性质是社会主义同资本主义的矛盾，运动的重点是"整党内那些走资本主义道路的当权派"，"那些走资本主义道路的当权派，有在幕前的，有在幕后的"，"支持这些当权派的人，有的在下面，有的在上面"。"在上面的，有的在社、区、县、地，甚至有在省和中央部门工作的一些反对搞社会主义的人"。这就使阶级斗争扩大化的"左"倾思想发

① 中共中央文献研究室：《毛泽东年谱（1949—1976）》第 5 卷，中央文献出版社 2013 年版，第 456、457 页。

展到了一个新的阶段。

“二十三条”下发后，各地“四清”运动仍在继续。1965 年 5 月 8 日和 5 月 10 日，中共湖北省委和河北省委分别就今后农村“四清”运动的部署问题请示中共中央。湖北省委在请示报告中提出，以县为单位，集中省、地、县各级党委的力量，今冬明春在面上进行初步的“四清”，然后在一个区或几个区进行系统的“四清”，解决在初步“四清”中没有解决的问题和落后社队的问题。河北省委的部署是以地委为单位，每个地委搞几个县。两个省委都提出要在农忙季节搞好县、区、社的“四清”，在冬春农闲季节，搞好农村“四清”，在 1967 年底基本完成农村的“四清”工作。中共中央同意了湖北和河北省委的部署，并要求各省、市、自治区参考湖北、河北的报告，做出本省、直辖市、自治区的“四清”部署，同时要求在符合六条标准的条件下尽可能快一点地完成农村的“四清”运动。

到 1965 年上半年，全国已有 649 个县结束了“四清”，占总数的 32%。已经基本结束的有北京、上海两市，完成了 40% 以上的有河北、辽宁两省。1965 年下半年起，毛泽东对“四清”运动已不大感兴趣，认为“四清”也好，与“四清”同时进行的文化领域的大批判也好，都不能从根本上解决“反修防修”的问题，转而酝酿发动一场新的自下而上的运动，来解决“社会主义和资本主义两条道路谁战胜谁”的问题。

四、“四清”运动对农业的影响

“四清”运动是中共中央组织和发动的一场大规模的政治运动，是中共八届十中全会提出的阶级斗争扩大化理论在农村进行的一桩大试验，也是当年“反修防修”的一个大举措。对于这场运动，中共十一届六中全会通过的《关于建国以来党的若干历史问题的决议》已作出了客观的评价：“1963 年至 1965 年间，在部分农村和少数城市基层开展的社会主义教育运动，虽然对于解决干部作风和经济管理等方面的问题起了一定的作用，但由于把这些不同性质的问题都认为是阶级斗争或者是阶级斗争在党内的反映，在 1964 年下半年使不少基层干部受到不应有的打击，在 1965 年初又错误地提出了运动的重点是整所谓‘党内走资本主义道路的当权派’。”

“四清”运动虽然在解决当时干部中存在的一些不正之风，加强人民公社的经营管理，打击贪污盗窃、投机倒把和刹住封建迷信活动等方面，起了一定的积极作用，但是，这场运动是在阶级斗争扩大化理论的指导下、在对我国农村阶级和阶级斗争的形势作了严重脱离实际的估计的前提下进行的。因此，它对我国农业生产和农村社会发展不可避免地带来了许多负面影响。

首先，“四清”运动挫伤了一部分基层干部、群众的工作热情和生产积极性。凡是经历“四清”运动的地方，几乎都对阶级敌人的破坏活动和干部队伍的不纯情况，做了相当严重的估计。1964 年 10 月 11 日，中共中央华北局第一书记李雪峰在给刘少奇的信中说，山西“全省 96 个县中，揭出问题较大的县就有 44 个，占 45.3%。其中，完全烂掉的 2 个，严重右倾的 17 个，严重闹宗派、闹分裂的 5 个(包括 2 个类似地下县委的县)，相当右倾的 20 个。全省 96 个县委书记中，不赞成这次运动甚至实际上是反对这次运动的 19 人，妥协派 19 人，共 38 人，占 40%”。对农村基层干部的估计甚至更为严重。刘少奇在一次会议上说，领导权不在我们手中的，恐怕有些地方三分之一还打不住，还不止三分之一，可能超过。农村犯有一般性的四不清错误的干部，各省都说是多数，有百分之六七十。严重四不清，贪污盗窃，多吃多占，几百几千的也不少，我看也不少于三分之一。①

在“四清”运动过程中，尤其是“后十条”修正草案出台后，对基层干部不但采取了完全不信任和撇在一边的态度，而且还进行批斗夺权，普遍发生打击面过宽和撤换、处分干部过多的现象，甚至变相体罚和打骂干部。采取扎根串联、访贫问苦的做法，表面上是依靠群众，实际是不相信群众。因为事先就有了“三分之一的政权不在我们手中”的概念，工作组常常一进村，就觉得干部有问题，是“四不清”干部，如果没有发现问题就是工作没深入，群众没发动。只要发现一点“四不清”线索，就穷追不

① 刘少奇：《在湖南省直属机关及地市委负责干部会议上的讲话》，1964 年 8 月 10 日。

舍，加之工作组以及工作团权力很大，实际上取代了县以下各级组织，有权决定除县委书记、县长以外的县级及县级以下干部、职工的提拔、调整、交流、罢免、撤职、退职、清洗和补进，对所谓的“四不清”干部可以随意隔离审查，这就难免产生“逼、供、信”，甚至发生打人、捆人等现象，致使一些干部自杀、逃跑。

对“四不清”的干部，也存在退赔过严的问题，有的地方算干部多占工分时，竟从1958年、1959年算起。不少“四不清”干部只得变卖口粮、房子、衣服、家具等来退赔。而且有的工作组一进村，就主观上认定干部存在“四不清”问题。1965年9月至次年5月，吉林省公主岭市凤响公社泡子沿大队全面开展“四清”，全大队的36名新老干部全成了清查对象，将他们集中起来交代问题，不交代清楚不准回家。大队党支部书记刘福祥自土地改革起就一直当干部，工作组认为他当这么多年的干部，一定有问题，就开展内调外查，组织社员揭发，始终没有查出问题，最后硬说他在社员家吃饭不给钱，让他退赔40元，然后免去支部书记职务。① 在农村基层干部中，多吃多占的现象有一定的普遍性，但绝大多数通过批评教育是可以解决问题的。农村干部中也确有极少数为非作歹、欺压百姓的坏分子，但这毕竟是个别现象，多数基层干部是好的和比较好的。

在“四清”运动中，还存在对干部的处理面过宽的问题。青海省“四清”典型公社被清洗的脱产干部占24.4%，农村党员被开除、不予登记、劝退的占45.6%，公社书记有60%被认为不能继续工作下去。② 甘肃省“四清”试点县被斗争的干部占干部总数的21%。③ 据1965年5月对山东曲阜、海阳、齐河、长岛、临沂、泰安、历城7个县的初步统计：被定为阶级异己分子和蜕化变质分子的人数占基层干部总数的2.8%；开除党籍的占党员总数的5%—10%；受撤职以上处分的占干部总数的1.5%，属于懒、馋、贪、占、变的干部占干部总数的80%。④ 福建省连江县第一批“四

① 《当代中国的农业合作制》编辑室：《当代中国典型农业合作社史选编》上，中国农业出版社2002年版，第375—376页。

② 《杨尚昆日记》下，中央文献出版社2001年版，第535页。

③ 《杨尚昆日记》下，中央文献出版社2001年版，第536页。

④ 《谭启龙回忆录》，中共党史出版社2003年版，第617页。

清”的146个大队和县社机关中，参加运动的干部有79%被定为“四不清”干部。[①] 由于“四清”的前提是对基层干部不信任，又采取了不适当的方法，严重挫伤了广大干部的积极性，相当多的干部躺倒不干了。小站夺权是“四清”运动中夺权的样板，“四清”运动结束后，小站地区的党员干部在相当长一段时间里仍心有余悸。“他们工作上患得患失，谨小慎微，不敢放手开展工作，恐怕言行有失而挨整。有些村干部动不动就躺倒不干，他们的家属也劝阻甚至哭闹着不让他们当村干部，理由就是一条，干下去没有好下场。结果，区委、公社的领导常常要花大量的时间和精力去各村‘扶班子’。”[②]

在“四清”运动中，还过分夸大对敌斗争的敌情，把“地、富、反、坏”分子的破坏活动估计得过于严重，又主观地认为他们是“四不清”干部在下面的根子，“四不清”干部是他们的代理人，所以要“追根子”。对他们的斗争则采取了土地改革时斗争地主恶霸的那一套方法，并对其进行管制监督，一举一动都要报告，这样做并不利于他们改造。其实，经过十多年的改造，多数地主、富农已经成为了自食其力的劳动者，想复辟的只是极少数。运动中，又进行民主革命的补课，将一部分群众重新划为地主、富农成分，列入阶级敌人一边，进行批斗，造成了敌我不分。例如，陕西省长安县在“四清”中被补划地主、富农成分2724户，1979年复查时发现2707户是错划的，错划者占99%。给这部分群众带来了严重的打击。

其次，“四清”运动使“农业六十条”的贯彻受到了严重干扰。“四清”运动起因于对所谓“单干风”的批判，运动中又提出了要批所谓“三自一包”（即自留地、自由市场、自负盈亏、包产到户）的问题。1964年2月，毛泽东在接见外宾时说，中央农村工作部有人主张“三自一包”，目的是要解散社会主义农业集体经济，要搞垮社会主义制度。同年4月，毛泽东在会见日本共产党代表团时，又说，我们党内有一部分同志，在国内问题上提出了“三自一包”，即强调自由市场、自留地，把集体经济、社会主义市场放在第二位，把私有经济放在第一位，农民的自留地放在第一位。

① 成波平：《连江县的“四清”运动》，《党史研究与教学》1989年第6期。
② 刘晋峰：《陈伯达与小站“四清”》，载《炎黄春秋》2000年第1期。

第三就是自负盈亏，小商人做生意要自负盈亏，就是发展资本主义。这是“三自”。还有“一包”是主张把土地包到各家去种，不搞集体。当时这是一股风，1962 年很猖狂。按惯例，中央领导人接见外宾的谈话要向党内高级干部作通报。毛泽东对“三自一包”的这种态度，必然对农村政策产生影响。

随着社会主义教育运动的深入，包产到户作为“走资本主义道路”的代名词而销声匿迹，人民公社分配中的平均主义“大锅饭”长期窒息着农民的生产积极性。为了限制“资本主义自发势力”，一些地方违反“农业六十条”的规定，随意没收社员的自留地、开荒地，开展所谓的“拔青苗运动”。河南省登封县有一个区委规定：自留地全部丈量并重新分配，土地好的自留地要换坏的；自留地打的粮食一律顶口粮，顶分配，有余粮要卖给国家；自留地只准种菜，种“接口粮”，不准大面积种粮食作物；自留地不准多上肥，不准上牲口肥；集体地未种完，不准加班抢种自留地。浙江省奉化县松岙公社强迫没收社员开荒地，说什么“宁肯遍地出青草，不准社员多种粮”。辽宁省本溪县牛心台区南芬镇“四清”工作队规定将社员屋前屋后的零星菜地全部没收，并组织 200 多人到社员菜地里强行毁垅铲苗，连果树也被拔掉了。天津市北郊宜兴埠公社党委书记在一次生产队长会议上说：社员的“小自由”搞得太多，资本主义太严重了，要消灭资本主义。会后，组织基干民兵到社员自留地、开荒地，将已经扬花的小麦，齐胸高的高粱、玉米、青麻全部砍掉。社员心疼地说：“麦子再等一个来月就熟了，可是被共产党砍了头，难道你们就不心疼吗？如果说我们社员犯了条例，可青苗没有犯罪呀！为什么办出这种缺德的事呢？”① 没收自留地，毁除青苗的事，在福建、广东、江西、山东、甘肃、新疆等地都有发生。

此外，“一平二调”的“共产风”现象又在一些地方出现。四川、陕西、山东、吉林等地有些县、社、大队，为了兴修小型水电站和水利工程，“平调”生产队和社员的资金。有的硬性摊派集资任务，致使社员只

① 《当代中国农业合作化》编辑室：《建国以来农业合作化史料汇编》，中共党史出版社 1992 年版，第 820 页。

得卖小猪、卖口粮交款。吉林省海龙县（1985年改设梅河口市）义民公社宣布，凡是参加办水电的队，不论家里有多少钱，一律不准动，在信用社的存款也不准支付，都必须用在办水电上。有的地方不分受益多少，一律分配集资任务，甚至挪用生产队的生产资金，挤占社员分配，影响生产队的生产和社员生活。又据中共河南省委农村工作部整理的材料，河南农村部分地区又出现了"一平二调三收款"。如"平调"生产队的资金、物资，办电、办厂；不讲政策，不顾生产队的偿还能力，硬性扣除各种欠账；无偿"平调"生产队的劳力修路、修水库；事事要生产队投资、记工；等等。河南省正阳县采取义务工的办法，修建正阳到确山的公路，决定从全县各生产队抽调民工2000多人，时间45天，自带架子车，每人每月由生产队供给口粮50斤，现金6元，并要每个大队出3名石工，每人每月由生产队供给口粮30斤，现金6元。①

在"四清"运动中，一些地方对社员家庭副业加以限制，对那些经营家庭副业有方或者在集市贸易中赚了钱的社员，当作"单干"和"资本主义自发势力"加以批判。1965年1月28日，《河南日报》发表社论，强调要把发展副业生产提高到两条路线斗争的高度去认识，副业生产的阵地，社会主义不去占领，资本主义就会去占领，集体副业不发展就给"资本主义自发势力"留有空子可钻，要以阶级斗争为纲、社会主义为纲去指导副业生产。随着"四清"运动的深入和对阶级斗争越来越严重的估计，自由贸易也被当作产生投机倒把的土壤和产生资本主义的温床而被批判，农村集市贸易被严格限制。

还有的地方推行大队核算。中共广西区党委《关于农村"四清"运动的若干问题（草稿）》规定："队太小有条件合并的，要合并。抓住'四清'运动的有利时机，解决生产队规模过小的问题，对发展生产，巩固和发展集体经济，树立贫下中农的优势，建立领导核心，有重要的作用。"②这显然是违背了"农业六十条"关于基本核算单位至少三十年不变的规定。广

① 中共河南省委农村工作部：《农村部分地区出现了"一平二调三收款"和铺张浪费的现象》，1965年12月7日。

② 王祝光：《广西农村合作经济史料》上册，广西人民出版社1988年版，第462页。

东省普宁县也提出要并队，搞大队核算。

当然，也要看到，农村展开“四清”运动期间，是人民公社化运动以来农业生产取得较快发展的时期。1963年至1965年，全国农业总产值分别比上年增长11.6%、13.5%和8.1%。1965年的全国农作物总产值达到了446.8亿元，比严重困难的1960年增长了34.3%，比1957年高出3.3%，从整体上已超出1957年的水平。1965年的粮食总产量达到了19453万吨，比1960年增长了35.6%，接近1957年的水平。1965年，全国人均占有粮食544斤、棉花5.9斤、油料10.1斤，分别比1960年增长了26.5%、150%、74.1%。1965年农村人均用粮、消费的蔬菜、食用糖及货币收入都达到或超过了1957年的水平。这些说明，经过亿万农民的共同努力，我国的农业生产已经走出了1959—1961年的低谷，凋敝的农村重新有了生机，农业生产已走上恢复性发展的轨道。

1963年至1965年农业生产的恢复和发展，首先应归功于广大农民和农村干部为克服困难所做的艰苦努力。中国农民为中国革命和建设做出了巨大的贡献与牺牲，即使在严重困难面前，他们也相信党、相信社会主义，这是中国农民可贵的品质。在这段困难的日子里，中国农村涌现出了山西昔阳县大寨、河南林县红旗渠这样的先进群体，农村干部中涌现出了焦裕禄这样的模范人物。其次，这期间农业生产的恢复和发展，要归功于“农业六十条”对农村政策的重大调整。正因为这种调整，使人民公社去掉了成立之初的空想成分，使其规模、组织结构及各项方针政策基本符合当时的实际。虽然公社这种政社合一的体制未必是合理的，但这些政策是在人民公社这个外壳之内所能容纳的最大限度的调整，从而调动了广大生产队和农民的生产积极性。这期间，全国各条战线对农业生产的支援，对农业生产的恢复和发展也起了积极作用。

第十一章 “文化大革命”的冲击

一、“生产队一般不要搞夺权”

由于对国内的阶级和阶级斗争形势作了严重脱离实际的估计，认为中国存在资本主义复辟的危险，中共中央和毛泽东发动了1963年至1965年的城乡社会主义教育运动。正因为这场运动是在夸大敌情的前提下开展的，就不可避免地造成阶级斗争的扩大化，使斗争的对象由党外发展到党内，由整“地、富、反、坏”到重点整党内“走资本主义道路的当权派”，从追“下面的根子”到追“上面的根子”，以致发展到“中央出了修正主义”，使指导思想越来越向“左”的方面发展。

社会主义教育运动不但未能解决“两条道路谁战胜谁”的问题，反而使毛泽东认为，中国城乡已有相当多单位的领导权，没有掌握在马克思主义者和人民群众手中。更严重的是，他认为中国有出苏联赫鲁晓夫修正主义的危险，过去的一批老干部在民主革命时能同他合作，但在消灭资本主义和实现农业集体化时，他们就不赞成了，他们正在演变为党内“走资本主义道路的当权派”，并逐渐形成了修正主义的政治路线和组织路线。在他看来，问题的严重程度已不能通过清政治、清经济、清组织、清思想这样的社会主义教育运动来解决，而必须来一场自下而上的大革命。正是在这样的情况下，1966年5月，他发动了“文化大革命”。

1966年8月，中共八届十一中全会通过了《中国共产党中央委员会关于无产阶级文化大革命的决定》(简称“十六条”)。对于农村如何进行“文化大革命”，“十六条”规定：“全会完全同意1963年5月20日《中共中央关于目前农村工作中若干问题的决定（草案)》，完全同意1965年1月14日中共中央政治局召集的全国工作会议讨论纪要——《农村社会主义教育运动中目前提出的一些问题》，即‘二十三条’。这两个文件，是在毛泽东同志亲自领导下制定的，是我国人民进行社会主义革命的强大的思想武器。在农村和城市，应该继续按照这两个文件，结合无产阶级文化大革命，把‘四清’运动，也就是清政治、清思想、清组织、清经济的社会主义教育运动，进行到底。”实际上，“文化大革命”开始后，在农村参与“四清”的干部和大专院校的师生，都回到机关、学校“闹革命”去了，各级领导机关逐渐瘫痪，农村“四清”不了了之。

鉴于1958年以来农村政策的混乱等原因造成1960年前后的严重困难，中共中央和毛泽东在发动“文化大革命”之初，还是十分注意农村稳定的。1966年9月7日，《人民日报》发表题为《抓革命，促生产》的社论，强调“无产阶级文化革命运动和社会主义生产运动，是相互联系的。无产阶级文化大革命，就是为的要使人的思想革命化，因而使各项工作做得更多、更快、更好、更省。我们一定要以无产阶级文化大革命为纲，一手抓革命，一手抓生产，保证文化革命和生产两不误”。社论指出：“现在，秋收快到了，看来是一个好年成。各级领导，特别是县和农村人民公社的领导，一定要不误农时，集中全力抓好今年的秋收。农忙的时候，‘四清’运动可以暂时停下来，学校的红卫兵和革命师生，应当有组织地到农村去参加劳动，帮助秋收，学习贫下中农的勤劳、革命干劲和优良的劳动品质。”

1966年9月14日，中共中央作出《关于县以下农村文化大革命的规定》，指出：县以下的“文化大革命”，仍按原“四清”部署结合进行。北京和外地的学生，均不得去县以下各级机关和社队串联，县以下各级干部和社员也不要外出串联。秋收大忙季节，“四清”运动可以暂时停下来；县以下各级干部，应在群众和本部门干部的帮助下，批评错误、改正错误；不能继续担任工作的，由上级党委决定；对于上级党委任命的干部，不能采取群众直接“罢官”的办法。

1966年9月19日，《人民日报》发表《抓好秋收》的社论，要求“农村各级干部，人民公社社员，都应当全力以赴，抓好秋收，把丰产的果实拿到手”。社论还提出，在秋收秋种秋购最紧张的日子里，“四清”运动可以暂停。农村“破四旧”“立四新”的活动，可以在以后农闲时间进行。

1966年11月10日，《人民日报》再次就“抓革命，促生产”的问题发表社论，认为“在城乡生产单位搞文化革命，同学校搞文化革命，条件是不完全一样的。为着闹文化革命，学校可以暂时停课，搞内外大串联。而在工矿企业、事业单位和人民公社，却绝对不能停止生产”。“工农群众可以向上级，向中央，反映情况，提出意见。但决不应该到外地去串联”。

上述这些规定，在“文化大革命”已出现全国性动乱的情况下，对于稳定农村形势，搞好当年的粮食生产，起到了积极作用。

1966年下半年，农村的“文化大革命”主要的形式是学习毛泽东著作。

1966年8月，为配合“文化大革命”的进行，中共中央决定将大量出版毛泽东著作作为压倒一切的任务，由此引发了一场“活学活用”毛泽东著作的群众运动。据《人民日报》报道：“活学活用毛主席著作的群众运动，已经遍及我国南北广大农村。在4000万人的广东省，目前已有约1000万人参加学习。山西省参加学习的农民约占农村劳动力总数的80%。江苏省凡是经过社会主义教育运动的地区，差不多全部社员都参加学习。其他许多省、市、自治区的广大农村，今年以来参加学习的人数之多，范围之广，学习内容之深和效果之大，都超过以往任何一个时期。”①

受当时政治气候的影响，农村在学习毛泽东著作的过程中，自然搞了许多形式主义的东西，如到处大搞毛泽东语录牌，大写语录标语，大唱语录歌。湖南省衡阳县自1966年10月中旬到11月底，“张贴语录120万张，平均每户7张，购置和制作扛式、背式、胸章式语录牌和流动语录红旗58万多件，平均每户3件多，还在家具上、农具上、墙壁上书写大量

---

① 《亿万农民热情学习毛主席著作，全国农村兴起空前的学习新高潮，涌现大批先进集体和积极分子》，《人民日报》1966年9月28日。

语录，许多水利工地变成了红旗语录的海洋”①。

1966年12月15日，经毛泽东批准，中共中央发出《关于农村无产阶级文化大革命的指示（草案）》，其主要内容是：(1) 农村的“文化大革命”，按照《中共中央关于无产阶级文化大革命的决定》(即“十六条”) 和社会主义教育运动的“前十条”“二十三条”的原则进行，一般不派工作队。(2) 重点是整党内一小撮“走资本主义道路的当权派”和没有改造好的“地富反坏右”分子，把“四清”运动纳入“文化大革命”之中。(3) 领导农村“文化大革命”的权力机构是贫下中农文化革命委员会，由贫下中农选举产生。(4) 建立和发展贫下中农青少年为骨干的红卫兵；农村中各级领导干部的子女，一般不要担任红卫兵领导职务。(5) 农村“文化大革命”也要进行“大鸣、大放、大字报、大辩论”，实行“大民主”；社、队之间可以利用生产空闲时间进行串联，还可以组织一批学生下乡串联，参加农村“文化大革命”。(6) 对向领导提意见、贴大字报的群众，不许打击报复，不许扣工分；“地富反坏右”是专政对象，不允许他们“造”无产阶级和贫下中农的“反”。

这个指示下达后，本来还比较稳定的农村迅速动荡起来。不久，上海发生了以王洪文为头头的一批“造反派”组织夺了中共上海市委、上海市人民委员会领导权的所谓的“一月风暴”。从此，引发出了全国性的“全面夺权”，并殃及广大农村。上海“一月风暴”后，一些地方发生了夺大队、生产队领导权的事件。全国著名劳动模范、山东省莒县爱国大队党支部书记吕鸿宾就被大队的“造反派”夺了权。吕鸿宾被“造反派”污蔑为“假劳模”“黑旗”，批斗了39次。大队的其他党员干部也都靠边站或挨了斗。

“造反派”们只管“造反”，不管生产，结果水利设施被毁，集体财物被挥霍，田地荒芜，粮食产量急剧下降，集体经济遭到严重破坏。山西省阳曲县黄寨公社北留大队党支部书记朱文华，也是全国著名的劳动模范，“文化大革命”爆发后，这个大队的“造反派”夺了朱文华的权，并对朱文华及其家人进行残酷迫害，造成这个大队集体经济严重破坏，公共积累

① 中共湖南省委农村政治部：《关于全省农村学习毛主席著作群众运动的情况简报》，1966年12月1日。

全部花光，粮食大幅度减产。“文化大革命”开始后，内蒙古扎鲁特旗乌力吉木仁人民公社白音吐门大队成立了“八一”和“东方红”两个对立的群众组织。1967 年秋，又成立了大队“文化大革命”小组，宣布解散大队党支部，大队党支部书记、大队长、副大队长等干部被赶下台。随后，两派斗争越来越激烈，“文化大革命”小组名存实亡。两派组织为了表示自己最“革命”，竟轮番批斗所谓“当权派”，批判各种生产管理制度，生产和管理秩序遭到严重破坏，致使 1967 年的粮食产量由 1966 年的 38.65 万公斤猛跌至 15.45 万公斤。①

在“夺权风”的影响下，一些劳动模范也加入到了“造反”的行列。1967 年 1 月，山西著名劳动模范陈永贵、李顺达等倡议成立了“山西革命造反派联络总站”，下辖 35 个“造反”组织，总人数达到 30 多万，表态支持山西“造反派”1 月 12 日夺中共山西省委和省人民委员会的权。2 月 9 日，陈永贵主持召开了“昔阳县批判反革命修正主义路线大会”，会上残酷斗争了中共晋中地委和昔阳县委的主要领导人。2 月 11 日，陈永贵又主持召开“昔阳县无产阶级革命派大联合大夺权大会”，宣布成立“昔阳县革命造反派总指挥部”，陈永贵任总指挥，并宣布夺了昔阳县委和县人民委员会的领导权。②

3 月 5 日，《人民日报》以大字标题报道了昔阳夺权的消息，内称：“在无产阶级革命派大联合，向党内一小撮走资本主义道路当权派夺权的斗争中，全国著名劳动模范、活学活用毛主席著作积极分子陈永贵同志同昔阳县无产阶级革命派一起，造了昔阳县委内一小撮走资本主义道路当权派的反，把昔阳县的党、政、财、文大权，全部夺到无产阶级革命派手中。陈永贵不愧为毛主席的好学生，不愧为贫下中农的好干部。他为全省、全国的劳动模范树立了光辉的榜样。”陈永贵领导的“昔阳夺权”事件，在全国产生了巨大影响。

部分农村出现的“夺权”活动，不仅影响到农村的社会稳定，更重要

---

① 《当代中国的农业合作制》编辑室：《当代中国典型农业合作社史选编》上，中国农业出版社 2002 年版，第 344—345 页。

② 晋中地区史志研究院：《中国共产党山西省晋中地区历史纪事（1949—1999）》，中共党史出版社 2000 年版，第 230 页。

的是它发生在春耕大忙季节，如果不加控制，必将严重影响到当年的农业生产，关系到全国人民的吃饭问题，如果再出现1960年前后那样的粮荒，后果将不堪设想，所谓的“文化大革命”也将进行不下去。为此，1967年2月20日，中共中央发出《给全国农村人民公社贫下中农和各级干部的信》，号召贫下中农“抓革命，促生产”，要求“动员一切力量，立即为做好春耕生产而积极工作”。信中同时指出：“农村人民公社各级干部绝大多数是好的和比较好的。犯过错误的同志，也应该努力在春耕生产中将功补过。犯有错误的干部只要这样做，贫下中农就应该谅解他们，支持他们工作。”

1967年3月7日，中共中央再次发出《关于农村生产大队和生产队在春耕期间不要夺权的通知》，明确规定：(1) 在春耕大忙期间，生产大队和生产队不要进行夺权斗争；(2) 已经夺权并经革命群众和上级同意的生产大队和生产队领导班子，应该切实挑起革命和生产两副重担，搞好春耕生产；(3) 农村干部大多数是好的和比较好的，对于犯有错误的干部，应本着“惩前毖后、治病救人”的方针，进行批评教育并帮助他们改正错误。3月13日，《人民日报》发表《春耕期间生产大队和生产队不夺权》的社论，强调中共中央3月7日的指示，是贯彻“抓革命，促生产”方针的又一重大措施，要求“广大贫下中农和各级革命干部，必须认真学习这个指示，坚决贯彻执行”。

但是，“抓革命，促生产”是一句可以从不同角度加以理解的口号，既可以把重点放在“抓革命”上，也可以把重点放在“促生产”上。所以，“革命”与“生产”没有也不可能统一起来，1967年的农业生产并没有因“抓革命”而“促”上去，这年的农业生产总值仅比上年增长1.6%，粮食和棉花产量也只大体维持了上年水平。

上述这些文件下发后，并未从根本上遏制农村形势滑向动乱的境地。各地“夺权”之后引发出了一系列的派性斗争，最后演化为大规模的武斗。一些城市的“造反”组织来到农村，挑起农民进城武斗，严重干扰了农业生产和农村社会秩序，也引发社员间的派性斗争。山西省长治地区1967年4月成立革命委员会后，派性斗争非但未减少反而愈演愈烈，最后发展到严重的武斗。双方各自调集民兵进城参与武斗，参加的民兵达数万人，武斗中双方均有死伤，并且给国家造成的经济损失在数亿元以上。①

针对农民进城参加武斗这一严重情况，中共中央不得不于1967年7月13日发出《关于禁止挑动农民进城武斗的通知》。中共中央指出，最近一个时期，江西、四川、浙江、湖南、河南、安徽、宁夏、广西等地，一些不明真相的农民进城参加武斗，有的还提出了“以农村包围城市”的反动口号，这种做法是十分错误的。通知规定：任何人和任何组织都不准以任何借口挑动农民进城武斗，已进城参加武斗和破坏交通运输的社员，必须立即返回农村“抓革命，促生产”。参加武斗的社员所得到的工分补贴等“优待”一律无效，因进城武斗而造成的伤残事故、生产损失和误工补贴等，一律由挑动者负责。这个通知发出后，对于制止农村的武斗、保证农业生产的进行，产生了一定的作用。

但是，在1967年全面动乱的情况下，农村形势仍然混乱，许多地方无视党的政策，乱打乱斗所谓的“阶级敌人”，农村“地、富、反、坏、右”这五类人（即所谓的“五类分子”）动辄遭到批斗，随意被打骂体罚和变相体罚、强制劳动。个别地方还发生了大规模的恐怖杀人事件。1968年七八月间，广东省阳春县一些持极左思想和派性严重的人，鼓动全县各地以“抓阶级斗争”“保卫红色政权”“专政是群众的专政”为借口，制造乱打乱杀。据对该县合水公社的乱打乱杀现象进行调查发现，伤亡者多为地富子女、地主，以及所谓的“坏分子”，个别小土地出租者和中农也受到波及。据后来调查，阳春全县有298个大队（占大队总数的86.5%）发生过乱打乱杀事件。②1967年7月上旬，湖南省道县在一部分品质极其恶劣的基层干部和群众组织头头的煽动下，以保卫所谓的“红色江山”为旗号，肆意杀害地主、富农及其他有政治历史问题的人与其家属，另有一些干部、教师和医生也被杀害，直至9月人民解放军某部进入道县，才将这一事件制止下来。③

1967年11月5日，中共中央文化革命领导小组（即“中央文革小组”）

---

① 长治市农业合作史编辑室：《长治市农业合作史》，山西人民出版社1998年版，第207页。

② 钟万全：《阳春“文革”乱打乱杀始末》，《广东党史资料》第37辑，广东人民出版社2004年版。

③ 卓康宁：《湖南农业合作化纪实》，湖南科学技术出版社1993年版，第497页。

办事组编印的第5290号快报上，刊载了时为山西省革命委员会副主任的陈永贵关于农村“文化大革命”的谈话。7日，中共中央以中央文件的形式批转了陈永贵的谈话。谈话中除谈到农村“文化大革命”必须对准“党内最大的一小撮走资本主义道路的当权派”及他们伸向各省、地、县的“一小撮黑爪牙”之类外，还提出要相信和依靠干部的大多数，绝不能将矛头对准基层干部；广大农村干部多是作风、态度、方法上的错误，属于方向路线性的错误很少，应当帮助他们提高认识，要让他们在贫下中农中检查后站起来工作；对待农村干部不能搞残酷斗争、无情打击，农村“文化大革命”必须依靠和发动贫下中农，城市学生下乡要以贫下中农为师，不要当先生，指手画脚，扶持两派势力等。这篇谈话在一定程度上减少了“文化大革命”对广大农村基层干部的冲击，对稳定农村的局面，保证农业生产的正常进行起了一定的积极作用。这篇谈话也反映出陈永贵的矛盾，一方面，他也参与了“造反”的行列，“造”了中共昔阳县委的“反”，支持刘格平等“造”中共山西省委的“反”；另一方面，他对于年轻学生鼓动一些农民“造”他这样的基层干部的“反”，又是反感和反对的。

1967年12月4日，中共中央作出《关于今冬明春农村文化大革命的指示》，一方面强调要反对投机倒把，反对贪污盗窃，反对分田到户，反对闹单干；另一方面也表示农村人民公社现有的“三级所有、队为基础”的制度、关于自留地的制度，一般不要变动，也不要搞捐献。指示重申“生产队一般不搞夺权”，“在需要夺权的生产大队，应当坚决依靠贫下中农，实行革命的大联合和革命的‘三结合’，以改选领导班子的方式解决”，再次肯定“农村干部大多数是好的和比较好的”。

这些措施的出台，减少了因“文化大革命”而对广大农村干部的冲击，稳定了农村干部队伍，便于他们组织和安排生产，也减轻了“全面夺权”对农村的冲击，降低了“文化大革命”对农业生产的损失，与城市相比，“文化大革命”头两年，农村的局势基本上没有失控。“文化大革命”之初农村没有出现全面动乱，原因是多方面的。一是中共中央采取了保证农业生产的相关措施。如上述一系列文件的制定，对稳定农村形势、减少“文化大革命”的危害是有积极作用的，尽管其中也有许多“左”的成分。二是农村不同于城市，农民居住分散，交通不便，信息相对闭塞，不便于组织城市中那种人数众多的“造反”组织。三是广大农民对于“文化大革命”的消极态度。造成1967年全国范围的动乱的根本原因是“夺权”，但对于大多数生产队来说，生产队队长并没有多大的权。相反，要领导一个生产队，既要完成国家的征购任务，又要应对公社、大队的“平调”摊派，还要解决社员基本的生活问题，不是一件容易的事情。生产队队长权不大，但麻烦事不少，把这种“权”“夺”来没有多大实际意义。另外，城市的工人、干部、学生“造反”，不影响他们的生存问题，对于农民来说，如果天天“造反”，不搞生产，不但国家的上交任务完不成，而且自己的温饱也成问题，因为天天搞“革命”不能多打粮食。所以，“革命”当然不能不搞，但生产更不能不搞。四是人民公社的体制和中国城乡分割的二元结构，也在客观上抑制了这场“革命”对农村的渗透。生产队是基本核算单位，如果一部分社员去“革命”而不生产，就必然引起另一部分社员的反对，就算“革命”可以记工分，但这种“革命”工分多了，就降低了每个劳动日的分值，直接影响到全体社员的收入分配。五是经过“四清”运动后，毛泽东关注的重点已不在农村，因为这次“文化大革命”的重点是“整党内那些走资本主义道路的当权派”，“把那里的领导权夺回到无产阶级革命派手中”（见“十六条”）。显然，“当权派”不在农村，也不是依靠农民就可以斗倒的。如果通过开展农村的阶级斗争能解决这个问题的话，就不需再来一个“文化大革命”了。

二、农业学大寨运动的政治化

1966年至1976年的农村“文化大革命”一个重要特点，是这场“触及灵魂的革命”是与农业学大寨运动交错进行的。

在中国，没有哪一个先进典型能像大寨一样，对中国农村的经济社会发展产生如此巨大而深远的影响。

大寨曾是我国农业战线上一面鼓舞亿万农民的旗帜。它是山西省昔阳县的一个小山村，人口不足百户，虽然离县城只有几里地，但自然条件很差，有“七沟、八梁、一面坡”之称。1952 年大寨成立了初级农业生产合作社，全村人都入了社。1956 年，转入高级社。1958 年公社化后，大寨成为大寨人民公社下的一个生产大队。

公社化后，大寨大队在党支部书记陈永贵的带领下，在发展生产的同时，制订了一套行之有效的管理制度。1959 年 12 月，中共晋中地委在大寨召开现场会，号召全地区学习大寨的管理经验。1960 年 2 月，中共山西省委批转了中共晋中地委关于学习陈永贵和大寨大队党支部的决定，并且号召全省农村基层干部“学习模范支部书记陈永贵”。同时，《山西日报》配发了《陈永贵——党支部书记的好榜样》的社论，介绍了陈永贵的先进事迹，在山西全省引起了很大反响。

1963 年 8 月，大寨遭受了百年不遇的特大洪灾，合作化以来经过艰苦努力整修的土地全被冲垮，社员 70%的房屋被冲塌，长势正旺的庄稼水泡倒伏。在严重的困难面前，大寨人没有退缩，他们在党支部的领导下，提出了“三不要、三不少”（不要国家救济粮、救济款和救济物资；交国家的统购粮不少、社员口粮不少、社员收入不少）的口号，自力更生，艰苦奋斗，以战天斗地的精神战胜了洪灾。这年秋天，大寨粮食平均亩产达到了 700 多斤，除了留足口粮、种子粮和饲料外，还卖给国家余粮 12 万斤。①

大寨大灾之年夺高产的事迹，引起了中共山西省委的重视。1963 年 11 月，山西省委发出通知，号召全省各级党组织向大寨学习，并在全省开展大规模的学习大寨的运动。

20 世纪 60 年代初，是我国经济严重困难的时期，但也是一个典型与

① 本书第 1 版出版后，一位细心的读者致信《文汇读书周报》，认为大寨的亩产不可能有那样高，卖给国家的余粮也不会有这样多。对于这一年大寨粮食的亩产量，曾参与过大寨宣传报道的新华社记者范银怀回忆说，当时山西的一些劳动模范就曾对此提出过质疑，山西省农学院的科研人员也从播种的种子推算出大寨的耕地可能有 1200 亩，而非大寨自称的 800 余亩。这个情况，新华社山西分社以“内参”的形式向总社作了反映，并引起了刘少奇、周恩来等中央领导人的关注，有关方面还为此组织工作组进驻大寨进行调查，但得出的结论是大寨没有隐瞒耕地（详见《大寨〈内参〉引起的轩然大波》，载《百年潮》1999 年第 3 期）。这里采用的是当年宣传报道中的材料，现在看来这个数字确有值得推敲的地方。

英雄辈出的年代，大庆、大寨等先进集体和王进喜、陈永贵、雷锋、焦裕禄等先进人物，都是在这一时期涌现出来的。1963 年后，虽然中国的经济已经走出了低谷，但还未实现根本的好转。此时正值中苏两党两国关系彻底破裂的特殊国际环境，自力更生、艰苦奋斗的精神显得特别重要。大寨的事迹传出后，的确感动了许多人，中国需要更多的大寨，中国农村的发展需要大寨精神。1964 年 1 月 19 日，应中共北京市委的邀请，陈永贵在人民大会堂向首都一万多名干部、群众介绍大寨抗灾夺丰收的事迹，中央人民广播电台向全国播放了现场录音。2 月 10 日，《人民日报》发表了新华社记者莎荫、范银怀采写的长篇通讯《大寨之路》，并配发了《用革命精神建设山区的好榜样》的社论，号召全国人民学习大寨的革命精神。

1964 年 3 月 29 日，毛泽东在邯郸车站听取山西、河北两省委“四清”情况汇报时，山西省委第一书记陶鲁笳介绍了大寨抗灾自救、重建家园的情况，讲到陈永贵创造了一个好的劳动管理办法，特点是“有制度、不繁琐，有差别、不悬殊”，引起了毛泽东的重视。回到北京后，他详细地阅看了大寨的有关材料。4 月 20 日，受周恩来的委托，陶鲁笳到大寨做了 20 天的实地调查，于 5 月 25 日向毛泽东、周恩来报送了《大寨大队调查报告》，并对大寨精神和大寨经营管理的经验作了初步总结。报告将大寨精神概括为六个方面：(1) 树雄心、立斗志，不断革命；(2) 始终坚持着依靠贫农、下中农的阶级路线；(3) 不仅有陈永贵这样的好当家人，更重要的是有一个比较好的领导班子；(4) 干部参加劳动，大公无私，以身作则；(5) 冲天的革命干劲同严格的科学态度相结合；(6) 自力更生，艰苦奋斗，爱国家，爱集体，爱社会主义。①

1964 年 5 月 10 日、11 日，毛泽东听取国家计委领导小组关于第三个五年计划设想汇报，当议论到建设四五亿亩高产、稳产田时，毛泽东插话说：“要自力更生，要像大寨那样，他也不借国家的钱，也不向国家要东西。”② 这是毛泽东对大寨的第一次公开肯定。

---

① 《当代中国农业合作化》编辑室：《建国以来农业合作化史料汇编》，中共党史出版社 1992 年版，第 797—798 页。

② 《当代中国农业合作化》编辑室：《建国以来农业合作化史料汇编》，中共党史出版社 1992 年版，第 793—794 页。

1964年12月，周恩来在三届全国人大一次会议上所作的《政府工作报告》中介绍了大寨的先进事迹，认为大寨“是一个依靠人民公社集体力量，自力更生进行农业建设、发展农业生产的先进典型”，并将大寨的基本经验作了进一步的总结和概括，指出：“大寨大队所坚持的政治挂帅、思想领先的原则，自力更生、艰苦奋斗的精神，爱国家爱集体的共产主义风格，都是值得大大提倡的。”① 从此，农业学大寨运动在全国轰轰烈烈地开展起来。

从1965年起，全国农村掀起了农业学大寨运动的高潮，广大农村以大寨为榜样，大规模地兴修水利和建设高产稳产田，涌现出了一批大寨式的先进典型，如山东省黄县下丁家大队，内蒙古自治区赤峰县当铺地大队，福建省连江县东升渔业大队，湖南省岳阳县毛田区，河南省林县等。

为检验农业学大寨运动的初步成果，推广大寨式农业单位的先进经验，进一步把学大寨运动引向深入，在周恩来的亲自过问和谭震林的直接指导下，1965年11月，在北京全国农业展览馆举办了全国大寨式农业典型展览，参加展览的共有52个大寨式先进典型。这次展览引起了巨大反响，推动了农业学大寨运动向纵深发展，促进了1965年、1966年两年农业生产取得了较好的收成。

大寨成为全国农业战线上的一面红旗，是大寨人实实在在干出来的。他们当初的苦干，目的就是为国家做的贡献大一点，自己的生活好一点。大寨精神是时代的产物，大寨成为典型也适应了时代的需要。大寨艰苦创业的精神，不论过去、现在，还是将来，都是值得肯定和应该发扬的。“文化大革命”前的农业学大寨运动，对于激发广大农民的生产干劲，推进农田基本建设的发展，改变当时我国农村的落后面貌，都起了积极作用。

但是，也应该看到，大寨成为全国农业战线的旗帜之际，正值以“阶级斗争为纲”的“四清”运动进入高潮之时，因此，对大寨精神的总结，就不可避免地带上这场运动的某些烙印。1964年初，中共晋中地委宣传部编写的《晋阳大寨先进经验宣传要点》中，第一条就是介绍大寨“坚持

① 《当代中国农业合作化》编辑室：《建国以来农业合作化史料汇编》，中共党史出版社1992年版，第794页。

党的阶级路线”的经验。其中说：“办好集体经济，必须有党支部的坚强领导，大寨生产大队革命的红旗举得高，集体经济办得好，首先是因为以陈永贵为首的党支部，深切地领会了毛主席关于阶级、阶级矛盾和阶级斗争的思想。”又如上面提到的陶鲁笳总结的大寨精神的第二条，就具有明显的阶级斗争色彩。陶鲁笳在《红旗》杂志 1965 年第 11 期上发表的《让大寨精神遍地开花——山西农村开展学大寨运动的初步总结》一文中，更是提出大寨“在互助组、初级社、高级社、公社化的各个时期，从没有放松过对资本主义势力的斗争”，并认为“学大寨的运动，不仅是一次生产革命的运动，实际上也是一次社会主义教育运动”。陶鲁笳在文章中对大寨精神作了新概括，将其归纳为“一条红线、五个要点”。“一条红线”是以毛泽东思想挂帅，“总路线”挂帅。“五个要点”即：有社会主义、共产主义的远大理想；有爱憎分明、一心向党的坚定立场；有自力更生、艰苦奋斗的顽强意志；有大胆踏实、改天换地的革命干劲；有热爱国家、热爱集体的高尚风格。

在“阶级斗争为纲”思想的影响下，大寨人自己也在有意识地强化这种观点。1966 年 3 月，陈永贵在介绍大寨的劳动管理经验时，着重提出：“首先要抓住阶级斗争这个纲”，“坚持社会主义方向，防止资本主义影响”。他还说：“坚持社会主义方向，防止资本主义影响，使集体经济得到巩固和发展，这是一切工作的纲。”① 这种情况，到了“文化大革命”时期，大寨经验也就逐渐地演化为抓阶级斗争的范例，使农业学大寨运动失去了原有的意义。

1967 年 2 月，陈永贵领导“昔阳夺权”后，成为昔阳县的主要领导人，后来又成为晋中地区、山西省革命委员会的领导成员之一，从一个劳动模范成为一名有相当影响的政治人物，被称为“毛主席的好学生”。同时，大寨的经验也为适应形势的需要，不断地政治化。1967 年 6 月，昔阳县革命委员会在大寨召开县、公社、大队、生产队四级干部农业学大寨现场会。陈永贵在讲话中认为，“农业学大寨”运动要坚持四条基本经验：第一，

① 《突出政治的生动一课——陈永贵谈大寨大队在劳动管理中坚持社会主义方向的经验》，《人民日报》1966 年 3 月 22 日。

用毛泽东思想统率学大寨，学大寨必须突出无产阶级政治；第二，高举革命的批判大旗，以革命的大批判为动力，推动学大寨运动；第三，建设革命化、战斗化、群众化的领导班子，把政权掌握在革命派手里，才能学到大寨经验；第四，坚定不移地贯彻毛主席的革命路线，大搞革命的群众运动。[①] 这四点大寨经验，没有哪一点是与生产相关的。大寨由原来的农业生产的先进典型变成了政治斗争的典型，大寨的生产建设经验也演化成阶级斗争的经验。

1967 年 9 月 10 日至 17 日，山西省革命委员会在昔阳召开学大寨现场会，即第一次全省农业学大寨现场会。会上，身为中共山西省核心小组成员、山西省革命委员会副主任兼昔阳县革委会主任的陈永贵做了《红太阳照亮了大寨前进的道路》的长篇报告，系统总结了大寨“两条路线斗争”的经验。报告回顾了大寨“两个阶级、两条道路、两条路线”斗争的历史，说“大寨是在同中国的赫鲁晓夫及其爪牙的斗争中成长起来的”。其实，没有原山西省委、晋中地委对大寨的发现和培养，大寨哪能成为全省、全国的典型？会议结束时，《山西日报》发表社论，说这次会议是“全省农业学大寨运动的一个伟大起点，是一个新的里程碑。它标志着全省学大寨运动已经发生了一个质的飞跃，开始了一个崭新的阶段”。社论中的话也有一定的道理，因为从这时起，山西和全国的学大寨运动的确发生了质变。

1968 年 10 月 15 日至 11 月 2 日，山西省革命委员会在昔阳召开第二次全省农业学大寨现场会。参加这次会议的除了山西的代表外，还有全国 27 个省、市、自治区和中央有关部门的代表，实际上是一次全国性的农业学大寨会议。这次会议是学习大寨的“新成就、新经验”，其实也就是“阶级斗争”和“斗私批修”的经验。会议提出，学大寨根本是要活学活用毛泽东思想，要“大抓狠抓两个阶级、两条道路、两条路线的斗争”，深入持久地开展“革命大批判”，也要学大寨坚持政治挂帅、思想领先的原则，发扬自力更生、艰苦奋斗的革命精神和爱国家、爱集体的共产主义

① 晋中地区史志研究院：《中国共产党山西省晋中地区历史纪事（1949—1999）》，中共党史出版社 2000 年版，第 233 页。

风格。这次会议继续和发展了山西第一次全省农业学大寨现场会的“左”的错误，产生了严重的后果。

1968 年 8 月 26 日，《人民日报》发表题为《狠抓阶级斗争，在社会主义道路上阔步前进——记大寨大队以毛泽东思想为武器坚持革命斗争的经历》的文章，将大寨的基本经验总结为：“以两个阶级、两条道路、两条路线斗争为纲，坚持不懈地与人斗。”

同年 11 月 22 日，《人民日报》报道了昔阳县学大寨所取得“重大成绩和丰富经验”，这就是“把学大寨当作农村无产阶级文化大革命斗、批、改的一个重要内容来抓，把学大寨和农村的‘斗、批、改’结合起来”。昔阳在全县学大寨中，将大寨精神具体化为五个方面：(1) 把活学活用毛泽东思想当作第一需要，在“用”字上狠下工夫，大破资产阶级“私”字，实现思想革命化；(2) 以毛泽东思想为武器，狠抓两个阶级、两条道路和两条路线的斗争；(3) 自力更生、艰苦奋斗，依靠群众，勤俭创业；(4) 干部一心为公，不谋私利，不脱离劳动，不脱离群众；(5) 大公无私，助人为乐，以国为怀，顾全大局，站在虎头山，放眼全世界。①

1970 年 8 月 18 日，山西省革命委员会第四次全会作出了《关于进一步开展农业学大寨的群众运动的决议》，把昔阳县能在全县推广大寨经验，建成全省第一个大寨式的县，归纳为三条经验：“一是以阶级斗争为纲，把现实的阶级斗争和整党结合起来，充分发动群众，揭开社会上阶级斗争的盖子，重点放在清除混入党内特别是领导班子中的坏人，整党内那些走资本主义道路的当权派，使社、队的领导权真正掌握在忠于毛主席、突出无产阶级政治、有革命干劲的人——贫下中农手中。这是推广大寨经验的要点所在。二是用革命化领导农田基本建设和科学种田。三是狠抓基层，采取正确的工作方法。”可见，在“文化大革命”中，学大寨，就是要大搞阶级斗争，这就把学大寨运动引向了“左”的轨道上。

为了适应阶级斗争的需要，大寨不惜人为地编造“两个阶级、两条道路、两条路线斗争”的历史，如所谓的“老少组”与“好汉组”的对立。

① 《坚决贯彻执行伟大领袖毛主席“农业学大寨”的光辉指示，昔阳县开展学大寨运动取得重大成绩和丰富经验》，《人民日报》1968 年 11 月 22 日。

在1966年到1968年的三年时间里，大寨这个不足500人的小山村，参加各种批斗会的总人次数竟达10万之多，仅社员贾承良的家庭批判会就有120次。

“文化大革命”期间，原来许多的先进典型已风光不再，唯有大寨成为一面不倒的旗帜，谁也不能对学大寨有疑义，不但如此，大寨经验也成了不得违反的“金科玉律”。在当时，反对学大寨，是严重的政治问题。1970年11月，中共山东省革命委员会核心小组向中共中央、国务院报送了《关于山东全省农村工作会议报告》，其中提出：“学大寨就是走社会主义道路，不学大寨就是搞歪门邪道”，“反对学大寨，就是走资派”。“学大寨，必须狠抓阶级斗争”，“不抓阶级斗争，学大寨是一句空话”。① 这几句话，可谓抓住了“文化大革命”期间学大寨运动的本质。

三、“割资本主义尾巴”

本来，大寨精神和大寨经验最本质的东西，就是自力更生、艰苦创业。“文化大革命”学大寨的过程中，虽然也提这个问题，但却变成了阶级斗争的附属物，而且将一些大寨特殊的、不具有普遍意义的做法，也当作大寨经验去学习和推广，导致一些地方推行一套与“农业六十条”相违背的“左”的做法。

第一，没收或减少自留地，限制家庭副业和集市贸易。应该承认，大寨的集体经济是搞得比较成功的，这应归功于大寨有一个能力强的带头人和一个有号召力的党支部，对陈永贵如何进行评价是另一个问题，但陈永贵与大寨大队党支部对大寨所做的贡献，是不能抹杀的事实。也正因为集体经济比较好，大寨才可以在1963年特大洪灾之时，利用社员对集体的高度信赖和建设社会主义新农村的渴望，趁机取消了自留地和家庭副业。

① 《山东省农业合作化史》编辑委员会：《山东省农业合作化史料集》上册，山东人民出版社1989年版，第541页。

这本是违反“农业六十条”的相关规定的，但大寨较雄厚的集体经济和较好的集体生产，使社员能够接受这个事实。

然而，对于全国大多数农村来说，并不具备大寨这样的条件，自留地和家庭副业在社员的收入和生活中都有着不可或缺的地位，但在“文化大革命”期间，在“多一分自留地就多一分私心”的“左”倾思想支配下，许多地方在批判“三自一包”的过程中，夸大社员种自留地与从事集体生产的矛盾，错误地认为“谁的自留地种得好谁的私心就重”，将社员的部分自留地收回，仅黑龙江省阿城县在 1969 年的 9—10 月，就收回社员的自留地、小片开荒地 44000 亩。也有一些省、市、自治区将社员自留地由原来占总耕地的 7%降至 5%。[①] 山西省长治地区 80%以上的农村的自留地被收归集体代种，每个社员年终发给不足 30 斤的“自留粮”；约 20%的农村则干脆取消自留地，也不发给“自留粮”。即使允许社员有少量的自留地，也对其种植范围加以种种限制。如四川省郫县红光公社红光大队规定，自留地只准种粮食、油料、饲料和少量蔬菜，不准种花草、高档商品菜和其他经济作物。[②]

1958 年人民公社化时，曾一度将社员饲养的家禽家畜、房前屋后的小片林木作为“私有制残余”而收归集体，在“文化大革命”中又将社员的家庭副业作为“资本主义复辟的温床”和“资本主义尾巴”加以严格限制。一些地方规定社员只能每人养一只家禽，一户只能养一头猪。有的地方甚至取消社员养猪、养蚕、养蜂、养兔等家庭副业，代之以集体统一经营。河南一些地方规定，社员不准上山采集野生植物，不准私人养母猪，不准在自留地种生姜、药材等经济作物，不准在房前屋后种植果树等。[③]

集市贸易也被严格限制甚至被取缔。在批判“三自一包”的过程中，农村集市被扣上了“资本主义自由市场”“产生资本主义的土壤”的罪名，农民将自己生产的鸡蛋、蔬菜等拿到集市上出售，被指责为“资本主义

---

① 朱荣、郑重等：《当代中国的农业》，中国社会科学出版社 1992 年版，第 256—257 页。

② 《当代中国的农业合作制》编辑室：《当代中国典型农业合作社史选编》下，中国农业出版社 2002 年版，第 993 页。

③ 中共河南省委党史研究室：《河南农村经济体制变革史》，中共党史出版社 2000 年版，第 176 页。

的自发倾向”而遭批判甚至被没收，正常的商品贩运被当作“投机倒把”而严格禁止。1967 年 9 月 13 日，山东省革命委员会发出《关于加强农产品市场管理的通令》，规定凡属国家征购的品种，不准上市买卖；生产队集体的粮食、油脂、油料只准卖给国家，不准上市成交；棉花市场长年关闭，社员自留棉只能由供销社进行收购；大麻、苘麻在国家收购期禁止上市买卖，收购结束后经地、市革命委员会批准后开放市场，购买者一次限购大麻 2 斤、苘麻 5 斤；等等。①

“文化大革命”期间，全国各地的农贸市场几乎全处于关闭半关闭状态。1961—1963 年的经济调整时期，集市贸易曾有相当的发展。1963 年，全国共有农村集市数 38468 个；到 1975 年，只剩下 32000 个，比“文化大革命”前的 1965 年少了 5000 个。

第二，在批判“工分挂帅”中推行大寨式的评工记分方法，造成平均主义泛滥。1966 年 8 月 11 日，《人民日报》发表题为《工分挂帅，铜臭熏天》的文章，认为“搞物质刺激、工分挂帅，就是走地主、富农路线，有害于集体经济的发展，有害于社会主义革命”。“搞工分挂帅，还会助长社员的资本主义思想倾向”。这是“文化大革命”开始后较早批判“工分挂帅”的一篇文章，不过这篇文章把鼓吹“工分挂帅”的罪名挂在著名经济学家孙冶方身上。

到了 1967 年，“工分挂帅”就是“革命大批判”中批判刘少奇的罪名了。1967 年 9 月 23 日，《人民日报》的一篇批判文章说：“毛主席给我们开辟了社会主义集体化的阳关大道。党内最大的走资本主义道路当权派，看在眼里，恨在心里，施展条条毒计，同我们伟大领袖毛主席唱对台戏。他胡说什么‘工分越不值钱，大家越不干’，鼓吹‘工分挂帅’。”② 在“文化大革命”头几年的所谓的“革命大批判”中，各种报刊连篇累牍地刊发着这类文章。

在批判“工分挂帅”的同时，一些地方不顾自己的实际，推行大寨实

① 《山东省农业合作化史》编辑委员会：《山东省农业合作化史料集》上册，山东人民出版社 1989 年版，第 539 页。

② 王洪田：《工分一挂帅，资产阶级思想就泛滥》，《人民日报》1967 年 9 月 23 日。

行的“标兵工分、自报公议”的记分制度。

公社化初期，大寨大队实行的是按劳动定额、计分付酬的分配办法。这套办法实行了三四年，制订了一百多种劳动定额。由于劳动定额太繁琐，而且地块多，质量是否合格也无法检查，容易产生抢工分、不顾质量的问题。加之一个组里，生产技术、劳动态度也各不相同，每天干完活后还得评工分。结果，“当天干活多的人，说自己干劲大，应该多记工；干活少，多挣不了工分的人，却说那些人是瞎报哩。评不下个结果，还是按底分记分”①。从1963年开始，大寨逐渐形成了“标兵工分、自报公议”的计酬制度。

这种计酬制度的具体做法是：在日常劳动中，记工员只记每个社员的工别和出工天数，到月底总结评比。方法是先看这一段数哪个社员劳动态度最好，出勤最多，干活质量最高，就评定这个社员为标兵，其余的社员按照自己体力强弱、技术高低、劳动态度，自己报自己应得的工分，大家评议。评议没有意见的按自报记工，自报不合适的，经评议后修正。1966年3月22日，《人民日报》介绍了大寨的这种做法，认为这种计酬制度摆脱繁琐定额制度，能腾出更多时间；报酬不悬殊，更好地实现了社会主义按劳分配原则；逐步改变了人们的自私心理，逐步树立共产主义思想；干部不包办代替了，更充分发扬了民主；省了检查验收等好处。②《人民日报》还发表了编者按，肯定了大寨的这种做法。

“文化大革命”前，个别地方从报刊上看到大寨大队的这种评工记分制度后，也采取了类似的办法。如湖南省南县武圣宫公社天福大队从1966年4月起，就仿行了大寨的计酬办法，确定记工员只记社员的出工时间，工分到月底根据劳动态度进行总评，并议定标兵工一天为10分，早晨出工占15%，上午占45%，下午占40%。③

陈永贵领导“昔阳夺权”后，乃将大寨的“标兵工分、自报公议”的

① 张丽泉、郝占敖：《大寨精神大寨人》，农村读物出版社1964年版，第58页。

② 《突出政治的生动一课——陈永贵谈大寨大队在劳动管理中坚持社会主义方向的经验》，《人民日报》1966年3月22日。

③ 中共湖南省委调查工作组：《南县武圣宫公社天福大队推行大寨式的劳动管理制度》，1966年4月。

劳动管理制度推广到昔阳全县，并改名为“一心为公劳动，自报公议工分”，而将此前昔阳大多数生产队实行的劳动定额制度斥之为“修正主义、工分挂帅”。1967 年 5 月，中共晋中地区核心小组在昔阳举办大寨劳动管理训练班，接着在全地区推行了这种劳动管理办法。

1967 年 9 月和 1968 年 1 月，农业部生产领导班子两次在大寨召开全国学大寨劳动管理经验现场会，全国除西藏、台湾外，各省、市、自治区都派代表参加了会议。1968 年 4 月 3 日，农业部向各省、市、自治区革委会、军管会印发了两次会议的纪要，强调“以‘一心为公劳动，自报公议工分’为特点的大寨劳动管理经验，是在两条道路、两条路线和两种思想斗争中产生的，是在批判繁琐复杂的定额包工制度的基础上建立起来的，是高举毛泽东思想伟大红旗、大学人民解放军、加强思想政治工作的结果，是毛泽东思想的产物”。大寨的劳动管理经验，“是不让旧的剥削阶级复辟、不让新的剥削阶级产生，不让集体经济迷失方向，不让贫下中农变质，不让无产阶级江山变色的问题”，要求“把推行大寨劳动管理经验的群众运动引向高潮”。①

在“革命大批判”批判“工分挂帅”的过程中，大寨这种劳动管理办法被广泛推广。到 1968 年 9 月，山西、山东、黑龙江、上海、天津、广东、广西、湖南等省、市、自治区，推广这种办法的社、队占到全部社、队的半数以上。②

这种“自报公议”的计酬方法，在劳动力紧张、社员觉悟比较高的个别地方可能是行得通的，它的确在一定程度上克服了劳动定额繁琐、评工记分麻烦的不足。但是，当时大多数的生产队并不具备能够实行“自报公议”的条件，而且在“文化大革命”中一切都要“突出政治”的情况下，政治思想好不好成为评议工分的重要依据。那些劳动力弱、技术水平低、劳动贡献少的社员可以因“政治思想好”而得到较多工分，而劳动力强、技术好、贡献大的社员，却又因不能搞“工分挂帅”而得不到应得的工分，实行这种制度的生产队评出来的大多是“大概工”，严重地损害了按

① 中华人民共和国农业部：《全国学大寨劳动管理经验现场会议纪要》，1968 年 2 月。

② 《全国农村广大干部和社员学大寨运动空前广泛深入》，《人民日报》1968 年 9 月 27 日。

劳分配的原则，助长了分配中的平均主义，大大挫伤了广大社员的生产积极性。

“文化大革命”中，少数地方还公开推行“吃粮不要钱”的分配政策。1968 年 7 月，河南省唐河县革命委员会把“各尽所能，按劳分配”的社会主义分配原则当作“刘少奇反革命修正主义路线”的“遗毒”而加以取消，做出在全县农村实行“吃粮不要钱”的决定。由于干不干都吃饭，干多干少一个样，使得许多公社参加集体生产劳动的人数大为减少，不少社员外出挣钱而不参加生产劳动。该县昝岗公社丁庄大队有一个生产队，36 户中有 34 户外出，42 个劳动力中有 37 个外出，实际从事农业生产的只有 5 人，干部也无人愿意当，一年之中换了八任生产队长。①

第三，合并基本核算单位，“穷过渡”风再度刮起。“文化大革命”中，一些地方违背“农业六十条”修正草案中关于以生产队为基本核算单位至少三十年不变的规定，大搞社队合并。“农业六十条”修正草案虽然规定人民公社以生产队为基本核算单位，但也规定允许部分地方实行以大队为核算单位。在“文化大革命”之前，大寨就一直是以大队为核算单位的。大寨坚持以生产大队为核算单位有其特殊性。一是大寨大队的人口并不多，1964 年，大寨大队只有 2 个生产队、83 户、359 人，这只相当于一个较大的生产队的规模。二是大寨多年来形成了一个比较有战斗力的领导班子，大队党支部书记陈永贵在群众中有号召力，党支部有凝聚力。三是大寨从 1959 年起就一直是昔阳县和晋中地区的先进典型，集体经济有较大的发展。

“文化大革命”期间，大寨的一切都具有神圣的光环，对全国农村产生特殊的影响。1966 年 11 月，大寨所在的大寨公社就提出了向公社所有制过渡的问题，并提出了“建立起革命左派政权、大寨式党支部”等四项过渡条件，及“有利于彻底消灭资本主义根子，有利于开展两个阶级、两条道路、两种思想的斗争，有利于加强党的生产队的领导”等几大好处，并借用群众的话说：“只有过渡到公社所有制，才能真正地发挥人民公社

① 中共河南省委党史研究室：《河南农村经济体制变革史》，中共党史出版社 2000 年版，第 176 页。

一大二公的优越性。”[①]1967年上半年，昔阳县革命委员会建立后，即在全县推行大寨以生产大队为基本核算单位的做法，将之作为学习大寨“坚持无产阶级专政下继续革命”的一项重大措施。1967年11月，中共昔阳核心小组扩大会议提出：“以生产队为核算单位，已经适应不了生产需要，狭小的生产范围，从某种程度上说，已经限制了生产力的发展”。因此，“由生产队一级核算单位变为生产大队一级核算，已成为人心所向，势在必行”，并总结了以生产大队为基本核算单位的几大好处，要求全县在这年11月内“把变革核算单位搞下来”[②]。

在大寨和昔阳的影响下，一些地区又开始进行社、队合并和不顾条件改变基本核算单位。山西省长治地区1962年有23.2%的生产大队是核算单位，1970年上升到62.8%。湖南省长沙县1970年11月至次年1月合并生产队1512个，占全县生产队总数的12%。河南省南阳地区1970年比1967年减少了1018个生产队，减少了243个生产大队，减少了175个公社，其中公社减少了近50%。据山西、河北、北京、上海、江苏、浙江等11个省、市、自治区的统计，1962年人民公社基本核算单位下放后，仍有5%的生产大队是核算单位，到1970年上升到14%。其中山西以大队为核算单位的公社超过半数，浙江有1/4的公社实行了以生产大队为核算单位。

下放基本核算单位是经济调整时人民公社体制改革的一项重大措施，它较好克服了生产队之间的平均主义，是深得广大群众拥护的一项政策，它有力地推动了我国农业生产的恢复性发展。“文化大革命”时期，我国农村的生产力状况并没有实质性的改变，大队和公社的集体经济没有根本性的增长。在这种情况下进行所有制的过渡，仍然是“穷过渡”，只能是穷队“共”富队的“产”，侵犯富队的利益。

在1970年8月下旬至9月上旬召开的中共九届二中全会（即庐山会议）上，林彪集团急于篡夺党和国家最高权力的阴谋初步败露。会后，根据毛泽东的意见开展了批陈（伯达）整风。在这种情况下，主持经济工作的周恩来尽可能地采取了一些纠正极左的措施。1970年8月25日至10

① 《关于昔阳县大寨公社向公社所有制过渡的准备情况汇报》，1966年11月27日。

② 《中共昔阳核心小组扩大会议关于全县学大寨问题的讨论纪要》，1967年11月11日。

月5日，在周恩来的领导与关怀下，国务院召开北方14个省、市、自治区的代表参加的北方地区农业会议。12月11日，中共中央批准了《国务院关于北方农业会议的报告》。报告强调，“农业六十条”对巩固集体经济和发展农业生产产生了巨大作用，经过“文化大革命”，情况有了新的变化，但“农业六十条”关于人民公社现阶段的基本政策，仍然适用，必须贯彻执行。人民公社“三级所有、队为基础”的制度和自留地制度，一般不要变动。对于所有制问题要谨慎对待。在保证集体经济的发展和占绝对优势的条件下，社员可以经营少量的自留地和家庭副业。要坚持按劳分配的原则，反对平均主义。不要一下子积累过多，影响社员当年的收入。在服从国家统一计划的前提下，要允许生产队因地制宜种植的灵活性。要发展社队经济，但切不可重犯“一平二调”的错误，不许无偿调用生产队的劳动力、生产资料和其他物资，不得加重社员负担。对现有一些社、队随意增加非生产性人员和非生产性开支，降低社员收入，影响社员积极性的做法，要采取有效措施加以制止。①

1971年2月，全国计划会议就农业学大寨运动中的一些问题进行了座谈讨论。会议指出，要正确贯彻“以粮为纲、全面发展”的方针，不能把粮食生产同多种经营对立起来，要在抓紧粮食生产的前提下，积极地、有计划地发展多种经营，重申要划清多种经营和正当的家庭副业同投机倒把、弃农经商的界限，不能不加分析地将多种经营当作“资本主义倾向”批判。在所有制问题上，现阶段农村人民公社“三级所有，队为基础”的制度，一般不要变动；已改变基本核算单位的，如果增了产，多数群众确实满意，可以不再改变，多数群众不满意又减了产的，应当根据多数群众的意愿，作适当的调整。在分配问题上，要坚持“各尽所能、按劳分配”的社会主义原则，防止平均主义。开展农田水利建设的协作要坚持自愿互利的原则，抽调非受益社、队的劳动力，要付给合理报酬，任何单位都不得无偿地调用生产队的劳动力、工具、物资，不可摊派资金和发动社员捐献或投资。不能随意拆民房、盖“新村”“划方块田”，以及搞应付参观评

① 《当代中国农业合作化》编辑室：《建国以来农业合作化史料汇编》，中共党史出版社1992年版，第832页。

比的形式主义；改革农业耕作制度，推广技术措施，不能强迫命令、“瞎指挥”。这些问题的提出，在当时是很有针对性的。

1971 年 12 月 28 日，中共中央作出了《关于农村人民公社分配问题的指示》。针对农村中存在的“分光吃净”、集体增产个人不增收，超支户多，分配不兑现，劳动计酬上的平均主义等问题，该指示提出：积累不能太多，要使农民在正常年景下从增加生产中增加收入；口粮分配要采取基本口粮与工分分粮相结合的办法，或者大多数社员拥护的其他办法；要坚持按劳分配的原则；学习大寨的劳动管理经验要从实际出发，不要生搬硬套，要坚持当地的经验，坚持那些为群众欢迎的、简便易行的方法；社、队不要任意增加脱产人员，社、队干部的工分补贴不能超过“农业六十条”的规定；要注意农业的全面发展，不能把党的政策允许的多种经营当作资本主义去批判等。

上述几个文件一定程度上纠正了农村的“一平二调”“割资本主义尾巴”“穷过渡”等“左”的做法，得到了广大农民的欢迎，也使我国农业生产摆脱了 1967—1970 年连续低迷的状态，在 1971—1974 年取得了较大幅度的增长。

1971 年 11 月，《人民日报》有针对性地报道了中共河南新乡县委在对待社员房前屋后林木、工分等问题的做法。报道介绍了两个具体的事例。一是 1970 年春，合河公社永康大队党支部个别成员认为，社员在房前屋后种植树木，是“资本主义倾向”，打算收归集体。为此，“县社负责同志就同他们一起学习毛主席有关政策的论述，联系实际，回顾本队林业发展上两条路线斗争的历史”，停止了这种错误做法。二是洪门公社洪门大队在批判“工分挂帅”以后，有的干部错误地认为，社员向集体交肥料给报酬就不是政治挂帅，取消了社员投肥计酬的规定，挫伤了社员积肥的积极性。针对这种情况，洪门公社召开现场会，“讨论政治挂帅与执行政策的关系”，并得出结论：“搞‘工分挂帅’，不是政治挂帅”；“取消合理计酬，不按党的政策办事，同样不是政治挂帅”①。在此前后，《人民日报》

① 《中共河南新乡县委认真贯彻执行党的政策推广大寨经验》，《人民日报》1971 年 11 月 7 日。

还相继刊发一些类似的报道。《人民日报》作为中国政治的风向标和晴雨表，它的报道和言论，所产生的政治导向作用是不言而喻的。

四、普及大寨县

“文化大革命”后期，全国的农业学大寨运动进入了普及大寨县阶段。

1970 年的北方农业会议虽然重申了“农业六十条”所规定的基本政策保持不变，对于纠正人民公社一些“左”的做法、稳定农民思想、发展农村经济起到了积极作用。但这次会议的主题，却是“以两个阶级、两条路线斗争为纲推动农业学大寨运动的发展”。

为了配合北方农业会议的召开，《人民日报》发表了《农业学大寨》的社论，首次提出了建设大寨式的县的问题。社论说：“为了更快地发展我国社会主义农业，加强我国的经济力量和国防力量，进一步巩固无产阶级专政，我们决不能满足于已经出现了成千上万个大寨式的先进大队，满足于部分县、地区和几个省、市跨过了《纲要》，那是远远不够的。我们要进一步深入开展学大寨的群众运动。昔阳经验之所以可贵，就在于它提供了在一个县的范围，全面学大寨，用毛泽东思想武装人，以比较快的速度跨《纲要》的范例。”社论向县一级领导班子提出了一个十分尖锐的问题：“昔阳能办到，你们难道不行吗？一年不行，两年不行，三年行不行？四年、五年总可以了吧！”同一天，《人民日报》还发表了《从大寨大队到昔阳县——山西省昔阳县学大寨的调查报告》的文章，称“昔阳县已成为大寨式的县”，并介绍了昔阳县成为第一个大寨式的县的经验。

大寨所在的山西省率先开始了普及大寨县的步伐。1971 年 9 月，中共山西省委、省革命委员会在太原召开全省农业学大寨经验交流会。会议认为，“坚持执行毛主席的革命路线是学大寨、赶昔阳的根本”，“县委领导班子革命化是建设大寨式的县的关键”。抓住了这两条，就抓住了学大寨、赶昔阳的根本。这次会议标志着山西的学大寨运动由建设大寨式的社队发展成为建设大寨式的县。①

1973 年 2 月下旬至 3 月上旬，山西再次在昔阳召开全省农业学大寨经验交流会，学习大寨在林彪事件后“批林整风”过程中总结出来的“新套套”“新经验”。会议将学大寨运动的新认识总结为三条：第一，学大寨，首先必须坚持党在社会主义历史阶段的基本路线，向农民群众不断灌输社会主义思想，批判资本主义倾向。第二，搞社会主义农业，必须坚持党的社会主义建设总路线。第三，建设大寨式的县，关键在于建设一个坚决执行毛主席的无产阶级革命路线的领导班子。②

林彪事件后，主持中央日常工作的周恩来将批判林彪集团与批判极左思潮结合起来，强调“运动与业务不能对立”，政治挂帅“就要挂在业务上”，在农村要贯彻落实“农业六十条”的基本政策，学习大寨不能搞形式主义。这期间，农业学大寨运动中一些“左”的做法有所纠正，对于一些学大寨运动中的先进典型的介绍和报道，也着重是在如何带领群众发展生产。1973 年 7 月 26 日，《人民日报》报道了江苏省吴江县学大寨赶昔阳的事迹，介绍了吴江县是如何抓好粮食生产和搞好多种经营的，通篇报道中都没有以往学大寨经验中不可缺少的如何抓阶级斗争的内容。这就在一定程度上恢复了大寨经验、大寨精神的本来面貌。

但是，这段时间延续并不是很长。周恩来对极左思潮的批判和对“文化大革命”的一些“左”倾错误的纠正，遭到了江青等人的阻挠和破坏。他们利用毛泽东在谈话中曾提出批判林彪要同批判中国历史上的孔子和儒家、推崇法家联系起来，鼓动毛泽东发动“批林批孔”运动，并借机大反所谓的“复辟回潮”，大批“唯生产力论”。由于江青集团的干扰，农业学大寨运动又重复过去“左”的一套。

1974 年 8 月 31 日，为纪念农业学大寨运动十周年，《人民日报》发表文章《无产阶级文化大革命促进了昔阳县的农业学大寨运动》，将昔阳学大寨的“新的认识”总结为两点：第一，办社会主义农业，不是简单的

① 山西省史志研究院：《中国共产党山西历史（1949—1978）》，中央文献出版社 2001 年版，第 533 页。

② 《鼓足干劲学大寨，加快步伐赶昔阳》，《人民日报》1973 年 3 月 31 日。

人和物、人和自然的关系，不是简单的土地、肥料加技术。只有不断同阶级敌人斗争，同修正主义路线斗争，同资本主义斗争，坚持社会主义方向，才能办好社会主义农业。第二，必须注意抓好意识形态领域里的阶级斗争，教育农民和旧的传统观念决裂，树立起为革命种田的思想，社会主义农业才会越办越好。这样，“大寨不是一个生产典型，而是所有制变革以后，农村如何继续革命的一面旗帜。学大寨，首先要抓好阶级斗争和路线斗争，解决走什么道路的问题”。大寨和昔阳还总结出了一套“消灭资本主义”的经验：“把资本主义从山上赶到坡上，从坡上赶到村里，从村里赶到房前屋后，从房前屋后赶到家里，从家里赶到每一个人的头脑里，再专好头脑里的资产阶级思想的政，彻底消灭它。”①

按照这一思路，许多农村又大搞“割资本主义尾巴”“堵资本主义的路”活动，收回社员自留地，限制家庭副业，取消农村集市等。在大寨、昔阳“左”的做法影响下，1974 年 11 月，中共昔阳县所在的晋中地区开展了一场所谓的“围歼资本主义倾向”的运动。中共晋中地委认为，晋中地区的“自发资本主义倾向”十分严重，在农村存在“工分挂帅”、物质刺激、无限制地发展家庭副业、大种自留地、以副伤农、弃农经商、损公肥私、多吃多占、城乡资本主义勾结起来侵蚀国营经济和集体经济、贪污盗窃、投机倒把分子向社会主义进攻等 13 种“资本主义倾向”，要求全区各级党委“狠抓经济领域的阶级斗争”。结果，农民的家庭副业被严格限制，只允许养猪、养鸡，许多家庭副业搞得好的农民被批斗；大多数农村集市被视为“资本主义自由市场”被取消；社员部分自留地、自留树被收归集体；大寨的“一心为公劳动，自报公议工分”的计酬方法在全地区全面推行。②

1975 年 8 月，陈永贵向毛泽东建议，将人民公社的基本核算单位由生产队过渡到生产大队，取消社员自留地和家庭副业。在同年 9 月 13 日至 10 月 21 日中共中央召开的农村工作座谈会上，专门讨论了这一问题，

---

① 朱荣、郑重等：《当代中国的农业》，中国社会科学出版社 1992 年版，第 291 页。

② 晋中地区史志研究院：《中国共产党山西省晋中地区纪事（1949—1999）》，中共党史出版社 2000 年版，第 323 页。

结果只有个别人赞成，大多数与会者不同意。会议决定暂不改变现行政策，待以后看条件是否成熟再考虑这个问题。

自1970年提出建设大寨式的县以来，几年时间过去了，真正称得上是“大寨式的县”的也就只有山西昔阳。为了加快建设大寨县的进程，1975年9月15日至10月19日，中共中央先在昔阳、后在北京召开全国农业学大寨会议，出席会议的有邓小平等党和国家领导人，中央各部委和各省、市、自治区主要负责人以及各地代表3700多人。会议由中共中央政治局委员、国务院副总理华国锋主持。

在大会的开幕式上，邓小平着重讲了农业现代化在四个现代化中的地位和全面整顿的问题。邓小平说，农业现代化、工业现代化、国防和科学技术的现代化，这四个现代化比较起来，更费劲的是农业现代化。农业是基础，如果农业搞不好，就有可能拉我们国家的后腿，因此，一定要把农业放在第一位。针对当时一些地方经济社会秩序混乱的情况，邓小平明确提出，军队、地方、工业、农业、商业、文化教育、科学技术各个方面都要整顿，强调“农业要整顿”，“要通过整顿解决农村问题”。

会议期间，大寨大队党支部书记郭凤莲、昔阳县委副书记王金籽分别介绍了大寨和昔阳的经验。郭凤莲将大寨的经验概括为：“根本的一条就是我们在生产资料方面的社会主义改造基本完成后，一天也没有放松过两个阶级、两条道路的斗争，一天也没有停顿过在政治、思想、经济领域里的社会主义革命，一天也没有放松过无产阶级对资产阶级的专政。”①王金籽则将大寨的道路总结为：“大寨的道路，不是一条简单的治山治水的路，也不是一条简单的提高粮食产量的路，大寨的道路是一条继续革命的路，也是一条巩固无产阶级专政的路。”并且说，昔阳学大寨的经验，就是“紧紧抓住两个阶级、两条道路斗争这个主要矛盾，大批资本主义，大干社会主义的经验”②。

① 《坚持大批资本主义，坚持大干社会主义——大寨大队党支部书记郭凤莲在全国农业学大寨会议上的发言（摘要）》，《人民日报》1975年9月25日。

② 《学大寨不断革命，抓根本坚持斗争——中共山西省昔阳县委副书记王金籽在全国农业学大寨会议上的发言（摘要）》，《人民日报》1975年9月28日。

会议结束时，华国锋作了总结报告。报告提出了建成大寨县的六条标准：(1) 有一个坚决执行党的路线和政策、团结战斗的县委领导核心；(2) 树立了贫下中农的阶级优势，能够对资本主义活动进行坚决斗争，对阶级敌人实行有效的监督改造；(3) 县、社、队三级干部都能够像昔阳县那样坚持参加集体生产劳动；(4) 在农田基本建设、农业机械化和科学种田方面，进展快，收效大；(5) 集体经济不断壮大，穷社穷队的生产和收入，达到或超过当地中等社队现在的水平；(6) 农林牧副渔各业全面发展，增产数量大，对国家贡献多，社员生活逐步有改善。报告还提出要加强农田基本建设，加快农业机械化步伐，要在 1980 年基本实现机械化，要发展与农业机械化相适应的农业机械工业和地方“五小”工业，发展公社和大队企业，促进人民公社的进一步发展。报告要求苦战五年，到 1980 年，全国 1/3 以上的县建成大寨县，其他的县也都要建成更多的大寨式的大队和公社。

这次全国农业学大寨会议，是在邓小平主持全面整顿和江青集团正准备发动“反击右倾翻案风”的背景下召开的。由于“左”的干扰，会议提出了一些不切实际的设想和目标，大寨和昔阳的经验也都继承并发展了过去农业学大寨运动中的“左”的一套。但是，会议也提出了一些比较正确的东西，如要加强农田基本建设，改善生产条件，发展社队工业等，这对于农业的发展是有积极作用的。

然而，这场声势浩大的普及大寨县运动，还未来得及全面铺开，就被随之而来的所谓“批邓、反击右倾翻案风”运动所冲淡了。在“反击右倾翻案风”“反复辟”“反倒退”的口号下，许多已经得以纠正的“左”的政策和做法，又重新推行。一些地方在“批判集体经济内部的资本主义”口号下，将集体和社员个人的副业生产当作“资本主义倾向”加以批判和限制；在集市贸易上强行推行“哈尔套经验”①，只许“赶社会主义大集”；在

① 1975 年元旦，辽宁省彰武县哈尔套公社组织全社的群众，由大队干部带领，敲锣打鼓，带着自家的农副产品从四面八方赶到哈尔套街上，把产品卖给供销社，然后从供销社买回自己需要的物品。这样，就把过去集市交易的农副产品全都转归了国营商店或集体供销社，从而取消了集市贸易。这一典型是江青集团在辽宁的代理人一手制造出来的，时称“哈尔套经验”。

所有制方面，一些地方又搞基本核算单位从生产队到生产大队的过渡。政策的反复再度挫伤了农民生产积极性，致使1976年全国共有17个省、市、自治区粮食减产，其他主要农产品都较之1975年有大幅度下降，其中油料减产竟达50%以上。1976年农民从集体经济中得到的收入比1974年还少3元多，全国有1/3的农户是超支户，安徽全省人均年纯收入在50元以下的生产队占生产队总数的30%以上。

当然，也应该看到，“文化大革命”期间的农业学大寨运动，在农田基本建设及农业机械化等方面还是取得了一定成效。1966年至1976年，全国有效灌溉面积每年递增110万公顷，十年共增50%；农业机械总动力1970—1978年间年递增24%，1978年是1970年的5.4倍；机耕面积年递增11%，1978年是1970年的2.2倍，1979年全国农田机耕率达到了42.4%。在农业学大寨运动中，广大农民群众和农村基层干部为改变农村落后面貌付出了巨大努力。

在全国农业学大寨运动由建设大寨式的社队转向建设大寨县之际，西藏自治区于1974年完成了全自治区的人民公社化。1951年，西藏和平解放，基本上维持了原有的政治制度。1959年，西藏的少数上层反动分子发动叛乱。叛乱平定后，首先进行了民主改革，废除了封建农奴制度。1965年8月，中共中央发出《关于西藏进行社会主义改造问题的指示》，同意西藏有领导、有计划、有步骤地试办人民公社，同时强调，西藏建立人民公社时，宁可时间用得长些，准备得充分些，搞得稳些，应该先在专区和少数力量强的县的领导下搞人民公社试点。1965年7月，中共西藏自治区工委在拉萨市堆龙德庆县通嘎乡试办了一个人民公社，到1966年底，全区试办了150多个人民公社。至1970年，全区已有30%的乡办起了600多个人民公社。1970年6月，中共西藏自治区革命委员会核心小组会同国家农林部核心小组，向中共中央报送了《关于西藏农牧业社会主义改造的请示报告》。同年12月8日，中共中央发出《关于西藏社会主义改造问题的指示》，指出西藏人民公社的所有制，可以分为两级，也可以是三级，生产队的规模不宜一律为30户，可大可小，因地制宜。生产资料入社，采取何种办法，由群众自己决定，要给社员留自留地、自留畜。建立人民公社要实行“积极领导，分期分批，稳步前进”的方针，对已办起的人民公社要进行整顿。按照这个指示精神，经过四年的努力，1974年10月，西藏全区的2096个乡中，90%以上建立了人民公社。鉴于特殊的条件，西藏的人民公社一律只设公社和生产队两级，由公社直接领导生产队，以生产队为基本核算单位。1975年，全区1929个乡(不含阿里)中，先后建立人民公社1921个，共有生产队1万多个，平均每个生产队28.8户。

五、社队企业的发展

对于“文化大革命”期间的人民公社，值得一提的是社队企业的发展。

社队企业最早出现在1958年人民公社化之初。这年3月的成都会议通过了《中共中央关于发展地方工业问题的意见》，提出:“在干部中应该提倡，既要学会办社，又要学会办厂。”“农业社办的小型工业，以自产自用为主，如农具的修理，农家肥料的加工制造，小量的农产品加工等。”随后，各地出现了一批社办企业。

按照当时办人民公社的设想，公社本身就是由工、农、商、学、兵组成的政社合一的社会组织，办公社的目的，就是要实现工农业并举，消灭工农差别、城乡差别，为过渡到共产主义创造条件，办工业自然是办公社的题中应有之义。1958年10月30日，中共中央批转了中共轻工业部党组《关于人民公社大办工业问题的报告》，强调人民公社要在“切实抓紧农业的同时，还要大力举办工业”。于是各地因陋就简、土法上马，建起了一批农具厂、修配厂、小水泥厂、土化肥厂、土农药厂及其他各类“小土群”工厂，原来的合作社办的小企业，自然也转为公社所有。到1958年底，全国共办起社办工业企业602万个，产值62.5亿元，约占当年全国工业总产值的5.8%。

人民公社初期的社办企业，基本上是在一无资金、二无设备、三无技术、四无人员的情况下，采取“空手套白狼”的办法，按照“有啥办啥，要啥办啥，要多少办多少”的思路，靠“一平二调”刮“共产风”办起来的。它不但占用了大量的生产资金，而且由于设备简陋，缺少技术，并没有什么实际的效益，很多所谓的企业，没有多长时间就自生自灭了。1959年上半年整顿人民公社的过程中，对社办企业也进行了一次整顿，精简了部分社办企业人员，改变了“要啥办啥”的方针，规定社办工业的任务是农具的简单制造和维修，本地农副产品的简单加工，生产当地的传统产品和小型的矿产开采如砖瓦、石灰等建材的生产，凡是与现代工业争原料的公社工业，要给现代工业让路。这样，一哄而起的社办企业大多停办了。1959年5月，全国社办企业减至87万个，1959年底进一步减至70多万个。

1960年的“大跃进”再次提出了人民公社“大办工业”的口号，但由于国民经济很快进入严重困难时期，尤其是农业生产面临极为严峻的形势，必须将人力物力充实和加强农业生产。解决与人民生存密切相关的粮食问题，成为压倒一切的任务。1960年11月发出《中共中央关于人民公社当前政策问题的紧急指示信》（即“十二条”）明确规定：“凡是作为公社派出机关的管理区（生产大队），应该集中全力做好对生产队的检查督促工作，不要直接经营生产企业。”同时规定已办的生产企业，或者交给公社，或者下放到生产队经营，以减少同生产队争劳动力和生产资料。

为了调动生产队和社员的生产积极性，从“十二条”出台起，中共中央对“共产风”问题花了大力气进行纠正，并制定了坚决退赔的政策，而且规定原则上必须退还原物，只有原物已无法退还的才可以折算为现金。人民公社社队企业的厂房、资金、设备等，绝大多数是通过刮“共产风”刮来的。现在要将这些东西退还给生产队或社员，企业也就只好倒闭垮台。加之为了加强农业生产，中共中央要求“挤出一切可能挤出的劳动力，加强田间生产的力量”，“整顿县社工业、精简人员”。按照这个要求，社队企业人员进行了大量的精简。这样，社队企业已所剩无几。1961年的《农村人民公社工作条例（草案）》及《农村人民公社工作条例（修正草案）》，都对社队企业作了严格的规定，强调社队企业的举办，不能妨碍农业生产，占用大队的劳动力不能超过总劳动力的2%等。

1962年9月，中共八届十中全会通过的《农村人民公社工作条例（修正草案）》对这个问题作了进一步的规定：“公社管理委员会，在今后若干年内，一般的不办企业。已经举办的企业，不具备正常生产条件的，不受群众欢迎的，应该一律停办。”同年11月，中共中央国务院作出《关于发展农村副业生产的决定》，重申“公社和生产大队一般的不办企业，不设专业的副业生产队”，原有的公社、大队企业下放给生产队经营。这样，人民公社的社队企业迅速萎缩，社队工业的总产值，从 1959 年的 100 亿元下降到 1965 年的 29.8 亿元，社队企业的收入在整个农业收入中只占了微不足道的比重。1964 年后，在社会主义教育运动中，个别地方在工作队队员的帮助下办起了少量的社队企业，但总的规模和产值都不是很大。

“文化大革命”的特殊环境，客观上刺激了社队企业的恢复和发展。

一是农村人口快速增长的压力。20 世纪 60 年代，除了头三年由于国民经济严重困难我国人口曾出现负增长外，从 1963 年起，人口增长的速度很快。1960 年，我国人口为 6.62 亿人，1966 年达到了 7.45 亿人。农业人口从 1956 年的 6.04 亿人增长到 1970 年的 7.03 亿人，增长了 16.4%。人口的增长导致了人均耕地面积的减少，由 1956 年的 0.17 公顷下降至 1970 年的 0.14 公顷，人多地少的矛盾日益突出，在经济发展水平相对较高的江浙地区更是如此。当时，社员家庭副业受到严格限制，而农业生产又不需要如此多的劳动力，必须寻求新的出路才能解决这个问题。

二是农业机械化的促进。“农业的根本出路在于机械化”，这在当时是一句世人尽知的口号。1970 年的北方农业工作会议提出：不搞农业机械化，光靠手工劳动，就不可能更快地提高农业生产力，不可能改变六亿农民搞饭吃的局面，也不可能腾出劳动力加快工业建设。为此，会议提出要在第四个五年计划的时间里争取耕作机械化水平达到可机耕面积的 50%左右，排灌机械化水平达到 60%左右，在今后十年内基本实现农业机械化。会议提出，为了实现这一目标，社办大大小小的企业要逐年增加，要建立县、社、队三级农机修造网，做到大修不出县，中修不出社，小修不出队；发展以钢铁等原材料生产为主的地方“五小”工业。当时，国家不可能对农业机械化投入大量的机械设备和所需资金，而需要社队自己解决。为此，建立与实现农业机械化相适应的小钢铁、小煤矿、小机械、小水泥、小化肥等小型企业，既可直接为农业机械化服务，也可为农业机械化积累资金。

三是“文化大革命”为社队工业的发展提供了某种可能。其一，由于这一时期许多工厂搞派性，打派仗，“停产闹革命”，造成了市场供应紧张。1966 年至 1968 年全国工业总产值连年下降，许多工业产品产量大幅减少，棉纱、棉布、丝及丝织品、保温瓶、灯泡、服装等 12 种产品的总产量，1968 年比 1966 年下降了 12%—54%。一些重要产品不能完成国家计划或出口任务，有关工业主管部门和工厂于是派人去农村帮助社队建厂，以完成生产任务。① 其二，"文化大革命"期间，大批知识青年上山下乡和干部下放，客观上沟通了城乡之间的联系。一些下乡知青，或者本人出于改变农村贫困落后面貌的意愿，或者其家长为改善与知青所在社、队的关系，改变知青所在地的落后环境，主动为社、队与相关单位牵线搭桥，为社队企业提供项目、技术、设备和其他物资，推动了社队企业的发展。一些地方为了使知青扎根农村，也投资办起了一些知青工厂。其三，毛泽东的"五七指示"为社队企业的发展提供了某种保护作用。社队企业的产品生产和销售自然不能纳入国家计划，而它又必然要与国营企业争市场、争原料，在"以粮为纲"的思想指导下，办社队企业常常被指责为破坏"以粮为纲"的方针。但毛泽东在 1966 年的"五七指示"中讲过："农民以农为主（包括林、牧、副、渔），也要兼学军事、政治、文化，在有条件的时候也要由集体办些小工厂，也要批判资产阶级。"② 在毛泽东语录神圣不可侵犯的情况下，这就为社队可以办企业提供了最有力的依据。"文化大革命"期间，社队企业在这种的特殊机遇下有了较快的发展。1965 年，全国有社办企业 1.2 万个，到 1970 年达到了 4.5 万个，产值由 5.3 亿元上升到 26.6 亿元，分别增长了 3.8 倍和 5 倍。③

1971 年 8 月 16 日至 9 月 15 日，国务院专门召开农业机械化会议（即第二次全国农业机械化会议），提出到 1980 年农、林、牧、副、渔业的主要机械化水平要达到 70%以上。为了实现这一目标，会议要求社队企业逐渐增多，建立县、社、队三级农机修造网，发展以钢铁等原材料为主的地方"五小"工业，为加速实现农业机械化提供物质基础。④ 此后，各地

---

① 朱荣、郑重等：《当代中国的农业》，中国社会科学出版社 1992 年版，第 275 页。

② 中共中央文献研究室：《建国以来重要文献选编》第 12 册，中央文献出版社 1996 年版，第 54 页。

③ 马杰三：《当代中国的乡镇企业》，当代中国出版社 1991 年版，第 47 页。

④ 《国务院关于加速实现农业机械化问题的报告》，1971 年 12 月 3 日。

人民公社陆续办起了一些农机修理、修配厂站，许多生产大队办起了农机修理点，随后又在这些厂、站基础上发展了一批机械加工企业，从而使社队企业有了较大的发展。尤其是长江三角洲地区的一些社、队，靠近上海等大城市，利用有一定技术的退休退职回乡的工人较多，一些国营工厂停工停产完不成任务等条件，开办了一批社队企业。江苏省无锡县是社队工业起步较早、发展较快的地区，由于社队工业的发展，该县 1971 年社队工业积累达 1261 万元，1972 年达到 1649 万元。其他地区的社队企业也有较大发展。1973 年，河北省束鹿县 31 个公社，自力更生，就地取材，办起了棉油加工、毛毡、烧碱等 70 多个轻工业小厂及柳编、瓦盆、槐胶、制皮等多种副业，生产上百种产品，一年收入 200 多万元。到 1975 年，湖南省常德县蔡家岗公社办起了农机修配厂、水泥厂、石灰厂、农机站和园艺场等 14 个企业；大队一级，队队办有综合加工厂、园艺场，有的兴办了陶器厂、采石场等。湖南省醴陵县所有的公社和 90%的大队在 1975 年都办有企业，共达 1780 个，社队企业的总产值达 2700 多万元，占公社、大队、生产队三级经济总收入的 23%。

1974 年 12 月 28 日，华国锋致信中共湖南省委，肯定社队工业对巩固发展人民公社集体经济，加速实现农业机械化，消灭三大差别，都有重大意义，它代表了人民公社的伟大希望和前途。信中批评了那种企图取消或砍掉社队企业的错误思想，认为应该热情地支持这一新鲜事物。

1975 年 9 月 5 日，浙江部分财政、银行干部得知即将召开全国农业学大寨会议，致信中共中央、毛泽东和华国锋，反映浙江省有部分领导干部对社队企业这一新生事物态度暧昧，不敢大胆支持和领导，致使一些社队企业自流发展，偏离社会主义方向，走了弯路。对一些搞得好的社队企业，省、地、县领导部门就千方百计将其转为大集体专业社、厂，又将大集体专业社、厂转为全民所有制国营工厂，还说这是社会主义方向，否则就不分配原料，不安排销路。信中恳请中共中央对这方面做些新的指示。

这封信引起了毛泽东的重视，将其批给主持中共中央日常工作的邓小平，请邓小平考虑可否将此信及华国锋给中共湖南省委的信和 1974 年 12 月 15 日《河南日报》发表的题为《光明灿烂的希望——巩县回郭镇公社围绕农业办工业、办好工业促农业的调查》的报道，一同批给在京的中央领导人阅看。根据毛泽东的意见，邓小平指示将这些材料以中共中央文件的形式，发至全国县级以上党委。随后，邓小平又将这三份材料印发给了参加全国农业学大寨会议的各省、市、自治区负责人。接着，华国锋在这次会议上所作的总结报告中，充分肯定了社队工业发展对促进农业生产，支援国家建设，加快农业机械化所起的作用，要求各级党委“应当采取积极的态度和有力的措施，推动社队企业更快更好地发展”①。

1975年10月11日，《人民日报》发表了《伟大的光明灿烂的希望——河南巩县回郭镇公社围绕农业办工业、办好工业促农业的调查》，介绍了回郭镇公社发展社队企业的经验，并配发了题为《满腔热情地办好社队企业》评论员文章，认为社队企业是壮大集体经济，加速实现机械化，从三级所有制过渡到公社所有制的“伟大的、光明灿烂的希望”，要满腔热情地支持社队工业的发展。

这样，社队企业终于从原来的遮遮掩掩的半地下状态，变成了光明正大、“光明灿烂”的事业。到1976年底，全国社队企业发展到111.5万个，总收入达272.2亿元，占人民公社三级总收入的23.3%。其中工业总产值为243.5亿元，比上年增长43.7%。②

随着社队工业的发展，我国的农业机械化也取得了较大进展。1958年“大跃进”运动中，全国各地农村曾掀起了以“滚珠轴承化”为主要环节的农具改革高潮，由于缺乏物质、技术准备，土法上马，以致生产出来的大多数农具都不能使用，造成巨大的浪费。与此同时，全国20个省、市、自治区的107个国营拖拉机站，也将大多数的拖拉机和农具下放到人民公社经营。到1960年，全国各地的人民公社普遍都有了自己经营的拖拉机站。国民经济调整时期，群众性的农具改革停止下来，下放给公社的拖拉机站也因管理不善、损坏严重而重新收归国营或国家、公社合营。

1966年2月，中共湖北省委提出，要采取集体办机械化为主、国家扶助为辅，“以机养机”，分期购进，无息贷款等办法，在十年内逐步实现农业机械化，并认为这是一个关系到巩固工农联盟，巩固和发展社会主义

① 华国锋：《全党动员，大办农业，为普及大寨县而奋斗》，《人民日报》1975年10月21日。

② 马杰三：《当代中国的乡镇企业》，当代中国出版社1991年版，第56页。

阵地的政治问题。毛泽东认为这个设想“很好”，并要求“各省、市、自治区应当在自力更生的基础上做出一个五年、七年、十年的计划，从少数试点，逐步扩大，用二十五年时间，基本上实现农业机械化”①。

1966年7月，全国农业机械化会议在湖北召开，根据毛泽东的上述指示精神，确认了1980年基本实现农业机械化的目标。但是，会议进行之时，“文化大革命”已经开始，参加会议的领导干部回去之后，还未来得及传达会议精神就被打倒或“靠边站”了。接着，全国出现了大动乱的局面，农业机械化事业也陷入无政府状态。

1970年8月，国务院召开北方地区农业工作会议，提出要建立县、社、队三级农机修理网。1971年8月，国务院召开第二次全国农业机械化会议，强调“农业的根本出路在于机械化”，并提出了1980年基本实现农业机械化的目标，通过了《全国农业机械化发展纲要》(讨论稿)。随后，中央有关部门又多次召开有关农业机械化问题的全国性专业会议，在1975年召开的全国农业学大寨会议上也强调实现农业机械化的重要性，要求国务院各有关部门和各省、地、县领导机关，必须用极大的力量，来加快农业机械化工业的速度，保证在1980年基本上实现农业机械化这一伟大任务。在此之前，国家已陆续将国营农机站全部机具下放给农村社队，一部分驾驶人员也随机下放。国家为支援部分资金困难的社队发展农业机械化，还提供了一定数量的无偿投资。1973年起，全国组织1万多个凿井队，开动10万台钻机，每年在北方地区打机井20多万眼；在南方地区则兴建了一批中小型排灌站和一批大型的骨干泵站，加快了排灌机械化进程。这期间，农副产品的机械加工也有了很大的发展，基本上实现了粮油加工的单机作业机械化。到1974年上半年，除西藏和港澳台地区外，全国各省、市、自治区建立了农机管理站的公社共达2.9万个，占人民公社总数的58.7%。②

① 《建国以来毛泽东文稿》第12册，中央文献出版社1998年版，第12页。

② 武少文：《当代中国的农业机械化》，中国社会科学出版社1991年版，第48页。

第十二章　解　体

一、农业学大寨运动的终结

1976年10月，江青集团被粉碎，长达十年的“文化大革命”结束。“文化大革命”留下了大量政治的、经济的、思想的问题，各个领域都必须进行拨乱反正。经过多年来的社会动荡和经济停滞之后，广大人民群众迫切需要一个稳定的政治环境，热切期待生活的改善。自1958年到1976年，我国农业生产虽然也取得了一定的增长，但扣除人口增长因素，农民生活并没有实质性的改善，他们迫切要求党调整农村政策，给其一个休养生息的机会。

但是，“文化大革命”虽然结束了，由于受历史条件的限制，还没有来得及对长期的“左”倾错误的危害进行清算和反思。相反，还仍然延续“文化大革命”以来的“左”的政策和做法。粉碎江青集团后头两年，农业战线的最大举措，就是继续强化学大寨运动和普及大寨县。

1976年12月10日至12月27日，第二次全国农业学大寨会议在北京召开，出席会议的有在京的党和国家领导人，各省、市、自治区党委负责人，中央各部门和中央国家机关各部门负责人，以及来自全国各地的5000多名代表。会议的规模和隆重程度都超过第一次全国农业学大寨会议。

会上，时任中共中央政治局委员、国务院副总理的陈永贵作了《彻底批判“四人帮”，掀起普及大寨县运动的新高潮》的报告。报告中说：“一年来，围绕坚持农业学大寨还是反对农业学大寨的问题，我们党同‘四人帮’进行了一场严重的斗争。这是无产阶级同资产阶级的激烈的大搏斗。”报告强调：“在农村深入进行党的基本路线教育，是建成大寨县的根本保证”。“当前，在农村进行党的基本路线教育的首要任务，就是要放手发动亿万农民，打一场大揭大批王张江姚‘四人帮’的人民战争。”“这一仗打好了，就能大大提高广大干部和群众阶级斗争和路线斗争的觉悟，就能大大加快农业学大寨、普及大寨县运动的步伐。”报告提出：到 1980 年要把 1/3 以上的县建成大寨县，全国基本上实现农业机械化，切实做到平均每个农业人口有一亩旱涝保收、高产稳产农田。会上，大寨大队和昔阳县的负责人也分别作了发言，主要的内容则是介绍大寨和昔阳是如何同江青集团进行斗争的。

会议结束当天，华国锋作了讲话，重点是布置 1977 年全党的工作。关于学大寨问题，华国锋表示：“学大寨、学大庆，就要坚持以阶级斗争为纲，彻底揭发批判‘四人帮’。”这实际上也是此次农业学大寨会议的主题。而《人民日报》就会议召开发表的社论，更是明确地提出：“农业学大寨，普及大寨县，是一个无产阶级专政下继续革命、多快好省建设社会主义农业的伟大群众运动。”“学大寨还是反对学大寨，是农村两个阶级、两条道路、两条路线斗争的重要内容。”“走大寨的道路，就是在农村这个最广阔的土地上，在农民这一部分最众多的人口中，铲除产生资本主义的土壤，多快好省建设社会主义农业，建设社会主义新农村。”① 在这样的主题之下，农业学大寨运动也就不可能回复到它的本来意义，而只能是延续“文化大革命”期间学大寨运动中的“左”的那一套。

1976 年底，大寨所在山西晋中地区全面推广昔阳完成由基本生产队所有制到基本大队所有制的过渡“经验”，认为由生产队为基本核算单位过渡为以大队为基本核算单位，“是经济领域革命的一项重要内容，是今

① 《更高地举起农村学大寨的红旗——热烈祝贺第二次全国农业学大寨会议开幕》，《人民日报》1976 年 12 月 11 日。

冬农业学大寨、党的基本路线教育运动中的一个重要课题”。[①] 晋中各县纷纷加快过渡步伐，已实现基本大队所有制的昔阳则开始向公社所有制过渡试点。

人民公社的所有制过渡问题也引起了华国锋的重视。1977 年 11 月，根据华国锋的指示，中共中央召开普及大寨县工作座谈会。华国锋在会上指出，要抓住揭批江青集团这个纲，抓革命、促生产，来一个高速度。1980 年粮食要达到 7000 亿斤，今后三年都要有 7%的增长速度。农村的基本核算单位实现由生产队到生产大队的过渡，是我们的前进方向。各级党委一定要采取积极热情的态度，成熟一个过渡一个，成熟一批过渡一批。会议共讨论了 12 个问题，形成了《普及大寨县工作座谈会讨论的若干问题汇报提纲》（以下简称《汇报提纲》）。《汇报提纲》仍坚持“以阶级斗争为纲”的观点，提出要把揭批“四人帮”的斗争同“普及大寨县”结合起来，开展“一批二打”运动：即揭批江青集团，打击阶级敌人的破坏活动，打击资本主义势力的进攻，这是进行党的基本路线教育的最好形式。《汇报提纲》夸大阶级斗争形势，强调近几年来，“一些地方的地、富、反、坏和新老资产阶级分子，内外勾结，城乡串联，向社会主义猖狂进攻”。所以要发动群众，城乡结合，内外结合，统一部署，统一指挥，打一场“一批二打”的人民战争。

在人民公社的分配问题上，针对近年来社员收入降低的情况，《汇报提纲》提出，要在进行党的基本路线教育中，认真清理工分、账目、钱粮、物资，加强农村劳动力管理，严格控制非生产人员和非生产性开支，严禁乱摊派，推广大寨式的劳动管理经验，实行定额管理，但不能搞高工分、高奖励。

《汇报提纲》最显著的特点是重提所有制的过渡问题。座谈会根据原定的 1980 年实现农业机械化和实现每人建成一亩旱涝保收、高产稳产农田的目标，认为以生产队为基本核算单位已不适应农业生产的发展，“实现基本核算单位由生产队向大队的过渡，进一步发挥人民公社‘一大二公’的优越性，是前进的方向，是大势所趋”。因此，“各级党委应当采取积极

① 中共和顺县委农村政治部：《关于核算单位过渡工作的意见》，1976 年 11 月 20 日。

热情的态度，做仔细的工作，因势利导，努力创造条件，逐步向以大队为基本核算单位过渡”。《汇报提纲》提出了过渡的三个条件，一是经过整党整风，切实建立起一个好的领导班子；二是大队经济有一定的基础，生产队之间贫富悬殊不大；三是群众自愿。①

1977 年 12 月 19 日，中共中央原则同意了这个汇报提纲，并转发给各省、市、自治区“认真研究执行”。中共中央同时在通知中强调，“加速发展我国农业，最根本的还是要靠学大寨，要真学大寨，高质量地学大寨”②。

各地“研究执行”的一大结果，就是仍然沿袭以往“以阶级斗争为纲”的思维，去解决人民公社中存在的问题。各地提出的建设大寨县的评比考核标准中，仍坚持华国锋在第一次全国农业学大寨会议中提出的六条标准。中共广西壮族自治区党委 1978 年 2 月制订的《关于全面落实大寨县目前六条标准的具体要求》中，对于如何“树立贫下中农的阶级优势”，以便“对资本主义活动进行坚决斗争”，提出了两条具体要求：一是大队和生产队领导班子成员贫下中农占 2/3，保证领导权掌握在贫下中农手中；二是在没有从原中农中划出下中农的地方，通过抓 1/3，把下中农划出来，进一步壮大贫下中农队伍。③

第二次全国农业学大寨会议前后，再一次刮起一股由生产队为基本核算单位过渡到以大队为基本核算单位之风。大多数省、市、自治区开始了基本核算单位过渡的试点，更有一些地方不顾条件大搞“穷过渡”。在这轮过渡风中，陕西渭南地区尤为突出，该地区至 1978 年 5 月底，全部 4161 个生产大队中，原来以大队为基本核算单位的有 120 个，1977 年冬至 1978 年春过渡的有 1184 个，其中为上级正式批准过渡的 1184 个，自行过渡的 29 个，全地区以大队为基本核算单位的共有 1304 个，占大队总数的 31.4%，并有 40 个公社全部完成了生产队向大队的

① 《当代中国农业合作化》编辑室：《建国以来农业合作化史料汇编》，中共党史出版社 1992 年版，第 871 页。

② 《当代中国农业合作化》编辑室：《建国以来农业合作化史料汇编》，中共党史出版社 1992 年版，第 867 页。

③ 王祝光：《广西农村合作经济史料》下册，广西人民出版社 1988 年版，第 564 页。

过渡。[①] 从 1977 年 12 月下旬至 1978 年 3 月底，韩城县抽调 290 名干部组成过渡工作队、组，先后到全县 77 个大队开展基本核算单位由生产队到生产大队过渡的试点，加上 5 个自行过渡和 5 个已经过渡的大队，共有 87 个大队实行以大队为基本核算单位，占全县大队总数的 32.6%。[②] 临潼县 1977 年冬至 1978 年春，从县、公社和企事业单位，抽调 634 名干部，到 21 个公社的 337 个大队，具体领导过渡的工作，并组织 34 个公社、镇的党委书记和 118 个大队的党支部书记，去山西大寨、昔阳“学习搞好大队核算的经验”，临潼全县的 354 个大队中，有 341 个生产大队基本核算单位由生产队向大队过渡，加上原有的 4 个，全县以生产大队为核算单位者占 97%。[③] 据 1978 年 5 月的统计，1977 年冬至 1978 年春，渭南地区各县都推行基本核算单位由生产队向生产大队的过渡，实现过渡少者如合阳县，全部 329 个生产大队中，原以大队为核算单位的 17 个，占大队数的 5.16%，新过渡 54 个，占大队数 16.4%；渭南县全县的 502 个生产大队中，原本以大队为核算单位的 14 个，新过渡的 132 个，已过渡者占全部大队数的 26.3%；富平县共有生产大队 327 个，完成过渡者 83 个，占全部大队总数的 25%。多者如上述的临潼，仅有 3%的生产大队仍以生产队为基本核算单位，此外，大荔县的 342 个生产大队中，原以大队为核算单位的有 7 个，此次新过渡了 172 个，以大队为基本核算单位者占 52.35%。

这种不顾群众意愿的强行过渡，引起了广大干部群众的思想动荡。陕西省长安县有的大队干部说搞过渡是“逼上梁山”，河南省南阳地区有些县社员害怕再刮“共产风”，或者存棉不售，或者不搞集体积累。[④] 陕西蒲城县在基本核算单位由生产队向大队过渡的过程中，“通过大张旗鼓地宣传和细致地做工作，基层干部和群众思想基本上是正常的”，“但由于政策宣传教育工作做得不深不细，也出现了一些问题，主要是怕一平二调，

① 《渭南地区大队过渡情况表》，1978 年 5 月 30 日。

② 中共韩城县委农村工作部:《关于第一批过渡大队试点工作的总结报告》，1978 年 4 月 30 日。

③ 中共临潼县委:《关于和发展过渡成果的工作报告》，1978 年 7 月 4 日。

④ 《关于过渡到大队核算问题的简报》，《普及大寨县动态》第 2 期，1978 年 1 月 31 日。

怕刮共产风”，为此，生产队干部和社员采取消极的方式抵抗过渡，有的生产队把储备粮也分了，还有的生产队把树木分给社员任其砍伐。[①] 所幸的是，这次所有制过渡风还未来得及在全国范围内刮开，1978 年 5 月起，关于真理标准问题的大讨论开始了。这场大讨论极大地解放了人们的思想。按照解放思想、实事求是的要求，人们开始重新审视农业学大寨运动。

作为学大寨运动发源地的山西晋中地区，从 1978 年下半年开始，就按照“实践是检验真理的唯一标准”，对农业学大寨运动进行了总结回顾。1979 年 10 月 27 日，中共晋中地委向中共山西省委报送了《关于联系农业学大寨运动开展真理标准讨论的情况报告》，认为在农业学大寨运动中，“指导思想上犯了主观主义和形而上学的错误，在实践中违背了发展农业生产的自然规律和客观规律，妨碍了党在农村各项经济政策的落实，妨碍了广大群众的社会主义积极性”。晋中地委将农业学大寨运动中的问题概括为三个方面：第一，把大寨这个农业生产战线上的先进典型，神化为“无产阶级专政下继续革命的光辉典范”和“全面专政”的典型，扩大了农村的阶级斗争；第二，在指导思想上没有坚持实事求是的原则，犯了主观唯心主义和形而上学的错误；第三，把农业学大寨同贯彻党的农村经济政策对立起来，妨碍了党的农村经济政策的落实。

1979 年 12 月 27 日，中共昔阳县委向晋中地委和山西省委报送了《关于彻底肃清我县农业学大寨运动中极左流毒和影响的报告》。该报告总结了极左路线对学大寨运动的影响和危害，一是在“批资批修”中，批了社会主义；二是在共产主义的口号下，搞了平均主义；三是在大干社会主义中，办了一些违背自然规律的事情；四是整党整风中有乱批乱斗现象。报告认为，学大寨运动中，极左思想的干扰是多方面的，应吸取的教训也很多。主要有三条：第一，对待先进单位的成绩和经验必须实事求是，从实际出发，绝不能搞现代迷信，神秘主义；第二，搞社会主义，一定要真正从理论和实践上弄清社会主义，不断提高思想理论水平；第三，无论在任何时候，任何情况下，都必须谦虚谨慎，戒骄戒躁。

---

① 中共蒲城县委农工部：《关于农村基本核算单位过渡中的一些问题》，1978 年 2 月 19 日。

1980年8月，中共山西省委作出了《关于全省农业学大寨经验教训的初步总结》，明确指出："在'文化大革命'中，大寨成为农业战线上推行'左'倾路线的典型，因而学大寨运动也就离开了正确的路线、方针、政策，给全省人民的政治生活和经济生活带来了严重的危害。"同时，该总结对大寨做出了客观的评价，认为大寨在"文化大革命"以前，"它的确是山西农业战线上的一个先进典型，是山区生产建设的先进典型"，在"文化大革命"中，"'左'倾路线需要一个体现它的典型；大寨由于其代表人物的关系，也就很自然地走向反面，成为农业战线推行'左'倾路线的典型"。山西省委将大寨、昔阳经验中"左"的东西概括为：(1) 不断地人为地制造阶级斗争，形成阶级斗争扩大化；(2) 不断地变革生产关系，搞"穷过渡"；(3) 不断"割资本主义尾巴""堵资本主义的路"；(4) 不断地鼓吹平均主义，破坏按劳分配。山西省委还承认了自己在农业学大寨运动中的主要错误，总结了从中应吸取的经验教训。

1980年11月23日，中共中央转发了山西省委的报告，并在批语中说："'文化大革命'以来，在山西境内推行大寨经验的错误以及由此造成的严重后果，山西省委已经承担了责任。就全国范围来说，主要的责任，在当时的党中央。应当指出，全国各地学大寨的农业生产典型绝大多数在生产上、建设上都是有成绩的，有贡献的。同样，大寨和昔阳县的多数干部和群众，在农业战线上也做出过贡献。'文化大革命'以前，大寨的确是农业战线上的先进典型。"批语针对农业学大寨运动中的问题，提出：推广先进经验时，不能把先进典型的经验模式化、绝对化和永恒化，绝对不能生搬硬套，强迫命令，对先进典型不要提不适当的、过高的要求，以免助长弄虚作假；农业建设要量力而行，坚持自愿互利原则，讲求实际效果，不搞形式主义；先进人物应当受到党、群众和社会的尊重，但不要让他们担任不能胜任的领导职务，不要使他们上下左右兼职，脱离劳动、脱离群众。①

开展真理标准讨论以来，各地的农业学大寨运动无形终止。山西

① 《当代中国农业合作化》编辑室：《建国以来农业合作化史料汇编》，中共党史出版社1992年版，第883—884页。

省委的总结和中共中央对总结的批语，对大寨和农业学大寨运动做出客观公正的评价。从此，大寨和全国一样，进入了一个新的历史发展阶段。

二、新“农业六十条”

客观而论，粉碎江青集团后的农业学大寨运动，虽然仍未脱离“以阶级斗争为纲”的窠臼，并且提出了1980年实现农业机械化等不切实际的口号，但其出发点还是为了尽快改变我国农业生产的落后面貌，加快农业发展的速度。自1958年实现人民公社化以来，中国的农业生产虽然在某些方面也有进展，但由于受人口增长因素的影响，不论是人均农产品产量、人均粮食占有量，还是农民的收入和生活水平，都没有实质性的提高。粉碎江青集团到十一届三中全会这两年多的时间里，为了加快我国的农业发展，中共中央除了以开展农业学大寨运动、普及大寨县作为主要的措施外，也作了一些有限的农村政策调整。

1977年冬，中共湖南省湘潭地委召开县委书记会议，研究在粉碎“四人帮”后如何坚持“抓纲治国”方针，加快社会主义建设步伐，高速发展农业生产的问题。中共湘乡县委在会上汇报了工作设想，认为近年来湘乡农业生产连续徘徊，社员分配逐年下降，人均纯收入逐年减少，其中一个重要的原因，是由于“四人帮”的干扰，农村政策混乱，农民负担加重，挫伤了农民的积极性。因此，县委打算在全县范围内开展一次落实党的农村政策，减轻农民不合理负担的工作，以解决农民积极性问题。湘乡县委的这个设想得到了湘潭地委的肯定，并决定以湘乡为试点，在全地区开展落实党的农村政策，减轻农民负担的工作。

1978年2月，湘乡县委召开常委会议，传达地委召开的县委书记会议精神，专题研究减轻农民负担问题，决定从调查研究入手开展这项工作。会后，县委的13名常委除3人留守机关工作外，其余的10人各带一个工作组，分别到各公社进行调查研究。与此同时，湘潭地委书记也带了

4 个工作组来到湘乡，进行蹲点和调查。①

经过地、县工作组一个多月的调查，了解到农民负担过重主要表现在以下几个方面：

一是有的单位无偿地平调生产队的劳动力、资金和物料，大搞非生产性建设。1974 年以来，县级机关行政单位建了 23 栋楼房，建筑面积共有 32115 平方米，花钱 179.15 万元。这个期间，各区（当时湖南在县与公社之间设区，作为县的派出机构）、公社也建了 31 栋房子，最大的一栋花钱 11 万元。

二是有些单位和社队铺张浪费、吃喝成风，有的干部违法乱纪，贪污盗窃，任意侵吞挥霍社员的劳动成果。有些地方开现场会，搞评比检查，组织对口比赛，接待上面客人都讲吃喝。有的单位以协作之名，请客送礼，大吃大喝。县铁厂 1977 年开支的招待费就有 3700 元。

三是非生产人员、非生产性用工、非生产性开支大量增加，各种摊派名目繁多，干部劳动少、补贴高，农民不合理负担加重。该县太平公社 1976 年公社、大队非生产性人员 362 人，平均每个大队 28 人，占总劳动力的 10.2%，比 1973 年以前增加了 80%。从 1971 年以来，这个公社从各大队抽调了 56 人到公社机关和企业事业单位，担任管理人员和业务人员，等于国家原定编制人员的 2.3 倍。大队和生产队干部、临时工作队、社队企业管理人员和赤脚医生、民办教师等各种人员的补贴工，占非生产性用工总数的一半。这个公社的各种各样的摊派也多，公社建中学，按人按田从生产队摊派钱 14900 元、粮 13400 斤。公社办广播站，无钱买器材，两次向各队摊派 9650 元。公社买电影机，也摊派了 1500 元。公社买拖拉机，按每亩出 1.5 元，又摊派 16590 元。此外还摊派畜牧管理费、机械管理费、水库管理费、社队企业管理费、合作医疗管理费等项费用 19000 元。全公社各种摊派费共达 61642 元，平均每户负担 21.9 元（这年全国农民人均收入仅 63.2 元）。

此外，国家各级有关部门在兴办农村文教、卫生、交通等事业中，也把大量费用转嫁给生产队负担；有的干部、职工，长期拖欠生产队的钱，

① 中共湘乡市委党史联络组：《中共湘乡地方史》，中共党史出版社 2004 年版，第 264 页。

造成社员分配不能兑现；发展社队企业，调用生产队的劳动力多，付给的报酬少；农田基本建设战线过长，过多地调用了社队的劳动力和资金；一些工业部门以农业为基础的思想扎根不牢，有的支农产品价格高，质量差，缺两短秤等。由于上述种种情况，形成了“上下左右向生产队伸手，四面八方挖生产队的墙脚”的局面，结果使不少农民辛辛苦苦劳动一年，“一个工价八分钱，决算倒欠口粮钱”。

这次农民负担调查，给湘乡县委以很大的震动，县委再次召开常委会议，决定将减轻农民负担作为落实农村政策的一项重要任务，并制定了具体的方案与措施，如进行年终分配大复查，大力压缩非生产人员，统筹安排资金，对各行各业各个部门进行以农业为基础的教育等。

1978 年 4 月，国家农林部政策研究室有关人员来湘乡调查，湘乡县委减轻农民负担的做法引起了调研人员的重视，并要求湘乡县委立即就此写一调查报告上报。随后，湘乡县委组织人员写出一份题为《认真落实党的农村政策，努力减轻农民负担》的长篇报告，经中共湖南省委上报中共中央。这个报告引起了中共中央主席华国锋的重视，认为湘乡的经验值得推广。

1978 年 6 月 23 日，中共中央正式批转了湘乡县委的报告，并作了长达 2500 余字的指示。中共中央在指示中说：湘乡县委提出的问题，是一个在全国相当多的地方普遍存在的严重问题，各地都应该参照湘乡的经验，认真把这个问题解决好。

中共中央在指示中，对于减轻农民负担提出了十点具体要求，例如：严禁大吃大喝，请客送礼，铺张浪费，乱盖楼堂馆所；任何部门和单位，一律不准平调社、队的劳力、财力、物力搞非生产性的建设；各地方、各部门在农村举办工业交通、财贸商业、文教卫生等各项事业，都必须有利于促进农业生产，不影响社队增产增收，不得以“群众大办”之类的借口乱行摊派；各地追回的赃款赃物，退赔和归还的钱、粮、物资，凡是属于社、队的，应该用于社、队的生产建设，纳入社、队的收益分配，并将账目向群众公布；要坚持干部参加集体生产劳动的制度，精兵简政，坚决压缩非生产人员、非生产用工和非生产性开支；各个工业部门，各个地方，要努力提高工业品特别是支农工业品的质量，降低生产成本；大搞农田基本建设，又要考虑到国家财力、物力和农民负担的可能；在从各方面减轻不合理负担的同时，大力发展社、队集体生产，坚持勤俭办社、民主办社的方针，改善经营管理，保证在增产的基础上增加农民收入；等等。

7月5日，《人民日报》发表题为《落实党的政策，减轻农民负担》的社论，透露出中共中央指示的基本内容。社论要求各地都应该参照湘乡的经验，深入调查研究，根据当地的情况，认真解决好农民负担问题。社论强调，解决农民不合理负担的问题，是一个关系到巩固人民公社集体经济的问题，是一个关系到加强工农联盟的问题，也是一个真想农业高速度还是假想农业高速度的问题。各级党委要千百倍地增强政策观念和群众观念。特别是各省、市、自治区党委，都要下去亲自查一查农民的负担问题，想一想应该怎么办？各地区、各部门，特别是中央和国家机关各部委，都要认真地检查一下是不是真正地支援了农业，是不是真正地为农民办了好事，是不是真正地执行了以农业为基础的方针？只要各级党委重视起来了，采取有力措施把农民不合理负担的问题解决好了，农民的社会主义积极性就会迅速迸发出来，农业的高速度发展就大有希望，新时期总任务的实现就有了更可靠的保证。

随后，全国各省、自治区、直辖市党委相继召开常委会，对照湘乡县经验，检查本地区存在的类似的问题，研究制定相应的解决办法和措施。例如，中共甘肃省委制订了坚决贯彻执行中共中央指示的七条措施，其中一条便是省、地、县各级领导都要亲自动手，深入基层，调查研究，抓住典型事例，分清路线是非和政策界限，突破一点，取得经验，推动全局。为此，甘肃省委决定派出两个工作组，由省委主要负责人率领到基层去，边调查，边落实。同时要求各地、市、州委和省级有关部门，也要选择一个县或一个基层单位，采取同样的办法，把中共中央的指示精神真正落实下去。

中共中央在推广湘乡经验，以减轻农民负担、调动农民积极性的同时，还抓住陕西省旬邑县少数干部强迫命令、违法乱纪的问题作为反面典型，旨在以此推动农村基层干部作风的转变，以改善党和农民的关系。

陕西省旬邑县的职田公社，曾是陕西省的“学大寨的先进典型”，旬邑县由此在陕西颇有名声。但是，职田公社和旬邑县的工作实际上存在很多问题，广大群众对少数干部强迫命令、违法乱纪的行为早有意见，并多次向上级反映。然而，这些意见不但未被有关部门采纳，反而给提意见的群众扣上“拔红旗”“反先进”的大帽子，使问题发展得越来越严重。

1978 年 6 月，旬邑群众向中共中央领导人写信，反映该县少数干部强迫命令、违法乱纪问题。华国锋看到人民来信后十分重视，并作出“把那里的问题解决好”的批示，要求中共陕西省委对此展开调查。陕西省委接到批示后，立即组织力量，对群众来信反映的问题进行了调查。调查结果证明，人民来信中反映的问题大部分属实，有些还比信中反映的更为严重。随后，陕西省委将调查结果和处理意见向中共中央作了报告。

调查报告说，旬邑县工作中存在的问题确实是严重的，主要是干部作风粗暴，违法乱纪，打骂群众，乱扣乱罚成风。县、社、队的干部动手打骂群众。职田公社原有的十名正副书记、主任中，就有六名打过人，原公社党委副书记兼庄里大队支部书记李某，从 1974 年到 1977 年四年内打了三十多人。他曾把上工迟到的社员集合起来用皮带抽打，一次就打了二十多人。有的社员说，一听李书记叫，不管春夏秋冬，先把棉袄披上，准备挨鞭子。少数干部在整治群众时花样繁多，甚至施用种种刑罚。许多公社一度组织的所谓“民兵小分队”，把群众当敌人，随意采取专政手段，以及许多侮辱人格的恶劣做法残害群众。近三年来，这个县由于干部作风粗暴、违法乱纪，造成有的群众自杀死亡，有的被逼疯打残。

此外，该县扣粮罚款之风很盛行。完不成生产定额，完不成生猪交售和饲养任务，完不成鲜蛋交售任务，交不上马铃薯种子，小学生等辅助劳动力不参加集体生产劳动，有病不能出勤，开会不到，妇女不上避孕环，不住防震棚等都要扣粮罚款。湫坡头公社西洼大队 1977 年规定，每户交售一头肥猪、三人养一头猪，交不出、养不够的，每头扣粮 120 斤，全大队 50%的户被扣过粮，共扣粮一万余斤。

旬邑少数干部强迫命令、违法乱纪、打骂群众的恶劣作风，激起了广大群众的极大愤慨，严重地损害了党和群众的关系。有的社员说：“抗日战争那会儿，村里来个干部，大家总是围成一堆，热情地问长问短，从不知害怕；现在群众见了干部，像见了老虎，回头就走，如今怎么成了这个情景?!”

由于自然灾害的影响，加上干部强迫命令、违法乱纪和生产指挥不当，这个县从1975年以来，粮食产量连年下降，群众生活十分困难。1978年春季以来，国家已给了返销粮480万斤。在居住问题上，群众的困难也不少。这几年，因修路、搜集肥料和整顿村容，把1850户社员的5021间房屋、777孔窑洞拆掉了，致使不少群众住房既拥挤又破烂。①

根据调查了解的情况，为了解决少数干部强迫命令、违法乱纪问题，陕西省委对旬邑县少数干部强迫命令、违法乱纪的问题向全省发了通报，并作出了《关于坚决落实中央负责同志批示，认真整顿和改进干部作风的决定》，要求各级党委对照旬邑的问题，认真进行检查，发现问题，及时处理，坚决纠正强迫命令、违法乱纪的歪风，教育提高干部，大力恢复和发扬党的优良传统和作风。并向旬邑县派出了工作组，“以中央负责同志的重要批示为武器，进一步放手发动群众，彻底揭露矛盾，紧密联系实际”，“揭批那种认为打骂残害群众有理的种种谬论，使干部、群众把仇恨集中在‘四人帮’身上，彻底肃清其流毒和影响，边揭发，边改正，切实把那里的问题解决好”。责令犯了错误的干部向群众赔礼道歉，对乱扣乱罚社员的钱物认真清理、退赔。组织了专门班子，由领导干部带领，深入社队，对打骂残害群众后果严重的21个案子，查清落实，选择典型，公开处理。②

7月13日，中共中央转发了陕西省委《关于旬邑县少数干部强迫命令、违法乱纪问题的调查报告》，并加了分量很重的批示。批示说，旬邑县的一些干部违法乱纪的情况和造成的后果是严重的。全国其他一些地方，也程度不同地存在着类似情况。陕西省委对旬邑县的问题作了认真的调查，采取了解决的措施，取得了初步成效，应当继续抓紧落实。全国凡是有类似情况的地方和单位，都要采取严肃认真的态度，切实解决好这方面的问题，大力恢复和发扬党的优良传统。

在当时的历史条件下，对旬邑少数干部发生的强迫命令、违法乱纪问

① 《发扬党的优良传统，转变干部作风》，《人民日报》1978年8月3日。

② 《发扬党的优良传统，转变干部作风》，《人民日报》1978年8月3日。

题，难免从阶级斗争的角度找根源，因而中共中央在批示中认为，干部强迫命令、违法乱纪问题的出现，“从根本上来说，是‘四人帮’干扰破坏所造成的。解决这些地方的问题，关键是要充分发动群众，联系当地实际，彻底批判和清除‘四人帮’颠倒敌我关系，破坏社会主义法制，任意侵犯人民民主权利的流毒和影响，认真整顿领导班子”。中共中央同时认为，绝大多数干部是好的和比较好的。问题多的，性质严重的是少数。对少数犯错误的干部，要重在教育，实行惩前毖后、治病救人的方针，帮助他们改正错误，改了就好。任何人打骂群众，都是违犯党纪国法的，都要诚恳检讨，认真改正，并向受损害的群众赔礼道歉，取得谅解。对被逼被打而死的群众，应予抚恤，家属生活困难的要给予适当照顾。对违犯党的政策，无理扣罚群众的粮、款、工分，应予退赔。对当前群众生活上的困难，要立即采取措施，做好妥善的安排。

中共中央在不到两个月的时间里，连续批转了两个具有典型意义的调查报告，在全国产生了重大影响，对当时减轻农民负担、改进干部作风起到了积极作用。中共中央在两个典型调查的指示中强调，各级干部必须深入农村开展调查研究，各级党委也随之组织了各种调查组就此开展调查。虽然这些调查的重点是如何减轻农民负担和转变干部作风，但在调查研究的过程中，各级干部对农村的现状有了更多的了解，对农村的落后情况有了更深的感触，这对各级党委下决心调整农村政策起到直接的推动作用。

这期间，调整人民公社政策的最大举措，是修改《农村人民公社工作条例修正草案》。

此前，“农业六十条”修正草案曾作过几次修改。早在1970年4月，毛泽东就提出过“农业六十条”的修改问题，后来调查了一下没有下文。1972年3月，华国锋主持修改过一次，但只改了一半。1975年5月和1976年又作了两次修改。

1977年10月，根据华国锋指示，中共中央组织有关人员再次进行“农业六十条”的修改工作。当时确定修改“农业六十条”的指导思想是：要体现毛泽东关于无产阶级专政下继续革命的理论，继续办好人民公社，高速发展社会主义大农业的思想；突出党的基本路线，坚持以阶级斗争为纲，划清路线是非，划清政策界限，调动一切积极因素；把大寨的根本经验体现在“农业六十条”中；既要针对当前存在的问题，又要考虑管一个历史时期，修改后的“农业六十条”至少要管到本世纪末。①

经过一年多的修改，形成了《农村人民公社工作条例（试行草案）》（简称新“农业六十条”）。众所周知的原因，新“农业六十条”的修改未能突破“两个凡是”的束缚。同时，新“农业六十条”也根据情况的变化，增加了原“农业六十条”中一些不曾有的内容。与1962年9月中共八届十中全会通过的“农业六十条”修正草案相比，新“农业六十条”内容的变化，主要在如下几点：

（一）增加了许多新的内容。新“农业六十条”根据当时的形势，增加了全面发展农林牧副渔生产、农田基本建设、农业机械化、科学种田、社队企业、供销与信贷、文化福利事业、收益分配等八章，原“农业六十条”中的“人民公社的党组织”一章被改为“政治工作”。在“干部”一章中强化了干部作风的内容，强调干部不能假公济私、“走后门”、多吃多占、贪污私分等。

（二）弱化了生产队的权限。新“农业六十条”将原“农业六十条”中的公社、生产大队、生产队3章共31条的内容合并为“管理体制”1章6条。原“生产队”这一章共18条的内容全部被删除，这显然是为由基本生产队所有制过渡到基本生产大队所有制埋下伏笔。在新“农业六十条”的起草征求意见的过程中，山西、陕西等省主张向大队核算过渡，华国锋和陈永贵也有这样的想法。陈永贵还说过，昔阳的大队没有什么经济，但如果等大队都有了经济条件再过渡，还得等多少年，怕十年八年都等不到，就是过渡以后搞经济。而其他许多省则不赞成过渡。② 所以，新“农业六十条”在这个问题上采取了折中的做法，一方面弱化生产队职权，一方面又规定“不允许在条件不具备时，匆匆忙忙地搞基本核算单位的过渡；条件具备的过渡，要报省一级领导机关批准”。

（三）减少了关于社员家庭副业的内容。新“农业六十条”去掉了原“农

① 杜润生：《中国农村改革决策纪事》，中央文献出版社1999年版，第99页。
② 杜润生：《中国农村改革决策纪事》，中央文献出版社1999年版，第101页。

业六十条”中有关的“人民公社应当允许和鼓励社员利用剩余时间，发展家庭副业”等语。对于自留地和自留山，也删去了“长期不变”等词。此外，还删去了“家庭副业的收入归社员支配”，“公社各级管理委员会对社员经营家庭副业，应该给予必要的指导与帮助，不要乱加干涉”等内容。增加了关于“集市贸易”的规定，但强调“对集市贸易要加强管理，坚决打击投机倒把分子”。

此外，新“农业六十条”还去掉了原“农业六十条”的“人民公社的各级监察组织”一章，并缩小了社员的权利。增加了定额管理的内容，规定凡是适合制订劳动定额管理的农活，都要制订劳动定额。新“农业六十条”提出要“加强劳动组织，建立严格的生产责任制”，“要根据生产的需要，建立小组的或个人的岗位责任制，实行定人员、定任务、定质量、定报酬、定奖励的制度”。还规定“可以在生产队统一核算和分配的前提下，包工到作业组，联系产量计算报酬，实行超产奖励”，但同时又规定“不许包产到户，不许分田单干”。

1978 年 11 月，中共中央在北京召开工作会议，为即将召开的十一届三中全会做准备。会议原定的一个重要议题是讨论如何进一步贯彻实行以农业为基础的方针，讨论《中共中央关于加快农业发展若干问题的决定(草案)》和新“农业六十条”。但会议一开始，陈云等老一辈革命家纷纷提出当时党内外普遍关心的一些重大问题，主张彻底纠正“文化大革命”的错误，并为一些历史冤假错案平反，邓小平在会议结束时又作了《解放思想，实事求是，团结一致向前看》的重要讲话，这就使这次工作会议和随后召开的十一届三中全会，突破了原定的只讨论经济问题的议题，成为全局性的拨乱反正和开创新局面的会议。

不解决思想上的“左”倾束缚问题，农业和各项工作都不可能出现新的局面。因此，十一届三中全会上，对于《农村人民公社工作条例（试行草案)》并没有详细讨论而被原则通过，与《中共中央关于加快农业发展若干问题的决定（草案)》一起，发给各省、市、自治区讨论和试行。但是显而易见，“农业六十条”中的部分内容与当时农村的改革潮流是背道而驰的。关于后一个文件的主要内容，在会议通过的全会公报中可以看得出来。公报中说：“人民公社、生产大队和生产队的所有权和自主权必须受到国家法律的切实保护；不允许无偿调用和占有生产队的劳力、资金、产品和物资；公社各级经济组织必须认真执行按劳分配的社会主义原则，按照劳动的数量和质量计算报酬，克服平均主义；社员自留地、家庭副业和集市贸易是社会主义经济的必要补充部分，任何人不得乱加干涉；人民公社要坚决执行三级所有、队为基础的制度，稳定不变；人民公社的各级组织都要坚决执行民主管理、干部选举、账目公开。”①上面的这些规定，其基本内容是比较好的，但也很原则，因而产生的实际效果并不大。

上述两个文件中，都没有提农业学大寨的问题，也没有把大寨的一些“左”的做法写进新“农业六十条”，如大寨的“标兵工分、自报公议”，大寨实行的生产大队基本核算单位制等。从中可以看出，《中共中央关于加快农业发展若干问题的决定（草案)》和新“农业六十条”本身有许多矛盾的地方。一方面受“两个凡是”的影响，这两个文件不能摒弃原来“左”的那一套；另一方面，不论是文件起草者还是讨论者，又深切地感到有关农村人民公社的政策如果不作适当调整，农民的积极性的发挥和农业问题的解决都将落空。出现这种矛盾的现象并不奇怪，因为这时的中国正处在是坚持“两个凡是”还是解放思想的矛盾冲突中，真理标准问题的讨论就是这种矛盾斗争的体现。

虽然新“农业六十条”还有着“文化大革命”留下的后遗症的痕迹，但当时“文化大革命”毕竟已经结束，对于新“农业六十条”而言，广大干部群众最感兴趣的，是其中所讲的“建立严格的生产责任制”。随着《中共中央关于加快农业发展若干问题的决定（草案)》在 1979 年 9 月召开的十一届四中全会上正式通过，人民公社原有的一些经营管理制度逐步被突破，各种形式的农业生产责任制迅速发展起来。就在建立生产责任制的过程中，包产到户由星星之火很快变成燎原之势，最终成为全国范围的联产承包责任制。新“农业六十条”还来不及发挥它的作用，就进了历史博物馆。

① 中共中央党史研究室等:《中国新时期农村的变革》中央卷（上)，中共党史出版社 1998 年版，第 9 页。

三、包产到户风潮再起

粉碎江青集团后，为使一片凋零的农村恢复生机，各地曾出台了一系列的相关措施，并由此催生了以包产到户、包干到户为特征的农村改革。

安徽是个农业大省，又是深受“左”倾错误危害的重灾区。当时，安徽农村的问题很严重，农民生活特别困难。为了加强安徽的工作，1977年6月，中共中央改组了原中共安徽省委，任命万里为安徽省委第一书记。

万里虽然出生于农村，但新中国成立后长期在中央机关和北京市工作。为了熟悉农村情况，他一到任，没有立即作指示提口号，而是先下去看农业、看农民，用三四个月的时间把全省大部分地区都跑到了。万里下去调查时，轻车简从，一般是一部小车，三两个人，事先不打招呼，说走就走，随时可停，直接到村到户，认为这样才可以了解到真实情况。这一调查，结果使他“越看越听越问心情越沉重，越认定非另找出路不可”。①

对于当时安徽农村的落后情况，万里后来回忆说：“我这个长期在城市工作的干部，虽然不能说对农村的贫困毫无所闻，但是到农村一具体接触，还是非常受刺激。原来农民的生活水平这么低啊，吃不饱，穿不暖，住的房子不像个房子的样子。淮北、皖东有些穷村，门、窗都是泥土坯的，连桌子、凳子也是泥土坯的，找不到一件木器家具，真是家徒四壁呀。我真没料到，解放几十年了，不少农村还这么穷！我不能不问自己，这是什么原因？这能算是社会主义吗？人民公社到底有什么问题？为什么农民的积极性都没有啦？当然，人民公社是上了宪法的，我也不能乱说，但我心里已经认定，看来从安徽的实际情况出发，最重要的是怎么调动农民的积极性；否则连肚子也吃不饱，一切无从谈起。”②

在反复调查研究的基础上，中共安徽省委于1977年11月召开各地、

① 《万里谈农村改革是怎么搞起来的》，《百年潮》1998年第3期。

② 《万里谈农村改革是怎么搞起来的》，《百年潮》1998年第3期。

市、县委和省直各部门主要负责人参加的全省农村工作会议，经过与会人员的反复讨论，形成了《关于目前农村经济政策几个问题的规定》。因为这个文件主要有六个方面的内容，故称省委“六条”。

安徽省委“六条”的主要内容是：搞好人民公社的经营管理工作，允许生产队根据农活建立不同的生产责任制，可以组织作业组，只需个别人完成的农活也可以责任到人；减轻生产队和社员负担，农田基本建设要坚持自有、互利原则，不能采取平调办法，严格控制调用生产队的劳动力，任何单位不得无偿调拨生产队的财物、土地和发动社员投资捐款；分配要兑现，大力开展多种经营，尽可能使社员在正常年景下从生产中逐年增加个人收入；粮食分配要兼顾国家、集体和社员个人利益，绝对不许征购过头粮；尊重生产队的自主权，生产队在保证完成国家计划的前提下，有权因地制宜、因时制宜安排生产，领导机关不能瞎指挥；允许和鼓励社员经营正当的家庭副业，社员自留地和家庭副业的产品，在完成国家派购任务后，可以拿到市场上出售。

安徽省这“六条”政策，实际上并没有超过1962年的《农村人民公社工作条例修正草案》的规定，不过是对“农业六十条”关于生产队自主权规定的强调与重申，但由于农村多年受“左”倾错误的干扰，“农业六十条”的许多规定在农村并没有坚持下来，故而这六条政策一宣传贯彻，立即得到了安徽农民的欢迎，用《人民日报》报道中的话说：“社员出勤之踊跃，劳动工效之高，人们情绪之饱满，都是前几年所没有的。”①

1978年安徽出现了百年不遇的大旱灾，全省大部分地区10个月没有下过透雨，许多河水断流，水库干涸。全省共造成6000多万亩农田受灾，4000多万人口的地区缺乏生活用水。安徽全省在抗旱救灾的过程中，滁县地区的来安县烟陈公社杨渡大队的魏郢生产队，偷偷地搞起了“定产到组、以产计工”的管理办法，也就是包产到组，当年粮食产量增长了30%。中共安徽省委了解这一情况后，指示滁县地委可以在全地区试点包产到组。滁县地委决定由各县各自选择一个大队或公社进行包产到组的试点，结果许多没有定为试点单位的地方，得知这个消息后，也自发地搞

① 《一份省委文件的诞生》，《人民日报》1978年2月3日。

起了包产到组。到 1979 年 3 月，滁县地区实行包产到组的生产队已超过半数。

就在安徽的部分地方实行包产到组之际，四川也开始推行包产到组。1977 年秋，中共广汉县委负责人在西高公社作调查，发现这个公社有一个生产队实行分组作业、定产到组、超产奖励的办法，粮食连年增产，社员生产积极性很高，于是在有公社党委书记参加的县委扩大会议上，详细地介绍了这个生产队实行定产到组生产责任制的做法。由于定产到组与包产到组实际上没有区别，而包产到组曾多次被作为“右倾”倒退遭受批判，对于这一做法能否推广，广汉县委不敢擅自决定，就此请示中共四川省委。当时，分管农业的省委书记回答说，可以搞试点。于是，广汉县委决定以金鱼公社作为试点单位，进行“分组作业，定产定工，联产计酬”的试验，取得了良好的效果。当年金鱼公社的 116 个生产队，队队增产，公社的粮食产量比上年增长 22.5%，大大高于全县平均增产比例。①

广汉金鱼公社包产到组的做法，引起了中共四川省委的重视。1978 年 10 月初，中共温江地委在大邑县召开有各县委书记参加的播种小春作物现场会，当时的中共四川省委主要负责人也前来参加了会议。在会议进行前，他听取了广汉县委负责人关于金鱼公社包产到作业组的情况汇报，对责任到组的做法表示肯定，认为从方向道路上讲没有问题，想搞的可以推广，多搞。随后，四川省委书记杨万选带一个调查组，到金鱼公社进行实地调查，整整调研了一个星期，最后形成了题为《分组作业定产定工超产奖励——金鱼公社建立生产责任制的情况》的调查报告，于 10 月 27 日刊发在四川省委办公厅的《工作简报》上，同时加了编者按。按语说：金鱼公社建立明确的生产责任制和奖励制的经验，是运用经济方法管理经济，具体体现按劳分配、多劳多得，使社员的劳动同自己的物质利益紧密结合起来，充分调动了社员群众的积极性，看来，这种办法是可行的。各地、县委可以选择有条件的社队，参照金鱼公社的办法，进行试点，摸索经验，不要一哄而起，以免出现混乱现象。随后，包产到组在四川全省逐步推开。

---

① 杨超等主编：《当代四川简史》，当代中国出版社 1997 年版，第 233 页。

中共十一届三中全会原则通过的新“农业六十条”虽然强调“不许包产到户，不许分田单干”。但它明确规定要“建立严格的生产责任制”，并且提出“可以在生产队统一核算和分配的前提下，包工到作业组，联系产量计算报酬，实行超产奖励”。这个规定得到了广大农村基层干部和农民群众的衷心拥护。1979 年春开始，各种形式的生产责任制在全国各地广泛兴起，比较普遍的是恢复和发展“小段包工、定额计酬”的责任制。在这个过程中，中国农民充分发挥自己的智慧，先是包产到组，然后不断地把组划小，进而搞起了包产到户，这其中包括现在人们所熟悉的安徽凤阳县梨园公社小岗生产队秘密进行的包产到户。

除了农民自发搞起的包产到户外，个别地方开始有组织地尝试包产到户。1979 年 2 月，中共安徽省委组织工作队，深入到肥西县的山南公社，向社员宣读十一届三中全会通过的《中共中央关于加快农业发展若干问题的决议（草案）》和新“农业六十条”。在讨论这两个文件时，山南公社的干部社员最感兴趣的是生产责任制的问题，并且强烈要求实行包产到户。不仅劳动力强的社员对于包产到户积极拥护，就连劳动力弱的，甚至五保户，也认为包产到户的办法好。对于这一情况，工作组负责人立即向万里作了汇报。万里认为，群众的意见应该重视，乃决定专门召开省委常委会议讨论包产到户的问题。结果是安徽省委决定在山南公社进行包产到户的试点。

早在 1961 年，安徽全省曾推行过名曰“责任田”的包产到户，在 1962 年初的七千人大会后，“责任田”被强行纠正，但安徽农民却对此一直念念不忘。他们深知，只有包产到户才能解决自己的吃饭问题。安徽省委在山南公社试点搞包产到户的消息传开后，肥西全县各生产队纷纷仿效，在一个月的时间内，全县有 40%的生产队搞起了包产到户。山南公社和肥西县的包产到户又直接推动了全省包产到户的推行，顿时，包产到户有蔓延安徽全境之势。

包产到户毕竟是刚刚通过的新“农业六十条”明文禁止的，对于这样重大的问题，安徽省委决定向中共中央汇报。1979 年 3 月 4 日，安徽省委向中共中央报告了安徽推行责任制的情况，其中讲道：“关于责任制的问题，我们认为，只要不改变所有制的性质，不改变核算单位，可以允许有多种多样的形式，三包一奖到组可以普遍地搞……少数边远落后、生产长期上不去的地方，已经自发搞了包产到户岗位责任制的，我们也宣布暂时维持不变，以免造成不必要的波动，由于为数不多，允许作为试验，看一年，以便从中总结经验教训。”①

思想的解放和认识的提高，对每个人来说是有先有后的。当包产到户重新在农村出现的时候，有的人依旧用过去两条道路斗争的观点去看待，认为包产到户是对集体经济的瓦解，破坏了社会主义公有制，是倒退和走回头路。就连分组作业或包产到作业组的办法，一些人也一时转不过弯来。

1979 年 3 月 15 日，《人民日报》在头版显著位置发表了一封署名张浩的读者来信——《“三级所有，队为基础”应该稳定》。信中说，最近，河南洛阳地区的不少县社，已经、正在或将要搞“包产到组”，听社员说，这是第一步，下一步还要分田到户，包产到户。如果从便利管理，加强责任心着眼，划分作业组是可以的，但轻易地从“队为基础”退回去，搞分田到组、包产到组，也是脱离群众、不得人心的；也会搞乱“三级所有，队为基础”的体制，给生产造成危害，对搞农业机械化也是不利的。

《人民日报》为这封读者来信特地加了编者按，其中说：为贯彻按劳分配原则，搞好劳动计酬工作，可以在生产队统一核算、统一分配和统一使用劳动力的前提下，包工到作业组，联系产量计算报酬，实行超产奖励。但这里讲的包工到组，主要是指田间管理，同“分田到组”“包产到组”完全是两回事。人民公社现在要继续稳定地实行“三级所有，队为基础”的制度，不能在条件不具备的情况下，匆匆忙忙地搞基本核算单位的过渡；更不能从“队为基础”退回去，搞“分田到组”“包产到户”。

《人民日报》发表这篇读者来信的时候，万里正在滁县地区的几个县进行农村调查。对此他明确表示：究竟什么意见符合人民的根本利益和长远利益，靠实践来检验。决不能读一封读者来信和编者按，就打退堂鼓。他强调：已经实行的各种责任制一律不动。只要今年大丰收，增了产，社

---

① 周曰礼：《回顾安徽的农村改革》，《中共党史资料》第 68 辑，中共党史出版社 1998 年版，第 55 页。

会财富多了，群众生活改善了，各种责任制的办法明年可以干，后年还可以干，可以一直干下去。凡是能增产，对国家贡献多，集体经济壮大，群众收入增加，生活得到改善，就是好办法。政策可不要变来变去，农民就怕政策多变，看准了就定下来，就干。这次我走了六个县，从群众看，对包产到组、包产到户的办法都是拥护的。①同年 5 月，万里又到肥西县的山南公社作调查。有农民问他："包产到户允许我们搞多长时间？"万里回答说："你们愿意搞多久就搞多久，什么时候不增产了就不搞。"②

包产到户虽然为农民所拥护，但它在生产形式上表现为农民个体劳动，与长期形成的农业集体化农民必须集体劳动的观念相左，而且集体的土地为农民一家一户经营，也容易给人一种包产到户就是分田单干的错觉。因此，要在这个问题上突破传统观念，自然需要有一个人们逐渐理解的过程。

当时，《人民日报》作为中共中央的机关报，曾对各地建立生产责任制的情况作了大量的有引导性的报道。1977 年 9 月，云南省元谋县元马公社星火大队大塘子生产队会计李国有给县委书记写信，建议包产到组。这个建议不但被元谋县委采纳，而且李国有还在楚雄彝族自治州农业先进单位（个人）代表大会上，受到了自治州党委的表彰。1979 年 1 月 14 日，《人民日报》以《元谋县生产队会计李国有给县委书记写信提出包产到组的建议，建立严格责任制促进农业大增产》为题，特地报道了这件事。为什么不到两个月的时间，《人民日报》的态度发生如此大的变化呢？

1979 年 3 月 12 日至 24 日，国家农委邀请广东、湖南、四川、江苏、安徽、河北、吉林七省农村工作部门和安徽全椒、广东博罗、四川广汉三个县委的负责人，在北京召开当前农村工作座谈会。会上，围绕包产到户的问题展开了激烈的讨论，有人认为包产到户虽然还承认集体对生产资料的所有权，承认集体统一核算和统一分配的必要性，但在本质上与分田单干没有什么区别。安徽等地的与会者则认为，包产到户只要坚持生产资料公有制和按劳分配，它与分田单干就有本质的不同。

① 《万里文选》，人民出版社 1995 年版，第 123、125 页。

② 王光宇：《我所亲历的安徽农村改革》，《中共党史研究》2008 年第 5 期。

这次座谈会并没有在包产到户问题上形成共识。会后报送给中共中央的《座谈纪要》说："把主要作物的全部农活由个人承担，产量多少也完全由个人负责"的包产到户，"失去了集体劳动和统一经营的好处"，"本质上和分田单干没有多少差别，所以是一种倒退"，强调人民公社的三级所有、队为基础的体制必须稳定。《座谈纪要》还提出："除特殊情况经县委批准者以外，都不许包产到户，不许划小核算单位，一律不许分田单干。"但是，《座谈纪要》又明确表示："喂养家禽、管理鱼塘、经营小宗作物等农活，实行个人岗位责任制，并且规定产量（产值），实行超产奖励，是统一经营下的专业化生产，不是对统一经营的否定，应当允许。深山、偏僻山区的孤门独户，实行包产到户，也应当允许。"① 从中可以看出，党内领导层对包产到户的态度正处在一种矛盾状态之中。

1979 年 9 月，中共十一届四中全会通过了《中共中央关于加快农业发展若干问题的决定》（以下简称《决定》）。《决定》指出，20 年来我国农业发展的经验表明，为了加快恢复和发展农业，应该牢牢记取以下的主要经验教训：(1) 一定要长期保持安定团结的政治局面。(2) 一定要正确地认识和处理农村以及全国范围的阶级斗争，正确地进行对农民的社会主义教育，防止"左"的或右的干扰。(3) 一定要集中力量抓好农业技术改造，发展农业生产力。(4) 一定要持续地、稳定地执行党在农村现阶段的各项政策。(5) 一定要坚定不移地执行以农业为基础的方针。(6) 一定要正确地、完整地贯彻执行"农林牧副渔同时并举"和"以粮为纲，全面发展，因地制宜，适当集中"的方针。(7) 一定要从实际出发，一定要按照自然规律和经济规律办事，按照群众利益办事，一定要坚持民主办社的原则，尊重和保护社员群众的民主权利。决不能滥用行政命令，决不能搞瞎指挥和不顾复杂情况的"一刀切"。

《决定》还提出了当前发展农业生产的二十五项政策和措施，重要的有：(1) 人民公社、生产大队和生产队的所有权和自主权应该受到国家法律的切实保护，任何单位和个人都不得任意剥夺或侵犯它的利益。(2) 任

① 《当代中国农业合作化》编辑部编：《建国以来农业合作化史料汇编》，中共党史出版社 1992 年版，第 919 页。

何单位和个人，绝对不允许无偿调用和占有生产队的劳动力、土地、牲畜、机械、资金、产品和物资。(3) 人民公社各级经济组织必须认真执行各尽所能、按劳分配的原则，多劳多得，少劳少得，男女同工同酬。(4) 社员自留地、自留畜、家庭副业和农村集市贸易，是社会主义经济的附属和补充，不能当作所谓的"资本主义尾巴"去批判。相反的，在保证巩固和发展集体经济的同时，应当鼓励和扶持农民经营家庭副业，增加个人收入，活跃农村经济。(5) 人民公社要继续稳定地实行"三级所有、队为基础"的制度，集中力量发展农村生产力。

《中共中央关于加快农业发展若干问题的决定》是一份极其重要的文件，它与十一届三中全会原则通过的决定草案相比，最耐人寻味的是将草案中的"不许包产到户，不许分田单干"改为这样一段话："不许分田单干。除某些副业生产的特殊需要和边远山区、交通不便的单家独户外，也不要包产到户。"从强制性的"不许"到规劝性的"不要"，表明中共中央对待包产到户的态度已出现了明显的松动。据农业部人民公社管理局统计，1980 年 1 月，全国有 84.7%的生产队实行了各种形式的生产责任制，其中实行定额包工责任制的占生产队总数的 55.7%，实行各种联产承包责任制的占 29%，而实行包产到户、包干到户等家庭联产承包责任制的为 1.1%。①

实际上，当时实行包产到户的生产队的实际数目远不止如此。据新华社从各地分社了解到的情况是：实行包产到户的生产队，安徽有 23%，其中肥西、凤阳、来安、定远、芜湖、宣城等县较多，有的县占 80%以上；广东有 10%，其中惠阳地区较多，大约占生产队总数的 35%；内蒙古的 53 个县、旗的 47849 个生产队中，实行包产到户的有 13894 个，占 29%；河南有 10%左右。此外，贵州、云南、甘肃、山东、河北及其他一些省份也有生产队在搞包产到户。没有搞包产到户或搞得很少的是北京、天津、上海三市郊区，东北三省和湖北、湖南等省。②

1980 年 1 月 11 日至 2 月 2 日，国家农委在北京召开全国农村人民公

① 朱荣、郑重等：《当代中国的农业》，中国社会科学出版社 1992 年版，第 310 页。
② 吴象：《中国农村改革实录》，浙江人民出版社 2001 年版，第 150—151 页。

社经营管理会议。会上，安徽代表作了《联系产量责任制的强大生命力》的发言，介绍了安徽建立各种联系产量责任制的情况及其效果，并且强调“在生产队统一领导下的包产到户，因为它没有改变所有制性质和按劳分配原则，不能同分田单干混为一谈”①。这个发言引起了与会者激烈的争论。有人认为，联系产量责任制是半社会主义的，包产到户实际上是分田单干，与社会主义沾不上边，是资本主义性质的，更有人将包产到户戴上违反中央文件和宪法规定的“大帽子”。

1980 年 1 月 31 日，有关负责人在向华国锋、邓小平、李先念等中央领导汇报会议情况时，华国锋强调，责任制和包产到户单干不要混同起来，已经搞了包产到户的要认真总结经验，提高群众觉悟，逐步引导他们组织起来。

实践的发展改变着人们的认识。随着包产到户在越来越多的地方被推广，领导层及有关农业和农村工作主管部门，对包产到户的态度也在逐渐发生变化。1980 年 3 月 6 日，国家农委印发了《全国农村人民公社经营管理座谈会纪要》，除了重申《中共中央关于加快农业发展若干问题的决定》中对于包产到户的规定外，还表示“至于极少数集体经济长期办得很不好、群众生活很困难，自发包产到户的，应当热情帮助搞好生产，积极引导他们努力保持、并且逐渐增加统一经营的因素，不要硬性扭转，与群众对立，搞得既没有社会主义积极性，也没有个体积极性，生产反而下降。更不可搞批判斗争”②。

但是，此时党内对包产到户问题的认识还没有统一。1980 年春，国家农委主办的《农村工作通讯》这年第 2 期和第 3 期上，分别发表了《分田单干必须纠正》《包产到户是否坚持了公有制和按劳分配》两文，对包产到户进行了公开的责难，批评包产到户并没有坚持公有制和按劳分配，实际上是倒退到单干。其他一些报刊也刊发文章对包产到户进行批判。3 月 20 日，山东《大众日报》发表《包产到户不是责任制》的文章，认为

① 周曰礼：《回顾安徽农村的改革》，载《中共党史资料》第 68 辑，中共党史出版社 1998 年版。

② 中共中央党史研究室等：《中国新时期农村的变革》中央卷（上），中共党史出版社 1998 年版，第 86 页。

包产到户同集体经营、分工协作的责任制有本质上的区别，包产到户有滑向单干道路上去的危险。8 月 14 日，《湖南日报》也公开发表《大田生产不宜包产到户》的文章说，大田包产到户，如果领导不好，生产队很难搞统一核算和分配，容易变成变相单干，成为个体经济，这就违背了坚持走社会主义道路的原则。

还有一些地方则是明令纠正包产到户或不准包产到户。1979 年 12 月，中共陕西省委就渭南地委报送的《关于个别地方发生“口粮田”的情况报告》作出批复，认为分给社员“口粮田”（按：所谓口粮田，就是从集体耕地中划出一部分由社员自己耕种代替口粮分配，是包产到户的一种变通），势必形成社员热衷于经营“口粮田”而影响大田生产，不利于巩固集体经济。安徽在万里调离到北京工作后，也引发了包产到户的大争论，安徽省委个别人给包产到户扣上了“经济主义”“机会主义”“工团福利主义”等大帽子，指责包产到户是倒退，是“迁就农民落后意识”。刚刚萌生的包产到户面临再次夭折的危险。

就在这个时候，邓小平在经过深思熟虑后，作出了肯定的回答。1980 年 4 月 2 日，邓小平找胡耀邦、万里、姚依林、邓力群谈长期规划问题。邓小平让姚依林（时任中共中央书记处书记、国务院副总理兼国家计划委员会主任）先讲。姚说：工业、农业都要甩掉一些包袱。拿农业来说，甘肃、内蒙（古）、贵州、云南这些省份，中央调给他们很多粮食，这是国家的很大负担。对这些地区可不可以改革，在这些地区政策上搞得宽一些，（不如）索性实行包产到户之类的办法。让他们多想办法，减轻国家背得很重的包袱。邓小平接过话头说：对地广人稀、经济落后、生活穷困的地区，像贵州、云南、西北的甘肃等省份中的这类地区，我赞成政策要放宽，使它们真正做到因地制宜，发展自己的特点。西北就是要走发展畜牧业的道路，种草造林，不仅要发展现有的牧场，还要建设新牧场。农村要鼓励种树，要发展多种副业，发展渔业、养殖业。政策要放宽，要使每家每户都自己想办法，多找门路，增加生产，增加收入。有的可包给组，有的可包给个人，这个不用怕，这不会影响我们制度的社会主义性质。在这个问题上要解放思想，不要怕。在这些地区要靠政策，整个农业近几年也要靠政策。政策为农民欢迎了，即使没有多少农业投资，只要群众的积极性发挥了，各种形式的经济、副业发展了，农业增产的潜力大得很，发展余地大得很。①

5 月 31 日，邓小平同胡乔木、邓力群谈话。他说：农村政策放宽以后，一些适宜搞包产到户的地方搞了包产到户，效果很好，变化很快。安徽肥西县绝大多数生产队搞了包产到户，增产幅度很大。“凤阳花鼓”中唱的那个凤阳县，绝大多数生产队搞了大包干，也是一年翻身，改变面貌。有的同志担心，这样搞会不会影响集体经济。我看这种担心是不必要的。我们总的方向是发展集体经济。实行包产到户的地方，经济的主体现在也还是生产队。可以肯定，只要生产发展了，农村的社会分工和商品经济发展了，低水平的集体化就会发展到高水平的集体化，集体经济不巩固的也会巩固起来。② 邓小平的这两次谈话，把能不能搞包产到户的门打开了。按惯例，当一些重大问题党内出现不同意见或争论的时候，需要党的最高领导人出来说话，问题才能解决。十一届三中全会后，邓小平成为党的第二代领导集体的核心，他关于包产到户的表态，对于人们在这个问题上进一步解放思想、打破禁区起到了关键作用。

1980 年 9 月，中共中央召开各省、市、自治区党委书记座谈会，讨论加强和完善农业生产责任制问题。会议开始时，只有广东省委书记任仲夷、内蒙古自治区党委书记周惠、贵州省委书记池必卿等少数人赞成包产到户。会上，国家农委副主任杜润生作了《对进一步加强和完善生产责任制几个问题的说明》的发言，着重讲了如何处理包产到户的问题，强调“要区别包产到户和单干，单干和资本主义”，认为包产到户“虽然成了独户经营，自负盈亏，但它仍然通过承包与集体相联系，成为集体经济的组成部分，与过去的单干有所不同，因此也应算作是社会主义社会的一种经营形式，即一种责任形式”。杜润生在发言中还指出，对于中西部地区的穷队来说，第一位的问题是解决温饱。解决温饱当然不限于包产到户一种方法，但包产到户有利于调动群众的积极性，有利于突破“集体经济办不好、

① 中共中央文献研究室：《邓小平年谱（1975—1997）》，中央文献出版社 2004 年版，第 616 页。

② 中共中央文献研究室：《邓小平年谱（1945—1997）》，中央文献出版社 2004 年版，第 641 页。

群众不积极，群众不积极、集体经济也办不好”的恶性循环，不失为较好的选择。包产到户虽然有一些负面作用，但只要有领导地搞，就可以最大限度地避免。[①] 对于这些参加会议地方大员们来说，没有比如何才能解决群众温饱更揪心的问题了。经过讨论，与会者对于包产到户的问题基本上达成了共识，认为包产到户至少在贫困地区是必要的。

这次会议最后形成了《关于进一步加强和完善农业生产责任制的几个问题》的座谈纪要。座谈纪要强调：“凡有利于鼓励生产者最大限度地关心集体生产，有利于增加生产，增加收入，增加商品的责任制形式，都是好的和可行的，都应加以支持，而不可拘泥于一种模式，搞一刀切。”“在那些边远山区和贫困落后的地区，长期‘吃粮靠返销，生产靠贷款，生活靠救济’的生产队，群众对集体丧失信心，因而要求包产到户的，应当支持群众的要求，可以包产到户，也可以包干到户，并在一个较长的时间内保持稳定。”[②] 中共中央随即印发了这个文件（即 1980 年第 75 号文件），并要求“结合当地具体情况贯彻执行”。

1980 年 11 月 1 日，《人民日报》发表《因地制宜，分类指导——论进一步加强和完善农业生产责任制》的社论。社论指出，在我国近一亿人口的贫困落后地区，由于自然条件、工作基础和经济发展水平的限制，多年来，集体经济办得不好，群众生活极端贫困。在这些地区，群众集体生产的积极性没有得到发挥，个体生产的积极性又受到挫折，两种积极性都处于受压抑状态。在这种情况下，群众为摆脱目前境况，自发地采用包产到户的办法。这种办法对于高级的集体化形式来说，似乎是一种后退。但这种后退，能调动当地群众的积极性，鼓励群众在小块土地上精耕细作，尽最大努力解决温饱问题，渡过由于“左”倾路线和政策所造成的困难，并使党和群众的关系得到改善，为将来前进到更高级的社会主义经济形式创造条件，从这个意义来说，比原来的状况实际是一种前进。在当地条件下，这是一种好的办法。这篇社论，实际上透露了中共中央第 75 号文件

① 《当代中国农业合作化》编辑室：《建国以来农业合作化史料汇编》，中共党史出版社 1992 年版，第 929 页。

② 《当代中国农业合作化》编辑室：《建国以来农业合作化史料汇编》，中共党史出版社 1992 年版，第 927 页。

的主要内容。

第 75 号文件对于“边远山区和贫困落后地区”可以搞包产到户的规定，承认了包产到户的合法性，对包产到户是一个巨大的推动。在当时的中国农村，绝大多数地区都可以说是“贫困落后地区”，有了这样一条政策，农民就可以放心地搞包产到户了。随后，包产到户发展很快。据 1981 年 6 月底的统计，当时实行各种联产承包责任制的生产队达 377.7 万个，占生产队总数的 64.2%。其中包产到户的生产队 166.9 万个，占生产队总数的 28.2%。① 到 1980 年底，包产到户、包干到户（包产到户与包干到户的区别在于：包产到户是先按估产进行包产，等实际产量出来后，用实际产量除去包产，两者之余额，上缴国家、集体后，剩下的都是承包人的；包干到户是不算细账，交了国家和集体的，其余都是承包人的）已在全国 2/3 以上的省、自治区得到普遍推行。另据 1980 年 10 月的统计，全国已有 45.1%生产队实行了包产到户，其中贵州、甘肃、安徽、宁夏、广东、内蒙古等 11 个省、自治区已有 50%—95%的生产队实行了包产到户。

第 75 号文件虽然承认包产到户的合法性，但对包产到户的性质并没有做出明确的判断，只是说：“就全国而论，在社会主义工业、社会主义商业和集体农业占绝对优势的情况下，在生产队领导下实行的包产到户是依存于社会主义经济，而不会脱离社会主义轨道的，没有什么复辟资本主义的危险，因而并不可怕。”② 也就是，这个文件对包产到户是姓“资”还是姓“社”的问题，并没有十分明确说“是”还是“不是”。

事实是最有说服力的。实行包产到户后，极大地调动了广大农民的生产积极性，一些贫困落后、生产长期上不去的生产队，很快就翻了身；长期为吃饭问题而发愁的农民，也因实行包产到户，而有了余粮。较早推行包产到户的安徽省，1979 年全省粮食部门比前年多收购了近 20 亿斤粮食和 8500 万斤油脂，销粮减少了 100 万斤。许多地方因思想上估计不足，收购时措手不及，发生了“涨库”现象，使不少农民有粮无处卖。安徽在

① 朱荣、郑重等：《当代中国的农业》，中国社会科学出版社 1992 年版，第 313 页。

② 《当代中国农业合作化》编辑室：《建国以来农业合作化史料汇编》，中共党史出版社 1992 年版，第 927 页。

粮食上出现如此宽裕的情况，是新中国成立以来没有过的。安徽凤阳是个有名的“十年倒有九年荒”的穷县,1979 年全县大部分地方实行“大包干”制，一年大翻身，粮食总产比历史最高年产量增长 20%多，油料总产增长 3 倍。①

1980 年 11 月，中共中央批转了中共山西省委关于农业学大寨运动中经验教训的检查报告，实事求是地评价了大寨和学大寨运动，从而也中止了学大寨运动中的许多“左”的政策和“左”的做法。1981 年 3 月，中共中央办公厅转发了中共国家农委党组《关于为邓子恢同志平反问题的请示报告》。该请示报告认为:“回顾当时实际情况，在一些经济极端困难的地区，允许包产到户、包干到户也是必要的，也不算什么错误。”②这等于也给 1962 年的包产到户平了反。

1981 年 12 月，中共中央召开农村工作座谈会，着重讨论了农业生产责任制问题，形成了《全国农村工作会议纪要》。1982 年 1 月 1 日，中共中央批转了《全国农村工作会议纪要》(即 1982 年第 1 号文件)。

《全国农村工作会议纪要》指出:目前全国农村已有 90%以上的生产队建立了不同形式的生产责任制。它的建立，不但克服了集体经济中长期吃“大锅饭”的弊端，而且通过劳动组织、计酬方法等环节的改进，带动了生产关系的部分调整，纠正了长期存在的管理过分集中、经营方式过于单一的缺点，使之更加适合我国农村的经济状况。目前实行的各种责任制，包括小段包工定额计酬，专业承包联产计酬，联产到劳，包产到户、到组，包干到户、到组等，都是社会主义集体经济的生产责任制。不论采取什么形式，只要群众不要求改变，就不要变动。《全国农村工作会议纪要》针对一些人将包产到户、包干到户误解为“土地还家”、平分集体财产、分田单干等作了必要的说明，指出:包干到户这种形式，在一些生产队实行后，经营方式起了变化，基本上变为分户经营、自负盈亏。但是，它是建立在土地公有制基础上的，农户和集体保持承包关系，由集体统一

① 《从安徽农村形势看生产责任制的巨大威力》,《人民日报》1980 年 8 月 20 日。

② 《当代中国农业合作化》编辑室:《建国以来农业合作化史料汇编》，中共党史出版社 1992 年版，第 891 页。

管理和使用土地、大型农机具和水利设施，接受国家的计划指导，统一安排军烈属、"五保户"、困难户的生活，有的还在统一规划下进行农田基本建设，所以，它不同于合作社以前的小私有的个体经济，而是社会主义农业经济的组成部分。①

1982年第1号文件对包产到户、包干到户是社会主义集体经济的界定，彻底地解决了人们对包产到户、包干到户的后顾之忧，促进了"双包"制在全国的广泛推行。到1982年11月，全国实行联产承包责任制的生产队已占92.3%，其中"双包"的占78.8%，贵州、安徽、宁夏、甘肃、福建等11个省份，"双包"都在90%以上。到1983年末，全国农村实行联产承包责任制的生产队达到了99.5%，其中实行包干到户的占生产队总数的97.8%。1983年到1986年，中共中央每年都在1月1日发出第1号文件，稳定联产承包责任制，不断解决发展中遇到的新问题。从此，以包干到户为主要形式的家庭联产承包责任制，就成为我国农业经营的主要方式。

四、农村人民公社的解体

以包产到户为主要内容的联产承包责任制的建立，极大地冲击了农村人民公社的体制，并最终导致了人民公社的解体。

人民公社实行的是政社合一的体制，既是经济组织，又是基层政权组织，它一方面承担着原来乡人民政府的行政职能，另一方面又起着集体经济组织的作用。本来，按照"农业六十条"修正草案的规定，生产队作为人民公社的基本核算单位和生产资料的所有者，实行独立核算，自负盈亏，直接组织生产和分配，既要有自己独立的生产决定权，也要有自己的产品决定权。但是，由于公社、生产大队、生产队是上下级关系，生产大队实际上成了公社的派出机构，代表公社对生产队进行管理。这样，生产

① 中共中央党史研究室等:《中国新时期农村的变革》中央卷（上），中共党史出版社1998年版，第174—175页。

队成了行政机构的附属物，公社可以通过生产大队对生产队下达行政命令，使生产队失去了应有的生产、分配自主权。生产队则是公社这张算盘上的珠子，由公社任意拨动。由于公社的政权性质，使得公社的干部成为国家行政人员，也就是国家干部，拿的是国家工资，端的是“铁饭碗”，生产队生产经营的好坏、农业的增产与减产，他们既不要承担经济责任，也不影响个人的收入。这种体制下，公社是生产经营的实际决策者，生产队不过是组织生产的“车间”，只能按计划完成各项生产任务和农产品的交售任务。这就为公社在生产上的“瞎指挥”和工作上的强迫命令开了方便之门。多年来，一直强调要尊重生产队的生产经营自主权，但这个问题始终得不到解决，核心问题是人民公社政社合一的体制没有改变。

长期以来，人民公社一直坚持“三级所有，队为基础”的基本制度。“队为基础”也就是以生产队为基本核算单位，实行生产资料的基本生产队所有制。但“三级所有”则意味着公社、生产大队、生产队都有所有权，造成了产权的不明晰。这样一来，如果所有权全归生产队，“三级所有”中的公社、生产大队所有权就成了一句空话。既然是“三级所有”，也就意味着公社对生产大队、生产队的生产资料拥有所有权以及与所有权相关联的产品处分权，那么，公社对生产大队、生产队搞“一平二调”也是合法的。对于公社来说，自然是越大越公越好行使权力。于是，对于基本核算单位由生产队过渡到生产大队，公社特别积极。而要完成基本核算单位的过渡，就必须发展公社、生产大队两级的经济，而这两级既无生产资料，又无劳动力，要建立自己的家底，包括开办各种社办工业、社办林果场、社办鸡场猪场等，都只能是白手起家，向生产大队、生产队“平调”人力、物力。而公社作为上级单位，可以向作为下级的生产大队、生产队下指令，生产队则不得不按公社的指令，要钱给钱，要物给物，要人给人，要地给地。这是“一平二调”长期得不到纠正的根本原因。

人民公社是农林牧副渔五业并举、工农商学兵相结合的政治经济组织。这种结构，使得公社的机构多，干部多，加上公社又是地方国家行政机关，有严格的地域界限，一个公社是一个相对独立的小社会。县级各行政部门为在公社行使自己的行政职权，必然要在公社建立各种派出机构，否则这些部门就没有根基。除了脱产的公社一级干部外，每个生产大队为了应对公社的各个部门及附设在公社的各种县级行政部门的派出机构，除了生产大队、生产队本身的干部，还需要大量的半脱产的干部，如农技员、水利员、畜牧员等“八大员”“十大员”。1968 年开始，农村普遍建立了合作医疗制度，并将原来国家办的小学下放给生产大队，每个生产大队都有数量不等的赤脚医生和民办教师，这对于农村医疗卫生体系的建立和农村教育的发展，起到了一定的作用，但同时也增加了生产队的非生产人员。这些脱产半脱产人员的工分补贴，常占生产队工分的 10%以上，更有高达 30%—40%的，加重了生产队和社员的负担，也大大地降低了社员工分的分值。结果，社员活没有少干，钱却没有多拿，生产的有限发展赶不上负担的日益加重，农民生活水平长期处于停滞状态。

人民公社政社合一的体制还造成了党政企不分。由于权力集中在公社党委，公社管理委员会形同虚设（“文化大革命”期间，公社和大队一级的管理委员会被革命委员会取代，1979 年前后恢复管理委员会名称）。党委既要抓农业生产，又要抓社队企业的发展，还要抓政权建设，结果样样都没抓好，生产没上去，“党不管党”成为普遍现象，政权建设根本无暇顾及，乡村民主建设更是遭到破坏。这种体制实际上是建立在半自给自足的半自然经济基础上的，注重的是上下关系，因而不利于加强跨公社的各生产队的横向经济联系，不利于实行跨地区、跨行业、跨所有制之间的协作和联合，也不利于农业向专业化、社会化方向发展。

人民公社体制的各种弊端，早在公社化之初就被发现。1961 年至 1962 年《农村人民公社工作条例》的起草和一再修订，就是试图在保持人民公社体制的框架内，解决公社内部存在的“一平二调”、分配中的平均主义等问题，也曾取得过一定成效，对当时恢复和发展农业生产起了重要作用。但是，经过 1963 年开始的农村社会主义教育运动，特别是十年“文化大革命”，一些曾在国民经济调整时期纠正了的“左”的做法又重新回潮，人民公社政社合一体制反而被强化，严重地压抑着生产队和社员积极性的发挥。

由于受“左”倾思想的束缚，在相当长的时间里，人们对于毛泽东亲自办起的人民公社所谓的“优越性”不敢怀疑。经过 20 世纪 60 年代初的经济调整，“三面红旗”中的“总路线”和“大跃进”人们已不再提起，唯独对人民公社却一直大唱赞歌。1978 年的真理标准问题的讨论和中共十一届三中全会的召开，极大地解放了人们的思想，冲破了一系列的思想禁区。在进行思想上的拨乱反正之时，全党上下对 1949 年以来尤其是社会主义改造完成以来的历史，进行了深刻的反思。在这个过程中，人们开始对政社合一的人民公社的“优越性”发生怀疑，并逐渐地发现其弊端，提出了“政社分离”的设想。

与此同时，随着以包产到户为主要内容的农村联产承包责任制的建立，农村微观经济组织由原来的“三级所有，队为基础”的体制，变为以家庭承包经营为基础、统分结合的双层经营体制。公社化以来一直令人头痛的生产队的自主权问题，由于包产到户、包干到户的实行而得到顺利解决。原来公社可以凭借行政命令来管理下属的生产大队和生产队，而任何社员都不能离开生产队而生存，因而人民公社可以直接用行政命令的办法干预生产队的生产经营活动。包产到户前，社员集体劳动，靠挣得工分获取收入；一旦离开集体，就会失去生活来源。因此，社员与生产队有着极强的依附关系。

包产到户后，生产队与社员间变成了承包关系或者说是契约关系，社员的劳动产品在“交足国家的，留够集体的”后，剩下都是自己的。包产到户和包干到户都具有独立经营、自负盈亏的性质，生产队对社员的生产经营也不能直接干涉。在这种情况下，生产队真正成为了生产经营的实体，而不再是作为行政组织的人民公社的附属物。人民公社对生产大队、生产队的生产经营活动既不能直接干预，也无法直接干预。人民公社对生产队的领导，单纯依靠过去的行政命令那一套，在实行家庭联产承包责任制后，已经行不通了。如果此时对人民公社的体制不加以改革，人民公社作为一级政权组织的权威就会丧失，作为集体经济组织也会变成空壳。这对于巩固党在农村的执政地位，加强基层政权建设都是不利的。显然，在各种形式的农业生产责任制建立后，人民公社政社合一的体制已经无法适应形势的发展，实行政、社分离，乃至废除人民公社而重建基层政权组织就成了唯一的选择。

在这种背景下，一些地方开始了撤社建乡的试点。四川广汉向阳人民公社便是其中一例。广汉县位于成都平原东北部，在人民公社体制改革以前，共有 21 个公社、1 个镇、264 个生产大队、2365 个生产队、478800 人、475000 亩耕地。原来的公社都是以新中国成立时的乡为单位建立的，最大的公社 3.2 万人，最小的公社 1.2 万人，其余公社一般都是 1.5 万人至 2 万人。

广汉的改革是从 1979 年 4 月启动的。中共广汉县委开始进行的是县级机构的改革，他们将县工业局、手工业局、交通局、社队企业局等四个局撤销，合并到县工业办公室合署办公，精简下来的人员分别充实到各专业公司和基层工厂企业。可是，由于省、地两级体制没有变，这么一改，反而使工作业务受到了影响，这项改革就只好停止下来。

既然县一级机构改革条件不成熟，中共广汉县委就决定将公社一级机构作为改革的突破点，并选择向阳公社作为试点单位。这个公社在广汉有一定的代表性。1958 年人民公社化运动时，向阳公社的建立仅用了 3 天的时间。建立公社后的 20 多年，生产基本没有发展，人民生活基本没有改善。1957 年，向阳乡人均占有粮食 495 斤，人均分配收入 68 元；到 1976 年，向阳公社人均占有粮食只有 620 斤，人均收入也仅增加到 74 元。可是，这些年来物价虽然没有大涨，但毕竟过了近 20 年，猪肉由 1957 年每斤 0.35 元变成了每斤 0.8 元，菜油由每斤 0.32 元涨到了每斤 0.69 元，大米由每斤 0.068 元涨到了每斤 0.138 元。这样一来，农民实际收入并没有增加。

向阳的干部对人民公社的弊端有很深的感触。他们说，过去对人民公社由于是毛泽东创造的“三面红旗”之一，人们不敢说，现在看来公社成立以后的虚报、浮夸、生产发展缓慢，都与公社本身的体制有关。政社合一产生了干预生产经营，瞎指挥；三级所有产生了“一平二调”（即平均主义和无偿调拨），公社可以随意平调生产队的资金、粮食、劳力等；“一大二公”产生了吃“大锅饭”的局面。现在看来，过去宣传的人民公社的三大优越性，恰恰就是人民公社体制的三大弊病：政社合一本身就是瞎指挥的班子，三级所有是“一平二调”的架子，“一大二公”是吃“大锅饭”的摊子。要改变农村的面貌，看来按人民公社这个办法不行。①

① 白益华：《中国基层政权的改革与探索》，中国社会出版社 1995 年版，第 54 页。许崇德：《中华人民共和国宪法史》，福建人民出版社 2003 年版，第 643—644 页。

在中共广汉县委的支持下，1979 年 10 月，向阳公社把原有的 22 名公社干部分成 3 个班子。一是行政班子，共 6 人，负责抓全公社的青年、妇女、民兵、治保、民政、调解、文教、卫生等工作及日常行政事务，参加上级召开的除农副业、工业以外的会议；二是农副业班子，由原来分管生产、水利、沼气等工作的 6 名干部，加上多种经营员、林蚕员、植保员、农技员 4 人，负责抓全公社的农副业生产；三是社队企业班子，共 4 人，负责抓全公社的社队企业工作。

随后，向阳公社撤销了原有的企业办公室，成立了公社工业公司，将社队企业由公社独家经营改变为生产队集股投资联合经营，由股东大会选举产生工业公司管理委员会，管理委员会代表股东大会任命工业公司正副经理。在此基础上，向阳公社成立了农工商联合公司，负责全公社的经济发展和经营管理工作。向阳公社的改革得到了当时中共四川省委主要负责人的支持。1980 年 4 月，向阳正式取掉人民公社的牌子，将公社改为乡政府。不久，广汉全县都将人民公社改为乡，生产大队改为村，生产队改为合作社，除原城郊公社分为 3 个乡外，其余都是一社改一乡。这样，全县 21 个公社便改为 23 个乡。在广汉进行人民公社体制改革的同时，四川邛崃、新都县也进行了大致相同的公社体制改革。只是在原生产队的名称上，广汉叫农业生产合作社，邛崃、新都仍叫生产队。

人民公社体制改革的问题，引起了中央高层的重视。1981 年夏天，民政部部长程子华受全国人大常委会副委员长彭真的委托，前来广汉进行撤社改乡的调查。此后，全国人大常委会法制委员会组织调查组，对人民公社体制问题进行专门调查，并写出了《关于人民公社政社合一问题的调查报告》。该调查报告认为，人民公社政社合一的制度必须改革。这种体制主要的弊端是：（一）难以维护集体经济，尤其是生产队的自主权；（二）政社合一加重农民负担；（三）造成党政企不分，权力集中于党委少数人，削弱了党的工作和政权工作；（四）不利于实行科学的经营管理；（五）不利于农业向专业化、社会化的方向发展；（六）不利于发扬社会主义民主。

《关于人民公社政社合一问题的调查报告》提出了政社分开的具体设想：一种是采取广汉模式，即实行政社分离，分别建立乡党委、乡政府和农工商联合公司，把基本核算单位的生产队改为农业生产合作社，取消生产大队一级经济组织，把社队企业改为各生产合作社联办企业，由农工商联合公司按经济办法组织农工商各业的生产和流通，原来的生产大队一级建立村政权，在乡政府领导下进行工作。第二种方式是建立乡党委和乡政府，保留人民公社作为经济实体，三级所有的经济体制不动，同时可建立跨队、跨社、跨县的联合经济组织。

然而，人民公社政社合一的体制是被载入了宪法的。1975 年第四届全国人大第一次会议通过的《中华人民共和国宪法》规定："农村人民公社是政社合一的组织"，"现阶段农村人民公社的集体所有制经济，一般实行三级所有、队为基础，即以生产队为基本核算单位的公社、生产大队、生产队三级所有"。1978 年在修改宪法时，上述内容基本上被保留，而且还增加了"生产大队在条件成熟的时候，可以向大队为基本核算单位过渡"的内容。这些规定显然已经过时。

在此前后，全国上下已经意识到了 1978 年宪法很不适应新的形势，认为修改宪法实属必要。为此，1980 年 8 月 30 日，中共中央向五届全国人大三次会议主席团提出了《关于修改宪法和成立宪法修改委员会的建议》。9 月 10 日，五届全国人大三次会议通过了《关于修改宪法和成立宪法修改委员会的决议》。紧接着，宪法修改工作正式启动。

这次宪法修改开展了广泛的意见征集。对于人民公社问题，从征集到的意见看，多数人的意见是，应当改变人民公社政社合一体制，恢复乡、镇政权建制。但在宪法修改委员会讨论这个问题时，也有个别人不赞成取消人民公社，说公社组织，马克思、列宁都讲过。人民公社前些年搞了高指标、高征购、"共产风"，后来批"左"，拨乱反正，是完全正确的，但也要防右。对于脱离社会主义的倾向也要警惕或批评。① 不过，这个意见没有被大多数人所认同。因此，第五届全国人大常委会第二十三次会议通过的《中华人民共和国宪法修改草案》，按照改变现行的政社合一的人民公社体制的原则，规定设立乡人民政府，人民公社作为集体经济组织，不再兼负政权的职能。

① 许崇德：《中华人民共和国宪法史》，福建人民出版社 2003 年版，第 643—644 页。

宪法修改草案公布后，在随后进行的全民讨论中，大多数人赞成政社分开，建立乡人民政府。当然，亦有人认为没有必要再设乡政权，理由是人民公社这种政社合一的形式老百姓已经习惯了，再设乡政府会增加国家和人民的负担。也有人说："公社的积极作用在于取消了封建社会遗留下来的病态的腐败的乡村体制，前些年农村经济建设失误，遭到损失，不能归咎于'公社'。建立乡政权不如加强县级对公社的领导为好。"①这些意见未必是正确的，但能充分反映出来，本身就是尊重民意的体现。

鉴于政社分开、建立乡人民政府已成大势，1982 年 4 月 12 日，中共中央国务院发出《关于〈中华人民共和国宪法〉（修改草案）中规定农村人民公社政社分开问题的通知》。通知说，宪法修改草案即将提交全国人大常委会讨论，也将交给全民讨论，这个草案按照改变现行的政社合一的人民公社体制的原则，规定设立乡人民政府，人民公社为集体经济组织，不再兼负政权职能。通知同时指出，人民公社政社分开是一件很复杂、很细致的工作，不可轻率，匆忙改变，必须有领导、有准备、有计划、有步骤、有秩序地进行。当前及宪法正式通过以后的一两年内，各地都应维持现有体制，但可由各省、市、自治区统一规划进行试点，总结经验，然后有领导地根据各地具体情况分期分批逐步改变。

1982 年 4 月 22 日，在第五届全国人大常委会第二十三次会议上，彭真在作关于中华人民共和国宪法修改草案的说明时强调："为了加强农村基层政权，健全农村集体经济组织，草案按照政社分开的原则，规定设立乡政权，保留人民公社作为集体经济组织。这既有利于改进和加强政权工作，密切政权同群众的联系，也有利于集体经济组织的发展。政社分开，只是把政权那一部分职权分出去，公社、大队、生产队的企业和其他一切财产的所有权，仍然不变。"②

1982 年 11 月 26 日至 12 月 10 日，第五届全国人大第五次会议在北

① 许崇德：《中华人民共和国宪法史》，福建人民出版社 2003 年版，第 726 页。

② 中共中央党史研究室等：《中国新时期农村的变革》中央卷（上），中共党史出版社 1998 年版，第 196 页。

京举行。会议通过了新的《中华人民共和国宪法》，其中第九十五条规定，改变人民公社政社合一的体制，设立乡政权。同时还通过了修改后的《中华人民共和国地方各级人民代表大会和地方各级人民政府组织法》。该法第三十六条规定，乡、民族乡、镇的人民政府行使下列职权：(一）执行本级人民代表大会的决议和上级国家行政机关的决议和命令，发布决议和命令；(二）领导本级人民代表大会代表的选举；(三）召集本级人民代表大会会议；(四）管理本行政区域内经济、文化建设和民政、公安等工作；(五）保护社会主义的全民所有的财产和劳动群众集体所有的财产，保护公民私人所有的合法财产，维护社会秩序，保障公民的人身权利、民主权利和其他权利；(六）保障农村集体经济组织应有的自主权；(七）保障少数民族的权利和尊重少数民族的风俗习惯；(八）保障妇女同男子有平等的政治权利、劳动权利、同工同酬和其他权利；(九）办理上级人民政府交办的其他事项。

在此前后，一些省、自治区、直辖市相继开展了政社分开、建立乡政权的试点工作。到 1982 年 8 月，已有四川、吉林、安徽、山东、甘肃、江苏、河北、福建、北京等省市的少数县的一些公社，进行政社分开、建立乡政权的试点。各地试点的具体做法各有不同，四川省广汉，吉林省农安、怀德、榆树、敦化，安徽省凤阳，江苏省江宁、江都，河北省永清、抚宁、无极，北京市昌平、丰台等县区，基本上是一社一乡。山东省菏泽县将公社改为区，将公社下设的管理区改为乡。甘肃省古浪县在 5 个公社的基础上建立 3 个区，将生产大队加以调整，建立乡，一个区管辖 4—8 个乡，每个乡平均管辖 5000 人左右。福建省福鼎、明溪以生产大队为基础建乡，最大的乡管辖 2000 多人，最小的乡管辖的人口还不到 300 人。

对于乡的组织机构，所有试点的地方都建立了乡党委和乡人民政府，但在经济组织的设置上则形式多样。四川、吉林、安徽等省在乡一级设农工商联合公司，河北省永清县则设农工商联合生产合作社，江苏省江宁、江都和河北省抚宁、无极等县，将公社作为集体经济组织，继续保留其名称。对于村一级组织的设置，四川、安徽、江苏等省均按生产大队建立行政村，吉林省农安、怀德、榆树以及河北省永清、抚宁等县均按生产大队建立村公所。行政村或村公所一般设村长、副村长和文书，也有的只设村长一人，管理全村的行政工作。吉林省敦化县按生产大队建立村政府，作为乡政府的派出机构，管理全村的行政工作。只有河北省无极县南马乡按生产大队设立了村民委员会。①

在农村人民公社的原有体制中，生产大队是公社管理生产队不可或缺的中介，起到公社派出机构的作用。“农业六十条”修正草案明确规定：“生产大队的管理委员会，在公社管理委员会的领导下，管理本大队范围内各生产队的生产工作和行政工作。”生产大队具有帮助生产队做好生产计划，对生产队的生产工作、财务管理工作和分配工作进行指导、监督、检查，督促生产队完成国家规定的粮食和各种农副产品的征购、派购任务，管理全生产大队的民政、民兵、治安、文教卫生工作等职能。因此，它既承担生产组织的职能，也承担行政组织的职能。生产大队的管理委员会相当于公社化前行政村的村公所，但与行政村不同的是，生产大队作为“三级所有”的一级，又可以直接干预生产队的生产和分配，也可以在生产大队范围内搞“一平二调”。

家庭联产承包责任制建立后，生产队虽然具有劳动群众集体所有制合作经济组织的性质，但社员具有了生产经营的自主权，生产队组织生产、决定分配的功能大大弱化甚至丧失，不再构成一级农村基层组织。实际上，生产队这时已成了空壳，对于社员不再具有强制约束力。在这种情况下，生产大队对生产队的指导、监督、检查等职能也就没有了实际意义。因此，推行“双包”制后，公社以下的农村基层组织不论是其名称，还是其实际功能，都不适应新的形势，必须进行改革。同时，生产大队干部原来可以得到工分补贴，可以不参加或少参加生产劳动，“双包”制推行后，他们同样需要去经营自己的承包田，这就使得生产大队干部对公共事务的管理失去积极性。这样，生产大队的行政职能就不能很好得到履行，与群众密切相关的民政、治安、文教、计划生育等工作，有些农村出现了无人过问的现象，农村基层的社会管理出现了一时的“真空”状态。在这种情

① 《各地政社分开建立乡政权的试点工作逐步展开》，载《城乡基层政权建设工作简报》1982 年第 1 期。

况下，中国农民又一次发挥出了自己的创造力，自发地搞起了村民自治。

根据现有的资料，广西河池地区宜山县、罗城县是我国最早实行村民自治的地方。宜山县在贯彻落实中共中央1980年第75号文件后，全县农村普遍实行了包产到户、包干上交责任制，极大地调动了广大农民的生产积极性。但是，由于“双包”责任制是农村经营体制的新突破，“领导缺乏思想准备，工作跟不上去”，加之责任制有一个发展、完善、提高的过程，开始时出现了一些新的情况和矛盾，如瓜分集体财产，乱砍滥伐山林，水利设施无人负责维修管理等。“特别是村屯较大、生产队又多的地方，这些问题大队管不到，生产队管不了，矛盾更加突出，群众十分焦急”。“面对这种情况，老党员、老贫农、老干部积极倡议，把群众组织起来，搞好治安防范，搞好水利维修，搞好封山育林。群众推选了自己的村长，也有叫村主（按：原文如此）。有的觉得这样称呼名声不好听，改叫它做村委会主任”。①

宜山县三岔公社合寨大队（今属屏南乡）的果作村村民委员会有“中国第一个村民委员会”之称。果作是合寨大队的一个自然屯（广西不少地方将自然村称屯），当时有6个生产队。1980年2月，6位原生产队队长，鉴于包产到户后村里的事没有人管，决定成立一个管理村公共事务的组织。由于生产队实际也不存在了，队长的名分也没有了，他们不便再以队长的身份出头，联想到城里人叫居民，原来大队的机构叫管理委员会，就把这个组织叫做村民委员会。于是，他们召集6个生产队的社员代表来开会，选举村民委员会的5名成员，并按得票多少选出村民委员会的正副主任。随后，合寨大队的每个村都成立了村民委员会，屯屯制订了村规民约，有效地维护了社会治安。与此同时，宜山矮山公社的洛德村、北牙公社的冷水村，及相邻的罗城县一些农村，也成立了类似的村民自治组织，有的叫“村治安领导小组”，有的叫“村管理委员会”，也有叫“村民委员会”的。这些组织在解决农村出现的乱占耕地、打架斗殴、乱砍滥伐、盗窃赌博等问题方面发挥了良好的作用。

中共宜山县委对村民自治组织的出现，一开始就采取了积极扶持的态

---

① 黄兴、许树侠：《宜山县部分村屯成立村委会》，1981年12月11日。

度。在 1981 年 5 月初该县举行的公社党委书记会议上，县委负责人在总结讲话中专门讲到了村民委员会的问题，认为一些村屯成立村民委员会、订立村规民约后，“发挥了很好的作用”，“效果是很好的”，并要求有组织有领导地进行，防止坏人、派性钻空子。中共河池地委在得知宜山、罗城出现村民委员会这一村民自治组织后，十分重视。1981 年 10 月 31 日，河池地委以“地发［1981］26 号文件”的方式，转发了宜山县三岔公社关于合寨大队村民委员会的情况报告和中共罗城县委关于小长安公社牛毕大队新回村民委员会的调查，认为村民委员会“是农村中一种群众性组织”，并要求各县、各公社“积极推广，逐步地、普遍地把村委会建立起来”①。

1980 年 6 月，中共广西壮族自治区党委政策研究室主办的《调研通讯》刊登了自治区农委一位干部所写的调研报告《宜山县冷水村建立村管理委员会管理全村事务》。这份报告引起了彭真等中央领导人的注意。

1981 年下半年，全国人大常委会和国家民政部派出调查组，对宜山、罗城的村民委员会进行调查，随后要求各地有计划地进行建立村民委员会的试点工作。1982 年 4 月，彭真在第五届全国人大常委会第二十三次会议上指出，村民委员会“是我国长期行之有效的重要组织形式”，“它在调解民间纠纷、维护社会秩序、办好公共事务等公益事业、搞好卫生等方面都起了很大作用”，并建议将村民委员会写进宪法，规定它是群众性的自治组织。②

1982 年 12 月，第五届全国人大第五次会议通过的《中华人民共和国宪法》第一百一十一条规定：农村按居住地区设立的村民委员会是基层群众性自治组织。村民委员会的主任、副主任和委员由村民选举产生，村民委员会设人民调解、治安保卫、公共卫生等委员会，办理本居住地区的公共事务和公益事业，调解民间纠纷，协助维护社会治安，并且向人民政府反映群众的意见、要求和提出建议。从此，建立村民委员会就有了法律

① 中共河池地委：《转发宜山县合寨大队村委会、罗城县牛毕大队新回村委会情况调查的通知》，1981 年 10 月 31 日。

② 中共中央党史研究室等：《中国新时期农村的变革》中央卷（上），中共党史出版社 1998 年版，第 196 页。

依据。

为了推进政社分开和村民委员会的建立，1983 年 4 月 21 日，《人民日报》发表《进一步做好民政工作》的社论，认为实行政社分开，通过试点逐步建立起乡人民政权，是一项关系巩固我国基层政权组织，健全社会主义民主和法制，巩固人民民主专政的大事。居民委员会和村民委员会是民众自己管理自己事务的群众性自治组织。做好这方面的工作，就能更好地保证人民行使当家作主的民主权利，进一步调动人民建设社会主义的积极性和主动性，从而大大加快我国四个现代化建设的进程。

1983 年 10 月 12 日，中共中央、国务院发出《关于实行政社分开建立乡政府的通知》（以下简称《通知》），要求各地有领导、有步骤地搞好农村政社分开的改革，争取在 1984 年底以前大体上完成建立乡政府的工作，改变党不管党、政不管政和政企不分的状况。《通知》说，当前的首要任务是把政社分开，建立乡政府。同时按乡建立乡党委，并根据生产的需要和群众的意愿逐步建立经济组织。《通知》规定，乡的规模一般以原有公社的管辖范围为基础，如原有公社范围过大的也可以适当划小。《通知》同时还规定，政社分开以后，现有社队企业要继续完善生产责任制，加强群众的民主管理，办成名副其实的合作经济企业。农业技术推广、林业、畜牧兽医、农业机械、经营管理等基层事业单位，供销社和信用社，都应进一步做好改革工作，扩大服务范围，提高服务质量，逐步形成一套技术、管理、流通、金融等服务体系，以利于农村多种经济形式和商品生产的发展。《通知》对村民委员会也作了具体规定，指出：村民委员会是基层群众性自治组织，应按村民居住状况设立。村民委员会要积极办理本村的公共事务和公益事业，协助乡人民政府搞好本村的行政工作和生产建设工作。村民委员会主任、副主任和委员要由村民选举产生。有些以自然村为单位建立了农业生产合作社等经济组织的地方，当地群众愿意实行两个机构一套班子，兼行经济组织和村民委员会的职能，也可同意试行。

随后，人民公社政社分开、建立乡人民政府的工作在全国各地陆续展开。据新华社的不完全统计，到 1983 年的 10 月下旬，全国已有 902 个县（市、区）的 9028 个人民公社实行了政社分开，共建立了 12786 个乡人民政府。其中 176 个县（市、区）已在全县范围内全部建立了乡政府。截至

1984年底，全国共建乡84340多个，新建村民委员会822000多个。全国已有28个省、自治区、直辖市全部完成建乡工作，已经实行政社分开的公社占公社总数的98.38%。各地在建立乡政府的同时，在相当于乡的少数民族聚居区开展了建立民族乡的工作。1984年底，全国已建立民族乡2700多个。至此，全国政社分开、建立乡政府的工作基本结束，在中国农村维持了20多年的人民公社不复存在。在这个过程中，农村没有出现社会动荡，农业生产没有受到影响。

结束语

农村人民公社自 1958 年建立到 1984 年全国撤社建乡的基本完成，在我国农村延续了 20 多年的时间，给我国的农业生产、农民生活和农村发展带来了巨大而深远的影响。

对于人民公社问题的探讨，必须分清楚三个不同的概念，即人民公社化运动、人民公社体制和人民公社时期。笔者认为，从广义上讲，人民公社化运动始于 1958 年七八月间人民公社的兴起，止于 1962 年中共八届十中全会通过《农村人民公社工作条例修正草案》。狭义的人民公社化运动，则指 1958 年七八月间人民公社的兴起，至同年 11 月第一次郑州会议前全国实现人民公社化。伴随着人民公社化运动的兴起，人民公社取代了原来作为农村集体经济组织的农业生产合作社，也取代了原有的农村基层政权组织——乡人民政府，形成了“政社合一”“三级所有、队为基础”的农村政治经济体制，这一体制一直延续到 1984 年全国撤社建乡完成。因此，农村人民公社体制存在的时间，可视为新中国农业和农村发展史上的人民公社时期。对这三个不同的概念进行适当的区分，有助于我们对农村人民公社的历史地位进行客观的评价。

对于人民公社化运动，中共十一届六中全会通过的《关于建国以来党的若干历史问题的决议》指出：“由于对社会主义建设经验不足，对经济发展规律和中国经济基本情况认识不足，更由于毛泽东同志、中央和地方不少领导同志在胜利面前滋长了骄傲自满情绪，急于求成，夸大了主观意识和主观努力的作用，没有经过认真的调查研究和试点，就在总路线提出后轻率地发动了‘大跃进’运动和农村人民公社化运动，使得以高指标、瞎指挥、浮夸风和‘共产风’为主要标志的‘左’倾错误严重地泛滥开来。”可见，从人民公社的动因上讲，它严重地脱离了当时我国农村的经济社会发展实际；从发动组织上讲，它是在没有调查研究和试点的情况下一哄而起搞起来的；从后果上讲，使“共产风”等“五风”在人民公社化运动中泛滥开来。

人民公社化作为一场运动，可以溯源到1958年初夏大规模农田水利建设时，一些地方自发出现的并小社为大社的活动，它在一定程度上反映了农民兴修水利、发展生产而进行联合的要求，但当时，“在全国大部地区还未提出这种要求的情况下，在全国农村普遍地发动组织人民公社，是过远地超越群众的要求和觉悟水平的，也违反了毛泽东历来强调的先进行试点，然后逐步推广的工作方法”。① 引导农民走集体化道路，这是无可厚非的。新中国成立初期，中国共产党人结合马克思主义的相关论述，参照苏联农业集体化的经验教训，选择了互助组——初级农业生产合作社——高级农业生产合作社这样由低级到高级的农业集体化模式，成功地引导千百万分散的个体农民走上了合作化道路。这是一个了不起的奇迹。但是，现在看来，在农业合作化的过程中，也曾出现了要求过急、工作过粗、改变过快、形式过于单一等问题。而且随着农业生产合作社的建立，合作社内部不可避免地产生了集体所有制、集体生产与农民个体积极性的矛盾。从当时的情况看，农业合作社建立后迫切需要解决的，是如何解决这个矛盾，以及如何巩固发展合作社的问题，但当时没有这样做，反而轻率地发动了人民公社化运动。这样，农业合作社原有的问题尚未解决，新的更大的问题又产生了。

人民公社化运动的开展，本身就是急于实现共产主义的产物。1958年北戴河会议通过的《中共中央关于在农村建立人民公社问题的决议》，对于人民公社与实现共产主义的关系作了明确的表述，认为“建立农林牧副渔全面发展、工农商学兵互相结合的人民公社，是指导农民加强社会主

① 《关于建国以来党的若干历史问题的决议注释本》，人民出版社1983年版，第313—314页。

义建设，提前建成社会主义并逐步过渡到共产主义所必须采取的基本方针”，“人民公社将是建成社会主义和逐步向共产主义过渡的最好的组织形式”。当时，我国的农村生产力发展水平、农民的觉悟程度，都不具备向共产主义过渡的条件。加之对什么是社会主义、什么是共产主义的认识比较简单肤浅，认为共产主义就是全民所有制，就是各尽所需，甚至就是“吃饭不要钱”。于是以“一平二调”为特征的“共产风”盛行，公社内部实行平均主义的供给制，片面认为公社越大越公越好，剥夺了基层生产单位的生产自主权和分配决定权。结果，不但损害了共产主义的形象，也破坏了等价交换的原则，损害了群众利益，挫伤了广大农民的生产积极性，给农业生产和农村发展带来了一系列的负面影响。

对于上述问题，囿于当时的历史条件和认识水平，人们还不可能对人民公社本身加以怀疑和否定，但在人民公社化过程中，毛泽东也发现了许多人“急急忙忙往前闯”，出了不少乱子，于是相继主持召开了两次郑州会议、两次中央全会（八届六中、七中全会）、武昌会议和上海会议，出台了若干相关政策，提出要划清全民与集体两种所有制的界限，强调不同所有制间和公社内部实行等价交换原则的重要性，明确了以相当于原高级社的生产大队或管理区为基本核算单位，抑制了一平二调的“共产风”，重申了要建立农业生产责任制，恢复了社员的自留地和家庭副业。人民公社经过半年多的整顿，基本去掉了急于向共产主义过渡的虚幻成分，使公社内部的生产经营大体上回复到了原高级社的程度。但是，1959 年夏的庐山会议中断了郑州会议以来的纠“左”进程，在所有制上再度搞“穷过渡”，在分配上维持“共产主义萌芽”的供给制和恢复解散了的公共食堂，重新收回社员的自留地和限制家庭副业。如此等等，严重挫伤了广大农民的积极性，加剧了本已严重的经济困难。

在严重的困难面前，实事求是的传统得以恢复，调查研究的风气得以弘扬。从 1961 年初《农村人民公社工作条例（草案）》的起草到 1962 年 9 月中共八届十中全会《农村人民公社工作条例（修正草案）》的通过，经过全党上下一年多的努力，人民公社“一大二公”的模式有了突破，缩小了社、队规模，取消了供给制，解散了公共食堂，恢复了社员自留地和家庭副业，基本核算单位下放到了生产队一级，确定了基本生产队所有制。基本核算单位的下放，使公社一级作为集体经济组织的职能被大大弱化，生产队实行独立核算，自负盈亏，直接组织生产，组织收益分配，在生产经营的责、权、利方面，已大体相当于原来的高级社，而生产队的规模也有了很大的缩小，一般为二三十户，大致相当于原来初级社的规模。到这时，人民公社最大的弊端，就是“政社合一”这个僵硬的外壳和“三级所有”造成的产权不明。由于“农业六十条”修正草案明确规定以生产队为基本核算单位“至少三十年不变”，在“文化大革命”中，不管张春桥等人如何鼓吹“穷过渡”，毛泽东在这个问题上都没有松口。人民公社在体制上基本上维持了“农业六十条”修正草案的规定。

实行“农业六十条”修正草案后的人民公社，已经不再被认为是“建成社会主义和逐步向共产主义过渡的最好形式”，而被明确定位于“我国社会主义社会在农村中的基层单位”和“我国社会主义政权在农村中的基层单位”。这是一个重要的变化。这个定位，使人民公社的所有制、生产经营管理、产品分配，公社与生产大队及生产队的关系，都发生了一系列的变化。人民公社虽然仍是“政社合一”的体制，但它更多地承袭了作为农村基层政权的原来乡人民政府的职能。人民公社自建立以来，它作为一级政权组织，对于管理农村公共事务，推进农村公共事业的发展，维护农村社会稳定，在人民公社历史时期还是起到了一定积极作用的。不过，人民公社在承担政权职能过程中对农村社会所起的作用，与人民公社体制的作用是两码事。因为这种作用，主要是它的政权职能的发挥，如果不建立人民公社，仍保留原来的乡人民政府，也会起到同样的作用。

应该承认，延续二十多年的人民公社时期，由于工农业产品价格的剪刀差，农业为国家工业化提供了大量资金，农业生产、农村教育文化事业等方面都取得了一定的发展，人民公社还对农村的“五保户”、烈军属及老弱病残等农村弱势群体实行了基本的社会保障制度。例如，从 1958 年至 1982 年间，我国农业为国家工业化提供了 5400 多亿的资金，年均 210 多亿元，为国家工业化完成原始积累做出了不可磨灭的贡献。这期间，我国粮食产量也由 1958 年的 2 亿吨增加 1980 年的 3.5 亿吨，增长了 75%，高于我国同期人口 56%的增长速度。人民公社时期，我国农田基本建设与农业机械化也取得了重大进展，人民公社解体时的 1982 年与公社化前的1957年相比，农机总动力增加了135.9倍，机耕面积增加了12.3倍，灌溉面积增加了62%，农村用电量增加了282.5倍。伴随乡镇企业的崛起，农村经济结构也有了很大改善，公社化之前，作为农业社副业生产的手工业产值为23亿元，相当于当年农业产值的4.3%，到1978年，人民公社社队企业的非农总产值达到了385亿元，占全国工业总产值的9.1%。1978年到1981年，社队企业向国家提供的税额，分别相当于同期农业税的55%、78%、79%和96%。① 人民公社时期，农村的教育和卫生事业也取得了较大发展。1957年，全国适龄儿童入学率为61.7%，1965年上升到84.7%，1975年进一步上升为95%。1962年，全国农村高中学生为10.4万人，初中学生为229.7万人，到1975年分别上升到627.8万人和2377.3万人。②20世纪60年代中期开始，按照毛泽东提出的“把医疗卫生工作的重点放到农村去”的要求，全国农村普遍建立了合作医疗和赤脚医生制度。到70年代末，全国有60%的生产大队设有合作医疗站，我国农村的医疗卫生条件要明显优于同等发展水平的其他国家。

但是，也要看到，上述这些实绩，是在付出巨大的代价后取得的。例如，一方面，这一时期我国农村为国家工业化提供了大量的资金，但由于人民公社对农民的自由流动加以严格的限制，中国在实现初步的工业化时，固然没有发生其他国家在工业化起步时出现的“城市病”，但同期城市化的步伐却十分缓慢，大量的农村劳动力不能向非农产业转移，伴随农村人口的增长，越来越多的农民被禁锢在土地上。人民公社时期，我国粮食产量虽有增加，但同期农村劳动力也大量增加，农村劳动生产率并没有实质性的增长，粮食单产和总产的增长，主要是通过追加劳动力而实现的。1957年到1978年，我国的农业生产率年递增仅0.3%，低于印度的0.7%，更低于中等收入国家平均2.6%的水平。这期间，我国农民的生活水平也没有实质性改善。例如，农民纯收入折合成粮食，1957年为1095斤，1978年才1255斤，其中来自集体的纯收入由652斤增加到832斤。

① 程漱兰：《中国农村发展：理论和实践》，中国人民大学出版社1999年版；辛逸：《试论人民公社的历史地位》，《当代中国史研究》2001年第3期。

② 《中国教育年鉴（1949—1981）》，中国大百科全书出版社1984年版。

由此可见，人民公社时期我国农村对国家工业化的贡献，是以牺牲农民的实际利益为代价的。同样，这一时期，我国农村教育和医疗卫生的发展，主要是通过公办中小学下放、生产大队建立医疗点等方式取得的，为此，每个生产大队都产生了相当数量的拿工分的民办教师和赤脚医生，其结果是降低了生产队工分的分值，间接地加重了社员的负担。如果只看到了人民公社存在的二十余年间农业生产的有限发展，而不考虑这种发展所付出的代价，是不全面的。

人民公社时期农业生产和其他事业的有限发展，主要是广大农民和农村基层干部辛勤劳动换来的。在探讨人民公社的历史地位的时候，必须将人民公社体制与人民公社时期区分开来。人民公社时期农业生产和其他事业的发展，可以说并不是人民公社体制本身所带来的。公社化前的第一个五年计划期间，我国农业总产值平均年增长率为 4.5%，1957 年的粮食产量比 1952 年增长了 19%，棉花增加了 25.8%，农民收入增加了 30%。"一五"期间的粮食和农民收入的增长率，都要高于人民公社时期。可见，在和平建设时期，农村不论实行哪种体制，都不可能没有任何的增长，也就不能将人民公社时期农业生产的有限发展归结人民公社体制的作用，因为人民公社与人民公社时期的性质不同。

实行"农业六十条"后人民公社体制的最大弊端，就是政社合一和造成产权不明的"三级所有"，这是人民公社内部强迫命令、"瞎指挥"和"一平二调"的"共产风"不能根治的根本原因。对于政社合一问题的解决，显然不是在人民公社体制内进行调整便可以解决的。随着以包产到户、包干到户为主要内容的生产承包责任制在全国范围的推行，人民公社体制越来越与新形势的发展要求不适当，废除这种体制，实行政社分离、撤社建乡，也就成了历史的必然。

与建立时一哄而起的热烈场面相比，人民公社的解体可谓悄然无声。其中原因：第一，人民公社建立二十多年来，人们对其"一大二公"、政社合一这种体制的弊端已有了深刻的认识，中共十一届三中全会以来，人们的思想已获得解放，并更为理智地总结了人民公社的历史经验与教训，对这种体制已没有多少留恋，抛弃它不会引起情感上的震动。第二，人民公社是在未经试点的情况下建立起来的，而它的解体，则经过了分期分批的试点，在取得经验的基础上才逐步在全国推开的，没有采取群众运动的方法，而是很自然地实现了人民公社向乡政权的过渡。第三，在政社分开、撤社建乡的过程中，各级党委加强了对这项工作的领导，并且纳入了法制建设的范畴，将之写进了宪法和政府组织法。从中央到地方各级党委都为此出台了若干具体政策，使得撤社建乡工作有政策为指导，有法律为依据。1984 年前后，全国几万个人民公社顺利地完成了政社分开和撤社建乡的工作。

如今，人民公社早已成为历史的陈迹，我们对于什么是社会主义、如何建设社会主义的认识，较之过去要全面而深刻得多。人类必将最终走入共产主义，但是，实现共产主义是一个漫长的历史过程，没有必要也不可能对遥远的未来作具体的设想和描绘。人民公社的历史表明，将理想视为现实的目标，把实现共产主义看作就在“不久的将来”，只会陷入不切实际的空想，不但无助于我们事业的发展，反而欲速则不达，给我们的事业带来严重的损害。

责任编辑：王世勇

图书在版编目（CIP）数据

农村人民公社史 / 罗平汉 著 .—北京：人民出版社，2016.9（2025.6重印）
ISBN 978－7－01－016418－2

I. ①农… II. ①罗… III. ①农村人民公社－公社史－中国
IV. ① F325-09

中国版本图书馆 CIP 数据核字（2016）第 153633 号

农村人民公社史
NONGCUN RENMING GONGSHESHI

罗平汉 著

人民出版社 出版发行
（100706 北京市东城区隆福寺街 99 号）

环球东方（北京）印务有限公司印刷 新华书店经销

2016 年 9 月第 1 版 2025 年 6 月北京第 3 次印刷
开本：710 毫米 ×1000 毫米 1/16 印张：31.25
字数：484 千字

ISBN 978－7－01－016418－2 定价：118.00 元

邮购地址 100706 北京市东城区隆福寺街 99 号
人民东方图书销售中心 电话：（010）65250042 65289539